国家出版基金项目
NATIONAL PUBLICATION FOUNDATION

蜀道：四川盆地历史交通地理

第一卷 四川盆地北部交通路线（上册）

蓝 勇／著

四川文艺出版社

图书在版编目（CIP）数据

蜀道：四川盆地历史交通地理.第一卷,四川盆地北部交通路线/蓝勇著.-- 成都：四川文艺出版社，2025. 5. -- ISBN 978-7-5411-7076-8

Ⅰ. F512.771

中国国家版本馆CIP数据核字第20244TS571号

SHUDAO SICHUAN PENDI LISHI JIAOTONG DILI
DIYIJUAN SICHUAN PENDI BEIBU JIAOTONG LUXIAN

蜀道：四川盆地历史交通地理
第一卷　四川盆地北部交通路线
（上册）

蓝　勇／著

出 品 人　冯　静
策划组稿　张庆宁　周　平　宋　玥
地图绘制　何开雨　石令奇　王钊勤　聂炜鑫　杨　朗
责任编辑　任子乐　桑　蓉
装帧设计　魏晓舸
责任校对　段　敏　付淑敏
责任印制　崔　娜

出版发行　四川文艺出版社（成都市锦江区三色路238号）
网　　址　www.scwys.com
电　　话　028-86361802（发行部）　　028-86361781（编辑部）

排　　版　四川胜翔数码印务设计有限公司
印　　刷　成都东江印务有限公司
成品尺寸　185mm×260mm　　　　开　本　16开
印　　张　51.25　彩　插　4.5　　　字　数　970千
版　　次　2025年5月第一版　　　印　次　2025年5月第一次印刷
书　　号　ISBN 978-7-5411-7076-8
定　　价　298.00元（全二册）

谨 此

献给几千年来为消除空间阻隔

而奋斗的巴蜀父老兄妹们!

目 录

蜀道：四川盆地历史交通地理

绪　论

近几十年来，学术界对于历史交通地理的研究成果非常丰硕，中国历史交通地理一直是中国历史地理研究中的重要内容。从学科分属来看，历史交通地理可以从属于广义的历史经济地理，也可以与历史经济地理、历史文化地理、历史军事地理等并列，因为，历史交通地理往往与自然环境、军事征战、技术条件等相关联，并不是在经济领域内就完全能够说清楚的。当下虽然有关交通史、历史交通地理方面的论著较多，像严耕望的《唐代交通图考》、王子今的《秦汉交通史稿》等著作水平也很高，但至今还没有一部以历史交通地理为名的学术专著出现，历史交通地理这个话语出现频率也不是太高。由此看来，似乎中国历史交通地理的学科独立性不强，学科本身也显得相对低调，这与历史农业地理、历史文化地理、环境史的声名显赫状况有所不同。原因何在？要认识这一点，需要系统回顾七十年来我们在中国历史交通地理领域所走过的路程。

就中国交通史的研究来看，王子今的《中国交通史研究一百年》和曹家齐的《中国古代交通史研究之回顾与展望——以唐宋道路和驿传问题研究为中心》①，已对近百年中国交通史研究做了较为系统的回顾。不过，由于交通史与历史交通地理在研究内容、研究手段、研究诉求上有较大区别，所以，本著从历史交通地理研究的历史与现状出发，对历史交通地理的学科发展提出自己一些新的思考。

一、中国历史交通地理研究的回顾

（一）含蓄低调中的卓越：近七十年中国历史交通地理研究的简要回顾

中国历史交通地理是一门实证性很强的学科，相关的理论关怀并不多。从20世纪50年代以来，这门学科的研究多有成效，不论是在断代还是在区域方面，都有大量成果。

1.断代交通地理研究

早期的历史交通地理研究以断代研究为多。如史念海的《春秋时代的交通道路》，卢云的《战国时期主要陆路交通初探》，章巽的《秦帝国的主要交通线》，谭宗义的《汉代国内陆路交通考》，唐长孺的《南北朝期间西域与南朝的陆道交通》，陶希圣、鞠清远主编的《唐代之交通》等，都是中国断代交通史的名篇。②

唐代以前的断代交通著作，应该首推王子今的《秦汉交通史稿》。该书首次系统对秦汉时期的交通进行研究，其中第一章"秦汉交通道路建设"、第五章"秦汉内河航运"、第六章"秦汉近海航运与海外交通"、第九章"秦汉主要文化区的交通结构"、第十章"秦汉仓制与主要粮路"、第十五章"秦汉域外通路"，都对秦汉时期的交通通道走向有细致考证分析，为研究秦汉时期的历史交通地理做出了相当重要的贡献。

---

① 王子今《中国交通史研究一百年》，《历史研究》2002年第2期；曹家齐《中国古代交通史研究之回顾与展望——以唐宋道路和驿传问题研究为中心》，《宋代的交通与政治》，中华书局，2017年。
② 史念海《春秋时代的交通道路》，《人文杂志》1960年第3期；卢云《战国时期主要陆路交通初探》，《历史地理研究》第1辑，复旦大学出版社，1986年；章巽《秦帝国的主要交通线》，《学术月刊》1957年第2期；谭宗义《汉代国内陆路交通考》，香港新亚研究所，1967年；唐长孺《南北朝期间西域与南朝的陆道交通》，《魏晋南北朝史论拾遗》，中华书局，1983年；陶希圣、鞠清远主编《唐代之交通》，食货出版社，1969年。

在断代交通地理成果中，必须重点谈谈严耕望的《唐代交通图考》。该书有关唐代交通的论述主要集中在对交通线路走向的考证上，是严格意义上的历史交通地理著述。严先生的著述先期在1961—1985年间分别发表在各种刊物和论文集中，后在1985年由台湾"中央研究院"史语所专刊推出巨制《唐代交通图考》五卷，至2003年又整理出版了第六卷。2007年，上海古籍出版社得到授权出版了此书的影印本，分成六卷，分别是第一卷《京都关内区》、第二卷《河陇碛西区》、第三卷《秦岭仇池区》、第四卷《山剑滇黔区》、第五卷《河东河北区》、第六卷《河南淮南区》。此著分别研究了两京馆驿、长安洛阳驿道、长安太原驿道、洛阳太原驿道、中条山脉诸陉道、长安西北通灵州驿道及灵州四达交通线、长安北通丰州天德军驿道、长安东北通胜州振武军驿道、天德军东取诸真水汉通云中单于府道、关内河东间河上诸关津及东西交通线、长安西通凉州两驿道、凉州西通安西驿道、河湟青海地区军镇交通网、北庭都护府通伊西碎叶诸道、唐通回纥三道、蓝田武关驿道、子午谷道、骆谷驿道、汉唐褒斜驿道、散关凤兴汉中道、上津道、仇池山区交通诸道、金牛成都驿道、汉唐阴平道、岷山雪岭地区松茂等州交通网、山南境内巴山诸谷道、天宝荔枝道、荆襄驿道与大堤艳曲、成都江陵间蜀江水陆道、嘉陵江中江水流域纵横交通线、成都清溪通南诏域道、戎州石门通南诏道、成都西南边区东西交通诸道、黔中牂牁诸道、汉晋时代滇越道、唐代滇越道、太原北塞交通诸道、黄河汾水间南北交通线、晋绛与潞泽间之乌岭道、太行白陉道与穴陉道、太行滏口壶关道、太行井陉承天军道、太行飞狐诸陉道、五台山进香道、太行东麓南北走廊驿道、河阳以东黄河流程与津渡、隋唐永济渠、河北平原南北交通两道、居庸关北出塞外两道、古北口通奚王衙帐道、历代卢龙塞道、渝关通柳城契丹辽东道、北朝隋唐东北塞外东西交通线、洛阳郑汴驿道及汴城馆驿、洛南三关、洛阳郑汴通汉东淮上诸道、桐柏山脉诸关道、中原东通海岱辽东新罗道、海岱地区南北交通两道。可以说，《唐代交通图考》是20世纪中国历史交通地理研究的代表之作，鸿篇巨制，穷尽史料，考证精严。1996年，笔者在书评《严耕望〈唐代交通图考〉第四卷〈山剑滇黔区〉》中曾指出"《唐代交通图考》堪称中国历史交通地理的经典之作"，认为严耕望对中国历史交通地理做了"卓越的贡献"。[①]该书虽然主要研究唐代，但在许多通道的研究上往往前溯汉晋，下迄两宋，由此也可窥见汉晋南北朝和宋代的部分交通情况。因而，从某种程度上讲，对于宋以前的中国历

---

① 蓝勇《严耕望〈唐代交通图考〉第四卷〈山剑滇黔区〉》，《唐研究》第2卷，北京大学出版社，1996年。

史交通路线大势，都可在《唐代交通图考》中得到信息，可见，严著堪称一部"中国汉唐交通地理"。当然，《唐代交通图考》也有一些遗憾，如"存目"的三卷没能研究面世，故对岭南、东南地区的交通路线考证缺失，再加上缺乏田野考察和与大陆的学术交流等，一些观点也有待商榷。对此，李之勤、辛德勇及笔者等也进行了一些补正。有关这方面的具体情况，王子今在《中国交通史研究一百年》一文中已经多有谈及。

在唐代交通地理的研究中，李之勤、王文楚、冯汉镛等学者取得的研究成绩也较为突出。如李之勤有《论唐代的上津道》《蓝田县的两个石门与唐长安附近蓝武道北段的水陆联运问题》等文[①]，王文楚有《唐代两京驿路考》《唐代洛阳至魏州幽州驿路考》等文[②]，冯汉镛有《唐五代时剑南道的交通路线考》《唐代马湖江通吐蕃路线行程考》等文[③]。其他研究汉唐之间中国交通路线的还有方国瑜《诸葛亮南征的路线考说》、曾一民《唐代广州之内陆交通》、苏海洋《唐宋时期青泥路的高精度复原研究》、张士伟《青泥路考》、华林甫《唐代两浙驿路考》、杨铭《唐代中西交通吐蕃—勃律道考》、王素《高昌史稿·交通编》、李宗俊《唐代河西通西域诸道及相关史事再考》《唐代石堡城、赤岭位置及唐蕃古道再考》、王北辰《古代居延道路》

---

① 李之勤《论唐代的上津道》，《中国历史地理论丛》1988年第4期；《蓝田县的两个石门与唐长安附近蓝武道北段的水陆联运问题》，《中国历史地理论丛》1992年第2期；《唐代的文川道》，《中国历史地理论丛》1990年第1期；《傥骆古道的发展特点、具体走向和沿途要地》，《文博》1995年第2期；《川陕古道中的青泥路和白水路》和《唐代河东道驿馆考》，载《西北史地研究》，中州古籍出版社，1994年；《柳宗元的〈馆驿使壁记〉与唐代长安城附近的驿道和驿馆》，《中国古都研究》第1辑，1983。后主要收集在《长安学丛书·李之勤卷》，三秦出版社，2012年。

② 王文楚《唐代两京驿路考》，《历史研究》1983年第6期；《唐代东京与太原间驿路考》，《中华文史论丛》2016年第1期；《唐代洛阳至魏州幽州驿路考》《唐代洛阳至襄州驿路考》《唐代长安至襄州荆州驿路考》《唐代太原至长安驿路考》《西安洛阳间陆路交通的历史发展》，载《古代交通地理丛考》，中华书局，1996年。

③ 冯汉镛《唐五代时剑南道的交通路线考》，《文史》第14辑，中华书局，1982年；《唐代马湖江通吐蕃路线行程考》，《文史》第30辑，中华书局，1988年。

等。^①台湾廖幼华鉴于严耕望《唐代交通图考》中岭南、东南地区交通研究的缺失，补充了岭南地区的交通状况，成果汇集在《深入蛮荒——唐宋时期岭南西部史地论集》中，其对唐代容州的道路和邕州入交趾的道路的研究考证较为精严。^②

有关宋代的交通地理研究成果也不少，但许多研究论文往往是将其放在"唐宋"时段背景下来一起讨论的，这主要是因为有一些通道单独朝代的资料有限，而唐宋之间交通大势的变化也有规律可循，两代的资料可以因此相互参证。同时，由于两宋南方地区的开发加快，更多的历史主体叙事有了南方的空间背景，所以有关南方地区交通通道的研究成果也有不少，如蔡良军《唐宋岭南联系内地交通路线的变迁与该地区经济重心的转移》、方铁《唐宋两朝至中南半岛交通线的变迁》、蓝勇《唐宋四川馆驿汇考》、曹家齐《唐宋时期南方地区交通研究》、陈伟明《宋代岭南交通路线变化考略》、杨宗亮《试论宋代滇桂通道及其历史作用》。^③其他有关宋代交通路线的论文还有王文楚《北宋东西两京驿路考》《北宋东京与登州间驿路考》《宋东京至辽南京驿路考》、韩茂莉《宋夏交通道路研究》、陈守忠《北宋通西域的四条道路的探索》、梁中效《宋代蜀道交通与汉中经济的重大发展》《南宋东西交通大动脉——

---

① 方国瑜《诸葛亮南征的路线考说》，《思想战线》1980年第2期；曾一民《唐代广州之内陆交通》，台湾国彰出版社，1987年；苏海洋《唐宋时期青泥路的高精度复原研究》，《西安交通大学学报》2017年第4期；张士伟《青泥路考》，《重庆三峡学院学报》2015年第5期；华林甫《唐代两浙驿路考》，《浙江社会科学》1999年第5期；杨铭《唐代中西交通吐蕃—勃律道考》，《西北历史研究》，三秦出版社，1989年；王素《高昌史稿·交通编》，文物出版社，2000年；李宗俊《唐代河西通西域诸道及相关史事再考》，《中国历史地理论丛》2010年第1期；《唐代石堡城、赤岭位置及唐蕃古道再考》，《民族研究》2011年第6期；王北辰《古代居延道路》，《历史研究》1980年第3期。

② 廖幼华《深入蛮荒——唐宋时期岭南西部史地论集》，台湾文津出版社，2013年。

③ 蔡良军《唐宋岭南联系内地交通路线的变迁与该地区经济重心的转移》，《中国社会经济史研究》1992年第3期；方铁《唐宋两朝至中南半岛交通线的变迁》，《社会科学战线》2011年第4期；蓝勇《唐宋四川馆驿汇考》，《成都大学学报（社会科学版）》1990年第4期；曹家齐《唐宋时期南方地区交通研究》，华夏文化艺术出版社，2005年；陈伟明《宋代岭南交通路线变化考略》，《学术研究》1989年第3期；杨宗亮《试论宋代滇桂通道及其历史作用》，《中南民族学院学报（哲学社会科学版）》1993年第5期。

"马纲"驿路初探》、孙修身《试论甘州回鹘和北宋王朝的交通》等。①在唐宋历史交通地理的研究中，近些年曹家齐用力较多，成果丰硕。②另外，张锦鹏和王国平所著《南宋交通史》很值得关注。该书首先对南宋以前的国内道路交通发展状况做了简要梳理，然后分别对南宋时期国内交通网络做了全面研究，主要涉及以临安为中心的东部区域交通网络，包括临安至浙东地区的交通路线，临安至福建地区的交通路线，临安至江西、广西地区的交通路线，临安至淮南地区的交通路线，临安至荆湖地区的交通路线；以成都为中心的西部区域交通网络，包括从成都至秦岭南的北线交通道路，成都至江陵、鄂州方向的东线交通道路，成都至静江府、邕州方向的南线交通道路；以广州为中心的南方交通网络，包括广州经福建至临安的道路，广州经大庾岭北上江西的道路，广州经骑田岭至郴州的道路，广州经萌渚岭至零陵的道路，广州经越城岭至全州的道路，广州通邕州的道路，广州至雷州半岛、海南岛等南部沿海地区的道路。另外，该书还对南宋重要的交通生命线长江与运河，南宋与周边少数民族政权统治地区的交通，南宋与北方少数民族政权统治地区的交通，南宋与海外高丽、日本、南海诸国路线做了分析。③

有关元代交通路线研究的专门著作并不多。德山著《元代交通史》④一书，对元代的交通路线有一些考证，但资料引用不是太规范，一些明代驿道误为元代的路线，显

① 王文楚《北宋东西两京驿路考》，《中华文史论丛》2008年第4期；王文楚《北宋东京与登州间驿路考》，《中华文史论丛》2012年第1期；王文楚《宋东京至辽南京驿路考》，《古代交通地理丛考》，中华书局，1996年；韩茂莉《宋夏交通道路研究》，《中国历史地理论丛》1988年第1期；陈守忠《北宋通西域的四条道路的探索》，《西北师院学报（社会科学版）》1988年第1期；梁中效《宋代蜀道交通与汉中经济的重大发展》，《汉中师范学院学报（社会科学版）》1995年第3期；梁中效《南宋东西交通大动脉——"马纲"驿路初探》，《成都大学学报》1996年第1期；孙修身《试论甘州回鹘和北宋王朝的交通》，《敦煌研究》1994年第4期。
② 曹家齐《宋代南方陆路交通干线沿革述考》，载张其凡、范立舟主编《宋代历史文化研究（续编）》，人民出版社，2003年；《宋代西南陆路交通及其发展态势》，《宋史研究论丛（第9辑）》，河北大学出版社，2008年；《宋境通西夏道路新考》，载四川大学历史文化学院编《吴天墀教授百年诞辰纪念文集》，四川人民出版社，2013年；《唐宋中国交通中心之南移及其影响——对中国社会发展南北差别形成原因的一种解释》，［日］大阪市立大学《东洋史论丛》别册特集号《文献资料学新解释的可能性（2）》，2007年；《唐宋地志所记"四至八到"为道路里程考证》，《中国典籍与文化》2001年第4期；《官路、私路与驿路、县路——宋代州（府）县城周围道路格局新探》，《学术研究》2012年第7期。
③ 张锦鹏、王国平《南宋交通史》，上海古籍出版社，2008年。
④ 德山《元代交通史》，远方出版社，1995年。

得不够严谨。不过，一大批学者对于元代各区域的交通路线的考证已经较为全面，涉及河南、黑龙江、江西、山西、江浙、陕西、四川、新疆、藏族地区、云南、岭北行省、元上都、湖广行省、川陕间、甘肃行省、内蒙古阴山地区、辽阳、粤西、潮州等地域的元代通道和站赤设置情况。[①]

在明代交通历史地理的研究中，杨正泰的《明代驿站考》是一本系统考证明代全国各地驿站位置和驿道路线的著作；同时，杨氏校勘的明代黄汴的《天下水陆路程》等明清水陆路书为研究明代交通提供了较为详细的资料。[②]此外，还有姜建国《明代贵州驿道交通变迁及其原因》《明代云南驿道交通的变迁及其原因》、史曦禹《明代辽东地区驿站研究》、孙锡芳《明代陕北地区驿站交通的发展及其对军事、经济的影

① 贾洲杰《河南元代站赤交通及意义》，《郑州大学学报（哲学社会科学版）》1988年第5期；白晓清《浅谈元代黑龙江地区的站赤》，《黑龙江民族丛刊》1999年第3期；吴小红《元代江西驿站及站户考》，《江西师范大学学报（哲学社会科学版）》2000年第3期；瞿大风《元朝统治下的山西地区》，南开大学博士学位论文，2003年；李之勤《元熊梦祥〈析津志·天下站名〉江西、江浙行省部分站名考》，《中国历史地理论丛》2010年第1期；李之勤《元代陕西行省的驿道和驿站》，《西北史地》1987年第1期；蓝勇《元代四川驿站汇考》，《成都大学学报（社会科学版）》1991年第4期；田卫疆《元代新疆"站赤"研究》，《中国边疆史地研究》1994年第1期；洛桑群觉、陈庆英《元朝在藏族地区设置的驿站》，《西北史地》1984年第1期；蔡志纯《元代吐蕃驿站略述》，《西藏研究》1984年第4期；祝启源、陈庆英《元代西藏地方驿站考释》，《西藏民族学院学报》1985年第3期；方铁《元代云南驿传的特点及作用试探》，《思想战线》1988年第1期；方铁《元代云南至中南半岛北部的通道和驿站》，《思想战线》1987年第3期；方铁《元代云南站赤设置考》，《史学论丛》1988年第3期；陈得芝《元岭北行省诸驿道考》，南京大学历史系元史研究室编《元史论集》，人民出版社，1984年；李云泉《蒙元时期驿站的设立与中西陆路交通的发展》，《兰州大学学报（社会科学版）》1993年第3期；叶新民《元上都的驿站》，《蒙古史研究》1989年第3期；袁冀《元王恽驿赴上都行程考释》，《大陆杂志史学丛书》第3辑第3册《宋辽金元史研究论集》，台湾大陆杂志社，1970年；王颋、祝培坤《元湖广行省站道考略》，《历史地理》1983年第3期；李之勤《元代川陕间的驿道和驿馆》，《中国历史地理论丛》1988年第1期；胡小鹏《元甘肃行省诸驿道考》，《西北史地》1997年第4期；庞琳《元代入藏驿道考述》，《西藏研究》1999年第4期；邵星《蒙元时期内蒙古阴山地区站赤交通概述》，《黑龙江史志》2011年第5期；王颋《元代云南行省站道考略》，《历史地理研究》第2辑，复旦大学出版社，1990年；陈庆江《元代云南通往四川、湖广驿路的变迁》，《中国历史地理论丛》2003年第2期；郭毅生《元代辽阳行省驿道考略》，《北方论丛》1980年第2期；颜广文《元代粤西驿道驿站考略》，《中国边疆史地研究》1996年第1期。
② 杨正泰《明代驿站考》，上海古籍出版社，1994年；黄汴著、杨正泰校《天下水陆路程》，山西人民出版社，1992年。

绪　论

响》、李健才《明代东北驿站考》、岳广燕《明代运河沿线的水马驿站》等。①总体来看，专门考证明代交通路线的成果并不是太多。之所以如此，主要原因是历史文献有关明代交通路线本身的记载较为详细，进行专门考证的必要性并不是太大，相关的学术含量也就相对差一些。

历史文献中关于清代交通路线的记载相对明代更为详细，所以，虽然有关论文较多，但完全单独考证路线走向的研究也不多，重点大都是在梳理交通路线地位变迁与社会经济的关系上，历史地理的味道相对较弱。这方面的成果主要有刘文鹏《清代驿站考》②，此书对清代全国的驿名做了系统收集，对位置也做了考证，有较大的学术价值。清代的驿站本身前后多有兴废，但位置空间较为确定，历史位置考证的必要性并不太大。另外有丛佩远《清代东北的驿路交通》、潘志平《清代新疆的交通和邮传》、张林《略论清代吉林的驿路交通及其对边疆地区开发的贡献》、姜建国《跨越自然的阻隔：清代金沙江中下游津渡与川滇交通》、史雷《清代拉达克与新疆之间的交通路线研究》、徐小慧等《试论清代黑龙江地区驿站与经济发展》、金峰《清代外蒙古北路驿站》《清代内蒙古五路驿站》、边巴次仁等《清代入藏驿站及西藏地方内部驿站考》，以及道·孟和《清代西域驿站的蒙古语地名研究》、乌兰巴根《清代库伦南北路驿站考述》、姜涛《清代吉林乌拉通往瑷珲驿站设置变迁考》等文。③也有一

---

① 姜建国《明代贵州驿道交通变迁及其原因》，《历史地理》第37辑，复旦大学出版社，2018年；姜建国《明代云南驿道交通的变迁及其原因》，《烟台大学学报》2016年第6期；史曦禹《明代辽东地区驿站研究》，辽宁师范大学硕士学位论文，2014年；孙锡芳《明代陕北地区驿站交通的发展及其对军事、经济的影响》，《长安大学学报》2010年第4期；李健才《明代东北驿站考》，《社会科学战线》1981年第2期；岳广燕《明代运河沿线的水马驿站》，《聊城大学学报（社会科学版）》2010年第2期。

② 刘文鹏《清代驿站考》，人民出版社，2017年。

③ 丛佩远《清代东北的驿路交通》，《北方文物》1985年第1期；潘志平《清代新疆的交通和邮传》，《中国边疆史地研究》1996年第2期；张林《略论清代吉林的驿路交通及其对边疆地区开发的贡献》，《东疆学刊》1999年第4期；姜建国《跨越自然的阻隔：清代金沙江中下游津渡与川滇交通》，《中国历史地理论丛》2016年第4期；史雷《清代拉达克与新疆之间的交通路线研究》，《云南大学学报（社会科学版）》2017年第5期；徐小慧等《试论清代黑龙江地区驿站与经济发展》，《满语研究》2001年第2期；金峰《清代外蒙古北路驿站》，《内蒙古大学学报（哲学社会科学版）》1979年第3—4期；金峰《清代内蒙古五路驿站》，《内蒙古师范学院学报（哲学社会科学版）》1979年第1期；边巴次仁等《清代入藏驿站及西藏地方内部驿站考》，《西藏大学学报（社会科学版）》2008年第4期；道·孟和《清代西域驿站的蒙古语地名研究》，《西部蒙古论坛》2012年第4期；乌兰巴根《清代库伦南北路驿站考述》，《中国边疆史地研究》2015年第4期；姜涛《清代吉林乌拉通往瑷珲驿站设置变迁考》，《北方文物》1986年第3期。

些硕士论文关注清代交通，如易宇《清代四川地区嘉陵江流域陆路交通研究》、王文君《清代长江三峡地区陆路交通网络研究》、周德春《清代淮河流域交通路线的布局与变迁》等。[①]不过，清初至当下，地名的变化相当大，清代的许多驿站、铺塘的精准位置仍需下功夫考证，但这可能需要结合大量的田野考察才能完成。在这方面，我们目前做得并不是很好。

民国以来近代交通地理研究由于资料较为全面系统，考证性的任务已经不多，但研究各条路线的地位升降、成因和影响仍有重要意义，如研究民国滇缅公路、史迪威公路、乐西公路的意义就不可小觑。

2. 区域、水运与综合历史交通地理研究

历史上，中国陆上疆域最大达1300多万平方公里。在这样大的空间范围内要真正对历史上的交通路线做精准研究，深入局部区域可能更容易入手，所以，区域历史交通地理的研究近七十年来一直较有热度。目前，已经出版的有王开主编《陕西古代道路交通史》、徐望法主编《浙江古代道路交通史》、蓝勇《四川古代交通路线史》、陆韧《云南对外交通史》、尹钧科《北京古代交通》、廖大珂《福建海外交通史》、王绵厚和朴文英《中国东北与东北亚古代交通史》、河北省交通厅交通史志编纂委员会《河北古代陆路运输简史》、新疆维吾尔自治区交通史志编纂委员会《新疆古代道路交通史》、西藏自治区交通厅等《西藏古近代交通史》、德山等《蒙古族古代交通史》等。[②]另外，各地交通厅交通编史委员会编的公路交通史及相关资料汇编，都多多少少涉及古代交通路线问题，如《中国公路史》《中国航海史》《中国内河航运史》《长江航运史》。另外，各省市县的交通志、公路史也有大量区域交通路线的考证

① 易宇《清代四川地区嘉陵江流域陆路交通研究》，西南大学硕士学位论文，2011年；王文君《清代长江三峡地区陆路交通网络研究》，西南大学硕士学位论文，2010年；周德春《清代淮河流域交通路线的布局与变迁》，复旦大学硕士学位论文，2011年。

② 王开主编《陕西古代道路交通史》，人民交通出版社，1989年；徐望法主编《浙江古代道路交通史》，浙江古籍出版社，1992年；蓝勇《四川古代交通路线史》，西南师范大学出版社，1989年；陆韧《云南对外交通史》，云南人民出版社，2011年；尹钧科《北京古代交通》，北京出版社，2000年；廖大珂《福建海外交通史》，福建人民出版社，2002年；王绵厚、朴文英《中国东北与东北亚古代交通史》，辽宁人民出版社，2016年；河北省交通厅交通史志编纂委员会《河北古代陆路运输简史》，河北科学技术出版社，1986年；新疆维吾尔自治区交通史志编纂委员会《新疆古代道路交通史》，人民交通出版社，1992年；西藏自治区交通厅等《西藏古近代交通史》，人民交通出版社，2001年；德山等《蒙古族古代交通史》，辽宁民族出版社，2006年。

内容。

关于中国古代运河和漕运方面的研究成果较多，集中在运河路线和漕运路线研究，如朱偰编《中国运河史料选辑》、绍华《大运河的变迁》、常征和于德源《中国运河史》、唐宋运河考察队编《运河访古》、潘镛《隋唐时期的运河和漕运》、鲍彦邦《明代漕运研究》、彭云鹤《明清漕运史》、李文治和江太新《清代漕运》。①今各省区市县交通部门编的各种航运史、水运史的著述中，对于水路交通地理多有探讨。

在许多历史地理学者的论文集中，历史交通方面的内容构成其主体，有的论文集的名称甚至带有"交通"字样。如史念海《河山集》第3、4、5、6集中收有大量历史交通地理方面的论文，岑仲勉《中外史地考证》、黄盛璋《历史地理论集》、王文楚《古代交通地理丛考》、李之勤《西北史地研究》和《长安学丛书·李之勤卷》、王颋《西域南海史地考论》、辛德勇《古代交通与地理文献研究》、蓝勇《古代交通生态研究与实地考察》等书。②这些论著对历史交通问题进行了探讨，尤其是对区域交通路线做出了考证。另外，杨聪的《中国少数民族地区交通运输史略》着力于少数民族地区交通问题，对民族地区的道路多有关注。③

3."道路功能性特征"视域下的历史交通地理研究

近四十多年来，学术界兴起从"道路功能性特征"角度来研究古代交通的新风尚，如丝绸之路、海上丝绸之路、茶马古道、唐蕃古道、陶瓷之路、玉石之路、金属之路、古盐道、丝瓷之路、盐茶古道、蜀布之路等。

"丝绸之路"是德国地理学家李希霍芬首次提出的，本是指历史上中西经济文化交流的通道，尤其是指汉唐之间中国长安经过西域到达中亚、西亚的交通通道。早

①　朱偰编《中国运河史料选辑》，中华书局，1962年；绍华《大运河的变迁》，江苏人民出版社，1961年；常征、于德源《中国运河史》，燕山出版社，1989年；唐宋运河考察队编《运河访古》，上海人民出版社，1986年；潘镛《隋唐时期的运河和漕运》，三秦出版社，1987年；鲍彦邦《明代漕运研究》，暨南大学出版社，1995年；彭云鹤《明清漕运史》，首都师范大学出版社，1995年；李文治、江太新《清代漕运》，中华书局，1995年。

②　岑仲勉《中外史地考证》，中华书局，1962年；黄盛璋《历史地理论集》，人民出版社，1982年；王文楚《古代交通地理丛考》，中华书局，1996年；李之勤《西北史地研究》，中州古籍出版社，1994年；王颋《西域南海史地考论》，上海人民出版社，2008年；辛德勇《古代交通与地理文献研究》，中华书局，1996年；蓝勇《古代交通生态研究与实地考察》，四川人民出版社，1999年。

③　杨聪《中国少数民族地区交通运输史略》，人民交通出版社，1991年。

在20世纪80年代，陈振江、杨建新等就分别编有《丝绸之路》①，涉及丝绸之路的路线走向。在近四十年的时间内，以丝绸之路为名的著述可以说是不胜枚举，涉及丝绸之路与地域文化、古代国家、文物、贸易、艺术、体育、屯垦、音乐、旅游、法律、中药、陶瓷、纺织与丝绸、人种等方面，甚至，由丝绸之路推衍出南方丝绸之路或西南丝绸之路、蜀布之路、陶瓷之路、海上丝绸之路、草原丝绸之路、东方丝绸之路、东北亚丝绸之路等话语或名称。不过，在这样多的成果中，严格从历史地理角度对路线做科学考证的研究成果并不是太多。目前，涉及这方面内容相对较多的有陆庆夫《丝绸之路史地研究》、石云涛《三至九世纪丝绸之路的变迁》、许序雅《唐代丝绸之路与中亚历史地理研究》、蓝勇《南方丝绸之路》、曾昭璇和曾宪珊《"海上丝绸之路"历史地理初探》、唐长寿《南方丝绸之路乐山行图记》、巫新华《寻秘大海道》、朱德军和王凤翔《长安与西域之间丝绸之路走向研究》、李健超《汉唐两京及丝绸之路历史地理论集》、聂静洁《唐释悟空入竺、求法及归国路线考——〈悟空入竺记〉所见丝绸之路》、李健超《丝绸之路中国境内沙漠路线的考察》等。②有关南方丝绸之路的成果就相当多，但多是从交通制度、沿途民族文化、历史遗迹、经济开发角度做的研究，有关具体路线详考的并不多。近来，侯杨方、张萍、刘露、乐玲等通过运用GPS、GIS技术复原丝绸之路做了一些探索③，值得肯定。

近几十年来，有关海上丝绸之路的研究成果也较多。较早的如章巽《我国古代的海上交通》一书，虽然没有用海上丝绸之路的名称，但其成果为后来的相关研究提供

①　陈振江《丝绸之路》，中华书局，1980年；杨建新、卢苇《丝绸之路》，甘肃人民出版社，1981年。

②　陆庆夫《丝绸之路史地研究》，兰州大学出版社，1999年；石云涛《三至九世纪丝绸之路的变迁》，文化艺术出版社，2007年；许序雅《唐代丝绸之路与中亚历史地理研究》，西北大学出版社，2000年；蓝勇《南方丝绸之路》，重庆大学出版社，1992年；曾昭璇、曾宪珊《"海上丝绸之路"历史地理初探》，《历史地理》第11辑，上海人民出版社，1993年；唐长寿《南方丝绸之路乐山行图记》，四川文艺出版社，2021年；巫新华《寻秘大海道》，中国社会科学出版社，2000年；朱德军、王凤翔《长安与西域之间丝绸之路走向研究》，三秦出版社，2015年；李健超《汉唐两京及丝绸之路历史地理论集》，三秦出版社，2007年；聂静洁《唐释悟空入竺、求法及归国路线考——〈悟空入竺记〉所见丝绸之路》，《欧亚学刊》第9辑，中华书局，2009年；李健超《丝绸之路中国境内沙漠路线的考察》，《西北大学学报（哲学社会科学版）》1991年第2期。

③　侯杨方《玄奘帕米尔东归路线的复原——基于GPS和实地考察的研究》，《历史地理》第37辑，复旦大学出版社，2018年；张萍《丝绸之路交通地理定位与道路网络复原研究》，首都师范大学出版社，2018年；刘露《GIS下的14—17世纪陆上丝绸之路道路复原研究》，陕西师范大学硕士学位论文，2017年；乐玲《10—12世纪陆上丝绸之路交通道路网络复原》，陕西师范大学硕士学位论文，2017年。

了最基本的史实。①同时，章巽还出版有《古航海图考释》一书。②近些年由于受对外开放浪潮的影响，"海上丝绸之路"名称频繁出现在学术研究成果中，海上丝绸之路与广州、潮汕、湛江、合浦、宁波、泉州、扬州、胶州、雷州等城市和地区关系的著述不断涌现。一些地方的会议论文集，如《中国与海上丝绸之路：联合国教科文组织海上丝绸之路综合考察泉州国际学术讨论会论文集》③等书中，也有许多研究海上丝绸之路的论文。

茶马古道的研究成为近十多年来云南、四川、甘肃等省区交通地理研究的热点，其中，有关茶马古道旅游方面的论著较多，而有关古通道承担的茶马贸易功能及通道、路线走向的研究成果较少。蒋文中的《茶马古道研究》《茶马古道文献考释》较为专业。④刘勤晋主编的《古道新风——2006茶马古道文化国际学术研讨会论文集》中，也有茶马古道路线研究的论文。⑤

有关陶瓷之路的研究成果较少。先是日本学者三上次男《陶瓷之路》在1984年由李锡经、高喜美翻译出版，后来又有梅彬《海上陶瓷之路》和吴小凤《宋明广西海上陶瓷之路研究》二书出版。⑥

在唐蕃古道研究方面，有陈小平《"唐蕃古道"的走向和线路》、苏海洋等《唐蕃古道大震关至鄯城段走向新考》、余小洪等《唐蕃古道路网结构的考古发现与重构》、刘立云等《从"唐蕃古道"到"茶马古道"：论西藏与丝绸之路的关系及其意

① 章巽《我国古代的海上交通》，新知识出版社，1956年（商务印书馆1986年再版）。

② 章巽《古航海图考释》，海洋出版社，1980年。

③ 联合国教科文组织海上丝绸之路综合考察泉州国际学术讨论会组织委员会编《中国与海上丝绸之路：联合国教科文组织海上丝绸之路综合考察泉州国际学术讨论会论文集》，福建人民出版社，1991年。

④ 蒋文中《茶马古道研究》，云南人民出版社，2014年；《茶马古道文献考释》，云南人民出版社，2013年。

⑤ 刘勤晋主编《古道新风——2006茶马古道文化国际学术研讨会论文集》，西南师范大学出版社，2006年。

⑥ ［日］三上次男《陶瓷之路》，李锡经、高喜美译，文物出版社，1984年；梅彬《海上陶瓷之路》，江西人民出版社，2016年；吴小凤《宋明广西海上陶瓷之路研究》，广西人民出版社，2011年。

义》等文。^①此外，在玉石之路、金属之路、古盐道、丝瓷之路等话语下进行研究的成果也不少，但以相关区域地方文化人士的研究为主。

4."道路地域性特征"视域下的研究

在中国交通史的话语下，许多地方古代的交通区位重要、地名彰显度高，地域特征相当明显，历史上就已形成话语，如周道、直道、蜀道、故道、潇贺古道、崤函古道、京西古道、博南古道、五尺道、蜀身毒道、仙霞古道、梅岭古道、吴越古道、商於古道等，有明显的"道路地域性特征"，在学术界受到的关注超过其他地区。

如秦直道，前人做了大量研究，如史念海《秦始皇直道遗迹的探索》《直道和甘泉宫遗迹质疑》《与王北辰先生论古桥门和秦直道书》、王开《"秦直道"新探》、贺清海和王开《毛乌素沙漠中秦汉"直道"遗迹探寻》、延安地区文物普查队《延安境内秦直道调查报告之一》、孙相武《秦直道调查记》、吕卓民《秦直道歧义辨析》、甘肃省文物局《秦直道考察》等。^②近年来，王子今主编的《秦直道》丛书^③，共八卷，包括王子今著《秦始皇直道考察与研究》，徐卫民、喻鹏涛著《直道与长城——秦的两大军事工程》，徐君峰著《秦直道道路走向与文化影响》《秦直道考察行纪》，张在明、王有为、陈兰、喻鹏涛著《岭壑无语——秦直道考古纪实》，宋超、孙家洲著《秦直道与汉匈战争》，马啸、雷兴鹤、吴宏岐编著《秦直道线路与沿线遗存》，孙闻博编《秦直道研究论集》，共三百多万字，一千幅图片，可称为秦直道研究的集大成者。

---

① 陈小平《"唐蕃古道"的走向和线路》，《青海社会科学》1987年第3期；苏海洋等《唐蕃古道大震关至鄯城段走向新考》，《青海民族大学学报（社会科学版）》2011年第3期；余小洪等《唐蕃古道路网结构的考古发现与重构》，《西藏民族大学学报（哲学社会科学版）》2017年第6期；刘立云等《从"唐蕃古道"到"茶马古道"：论西藏与丝绸之路的关系及其意义》，《西藏研究》2018年第6期。

② 史念海《秦始皇直道遗迹的探索》，《陕西师大学报（哲学社会科学版）》1975年第3期；史念海《直道和甘泉宫遗迹质疑》，《中国历史地理论丛》1988年第3期；史念海《与王北辰先生论古桥门和秦直道书》，《中国历史地理论丛》1989年第4期；王开《"秦直道"新探》，《西北史地》1987年第2期；贺清海、王开《毛乌素沙漠中秦汉"直道"遗迹探寻》，《西北史地》1988年第2期；延安地区文物普查队《延安境内秦直道调查报告之一》，《考古与文物》1989年第1期；孙相武《秦直道调查记》，《文博》1988年第4期；吕卓民《秦直道歧义辨析》，《中国历史地理论丛》1990年第1期；甘肃省文物局《秦直道考察》，兰州大学出版社，1996年。

③ 王子今主编《秦直道》，陕西师范大学出版总社，2018年。

蜀道是中国历史时期少有的以"地域"叠加"道路"的文化名词，笔者曾专门对"蜀道"名称的起源、变迁、名实变化做了探讨。[1]蜀道的研究一直受到巴蜀陕甘地区学者的关注，相关成果丰硕，涉及关中与汉中之间的褒斜道、子午道、傥骆道、陈仓道（故道）和连云栈道，以及汉中与巴蜀之间的金牛道、阴平道、米仓道和荔枝道。在褒斜道方面，有郭荣章《论古褒斜道上栈阁的分布、形制及邮驿等建筑设施》、艾冲《西晋以前的褒斜道》、李之勤《关于褒斜道的名实问题》、梁中效《唐代褒斜道交通初探》、党瑜《褒斜道的开发、变化和历史作用》、刘洁《北魏褒斜道改道说质疑》等文。[2]在子午道方面，有李之勤《历史上的子午道》、王子今和周苏平《子午道秦岭北段栈道遗迹调查简报》等文。[3]在傥骆道方面，有陈显远《"傥骆道"初考》、徐志斌《论唐代傥骆道的特点与价值》、雷震《历史时期的傥骆道及其作用》、王艳朋等《秦岭骆谷道——傥骆古道考古调查述略》、李久昌《唐宋明清时期傥骆道的交通及作用》、梁中效《汉魏傥骆道的交通及影响》等文。[4]在连云栈道和陈仓道方面，有李之勤的《元明清连云栈道创始于北魏回车道说质疑》《论故道在川陕诸驿中的特殊地位》、郭清华《陈仓道初探——兼论"暗渡陈仓"与陈仓道有关问题》等文。[5]有关金牛道的论文，有李之勤《金牛道北段线路的变迁与优化》、孙启祥《金牛古道演

① 蓝勇《巴蜀历史文化考二则》，《中华文化论坛》2013年第7期。

② 郭荣章《论古褒斜道上栈阁的分布、形制及邮驿等建筑设施》，《文博》1988年第5期；艾冲《西晋以前的褒斜道》，《人文杂志》1983年第4期；李之勤《关于褒斜道的名实问题》，《成都大学学报（社会科学版）》1989年第1期；梁中效《唐代褒斜道交通初探》，《汉中师院学报（哲学社会科学版）》1992年第1期；党瑜《褒斜道的开发、变化和历史作用》，《唐都学刊》1997年第4期；刘洁《北魏褒斜道改道说质疑》，《文博》2011年第1期。

③ 李之勤《历史上的子午道》，《西北大学学报（哲学社会科学版）》1986年第2期；王子今、周苏平《子午道秦岭北段栈道遗迹调查简报》，《文博》1987年第4期。

④ 陈显远《"傥骆道"初考》，《文博》1987年第3期；徐志斌《论唐代傥骆道的特点与价值》，《陕西理工学院学报（社会科学版）》2011年第3期；雷震《历史时期的傥骆道及其作用》，《陕西理工学院学报（社会科学版）》2011年第4期；王艳朋等《秦岭骆谷道——傥骆古道考古调查述略》，《文博》2017年第3期；李久昌《唐宋明清时期傥骆道的交通及作用》，《济源职业技术学院学报》2016年第2期；梁中效《汉魏傥骆道的交通及影响》，《成都大学学报（社会科学版）》2011年第2期。

⑤ 李之勤《元明清连云栈道创始于北魏回车道说质疑》，《历史地理》第21辑，上海人民出版社，2006年；李之勤《论故道在川陕诸驿中的特殊地位》，《中国历史地理论丛》1993年第2期；郭清华《陈仓道初探——兼论"暗渡陈仓"与陈仓道有关问题》，《成都大学学报（社会科学版）》1989年第2期。

变考》、李久昌《金牛道早期史考述》等文。①

虽然金牛道在蜀道的南线诸道中地位最为重要，遗产资源也最为丰富，但相关的研究却相对薄弱。已有的研究往往显现为区间段的研究，如剑阁翠云廊段、广元昭化段、罗江白马关段，系统全面的研究成果并不多，而苍溪、阆中、盐亭、三台、中江、广汉段的研究成果更是稀少。相对而言，有关米仓道的研究近年成果较多，如陈显远《"米仓道"考略》、蓝勇《米仓道的踏察与考证》、梁廷保《古米仓道考》、四川省文物考古研究院等《四川南江米仓道调查简报》、郭声波《论米仓道的系统问题及其历史地位》、彭邦本《米仓道路线与性质初探》、李久昌《汉魏南北朝时期的米仓道交通及作用》《唐宋至明清时期的米仓道交通及作用》、王子今《"米仓道""米仓关"考》等。②至于阴平道，有鲜肖威《阴平道初探》、蓝勇《历史上的阴平正道和阴平斜道》、万娇《"阴平道"与"左担道"名称考证》、李龙《阴平道考略》《阴平道交通兴衰的历史脉络》等文。③荔枝道的研究，则有郭声波、周航《"荔枝道"研究三题》，周航《洋巴道发展的历史脉络》，蓝勇等《三峡开县秦巴古道路线考述》，李久昌《荔枝道早期史考述》等。④

近十年来，刘庆柱、王子今主编的十册《中国蜀道》，由三秦出版社在2015年出

---

① 李之勤《金牛道北段线路的变迁与优化》，《中国历史地理论丛》2004年第5期；孙启祥《金牛古道演变考》，《历史地理》第23辑，上海人民出版社，2008年；李久昌《金牛道早期史考述》，《成都师范学院学报》2016年第8期。

② 陈显远《"米仓道"考略》，《文博》1988年第1期；蓝勇《米仓道的踏察与考证》，《四川文物》1989年第2期；梁廷保《古米仓道考》，《四川文物》2001年第3期；四川省文物考古研究院等《四川南江米仓道调查简报》，《文物》2013年第9期；郭声波《论米仓道的系统问题及其历史地位》，《四川文物》2012年第6期；彭邦本《米仓道路线与性质初探》，《四川文物》2013年第1期；李久昌《汉魏南北朝时期的米仓道交通及作用》，《成都大学学报（社会科学版）》2016年第5期；李久昌《唐宋至明清时期的米仓道交通及作用》，《陕西理工大学学报（社会科学版）》2016年第6期；王子今《"米仓道""米仓关"考》，《宝鸡文理学院学报（社会科学版）》2018年第5期。

③ 鲜肖威《阴平道初探》，《中国历史地理论丛》1988年第2期；蓝勇《历史上的阴平正道和阴平斜道》，《文博》1994年第2期；万娇《"阴平道"与"左担道"名称考证》，《四川文物》2010年第6期；李龙《阴平道考略》，《成都大学学报（社会科学版）》2017年第1期；李龙《阴平道交通兴衰的历史脉络》，《成都大学学报（社会科学版）》2018年第2期。

④ 郭声波、周航《"荔枝道"研究三题》，《四川师范大学学报（社会科学版）》2018年第2期；周航《洋巴道发展的历史脉络》，《黑龙江社会科学》2018年第6期；蓝勇等《三峡开县秦巴古道路线考述》，《三峡大学学报（人文社会科学版）》2013年第4期；李久昌《荔枝道早期史考述》，《重庆交通大学学报（社会科学版）》2017年第2期。

版，成为蜀道研究的集大成者。其中第1卷《交通路线卷》、第2卷《历史沿革卷》，与交通地理有较大的关系。李勇先、高志刚主编的《蜀藏·巴蜀珍稀交通文献汇刊》由成都时代出版社在2015年出版。此外，李勇先近来主编了一系列蜀道文献的丛书。金生杨主编的《蜀道行纪类编》由广陵书社在2017年出版，马强主持的"蜀道文献整理与研究"国家社会科学基金重大项目已立项启动。

此外，以潇贺古道、崤函古道、京西古道、博南古道、五尺道、蜀身毒道、仙霞古道、梅岭古道、吴越古道、商於古道为题的研究也有不少。

总的来看，中国历史交通地理的研究领域已十分广阔。有关交通通道线路的考证几乎涵盖各个历史时期，特别是对唐代和元代的交通路线的考证已经较为仔细深入。在区域历史交通地理方面，对于巴蜀、关中、中原、岭南地区的各种交通通道的考证成果也较为丰硕。"道路功能性特征"视域下丝绸之路、海上丝绸之路、茶马古道、唐蕃古道、陶瓷之路等研究甚为吸睛；"道路地域性特征"视域下的直道、狭义的蜀道研究成果迭出，因而使历史交通地理的研究在学术界内外的影响力大大提高。但需要指出的是，中国历史交通地理研究存在学科独立性不强、科学精准度不高，具有厕身于其他相关学科之中而声名不显的特征。

（二）舍弃之中彰显自我：中国历史交通地理学科独立性与科学性的加强

应该看到，历史交通地理与传统交通史的研究，在研究对象和方法上都有所差异。历史交通地理主要是研究历史时期的交通通道的路线走向变化、兴废和造成这种变化、兴废的社会和自然原因，其中包括关隘、津渡的变化等，而相关交通设施与技术、交通管理制度（驿站、铺递、驿夫铺兵）、交通与社会应对等，并不应该是历史交通地理研究的主体。但是，从上面的回顾可见，既往许多历史交通地理的研究完全是被纳入一般意义上的交通史研究之中，单独考证历代交通路线走向、站驿名实与位置的专著并不太多，而将历史文献与田野考察有机结合起来考证的成果更是凤毛麟角。

历史上的交通可以从多个视域去透视，例如，交通运输史范式、技术史范式、社会史范式、考古学范式、文化史范式、地理学范式。交通运输史的范式对交通路线的关注往往较为粗略，只求大概，而对交通制度、交通运输的关注较为深入，属于中观视域。技术史的范式往往更关注于交通设施，重在考察工程技术在交通中的作用，如关注栈道类型、桥梁类型、交通工具等，是突出技术量化的视域。社会史的范式更多关注交通的社会属性，关注交通对社会经济文化的影响，如码头社会、交通帮会等，是一种社会视阈的研究。考古学的范式主要着力交通遗产点的发现发掘，关注地下地面的道路遗址遗迹，往往是一种微观视域。文化史的范式则视交通为一种文明现象，考察交通在人类文明发展史中的地位，将技术、制度、遗产都放在文明史角度考察，是一种较为宏观的视域。历史交通地理的基本范式应该是地理学范式，即主要考量交通要素中最基本的路线走向的空间变迁，研究这些路线空间变迁的社会和自然驱动因素，考察这种变迁形成的影响，即自然和社会响应。遗憾的是，这种地理学范式在历史地理学界受到的重视并不够。

近七十年来，历史交通地理研究虽然取得了很大的成绩，但就历史交通地理这个话语在历史学界或是在中国历史地理学科内部来看，其影响力都是相当有限的，这是因为既有的历史交通地理研究往往是在非地理学范式背景下展开的，或是多种范式兼容下展开的。在以往出版的著作中我们还找不到一本以"某某断代的交通地理"或"某某地区的交通地理"为主题的专著，就是连专门的"通道考""线路考""线路研究""通道研究"之类的论文都少见。由于中国历史交通地理学科的专业性并不太强，自然其独立性也不可能太强。

多种历史交通研究范式"兼容"在某种程度上是一种优点，因为研究历史交通地理确实需要对交通制度、交通运输、交通技术、交通与社会等课题进行研究。但当历史交通地理完全淹没在这些内容之中，历史交通地理的学科独立性就完全丧失，学科体系的完善和学科精度的提高就会受到影响。所以，从这个角度上讲，研究历史交通地理需要放弃其他范式内容，强化地理学范式内容，将重点放在复原历代交通路线的走向变迁及变迁原因和影响上，切忌面面俱到。

地理学范式研究是历史时期交通研究的基础。只有将历史时期的交通路线走向完全弄清楚后，其他运输史、文化史、社会史范式才有深入研究的可能和基础。就交通历史的研究来看，首先要弄清的是路线、通道的空间走向与布局，这是最基本的。当我们将这种包裹在基础之外的附属范式去掉后，这种基础的独立性就会彰显出来。所以，历史交通地理研究者应该将精力主要集中在通道、线路的空间定位上，主动舍弃交通与社会、制度、技术层面关系的研究，这是突出历史交通地理学科独立性的前提。当舍弃这些以后，就当下的条件来看，首先需要历史交通地理研究树立一种"考古学情怀"，推行一种"全路段驴行"式考察，历史交通地理的学科自强才有可能实现。

1.历史交通地理的研究应树立"考古学情怀"

长期以来，前辈学者在研究历史交通地理时相当注重历史文献，大多数交通通道的考证都是以历史文献为基础在书斋中得出的，如严耕望、章巽、杨正泰等都是这样的。

近代古史学派对上古中古交通的研究，也多是以古文献为依据的。近代考古学兴起以后，历史研究的多重证据法深入人心，但考古学界可能更多是关注墓葬、城址等遗址遗迹的发现发掘，还少有学者进入线性文化遗产的发掘和历史交通通道的研究之中。另一方面，历史地理学者也少有依据考古遗址遗迹研究历史交通地理的主观诉求。

近些年来，考古学界开始将大量精力放在历史交通通道的考古研究上来，考古学者与历史地理学者结合进行了大量历史交通地理方面的科学考察，如秦直道、西北和南方丝绸之路、褒斜道、连云栈道、米仓道、三峡古栈道、龙场九驿的相关科学考察和测量工作，而一些重要城市唐宋路面的发掘工作都显现了考古学对历史交通地理的关注和重视。特别是近几十年在开展第二次和第三次文物普查工作时，各地将古道、古桥都纳入重要的调查和保护对象之中，大量通过考古证明的遗址点成为复原历史交通通道的重要证据。不过，由于过去相关的调查和发掘基础不足，古道考古学在方法、手段上还很不成熟。

历史交通地理的研究对古代道路遗产的考察相当必要，而古代交通遗产的历史时代鉴定是我们研究复原交通路线走向最重要的科学手段。在考察中，地形地貌的山川形便、路基与碥石、古桥与栈道、关隘与城防、道路两边的历史民居、寺观、会馆、牌坊、神龛、碑刻、墓葬等的属性和历史时代鉴定，都可以成为历史交通通道走向和时代判断的重要依据。考古学提供了遗址遗存鉴定的技术手段和成熟考古类型学体系支撑。例如，同位素测年技术可以广泛运用于历史交通地理的研究之中，如通过对交通沿线古代木质建筑、木栈道、木质古桥的测年，可以旁证通道利用的历史年代。经纬度与海拔高程的精准测量、无人机的广泛使用，使对古代交通通道遗址的精准定位成为可能；道路坡度系数的考量，使古代道路的路线定位成为可能。不过，由于现代科学技术的局限性和现代考古学的局限性，交通道路的石料年代科学测量还不能进行，石料形制年代学也没有完全建立起来，对碥路、古桥的年代鉴别还主要依靠历史文献和石刻具体纪年叠加一种经验性的感觉来认知。现在许多人在考古调查时将许多壶穴、柱孔简单地认定为栈孔、桥柱孔、马蹄印，将自然形成的凹槽简单地认定为人工开凿的碥路是不可取的。

因此，野外考察中，研究者千万不要将今天看到的地面桥梁、碥路条石等的年代简单定论。在还没有完全进行路基的文化层试掘、碥路条石的年代科学鉴定之前，千万不能随便认定通道的具体年代。例如，以前人们考察石门道、米仓道时，将现代路基和碥路认定为秦代五尺道或唐宋米仓道，都是不可取的。除非有具体纪年证明，或相应的文化层文物证明，否则，不能轻易下定论。在大多数地区，汉唐时期的道路路基都是埋于文化层之下的，切不可以明清时期的路基和碥路条石作为汉唐遗物。同样，考古学界不知现存的许多碥石多是明清以来一直延续使用至今的，属于地面文物，并不一定都需要文化层的发掘支撑。

历史交通地理研究的研究者需要厚实的历史文化基础，需要及时关注历史交通通道遗址点，最好能与考古学者一起进入遗址地进行考察、踏访，甚至于发掘。这样，才能让自己具有一种"考古学情怀"。

2．历史交通地理的研究应推行"全路段驴行"式考察

考古学更多是为历史地理道路线路走向复原提供点上的道路遗址遗存支持，但历史交通地理与考古学的属性毕竟不同，历史交通地理更需要从全线整体去考察交通通道，将点与线结合，将文献与田野考察结合。历史交通通道的微调改线相当频繁，历史文献往往少有记载或有记载也没有引起研究者重视，而仅靠文献考证和考古发掘都不能解决此类问题。因此，历史交通地理的研究者应该是一位忠实的田野考察者，这是"线性遗产""线性文化"的特殊性决定的。

在以往的历史田野考察中，由于交通条件、资讯条件、经济条件、时间条件的制约，田野考察也还只是点上的考察，对路段的整体情况并不清楚。笔者早年自费徒步考察了长江三峡、大巴山、川滇川黔通道的许多路段，除部分路段为沿线徒步走通外，许多都是点上的考察。所以，可能仍有许多相关通道遗址文物、相关历史记忆尚没有进入我们研究者的眼中。

近些年来，出于锻炼身体、挑战自然、探访人文的诉求，社会上"驴友""驴行"风行，而且由于交通条件的改善，各种资讯的方便，各类国家项目经费的支撑，为研究者进行"全路段驴行"式考察提供了可能。通过全路段驴行式的考察，研究者可以像古人那样设身处地地考量古道与古人的关系，发现许多过去发现不了的环境和遗迹，为我们的研究判断提供强有力的支撑。如笔者在明清成渝东大路的考察中采取了半路段驴行式考察，对保存遗存的路段进行全方位步行，发现了大量前人没有发现的历史遗迹。[①]在编绘《重庆历史地图集》时，我们项目组的张颖对重庆僻北路、渝黔大路、渝万大路采取全路段驴行的方式，发现了大量以前关注不够的道路改道和道路遗迹。《重庆历史地图集》的"明代东大路""清代东大路""清代僻北路""清代

---

① 蓝勇等《明清成渝东大路重庆段考察札记》，《中国人文田野》第6辑，巴蜀书社，2014年，第38—75页。

渝黔大路"图幅,之所以能绘制在1:30000—1:50000比例尺的地形图上,就是因为采取了这种驴行式考察。[①]近五年来,我们系统进行了大量古道考察,基本上都是一种驴行式的考察。无庸讳言的是,这种几百公里的驴行式考察是相当艰苦的,但这种考察在西方历史学界进行同类研究时往往是一种常态。之前我们接触过德国海德堡大学和图宾根大学研究清代滇铜京运通道的人员,像海德堡大学的金兰中研究员,作为一位女性,只身在滇东北大山中做了大量的徒步考察,而图宾根大学的研究者,在实地徒步考察的基础上,运用现代技术考量古道的坡度系数,将历史交通地理的研究精度提高到前所未有的水平。可以说,用这种研究路径形成的成果,其科学信度和精度,是传统书斋式的历史文献考证或点状考古证明获得的成果所不能比拟的。

其实,田野调查方法是历史地理学研究的根本方法,而历史交通地理作为一种"线性文化""线性遗产"的基础研究,对田野工作有相当的依赖性。在当下的学术背景和条件下,全路段驴行式田野考察应该是研究历史交通地理的标配。孙华教授认为蜀道有"线状遗迹"和"点状遗产"两大类遗址,[②] 史学界以前更多关注交通通道上的"点状遗产",而对"线状遗迹"关注不够。实际上,我们今天已具备更多关注"线状遗迹"的技术条件。有学者提出"高精度"研究历史交通通道的设想,[③]值得肯定;不过,遗憾的是,目前尚没有这方面的实践。就当下来看,现代经纬度和海拔高程的及时测定、无人机与实时电子遥感地图密切配合、同位素测年的广泛使用,都为研究者复原历史交通线路、确定道路年代、探讨古今变化规律提供了条件。如无人机的运用,为我们实拍古代通道全路段鸟瞰动态影像提供了可能,也为我们在研究中判断古今道路走向变化规律提供了可能。同时,我们也期望通过对大量包含古道碥路条石规制的整理总结后,建立考古意义上的石料年代学体系,为研究一些无法用同位素测年证明古道具体时代的道路提供较可靠的判断依据。

历史交通地理的研究与现实社会的联系越来越多。一带一路、蜀道申遗、古道旅游、经济走廊、民族走廊,这些话语都需要历史交通地理研究的支撑。这种情况的出现并不会削弱历史交通地理研究的科学性,相反,对历史交通地理的研究提出了更高的要求。正是因为有"一带一路"的国家构想,才会出现学术界的丝绸之路研究热,

① 蓝勇主编《重庆历史地图集》,星球地图出版社,2017年。
② 孙华《蜀道遗产初论——年代、路线和遗产类型》,《遗产与保护研究》2017年第2期。
③ 苏海洋《唐宋时期青泥路的高精度复原研究》,《西安交通大学学报(社会科学版)》2017年第4期。

才会出现运用GIS复原丝绸之路道路网络的精细化研究。也正是因为蜀道申遗的现实诉求，使研究者对金牛道、米仓道、阴平道的科学考察比以前更为深入、全面。

应该看到的是，一方面，各地旅游开发中对古代交通遗迹的研究和开发利用诉求越来越强烈，各地的古道研究成果也越来越多；另一方面，这些研究基本上还是在文化史范式、社会史范式、交通史范式下进行的。就是纯粹的历史交通地理研究也还主要是以历史文献记载为主。许多地区仍简单将现代的古道走向臆测为秦汉、唐宋时代走向，将今天古道路基认为是汉唐路基，将今天的碥路条石认定为汉唐所留。仅以巴蜀地区的古代交通研究来看，绝大多数道路的全路段驴行式考察还没有展开，特别是携带现代装备的科学全路段驴行式考察还几乎没有进行。虽然，近几十年来，笔者率领研究生们完成了广义的蜀道（整个四川盆地古道）的驴行考察工作，但整个历史地理学界对古代"线状遗迹"的考察和保护研究还远远不够，蜀道以外区域的工作进行得还很少。因此，笔者十分希望年轻学者在历史文献的基础上，完成中国古道全路段驴行式田野考察。这应该是在现代技术条件下开展历史交通地理研究的一个基础性工作。

二、近七十年来蜀道研究的得失与我们的科学情怀

四川盆地在历史上是一个较为特殊的地理单元，四周被高耸的山脉围住，北面大巴山，东面巫巴山地，东南齐岳山、武陵山，南面大娄山、乌蒙山，西为南北向的横断山脉，西北为岷山山脉、龙门山系，西南为大小凉山，在盆地东部还有川东平行岭谷的切割。在传统农耕时代，这种地形地貌自然成为人类活动的一种天然险阻。而历史时期，四川盆地内部的平原、浅丘地带又非常适合人类生存，几千年来，人类在四川盆地内创造了辉煌的人类文明，不论是上古的三星堆、金沙文明，还是中古时期的巴蜀农耕文明与蜀学、近古独特的川江文化，均成为中华文明的一个重要而有特色的组成部分。这样，巴蜀文明不论是与中华文明的政治中心联系的需要，还是与其他文明的经济文化交流的需要，或盆地内部的经济文化交流的需要，都赋予了巴蜀先民走出盆地、消除空间阻隔的强大内在动力，也因此孕育出了在世界交通文明史上独树一帜的大量交通制度、交通设施和交通文化。当然，不论是交通制度、交通设施，还是交通文化，其最根本的基础都是依附于交通通道路线。

在中国历史上，由于人类生产力在不断变化，社会经济文化的大格局也在不断变化，交通通道的路线也在不断变化之中。在历史文献中对于明清以前的交通通道路线

的记载往往是很不全面系统的，这就使我们还不能简单地做古道的路线复原工作，而是需要做大量田野背景下的考证工作。就是明清时期的道路走向，虽然历史文献的记载较多较详，历史遗迹也多有保留而相对清楚，但历史文献的记载也时有较为含糊不清的现象。现在历史遗迹的破坏也较为严重，使我们对明清时期的一些站点和路线的认知不一定很精准。

当然，历代学者对蜀道的研究可谓成果众多。较早的有1986年李之勤等的《蜀道话古》①，笔者在1989年推出了《四川古代交通路线史》②，1999年，笔者出版了《古代交通生态研究与实地考察》③一书，2004年有马强《汉水上游与蜀道历史地理研究》④，2008年王蓬的《中国蜀道》⑤出版，2010年李瑾主编的《天下蜀道》⑥出版。最近的有2015年王子今主编的《中国蜀道》⑦，2017年孙启祥《蜀道三国史研究》⑧，2018年郭林森主编的学术辑刊《汉中蜀道研究》。以上著述除笔者的两部外，均是以川陕交通话语的"南三北四"路为研究空间，并不是以整个四川盆地内外交通通道为空间。而且从研究重点来看，以上著作并不是放在通道的路线详细考证。而有关四川盆地内外交通的相关论文相当多，难以在此一一举例。但以上论著即使有关于道路走向的考证，也仅是考证一般意义上大的站点位置，缺乏系统全面对各小站点的考证研究，缺乏深入的实地考察支撑，特别是缺乏对路线的"全路段驴行"式考察，使我们对路段的细微变化缺乏认知，故历史交通地理的研究不充分。

1989年、1999年笔者出版了《四川古代交通路线史》《古代交通生态研究与实地考察》两书，对整个四川盆地的交通通道有一个简略的梳理。严耕望《唐代交通图考》⑨第4卷《山剑滇黔区》对于唐代四川盆地的交通路线的详细考证可谓经典，其考证基本穷尽唐宋史料，考证严密深入，遗憾的只是由于缺乏实地考察的支撑，使有的考证结论在科学信度上不是太高。对于明清时期的四川盆地交通路线，杨正泰《明代

① 李之勤等《蜀道话古》，西北大学出版社，1986年。
② 蓝勇《四川古代交通路线史》，西南师范大学出版社，1989年。
③ 蓝勇《古代交通生态研究与实地考察》，四川人民出版社，1999年。
④ 马强《汉水上游与蜀道历史地理研究》，四川人民出版社，2004年。
⑤ 王蓬《中国蜀道》，中国旅游出版社，2008年。
⑥ 李瑾主编《天下蜀道》，天地出版社，2010年。
⑦ 王子今主编《中国蜀道》，三秦出版社，2016年。
⑧ 孙启祥《蜀道三国史研究》，巴蜀书社，2017年。
⑨ 严耕望《唐代交通图考》，上海古籍出版社，2007年。

驿站考》和刘文鹏《清代驿站考》做了一些工作，但同样由于缺乏实地考察，《明代驿站考》对一些巴蜀驿站位置的考证明显有误，而清代驿站的位置本身较为确定，考证的意义并不是太大；而对于这些明清驿站今天的具体情况，当然是一点没有涉及。至于明清时期四川盆地所有古道所经过的关隘、津渡、铺递、塘汛、打尖点、茶亭，更是几乎没有涉及。改革开放以来的四川、贵州、陕西、云南、重庆等省区交通厅局编的省区的交通志、交通史中，对四川盆地交通路线有所涉及，但不够深入详细。各区县学者对本地区的古代道路交通关注较多，较为熟悉，很多区县编有相关论著，涉及路线考证。对于广义的蜀道陆路站点的考证，许多著作都有涉及，如四川省文物考古研究院和中国国家博物馆《2010年穿越横断山脉——寻踪五尺道》、四川省文物考古研究院等《险行米仓道》、四川省文物考古研究院《觅证荔枝道》、四川省文物考古研究院等《踏查达州古道》、王开主编的《陕西古代道路交通史》、雍思政主编的《漫话剑门蜀道》、唐长寿《南方丝绸之路乐山行图记》、赵逵《历史尘埃下的川盐古道》、龚锐等《乌江盐油古道文化研究》、李蓉等《古道秘踪：古蜀道（青川段）考古调查》、苟在江《荔枝道探秘》、苏海洋等《陇蜀古道历史地理研究》、谭嘉韬《中国金牛蜀道》等。[1]其他有关南方（西南）丝绸之路、茶马古道、川（巴）盐古道、盐茶古道的著作还有许多，但涉及路线详细考证的并不多。有一些地方的学者、文化人，虽然对地方历史文化较为熟悉，但对历史文献掌握得还不够全面，更重要的是，他们往往缺乏基本的历史学专业培训，多用传说证史，缺乏史源学的基本常识，易将明清时代人们的认知作为汉唐史实的主证，又往往叠加上家乡感情的影响，所以研究的结论往往缺乏基本的科学规范，结论信度不高。而主流历史学者们往往更多从交通史的角度关注四川盆地的交通，对历史交通地理关注较少，更缺乏历史交通地理研究需要的线性遗产驴行式科学考察支撑；所以至今没有学者能在实地考察的基础

---

[1]　四川省文物考古研究院、中国国家博物馆《2010年穿越横断山脉——寻踪五尺道》，科学出版社，2011年；四川省文物考古研究院等《险行米仓道》，四川大学出版社，2012年；四川省文物考古研究院《觅证荔枝道》，四川大学出版社，2016年；四川省文物考古研究院等《踏查达州古道》，四川大学出版社，2017年；王开主编《陕西古代道路交通史》，人民交通出版社，1989年；雍思政主编《漫话剑门蜀道》，巴蜀书社，2010年；唐长寿《南方丝绸之路乐山行图记》，四川文艺出版社，2021年；赵逵《历史尘埃下的川盐古道》，东方出版中心，2016年；龚锐等《乌江盐油古道文化研究》，民族出版社，2014年；李蓉等《古道秘踪：古蜀道（青川段）考古调查》，巴蜀书社，2023年；苟在江《荔枝道探秘》，四川民族出版社，2019年；苏海洋等《陇蜀古道历史地理研究》，科学出版社，2019年；谭嘉韬《中国金牛蜀道》，四川美术出版社，2018年。

上，从整体上对四川盆地古代的交通路线做更为详细的梳理和考证。严格地说，广义的蜀道应该包括川江水运交通，这方面的研究更是较为稀少。之前交通部门编有《四川内河航运史》《贵州航运史》《长江上游航道史》等著作①，邓晓编有《川江航运文化研究》，赵永康著有《川江地理略》，赤水市委宣传部编有《川盐入黔仁岸赤水》等著作②。不过，以上著作缺乏从历史地理角度对整个川江航运站点的全面关注。

可喜的是，近十多年来，学者们对于蜀道的文献整理做的工作相当出色，如李勇先等主编的《蜀藏·巴蜀珍稀交通文献汇刊》《蜀道方志集成》、金生杨主编的《蜀道行纪类编》，为我们研究蜀道提供了极大的方便。③

笔者从事历史研究的处女作是关于川滇石门道的。1983年笔者在胡汉生、何汝泉老师的指导下完成了本科毕业论文，是有关川滇石门道的。1984年，在何汝泉老师的推荐下，笔者的毕业论文《川滇古道沿革初考》一文在《西南师范学院学报》上发表，对笔者走上学术道路无疑起了一个极大的激励作用。在经过多次实地考察的基础上，特别是1986年对四川盆地对外交通路线做了一次较为系统的考察之后，在1989年出版了笔者的第一部专著《四川古代交通路线史》，对古代四川盆地对外交通路线做了一个较为系统的初步梳理。后来，笔者又陆续地对古代四川内外交通通道做了一些考证和实地考察，考证路线部分成果汇集在《古代交通生态研究与实地考察》一书中，交通设施部分汇集在《西南历史文化地理》④一书中。进入21世纪以来，笔者的研究兴趣开始转向历史时期的生态变迁、历史文化地理、历史饮食地理、川菜史、清代内河公益救生方面，虽然也偶有关注历史交通地理，时而进行过相关的实地考察，但对历史交通地理的关注相对减弱。近十年来，随着蜀道申遗工作的推进，四川、重庆各区县更加重视本区县的线性文化遗产，有的出版社有了修订出版笔者1989年出版的《四川古代交通路线史》一书的诉求。但是，笔者认为，历史交通地理的研究已经经

① 王绍荃主编《四川内河航运史》，四川人民出版社，2000年；夏鹤鸣等主编《贵州航运史》，人民交通出版社，1993年；熊树明《长江上游航道史》，武汉出版社，1991年。

② 邓晓《川江航运文化研究》，中国言实出版社，2009年；赵永康《川江地理略》，团结出版社，2016年；赤水市委宣传部编《川盐入黔仁岸赤水》，内部出版，2007年。

③ 李勇先、高志刚主编《蜀藏·巴蜀珍稀交通文献汇刊》，成都时代出版社，2015年；李勇先等主编《蜀道方志集成》（金牛道、阴平道、米仓道、荔枝道卷），巴蜀书社，2023—2024年；金生杨主编《蜀道行纪类编》，广陵书社，2017年。

④ 蓝勇《古代交通生态研究与实地考察》，四川人民出版社，1999年；《西南历史文化地理》，西南师范大学出版社，1997年（2001年出版修订版）。

历了三十多年的历程，虽然《四川古代交通路线史》在三十多年前出版时有其特殊的价值，但放在今天，从内容的全面性、研究的深入性、视角的时代性来看，都远远不能适应今天的学术时代了。所以，笔者产生了重新撰写一部蜀道著作的想法。

虽然蜀道在历史上相当重要，但历史文献中对蜀道的记载是较为分散的，特别是对一些上古、中古站点需要考证定位到点上时，文献支撑往往并不如意。而通常情况是，即使有文献记载，往往也是一种虚拟的空间定位，现在难以具体定位，所以往往对唐宋时期许多关隘、驿铺、站点位置争议较大，路线走向也有多种说法。如汉代的灵关、江关、捍关等，唐代清溪道上的清溪关等关驿，唐代金牛道上的七盘关、白卫岭、筹笔驿，宋代米仓道上米仓关、截贤岭、孤云两角山，长江峡路上的赤甲山、白盐山。即使是明清时期一些站点关隘，由于文献记载不精准、历史遗迹破坏严重，再加上地名传承的经验性特征等因素，也会产生许多争议或不清楚之处。如历史上川江的使（史）君滩、漕溪驿，清代金牛道上七盘关关址、桔柏铺，东大路上的石梯铺，川藏古道上的义敦县治等站点的位置，也存在争议和不清楚之处。对于明清时期所经过站点的经济、人口、城建情况，相关文献记载较少，所以对分析几百年来的古道站点的变化也带来一些困难。

为此，笔者广泛搜集各类文献，除传统的正史、会典会要、地理总志、区县方志、野史笔记、诗文集之外，尽可能收集民间历史文献和近代航运专门文献，包括明清商人路书、川江航运滩书、近代航运指南、近代旅行路书、明清游记，如曹烨《星熠书》、姜宝《西征记》、黄汴《天下水陆路程》和《一统路程图记》、程春宇《士商类要》、憺漪子《天下路程图引》、佚名《清代行路规程：重庆府至京都路程》、佚名《蜀省赴京沿途站里数清册》、罗绳绅《行川必要》、傅崇矩《成都通览》中的《成都之川江水程》和《成都之旱道路程》①、张邦伸《云栈纪程》、方濬颐《蜀程小纪》、李德淦《蜀道纪游》、郎廷槐《宦蜀纪程》、张香海《宦蜀纪程》、孟传铸《西行纪程》、杨钟秀《万里云程》、李保泰《入蜀记》、高延弟《北游纪程》、陈涛《入蜀日记》、俞陛云《蜀輶诗记》、钟灵《川楚纪游》、王舫《乙卯入蜀记》、臧卓《秦蜀旅行记》、文祥《蜀輶纪程》、孟超然《使蜀日记》、陶澍《蜀輶日记》、沈炳垣《星轺日记》、吴焘《游蜀日记》、陈明申《夔行纪程》、孙海环《夔

---

① 清末民国以来以此为原本另多有单独刊行，有《由省赴会之程途》《水陆平安》《江程蜀道现势书》《四川全省各要地水陆程站》等名称，总体内容不变，只是详略多有出入。后来在民国时期广泛使用，民国时期孝顺武《川行日记》后还专门附上此《入蜀水陆记程》。

辖日记》、洪良品《巴船纪程》《东归录》、陈钟祥《岷江纪程》、贺笏臣《峡江救生船志》、国璋《峡江图考》、佚名《周行备览》、郑国翰《蜀程日记》、何嗣焜《入蜀纪程》、孝顺武《川行日记》等。清代以来有关进藏的路程文献也较多，如姚莹《康辎纪行》、钟方《驻藏程栈》、周蔼联《竺国纪游》、林儁《由藏归程记》、徐瀛《西征日记》、允礼《奉使行纪》、范寿金《三省入藏程站记》、焦应旂《藏程纪略》、杜昌丁《藏行纪程》、王世睿《进藏纪程》、张其勤《炉藏道里新记》等。对于清代以来交通通道我们尽可能参考了清代以来日本人的调查报告和游记，如竹添进一郎《栈云峡雨日记》、山川早水《巴蜀》、神田正雄《四川省综览》、东亚同文书院《支那省别全志》和《新修支那省别全志》、日本海军水路部《扬子江水路志》等文献。同时，也参考了《李希霍芬中国旅行日记》《丁格尔步行中国游记》、阿绮波德·立德《穿长袍的国度》、威廉·吉尔《金沙江》、蒲兰田《峡江一瞥》、庄延龄《扬子江上》、托马斯·布莱基斯顿《江行五月》等西方人游记。同时笔者还参考了大量明清民国时期的古旧地图，如《四川省四路关驿图》《陕境蜀道图》《川陕边区略图》《西南备边图》《清溪至昌都图》以及大量明清民国的县级政区地图。特别是一些航道图有较高的学术价值，如清末以来中外人士编绘的一些川江航道图，英国人布莱基斯顿绘的《扬子江汉口屏山段》、法国传教士薛华立编的《上江图》、英国人蒲兰田编的《川江航运指南》、法国水师编的《长江上游航道图》、蒲宇宁编的《峡江滩险志》、盛先良编的《川江水道与航行》，等等。20世纪中叶以来，航道部门编有《长江上游宜渝段航道及航标简图》《长江上游航行参考图》《四川省内河航运史志资料》等文献，也成为我们研究水运路线的参考资料。

读万卷书，行万里路，这是中国传统知识分子的理想境界。虽然当下的交通条件、通信条件都大大改进，但由于学术界处于一个功利较强的氛围中，人们真正将时间、精力花在读与行有机结合上还是远远不够的。几十年的历史地理研究中，笔者深刻地感知到如果仅靠历史文献在书斋中做历史交通地理研究，可能会使研究的科学信度大打折扣，而研究视角也会相当狭窄，思想格局也会大大变小。从历史交通地理的实地考察来看，以往学者往往只是在成熟遗迹点打卡式的走马观花，缺乏反复多次线状驴行式考察，这就使我们对古代交通通道的认知精度、深度和广度大受局限。所以，在进入历史地理研究这个圈子的四十多年的时间内，笔者一直十分重视田野考察，为此前些年出版了《史学田野考察方法》一书。虽然自1983年来，笔者四十多年的人生中一直没有中断过对巴蜀古代交通、生态环境的实地考察，但从2010年来的这十多年，为了撰写这一部五卷本《蜀道：四川盆地历史交通地理》进行的实地考察才更有针对性和系统性。

最近的十多年来，笔者带队或独自进行了一百多次古道科学考察：2010年7月松茂古道考察；2011年10月东大路中梁山段考察；2013年11月成渝东大路重庆段考察；2014年11月渝鄂古道考察；2015年1月金牛道路考察，2月西南丝绸之路考察，3月乌江流域航运考察，7月西南丝绸之路东路考察；2016年6月第二次西南丝绸之路东路考察，12月西南丝绸之路西路考察；2017年2月川滇交通考察，4月明清东大路四川段考察；2019年12月西南丝绸之路考察；2020年4月小川北道东段考察、金牛道广元段考察，7月川江岷江航运考察、阴平摩天岭道北坡考察，8月威远县新场镇古代古佛顶盐煤古道考察，10月金牛道南段东线考察、小川北道西线考察，11月金牛道南段东线补充考察、小川北道中线考察，12月小川北道东线第二次考察、渝东南秀山大龙栈道考察；2021年1月叙井古道考察、明代中大路考察，2月叙井内古道考察、川鄂南北陆路考察，3月巴县北路古道考察、丹棱古道考察，4月僻北路巴县段考察、川江航运考察，5月重走川黔古道考察、金牛道南段主线考察，6月重走清溪古道考察、重走荔枝古道考察，7月重走石门古道考察、川藏古道考察，11月石柱巴盐古道考察，12月松茂古道考察、清溪道南段考察、乌撒入蜀旧路考察；2022年5月嘉陵江流域交通考察，7月重走米仓道考察、大宁河古道考察、巴山诸道补充考察，8月滇藏古道考察，11月川湘、川鄂古道考察；2023年3月乌江航运考察、川湘鄂道路补充考察，4月川江干流航运考察，5月川江岷江段考察，6月清溪古道及阳山江道、桃关小金道考察，7月金牛道补充考察、沱江航运考察，8月川藏古道考察、松茂古道补充考察、西山北道和松龙古道考察、涪江航运考察，9月荔枝道南段补充考察，10月沐源川和鲁南山考察、川江重庆宜昌段考察，11月赤水河航运考察、嘉陵江航运考察，12月荔枝道补充考察、渠江航运考察、剑阁道考察、阴平正道补充考察、金牛道补充考察、淯江和南广河航运考察；2024年1月米仓道补充考察，2月洛凤古道考察、金牛道补充考察、剑阁道补充考察，3月小川北路、淯江盐道考察，4月米仓道补充考察、荔枝道补充考察，5月川鄂、川黔大道补充考察、云利盐道考察，6月宁河、堵水古道补充考察，7月川藏古道补充考察、沐源川道补充考察、闰盐古道补充考察，8月阴平道补充考察，10月松茂古道补充考察，11月川湘、川黔、川滇大道补充考察，12月川滇、川藏古道补充考察；2025年1月平羌江道考察、隆泸和永泸古道考察、米仓道补充考察，3月川滇古道补充考察，4月沱江、巴河水运通道考察、川鄂北路补充考察，5月津境南路考察、石门道补充考察、牛头山道补充考察，6月川藏古道补充考察。至于其间的补点考察更是不计其数。以上的科学考察，为我们复原历史时期四川盆地的内外交通路线奠定了坚实的科学基础。

　　拥有丰富的历史文献资料和驴行式的田野考察，是我们研究历史交通地理的必备条件，但是在历史学和地理学背景下的历史交通地理的思维方法和技术手段也相当重要。特别是历史学的史源学、地名学下的发生学尤为重要。从史源学的角度来看，历史上正史文本中往往只提供了一个宏大的主体历史叙事或者大的历史空间建构，乡土中国需要从乡土历史中去补充、充实宏大的历史叙事。在这个充实、补充的过程中，乡土中国除了使用客观存在的史实作为补充、充实主体叙事外，也会以虚构、臆测的方式来实现这个重构，往往会有口述传说制造、口述传说文本化、口述传说和文本传说的景观化三个层次的表现，这就是我们所说的"乡土历史重构"。"乡土历史重构"过程按内容可以分成前贤事迹的附会、历史事件的细化、历史地名的附会、山川位置的重定四种类型。第四种山川位置的重新定位的认知，对于我们考证古道路线中的地名名实之变相当重要。

　　中国古代的地理空间认知多是一种"虚拟空间认知"，如传统中国地理认知中的"某某山（河）在某地北（东西南北）多少里"定位表述，如果山川没有明显而特殊的人文、自然标识，后人和外人往往很难重新用这个定位表述去精准地认知以前的具体地理点位。而一旦出现社会动荡后的"地名传承断层"，在现实环境中如果没有能定位的前人指引，重新的"区位重构"出现的认知误差率就会更大，会出现以前的同一地名到后代存在多种区位位置认知的现象，也就会出现前代的许多关隘、山脉、驿站被重新定位而以前的位置反而被历史遗忘而无法寻访的状况，我们将这种地名的集体位移现象称为"地理认知易位"，也可称"地名整体漂移"。从方法论上看，也可以称为"山川区位重构"。如我们近几十年来研究的四川盆地古道上一些重要地名，发现大量这样的现象，如石门道上的石门关，清溪道上的灵关，阴平道上的北雄关，金牛道上的五盘关、潭毒山（关）、大小漫天岭、白卫岭、筹笔驿，长江峡路上的赤甲山、白盐山、巫山十二峰、使君滩，米仓道上的孤云山、两角山、截贤岭，都出现区位失传后区位重构的现象。[①]重构的区位与之前的区位完全不在一地，或重构出多种区位点，让后人难以分辨是非。

　　————————

①　相关考证部分见蓝勇《南方丝绸之路灵关、石门关考辨》，《成都大学学报（社会科学版）》1992年第3期；《三峡历史地理考证三则》，《重庆师范学院学报（社会科学版）》1995年第4期；《从金牛道筹笔驿名实看中国传统"乡土历史重构"》，《中华文化论坛》2021年第1期；《中国古代空间认知虚拟性与区位重构——以金牛道川陕交界段路线体系变迁为中心》，《中国历史地理论丛》2021年第4期；《米仓道的踏察与考证》，《四川文物》1989年第2期。

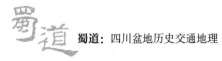

乡土历史重构具体路径可以从低到高分成口述传说制造、口述传说文本化、口述传说和文本传说的景观化三个层次。历史上的山川位置的重新定位中往往也存在这三个层次。要知道，在中国"乡土历史重构"中，口述的虚构传说一旦有了"传说文本化"和"景观制造"的过程，特别是经过"地域泛化"和"岁月沉淀"两个阶段，重构出来的地名景观往往会误导后代整个社会的历史认知，以致当下为此争论不休。

几十年的研究和考察实践告诉我们，面对这种历史现象，我们现在进行历史交通地理的复原工作需要注意以下几点：

1. 重视历史文献，但不能完全迷信文本的记载。以前的研究表明，中国历史文献中对于山川名胜区位的记载存在里程记载感性、方位坐标僵化、方位指向模糊、简脱衍串明显的"四大不精"，所以在考证中对历史文献进行记载学意义上的考证相当必要。同时，我们知道许多文本中地理认知的记载不过是过去传说文本化的结果。所以很有必要运用实地考察中发现的乡土历史记忆、实地山川形胜、周边文物支撑来对历史文献进行校证。[①]特别是民国以前的历史文献，对于道路里程的记载大多是一种经验性里程，并不是一种实测性里程，由于经验人的身体状况、负重情况、行进目的的不同，同一路段得出的里程数据差异巨大，文献记载的里程数据是不能直接用于在地图上按图索骥定点的。近来有年轻的学者探索完全不经过实地考察而只用卫星直线距离数据、文献记载里程、海拔高程直接计算出一条古道的陂度系数的，其探索勇气可佳，但由于古道两点之间由于地形地貌、城镇经济的差异巨大，古道的空间回曲形式差异巨大，可能采取大之字回曲、直线横走与大小回曲结合、陡上陡下、缓坡缓降的方式不一样，古道的实际里程与坡度数据之间关系相当复杂。况且，古代里程记载很多本身还是一种经验性数据，并不是一种实测数据。[②]所以，试图以模型统计的方式来实现这个诉求目前是不科学的。真正解决这类问题可能必须借助大量驴行考察中的实测来解决，而这是需要大量艰苦的田野工作的，是需要一种科学情怀的。

2. 重视史源学的运用，认清历史文献记载的证据信度差异。历史研究的史源学告诉我们，初始的文本化过程情况很复杂，而在历史上文本记载流传过程中还会出现大量记载信息的变异。一般意义上来看，时间上越接近地名使用时代的文本相对信度更高，所以，我们从史源学角度使用后代记忆与后代文本去复原以前的历史往往信度不

---

① 参见蓝勇《文献与田野三视阈：中古州县治城位置考证方法研究》，《历史地理研究》2020年第1期。

② 参见蓝勇《对古代交通里程记载的运用要审慎》，《中国历史地理论丛》1995年第1期。

高。因此，在研究中要尽可能用同时代的文献去复原历史上的山川名胜。在历史交通地理研究中，许多人习惯用清代文献记载作为主证据，去复原汉晋唐宋时期的地名胜迹，科学信度往往是不高的。实际上，清代以来人们的考证结论与我们这个时代的考证结论在信度上是同一个档次；甚至在现代信息较为发达的背景下，我们对上古中古的地理认知，在科学信度上比清人可能更高。所以，千万不能将明清时期对上古中古时期的地理认知完全独立当成重要证据来使用，对于中古时期文献中涉及上古的地理认知也要特别注意鉴别。特别是许多在清代民国才开始产生的对上古中古的地理认知，科学信度是相当低的。如民国时期才出现的军师庙筹笔驿，清代出现的多处白卫岭、神宣驿筹笔驿位置记载。①对于一些对古道有记载的历史文献，出处不明而无史源学背景的文献往往也要加以鉴别，如有景区"引用"所谓北宋刘福通《北栈图志·谷道篇》，实际上此人此书并不存在。

3. 努力构建古道考古学，提高中国历史交通地理研究水平。在考古学领域，人们更多关注的是墓葬、建筑遗址等类型的发掘，对地面文物的关注重点也并不在道路遗址上；所以，考古学界对古道考古的工作程序、技术手段都极不完善。许多中原考古界人士并不知道南方的许多古道碥石一直裸露在外，延续使用至今，相关的地下发掘并不是必须必要的。由于考古工作者缺乏对中国古道系统全面的驴行考察，对于中国古道中的碥路类型、栈道类型、桥梁类型、辅助设施类型缺乏全面系统的了解②，而对于碥路上的拦马墙、门槛石、饮马槽、防滑槽、车轮槽、石鼻子、石墩子、杵子窝、指路碑等更是少有专门研究，故同时出现大量将自然而然形成的壶穴认定为栈孔、马蹄印的错误认知，也有将所有石头上凿孔认定为栈孔的趋向，甚至简单将一些天然凹槽认定为人工碥路。目前，中国考古学界在古代许多器物方面的年代学已经较为成熟，但相对而言，石质的栈孔、桥孔、路基、碥石方面的年代学并没有建立起来，同位素测年也无法解决古道上石质材料的年代测定问题。所以，目前学术界对于古道上的栈孔、桥孔、路基、碥石的年代推测基本上仅是一种臆测，并且存在臆测时代越早越好的趋势，往往在并无任何直接史料和相关文物佐证的背景下，一看到栈孔就认为

① 参见蓝勇《从金牛道筹笔驿名实看中国传统"乡土历史重构"》，《中华文化论坛》2021年第1期；《中国古代空间认知虚拟性与区位重构——以金牛道川陕交界段路线体系变迁为中心》，《中国历史地理论丛》2021年第4期。
② 参见蓝勇《中国古代栈道类型及兴废研究》，《自然科学史研究》1992年第1期；《西南古代索桥的形制及分布研究》，《中国科技史料》1994年第1期；《西南古代的溜索研究》，《贵州文史丛刊》1994年第6期；《古代中国西南地区碥路类型研究》，《中国人文田野》第11辑，巴蜀书社，2023年。

是两汉三国遗留的，看着一条古道秦汉就有记载，就简单认定现存碥路就为秦汉古道。殊不知实际历史上古道的路线多次改道，路基可能远非秦汉之路基。即使是秦汉路基，覆在上面的碥石可能在明清时期就多次易换，同样并非秦汉之物。如嘉陵江中游在古代及至民国时期都曾开修过纤道，但由于相关记载并不明确，有一些纤道是古代还是民国所留，已经难以辨别了。对于水路交通地理中的木船型制、码头层级和类型研究，以前更是少有人关注，对此我们做了一些初步的研究[1]，但相关的研究还有待继续深入。

对此，古道研究者一定要有一种科学情怀，在没有大量直接证据的背景下，最好不要下结论。所以，如果没有直接的文字证据，对于古道遗址的性质和具体年代的认定，在当下的背景下，可能采取存疑的态度更符合科学精神。

三、"蜀道"话语与历史交通地理研究的延伸

本书主题名称称"蜀道"，这可能与四川盆地特殊的交通格局历史有关。我们知道，巴蜀交通发展史上有一个重要的话语就是"蜀道"。翻开中国历史的长卷，可能唯有用"蜀"这个地域词叠加"道"频繁使用在各种历史文献中，形成"蜀道"这个特殊的话语。

"蜀道"之词在历史上有广义、中义和狭义之分。广义的蜀道泛指历史时期巴蜀地区对区域外的交通的通道，这个意义可以将时间延伸到当代。而狭义的蜀道特指历史上秦蜀之间相通的主要干道，特别是多指历史上的金牛道、褒斜道、连云栈道等，使用时间多是在秦汉到明清之际。其实，应该还有一种中义的蜀道，特指秦蜀栈道和归巴栈道。明万历年间有两个文化人都有谈及，王士性《广志绎》卷5中明确记载："李太白称'蜀道之难，难于上青天'，不知者以为栈道，非也。乃归、巴陆路，正当峡江岸上，峻阪巉岩，行者手足如重累。黄山谷谪涪云：'命轻人鲊瓮头船，行近鬼门关外天。'人鲊瓮在秭归城外，盘涡转毂，十船九溺。鬼门关正当蜀道，今人恶其名，以其地近瞿塘，改瞿门关，亦美。"[2]而何宇度的《益部谈资》卷下记载："蜀

---

① 参见蓝勇《近代川江木船主要船型流变及变化原因研究》，《四川大学学报（哲学社会科学版）》2018年第4期；陈俊梁、蓝勇《近代川江水路交通网络的层级体系》，《中华文化论坛》2023年第2期。

② 王士性《广志绎》卷5，《王士性地理书三种》，周振鹤编校，上海古籍出版社，1993年，第371页。

道难，自古记之，梁简文帝诗云'巫山七百里，巴水千回曲'，为川东舟行峡中作也。李白诗云'不与秦塞通云烟'，为川北栈道行也，大都蜀道无不难如上青天者，峡固险矣，而陵亦匪夷，如夷陵至巴东之陆程则视栈道何异，是其难又在楚不在蜀耳。"[①]显然，两位文人眼中的蜀道包括秦蜀栈道和归巴栈道。实际上，这两条通道正是传统时代巴蜀地区与外界交通交流的最重要的两大干道。

在中国古代，"蜀道"一词的使用较早，早在《史记》卷117中就有"邛笮冉駹者，近蜀道易通"[②]的记载，《后汉书》卷66也记载："蜀道阻远，不宜归。"[③]扬雄《扬子云集》卷6引《蜀王记》称："秦王石牛置金于后，蜀人以为牛便金，蜀王发卒开道，合五丁拖牛置成都，蜀道乃通。"[④]不过，在汉晋时，蜀道之词的认同率并不算高。《华阳国志》并无直接的"蜀道"一词出现，只是在卷2末尾有"邓艾伐蜀道也"之称，本意伐蜀的道路，只能算"蜀道"之词的雏形。[⑤]

应该看到，在元代以前，"蜀道"之词一直有两个词义，一是指通往巴蜀的交通道路或巴蜀外出的交通道路，如前面谈到的《史记》《汉书》中的记载。另如《旧唐书》卷10记载"其迎上皇于蜀道"[⑥]，《新唐书》卷76记载"帝至，自蜀道过其所，使祭之"[⑦]，卷222记载"蛮小丑，势易制，而蜀道险"[⑧]，《旧五代史》卷15记载"请将兵镇谷口，通秦蜀道"[⑨]，《新五代史》卷54记载"蜀道阻险，议者以为宜缓师待变而进"[⑩]，《续资治通鉴长编》卷366记载"蜀道行于溪山之间，最号险恶"[⑪]，《建炎以来朝野杂记》卷166记载"上虑蜀道险远"[⑫]，《三朝北盟汇编》卷123记载"然而

① 何宇度《益部谈资》卷下，《丛书集成初编》本，中华书局，1985年，第23页。

② 《史记》卷117，中华书局，1982年，第3046页。

③ 《后汉书》卷66，中华书局，1965年，第1242页。

④ 扬雄《扬子云集》卷6引《蜀王记》，《景印文渊阁四库全书》第1063册，台湾商务印书馆，1986年，第136页。

⑤ 常璩撰，刘琳校注《华阳国志校注》卷2，巴蜀书社，1984年，第169页。

⑥ 《旧唐书》卷10，中华书局，1975年，第264页。

⑦ 《新唐书》卷76，中华书局，1975年，第3495页。

⑧ 《新唐书》卷222，中华书局，1975年，第6290页。

⑨ 《旧五代史》卷15，中华书局，1976年，第210页。

⑩ 《新五代史》卷54，中华书局，1974年，第621页。

⑪ 李焘《续资治通鉴长编》卷366，中华书局，2004年，第8806页。

⑫ 李心传《建炎以来朝野杂记》卷166，中华书局，1988年，第2716页。

江浙所恃者陂湖，岂足以比蜀道之天险"①，《宋史》卷315记载"引众趋蜀道，为官兵所败"②，宋代吴栻专门写有《蜀道纪行诗》三卷，范成大《吴船录》卷上有"入蜀道至此始见荔子"之称③，《元史》卷159记载"蜀道险远，万乘岂宜轻动"④。明清以来，交通通道意义上的蜀道的用法相对较少，如清代王士禛写有《蜀道驿程记》，但文献中更多的是用"蜀道"来指道路的险恶，如《大明一统志》卷72记载（乌撒军民府）"羊肠小径，十倍蜀道"⑤，《徐霞客游记》卷5中谈到在贵州独山州境内"随溪南岸西行，道路开整，不复以蜀道为苦"⑥，明确将"蜀道"特指险恶之路。一是将"蜀道"特指巴蜀地区，相当于历史上使用的"蜀中""三川""西川""川蜀""蜀川""巴蜀""川峡""益州"。如《后汉书》卷110记载"故文翁在蜀道，著巴汉"⑦，《魏书》卷114记载"分遣弟子各趣诸方，法汰诣扬州，法和入蜀道"⑧，《隋书》卷15记载"三成而平蜀道，四成而北狄是通"⑨，《南史》卷50记载"三年迁西中朗长史、蜀郡太守，行益州事，未至蜀道卒"⑩，《新唐书》卷152记载"南蛮寇蜀道，诏绛募兵"⑪，卷161记载"又言蜀道米价腾踊，百姓流亡"⑫，《太平寰宇记》卷82记载"本蜀道铜山县之治"⑬，《续资治通鉴长编》卷97记载"请留蜀道缣帛于关中"⑭，卷415记载"元丰中已尝奉使蜀道，推行市易之法"⑮，《宋史》184记载"元丰八年，蜀道茶场四十一"⑯，卷387记载"应辰遂摄宣抚之职，蜀道晏然"⑰，

① 徐梦华《三朝北盟汇编》卷123，上海古籍出版社，1987年，第902页。

② 《宋史》卷315，中华书局，1985年，第10300页。

③ 范成大《吴船录》卷上，《宋人长江游记》，春风文艺出版社，1987年，第255页。

④ 《元史》卷159，中华书局，1976年，第3739页。

⑤ 《大明一统志》卷72，巴蜀书社，2017年，第3242页。

⑥ 《徐霞客游记》卷5，华夏出版社，2006年，第570页。

⑦ 《后汉书》卷110，中华书局，1965年，第2639页。

⑧ 《魏书》卷114，中华书局，1974年，第3029页。

⑨ 《隋书》卷15，中华书局，1973年，第358页。

⑩ 《南史》卷50，中华书局，1975年，第1254页。

⑪ 《新唐书》卷152，中华书局，1975年，第4843页。

⑫ 《新唐书》卷161，中华书局，1975年，第4897页。

⑬ 乐史《太平寰宇记》卷82，中华书局，2007年，第1653页。

⑭ 李焘《续资治通鉴长编》卷97，中华书局，2004年，第2250页。

⑮ 李焘《续资治通鉴长编》卷415，中华书局，2004年，第10076页。

⑯ 《宋史》卷184，中华书局，1985年，第4500页。

⑰ 《宋史》卷387，中华书局，1985年，第11880页。

《明史》卷311记载"欲剪诸蛮，以通蜀道"①。在元代以后，蜀道之词使用相对较少，且多是泛指巴蜀交通通道的意义。

其实在中国历史上，"蜀道"在许多时候已经延伸为"世道"，即指社会的炎凉冷暖。南朝梁简文帝萧纲《蜀道难二首》称："建平督邮道，鱼复永安宫。若奏巴渝曲，时当君思中。巫山七百里，巴水三回曲。笛声下复高，猿啼断还续。"②这首诗描绘了在弯曲湍急的三峡行船的情景，应该是写蜀道险之实。同时代的刘孝威也作《蜀道难》一首称："玉垒高无极，铜梁不可攀。双流逆蟂道，九坂涩阳关。邓侯束马去，王生敛辔还。惧身充叱驭，奉玉若犹悭。"③又一首称："岷山金碧有光辉，迁停车马正轻肥。弥思王褒拥节去，复忆相如乘传归。君平子云寂不嗣，江汉英灵已信稀。"④刘氏的《蜀道难》也主要是写蜀道之险，思昔圣人之踪迹，发借景思古之情。但南朝梁陈间诗人阴铿的《蜀道难》称："王尊奉汉朝，灵关不惮遥。高岷常有雪，阴栈屡经烧。轮摧九折路，骑阻七星桥。蜀道难如此，功名讵可要？"⑤则借写蜀道难之实，拟喻世道险恶，功名难求。到了唐代，张文琮也作《蜀道难》诗称："梁山镇地险，积石阻云端。深谷下寥廓，层岩上郁盘。飞梁驾绝岭，栈道接危峦。揽辔独长息，方知斯路难。"⑥似也有借景宣泄世道艰难之意。

在这方面，唐代李白的《蜀道难》最为有名，诗称：

> 噫吁嚱！危乎高哉！蜀道之难，难于上青天。蚕丛及鱼凫，开国何茫然！尔来四万八千岁，不与秦塞通人烟。西当太白有鸟道，可以横绝峨眉巅。地崩山摧壮士死，然后天梯石栈相钩连。上有六龙回日之高标，下有冲波逆折之回川。黄鹤之飞尚不得过，猿猱欲度愁攀援。青泥何盘盘！百步九折萦岩峦。扪参历井仰胁息，以手抚膺坐长叹。问君西游何时还，畏途巉岩不可攀。但见悲鸟号古木，雄飞雌从绕林间。又闻子规啼夜月，愁空山。蜀道之难，难于上青天！使人听此凋朱颜。连峰去天不盈尺，枯松倒挂倚绝壁。飞湍瀑流争喧豗，砯崖转石万壑雷。其险也如此，嗟尔远道之人胡为乎来哉？

---

① 《明史》卷311，中华书局，1974年，第8002页。
② 明佚名《六朝诗集·梁简文帝集》卷下《杂诗》，嘉靖刻本。
③ 李昉《文苑英华》卷200，明刻本。
④ 袁说友《成都文类》卷2，中华书局，2011年，第26页。
⑤ 袁说友《成都文类》卷2，中华书局，2011年，第26页。
⑥ 李昉《文苑英华》卷200，明刻本。

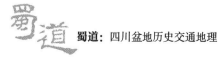

剑阁峥嵘而崔嵬，一夫当关，万夫莫开。所守或匪亲，化为狼与豺。朝避猛虎，夕避长蛇。磨牙吮血，杀人如麻。锦城虽云乐，不如早还家。蜀道之难，难于上青天，侧身西望长咨嗟。

传统认为李白《蜀道难》一诗除写蜀道险恶之实外，更有斥责当时的剑南节度使严武之意。但现代人普遍认为李白此诗表面写蜀道艰险之状，实则借鉴蜀道之险写自己仕途坎坷，反映了自己长期游历的艰辛和怀才不遇的悲愤。

检索《全唐诗》就会发现，包含"蜀"字的诗歌达千余首，包含"蜀道"的诗歌有50余首，包含"蜀道难"的诗歌有卢照邻、张文琮、李白、岑参、姚合、罗隐、韦庄、冯涓、王周、齐己等10首，而包含"蜀道易"的诗歌仅有一首。检索宋诗也会发现，包含"蜀"字的诗歌达461首，包含"蜀道"的诗歌有50首，包含"蜀道难"的诗歌有欧阳修、范成大、陆游、梅尧臣等8首。[①]

值得一提的是，唐代诗人陆畅则专门为讨好当时的西川节度使韦皋而撰《蜀道易》，认为"蜀道易，易于履平地"，故韦皋"大喜，赠罗八百匹"。[②]宋代文人诗文中也多有蜀道易的诗句。到明代，文人方孝孺再作《蜀道易》来颂扬当时的明太祖。其序称："昔唐李白作《蜀道难》以讥刺蜀帅之酷虐，厥后韦皋治蜀，陆畅反其名作《蜀道易》以美之，今其词不传。皋虽惠于蜀民，颇以专横为朝廷所患，畅之词工否未可知，推其意，盖不过媚皋云尔，非实事也。伏惟今天子以大圣御极，殿下以睿哲之姿，为蜀神明主。临国以来，施惠政，崇文教，大赉臣僚及于兵吏，内外同声称颂喜悦，天下言仁义忠孝者推焉。西方万里之外，水浮陆走，无有寇盗；商贾骈集，如赴乡间。蜀道之易于斯为至矣。臣才虽不敢望白，而所遇之时白不敢望臣也。因奉教作《蜀道易》一篇，以述圣上及贤王之德，名虽袭畅而词无溢美，颇谓过之。"其诗称：

美矣哉，西蜀之道，何今易而昔难。陆有重岩峻岭万仞镵天之剑阁，水有砯雷掣电悬流怒吼之江关。自昔相戒不敢至，胡为乎今人操舟秣马夕往而朝还。大圣建皇极，王道坦坦如弦直。西有雕题金齿之夷，北有毡裘椎髻之貊，东南大海际天地，岛居洲聚千万国，莫不奉琛执贽劝朝贡，春秋使者来接迹。何况川蜀处华夏，贤王于此开寿域，播以仁风，沾以义泽，家和人裕，橐兵敛革，豺狼变化

① ［日］高桥良行《略论李白〈蜀道难〉的演变过程》，《钦州师范高等专科学校学报》2003年第1期。
② 韦绚《刘宾客嘉话录》，明顾氏文房小说本。

作驸虞，蛇虺消藏同蜥蜴。凿山焚荒秽，略水铲崖石，帆樯扉履任所往，宛若宇宙重开辟。美哉，蜀道之易有如此，四方行旅络绎来游西览德。成都万室，比屋如云，桑麻蔽原野，鸡犬声相闻。文翁之化，孔明之仁，严郑之节，扬马之文，遗风渐被比邹鲁，士行贤哲方回参。方今况有贤圣君，大开学馆论典坟，坐令政化希华勋。征贤一诏到岩穴，咄尔四方之士孰不争先而骏奔。王道有通塞，蜀道无古今，至险不在山与水，只在国政并人心。六朝五季时，王路嗟陆沉，遂令三代民，尽为兽与禽。当时岂惟蜀道难，八荒之内皆晦阴，戎夷杂寇盗，干戈密如林。今逢天子圣，贤王之德世所钦。文教洽飞动，风俗无邪淫。屠夫弱妇怀千金，悍吏熟视不敢侵。蜀道之易谅在此，咄尔四方来者不惮山高江水深。[①]

可以看出，方孝孺的《蜀道易》将"蜀道"本来是交通意义上的话语完全放大为人间世道的意义，并用其来表达自己的情怀。在这时，"蜀道"已经只有了世间世道的意义，而且不仅是对巴蜀地区世间世道的借喻，更是对整个大明王朝世间世道的借喻。到了近代文人，又有"蜀道奇""蜀道美"等话语，既有对巴蜀交通变得通达的赞诩之情，也含有对时政的美誉之心。

从上我们可以看出，在中国历史上，"蜀道"之词有一个从交通通道的特指演绎成巴蜀地区、巴蜀世道和中国世道的过程。这种演绎过程是在世界上其他地区不曾有的，也是中国其他地区不曾有过的。透过中国历史上"蜀道"词意延伸的历史过程，我们发现巴蜀地区的交通文化对社会经济影响的深入显然是世间少有的，从而可见历史上四川盆地交通和交通文化的历史地位之高。

四、四川盆地古代交通路线发展概述

大凡交通之始，肇于人猿揖别，四川当然也不例外。

古地质学告诉我们，地质年代的第四代中生代前期，四川仍是一个内陆大湖，中生代末期（距今七千万年），大湖地壳因内部运动而隆起，湖水消退，形成了今天的四川盆地。今天，我们翻开四川的地形图，可见四川盆地北东南三面岷山、龙门山、摩天岭、米仓山、大巴山、巫山、七曜山、武陵山、大娄山、乌蒙山、五莲峰等大山相围，西面是青藏高原与横断山交结带，形成一个几乎完全闭合的盆地。这样的

---

① 方孝孺《逊志斋集》卷24，四部丛刊影印明本。

地势，对生产力十分落后的四川古代人民来说，不能不说是一个不利的因素。难怪诗仙李白称"蜀道之难，难于上青天"，认为四川"尔来四万八千岁，不与秦塞通人烟"。当然，事实也许并非像李白说的那么严重，我国古代传说中的许多主要活动、在中原的人物与巴蜀都有联系，特别是史籍上记载昌意从西北"降居若水（雅砻江）"，大禹治水，夏桀伐岷山，包括蜀在内的八个少数民族助武王伐纣等史实，都说明很早以前四川与中原便有联系了。这一点是被考古发现证实了的，即早在新石器时代，四川与中原在文化上就有了联系。①成都平原的三星堆和金沙遗址也显现了文明时代外来文化对四川盆地文化的影响相当巨大，四川盆地与外界的交流相当密切。当然，这种联系肯定要借助一定交通路线来实现的。

就盆地内来说，原始人就有取水、祭祀、狩猎、烧窑等原始路，以后形成"拔木开路"的自然路和田野阡陌的人工路。在商周时，中原一带交通已经十分发达，出现了馆宿制。《周礼·地官·遗人》记载："凡国野之道，十里有庐，庐有饮食；三十里有宿，宿有路室，路室有委；五十里有市，市有候馆，候馆有积。"②但是，处在传统社会早期的四川地区，政治、经济和文化都落后于中原，从考古和文献资料上还看不见这里有馆宿之类的设置。秦十里设一亭，亭兼有馆驿的作用，驿传制度日趋成熟。③到战国秦代时，四川盆地对外交通已十分发达，有称"栈道千里，通于蜀汉""栈道千里，无所不通"的记载。当时，四川地区有四条进出盆地重要的交通路线，一是北面川陕金牛道，一是东面川鄂峡路，一是南面川滇通西南夷地区的五尺道，一是西南川滇通西南夷的邛笮道。

汉承秦制，五里一邮，十里一亭，三十里置驿，并设置督邮。④汉代是我国封建社会统一的强大帝国，交通路线的开拓和交通制度的发展迅速。这一时期发展起来的交通路线，基本上奠定了后代交通干线的雏形，四川也不例外。汉晋时期川陕交通路线有金牛道、嘉陵故道、米仓道、洋巴道四道，川甘有西山道、景谷道、白水关道、阴平小道，川滇间有灵关道、西南夷道和西夷道，川黔有符关道、黔江道，川鄂有峡

① 童恩正《古代的巴蜀》，四川人民出版社，1979年，第4页。
② 《周礼·仪礼·礼记》，岳麓书社，1989年，第36—37页。
③ 应劭《风俗通义》："汉家因秦，大率十里一亭。亭，留也，今县有亭长。又语有亭待。盖行旅宿会之所馆。"参见《风俗通义校注》，中华书局，1981年，第493页。
④ 《后汉书·志第二十八·百官五》引应劭《汉宫仪》："设十里一亭，亭长、亭候；五里一邮，邮间相去二里半、司奸盗。"又《后汉书·志第二十九·舆服上》："驿马三十里一置。"见《后汉书》，中华书局，1965年，第3624、3651页。

路。在这个时期有"蜀汉三关""蜀三关"之说，所说的"阳平、江关、白水关"，显现了四川盆地北部与东部出入通道的重要性。不过，由于经济和地理条件的限制，四川的亭邮不像中原那样设置普遍，亭邮相关的制度也不如中原健全。从现有资料看来，仅在南夷、金牛、西山、旄牛和峡路置有亭邮。然而，这个时期在栈道设施上正好是四川盆地栈道发展的鼎盛时期。同时，秦汉时期通过灵关道南下云南可通西南的身毒国，故形成了蜀身毒道，成为我们后来称的南方丝绸之路的雏形。

唐宋时期，四川盆地的政治经济文化地位较高，唐代有"扬一益二"之称，文化地位高，清代有唐代"自古文人多入蜀"之称。宋代四川盆地的经济文化地位也较高，蜀中传统农业、理学中的蜀学和文学在外影响较大，大量蜀人走出四川盆地，明代有认为宋代"自古蜀之士大夫多卜居别乡"之说。唐代关中平原为政治中心，而四川盆地为唐代政权动荡时的后方基地，唐代皇帝取蜀道金牛道南下四川盆地躲避战乱，故四川盆地通过金牛道、嘉陵故道、米仓道、荔枝道与关中地区的联系相当重要。即使在宋代中国政治经济重心向东南迁移后，四川盆地与关中地区经济文化交流相对削弱，但金牛道仍然是四川盆地对外交通的重要通道。唐代四川盆地是经略西南南诏、吐蕃的前方要地，从四川盆地通往今云南、贵州、西藏的通道相当重要，所以唐代的清溪道、石门道相当重要。而且魏晋南北朝唐代时期，由清溪道、石门道、永昌道组成的被后人称为南方丝绸之路的通道馆驿齐全，大量僧人往返于此道。而通往吐蕃的和川道、始阳道、灵关道、西山道、松岭关道、松龙大道、安戎城道（西山北路）、威戎军路（西山南路）、阳山江道、沐源川道等也相当有影响。在唐宋时期，峡路水运相当重要，特别是在宋代中国政治经济文化重心东移南迁的背景下，峡路水运成为四川盆地与东部政治中心交通的最主要通道，川江水运承担起了川米、马纲、蜀麻、吴盐等国计民生物资的重要转运任务，故金牛道上的朝天门地名开始淡出人们视野，宋代泸州城城门有了朝天之名，从元代开始重庆有了朝天地名，并逐渐有了知名度。唐宋时期四川盆地内部的交通大干道显现出来，出现四川盆地内的南北二横向大路。由于当时四川盆地北部的政治经济文化地位更高，所以，盆地内的北路地位更高。这个南北二路实际成为明清时期东大路和小川北路的雏形。

唐代是我国封建社会政治经济发展的鼎盛时期，各项制度都较健全。唐废督邮，以吏主驿事，在中央兵部下设驾都管理驿道事务，下由州县官掌管驿道具体事务。唐制一般三十里一驿，但在西南山区，由于各种限制，多在五十至六十里才置一驿。当时全国共有驿站1639所，陆驿1297所，水驿260所，水陆相间之驿86所。从有关文献记载看，四川当时驿站相当多，只是具体数目已难确考。当时，川陕金牛道、荔枝道、故道，川甘西山道、松扶道，川滇石门道、清溪道，川鄂峡路都置为驿道，驿道干线比汉晋增加了一倍。宋制十、二十和二十五里置一邮铺，并将驿传分成步递、马递和急脚递三种。后来为了抵御蒙古军，川陕各古道邮辅改为九里一置，以便传递军情。宋末吴玠宣抚川陕，置军期递，警报18天便可到达临安朝廷。丘崇之制置成都，创立摆铺递，奏请35天可达都城。①四川交通路线在宋代发展呈现不平衡性，总体发展不如唐代。当时川陕米仓、金牛、洋巴和川鄂峡路由于军事上抵抗金蒙和漕运的需要，发展十分迅速，各项制度多有创新。但由于宋政权对西南少数民族采取消极的不接触政策，故川滇石门道、西山道和川黔各道多半闭塞梗阻，馆驿废弃，道路倾圮。同时四川各地栈道在宋代也逐渐被毁弃，走向衰落。

元代交通路线的发展，在四川交通路线史上有重要地位。早在至元四年，方汉地由兵部管理，冲要之地由托克托和斯管理。驿制十里或十五里设一铺，二十五里设一驿，并置有急递铺。②当时，全国共有站赤1496所。据《经世大典》，当时四川行中书省所辖驿站陆站48个，水站84处。③最初陆站仅25站，后增为41站，其中马站29个，驴站12个，④最后才增至48站。元代四川交通路线最大特点是水站比陆站多得多，这说明元代峡路和嘉陵故道交通有了新的发展。其他如乌蒙旧道（石门旧道）、西川道、剑阁道都曾置为驿道。唐宋时期沿永宁河而行的纳川道并不重要，但元代开始在此道上设置站赤，成为明清时期乌撒入蜀旧路的雏形。同时，元代在乌江、綦江河上也设立站赤，为明清时期这两条大道的发展奠定了基础。在四川盆地内，元代也广泛设置站赤，为明清时期四川盆地内的交通通道的发展奠定了基础。整体上来看，从元代开始四川盆地内外东南区域的交通发展较快，这与整个中国政治经济文化重心的东移南迁背景下四川盆地内东南区域地区地位上升的大格局是相吻合的。

明代，在元代站赤的基础上有了更进一步发展。明洪武年间，景川侯曹震曾组织对四川各主要交通干线进行了一次系统的大规模的修治。这次修治奠定了明代四川驿道成为古代驿道发展顶峰地位的基础。《大明会典》载四川当时有水陆驿169处⑤，而笔者据《寰宇通志》做了逐个统计，四川共有水陆驿179处，据说明末一度发展到了200多个驿站。当时，四川金牛道、建昌道、峨越道、峡路、僰溪道、乌撒入蜀旧路、

① 吴昌裔《论救蜀四事疏》，黄淮、杨士奇《历代名臣奏议》卷100，上海古籍出版社，1989年。
② 《元文类》卷41《经世大典序录》，嘉靖十六年刻本。
③ 《永乐大典》卷19423《经世大典·驿传》。也见《经世大典辑校》，中华书局，2020年，第705页。
④ 《永乐大典》卷19416《经世大典·驿传》。也见《经世大典辑校》，中华书局，2020年，第455页。
⑤ 《大明会典》卷146《驿站》，《续修四库全书》本，上海古籍出版社，2002年，第497—500页。

西川道、松平绵道、东大路和嘉陵道都曾置为驿路，驿路交通发展达到了我国封建社会鼎盛时期。同时，明代在全国广置铺递。仅据正德《四川志》的记载来看，当时四川各地设置的铺递繁不胜举，许多都是设置在驿路上作为对驿路的补充。驿路交通的发展，促进了四川商业的发展，所谓"商旅满关隘，茶船遍江河"，便是当时交通发展的一个写照。但是，唐代和元代都曾设驿相通的石门旧道，在明代却没有设为驿道，一度较为闭塞。这一则是由于明代乌蒙土司在西南土司中相当顽固，据地相抗；一则是乌撒入蜀旧路和夔溪古道的开通，客观上取代了它的职能所致。而金牛道在明代一度改走中江、三台、阆中、苍溪到广元，形成绕过剑门关的利阆驿道，成为出入川陕的主线。早在宋代，小川北路的东线已经形成，明代小川北路的道路已经相对固定，但路线与清代有所不同，主要是从南充到渠县并不经过蓬安、大竹，而是向东南绕行广安到渠县。至于川北米仓道，历代都由于地区经济极不发达，人烟稀少，再加上山高路险，米仓道都不曾辟为驿路。

明末清初战乱，四川驿道馆舍和栈道都遭到极大的破坏，使清代驿路发展远不及明代。按《古今图书集成》记载，康熙时四川共有水马驿85个，其中陆驿51个，水驿34个。[1] 即使除去明代四川版图比清代大的因素，清代驿道发展也不及明代。清雍正年间，整饬朝政，裁减驿站，全省仅有水马驿60个，以后略增也不过65个，比相同时期陕西置驿129个，云南置驿81个，湖北置驿90个都少。[2] 但是，为了弥补驿站短缺之弊，四川广置铺递。清代四川共置有多少铺递，向无确切统计。周询估计有八九百处，称"繁不胜记"[3]。笔者据《大清会典事例》所载四川铺递之名逐个统计，得出四川共有铺递1444处。据《四川通志》载，乾隆时共有铺司1469处。但是，据笔者接触的许多方志来看，清代四川铺递一定不止1469处。铺递一般十里或十五里为一辅，但因地势等具体情况里程又有损益。如此多的铺递构成了一幅稠密的交通网络。

清代四川盆地驿路干线有北路、南路、东路、西路、僻北路等几条大干道。南路即古代清溪道路线，共设有15驿。北路即古金牛道路线，共设有18驿。虽然金牛道在明清时期的地位远不及唐宋，但北路仍是四川盆地与中国北方地区交通的最重要的通道。东路即成渝东大路，明清时期的东大路即唐宋时期的盆地南路干道，在明清时期

---

① 《古今图书集成·方舆汇编·职方典》卷579《四川总部》，中华书局，1985年，第12938—12939页。

② 参见清雍正《四川通志》《钦定大清会典事例》《清文献通考》《蜀海丛谈》等。

③ 周询《蜀海丛谈》卷上《驿站》，巴蜀书社，1986年，第43页。

成为四川盆地内最重要的交通干道，共设有17驿。西路即古西山道路线，也称松茂古道，是清代经略四川盆地通往西北地区的重要干道，共设有6驿。僻东路即乌撒入蜀旧道，在川省境内共设有6驿。清代乌撒入蜀旧路又称入蜀西路，是清代四川盆地通向云南、贵州地区最重要的通道，地位已经比清溪道、乌蒙道更为重要。此外，川陕之间还有米仓道、荔枝道、洋壁道、汉壁道、大竹河道等，川滇之间还有乌蒙道、阳山江道、黄茅埂道、八面箐道、闰盐古道、清井道、鲁南山道等通道。而川江峡路地位越来越显要，成为出入四川盆地的最重要的大通道，承担着川米、川盐、皇木、滇铜、黔铅的运输任务。峡江南北形成了南、北两条川鄂陆运大道，另有宁河堵河道、汤溪水道、彭溪河（小江）道、黛溪道、南陵山道、石柱盐道、云利盐道等通道通往湖北、湖南等地。还有从飞越岭、马鞍山到打箭炉通西藏的大道，也称边茶大路、边茶小路，被后人称为茶马古道。同时通过白水道、青塘岭道、陇东路、夹金山道、西山北路、西山南路、桃关入口道、龙州松州道等，通西北甘青地区和西藏地区。

清代四川盆地东南地区地位越来越重要，相关道路也越来重要。如东南路即指古僰溪道路线，即我们称的川黔大道，成为通向贵州地区的要道。其他沿乌江而行的黔江道、沿赤水河而行的符关道，也很重要。在川盐济黔中，形成分别沿乌江、綦江、赤水河、永宁河的涪边岸、綦边岸、仁边岸、永边岸四大运岸。同时，经过酉、秀、黔、彭地区通湖南的川湘大道已经形成。清代四川盆地内除东大路地位显要外，从万州经南充到成都的小川北路已经完全成型，较为通达繁荣。同时，渝万大道、重庆到南充的偏北路、内井叙大道等四川盆地内部的交通通道越来越重要。而水运方面除峡江水运地位显要外，嘉陵江水路（北水路）也较为重要，其他岷江水路、沱江水路、涪江和渠江水路在盆地交通中的地位都重要。川江流域大量支流的航运也较为重要，特别是一些承担着国计民生物资如滇铜、黔铅、皇木、川盐、桐油运输的支流河道，有着特殊的地位和影响，如乌江、綦江、赤水河、永宁河、渭江、横江、南广河、金沙江下游、釜溪河、汤溪河、郁江等。

在几千年的历史发展过程中，在独特的地理环境和社会背景下，巴蜀先民除了开凿出一条条交通通道、整凿了一条条江河河道外，也创造出了无数的交通文明，包括独特的交通设施和独特的交通组织、交通文化。

在交通设施上，巴蜀先民创造出了各种类型的碥路、栈道、桥梁、木船、码头。其中，碥路可分成石料铺垫型和基岩开凿型。石料铺垫型分成长横条石型、拼合条石型、多种混铺型、碎石型、拼合方石型、卵石型、槽板型、堆砌型八种，而基岩开凿型总体上只有一种类型，但也有细微的差别。另外，为配合碥路交通的安全和方便，还产生出了挡马槽、门槛石、防滑槽、杵子窝、车轮槽、石鼻子、石墩子、指路碑等交通设施。同时，还有观音神龛、泰山石敢当、各类牌坊、功德碑、茶亭、凉亭等交通辅助设施。而栈道也可分成木栈和石栈两大类。木栈可分成标准式、悬崖斜柱式、无柱式、汀步式、木筏式，石栈可分成凹槽式、标准式、无柱式、堆砌式。这些类型的栈道在四川盆地都有存在，有一些还是四川盆地独特的类型。在四川盆地碥路上跨越江河的桥梁都很有特色，不论是平梁石桥、平梁木桥还是悬砌拱桥都大量存在，特别是川南的龙头桥、川西北的伸臂桥、川西的索桥和溜索很有特色。同时也催生出蜀马、陆纤、鸡公车、肩舆、背篓、滑竿、挑高肩、水电报等特殊的交通运输、通信工具。

在中国内河造船史上，四川盆地的木船地位很重要，川江平底木船不论从时代之早、技术之先进，还是从船型之众多、影响之深远来看，可能在世界内河航运史上都是首屈一指的。从先秦时期的舡舶、方船、轻舟到汉晋时期的楼阑船、连舫，从隋代的五牙楼船到唐宋的万斛舟、万里船。清末以来航行于川江的木船船型繁多，据统计川江上的木船最多可达一百多种。直到20世纪五六十年代，川江木船仍有七十多种，主要有辰驳子、麻阳子、中元棒、舵笼子、麻雀尾、滚筒子、南河船、安岳船、敞口、厚板、三板、五板、胯子、老邪秋、黄瓜皮、鳅船、橹船、牯牛船、扒窝子、钓钩子、贯牛船、巴湾船、巴河船、半头船、当归船、毛板船、乌江子、东河船、釜溪河橹船等船。在与木船航运相关的川江航运特殊的地理环境下，产生出川江特殊的运输方式和码头设施，如抹搐放吊（即滚干箱、吊神船）的过船方式，固定船的石鼻子、石墩子、盘滩、提驳、淘检扎埝、冲漕、拆船等特殊的运输方式，多达二百多纤夫的盘滩拉纤场景。而川江码头特色鲜明，陡直梯步、石鼻石桩、季节棚户、临江城门、江岸囤船、船工王爷庙、木栅窑子、移民会馆等成为川江码头的独特标准景观。

四川盆地独特的水陆交通也催生出了巴蜀独特的交通组织、交通文化。交通组织包括组织和特殊社会角色，如救生红船组织、马帮、乌拉、船帮、纤帮、麻乡约等组织，也出现篙师、门头、饭铺等特殊的角色。同时，在交通文化方面不仅有船工号子（如峡江号子、嘉陵江号子、乌江号子等）、背夫号子等文艺形式，而且留下大量有关通道、航运的特殊地名，如水运交通运输的河道上留下的大量带沱、盘、嘴、碚、瀼、珠、浩、漕、床、嵌、碛等地名，陆上交通运输留下的一碗水、穿心店、卡门（子）、垭口、凉风垭、腰（幺）店子、两路口、两河口、头道河、二道河、三道河和带"盘""拐"字的地名，成为四川盆地内的特殊地名。更为重要的是，四川盆地的交通文化对社会文化的影响相当深刻，由水运码头滋生出了码头文化、江湖文化，船帮的形成直接深化了袍哥文化。由此连川菜、川剧的帮派划分都是以江河为标准，如近代川菜内部体系的划分也是以船帮的帮口为标准分成大河、小河、上河、下河帮口的。①在传统戏剧中，也只有川剧的内部是按"河道"来划分成资阳河、上河道（成都河）、川北河、下河道（重庆河）的。②

五、四川盆地古代交通路线择线规律总结

几千年来，四川劳动人民为了消除空间的阻隔，在四川盆地的高山上大川边开辟了无数交通通道，用血汗换来了宝贵的择线经验和教训，是值得我们今天加以总结的。总的来看，在历史时期四川盆地的交通通道的开凿，有沿河筑路、回曲走脊、取直越岭、横岭越垭、陡险盘旋、绝险设栈六个特点。

（一）沿河筑路

过去的考古学者和民族学学者认为，在远古时，因狩猎需要，沿河谷多走山脊，近古多取山腰和山脚。而我们在几十年的四川盆地古道田野考察中发现，实际情况可能要复杂得多。道路的选择往往跟所经地区的地形地貌特征、经济文化水平、城镇分布格局、生产力水平、社会生产方式等因素有关。

四川盆地四周山地地区，山势陡峭，河谷深切，巴蜀古代劳动人民在生产生活实践中发现了沿河谷走向筑路的优越性，使四川盆地古代交通路线呈现沿河筑路、水陆并行的特点。对此，童恩正先生曾谈道："在古代，民族迁徙和文化传播往往都是借助河谷通道进行的。在山岭崎岖、交通不便的亚洲大陆南部，情况更是如此。"③当然，这里我们谈的民族迁徙沿河谷走廊行进的走廊是指一个大的通道概念，并不是指具体的路线概念，具体的路线选择可能要复杂得多。

这种沿河筑路的优点是很多的，首先是河谷地带一般相对人烟较密，便于征集人力筑路，其他对筑路所需物资的运输，石料、木材的采集和水源的取用，都十分方便。再者，沿河取路可利用河谷落差小、起伏不大的好处，少越岭走垭盘旋，以缩短路线距离，使道路平夷易行。

---

①　蓝勇《中国川菜史》，四川文艺出版社，2019年，第385—390页。
②　蓝勇《西南历史文化地理》，西南师范大学出版社，1997年，第244页。
③　童恩正《中国西南地区民族研究在东南亚区域的民族研究中的重要地位》，《云南社会科学》1982年第2期。

表1 四川盆地沿江河而行古道对应表

江河	朝代			
	秦汉	隋唐	宋元	明清以来
横江	五尺道 僰道 西南夷道	石门道 北路	乌蒙道 石门旧路	川滇中路 滇蜀大道
安宁河	零关道 邛都道	清溪路 南路	西川道	建越路 南路
綦江		僰溪道	溱南二州 大路	东南路 綦岸运道 川黔大道
乌江	黔江道	黔中路	大道	涪岸运道
永宁河		纳川道	江门道	乌撒入蜀旧路 入蜀西路 川滇东路
南广河		黑水邪径	大道	罗星渡道
赤水河	符关道	大道	大道	仁岸运道
沐溪河或马边河		沐川源道	大道	官马大道
白水江	南夷道	八面箐道	土刺蛮江	通乌蒙旧道
大渡河		阳山江水路	阳山江水道	阳山江道
濂水 南江	米仓道	米仓道 巴岭路	米仓道 巴岭道 大竹路	米仓道
嘉陵江	故道	嘉陵故道 青泥道	嘉陵道 青泥道	嘉陵江道
后河 泾洋水		洋巴道	洋巴道	洋巴道
白龙江	景谷道	景谷道	小道	川甘商道
岷江	周道 桃关道	西山道	西路 西山道	西路 松茂驿路
堵水 大宁河		夔巫道	大宁路	盐道
通江河		洋壁道	洋壁道	西通小道
任河	王谷道			大竹河道
涪江	阴平斜道	阴平道	青塘岭道	川甘驿道
杂谷脑河		威戎军道 （西山南路）	小道	入金川道
黑水河		平戎城道 （西山北路）	小道	小道
流沙河 大渡河		飞越道 铜山道	飞越岭道	茶马大道 南路大道

江河	朝代			
	秦汉	隋唐	宋元	明清以来
天全河		和川道	和川道 碉门道	南路小道
宝兴河		灵关道	灵关道	夹金山小路
小金川沃日河 鱼子溪				桃关入口道
漾家河	容裘谷道	小道	小道	小道
涪江				松龙大道
石泉河		松岭关道 威蕃栅道	陇东道	小东路
大溪 清江	夷水道 鸟飞水道	大道	大道	川鄂大道

从上表可以看出，四川盆地的古代对外交通路线中，大多数都有沿河筑路的特点，一般来说如果河道两岸坡度不大、河道相对并不回曲，沿河筑路是为捷直平坦的选择，所以，古代四川盆地的主要对外通道在可能的情况下都是沿江河沿岸行进。当然，前面谈到"沿河筑路"在许多时候主要是指沿一个大的通道、走廊的行走概念，实际上在许多沿河筑路的大通道上，在具体路线选择时，因河道绕曲、河岸陡险两大因素而时有在跨山取直、翻山躲险两大驱动因素下，绕开曲折或陡险的江河岸而行。

历史往往都有一种沿袭的惯性。近现代在修筑公路、铁路时，很多都沿用了古道旧线，沿河谷筑路。如抗日战争时修筑乐（山）西（昌）公路，共勘察了三条预选线路，其中一条便是清代驿道中的南路路线。后来，考虑到少数民族问题，乐西公路放弃了翻小相公岭的一段旧路，但仍有400多公里左右沿用旧的驿站路线。[1]抗日战争时修筑川陕公路，更是大部分取用了金牛道路线。近代滇蜀铁路预线与现代的内昆铁路线都大部分沿用古石门道路线。其他如川滇东路、川黔公路、川藏公路、松灌公路、二南公路都大致取用了古道的走向、路线。20世纪50年代末，黄盛璋先生曾著文提议利用洋巴古道从万源修筑铁路到陕西。[2]这个提议的合理性在20世纪60年代修筑襄渝铁路后得到印证。

---

[1] 郭增望《乐西公路修建概述》，《文史资料选辑》第83辑。

[2] 黄盛璋《川陕交通的历史发展》，《地理学报》1957年第4期。

当然，我们在借鉴这一点上是有过许多教训的。1938年，工程师刘宗涛率一勘察队勘察川滇铁路叙昆线，选择了从宜宾西沿金沙江河谷到云南巧家渡河南入昆明。当时，刘宗涛并没对这一带的历史情况做了解，结果在勘察设计中为了躲避险恶地势，仅在金沙江上就设计了九座跨江大桥，其工程之艰巨可想而知。[1]历史上金沙江沿岸山脉处幼年时代，地壳内部活动频繁，多山崩和泥石流；再加上地形复杂，水路梗阻，自古少为人取用。因此，这条路线后来被弃用是在情理之中了。20世纪50年代末修的内昆线由于各种原因停修，几十年内在横江河谷残留下了许多路基、涵洞、桥基和桥桩。内昆线所沿用的石门古道路线，是经过千百年劳动人民的选择和大自然的自然筛选固定的，具有科学性和合理性。

但是，我们是不是要完全拘泥于古道路线呢？回答也是否定的。一个时代有一个时代的生产力，一个时代有一个时代的交通工具和经济环境，一个地区也有一个地区的特殊情况。唐宋以前，沿河行走的古道，多在沿河石壁上设木栈通行。但唐以后，栈道毁坏，多改道绕行河谷上的山岭。如金牛道上明月峡栈道改为翻朝天岭驿道，石门道放弃沿河木栈改翻黎山顶驿道。什么原因呢？唐宋以前，木栈有险而平的特点，主要是适应于唐以前车战和车旅多的特点，但后来木栈受水冲刷而腐败，近处森林砍伐无遗，使栈道难以修葺，而人们已多以马代车，以步代车，这种沿河栈木而行的形式就没有存在的可能和必要，故失去了生命力。四川盆地在历史上有一个纵向交通比横向交通发达的特点，这主要是古代生产力水平低下，较大程度受到地形限制的结果。《元和郡县图志》载，唐代"（黎州）东至戎城无路，约七百里"[2]。很长时期内，宜宾到西昌、昭通到西昌、遵义到叙永，横向距离并不远，但其间交通仍十分不便。现在，社会的生产力水平大大提高了，而经济发展客观上也提出发展横向交通的强烈要求，加强四川边区横向交通是十分必要和可能的。成渝铁路基本上沿用了明清的东大路路线，是不是完全合理呢？以前，外国人设计的成渝铁路，在今内江折向水陆要冲的泸州沿长江到重庆，从取自然河谷走向优点来看，这是有其合理性的。但后来詹天佑将这条路线做了修改，完全取用古线，沿盆地腹部丘陵取道，从发展经济上看，在当时也是明智的和合理的。现代科学技术支撑下生产力大大提高，筑路技术也因此大大提高，高速铁路、高速公路的修建，可能对道路的选择又是一种新的考量。

---

① 《川滇铁路叙昆线测勘经过》，《四川月报》1938年第3、4期合刊。
② 李吉甫《元和郡县图志》卷32，中华书局，1983年，第821页。

（二）回曲走脊

通过几十年的古道田野考察，我们发现在四川盆地对外交通通道中，沿河筑路自然是相当明显，但在许多时候，古道并不一定沿河谷走山麓之下平坝，而是一直沿山脊而行，许多人往往大惑不解。做出走山脊这种选择，原因是多样的：第一个原因是沿河谷而行，在河流支流较多的情况下，道路往往在支流河上需要架设桥梁，成本大增；而如果支流众多、回曲高深的河谷不能架桥，则需要回曲绕大弯，路线大大拉长。第二个原因是河谷、平坝地区往往耕地、住户较多，修路的成本也会大大增加。第三个原因是在山麓之下修路和通行，受滑坡、泥石流、洪水的威胁更大。但如果沿山脊而行，山脊上起伏波动相对不大，道路更平缓，而受河流支流切割形成的沟壑形成的绕行较短较少，路线也更短直，受地质灾害和洪水灾害的影响相对较小，修路成本也会降低。所以，我们发现四川盆地古代通道中取道山脊而行的相当多。

如金牛道梓潼县石梯铺段、七曲山送险亭至通木铺段，剑阁县七里坡至昭化城间也多行在山脊顶或山脊两边不远的腰际，远离谷底的平坝。特别是剑阁县武侯坡至县城普安镇段、原剑阁县城至剑门关道路，多只是在山脊下方不远处的腰际行走，均远离山谷坡底，有一些道路完全在山脊顶。再如清溪道腊关顶、梅子营、凤凰营、保安营、利济站段，虽然道路多有起伏，几乎完全是在山脊上行进，远离尼日河上游的曼滩河低谷，但道路少有回曲。如川黔古道有一部分是沿綦江河谷行进，但一部分是离开綦江河谷，沿河谷后的山脊而行，如马口垭、茶亭子、鱼梁子段。我们发现明代金牛道南段东线从苍溪入北经过槐树铺、伏公铺、白坡铺、经政铺、天池铺、施店铺、永宁铺、清水铺、柏林铺、石井铺、圆山铺、梅岭关、梅树铺、龙潭驿一段，虽然时有起伏，但道路几乎都在山脊上，特别是在永宁铺、施店铺一段更为明显。同时，从阆中到苍溪间，翻越到任家山后经过双山垭、瓦口隘、曹家店、尖山塘、柏树垭、下五里子也一直在山脊上行进。明代小川北路从南充小佛到岳池段大多是沿四川盆地内丘陵的山脊上行进，尤其是在佛门坎、檬垭铺、千佛寺段特别明显。清代的小川北路上更是大量取道四川盆地中丘陵的山脊而行，如中江、三台间的柏树垭段，三台县的白店、方井段，射洪县文聚场段，南充的龙蟠场、八角铺至檬子垭段、楠木岭段，蓬溪县杜家岩段，古道多在这些丘陵地带的中丘地带山脊上，并不取道这些地带的丘陵下的平坝河谷地带。又如渝万大道渝北的杨柳、旱土、关口段，也是在铜锣山上山脊行进，并不取山下的谷地而行。再者，剑阆古道也大多在山脊上行进，如文林铺、老土地、小垭口、古楼铺、三母城、断碑梁、小石口、红彤、江石等都是在山脊上行进。

历史上四川盆地交通通道，是选择沿河筑路还是回曲走脊的影响因素较为复杂，除了上面谈到的三点因素外，与河流回曲大小，支流多少，平坝宽广度，山体的体量、坡度和高度往往都有关系。一般来说，四川盆地内部的丘陵地区道路更多选择山脊而行，而四周山地更多采取沿河筑路。一般而言，盆地四周的山地相对高度落差较大，往往河谷深切，但回曲较少，河道相对较直而支流相对较少，行走山谷麓地相对而言更为捷直；而如果取山脊而行，上下多盘旋反而增加路程，如松茂古道、石门古道、大渡河等河流回曲不大但两边山体较大，除个别回曲、陡险段采取翻山取直外，多是向河谷下方沿江筑路而行。而四川盆地中深丘陵地区，一方面相对高度不大便于上下，但往往大小支流众多，造成山体、河流回曲增多增大，所以取行山脊而行反而能缩短路程，减少其他回曲。有一些路段地处河谷深切，河流两边悬崖深切，传统时代河边悬崖道路开凿困难，而耕地多在山上的山腰平台上，居民本来也多居住在山上或山腰，故道路往往在山脊或山腰缓坡台地上行进，如石门道的大关脑段、吉利铺段，终南山道的小街子、幺店子、新塘段，长江峡路的火峰铺段，等等。

四川盆地四周有一些河道由于多峡谷地貌，山体坡度较大，河流沿岸除水运的个别纤道外，沿江筑路较为困难，故陆路较少。如历史上长江三峡、乌江河谷段，很多时候都是取行河谷后的山脊。长江三峡段除沿江纤道外，大的官道多是远离长江三峡峡谷，川鄂大官道从万州开始就从长江南岸绕行利川、建始、长阳到宜昌，而川鄂北大道则只有部分邻近长江边，大多也是沿北岸山后的山脊而行。从涪陵到彭水的陆路几乎完全不沿乌江河谷而在东岸的大山中穿行，经过凉风铺、山窝铺、木根铺、火炉铺、木棕铺、牛岩铺到彭水县。而从彭水到贵州沿河县的陆路也是不断离开乌江沿山后大山上行走，如从彭水到万足绕行东岸山脊河口，从万足的东岸头党坝、龙门峡到龚滩，从龚滩取东岸山脊行经过朝天馆、本家湾、铺子口、小河口到沿河。

（三）取直越岭

在四川盆地的道路取行中，经常要面对河道主流回曲之状，所以，道路选择上往往多采取翻越山岭使道路更为近直。

前面谈到"沿河筑路"在许多时候主要是指一个大的通道、走廊概念，实际上在许多沿河筑路的大通道上，往往在具体路线选择时，因河道绕曲、河岸陡险两大因素而时有跨山取直的路线取道，如石门道整体上是沿横江河谷行进，但在横江镇至燕子坡、坪街经黎山顶至豆沙关段，离开横江河谷翻越山顶取直而行。乌撒入蜀旧路在纳溪到叙永段整体上是沿永宁河行进，但在纳溪经荣塘寺到渠坝段、兴隆场至蚊虫溪段则离开永宁河谷而行，因道路更捷直。同样，川鄂大道北路大部分都是沿长江两岸行进，但面对巫峡峡谷，人们改走巫峡北岸山中的火峰铺、小桥驿到巫山县，而从巫山县到奉节同样从关上经朝阳、哨楼、关口、十里铺回避瞿塘峡之险。唐宋金牛道的五盘关段也是从阳平关到九井滩段绕开嘉陵江河谷取直而行，在昭化南翻南马山到泥溪避嘉陵江之回曲。明清金牛道在广元至昭化间，也在五里坡和张家湾取直回避嘉陵江回曲。松茂古道主要是沿岷江河谷而行进的，但在龙池到映秀段却离开岷江河谷翻越娘子岭，避开了绕曲且陡险的岷江河道。历史上米仓道关坝经柳湾子到南江、二洞桥经八庙场到赤溪场，都翻山取直而离开南江河谷。同时，从银河观到上两间，一般可以沿峡谷经银杏坝到上两，但平时要多次渡河，遇到洪水季节又完全不通，所以往往改取直翻越朱子垭口到上两。川黔古道有一部分是沿綦江河谷行进，但大部分是离开绕曲的綦江河谷；在土桥铺至镇紫镇之间离开綦江河谷直行，避免綦江河谷的回曲绕道；在赶水镇离开綦江河谷向正南取直翻越的大山到松坎。大竹河道一直沿任河而行，而为避大界峡之险和回曲，从毛坝关离开任河河谷绕行二州垭到田坝河。清代赤水河上从仁怀厅到猿猴场可以离开赤水河岸从陆路经小关子取直到猿猴场。清代从巫山到巫溪有陆路也是部分沿大宁河边行进，更多是从大宁河两岸的山地上行进。川藏古道南线从格聂到乃干多如果沿河谷南行经章纳到乃干多较为绕曲，故向西翻越拉在垭口经格则到乃干多；再者从惹迪如果经波密到大朔塘绕曲，所以从惹迪要取直从松林口（垭口）到大朔塘。沐源川道西线则从马边河边的赶场坝翻越分水岭到火谷，绕过了马边河荣丁的大回曲，再从利店翻越安家山垭口到九井场，绕过马边河的黄丹、马庙大回曲。桃关入口道到耿达后取直翻老鸦山到烧汤，避开了耿达河的回曲和陡险。牛头山道从水磨沟到草坪如果从三江行绕曲，所以才翻越鹞子山取直到草坪。有些河道整体上都较为陡险，沿江陆路往往都是离开河谷而行进，如沿乌江而行陆路大部分都是离开乌江河谷的。

不过，以上案例往往会有两种情况：一种是因为河道边陡险难以开路而改为翻越山岭，这种背景下往往翻越山岭的道路在距离上可能更为遥远；一种则完全是因为主流河道回曲，翻越山岭取直后道路更为近捷。

实际上，在古代四川盆地的道路选择中往往会面临翻越的大山坡度不一样的情况。如米仓道在翻越米仓山时就出现了两种选择：一种是从关坝翻越草鞋坪垭口、大坝关、巴峪关到小坝的道路，相对坡度更大，但更为近捷；一种是从上两经过龙神殿、五块石、两河口、挡墙河、庙坝的通道，相对坡度更缓，山体更宽，但路线距离更长。又如川黔古道大面村到松坎段，早期是从红关、木交口到松坎，后期则从酒店垭、韩家店、爬抓溪到松坎。前者相对更陡险，后者相对更平缓，但路线更长。这种道路选择有的是在同一个时代的不同选择，也有前后不同时代的不同选择。

（四）横岭越垭

在四川盆地的古道中，不论是沿江筑路、回曲走脊、取直越岭，还是一般意义上的翻越山岭，为了缩短上下的路程往往选择翻越山岭的最低的垭口而行。

在四川盆地内外通道中，横岭越垭的交通景观相当多，如金牛道上的白马关垭口、剑门关垭口、竹垭铺垭口、南马山垭口、飞仙关垭口、七盘关垭口、土地垭垭口、五丁关垭口，金牛道南段东线的梅岭关垭口、界牌垭口、大垭口垭口，东大路上的二郎关垭口、老关口垭口、山泉铺垭口，小川北道上的峰门铺垭口、佛耳岩垭口、分水岭垭口、凉风垭垭口，渝万大道上的十二拐垭口、张关垭口，僻北路上的缙云山青木关垭口、云雾山峰垭垭口，白水道上的白水关五里垭垭口，阴平道上的摩天岭垭口、松茂大道上的娘子岭垭口、西宁关垭口，松岭关道上的土地岭垭口，桃关入口道上的斑斓山垭口，石门旧道上的豆沙关垭口、黎山顶垭口、罗汉林曾家坡垭口，川滇古道上的凌云关、隐豹关垭口，米仓道上的草鞋坪垭口、卡门（巴峪关）口、褒城坡垭口、台上垭口、挡墙垭口，洋巴道（荔枝道）上的滚龙坡垭口、九元关垭口、雷音铺垭口、凉风垭垭口、桐子垭垭口、高都铺垭口、罗家垭口、芝草垭口，清溪道大相岭草鞋坪垭口、晒经关垭口、小相岭垭口，乌撒入蜀旧道上的雪山关垭口，川黔古道上的黄葛垭垭口、马鞍山垭口、九盘子垭口、酒店垭垭口、娄山关垭口，川藏古道南线上的飞越岭垭口、雅加梗垭口、折多山垭口、高尔寺垭口、剪子湾垭口、大雪山垭口，川藏北线上的雀儿山垭口、鹧鸪山垭口，大竹河道上的二州垭垭口，沐源川道的分水岭垭口、安家山垭口、罗家垭垭口，鲁南山道的坛罐垭垭口、鲁魁山垭口、鲁南山跑马坪垭口，川湘大道上的亭子关垭口、楠木垭垭口、梅子关垭口、武陵山箐口垭口、福里关垭口，川鄂大道上磨刀溪卡门垭口、齐岳山梭坎垭口、利川石板顶卡门垭口，川鄂大道北路的界岭铺垭口、哨楼关口垭口，宁河堵水道上的鸡心岭垭口、洋壁道上的白熊关垭口、铁炉垭垭口，汉壁道上的青石关垭口、镇南关卡门子垭口、庙子垭地垭口，阳山江道上的射箭坪垭口、太坪墩垭口、襄衣岭垭口，岷江乐山段的关子门垭口，牛头山道上的牛头山垭口，鹞子山的桃花店垭口、烧茶坪垭口，小江通道上的梅子关垭口，赤水河盐道上的垭口穿风坳、仙人坳、七里坎等等，可谓举不胜举。

历史时期四川盆地交通通道中的垭口大多数情况下是关隘，但关隘却不一定是在垭口上。古道不论是在垭口上的关隘，还是不在垭口上的关隘，一般都修有关门，在四川民间往往称为卡门、卡门子、卡子。在一些重要的官道上，关隘往往是建立在有汛塘驻扎的重要关城，如剑门关、朝天关、佛图关、瞿塘关、风洞关等，并不只是有一个简单的门楼，而是形成一个较大的城防。所以，这些年我们在考察古道时发现了一些保留下的关门遗迹，保留较好的有金牛道上的天雄关卡门、梅岭关卡门，米仓道上的巴峪关卡子，荔枝道上的滚龙坡卡子、鸡公寨卡门，川滇古道上的凌云关、隐豹关卡口，乌撒入蜀旧道上的雪山关卡门，川鄂大道上的石板顶卡门，川湘古道上酉阳县的大凉风垭卡子、枫香坪卡子、固北关卡门、隘门关卡门、西屏关卡门，松茂古道上的靖夷堡卡门、龙潭铺卡门、西宁关卡门，赤水河盐道上的穿风坳卡门等。而在四川盆地内垫江县、威远县、武胜县等地，由于防御李永和、蓝朝鼎和白莲教侵扰，在一般道路上修建的关卡更是众多，寨堡、卡子分布遍地，遗迹较多。至于在地名上留有卡门、卡门子等更是举不胜举。可以说，蜀道上由于关卡众多，已经形成了一种"卡门"文化。

横岭越垭可减少大量路程并减少路的坡度。在近代，许多公路也采取越垭口而行的方式，如川藏公路翻二郎山、折多山垭口，川滇西路翻大相岭泥巴山垭口，洋万公路翻大小毛垭口，川黔公路翻酒店垭口和娄山关场垭口等。

（五）陡险盘旋

中国古代在道路选择上，面对较为高大的山体主要有两种翻越选择，一种取直陡上陡下，一种是盘旋走"之"字形。就历史上四川盆地的通道来看，走"之"字形的道路最为普遍。对于走"之"形的道路，中国古代往往用"盘""拐""梯"等字加数目字来体现，如三百梯、七十二盘、七十拐、二十四盘、二十七拐、十八梯、十八拐、十二拐、九盘子、九杵子、九盘营、九盘坡、九道拐、九把锁、五盘关、七盘关、七盘营、三道拐、三拐子之类，名目较多。不过，这些数目字有的是虚数，表示盘折较多，有的则是实数。如大相岭南坡有著名的二十四盘路，也称七十二盘。据我们实地考察发现，大相岭草鞋坪垭口南北的道路随残破碎石盘旋，峰回路转，为明显的"之"字形道路，从盘折数目来看实不止二十四盘，也非正好七十二盘。而大相岭九折坂之地，则正好是九折。又如巫山县南陵山古道早在宋代就称"浮云一百八盘"，历代文献记载相沿不断。只是今天我们实地考察发现，南陵山的盘折并没有古人所称的那么多，道路相对陡直。再如渝万大道上的玉峰山的十二拐，可能正好是十二个拐。一般来说，古代四川盆地交通通道中，"之"字形道路较多的是在山体高大、落差较大的地段。直到现在，我们在修凿公路时也充分继承了古代劳动人民的经验，翻陡坡多取"之"字形盘旋。

当然，由于古道所经过的地势千差万别，在许多道路的路段上，古人并没有采取走"之"字形的方法，而是采取相对陡险的直上直下的方式，故有"陡岩""陡嘴""陡岩子""陡梯子"等地名，如小川北路大竹、渠县交界的陡嘴岩，梁平县的陡梯子，川江丰都县的斗崖子（陡岩子），清溪道上的陡坡顶等。据我们实地考察，从道路曲直来看，相对确实是陡险取直上下。一般来说，采取陡直上下的路段，往往山体高度相对不高，故路段相对不长。同时，这种路段的山体逼仄而狭窄，走"之"字回旋的空间不大。不过，我们实地考察发现，即使是道路较为陡直的路段，往往也会走一些小"之"字回旋，并不完全是在一条直线上，同时，直线往往也并非垂直，而是有斜度的。

当然，在古代四川盆地的交通道路上，很多盘旋走"之"或陡险直上的道路并不一定在地名上体现出来，不含"陡"字而陡上陡下的道路更多，如梁平县的百步梯、巴南的三百梯、井研县龙鹄山梯道，等等。需要指出，很多道路在一条路段上往往是多种取道方式并存同用，既有回旋走"之"字的取道方式，也有陡险直上直下方式，还有腰际横走、斜上斜下的方式穿插其间。所以，路线长度与坡度之间的关系相当复杂。有学者仅在地图上用记载里程与海拔高程简单计算出坡度系数显然是不科学精准的。

（六）绝险设栈

栈，按《说文解字》卷6《木部》记载："栈，棚也，竹木之车曰栈，从木，戋声。"[1]栈道原意或指行竹木之道。又按《玉篇》《集韵》《韵会》等释栈为栅、阁板、小桥，再引申出动词义，指用竹木设造。颜师古注《汉书》称："栈，即阁也，今谓之阁道。"[2]《史记索隐》又引崔浩："险绝之处，傍凿山岩，而施版梁为阁。"[3]这便是《正韵》所谓"编木为栈"的古典木栈。现代栈道的含义则要广得多，这主要是因为以后出现了石栈。李白《蜀道难》有"天梯石栈相钩连"之句。吴焘《游蜀日记》记载："国朝因西陲用兵，屡发帑金修栈，巉岩尽辟，旧路亦多改行，

---

① 许慎《说文解字》卷6《木部》，中华书局，2020年，第188页。
② 《汉书》卷1颜师古注，中华书局，1962年，第30页。
③ 《史记》卷8，中华书局，1982年，第367页。

遂不见所谓阁道者矣……彼时架木为阁，故可烧耳。若今之栈道，岂复能烧乎。"①又《广志绎》卷5载："今之栈道非昔也，联舆并马，足当通衢。"②这里的不能烧而可并行车马的栈道系石栈。

历史上，我国许多地方都有栈道存在，如《战国策》载田单设栈道木阁迎齐王与齐后③。而秦汉宫室里就有复道延楼。总的看来，我国历史上栈道主要分布在西南、西北和华南地区，其中以陕西和四川栈道设置最多，最为典型，而尤以四川盆地为甚。

总的来看，历史上四川盆地的栈道设置十分兴盛，有以下四个特点。

第一，分布广。历史上陕西栈道十分发达，但其仅局限于陕南通秦岭的故道、褒斜道、子午道和傥骆道，而四川盆地不仅川北金牛道、嘉陵故道、米仓道、洋巴道、宁河堵水道上有栈道，而且川西的西山道、陇东道、阴平道、景谷道、和川道、飞越岭道、牛头山道，川南清溪道、石门道，川东峡路，在历史上都有栈道存在。此外，在四川盆地内及许多山区小道上也有栈道存在。如《舆地纪胜》记载："古栈阁遗迹，内江县井坝有古栈阁遗迹。绍兴间，土人得碑刻于崖腹间，乃永建三年汉安长郡青衣陈君以此道栈阁陷车马，因移道于崖上，过客将免颠踬，见有碑存……汉永建五年汉安修栈道记，在内江县界磨崖，字今已磨灭。"④毛起《采木纪略》记载："凡木之道，越岗度岭必有飞栈焉，岩砦嵌崎必有偏栈焉。凡栈必以巨木为之，下皆以树实其空窍，两旁施服厢栈，或数十丈，百余丈，有远数十里者皆浮功……"⑤这本是说皇木采办过程中的架厢栈道运输皇木之事，足以证明历史上四川广大山区小道栈道之设是非常普遍的。

第二，规模庞大。历史上陕西褒斜道栈道规模十分大，早在《三国志》卷14裴注就称其为"五百里石穴耳"⑥。后来《太平寰宇记》《舆地纪胜》对川陕栈阁数都有记载。《汉中志》载，其间斜谷路至凤州宋代有栈阁2989间，元代有栈阁2892间（一作2982），明代有栈阁2275间。⑦我们发现，文献中又有记载宋代兴州经三泉县到利州有

① 吴焘《游蜀日记》，《小方壶斋舆地丛钞》第7帙，上海著易堂排印本。
② 王士性《广志绎》卷5，《王士性地理书三种》，上海古籍出版社，1993年，第374页。
③ 《战国策》卷13《齐六》，中华书局，2012年，第371页。
④ 王象之《舆地纪胜》卷157《潼川府路·资州》，四川大学出版社，2005年，第4746、4751页。
⑤ 《古今图书集成·方舆汇编·职方典》卷630《嘉定州部》，中华书局，1985年，第13423页。
⑥ 《三国志》卷14裴松之注，中华书局，1982年，第458页。
⑦ 顾祖禹《读史方舆纪要》卷56，中华书局，2005年，第2667页；许鸿磐《方舆考证》卷33引《汉中志》，清济宁潘氏华鉴阁本。

桥阁19318间，而利州到三泉大安军有15316间桥栏。[1]宋代从凤州到剑门关栈阁多达9万余间。[2]另李焘《续资治通鉴长编》卷88记载"利州言水漂栈阁万二千八百间"[3]，可知利州的栈道规模巨大。可以说，历史上今四川盆地内栈道规模并不亚于陕西。从现今遗留孔迹来看，中国栈道遗迹规模最大的是四川盆地东面的大宁河栈道。大宁河木栈，从巫山县罗门峡口起，断断续续，到巫山宁厂，以前认为栈道全长400多千米，有栈孔6888个。《三峡古栈道》一书认为"大宁河栈道是我国现存规模最大的古栈道遗址群"[4]。可以说，大宁河栈道是世界上规模最大的栈道遗迹，堪称世界一绝。据我们实地考察，大宁河栈孔延伸到城口、镇坪、竹山等地，实际规模应该更大。

第三，年代久远。据《战国策》《史记》记载，早在战国时，四川就号称"栈道千里通于蜀"，"栈道千里，通于蜀汉"，"栈道千里，无所不通"。汉代四川栈道就非常之多，特别是唐蒙在川南僰道所凿的凹槽式栈道，直到南北朝时依然存在。

第四，种类齐全。木栈的标准式、悬崖斜柱式、无柱式、汀步式、木筏式和石栈的凹槽式、标准式、无柱式、堆砌式两大类九种栈道形式在四川都曾存在过。

从有关资料看，中国栈道的兴盛时代是在汉唐及北宋。这段时间多有增设栈道，如汉代杨母在大相岭造阁、李翕修郙阁、郡君修褒斜桥阁523间，三国诸葛亮置剑门关30里阁道、邓艾造阴平12阁、李苍修褒斜阁道，隋唐治石门关30里阁路、晋晖修故道栈道，五代修斜谷阁道2300余间，宋修白水路栈阁2809间。但是，明清以来便很少有大规模设栈阁之举，多毁栈为碥路的事功。这种改栈道为碥路之举，汉唐便有，如汉李翕在郙阁、唐李西华在武关道、唐韦皋在金牛道千佛崖都行此类事功。到明清时，曹震在千佛崖、贾大司在连云栈也将栈阁改为碥路。故清人吴焘记载："国朝因西陲用兵，屡发帑金修栈，参岩尽辟，旧路亦多改行，遂不耳所谓阁道者矣。"[5]从宋代开始，栈道数目急减，如褒斜道150里区间从宋到明共减少了栈阁714间。故道在唐代大散关以北多设栈道，但到宋元时仅从大散关开始入栈道，有"自宝鸡入散关，则涉栈阁之险"[6]的记载。到明代则从草凉楼入栈道[7]，即从唐到明草凉楼以北一百多里栈道

① 王象之《舆地纪胜》卷191、卷184，四川大学出版社，2005年，第5638、5354页
② 《宋会要辑稿》191册《方域一〇》，中华书局，1957年，第7474页。
③ 李焘《续资治通鉴长编》卷88，中华书局，1995年，第2016页。
④ 重庆市文物局等《三峡古栈道》下《大宁河栈道》，文物出版社，2006年，第13页。
⑤ 吴焘《游蜀日记》，《小方壶斋舆地丛钞》第7帙，上海著易堂排印本。
⑥ 《资治通鉴》卷273，中华书局，1956年，第8938页。
⑦ 顾祖禹《读史方舆纪要》卷56，中华书局，2005年，第2668页。

已逐渐毁坏。明月峡栈道毁坏于宋初，剑门关栈道和大宁河栈道则在明末毁弃。[1] 木栈道毁坏之后，除改为石栈外，多数改为碥路，有些就近在原栈道下方开辟，如子午道一些路段、广元千佛崖、青川马鸣阁；有些则远离栈道所处峡谷，翻山岭垭口而上，如明月峡栈道毁坏后改走朝天岭碥路，石门道栈道毁坏后改走黎山顶碥路。

栈道衰亡的原因，有人为的因素，也有自然的因素。

汉唐时期，气候比我们今天要温暖湿润得多，森林覆盖面积比今天要大得多，这就为大规模设立栈道提供了方便的原材料，如北宋李虞卿在修凿白水路前便先遣人"因山伐木，积于路处"，后才作栈阁2309间。[2] 但是，南宋以来，我国气候日趋寒冷干燥，加上人为砍伐不断，森林资源遭到极大破坏，设栈所用木料的砍伐、运输日趋艰难。如唐以前褒斜谷林木茂盛，但北宋仁宗庆历三年褒城县窦充上书认为凤州到剑门关一线土卒修葺桥阁多要到二三十里外的深山密林采伐，甚为艰辛，建议在古道旁栽种树木，以便随时修葺栈阁。[3] 南宋宁宗庆元三年剑阁县令何琰就在剑阁道沿路种松。[4] 在古道两旁不断置树，说明当时栈木已十分短缺了。栈道毁坏后一时无栈木修补，人们便以石代木，形成石栈，故今多留石梁、石柱。

从有关航道史的研究看，由于森林面积减少，水土流失，河床上升，险滩复出，水流湍急致木栈多被冲毁；而大部分时期又干涸断流，人们完全可以在河床上行走，不必取栈而行。我们在四川、陕西、云南等省考察时，有时遇上汛期，许多栈孔已经与河床平行，人们完全可沿栈道孔下河滩行走，这样，栈道便失去了存在的可能和必要。

栈道优于碥路，是在于可避盘折起伏之险，又可缩短路程，以利车舆行驶；但是唐以后，人们多以人力、马力代车，栈道便失去存在的必要性。此外，栈道易被水腐蚀，易为火焚，难以修葺，花费又大，如明代改千佛崖栈道为碥路，就是因为栈道"连岁修葺，工费甚多"[5]。再加上栈道只能承受一定量的负荷，人马行其上，十分危险，栈道下常是白骨累累，如汉代邮阁栈道"常车迎布，岁数千辆。遭遇聘纳，人物

① 蓝勇《四川古代栈道研究》，《四川文物》1988年第1期。
② 雷简夫《新开白水路记》，何景明《雍大记》卷32，嘉靖刻本。
③ 《宋会要辑稿》191册《方域一〇》，中华书局，1957年，第7474页。
④ 王士祯《陇蜀余闻》，《小方壶斋舆地丛钞》第7帙，上海著易堂排印本。
⑤ 曹震《开永宁河碑记》，见叙永县编史修志委员会《叙永文钞》，1983年，内部出版。

俱堕。沉没洪渊，酷烈为祸。自古迄今，莫不创楚"①。明月峡栈道毁后，另开朝天岭碥路后，故"人甚便之"②。这样看来，在生产力水平提高后，人们掌握了先进的筑路技术，自然要回山取途、逢岭盘折而过了。

战乱也是栈道受到极大破坏的原因。如赵云曾烧赤崖栈道。唐僖宗入蜀，李昌符、石君涉毁故道栈道。宋初王全斌伐蜀，蜀军烧绝栈道，退守葭萌。宋末吴玠为抵抗元军曾烧毁栈道。元代罗罗斯土官曾撤毁清溪道上的栈道。明末张献忠烧毁金牛道、大宁河栈道。栈道被人为毁坏后，往往得不到很好的修治，故数量日趋减少。

———————————

① 严如熤《三省边防备览》卷13《艺文》引蔡邕《郿阁铭》，蓝勇主编《稀见重庆地方文献汇点》，重庆大学出版社，2013年，第387页。

② 王象之《舆地纪胜》卷184《利州》，四川大学出版社，2005年，第5351页。

第一章

四川盆地
北部主要交通路线

蜀道：四川盆地历史交通地理

第一节　川陕西线（石牛道·金牛道·剑阁道·南栈道·四川官路·四川北路）

一、金牛道的起源与早期路线走向和取用

明清以来，人们一般认为"金牛来而蜀道始开，剑阁修而蜀门始固"[①]，人们习惯称金牛道的开凿为狭义蜀道之始。近年有人考证，认为应以褒斜道的开凿为蜀道之始。[②]《华阳国志》记载："《蜀纪》言：'三皇乘祇车出谷口。'秦宓曰：'今之斜谷也。'及武王伐纣，蜀亦从行。《史记》：周贞王之十八年，秦厉公城南郑。此谷道之通久矣。而说者以为蜀王因石牛始通，不然也。"[③]但我们要注意，金牛道开凿的年代应早于传统说的周显王时，因为《尚书·禹贡》载梁州贡道称"西倾因桓是来。浮于潜，逾于沔，入于渭，乱于河"，邓少琴先生认为是经甘肃岷县西倾山沿桓水（白龙江）下至潜水（嘉陵江）再北上经沔水（汉江）取褒斜道入渭水达黄河。[④]如此，金牛道和褒斜道在战国以前已开为贡道了。从甲骨文和《竹书纪年》的记载中可看出，商代中央政府与蜀通信使，馈赠和征战不绝。[⑤]《华阳国志》又记载春秋时

---

① 雍正《剑州志》卷3《形胜》，雍正五年刻本。
② 徐争青《褒斜道当为蜀道之始》，《历史知识》1982年1期。
③ 常璩撰，刘琳校注《华阳国志校注》卷12《序志》，巴蜀书社，1984年，第896页。
④ 邓少琴《巴蜀史迹探索》，四川人民出版社，1983年，第165—166页。
⑤ 董其祥《巴史新考》，重庆出版社，1983年，第4—7页。

"（蜀王）卢帝攻秦，至雍（凤翔），生保子弟"①，非常清楚地告诉我们金牛道的开凿应早于战国周显王时。

又《华阳国志》卷3《蜀志》记载：

> 周显王之世，蜀王有褒、汉之地。因猎谷中，与秦惠王遇。惠王以金一笥遗蜀王，王报珍玩之物，物化为土。惠王怒。群臣贺曰："天奉我矣，王将得蜀土地。"惠王喜，乃作石牛五头，朝泻金其后，曰"牛便金"，有养卒百人。蜀人悦之，使使请石牛。惠王许之。乃遣五丁迎石牛。既不便金，怒，遣还之。②

这段史料本身向我们说明一个问题，即"使使请石牛""乃遣五丁迎石牛""遣还之"三次事件都有道可取。所以吴致华认为："或本有小道，此特加以扩修也欤。"③这是十分正确的。早在宋代吴曾《能改斋漫录》卷9就有记载："《禹贡》：华阳黑水惟梁州，岷嶓既艺，沱潜既道，蔡蒙旅平，和夷底绩，则蜀道与中国通久矣。《蜀主本纪》载秦惠王谋伐蜀，刻五石牛，置金其后，绐蜀人云能粪金，蜀主信之，发卒千人，使五丁力士开道，致牛于成都，秦因遣张仪等随石牛以入，遂夺蜀焉。此事尤近诬，蜀人吴师孟醇翁题金牛驿辨之以诗云：唱奇腾怪可删修，争奈常情信缪悠。禹贡已书开蜀道，秦人安得粪金牛。万重山势随坤顺，一勺天波到海流。自哂据经违世俗，庶几同志未相尤。"④不难看出，秦蜀金牛道的道路早已经是通畅的，可能只是在周显王时对原来的古道进行了一次较大规模的扩修而已。

《华阳国志·蜀志》又说：

> 周显王三十二年，蜀使使朝秦……惠王知蜀王好色，许嫁五女于蜀，蜀遣五丁迎之。还到梓潼，见一大蛇入穴中。一人揽其尾掣之，不禁，至五人相助，大呼拽蛇，山崩。时压杀五人，及秦五女并将从。而山分为五岭，直顶上有平石。蜀王痛伤，乃登之，因命曰"五妇冢山"；于平石上为望妇堠，作思妻台。今其山或名五丁冢。⑤

---

① 常璩撰，刘琳校注《华阳国志校注》卷3《蜀志》，巴蜀书社，1984年，第185页。

② 常璩撰，刘琳校注《华阳国志校注》卷3《蜀志》，巴蜀书社，1984年，第187—188页。

③ 吴致华《四川古代史》，学生导报社，1948年，第164页。

④ 吴曾《能改斋漫录》卷9《蜀石牛》，商务印书馆，1941年，第225页。

⑤ 常璩撰，刘琳校注《华阳国志校注》卷3《蜀志》，巴蜀书社，1984年，第190页。

抛开其神话传说之色彩，应将这段记载理解为蜀王护迎五女的领头事件。这次事件，也有可能是对取金牛道行进途中的一次重大交通事故的历史记忆的重构。

汉唐时期一般称石牛道，并没有金牛道的称法。扬雄《蜀王本纪》称："（蜀王）即发卒千人，使五丁力士拖牛成道，置三枚于武都，秦道乃得通，石牛之力也。后遣承相张仪等从石牛道伐蜀。"①《华阳国志》记载："周慎王五年秋，秦大夫张仪、司马错、都尉墨等从石牛道伐蜀，蜀王于葭萌（昭化）拒之，败绩。王遁走，至武阳，为秦军所害。"②郦道元《水经注》卷27也记载："逮桓帝建和二年，汉中太守同郡王升，嘉厥开凿之功，琢石颂德，以为石牛道。来敏《本蜀论》云：秦惠王欲伐蜀而不知道，作五石牛，以金置尾下，言能屎金，蜀王负力，令五丁引之成道。秦使张仪、司马错寻路灭蜀，因曰石牛道。厥盖因而广之矣。"③当时，五丁迎石牛使古道更通达，无疑为秦灭蜀创造了条件，故阚骃《十三州志》称："秦王未知蜀道，乃刻石牛五头，置金于尾下，伪如养之者，言此天牛能屎金，蜀人见而信，乃令五丁共引牛成道，致之成都，秦知蜀道而亡蜀。"④李泰《括地志》也称："昔秦欲伐蜀，路无由入……乃令五丁共引牛，堑山堙谷，致之成都，秦遂寻道伐之，因号曰石牛道。"⑤

从上可以看出，石牛地名出现较早，在汉代就出现了。金牛作为地名出现在唐代，而金牛道之名的出现最早在北宋时期。李吉甫《元和郡县图志》卷22记载："褒斜道，一名石牛道……金牛县……武德二年，分绵谷县通谷镇置金牛县，取秦五丁力士石牛出金为名。"⑥即金牛作为地名最早在唐代武德二年，今天保留的金牛地名也只能是唐代以后人们的命名了。另唐代还出现了金牛驿的地名，如胡曾《咏史诗》中就有《金牛驿》一诗称："山岭千重拥蜀门，成都别是一乾坤。五丁不凿金牛路，秦惠何由得并吞。"后李商隐有《行至金牛驿寄兴元渤海尚书》一诗有"深惭走马金牛路"之句，由此我们发现，唐代开始，除了有金牛驿的地名外，已经出现金牛路之称。但据文献记载，北宋才有金牛道之称，如北宋李新《跨鳌集》卷6中有《金牛道中》一诗，可能是最早将石牛道称为金牛道的记载。后陆游《剑南诗稿》卷3又有《金牛道中遇寒食》一

① 扬雄《蜀王本纪》，王谟辑《汉唐地理书钞》，中华书局，1961年，第373页。来敏《本蜀论》也有类似记载。

② 常璩撰，刘琳校注《华阳国志校注》卷3《蜀志》，巴蜀书社，1984年，第192页。

③ 郦道元《水经注》，上海古籍出版社，1990年，第533页。

④ 阚骃《十三州志》，王谟辑《汉唐地理书钞》，中华书局，1961年，第150页。

⑤ 李泰《括地志》，王谟辑《汉唐地理书钞》，中华书局，1961年，第257页。

⑥ 李吉甫《元和郡县图志》卷22，中华书局，1983年，第559—560页。

诗。明代以来，特别是在清代的文献中，才多将石牛道称为金牛道。

严格说，先秦时期金牛道的具体路线已难确考了，只是考虑到古今交通路线择线都有择易而行和近捷而行的特点，则古金牛道与后来的剑阁驿道路线应在大的走向上基本吻合，但具体路线可能并不完全一样。今天流传在剑阁驿路上的先秦传说，可能大多是唐代以后人们的乡土历史重构，只能显现出大的路线走向，并不能实证先秦石牛道的具体路线。具体而言，这条道路上有关先秦传说的地名有烈金坝、五丁峡、金牛峡、五妇岭和石牛铺几个，但有的地名位置至今仍有争议。

一般认为，这条古道应从古南郑（汉中）经勉县西南烈金坝，就是历史上的金牛驿。金牛驿之名出现在唐代，但历史上金牛驿具体指何处呢？较早记载金牛驿地名的是北宋的《元丰九域志》，其卷8《利州路·三泉县》下记载有金牛镇，但具体位置并不清楚。[1]欧阳忞《舆地广记》卷32也在褒城县下记载了先秦金牛道的历史渊源。后王象之《舆地纪胜》卷第191记载："金牛镇，在军东六十里，昔张仪、司马错从石牛道伐蜀取之，今金牛镇之西，犹名曰石牛头。《舆地广记》云，本金牛县，唐武德三年析绵谷县置，属褒州。八年属梁州。宝历元年，省入西县，后来属，金牛驿。扬雄《蜀王本纪》云，蜀令五丁力士牵置牛还成都，秦随牛伐蜀焉。"[2]祝穆《方舆胜览》卷68《利州西路》记载："金牛驿，在大安县东六十里，见通典。"[3]又《宋会要辑稿·方域》卷10记载："成都府至凤州大驿路自金牛入青阳驿至兴州……伏睹褒斜新路自金牛驿至褒城县驿，计三程，悉系平川，别无桥阁……旧路自凤州入两当至金牛驿，十程计四百九里，阁道平坦，驿舍马铺完备，道店稠密，行旅易得，饮食不为难艰。若新路自凤州由白涧至金牛驿，计三百八十五里，虽减两驿，比旧路只少二十四里……"[4]明清以来有关文献对金牛驿的记载更详明，即在今勉县大安镇烈坝金牛驿，所以人们普遍认为烈金坝"一名金牛驿，即秦人置石牛处也"[5]。同时，历史上许多文献也将褒斜道称为金牛道或石牛道，《舆地广记》卷32也在褒城县下记载了先秦金牛道的历史渊源。明嘉靖《汉中府志》卷10《古迹》中就记载了褒城县的石牛道，称："石牛道，县境即五丁所开之路，汉永平中司隶杨厥又凿而广之，有碑肃

① 王存《元丰九域志》卷8《利州路·三泉县》，中华书局，1984年，第363页。
② 王象之《舆地纪胜》卷191《大安军》，四川大学出版社，2005年，第5639页。
③ 祝穆《方舆胜览》卷68《利州西路》，中华书局，2003年，第1199页。
④ 《宋会要辑稿·方域一〇》，中华书局，1957年，第7475页。
⑤ 张邦伸《云栈纪程》卷4，李勇先、高志刚主编《蜀藏·巴蜀珍稀交通文献汇刊》第2册，成都时代出版社，2015年，第2—249页。

落。"①嘉庆《汉南续修郡志》卷6《古迹》也记载: "石牛道, 由龙江右崖, 直抵七盘山下……按金牛峡在宁羌而褒也有石牛道, 疑往时蜀秦道路险不止一处, 而此与金牛峡由其尤矣。"②

宁强东北的五丁峡(金牛峡)现在普遍被认为是金牛道所经, 但今天宁强县的金牛峡和五丁峡地名在明代才见之于文献, 如明代何景明《雍大记》卷10记载: "金牛峡, 又名五丁峡, 在勉县西南一百七十里, 峡下旧有通秦乡, 景泰二年四月十日, 大理寺丞河东薛瑄奉使过五丁峡序云: 蜀在《禹贡》为华阳黑水梁州之域, 是其道通中也久矣。世传惠王以金牛诈蜀使五丁力士开此峡, 皆缪妄不稽。"③嘉靖《汉中府志》卷1《舆地志》记载: "五丁山, 北三十里, 势极险峻, 一统志即五丁力士所凿者", 又称: "金牛峡, 东北四十五里, 一名五丁峡, 下有通秦乡, 秦惠王谋伐蜀, 患山隘险, 乃作五石牛, 每旦置金于尾, 后言能粪金, 以遗蜀王。蜀王信之, 乃令五丁力士开道引之, 秦因使张仪、司马错引兵灭蜀, 自古蜀道之险者。"④《大明一统志》卷34记载: "金牛峡, 在沔县西一百七十里, 一名五丁峡, 秦惠王谋伐蜀患山隘险, 乃作五石牛, 每旦置金于尾下, 言能粪金欲以遗蜀王, 王负力而贪, 乃令五丁开道引之, 秦因使张仪、司马错引兵灭蜀。"⑤我们多次实地考察发现, 现金牛峡一带的历史遗址也只有明清以来的, 如在金牛峡南口祖师街今公路边岩石上的四字轮廓, 右上角仍书 "道光乙酉年正月"字样, 五丁关原来的 "五丁开关处"石碑也是明清时期所立。而北面的宽川峡也只有石刻 "川回舆转"之字, 时代也可能是明清时期所留。

在众多传说中, 五妇山的传说流行得较早一些。《汉书》记载: "梓潼, 五妇山, 驰水所出, 南入涪, 行五百五十里。"⑥后来《华阳国志》卷2记载: "梓潼县, 郡治。孝武帝元鼎元年置。有五妇山, 故蜀五丁士所拽蛇崩山处也。"⑦

另《后汉书》《水经注》也有相关记载, 如《水经注》卷32记载: "县有五女, 蜀王遣五丁迎之, 至此见大蛇入山穴, 五丁引之, 山崩, 压五丁及五女, 因氏山为五妇山, 又曰五妇候。驰水所出, 一曰五妇水, 亦曰潼水也。其水导源山中, 南径梓潼

---

① 嘉靖《汉中府志》卷10《古迹》, 嘉靖二十三年刻本。

② 嘉庆《汉南续修郡志》卷6《古迹》, 嘉庆十八年刻本。

③ 何景明《雍大记》卷10, 嘉靖刻本。

④ 嘉靖《汉中府志》卷1《舆地志》, 嘉靖二十三年刻本。

⑤ 《大明一统志》卷34, 三秦出版社, 1990年, 第594页。

⑥ 《汉书》卷28上《地理志上》, 中华书局, 1962年, 第1597页。

⑦ 常璩撰, 刘琳校注《华阳国志校注》卷2《汉中志》, 巴蜀书社, 1984年, 第145页。

县，王莽改曰子同矣。自县南径涪城东，又南入于涪水，谓之五妇水口也。"①后来，《隋书·地理志》《通典》《太平寰宇记》《舆地纪胜》《方舆胜览》等文献记载相沿不断。一般认为五妇山即今七曲山之水观音附近的山脉。

另今梓潼县南有石牛铺之名，唐宋文献均无记载，最早只见于明代正德《四川志》卷14。现在当地也流传秦惠文王与蜀王石牛的故事，还专门塑有石牛，但多是清代以来的重构，甚至有认为只是山形像石牛而得名之说，与秦蜀石牛道传说无涉。

其实这些地名在历史上大多是在早期文献记载的影响下乡土历史重构的产物，对此，早在明清之交的顾炎武就认为："金牛事载蜀记，胡曾咏之，前人多有辨其非者。今沔县西百里，金牛驿在焉。西十里余入所谓五丁峡。峡本天成，断非人力所能与，实汉水之源。至若险陡陉隘处，似有斧凿如栈道者，或五丁所为，传疑可也。入峡二十里，东西相对两岩，上有石钟石鼓，形像宛然。民间有谣如地钤者，曰：石钟对石鼓，金银有万五。若人识得破，买了兴元府。贾胡过其下，疑有宝，凿之，金钟形有残阙焉。"②实际上，有关五丁开道的故事在梓潼一带也较早有流传。如乐史《太平寰宇记》卷84《剑南东道三》记载："隐剑泉，在县北十二里五丁力士庙西一十步，古老相传云：五丁开剑路，迎秦女，拔蛇山摧，五丁与秦女俱毙于此，余隐泉在路旁，忽生一泉。"③《蜀中广记》卷26记载："又有隐剑泉在五丁力士庙西一十步，古老云五丁开剑路迎秦女，拔蛇山摧，五丁与秦女俱毙于此，余剑隐在路傍，忽生一泉，又云此剑每庚申日现。"④同样，宋代以来，人们还认为走金牛道必经剑门，将有关石牛的故事附会在剑阁一带。如《太平寰宇记》就在剑阁县下记载石牛道，引用了《华阳国志》有关周显王时五丁石牛的故事。⑤

金牛道经过战国的大修凿，逐渐通畅而重要起来。《战国策》和《史记》记载"栈道千里，通于蜀汉"⑥，《史记》又称"栈道千里，无所不通"⑦，这无疑促进了巴蜀与中原政治经济文化的交流。在金牛道这次大修凿后，蜀守张若便"移秦民万家

① 郦道元《水经注》，上海古籍出版社，1990年，第624页。
② 顾炎武《天下郡国利病书·陕西备录》，上海古籍出版社，2012年，第2037页。
③ 乐史《太平寰宇记》卷84《剑南东道三》，中华书局，2007年，第1678页。
④ 曹学佺《蜀中广记》卷26，上海古籍出版社，2020年，第278页。
⑤ 乐史《太平寰宇记》卷84《剑南东道三》，中华书局，2007年，第1677页。
⑥ 《战国策》卷5《秦策》，中华书局，2012年，第179页；《史记》卷79《范雎蔡泽列传》，中华书局，1982年，第2423页。
⑦ 《史记》卷129《货殖列传》，中华书局，1982年，第3261—3262页。

实之"①。当秦灭赵时，迁卓氏入蜀，"夫妻推辇行"②至葭萌。司马错、张仪也曾多次入蜀平定叛乱。这些事件，从当时形势看，都是取金牛道而行的。

欧阳忞《舆地广记》卷32记载："东汉永平中，司隶校尉犍为杨厥又凿而广之。"③这明显是对金牛道的修治，但具体路段和修治情况并不清楚。到蜀汉时，诸葛亮倡导对金牛道进行了一次大规模整修扩建，在剑门关附近修筑了三十里长的阁道，故以后人们多习惯称金牛道为剑阁道。《华阳国志》记载："（汉德县）有剑阁道三十里，至险，有阁尉，桑下民兵也。"④后《元和郡县图志》记载："秦惠王使张仪、司马错从石牛道伐蜀，即此也。后诸葛亮相蜀，又凿石驾空为飞梁阁道，以通行路。"⑤《太平寰宇记》卷84也记载："诸葛武侯相蜀，于此立剑门，以大剑山至此有益东之路，故曰剑门。"⑥《舆地广记》记载："孔明以大剑至小剑当隘束之路，乃立剑门县。以阁道三十里尤险，复置尉守之。"⑦鱼豢《典略》记载："刘元德起馆舍，筑亭障，从成都至白水关四百余区。"⑧看来，蜀汉时确实对金牛道做了一次大规模整修扩建。在剑门立关置尉，设栈道以通行路，在金牛道沿线及从葭萌到景谷道白水关一线设立馆驿以便行路，这无疑对当时南北交通有很大促进作用。

汉唐时期，金牛道在今广元以北的主要路线，一是从沔县西到今阳平关一带沿嘉陵江南下而行，一是继续向西南经白水关沿白龙江到益昌，均不经过今天陕西省宁强县治、七盘关一线。⑨虽然白水关一线在汉晋时期很重要，但在时人的话语中，并没有将白水关道纳入金牛道体系中，所以我们认为汉晋时期的金牛道主要是沿嘉陵江南下的，故白水关道将专门放在阴平古道体系中去分析。

同时，隋代以前的剑阁道在今广元以南的路线应是沿白水江支流清江河到今剑阁县城的下寺后沿三岔河到剑门关，北周末年新开平道后才放弃这条通道。

剑阁道在汉晋南北朝时期取用非常频繁，民族迁徙、军旅行进、商贾转输不绝于

---

① 常璩撰，刘琳校注《华阳国志校注》卷3《蜀志》，巴蜀书社，1984年，第194页。
② 《汉书》卷91《货殖传》，中华书局，1962年，第3690页。
③ 欧阳忞《舆地广记》卷32，四川大学出版社，2003年，第947页。
④ 常璩撰，刘琳校注《华阳国志校注》卷2《汉中志》，巴蜀书社，1983年，第153页。
⑤ 李吉甫《元和郡县图志》卷33《剑南道·剑州》，中华书局，1983年，第846页。
⑥ 乐史《太平寰宇记》卷84《剑南东道》，中华书局，2007年，第1676页。
⑦ 今本《舆地广记》无此话，转引自顾祖禹《读史方舆纪要》卷66，中华书局，2005年，第3109页。
⑧ 见道光《重修昭化县志》卷28《武备志三·驿传》，又见《玉海》卷24《地理》引《蜀志注》。
⑨ 蓝勇《中国古代空间认知虚拟性与区位重构——以金牛道川陕交界段路线体系变迁为中心》，《中国历史地理论丛》2021年第4期。

三岔河雷鸣石　　　　　　　　　　　　　　　　三岔河河谷

道。魏梁州刺史邢峦《请伐蜀表》称"蜀之所恃唯剑阁"[①]，足见剑阁道之重要。黄盛璋先生曾统计这个时期有六次从陕西取此道进行灭蜀之征战。[②]据笔者不完全统计，应在八次以上，如果加上在古道部分路段上的征战则更多了。

表2　战国秦汉魏晋南北朝剑阁道主要征战取用事迹表

年　代	事　迹	出　处
周慎靓王五年 （前316）	司马错、张仪取金牛道取蜀。	《华阳国志》卷3《蜀志》
建安十七年至 十九年 （212—214）	刘备灭刘璋，自葭萌径自白水关，再进据潼城，克绵竹，围洛城，败任勒于雁桥，进围成都。	《华阳国志》卷5《公孙述二牧志》
景元四年 （263）	钟会经关口、昭化入剑阁至成都。	《三国志》卷28 《三国志》卷14
元康八年 （298）	关中六郡流民由李特率领经剑阁入成都。	《华阳国志》卷8《大同志》 《资治通鉴》卷83
永和三年 （347）	桓温克晋寿、葭萌、白水城，降李氏。	《蜀鉴》卷4 《资治通鉴》卷94

① 《魏书》卷65《邢峦传》，中华书局，1974年，第1440页。
② 黄盛璋《川陕交通的历史发展》，《地理学报》1957年第4期。

年　代	事　迹	出　处
兴宁三年 （365）	梁州前史司马勋从汉中取剑阁道入成都。	《资治通鉴》卷103
宁康元年 （373）	前秦苻坚率毛当、徐成帅三万出剑门，犯梁、益二州。	《蜀鉴》卷5 《资治通鉴》卷103
元嘉十年 （433）	杨难当出袭白马，攻葭萌。	《蜀鉴》卷6 《资治通鉴》卷122
元嘉十八年 （441）	杨难当寇汉川，攻葭萌和晋寿，围涪城。	《蜀鉴》卷6 《资治通鉴》卷123
建元二年 （480）	李乌奴反于晋寿，王图南取剑阁， 崔惠景从汉中取金牛合剿灭。	《读史方舆纪要》卷99 《资治通鉴》卷135
天监四年 （505）	梁武帝时，北魏邢峦遣王足将军经剑阁道经涪城入成都。	《蜀鉴》卷6 《资治通鉴》卷146
天监十三年 （514）	魏军攻蜀，沿金牛道至晋寿。	《蜀鉴》卷6 《资治通鉴》卷147
大宝元年 （550）	氐族杨法琛入利州， 益州刺史萧纪遣杨乾运击败法琛于剑阁。	《读史方舆纪要》卷66 《资治通鉴》卷163
魏废帝二年 （553）	北周伐蜀，出白马、晋寿、剑阁、潼州下成都。	《周书》卷21《尉迟迥传》
大象二年 （580）	杨坚以梁睿讨益州总管王谦，拓跋宗取剑阁道入成都。	《资治通鉴》卷144

二、唐宋金牛道的路线与取用考证

隋唐时期是四川古代交通史上一个相当重要的时期。隋唐以前，四川就有邮亭之设，但发展极不健全。到了唐代，废督邮，以吏主驿事，各路驿道都得到很大发展，剑阁道在当时尤为突出。

据严耕望先生和笔者考证，唐宋时期金牛道上的驿站有19个，它们自南而北是天回、两女、金雁、旌阳、万安、巴西、奉济、上亭、汉源、方期、泥溪、益昌（昭化）、嘉川（嘉陵）、深渡、望云、筹笔（朝天）、五盘、三泉、金牛。[1]按刘禹锡《山南西道新修驿路记》载"自褒而南逾利州至于剑门，次舍十有七"[2]，可知唐代金

---

① 见严耕望《唐代交通图考》第4卷《山剑滇黔区》，上海古籍出版社，2007年；蓝勇《唐宋四川馆驿汇考》，《成都大学学报（社会科学版）》1990年第4期。

② 刘禹锡《刘梦得文集》卷26《山南西道新修驿路记》，《四部丛刊》景宋本。

牛道的驿站远不止19个，只是史籍遗载，其他馆驿多已无法征考了。这里只是对唐宋历史文献中有记载的唐宋金牛道的馆驿作一考证。

梁州南郑县、汉川驿　在今汉中市。南郑县的历史悠久，早在秦历共公时就筑城南郑；秦惠王时立汉中郡；汉高祖为汉王时就定都南郑县。历史上曾改汉川郡，唐代为梁州、汉中郡，为山南西道节度使驻地，唐德宗兴元元年升为兴元府，曾为茶马司秦司、都统司、提刑司和四川宣抚司驻地，地理位置重要，唐宋理应设有驿站。一般认为刘禹锡的《山南西道新修驿路记》就是以汉中为中心的。唐人元稹《梁州梦》原自注称"是夜宿汉川驿，梦与杓直、乐天同游曲江"[1]，可知唐代今汉中就确实有汉川驿，但具体位置无考。

褒城县褒城驿、西县　金牛道在汉中平原上有多种路线选择，唐宋从褒斜道、故道南下到达褒城县褒城驿到南郑县，也可直接从褒城到西县进入四川盆地，还可以从南郑县绕过褒城县治到西县进入四川盆地。作为交通枢纽的褒城县褒城驿在唐宋名气很大，唐代孙樵专门写有《褒城驿壁》一诗称"褒城驿号天下第一"，元稹也有《褒城驿二首》诗。文莹《湘山野录》卷上记载宋代王钦若"使两川，回辂褒城驿"[2]。《宋会要辑稿》专门谈到"自褒城驿至凤州武休驿"[3]的问题，显示褒城驿是一个重要的交通馆驿。褒城驿的具体位置在何处有两种观点，一种认为是在小柏乡，嘉靖《汉中府志》卷10《古迹》有记载称："褒城驿，南二十五里小柏乡。"[4]乾隆《南郑县志》卷10《古迹》记载："褒城驿故址，府志在褒城县南二十五里小柏乡，云秦所置，有池馆林木之胜，孙樵《书驿壁》云：'褒城驿号天下第一。'今地属南郑。"[5]似唐代褒城驿并不在明清褒城县城内，在当时的小柏乡，即今天汉台区龙江柏乡街之地。一种认为是在今褒城县的古褒城内，如毕沅《关中胜迹图志》中引《通志》记载："褒城驿，在褒城县治西，今名开山驿。"[6]今人梁中效等也持此说。

西县在今勉县西老城武侯镇一带，汉为沔阳县地，曾置嶓冢县，隋改为西县，唐改为褒州，但西县的唐宋驿名失载。

百牢关（白马关）　在今勉县西南古阳平关。郦道元《水经注》卷27记载："东

---

① 元稹《元稹集》卷17，中华书局，2014年，第223页。

② 文莹《湘山野录》卷上，中华书局，1984年，第18页。

③ 《宋会要辑稿·方域一〇》，中华书局，1957年，第7475页。

④ 嘉靖《汉中府志》卷10《古迹》，嘉靖二十三年刻本。

⑤ 乾隆《南郑县志》卷10《古迹》，乾隆五十九年刻本。

⑥ 毕沅《关中胜迹图志》，陕西通志馆本，民国二十五年。

对白马城，一名阳平关。浕水南流入沔，谓之浕口。"[1]这个浕水可能就是现在的咸水河，浕口可能就是咸水河入汉江处，即今勉县西武侯古阳平关处。隋代开始称百牢关，《元和郡县图志》卷22记载："百牢关，在县西南三十步。隋置白马关，后以黎阳有白马关，改名百牢关。自京师趣剑南，达淮左，皆由此也。"[2]乐史《太平寰宇记》卷133记载："百牢关，在县西南。隋开皇中置，以蜀路险，号曰百牢关。"[3]所以，隋唐以后阳平关、白马关（城）之名逐渐淡出，百牢关成为人们常用名。另张东《阳平关口说三分》一书认为古代阳平关有二，一个在三国时期走马岭上的张鲁城，一个是《水经注》记载的今古阳平关。[4]当为一说。

嶓冢山　在今烈金坝西北汉王山。古道并不经过嶓冢山主峰，只是嶓冢山作为汉水的发源地影响较大。

金牛县、金牛驿　在今大安镇烈金坝。传说秦置金牛处，隋置通谷镇，唐置金牛县。唐代胡曾有《金牛驿》诗，李商隐也有《行至金牛驿寄兴元渤海尚书》一诗，宋代地志开始有较详细的位置记载。

三泉县、三泉驿　一般认为在今宁强阳平关南嘉陵江边播鼓台。《元和郡县图志》卷22记载："三泉县，次畿，东北至府二百五十里，本汉葭萌县地，蜀先主改为

勉县古阳平关旧关隘旧影

古阳平关旧地，古名白马城、浕口城，在今陕西勉县武侯镇，旧关隘门楼早已毁弃。

---

① 郦道元《水经注》卷27，上海古籍出版社，1990年，第531页。
② 李吉甫《元和郡县图志》卷22，中华书局，1983年，第560—561页。
③ 乐史《太平寰宇记》卷133，中华书局，2007年，第2618页。
④ 张东《阳平关口说三分》，三秦出版社，2016年，第1—6页。

汉寿县，武德四年置南安州，又置三泉县，八年州废，以县属梁州。"①这里称在兴元府西南二百五十里，但并没有一个具体位置，为我们今天的定位出了难题。后来，《太平寰宇记》卷133又记载："三泉县，旧三乡，今□乡。本汉葭萌县地，后魏正始中分置三泉县，以界内三泉山为名。唐天宝元年自今县西南一百二十里故县移理于嘉陵江东一里关城仓陌沙水西置，即今县理也。皇朝平蜀后，以此县路当津要，申奏公事，直属朝廷……东南至兴元府四百里。西南至利州三百五十里……龙门山，在故县西七十里。大寒水，在故县南十五里，西流至龙门山，入大石穴。三泉故城，唐武德四年置，以县北二十里山下有三泉水为名，属利州，在州东北一百五十里。"②如果仅从以上两条史料来看，天宝元年以前的三泉县应该在利州东北150里、兴元府西南250里、阳平关西南120里的位置，以此位置关系来看，天宝以前的三泉县应该在广元北与宁强县交界之处，可能在嘉陵江的广元市朝天区大滩至三滩间。但又与县西70里有龙门山、县南15里有大寒水的记载不合。《方舆胜览》卷68《大安军》记载"龙门山，去军城五

唐代三泉县旧址局部

航拍三泉县旧址擂鼓台

---

① 李吉甫《元和郡县图志》卷22，中华书局，1983年，第560页。
② 乐史《太平寰宇记》卷133，中华书局，2007年，第2619—2620页。

里"①，按旧县在其龙门山东70里论之，旧三泉县应该在今阳平关以东70里的位置来考虑，南面15里有一条河流。如果按此方位考察，唐代天宝元年以前的三泉县可能在宁强大安镇（驿）一带。据说大安驿一带就有一个土城遗址，汉江支流在其南，好像更像唐代天宝元年以前的三泉县治。但此方位与前面记载的利州、兴元府、天宝后三泉县位置冲突较大，也与古代绵谷县分出的空间区位相去较远。李元《蜀水经》卷12引清初阎若璩《尚书古文疏证》称："唐三泉县有三，一义宁二年置，以彭原县西南三泉故城为名，后更名同川；一武德四年置，以山下有三泉水为名，在嘉陵江之西；一天宝元年移于嘉陵东一里，乐史所谓，即今县理是也。宋三泉县有二，一即唐故治，后至道二年建大安军，县遂废；一重置于今沔县东，即今大安驿，盖绍兴三年改置大安军于此，复置县以隶焉，同在嘉陵江之东。"②可见清初人们对唐武德四年的故三泉县也不清楚，只知其在嘉陵江之西。广元李明显先生也认为唐天宝元年以前的三泉县应在朝天镇北三滩村。③若此，我们现在也只有两相比较得出天宝元年以前三泉县可能在嘉陵江的广元市朝天区大滩至三滩间更妥的结论。至于唐天宝元年以后的三泉县在今宁强县阳平关南擂鼓台处，已经成为共识，不别作考证。

龙洞　唐宋时期的龙洞即今宁强县阳平关镇三泉县旧址南的龙洞。杜甫曾有《龙门阁》一诗，但由于没有注明具体地点，诗中的龙门阁究竟指何地龙门阁，在宋代就有争议。唐代沈佺期有《过蜀龙门》一诗，具体地点也不明。元稹《赋得鱼登龙门》更是不明地域。李白有关龙门的诗有二首，但也是地点不明。不过，宋代文人所指较为明确，多指此龙门。苏轼、文彦博、宋祁、陆游、赵抃、苏在廷、孙应时等的诗文较为明确，如

唐宋三泉县龙洞遗址

①　祝穆《方舆胜览》卷68《大安军》，中华书局，2003年，第1198页。
②　李元《蜀水经》卷12，巴蜀书社，1985年，第747页。
③　李明显《始建三泉古县遗址初探》，《广元市朝天区文史资料》第6辑《朝天记胜》，2001年，第33—36页。

韩琦《过三泉龙门二阕》、孙应时的《三泉龙门》、陆游的《壬辰十月十三日自阆中还兴元游三泉龙门十一》等，苏东坡族孙苏在廷所撰写的《龙门记》石碑至今犹存。对此，祝穆《方舆胜览》卷68记载较为全面："龙门山，去军城五里。官道之旁，悬壁环合，上透碧虚，中敞大洞，下漱清泉，宛然天造水帘悬，夏冰柱凝冬，真异境也。文潞公诗：壶中别有境，天下更无奇。宋景文、赵清献、王素、韩绛、田况、吕公弼、吕大防诸公皆有留题。行三里，又有后洞。苏元老龙洞记：自利至兴，行五百里，几半蜀道，而岩洞之可喜者，莫如龙洞，重檐厦屋，深不可穷。"[1]至今阳平关三泉龙洞保存较好。

五盘岭（关）、九井滩　早在1989年出版的《四川古代交通路线史》中，笔者就提出唐宋时期的五盘岭应在广元九井滩上，临嘉陵江边。[2]二十多年后，宁强县孙启祥撰文进一步指出，唐宋时期的五盘岭应在嘉陵江边，而不是在今天的七盘关上。[3]但是五盘岭的具体位置在哪里呢？

我们先从有关诗文来看唐宋人眼中的五盘岭的位置和环境。《舆地纪胜》卷184记载："五盘岭，杜甫诗云：'五盘虽云险，山色佳有余。'"[4]《方舆胜览》卷66记载："五盘岭，杜甫诗：'五盘虽云险，山色佳有余。仰凌栈道细，俯映江水疏。地僻无网罟，水清反多鱼。好鸟不妄飞，野人半巢居……'岑参《早上五盘岭》诗：'平旦驱驷马，旷然出五盘。江回两崖斗，日隐群峰攒……松疏露孤驿，花密藏回滩。'"[5]仅从杜甫、岑参的诗歌来看，唐代五盘岭山崖相拥，栈道相连，下可看江水，肯定是在大江边。不过，在宋元时期的文献中并没有五盘岭位置的具体记载，如上述《舆地纪胜》和《方舆胜览》中并无方位里程。到元代的《大元混一方舆胜览》中仍然只是记载"五盘岭，杜甫有诗"[6]，并无具体的位置指示。

曹学佺《蜀中广记》卷24中最早记载五盘关的具体位置，其记载："又八十里为九井驿……（九井滩）其上为七盘关，乃秦蜀分界处。"[7]显然，明代已经有人明确认

① 祝穆《方舆胜览》卷68，中华书局，2003年，第1198页。
② 蓝勇《四川古代交通路线史》，西南师范大学出版社，1989年，第14页。
③ 孙启祥《杜甫、岑参诗中五盘岭地名考辨》，《中国韵文学刊》2010年第2期，第21—24页。
④ 王象之《舆地纪胜》卷184，四川大学出版社，2005年，第5352页。
⑤ 祝穆《方舆胜览》卷66，中华书局，2003年，第1156页。
⑥ 刘应李编《大元混一方舆胜览》卷中，四川大学出版社，2003年，第302页。
⑦ 曹学佺《蜀中广记》卷24《名胜记》，《景印文渊阁四库全书》第591册，台湾商务印书馆，1986年，第316页。

为七盘关（五盘关）在九井滩上，并不在今天远离嘉陵江黄坝西南的营盘关上。

九井之地在金牛道交通中很为重要，早在五代的《王氏闻见录》中就记载秦蜀通道上有九井之地。宋代九井滩的知名度相当高，可能是与作为五盘岭下水陆交汇的重要交通节点有关。宋《九井滩记》称："九井滩有大石三，其名鱼梁、龟梁、芒鞋，嘴尾相差，相望于波间，操舟之人力不胜舟，而辄为石所触，故抵于败。诚令绝江为长堤，度其南，别为河道，以分水势，则北流水益减，而石出矣……"①九井滩，即唐宋九井滩，明置九井驿，清名空舱滩，曾为嘉陵江航道官运起点。因地处嘉陵江边山湾，据传场后湾内曾有井九口，故名。②我们2020年和2022年在广元考察发现，九井滩在今大滩镇新生村九井驿之地，当地人认为目前河中仍有巨石，在水位低时便会显露出来。至今九井滩中仍有一些巨石，但已经无法明确哪个大石是宋代的鱼梁、龟梁、芒鞋残留。

从明代开始，有了明确的在九井滩设立水站的记载，对九井滩的里程记载多了起来。如嘉靖《保宁府志》卷2《舆地纪下》记载："九井滩，在县北二百里。"③正德《四川志》卷14记载："九井水驿，在治北一百八十里。"又称："九井滩，在治北一百八十里，一名空舱滩。"④《寰宇通志》、顾炎武《天下郡国利病书》、嘉靖《四川总志》、万历《四川总志》、顾祖禹《读史方舆纪要》及明代的商人路引中也多有类似的记载。显然，唐宋五盘岭应该在现代的九井滩上寻找。对此，孙启祥考证到，唐宋三泉县位置临嘉陵江边，宋三泉州县令宋中行《太薄铺》一诗有"路转五盘知地远，铺名太薄见人

九井滩附近

① 王象之《舆地纪胜》卷184，四川大学出版社，2005年，第5643页。
② 四川省广元县地名领导小组编印《四川省广元县地名录》，1988年，第401页。
③ 嘉靖《保宁府志》卷2《舆地纪下》，嘉靖二十二年刻本。
④ 正德《四川志》卷14，正德十三年刻、嘉靖十六年增补本。

新生村九井驿旧地

从土地垭看嘉陵江

情"一句，更证明五盘岭与三泉县为近，且五盘岭应该在广元大滩镇至燕子砭之间的水观音、刘家山、九井湾、穆家坡、郭家湾、对棋子之间。1941年日本《汉中地形图》标有一条从大滩场北、许家堂南九井湾离开嘉陵江，经龙门山旁大竹坝（竹河坝）到阳平关或燕子砭的道路。2020年4月我们在这一带做了系统考察，九井滩以上的嘉陵江两岸陡险，古代行旅多翻山越岭。当地老乡穆培志告诉我们，九井湾经红藤梁、沈家梁、土地垭、严家湾、黑庙、青边河、沈家砭、竹坝河、三棵石、燕子砭、阳平关一线为昔日广元九井滩往来阳平关的重要陆路。我们在考察中发现，这条路上唯土地垭最高，从土地垭到九井滩到处都有可以鸟瞰嘉陵江、下视道路盘曲之景。据当地老乡讲，以前垭口有土地庙，是来往燕子砭、九井滩之间商旅息脚之地。此地位海拔约1004.5米，地处东经106°10′8″，北纬32°41′44″。九井滩，海拔约475.4米，地处东经105°54′8″，北纬32°41′45″。可见，从历史记载区位和实地景观地形来看，今九井滩以上的红藤梁、沈家梁至土地垭一带应该就是唐宋五盘岭的具体地望，视阈之内高下落差在500米左右。

从前面的明代历史文献记载来看，九井滩在广元北180里至200里之间，这样五盘岭也应该在200里这个里程约数内，而今九井滩上土地垭以南也正好在这样的里程空间内。

不过也是到了明代，五盘岭与七盘关的地名逐渐纠缠在一起，位置定点也越来越不清，不能具体定位，只有一个县北160里到170里的虚指。如《大明一统志》卷68记载"七盘岭，在广元县北一百七十里，一名五盘岭"①，后面仍然引杜甫、岑参的诗文。《寰宇通志》卷63记载："七盘关，在广元县北百六十里。"②对此，正德《四川志》卷14、嘉靖《四川总志》卷6、万历《四川总志》卷11也有类似的记载。总的来看，明代的地理总志和省志中，虽然把七盘岭定位在县北170里至160里，但还没有提出七盘关作为川陕交界的概念，位置关系并不明确。

但明代府州县志中已经开始将七盘关明确定在秦蜀或川陕交界之处了，如嘉靖《保宁府志》卷2《舆地纪下》记载："七盘关，一名五盘关，在县北百七十里，境界沔县。"在卷6中谈到广元十二景中的"七盘拱锁"，所录石屏张天纯诗谈到五丁峡，似已经指今天的中子的七盘关了。③《读史方舆纪要》卷68记载："七盘岭，在县北百七十里，与陕西宁羌州接界，一名五盘岭，自昔为秦、蜀分界处。有七盘关。"④乾隆《广元县志》卷3《关隘》认为七盘关在县北140里远离嘉陵江的广元东北的大山中。⑤而道光《保宁府志》卷6《山川》记载："五盘岭，在县北一百七十里，一名七盘关，旧与陕西宁羌州接界，为秦蜀分界处。"⑥

显而易见，明清之交已经将七盘关定在今天的川陕公路棋盘关上了。在空间里程上，已经认知在广元县北170里到160里之间。如按明代《士商类要》卷2记载，从黄坝驿到利州是190里，减去黄坝驿到七盘的16至20里，计166至160里。⑦以严如熤《三省边防备览》卷4引《额威勇公行营日记》记载黄坝驿到广元180里，减去黄坝到七盘关的16到20里，应该是160到164里之间。⑧以清代《四川全省各要地水陆程站》里程来计算，广元到明清七盘关是167里。⑨但明清时期人们也认识到当时的七盘关"不甚险阻"⑩，所以，今天我们在七盘关一带并不见大江。

① 《大明一统志》卷68，三秦出版社，1990年，第1057页。
② 《寰宇通志》卷63，《玄览堂丛书续编》第62册，国立中央图书馆，1947年影印本。
③ 嘉靖《保宁府志》卷2《舆地纪下》、卷6《名胜纪》，嘉靖二十二年刻本。
④ 顾祖禹《读史方舆纪要》卷68，中华书局，2005年，第321页。
⑤ 乾隆《广元县志》卷3《关隘》，乾隆二十二年刻本。
⑥ 道光《保宁府志》卷6《舆地志五·山川》，道光二十三年刻本。
⑦ 程春宇《士商类要》卷2，杨正泰《明代驿站考》，上海古籍出版社，2006年，第347页。
⑧ 严如熤《三省边防备览》卷4引《额威勇公行营日记》，蓝勇主编《稀见重庆地方文献汇点》，重庆大学出版社，2013年，第300页。
⑨ 清代佚名《四川全省各要地水陆程站》，清刻本。
⑩ 严如熤《三省边防备览》卷6《险要上》，蓝勇主编《稀见重庆地方文献汇点》，重庆大学出版社，2013年，第323页。

潭毒关、潭毒山　有关潭毒关的记载最早出现在宋代，《舆地纪胜》卷184记载：“潭毒关，在（利）州北九十里，江西仙观山有御前军屯驻。潭毒关，下瞰大江，路皆滑石，登陟颇艰。异时撒离合破兴元，兴元帅刘子羽尝屯兵于此以悍蜀口，亦蜀之险要。又云潭下渊岸有一铁索，见则兵动，绍兴间常见，开禧元年又见，果有用兵之应。”[1]而《方舆胜览》卷66的记载相差不大：“潭毒关，在（利）州北九十里，有御前军屯驻于此，下瞰大江，路皆滑石，登陟颇艰。异时撒离合破兴元，帅刘子羽尝屯兵于此，以悍蜀口，亦蜀之险要。又其下深有一铁索，见则兵动。”[2]这两段记载说明，唐宋的潭毒关在今嘉陵江西岸边，从里程来看，应该在清风峡的西岸仙观山这一带。所以《元一统志》卷5记载：“潭毒关，在绵谷县百余里，逾朝天，溯嘉陵江而上，下瞰大江，路皆滑石，登陟颇艰。”[3]更是明确了潭毒关的具体位置应该是在朝天以北的嘉陵江边山上，具体里程为100多里。当然，就是在宋代对于潭毒关的位置也存在争议，如《方舆胜览》卷68《大安军》就记载：“潭毒山，《系年录》：绍兴三年，撒离喝入兴元，刘子羽退守三泉县，以潭毒山形势斗拔，其上宽平有水，乃筑垒于是，军势复振。”[4]又《舆地纪胜》卷191《大安军》也认为：“潭毒山，在大安军三泉县。”[5]实际上在明代还有认为潭毒关在今汉中沔县旧大安军之三泉县西界的。[6]也有认为潭毒山在大安与五丁峡之间的。[7]2017年，阳平关村民在陈家坝河滩上发现一块“潭”字碑的上半部分残碑，而在阳平关三泉县旧址附近也确实一个龙洞存在。[8]看来潭毒关确实有在三泉县旧址附近的可能。不过，从里程上来看，今三泉县遗址附近龙洞的所谓潭毒关，远不止宋代记载的在利州北90里，而至少在200里以上。同时，今陈家坝一带嘉陵江河谷较为宽阔，地势平缓，并无险状。纵使“潭”字碑原有“潭毒关”三字，但考虑到其年代不明，如果此三字是明清以来人士所刻，可能也仅是一种后人的重构，与今天各位猜测无异。再者，有人认为阳平关南的龙洞为潭毒关所在，但发现潭毒关残碑

① 王象之《舆地纪胜》卷184，四川大学出版社，2005年，第5353页。

② 祝穆《方舆胜览》卷66，中华书局，2003年，第1157页。

③ 《元一统志》卷5，中华书局，1966年，第513页。

④ 祝穆《方舆胜览》卷68《大安军》，中华书局，2003年，第1198页。

⑤ 王象之《舆地纪胜》卷191《大安军》，四川大学出版社，2005年，第5640页。

⑥ 嘉靖《陕西通志》卷3《山川上》沔阳条下，嘉靖二十一年刻本。

⑦ 黄琮《蜀游草》，金生杨主编《蜀道行纪类编》第19册，广陵书社，2017年，第500页。

⑧ 李蓉等《古道秘踪：古蜀道（青川段）考古调查》，巴蜀书社，2023年，第23—28页。

的陈家坝滩险在龙洞以北，似此碑立于龙洞以北之某地，也使人疑惑不解。

如果我们按利州北100里到90里的位置而又近嘉陵江的形势来看，潭毒关可能在今清风峡上面，今清风峡东岸的山就是潭毒山。但清代李元《蜀水经》卷12认为："（朝天龙洞）旧设潭毒关屯军，以捍蜀口。"[①]但是今朝天镇龙洞背远离嘉陵江干流，是难以下瞰嘉陵江的，也存在较大疑点。唐宋潭毒山、潭毒关究竟所在何处，还是存疑！

清风峡峡口

实际上，从明代开始人们就对潭毒关的位置记载混乱不清起来，一般只是沿用宋代《舆地纪胜》和《方舆胜览》的记载，如《大明一统志》卷68、《寰宇通志》卷63、正德《四川志》卷14、嘉靖《保宁府志》卷4、《读史方舆纪要》卷68。当然，从明代开始人们对潭毒山和潭毒关有一个虚拟的空间里程，如《大明一统志》卷68

清风峡残存的栈孔

---

① 李元《蜀水经》卷12，巴蜀书社，1986年，第759页。

2020年我们在清风峡发现宋元风格石刻

记载"潭毒山，在广元县北九十里"①，正德《四川志》卷14记载"潭毒山，在治北一百一十里"②，嘉靖《四川总志》卷6则记载"潭毒山，广元北九十里"③。

到了清代，人们完全将潭毒关位置错误地确定在远离嘉陵江的东岸大山中，即今广元两河口何家山了。如乾隆《广元县志》卷2《山川》记载："潭毒山，县北九十二里，即石栈垭。"卷3《关隘》记载："潭毒关，县北八十里，入蜀故道，即今石垭栈。山下有潭，广袤数十亩，静深莫测，人莫敢近，形似有毒，故曰潭毒。旧志云潭下有一铁锁，见则兵动，先朝曾有御前军屯此以捍蜀口。"④并认为可由潭毒石垭栈、柏杨栈和大小漫天岭上的老鼠关入广元关隘。到了民国，马以愚《嘉陵江志》也认为石垭栈为潭毒关。⑤当下广元仍有许多人认为潭毒关在今广元两河口乡何家山，今天称为观音岩（即卡子上、关口上、铺子岭），远离嘉陵江。实际上，在清代有关潭毒关的位置争议很大，如严如熤《三省边防备览》卷7《险要下》谈到有潭毒关，在沔县西80里和广元北的两种说法，他认为在沔县西无悬峻之地，广元离兴元府太远，无法成立。近来有人在陕西阳平关西南的成家坝（一说陈家坝）嘉陵江中发现一块只有"潭"一字的残碑，当地人认为潭毒关可能在今阳平关龙门山一带。⑥由于此碑只有一字，后面两字只是推测，且此碑年代不明，如果是明清时期的碑刻，也只能说明明清人们的认知，意义相对不大。

应该看到，从唐宋直到明清时期，从广元经朝天驿向北沿嘉陵江进入陕西一直可走水陆两路，一些峡谷早期可能曾有栈道，栈道破坏后又翻山越岭而过。历史上的千

① 《大明一统志》卷68，三秦出版社，1990年，第1059页。
② 正德《四川志》卷14，正德十三年刻、嘉靖十六年增补本。
③ 嘉靖《四川总志》卷6，嘉靖二十四年刻本。
④ 乾隆《广元县志》卷2《山川》、卷3《关隘》，乾隆二十二年刻本。
⑤ 马以愚《嘉陵江志》，商务印书馆，1946年，第136页。
⑥ 李蓉等《古道秘踪：古蜀道（青川段）考古调查》，巴蜀书社，2023年，第23、26页。

佛崖、明月峡、清风峡都是如此。除了我们熟悉的明月峡栈道外，在清风峡至今还存有大量栈孔，其时代应该与明月峡一样，为汉唐时期就开通的设施。据说清风峡本来有"淳熙丙午年仲春，桥阁官刘君用改修"的石刻，说明了栈道存在改修的时间。[①]2020年我们在清风峡考察时发现一块可能是宋元时期的石刻人像残碑，证明清风峡一带在古代可能与明月峡一样是一个重要通道。除了沿江的栈道，清风峡一直存在翻山陆路，从营盘梁、寨子岩而过，可能就是以前的潭毒山。同样，我们发现从广元天蓬岭到军师村一线，嘉陵江两岸陡险难

民国时期清风峡纤路工程纪功摩崖

近代附会出的曾家何家山潭毒关之地

行，除水路外，古代陆路只能翻山岭而行。我们在军师村调查了杨枝翠、杨枝国二位老人，得知可从樟木树垭口经古井湾、大坪头、梅家河、夏家湾、碾子坝、天古堂、陈家营、猫儿滩、沙溪子、手扒岩、李家河、水观音到九井湾。

综合前面的考证，可以看出唐宋时期的潭毒山应该在朝天北的清风峡上面的大山，潭毒关也在其上，位置与形势都符合"逾朝天，溯嘉陵江而上，下瞰大江"的记载，而清风峡

---

① 我们在2013年和2020年两次考察清风峡时都没有发现此石刻，一种可能是修公路时被破坏，现被封埋于栈孔上的公路石坎中；另一种可能是这个宋代的石刻并不存在，是近人杜撰出来的。近来有人在清风峡发现一空白石壁，但上面并无任何文字痕迹。

的地名出现相当晚，可能只是在潭毒关的名实不清或位移后才出现的新名。

筹笔驿、朝天驿 "筹笔驿"与"朝天驿"名称使用时间的关系一直较为混乱。一般认为，最早记载筹笔驿的是晚唐陆畅《筹笔店江亭》的"九折岩边下马行，江亭暂歇听江声"[①]之句。晚唐孙樵《出蜀赋》中有"朝天双崅以亏蔽"和"眄山川而怀古，得筹笔于途说"[②]之句，由于赋文本身不是游记和地理志书，并不完全说明位置关系，所以，我们只能知道晚唐时朝天与筹笔作为地名已经同时存在。但这两个地名当时是不是同是驿站呢？从唐代杜牧、殷潜之、李商隐、薛能、罗隐的诗来看，晚唐已经有筹笔驿之名，但我们没有见到唐代朝天驿的记载。

朝天之名首先见于唐代，一般认为晚唐孙樵的《出蜀赋》中"朝天双崅以亏蔽"为最早，后来五代杜光庭《录异记》出现朝天岭一名，北宋诗人宋祁也有《朝天岭》一诗。据文同《利州绵谷县羊摸谷仙洞记》中"按朝天驿人云"之句，可知北宋朝天已经设驿，有朝天驿的名称。[③]另据《元丰九域志》卷8记载，当时绵谷县有朝天镇。[④]北宋墓志铭中有"朝天岭"之称，只是其中称"改漫天岭为朝天岭"[⑤]，可能是误会，因唐末已经有朝天之名，五代时已经有朝天岭之名，只能说朝天岭之名在后来被更多地使用，而不能说北宋才改为此名。

文同的记载表明，朝天驿和筹笔驿的名称在北宋同时存在。文同在《利州绵谷县羊摸谷仙洞记》中谈到朝天驿，同时他还有《鸣玉亭筹笔之南》和《筹笔诸峰》两诗，其中又谈到筹笔驿。但是，文同称的朝天驿和筹笔驿是一个地方吗？尽管唐代有筹笔驿，而北宋筹笔驿与朝天驿名称一度同时存在，但我们还不能判断朝天驿是否为筹笔驿后来的改名。在调查中，我们发现南宋陆游多次出入金牛驿道，留有《筹笔驿》《排闷》等诗，中有"我昔驻车筹笔驿，孔明千载尚如生"之句，后在《梦行小益道中》又有"分明身在朝天驿"之句，似乎南宋时两个驿名也是同时存在的。[⑥]但是，筹笔译如果在今军师村，也有可能是中国古代胜迹景观之类的站点，不一定是有建制的驿站，且一驿多名、新旧名共用的现象在历史上并不罕见，所以，我们也不能

---

① 陆畅《筹笔店江亭》，《全唐诗》卷478，中华书局，1980年，第5445页。

② 孙樵《出蜀赋》，《全唐文》卷794，中华书局，1983年，第8320页。

③ 文同《丹渊集》卷22，《景印文渊阁四库全书》第1096册，台湾商务印书馆，1986年，第684页。

④ 王存《元丰九域志》卷8，中华书局，1984年，第355页。

⑤ 《大宋故内酒坊使银青光禄大夫检校吏部尚书兼御史大夫上柱国权知扬州军府事张府君（秉）墓志铭并序》，《洛阳出土历代墓志辑绳》，中国社会科学出版社，1991年，第743页。

⑥ 见陆游《剑南诗稿》卷28、55，《陆放翁全集》中册，中国书店，1986年，第450、787页。

单凭两个名称同时代存在的现象去下定论。

晚唐以来，有关筹笔驿的咏叹不绝于文献，唐宋时期的杜牧、殷潜之、李商隐、薛能、罗隐、石延年、文彦博、张方平、文同、李新、陆游、孙应时都有咏叹，也在不断提供给我们筹笔驿的地理信息。

陆畅《筹笔店江亭》一诗的"九折岩边下马行，江亭暂歇听江声"之句，给我们提供了三个地理信息：一个是筹笔店在九折岩边，一是筹笔店紧邻江边，一是店中有一个亭子。其中，九折岩的定位就相当重要。《王氏见闻录》记载："自秦州至成都三千余里，历九折、七盘、望云、九井、大小漫天隘狭悬险之路方致焉。"[①]可见九折岩并非泛指，而应是实指。广元朝天粟舜成先生认为，朝天南明月峡下有九折岩之地，当地百姓仍称之为九折岩，应为古代的九折之地，当为一说；只是由于仅是现代人的说法，实证力还是远远不够。

罗隐《筹笔驿》诗中有"唯余岩下多情水，犹解年年傍驿流"[②]之句，也表明驿在江水边。文同《筹笔诸峰》有"君看筹笔驿江边，翠壁苍崖起画烟"[③]之句。从诗中我们可以看出，驿肯定也是在大江边，处于峡谷中。张方平《雨中登筹笔驿后怀古亭》称："山寒雨急晓冥冥，更蹑苍崖上驿亭。深秀林峦都不见，白云堆里乱峰青。"[④]表明驿在崖壁上，有驿亭，而由于驿所处海拔不高，仰望两边群山在云中。另据南宋陆游《筹笔驿》诗前谈，筹笔驿边建有武侯祠堂。

从上述有关记载来看，唐宋筹笔驿肯定是在嘉陵江边峡谷中的九折岩处，有一驿亭，可能称怀古亭或鸣玉亭，南宋建有武侯祠在旁边。不过，不论是在今军师村还是在今朝天镇，都没有鸣玉亭、怀古亭、武侯祠的历史记忆和历史遗迹留下来，而两地都处峡谷而后依悬岩，又都有平坝，所以，我们还不能以此来确定筹笔驿的真正位置。

在历代地理文献中，关于筹笔驿的位置记载较晚，唐代和北宋的地理文献中均无记载，我们能看到最早的有关筹笔驿方位里程的记载见于南宋。

南宋《舆地纪胜》卷184记载："筹笔驿，在绵谷县，去州北九十九里，旧传诸葛

---

① 《太平广记》卷136《征应二》引《王氏见闻录》，《笔记小说大观》第3册，江苏广陵古籍刻印社，1983年，第278页。

② 罗隐《筹笔驿》，《全唐诗》卷657，中华书局，1980年，第7550页。

③ 文同《丹渊集》卷17，《景印文渊阁四库全书》第1096册，台湾商务印书馆，1986年，第658页。

④ 张方平《乐全集》卷3，《景印文渊阁四库全书》第1104册，台湾商务印书馆，1986年，第30页。

武侯出师尝驻此，唐人诗最多。"①南宋《方舆胜览》卷66也有同样的记载。如果我们按清代及民国时期从广元北沿嘉陵江上的路程计算，广元到朝天的路程确实也是在90多里，如《重修广元县志稿》卷2《舆地志二》记载："大北路，出治城启行，出北门北行，六十里沙河驿，三十里朝天驿。"同时又称"由治城码头启程至朝天镇九十三里"。②元代文献中虽然有关于筹笔驿的记载，但并没指出具体地望，如《大元混一方舆胜览》卷中记载："筹笔驿，在绵谷县，诸葛武侯出师驻此。"③明代嘉靖《保宁府志》卷6《名胜纪》广元十二景中有"筹笔怀古"一景，也并无具体地望。④

从明代开始，有了筹笔驿一个虚拟具体里程地望，在明代文献中记载的里程关系也是可以理顺的。如《大明一统志》卷68记载："筹笔驿，在广元县北八十里，蜀汉诸葛亮出师尝驻于此。"⑤《寰宇通志》卷63、正德《四川志》卷14、嘉靖《四川总志》卷6也有类似的记载。特别是嘉靖《保宁府志》卷6《名胜纪》记载："筹笔旧驿，县北八十里，即朝（天）驿也。"⑥

明代大量文献对朝天驿与筹笔驿的位置记载完全相同，如《寰宇通志》卷63、正德《四川志》卷14、嘉靖《四川总志》卷6均记载朝天驿"在广元县北八十里"。同时，正德《四川志》卷14明确记载"筹笔旧驿，在治北八十里"，与朝天驿的里程完全相同。何况嘉靖《保宁府志》卷6直接记载筹笔驿即朝天驿，正因此，明清之交顾祖禹《读史方舆纪要》卷68记载："筹笔驿，在县北八十里。诸葛武侯出师运筹于此，唐宋皆因旧名，即今

1986年笔者所拍明月峡栈孔

① 王象之《舆地纪胜》卷184，四川大学出版社，2005年，第5353页。
② 民国《重修广元县志稿》卷2《舆地志二》，民国二十九年铅印本。
③ 刘应李编《大元混一方舆胜览》卷中，四川大学出版社，2003年，第302页。
④ 嘉靖《保宁府志》卷6《名胜纪》，嘉靖二十二年刻本。
⑤ 《大明一统志》卷68，三秦出版社，1990年，第1061页。
⑥ 嘉靖《保宁府志》卷6《名胜纪》，嘉靖二十二年刻本。

1986年笔者在明月峡测量栈孔   20世纪90年代末在明月峡原栈孔上修复的栈道

朝天驿也。志云，驿有朝天古渡，即潜水所经。"[1]我们注意到，道光《保宁府志》卷58《艺文志三》中录有明代罗宁《汉寿亭侯春秋祭祀碑记》，中有"诸葛武侯有筹笔之祭，曹公忠节有朝天之祭"[2]之句，实际上这可能是在讲同一个地方先后发生的历史故事，反映的是同一个地方先后不同的名称。筹笔驿在唐宋时期是一个建置意义上的驿站还是一个传说胜迹意义上的店铺，现在还难以说清楚，二者同时在一地也完全可能。所以，可以肯定在明代人的眼中朝天驿就是以前的筹笔驿。

我们发现历史文献记载朝天岭与朝天驿的位置关系也是正常的，如《寰宇通志》卷63记载："朝天岭，在广元县北六十里……朝天驿，在广元县北八十里。"[3]《大明一统志》卷68、正德《四川志》卷14、嘉靖《四川总志》卷6、万历《四川总志》卷11也有类似的记载。在明清里程中，朝天岭从南口到朝天驿的盘旋山路约有20里，一般从广元计算里程，是以南口计算，称朝天岭只在"县北六十里"也在情理之中，这反可以推断明代文献记载的不虚。

不过，为何明代文献记载均称朝天岭为县北"八十里"，而不是宋代的99里，一

---

① 顾祖禹《读史方舆纪要》卷68，中华书局，2005年，第3213页。

② 道光《保宁府志》卷58《艺文志三》，道光元年刻本。

③ 《寰宇通志》卷63，《玄览堂丛书续编》第62册，国立中央图书馆，1947年影印本。

度令人困惑。但考虑到唐宋大里等于531.53米，小里等于442.41米，而明清1里为572—576米，明代记载的80里与宋代的99里可能相差并不大，也就并无太多冲突。[①]不过，明代的其他行程类记载（如商人实际运用手册的路引）大多记载朝天岭至广元仍是90多里，如明代程春宇《士商类要》[②]、明代憺漪子《天下路程图引》卷2[③]。商人们的历史记忆中保留的还是唐宋里程，这可能与商人们来自乡土下层而没有经过官方修正的记忆传承有关。

正是在明代的这种地理认同的影响下，清初王士禛《蜀道驿程记》也认为："朝天峡上有武侯筹笔驿。"[④]晚清以来里程与今里程相似，比明代小，与唐宋里程更接近，清代有关从朝天到广元的游记中里程记载较多，也大多是90多里。如文祥《蜀轺纪程》、方濬颐《蜀程小纪》。所以，乾隆《广元县志》卷2《古迹》记载"筹笔驿，在县北九十里"，并将"筹笔怀古"列入"广元十二景"："筹笔怀古，县北水站九十里，相传孔明出师驻此。"[⑤]应该也是指的朝天镇的位置。特别是李元在《蜀水经》卷13中访问长老明确朝天关到广元习惯里程为90里，更为可信。[⑥]至于嘉靖《保宁府志》卷6《名胜》和乾隆《广元县志》卷2《古迹》记载的十二景，虽然将朝天岭"朝天晓霞"与筹笔驿"筹笔怀古"同时列为两景，但由于朝天岭的位置本来就与朝天镇的空间位置不同的原因，并不影响我们对筹笔驿的定位。雍正十二年，果亲王允礼到了朝天，他的《西藏日记》中记载："是日抵朝天宿，有巡司，古筹笔驿也，武侯尝驻军筹画于此。"[⑦]可明证清人眼中古筹笔驿即在今朝天。且乾隆《广元县志》中记载"筹笔怀古，县北水站，九十里"[⑧]，不仅正好与清代广元至朝天镇的里程相合，而且因明清在这一带设立的水站中只有九井、朝天、问津，清代广元以北并没有设立水站。不过，清代初年人们就已经不清楚筹笔驿的具体位置了，如清代钱林《朝天峡歌》："颇闻上有筹笔驿，遗迹试问村无烟。"而严如熤《三省边防备览》卷7《险要下》："朝天关，东北五十里，危岩峭壁，嘉陵江水环绕其下，石磴蟠折，诸葛武侯

① 见蓝勇《对古代交通里程记载的运用要审慎》，《中国历史地理论丛》1995年第1期。
② 杨正泰《明代驿站考》，上海人民出版社，2006年，第347页。
③ 憺漪子《天下路程图引》卷2，山西人民出版社，1992年，第478页。
④ 王士禛《蜀道驿程记》，《小方壶斋舆地丛钞》第7帙，上海著易堂排印本。
⑤ 乾隆《广元县志》卷2《古迹》，乾隆二十二年刻本。
⑥ 见李元《蜀水经》卷13，巴蜀书社，1985年。
⑦ 允礼《西藏日记》，禹贡学会，民国二十六年铅印本。
⑧ 乾隆《广元县志》卷2《古迹》，乾隆二十二年刻本。

出师运筹于此，又称为筹笔驿，蜀有三关之险，此其一也，最为要隘。"①这里清人将朝天关与筹笔驿混在一起，并没有军师庙筹笔驿的影子。

所以，可能并不存在主观上改筹笔驿为朝天驿的说法，可能的情况是，筹笔驿之名出现相对较早，难以确定唐宋是否建置驿站，故筹笔驿与朝天驿可能在某一时期内曾地处同地。后来元代设立站赤，以朝天为名而称为朝天驿站，明代又设立朝天水驿，筹笔驿的称呼反而被后人遗忘了，其位置也在乡土历史重构中被重新定位。因而从明代以来，有关筹笔驿的位置还有神宣驿和军师庙两地的说法。

筹笔驿在神宣驿之说最早出现在明代。《蜀中广记》卷24记载："又二十里为神宣驿，即古筹笔驿也，相传武侯出师驻此。"②道光《保宁府志》卷15记载："筹笔驿，在县北九十里，即今神宣驿，诸葛武侯出师尝驻军筹画于此。"但同书卷58引罗宁《汉寿亭侯春祭祀碑记》中又说"诸葛武侯有筹笔之祭，曹公忠节有朝天之祭"，更像是将历史上的筹笔驿定在朝天，故在文中将同一地点不同朝代之祭用排比论述。③可见，同一志书中的认知也不统一。李元《蜀水经》卷12也认为："神宣即武侯筹笔驿。"④后来，清代许多游记中也多见此说，如陈奕禧《益州于役记》、张香海《宦海纪程》续、吴焘《游蜀日记》、竹添进一郎《栈云峡雨日记》、张邦伸《云栈记程》卷5、李德淦《蜀道纪游》、方浚颐《蜀程小纪》、陶澍《蜀輶日记》、沈炳垣《星轺日记》等。⑤民国《重修广元县志稿》中也记载："筹笔驿，在县北九十里，即今神宣驿，诸葛武侯出师，常驻军筹画于此。"⑥实际上，前面研究表明，唐宋时期的筹笔驿明显是在嘉陵江边的峡谷中，而神宣驿并不在嘉陵江边，神宣驿一带地势也相对平坦，且在广元北120里，与唐宋时记载的里程也相差较大，故神宣驿为唐宋筹笔驿之说可能是受明代《蜀中广记》的附会之说的影响而形成的谬论。其实，清末竹添进一郎《栈云峡雨日记》中还记载有筹笔驿在陕西沔县武侯庙之说。

筹笔驿在今军师庙之说的出现更晚。我们查询清代、民国的广元地图发现，军师

---

① 严如熤《三省边防备览》卷7《险要下》，蓝勇主编《稀见重庆地方文献汇点》，重庆大学出版社，2013年，第338页。
② 曹学佺《蜀中广记》卷24《名胜记》，《景印文渊阁四库全书》第591册，台湾商务印书馆，1986年，第316页。
③ 道光《保宁府志》卷15、卷58，道光二十三年刻本。
④ 李元《蜀水经》卷12，巴蜀书社，1985年，第758页。
⑤ 见李勇先、高志刚主编《蜀藏·巴蜀珍稀交通文献汇刊》，成都时代出版社，2015年。
⑥ 民国《重修广元县志稿》卷3《舆地志三》，民国二十九年铅印本。

军师村庄房梁和大沙坝　　　　　　　　　　　　军师村何家坝

清代民国重构出的筹笔驿旧址，原称庄房梁（里）。

庙的地名已经出现，但并无筹笔驿、筹笔乡等地名。乾嘉时期李元访问长老记录下略阳到重庆的滩险，从阳平关到朝天镇列出了近七十个险滩，其中并无筹笔滩，只有锄背滩。[①]嘉庆年间严如熤的《三省边防备览》卷5《水道》中记载的嘉陵江滩险，也很详明，但其中阳平关到朝天间也无筹笔滩存在，也只有锄背滩。[②]可见，在清代军师庙一带并无筹笔之名。至于有人将清代文献中嘉陵江锄背滩认定为筹笔滩之音转，完全是望文生

①　李元《蜀水经》卷13，巴蜀书社，1985年，第831—832页。
②　严如熤《三省边防备览》卷7《险要下》，蓝勇主编《稀见重庆地方文献汇点》，重庆大学出版社，2013年，第310页。

义、望音生义。若真是音转，倒更应看作是一个清代乡土历史重构的典型。从另一个角度讲，当地人将"筹笔"写成"锄背"，正显示人们本身对筹笔之名的认同本来并不高。

当然，我们可以肯定清代及民国的军师村就有筹笔驿的传说存在了。民国《重修广元县志稿》卷3《舆地志三》中记载："筹笔驿宋诗刻，诗云：'卯金运去天难问，筹笔人非地久荒。只有辛勤出师表，一披前事重悲凉。'按古筹笔驿，在嘉陵江上游朝天三十里。土人挖地得石碑，刻有宋神宗熙宁某年立，以其古也录之。"[①]可以看出，民国时期确实已经有筹笔驿在今军师庙之说。但是挖碑之事可信吗？因此碑早已经不知去向，无从考证。最重要的是，关于此碑在何地挖出，没有任何说明！如果是朝天驿挖出和军师庙挖出的地理指示意义完全是不同的。何况，从语言风味来看，此诗很像是近代伪托之作。所以，我们还无法以碑为宋代之碑的证据证明任何观点。如果明代知县刘崇文禀请立祀在军师庙祭文碑成立，也可以说明军师庙为筹笔驿的认知也同样始于明代，但现在看来，论证过程中仍存在断链和推测成份。

现在看来，筹笔驿之名自清代始在今军师庙一带出现，明确流行于民国时期，如道光《广元县志》卷37记载："筹笔驿水站，县北一百二十里，在大滩下四十里。"卷58又记载："筹笔驿，在县北，水路一百十里。《县志》：'水站，九十里。'已误。"[②]又如民国《重修广元县志稿》卷2《舆地志二》载朝天北18里嘉陵江中有筹笔滩，总的来看，在民国时期的广元，有朝天驿、神宣驿、军师村为筹笔驿等说法，其中神宣驿和朝天驿两说更多，如臧卓《秦蜀旅行记》称："筹笔驿，在广元北八十里，似即今之朝天关，然亦不外此二地。"[③]民国俞陛云《入蜀驿程记》记载："十里神宣驿，即武侯筹笔驿，武侯出师处，或云朝天峡上亦有筹笔驿故址云。"[④]民国时期马以愚《嘉陵江志》则认为九井滩下有筹笔驿，但同时又说筹笔驿即神宣驿。[⑤]出现这样的矛盾，可能是由于刚附会、重构出来，认知位置关系还相当混乱。

明代以来历史文献的记载较少，不精准、矛盾之处甚多，目前看来，唐宋时期的筹笔驿肯定不在今神宣驿，考虑到明代普遍认为筹笔驿在朝天，而清代只有个别人开始认为在今军师庙，所以，从史源学的角度来看，唐宋筹笔驿在今朝天区治地一带

① 民国《重修广元县志稿》卷3《舆地志三》，民国二十九年刻本。
② 道光《广元县志》卷37、卷58，民间抄本。
③ 臧卓《秦蜀旅行记》，金生杨主编《蜀道行纪类编》，广陵书社，2017年，第30册，第97页。
④ 俞陛云《入蜀驿程记》，《同声月刊》1943年第3期，第70页。
⑤ 马以愚《嘉陵江志》，商务印书馆，1946年，第45、138页。

的可能更大。当然，唐宋时期的一些地名位置考证，由于传统地理认知的缺陷，很难完全成为定论。这里，我们并不否定军师村一带可能在汉唐时期曾是一个重要的聚居点。实地考察表明，军师庙、军师村处于嘉陵江与一个小支流梅家河的冲击小平坝上。曾有人以朝天镇的地势没有唐宋诗文中的筹笔驿的高崖来否定筹笔驿在朝天镇附近，实际上，军师村也是地处江边一块小平坝（大沙坝、何家坝），也只是在平坝后才有高崖可依。早期的朝天镇铺街也是依山临江，并无大的差异。以前在嘉陵江边的军师庙旧址附近也发现有汉代陶器、铁器、菱形花纹砖等文物[1]，这是人烟较多的体现，说明此处是一个重要的聚居点。研究表明，正是因为金牛道正道可能在汉、唐、两宋时经过军师庙一带，且百牢关、五盘关、潭毒关可能都在这段嘉陵江边，所以聚居点较多，因而才较多地受到人们的关注，留下诸多的历史记忆和历史遗迹，故人们才不断在乡土历史的重构中重塑记忆。在这种背景下，今军师村一带重构了大量有关三国历史记忆的地名，如汉王寨、军师庙、庙坪头、仓坪头、擂鼓台、陈军营、较场坝、烟灯山、神笔院、中军殿、旗杆坝、饮马溪、白马池、营盘梁、戍军坝等，但是这些历史重构出现的时间都较晚，且与筹笔本身无直接关系，可能多是清代以来民间乡土历史重构中形成的历史故事的"景观泛化"，这种现象在中国历史中较为常见。[2]

龙洞阁、龙洞背　龙洞阁记载始见于唐代杜甫诗中，但具体位置不明。宋代记载较多，但有绵谷县和三泉县龙洞（龙门）二说，互有出入。其中《舆地纪胜》明确记载三泉县龙洞在"官道之旁"，即今阳平关三泉龙洞。绵谷县龙洞、龙门阁的位置记载也较乱，《方舆胜览》记载龙门阁在绵谷北1里，并不在今朝天区治的龙洞。《舆地纪胜》卷184记载："龙门洞，在绵谷县北，有三洞。自朝天程入谷，十五里有石洞及第二、第三洞，有水自第三洞发源，贯通二洞，流水出，下合嘉陵江。"[3]今朝天区龙洞背分成三洞，古道可从北向南在第一洞入口处向东南方向翻越龙洞背垭口到朝天，在潜溪河水小时也可以从洞中行走穿越三洞而到朝天。但朝天背后的龙洞背并不在唐宋金牛道的大道上，只是大道附近的一个景观而已，故唐宋文人少谈及。唐代沈佺期《过蜀龙门》一诗中有"长窦亘五里，宛转复嵌空"之句，五里之长言三泉龙门过长，言朝天龙门较相合，但也过长，所以，沈氏指的是哪一个龙门也难以确定。

① 四川省文物考古研究院、西安美术学院中国艺术与考古研究所《蜀道广元段考古调查简报》，《四川文物》2012年第3期，第63页。近来，有学者对军师村发现的汉代文物来源提出了质疑。
② 蓝勇《〈西游记〉中的南北丝路历史地域原型研究——兼论中国古代景观附会中的"地域泛化"与文本叙事》，《清华大学学报（哲学社会科学版）》2019年第5期，第28—41页。
③ 王象之《舆地纪胜》卷184《利州》，四川大学出版社，2005年，第5354页。

朝天峡、朝天岭、小漫天岭 今明月峡在宋代仍称朝天峡，并无明月峡之名。虽然《太平寰宇记》卷135记载"三峡，谓巫峡、巴峡、明月峡，惟明月峡乃在此州界"[①]，《方舆胜览》卷66《利州东路·利州》下也记载"明月峡，《晏公类要》：巫峡、巴峡、明月峡，三峡惟明月峡在此"[②]，但《晏公类要》所说的三峡中明月峡实际上是指在重庆以下的三峡地区，这可能是宋人不明错引之误。所以，《舆地纪胜》卷184《利州》记载："朝天岭在州北五十里，路径绝险，其后即朝天程，旧路在朝天峡栈道，遂开此道，人甚便之。"[③]可见宋人仍称朝天峡，并无明月峡之称。在宋代，朝天岭又称漫天岭，即小漫天岭，见后面详考。

现在看来，自元代始正式有明月峡的名称，如《大元混一方舆胜览》卷中《四川北道·广元路》才列有明月峡，称"在郡界"[④]。后正德《四川志》卷14称："朝天峡，在治北八十里，一名明月峡。"[⑤]不过，从范祖禹、文同的诗文中可以看出，北宋初年朝天峡栈道就已经被破坏而改走朝天岭碥路翻山。[⑥]

从前有人认为，北宋时朝天关上建有哨所、营盘、神女庙。南宋淳熙三年，关下建有上关铺，元代建关楼、炮楼、哨楼，实际上毫无史料支撑。对于朝天岭上的有关建制，目前只能认知到清代，如褒忠祠、关帝庙、皇恩寺、关楼等多是明清时期建筑。[⑦]据乾隆年间的广元地图，当时朝天关是一个关城，有南北两门，城墙内房屋栉比，"北门天街"名不虚传。民国时期的一张朝天关城墙照片证实了这种景观的存在。《三省边防备览》卷10《军制》谈到朝天关汛，有把总一员，步兵64名。[⑧]朝天岭附近在清代的确建有上关铺，但宋代绝无此铺。1986年笔者实地考察朝天岭时发现关楼城门已经塌毁破坏，但关门石料多堆于关门处，关门附近田地中有道光二十年修路碑和功德碑两块，其他遗址已不复存在。

望云驿 在今广元楼房望云铺，唐代元稹有《望云驿》诗，另五代《王氏见闻

---

① 乐史《太平寰宇记》卷135，中华书局，2007年，第2648页。

② 祝穆《方舆胜览》卷66，中华书局，2003年，第1157页。

③ 王象之《舆地纪胜》卷184《利州》，四川大学出版社，2005年，第5351页。

④ 刘应李编《大元混一方舆胜览》卷中，四川大学出版社，2003年，第301页。

⑤ 正德《四川志》卷14，正德十三年刻、嘉靖十六年增补本。

⑥ 蓝勇《四川古代交通路线史》，西南师范大学出版社，1989年，第25页。

⑦ 赵联明《朝天关与明月峡》，《广元市朝天区文史资料》第6辑，2001年。

⑧ 严如煜《三省边防备览》卷10《军制》，蓝勇主编《稀见重庆地方文献汇点》，重庆大学出版社，2013年，第357页。

录》有望云之名。清置望云驿。《读史方舆纪要》卷68以沙河驿为望云驿，误也。

深渡驿、大漫天岭、旧石亭县、昭欢县遗址　一般认为唐宋深渡驿在今广元市沙河镇。[①]而石亭县与石亭戍，可能也是在沙河。《水经注》卷20记载："汉水又西径石亭戍，广平水西出百顷川，东南流注汉，又有平阿水出东山，西流注汉水。汉水又径晋寿城西，而南合汉寿水，水源出东山，西径东晋寿故城南，而西南入于汉水也。"[②]《魏书》卷160《地形志》记载东晋寿郡所属四县中有石亭县[③]，一般认为石亭县因石亭而置，但石亭戍在今天何处，唐宋文献很少谈及，明清以来人们才开始推测，如《读史方舆纪要》卷68记载："石亭戍，在县西北，水经注：汉水自武兴城东南流径关城北，又西径石亭戍，又径晋寿城西。梁天监四年，魏将邢峦取汉中诸城戍，晋寿太守王景胤据石亭，峦遣将李义珍击走之，因置石亭县，寻废。"[④]《嘉庆重修一统志》卷391记载："石亭戍，在广元县北，《魏书·地形志》东晋寿郡领石亭县。"[⑤]看来清代前期人们也只能认知在广元县北的位置。具体在何处呢？只有乾嘉时期的李元《蜀水经》卷12明确认为："石亭戍，今为沙河驿，唐之望喜驿也。"[⑥]考察表明

疑似大漫天岭

今沙河镇东南连威凤山、飞仙观，北连望云铺，背靠石亭梁，一般认为蜀汉在此置昭欢县，晋置邵欢县，北魏在石亭戍置石亭县，即今天的广元市沙河镇。

关于历史上的深渡驿与大小漫天岭，当今观点认为，大小漫天指元明以来的藁本山，即今大小光坡，但无法解释的是，大

①　雍思政《漫话剑门蜀道》，巴蜀书社，2010年，第26页。
②　郦道元《水经注》卷20，上海古籍出版社，1990年，第393页。
③　《魏书》卷160《地形志》，吉林人民出版社，1985年，第1545页。
④　顾祖禹《读史方舆纪要》卷68，中华书局，2005年，第3213页。
⑤　《嘉庆重修一统志》卷391《保宁府》，《四部丛刊》本。
⑥　李元《蜀水经》卷12，巴蜀书社，1986年，第767页。

小漫天之间本有深渡驿之地，从历史文献记载来看，也应该在嘉陵江边，而今大小光坡远离嘉陵江，相连处也无大河大江。

《资治通鉴》五代唐同光三年记载："魏王继岌、郭崇韬伐蜀，蜀主以王宗勋、王宗俨、王宗昱为三招讨，将兵三万逆战，从驾兵自绵、汉至深渡，千里相属。"胡三省注："深渡在利州绵谷县北大漫天、小漫天之间。"①另李焘《续资治通鉴长编》卷5《太祖》记载："王全斌以蜀人断栈，大军不得进，议取罗川路入蜀。康延泽潜谓崔彦进曰：'罗川路险，众难并济，不如分兵修栈，约会大军于深渡可也。'彦进遣白全斌，全斌许之。不数日，阁道成，遂进击金山寨，又破小漫天寨，而全斌亦以大军由罗川至深渡，与彦进会。蜀人依江而阵，彦进遣步军都指挥使张万友等击之，夺其桥。会暮夜，蜀人退守大漫天寨。明日，彦进、延泽、万友分兵三道击之。蜀人悉其精锐来拒，又大破之，乘胜拔其寨……追奔至利州北。"②再据《宋会要辑稿》兵7《讨叛》记载："崔彦进、康延泽等逐蜀军过三泉，杀戮虏获甚众，遂至嘉川，进击金山寨，又破小漫天寨，至深渡。蜀人依江列阵，以待我师。彦进遣张万友等击之，夺其桥，会天暮，蜀人退保大漫天寨。"③

以上宋元历史文献中并没有对大小漫天位置作具体记载，我们只有先尝试考证深渡的位置来反推大小漫天。早在唐代张说就有《深渡驿》一诗称："旅泊青山夜，荒庭白露秋。洞房悬月影，高枕听江流。猿响寒岩树，萤飞古驿楼。"从行迹纪年来看，张说并没有到过巴蜀，但在《全唐诗》卷86、87、89中确实收录了他的《过蜀道山》《蜀路二首》《再使蜀道》《深渡驿》《被使在蜀》《蜀道后别》等诗。不过，即使承认张说的"深渡驿"确实是指今广元附近的深渡，我们仍不能从唐宋诗歌的记载中看出深渡驿的具体位置。《蜀中广记》卷76《神仙记》记载："蜀永平四年，利州刺史王承赏奏，深渡西入山二十里道长山，杨谟洞在峭壁之中，上下悬险，人所不到，洞中元有神仙，或三人或五人服饰黄紫，往往出见。"④这里"西入山二十里"从语气上讲，深渡应处于平坝或江边。我们发现，清代时，沙河镇西有著名的玄坛观，道长山可能与此相关。后《读史方舆纪要》卷68记载："深渡，在县北大小二漫天之间，即嘉陵江也。后唐同光三年，王衍将游秦州，到利州，闻唐兵将至，令王宗昱等

① 《资治通鉴》卷273《后唐纪二》同光三年十月，中华书局，1982年，第8940页。
② 李焘《续资治通鉴长编》卷5《太祖·乾德二年》，中华书局，1979年，第138页。
③ 《宋会要辑稿·兵七·讨叛》，中华书局，1957年，第6883页。
④ 曹学佺《蜀中广记》卷76《神仙记》，《景印文渊阁四库全书》第596册，台湾商务印书馆，1986年，第263页。

逆战，时从驾兵自绵、汉至深渡，千里不绝，皆恣愤不欲前。宋乾德三年王全斌伐蜀，别将崔彦进破小漫天寨，至深渡，与全斌会击蜀兵，破之，夺其桥是也。"[1]根据这两则记载，我们可以肯定深渡在大江边。显然，应该在离嘉陵江不远的地方寻找大小漫天的位置。《王氏见闻录》中记载的前蜀王氏从秦州送牡丹到成都所经地名中，望云、九井、七盘、九折等都在嘉陵江边，因此，大小漫天也应离江不远。从宋人的记载来看，大漫天岭离利州较近，且近嘉陵江，可能在今沙河驿以南。对此，李元《蜀水经》卷12认为："汉水又南经石亭戍，受沙水，沙水源出广元县东北鸣水洞，会渔洞水入汉。"[2]如果深渡是指今沙河驿一带，宋代的小漫天岭即在今沙河驿北的渔洞溪以北的嘉陵江边山上，而大漫天岭可能在今沙河驿至飞仙关之间的山上的黎树坪一带。对此李元《蜀水经》卷12记载："汉水又南经飞仙岭，受涤溪，涤溪源出藁本山，南环金山而右出为云溪，溪又东入汉……此当为大小漫天岭。"[3]上面已经谈到，沙河驿汇入渔洞水，即今鱼洞河。但涤溪是指哪条溪河难解，因在飞仙岭一带并无较大溪流从东注入嘉陵江，嘉靖《保宁府志》卷6记载涤溪在利州城北上真观[4]，远离飞仙岭，令人费解。但可以肯定的是，李元认为飞仙关上面的高山就是大小漫天岭，藁本山可能是大漫天东的一个较大的山体，只是涤溪的发源地。这里，李元谈到的金山可能就是宋代文献中的在攻破小漫天岭时的金山寨，也自然相合。李元曾任昭化县知县，可能对附近山川多有考察，观点较为可信。他的观点自然也证明了我们考证的结论，即宋人的漫天岭在今沙河驿、飞仙关的南北近嘉陵江边处，并不在今大小光坡一带。

其实宋代《舆地纪胜》引《皇朝郡县志》已经明确记载"朝天岭，即漫天寨"[5]，北宋墓志铭中也有"因改漫天岭为朝天岭"[6]之说。对此，清代方象瑛《使蜀日记》记载称："由朝天铺上朝天关大小梅岭、大小二郎。"这里的"梅岭"即"漫岭"。所以，我们基本可以肯定宋代小漫天岭即今天朝天岭，而大漫天岭应该在沙河镇以南的嘉陵江边诸山。唐代元稹、罗隐等有《漫天岭赠僧》《谩天岭》等诗，说明漫天岭应该在官道主路上，并不完全是一条战争通道。又"绍兴元年三月，张浚自陕西回，过

① 顾祖禹《读史方舆纪要》卷68，中华书局，2005年，第3212页。
② 李元《蜀水经》卷12，巴蜀书社，1986年，第766—767页。
③ 李元《蜀水经》卷12，巴蜀书社，1986年，第767页。
④ 嘉靖《保宁府志》卷6，嘉靖二十二年刻本。
⑤ 王象之《舆地纪胜》卷184《利州》，四川大学出版社，2005年，第5351页。
⑥ 《大宋故内酒坊使银青光禄大夫检校吏部尚书兼御史大夫上柱国权知扬州军府事张府君（秉）墓志铭并序》，《洛阳出土历代墓志辑绳》，中国社会科学出版社，1991年，第743页。

漫天岭。郭奕有诗曰'大漫天是小漫天，小漫天是大漫天。一从大小漫天过，遂使生灵入四川'"[①]，言此道之艰险，也证明漫天岭为日常官道所经。对此，吴翼《川陕鄂旅行笔记》称："三十五里至须家河，河在漫天岭之麓。岭峻出云表，大漫天之北曰小漫天，二岭相连，约四五十里至朝天岭，岭上有关曰朝天关宿山麓小客栈，十里朝天驿，古曰筹笔驿，诸葛武侯出师运筹于此，驿为襟东之地。"[②]显然，近代以来早已经有人认识到漫天岭的实际位置所在。

元代《大元混一方舆胜览》中只在漫天岭条下引用了《续资治通鉴长编》的记载，并没有具体方位的记载。现在看来将大小漫天岭的位置定于今天大小光坡可能始于明代。如《大明一统志》卷68记载："漫天岭，在广元县东三十五里，山极高耸，有大漫天、小漫天二山，唐罗隐诗：西去休言蜀道难，此中危峻已多端。到头未会苍苍色，争得禁他两度漫。一名藁本山。"[③]此外，《寰宇通志》卷63、正德《四川志》卷14、嘉靖《四川总志》卷6、万历《四川总志》卷11、嘉靖《保宁府志》卷2、《蜀中广记》卷24都有类似的记载，显然，明代人已经集体认知大小漫天岭在广元东北35里的藁本山。

清代完全沿袭了明人的认知，并将其具体化。康熙年间陈奕禧《益州于役记》谈到当时千佛崖有刘崇文碑称："广元北去有二道，一由藁本山去垭口，一由龙门至黄坝，即古所谓龙门阁也。其路最险，自凿石垂慈便成坦途，藁本山一路极塞，今行旅断绝矣。"乾隆《广元县志》卷2记载："藁本山，县东北十里起，上小漫天岭、大漫天岭，迤逦四十里，上白杨栈至虎狼沟，上高岩、麦子坪、黎树垭，登广尔山至土地林，下山交汉中府宁羌州界，与嶓冢山相接，统名藁本山。其中悬岩万丈，与古洞幽邃莫测者不可胜数，土人恃以为险。"[④]道光《保宁府志》卷6《山川》记载："漫天岭，在县东北三十五里，一名藁本山。"[⑤]《三省边防备览》卷7《险要下》记载："漫天岭，县东北三十五里，峻出岭表，大小二岭相连，一名稿本山，蜀道之阻险者。"[⑥]乾隆时董邦达《广元县地图》在广元县东北绘有漫天岭，1936年《广元县地

① 王象之《舆地纪胜》卷184《利州》，四川大学出版社，2005年，第5394页。
② 吴翼《川陕鄂旅行笔记》，金生杨主编《蜀道行纪类编》第29册，广陵书社，2017年，第214页。
③ 《大明一统志》卷68，三秦出版社，1990年，第1057页。
④ 乾隆《广元县志》卷2《山川》，乾隆二十二年刻本。
⑤ 道光《保宁府志》卷6《舆地志五·山川》，道光二十三年刻本。
⑥ 严如熤《三省边防备览》卷7《险要下》，蓝勇主编《稀见重庆地方文献汇点》，重庆大学出版社，2013年，第338页。

图》将藁木（本）山绘于红土关、石板上、赵家场、白羊站（栈）之间。但2020年4月我们沿此线考察，被视为大小漫天岭的大小光坡却是在红土关西南。清代文献中甚至出现大小漫天岭在朝天关以北的说法。[①]显然，明清以来的所谓藁本山为漫天岭的认知，存在方位、名实错乱不清的问题。

石柜阁（佛阁）　今千佛崖。唐代苏颋有《利州北佛龛前重于去岁题处作》一诗和《利州北题目佛龛记》文；又杜甫有《石柜阁》诗，当指佛阁，即今千佛崖。但《蜀中广记》认为千佛崖即古代龙门阁。

利州绵谷县、嘉陵驿、嘉川驿　在今广元市内。记载可追溯至唐代，南卓《羯鼓录》记载："至利州西界，望嘉陵驿，路入汉州矣。"[②]薛涛有《续嘉陵驿诗献武相国》诗，元稹有《嘉陵驿二首》诗，武元衡也有《题嘉陵驿》诗。另宋代李复《潏水集》卷15有《次韵吕元钧给事嘉川驿来诗》[③]，陆游也有《嘉川驿得檄遂行》之诗。可知嘉陵驿可能也有嘉川驿之名。民国《重修广元县志稿》卷3记载："嘉川驿，即问津驿，乃后魏嘉川县设，又曰嘉陵驿。"[④]唐宋时期利州交通地位重要，王象之《舆地纪胜》卷184记载："又国朝太宗淳化四年蜀李颐及宋琪上书曰：'利州最是咽喉之地，西过桔柏江，去剑门百里，东南去阆州水陆二百里，西北通西川清川，是龙州入州大路，邓艾于此破蜀。'今庙貌存焉。"[⑤]实际上，利州在唐宋是金牛道、阴平白水道、嘉陵故道的中枢。又《舆地纪胜》中记载有皇祐三年的"绵谷驿记"[⑥]，似有驿名绵谷。

桔柏渡、桔柏津　在今昭化桔柏古渡，始见于唐代记载。杜甫有《角铺》诗，历史上曾用竹造成浮桥而渡。唐僖宗入蜀曾经过桔柏渡，乐史《太平寰宇记》卷84记载："《唐书》云广明二年，僖宗幸蜀神于利州桔柏津。"[⑦]又《舆地纪胜》卷184记载："葛仙翁，昭化县桔柏渡，旧传其津有二鱼负舟，往往沉溺，有道士求渡，操舟者难之。道人云'吾乃葛仙翁'，命取石书符，令舟人渡之。至中流，二鱼果出，掷

①　齐召南《水道提纲》卷11，乾隆刻本。
②　南卓《羯鼓录》，中华书局，1958年，第17页。
③　李复《潏水集》卷15《次韵吕元钧给事嘉川驿来诗》，《景印文渊阁四库全书》第1121册，台湾商务印书馆，1986年，第147页。
④　民国《重修广元县志稿》卷3，民国二十九年铅印本，第44页。
⑤　王象之《舆地纪胜》卷184，四川大学出版社，2005年，第5349页。
⑥　王象之《舆地纪胜》卷184，四川大学出版社，2005年，第5349页。
⑦　乐史《太平寰宇记》卷84，中华书局，2007年，第2619页。

符于水中，少顷浪息。"①据记载当时还是舟渡。郭允蹈《蜀鉴》卷8也记载："同光三年，李绍琛入利州，修桔柏浮梁。"②李焘《续资治通鉴长编》卷5记载："昭远等遁去，渡桔柏津，焚浮梁，退保剑门。"③可知宋代开始修造有浮桥。同时，据《资治通鉴考异》，桔柏津专门设有津使管理渡口。④

益昌县、昭化驿（望喜驿、葭萌驿？） 在今昭化古镇，古代葭萌、苴国之地。考古工作者在昭化古城对岸的土基坝发现疑似关口遗迹，同时还发现了一个大型的战国到汉代的墓群，在古城边的大坪子发掘了一个战国至明清的墓葬群，且在昭化古城附近的昭化宝轮院还曾发掘出船棺墓葬，因此有观点认为古代的葭萌关可能在今昭化古城附近。所以，虽然我们还不能肯定葭萌关的具体位置，但可以肯定今昭化一带在战国秦汉以来一直是一个重要的交通枢纽城镇，政治、经济、文化、军事地位在蜀道中相当显要。汉晋以来在此多有建设，唐宋设有驿站，也很正常。宋代，文彦博有《乞复昭化县驿程庆历六年》一文⑤，韩琦有《题利州昭化驿》⑥。《舆地纪胜》卷184记载"今昭化驿有古柏，土人以桔柏名之"⑦，可知益昌在唐宋肯定置有驿站。另陆游《剑南诗稿》卷52《怀梁益旧游》诗有"乱山落日葭萌驿，古渡悲风桔柏江"⑧之句，同时在陆游《渭南文集》卷49收录有他的《鹧鸪天葭萌驿作》和《清商怨葭萌驿作》两诗⑨，似在南宋又有葭萌驿之名。

望喜驿是唐宋诗文中经常谈到的驿站，但由于相关记载较少且矛盾，位置一直存有昭化古镇和沙河镇两种说法，争论较大。

首先从时人描述特征来看，唐代元稹《使东川·望喜驿》、薛能《雨霁宿望喜驿》皆没有地理信息和表述，李商隐《望喜驿别嘉陵江水二绝》称："嘉陵江水此东流，望喜楼中忆阆州。若到阆中还赴海，阆州应更有高楼。千里嘉陵江水色，含烟带月碧于蓝。今朝相送东流后，犹自驱车更向南。"表明唐人眼中的望喜驿前的嘉陵江

---

① 王象之《舆地纪胜》卷184，四川大学出版社，2005年，第5358页。

② 郭允蹈《蜀鉴》卷8，国家图书馆出版社，2010年，第193页。

③ 李焘《续资治通鉴长编》卷5《太祖·乾德二年》，中华书局，1979年，第138页。

④ 《资治通鉴》卷274《后唐纪三》考异，中华书局，1982年，第9086页。

⑤ 文彦博《潞公集》卷14，嘉靖五年刻本。

⑥ 韩琦《安阳集》卷4，正德九年张士隆刻本。

⑦ 王象之《舆地纪胜》卷184，四川大学出版社，2005年，第5352页。

⑧ 陆游《剑南诗稿》卷52《怀梁益旧游》，《陆放翁全集》中册，中国书店，1986年，第761页。

⑨ 陆游《渭南文集》卷49，《陆放翁全集》上册，中国书店，1986年，第302、305页。

是东流的。宋代宋祁《次望喜驿始见嘉陵江》一诗有"江流东去各西行，江水无情客有情"之句。从以上诗的表述来看，此驿应在嘉陵江边，江水向东流去，但现在古昭化城和沙河镇一带的嘉陵江从局部来看都是向南流，可能唐人是从大格局来认知嘉陵江的。另乾隆《昭化县志》卷2《古迹》记载："益昌县故城，在今治西北五十里白田坝，宋初为清水坍陷，移治今城，迹无存，犹称安昌乡。"[①]如果唐代的益昌县在今白田坝，则望喜驿可能在今白田坝，清水河（下寺河）也正好是东流的。所以，仅从诗歌描述的自然区位背景来看，我们并不能作出明确的判断。

不过，据江少虞《事实类苑》卷62《风俗杂志》记载："天圣中，李虞部出知荣州，予自京师从行以归，至望喜驿，纲角满前，才能通人过往。"[②]可知金牛道从北向南到望喜驿才渡江而行，好像有渡桔柏渡到望喜驿的感觉，望喜驿确实在昭化渡似的。另罗泌《路史》卷36记载："方鸿渐之作乐于利州望喜驿，见猿鸟之感，乃大叹。"[③]《太平御览》卷583《乐部二十一》也记载："及鸿渐出蜀，至利州西界望喜驿，入汉川矣。自西南来始至嘉陵江，颇有山景致。至夜，月色又佳，乃与从事杨崖州、杜亚辈登驿楼，望月行觞。"[④]从以上两条材料可以看出，望喜驿应该是在四川盆地丘陵地貌与山地地貌相交的地段，蜀道至此可见嘉陵江，山地有鸟猨之野兽。金牛道从成都到剑阁一直远离嘉陵江，只是到了昭化南的牛头山天雄关和泥溪浩一带才始见嘉陵江，也从此进入山地地带，从此记载来看，望喜驿似乎正是在今昭化古城。不过，我们发现北宋《元丰九域志》卷8载昭化县有昭化、望喜、白水三镇[⑤]，望喜驿似更应在今昭化县境内。不过，按《元丰九域志》的规范，一般治城有镇之设的排在第一的为治城之镇，而望喜镇确实在昭化县境，却不在今天的昭化古城内，相当矛盾。

从前人的地理认知来看，《方舆胜览》卷66有"望喜驿"条，但仅录入李商隐的诗句，并没有方位表述。[⑥]不过，到了嘉靖《保宁府志》卷6《名胜纪》记载："望喜旧驿，在县北四十里。"[⑦]后《读史方舆纪要》卷68记载："又县北四十五里有望喜

① 乾隆《昭化县志》卷2《古迹》，乾隆五十年刻本。
② 江少虞《事实类苑》卷62《风俗杂志》，上海古籍出版社，1981年，第830页。
③ 罗泌《路史》卷36《发挥五》，《景印文渊阁四库全书》第383册，台湾商务印书馆，1986年，第525页。
④ 《太平御览》卷583《乐部二十一》，中华书局，1960年，第2630页。
⑤ 王存《元丰九域志》卷8，中华书局，1984年，第355页。
⑥ 祝穆《方舆胜览》卷66，中华书局，2003年，第1158页。
⑦ 嘉靖《保宁府志》卷6《名胜纪》，嘉靖二十二年刻本。

驿，唐名也，今曰沙河马驿。"①似在今沙河镇，只是没有提供任何根据。沙河北清代有望云铺，不知是否为古代望喜驿之误。因《大明一统志》卷68中记载："望云关，在广元县北四十五里，山势高耸，有若望云。"②乾隆《广元县志》卷3记载："望云驿，在县北四十里……望云关，在县北四十五里，山势相耸，与云霄相接。"③嘉靖《保宁府志》卷6《名胜纪·古迹》记载："望喜旧驿，在县北四十里。"④这里，望云驿与望喜驿的里程完全一致，估计是明人将望云驿与望喜驿弄混之故，故留有望喜驿在沙河镇之说。

总体上，望喜驿在今昭化古城的可能最大，但仍有许多矛盾之处，其具体的位置还需要进一步考证。

龙爪滩　在昭化古城南嘉陵江边的龙爪湾下，今又误称龙转湾。《舆地纪胜》卷184记载："葛仙翁，昭化县桔柏渡……次日，有二鱼死于龙爪滩下。"⑤嘉靖《保宁府志》卷4《建置纪下·驿传》也记载："龙滩水驿，在昭化县西五里。"⑥《读史

龙爪滩

方舆纪要》卷68记载："龙滩驿，县西五里，水驿也。今县南一里有龙滩渡，驿因以名。"⑦龙爪滩至今为嘉陵江上的一处险滩，江边新修有龙爪陵园一座。

唐宋古驿是从昭化南沿嘉陵江设栈道经龙爪滩南翻今南马山（又称拦门山）到泥溪驿（吴家店，旧朝阳堡，今朝阳乡），再西经白卫岭到今高庙或大朝一带。据1913年《昭化县地形图》，确实存在一条从龙爪滩（对岸为水通坝）翻越南马山到泥溪浩

①　顾祖禹《读史方舆纪要》卷68，中华书局，2005年，第3213页。
②　《大明一统志》卷68，三秦出版社，1988年，第1059页。
③　乾隆《广元县志》卷3《驿铺》《关隘》，乾隆二十二年刻本。
④　嘉靖《保宁府志》卷6《名胜纪·古迹》，嘉靖二十二年刻本。
⑤　王象之《舆地纪胜》卷184，四川大学出版社，2005年，第5358页。
⑥　嘉靖《保宁府志》卷4《建置纪下·驿传》，嘉靖二十二年刻本。
⑦　顾祖禹《读史方舆纪要》卷68，中华书局，2005年，第3217页。

远眺南马山

（吴家店）、蒲家沟到高庙的通道，我们多次的实地考察也能够证实。

这条通道从龙爪滩（湾）经李家湾到黄水沟开始翻越南马山，上坡经过大鹅卵石到案板石，坡度较大；从案板石经黑岩洞、吞口嘴、白地坂到南马山垭口，道路沿山腰行进，相对平缓一些。我们发现，从黄水沟开始到南马山垭口，一路上坡碥石保存较好，碥石的宽度较宽。南马山垭口上原来的石卡子一个，后毁，现卡子是20世纪七八十年代在旧的基座上新修的。现卡子上有一个清代的四方碑，另有一个新修的小神龛。从南马山垭口向东南方向沿沟而下经老虎洞、大堰塘、王家山王家店子到大路坪，只偶存路基，碥石多不复存在。从大路坪下经狭石箐、歇台子到泥溪河边的旧木桥处渡过泥溪河到泥溪浩，一路碥石保留也较好。

泥溪驿　在今昭化李家河（上游为毛家沟）口，历史上这个地方有吴家店、吴家浩、泥溪浩、朝阳铺、朝阳堡等地名，在今朝阳乡治附近，是金牛道与东川米仓诸道的交结站。宋代有关泥溪驿的记载较多，如彭乘《墨客挥犀》卷4专门记载"蜀路泥溪驿"的环境是"登山临水"。[1]后梁时王宗侃遣裨将林思谔取米仓道至中巴，西经泥溪向蜀主告急。[2]又孙光宪《北梦琐言》卷9记载："蜀路白卫岭多虎豹噬人，有选人京兆韦，亡其名，唐光化中调授巴南宰，常念金刚经，赴任至泥溪，遇一女人着绯衣挈二子偕行，同登此山，前路岭头行人相驻，叫噪见，此女人乃赤狸大虫也。"[3]《资治通鉴》卷274记载："是日，魏王继岌至泥溪，绍琛至剑州遣人。"[4]宋郭允蹈《蜀鉴》卷7具体记载了方位，认为"泥溪，在利州西南，今米仓山间道也"[5]。《读史方

①　彭乘《墨客挥犀》卷4，上海进步书局刻印本。

②　《资治通鉴》卷268《后梁纪三》，中华书局，1982年，第8867页。

③　孙光宪《北梦琐言》卷9，三秦出版社，2003年，第158页。

④　《资治通鉴》卷274《后唐纪三》，中华书局，1982年，第9085页。

⑤　郭允蹈《蜀鉴》卷7，国家图书馆出版社，2010年，第186页。

舆纪要》卷68记载："泥溪河，县西四十里，下流入嘉陵江，往来通道也。"[1]据实地考察，此泥溪河仍在，现称李家河，只是一条较小的河流，上游称毛家沟，并不引人重视。但这条小河在唐宋时期地位重要，东入嘉陵江处称泥溪浩，也称吴家店、朝阳铺，北接昭化，东趋巴中，西达大剑镇。石介《徂徕石先生全集》中有《泥溪驿中作》诗序称："嘉陵江自大散与予相伴二十余程，至泥溪背予去，因有是作。"其诗称："山驿萧条酒倦倾，嘉陵相背去无情。临流不忍轻相别，吟听潺湲坐到明。"[2]这里明确了金牛道是到了泥溪才离开嘉陵江的。所以，唐宋时期的金牛道在昭化后，并不是向西登牛头山天雄关到白卫岭，而是沿嘉陵江南下龙爪湾翻越南马山到泥溪（吴家店）才离开嘉陵江向西到白卫岭的。故牛头山在唐宋诗文中较少出现，首见于宋代王象之《舆地纪胜》卷184记载："朱雀山，在昭化县与牛头山相连。"[3]只是在记载朱雀山时顺便谈到牛头山，没有专条。故乾隆《昭化县志》卷6《道路》记载："唐代道路自县城西龙爪湾建栈阁越山而过为官店垭，下渡泥溪上白卫岭，直抵高庙，前明有小道，今天栈阁尚存。"卷2《名胜》记载："旧路由朝阳铺以登高庙。"卷2《古迹》记载："白卫岭，在治西南四十里朝阳堡，此岭东抵嘉陵江，西抵高庙铺，长冈连绵三十余里，唐时大道也。"清代牛头山上有天雄关，"在昭化西二十里"。[4]显然，唐宋时期，从益昌县到剑门关的大道是从今昭化向南到泥溪驿（今昭化吴家店，又名朝阳铺、朝阳堡），然后向西到白卫岭到今高庙一带。1913年的《昭化县地形图》再次证明这条道路

黄水沟

黄水沟至大鹅卵石间碥路

---

① 顾祖禹《读史方舆纪要》卷68，中华书局，2005年，第3216页。

② 石介《徂徕石先生全集》卷5《杂文》，康熙五十六年刻本。

③ 王象之《舆地纪胜》卷184，四川大学出版社，2005年，第5354页。

④ 乾隆《昭化县志》卷6《道路》、卷2《名胜》《古迹》，乾隆五十年刻本。

大鹅卵石　　　　　　大鹅卵石至案板石间1号桥　　　　1号桥至2号桥之间的碥路

大鹅卵石至案板石间2号桥　　　　　　　2号桥至案板石间碥路

案板石一面　　　　　　　　　　　案板石另一面

从案板石远眺嘉陵江李家湾、龙爪湾。

黑岩洞

黑岩洞至吞口嘴间碥路

吞口嘴

吞口嘴至白地板间碥路

白地板

白地板至南马山垭口间碥路　　　　　　　南马山垭口卡子北面

南马山垭口卡子南面　　　　　　　　　南马山垭口卡子四方古碑

南马山垭口新修的神龛　　　　　　南马山垭口至老虎洞间的古道路基

大堰塘　　　　　　　　　　　　　　　　　　大路坪

大路坪至狭石箐间的碥路　　　　　　狭石箐　　　　　狭石箐至歇台子间的碥路

歇台子上方　　　　　　　　歇台子下方　　　　　歇台子至泥溪河边的碥路

泥溪河河口

低水位时的泥溪河口

高水位时的泥溪河口和驿馆上方旧址

的走向。实际上泥溪浩在朝阳乡李家河（即以前的泥溪河，上游称毛家沟、王家沟）与嘉陵江汇流处的012乡道旁，当地人又称大河口，为唐宋时期古驿。但在考察中，当地居民告诉我们，他们并没有听过朝阳堡和朝阳铺。据我们实地调查，今朝阳乡大河口老街应该就是以前的朝阳铺、朝阳堡，只是现在已经没有老建筑。不过，我们考察发现，吴家浩向西连接明清驿道的路线较为复杂，并非如有清人认为的从白家山直达高庙那么简单。一条从昭化古城出来翻南马山下到大路坪、泥溪浩、黄羊咀、王家场、水观音、别墅盖、长房梁、白家庙、瓦子梁、风垭子、雷打石、周家庙、红岩子、穴石包可到高庙铺。这一线上有当地新建不久的白阳观、卫公楼、唐皇井、白家庙。白家庙地处海拔900多米的山上，建筑时代较晚。庙前有门匾写着"白卫岭"三个大字，还有一块老匾，1986年设，也写着"白卫岭"三个大字。

我们考察发现，另有一条路从泥溪浩过沟经过讨口子岩、蒲家沟、范家沟、刘家山刘家沟、沙沟（茶园子）、李家拐、李家沟到大朝接明清驿道；也可以从刘家沟经大山碥、王家山王家岩接明清驿道。这一线在清代有白卫溪存在，也可能与白卫岭的历史记忆有关。同时，从南马山垭口下到王家山后也可以不跨过泥溪河，有多条路线连接到这一条不过沟到大朝的通道。显然，唐宋古道从南马山翻过后连接明清驿道的具体路线目前很难完全确定。可以肯定的是，明代曾在昭化与高庙之间设有官店铺、朝阳铺、高庙铺，以及明代前期是从泥溪浩到高庙接明清驿道的，但还不能以此肯定唐宋时也是取这条路线。

白卫岭 在昭化大朝驿、高庙铺东南一带山地，即旧大木戍东南。唐代以来有关白卫岭的具体位置认知错乱。孟棨《本事诗》就称："又明年，幸蜀，登白卫岭，览眺久之，又歌是词。"[1]黄休复《茅亭客话》卷1记载："圣朝未克蜀之前，剑、利之间，虎暴尤甚，白卫岭、石笋溪虎名披鬃子，地号税人场。"[2]又孙光宪《北梦琐言》卷9记载："蜀路白卫岭多虎豹噬人。"[3]王象之《舆地纪胜》卷184记载："白卫岭，在昭化县之南境，剑门相接，有铺曰白卫铺。又《唐诗纪事》唐明皇幸蜀登白卫岭览眺良久。"[4]祝穆《方舆胜览》卷66《利州东路》记载："白卫岭在昭化县南，与剑门相接。有白卫铺。《唐诗纪事》载明皇幸蜀登白卫岭眺览良久。"[5]以上史料仅记载白卫岭在剑州与利州之间，在昭化之南与剑门相接，并无具体的方位里程。到了明代，《大明一统志》卷68记载："白卫岭，在昭化县西南五十里，与剑门相接，唐玄宗幸蜀登此。"[6]后来，《大清一统志》卷390也记载："白卫岭，在昭化县西南五十里，与剑门相接，有白卫铺。《唐诗纪事》：明皇幸蜀登白卫岭眺览良久。"[7]可见明清开始有西南50里的记载，但位置虚拟不确切。较早记载白卫岭具体位置的有清嘉庆年间的陶澍《蜀輶日记》："二十一日发昭化……十五里天雄关……十五里竹垭子……其南有石山曰高梁寺……其山曰云头山，或曰即小剑山也，上有小祠，蓊以树木……十里下山宿大木树，一名达摩树，即小剑戍也……二十二日出传舍数百步，

---

① 孟棨《本事诗》，明顾氏文房小说本。
② 黄休复《茅亭客话》卷1，上海古籍出版社，2012年，第100页。
③ 孙光宪《北梦琐言》卷9，三秦出版社，2003年，第158页。
④ 王象之《舆地纪胜》卷184，四川大学出版社，2005年，第5352页。
⑤ 祝穆《方舆胜览》卷66《利州东路》，中华书局，2003年，第1156页。
⑥ 《大明一统志》卷68，三秦出版社，1990年，第1057页。
⑦ 《大清一统志》卷390，上海古籍出版社，2008年，第9册，第230页。

今人新立唐皇井

今人新修白卫庙门

今人新建白卫庙"白卫岭"门额

有碑刻白卫岭三字，唐明皇幸蜀至此……五里孔道新……"[1]按此计算里程，有40多里，清初立有"白卫岭碑"之处离昭化确实有近50里，因之前康熙年间的王士禛《秦蜀驿程后记》记载昭化到牛头山为20里，所以，50里之数是相差不大的，以位置而论此碑应立在大朝南双龙桥附近。但有的游记将云台山视作白卫岭，如张香海《宦蜀纪程》卷3记载："下山经竹垭子望见白卫岭……十里下山宿大木戍。"[2]吴庆坻则直接认为竹垭铺梁子为古白卫岭。[3]另乾隆《昭化县志》卷2《山川》记载："泥溪，在治西南十五里，源发寨子

① 陶澍《蜀輏日记》，《小方壶斋舆地丛钞》第7帙，上海著易堂排印本。
② 张香海《宦蜀纪程》卷3，李勇先、高志刚主编《蜀藏·巴蜀珍稀交通文献汇刊》第9册，成都时代出版社，2015年，第62—63页。
③ 吴庆坻《庚子十二月赴行在日记》，光绪二十七年铅印本。

渠，南经孔道新合架枧沟，至沙田坝合人头山溪水，又东南合五颗堆溪，又东合白卫溪，又东入嘉陵江。"①这里的白卫溪即经白卫岭之下，应在今朝阳铺西北南马山附近，似南马山也与白卫溪、白卫岭有关系。乾隆《昭化县志》卷2《古迹》也记载："白卫岭，在治西南四十里朝阳堡，此山岭东抵嘉陵江，西抵高庙铺，长冈连绵三十余里，唐时大道也。"②马以愚《嘉陵江志》也认为白卫岭在朝阳堡。③道光《重修昭化县志》舆图也标有朝阳铺，位置在嘉陵江西、大木树和高庙以东，即朝阳堡（朝阳铺），即昭化吴家店，今朝阳乡治。泥溪至今仍存，在以前的吴家店流入嘉陵江，名泥溪浩，地图上多标李家河，上游称毛家沟。其分支白卫溪可能就是唐代白卫岭的历史记忆留名。今大朝驿修有仿古街道，到剑门关的驿路遗址保存还较完整。其实，距大朝数百步的"白卫岭"碑已经不复存在，但是现在当地出于旅游开发的需要在大朝北面新修一亭，立一碑刻"白卫岭"，而当地人又在朝阳乡西白家山新建白卫庙一座。所以，现在看来，唐宋白卫岭应该是今昭化区大朝老街东南、高庙东至吴家店的白家山、沈家山、王家山、刘家山一带山岭的统称，一时难以确定。对于白卫岭的得名，陈祥裔《蜀都碎事》卷3记载："唐明皇幸蜀过白卫岭，见元皇帝骑白卫而下，示取禄山之兆，遂封神曰白卫公岭。在昭化县。"④此事另见《蜀故》卷21，当为一说。

小剑戍　《华阳国志》卷2《汉中志》记载："汉德县，有剑阁道三十里，至险，有阁尉，桑下兵民也。"⑤说明了剑阁道的存在，也说明有阁尉官设置。后《水经注》记载："又东南径小剑戍北，西去大剑三十里，连山绝险，飞阁通衢，故谓之剑阁也。"⑥后来，对小剑和大剑的位置一直有争论。唐代《元和郡县图志》卷33记载："剑门县，中，西南至州六十里，本汉葭萌县地，圣历二年分普安、永归、阴平三县置剑门县，因剑门为名也。梁山，在县西南二十四里，即剑门山也。"⑦并没涉及大剑、小剑的区别。但同书卷22《利州》益昌县下记载："小剑故城，在县西南五十一里。小剑城去大剑戍四十里，连山绝险，飞阁通衢，故谓之剑阁道。自县西南逾小山

---

① 乾隆《昭化县志》卷2《山川》，乾隆五十年刻本。
② 乾隆《昭化县志》卷2《古迹》，乾隆五十年刻本。
③ 马以愚《嘉陵江志》，商务印书馆，1946年，第144页。
④ 陈祥裔《蜀都碎事》卷3，李勇先、高志刚主编《蜀藏·巴蜀珍稀旅游文献汇刊》第8册，成都时代出版社，2015年，第342页。
⑤ 常璩撰，刘琳校注《华阳国志校注》卷2《汉中志》，巴蜀书社，1984年，第153页。
⑥ 郦道元《水经注》卷20，上海古籍出版社，1990年，第395页。
⑦ 李吉甫《元和郡县图志》卷33，中华书局，1983年，第848页。

入大剑口，即秦使张仪、司马错伐蜀所由路也。"①这里再次谈到了大小剑的位置方位。而宋代乐史《太平寰宇记》卷84《剑南东道三》记载："剑门县，东北六十里，旧九乡，今十一乡。本汉梓潼县地，诸葛武侯相蜀，于此立剑门，以大剑山至此有益东之路，故曰剑门，即姜维拒钟会于此。唐圣历二年，分普安、临津、阴平三县地，于方期驿城置县。大剑山，亦曰梁山……又有小剑山，在其西北三十里，故曰此为大剑。崔鸿《十六国春秋》'苻坚使杨安伐蜀，徐成破二剑'是也。其山东连莎鼻，西接绵州，凡二百三十一里。"②大剑山即今剑门关的梁山，自古没有异议，《太平寰宇记》又再次指出小剑山方位是在大剑山西北30里。南宋祝穆《方舆胜览》卷67记载："大剑山，在剑门县，亦名梁山。又有小剑山，在其西北三十里。又有小剑故城，在益昌县西南五十里。"③到了明代，曹学佺《蜀中广记》卷26记载："诸葛孔明以大剑至此，有隘束之称，乃立剑门县。复于阁道置尉以守之。常璩云：阁道三十里，至险，有阁尉桑下兵民也……隋置阁之地皆有关官，而于剑阁独未置关。至唐始置剑门关。后又置大剑戍、小剑戍。五代董璋遣兵扼剑门关，又为七寨。"④顾祖禹《读史方舆纪要》卷66记载："剑门山，亦曰大剑山，在保宁府剑州北二十五里，一名梁山……其东北三十里为小剑山，两山相连。"⑤李元《蜀水经》卷13记载："大剑山，在剑州东北六十里，小剑山在大剑西北三十里，即蜀汉之大剑戍、小剑戍也。大剑山，峭壁百丈，横亘百余里……有小溪由大剑穿小剑而出……"⑥

从晋代到清代有关记载中可见，大剑山即今剑门关的梁山，没有争议，但有关小剑山（城、戍）的位置在历史上有离大剑山"三十里"、离大剑戍"四十里"、"大剑山西北三十里"、"益昌县西南五十一里"、"剑阁县东北三十里"多种定位，方位多有不准和矛盾之处，里程也多有出入。

所以，历史上人们按方位进行重构，形成了四种小剑山（城、戍）位置的说法：

第一种，认为小剑山即今剑门关西的小剑山，在原小剑公社双旗村西南，基本符合唐宋文献中在"西北三十里"的方位。雍正《剑州志》舆图标注的小剑山位置即在此。同治《剑州志》卷2《山川》记载："小剑山，在大剑山西北三十里，与大剑峰峦

① 李吉甫《元和郡县图志》卷22，中华书局，1983年，第565页。
② 乐史《太平寰宇记》卷84《剑南东道三》，中华书局，2007年，第1676页。
③ 祝穆《方舆胜览》卷67，中华书局，2003年，第1176页。
④ 曹学佺《蜀中广记》卷26，上海古籍出版社，2020年，第272页。
⑤ 顾祖禹《读史方舆纪要》卷66，中华书局，2005年，第3108页。
⑥ 李元《蜀水经》卷13，巴蜀书社，1986年，第846、847页。

联络延坦如城，下有隘路，俗名大钓岩、小钓岩。"①即今剑门关西的大吊岩、小吊岩。今新编《剑阁县志》也是这样认为，具体在今双旗村南大吊岩一带。②现在来看，此说可能性最大。

第二种，见雍正《剑州志·山川》："小剑山，在大剑山西北三十里，与大剑峰峦联络延坦如城，下有隘路，州人谓之后门关。"③这里明显不合，因后门关在大剑山中，仅在剑门关的东北几里之地。这种说法流传影响不广，主要是文献记载与相关形势不合。

第三种，认为在今下寺大仓坝、修城坝（修城坝与大仓坝紧邻，实则是同一种说法，即认为两坝附近摩天岭一带为历史上的小剑山和小剑戍）。乾隆《昭化县志》卷2《古迹》记载："小剑戍故城，在治西方北六十里益昌故城西南……小剑戍，今名剑溪口，系大小剑溪合流入清水处，东至白田坝才十余里。"④道光《重修昭化县志》记载："小剑戍故城，在治西六十里白田坝西南，剑溪河外之大仓坝。"⑤另，同治《剑州志》也记载："小剑戍，今之大仓坝。"⑥马以愚《嘉陵江志》也认为在大仓坝。⑦实际上，如果从地形地貌上来看，从昭化西南沿平缓之地经白田坝到下寺，再经今摩天岭翻剑门关绕道，但相对平缓，不失为一间道。所以，揭纪林考证认为，小剑山当为广元下寺修城坝附近之摩天岭及左右山脉。⑧李之勤先生也认为小剑戍应在今清水与小剑溪交汇的下寺一带。⑨

第四种，认为是在大朝大木戍，这种说法也是流行于清代。嘉庆年间的陶澍《蜀輶日记》载："二十一日发昭化……十五里天雄关……十五里竹垭子……其南有石山曰高梁寺……其山曰云头山，或曰即小剑山也，上有小祠，蓊以树木……十里下山宿大木树，一名达摩树，即小剑戍也……五里孔道新，五里架枧沟，五里高庙铺……二十里至志公寺……五里剑门关。"⑩这里，小剑山和小剑戍分别离剑门关50里、40

① 同治《剑州志》卷2《山川》，同治十二年刻本。
② 四川省剑阁县志编纂委员会《剑阁县志》，巴蜀书社，1992年，第847页。
③ 雍正《剑州志》卷5《山川》，雍正五年刻本。
④ 乾隆《昭化县志》卷2《古迹》，乾隆五十年刻本。
⑤ 道光《重修昭化县志》卷16《舆地志十五·古迹》，同治三年刻本。
⑥ 同治《剑州志》卷2《山川》，同治十二年刻本。
⑦ 马以愚《嘉陵江志》，商务印书馆，1946年，第146页。
⑧ 揭纪林《剑门关大、小剑关考辨》，《绵阳地方志通讯》1984年第4期。
⑨ 见李之勤《金牛道北段线路的变迁与优化》，《中国历史地理论丛》2004年第2期。
⑩ 陶澍《蜀輶日记》，《小方壶斋舆地丛钞》第7帙，上海著易堂排印本。

里，且方位在大剑山东北，而不是以前文献所说的西北。不过，现在从总体上来看，认为小剑山和小剑戍在今昭化大朝一带也有一些合理性。所以，王文才《小剑故城考》、雍思政《漫话蜀道剑门》和张述林等《剑门关志》都支持此说。①

剑阁县大吊岩，即古代小剑山、小剑戍之地。

志公院（寺） 陆游《剑南诗稿》卷3记载："志公院，在剑门东五里，院东石壁间有若僧负杖者，杖端髣髴，有刀尺拂子之状。"②祝穆《方舆胜览》卷67也有"志公寺"条，可知宋代志公寺就是古道上的重要地点，③即今剑门关下的志公寺，现仍在古道旁。

方期驿、剑门关、大剑戍 剑阁之名历史悠久，早在左冲《蜀都赋》中就有"缘以剑阁"之称，后《华阳国志》卷2《汉中志》记载："汉德县，有剑阁道三十里，至险，有阁尉，桑下兵民也。"④说明剑阁已经是重要关口，设有阁尉。剑门之名出现相对较晚，顾祖禹《读史方舆纪要》卷56记载："吴贺邵尝言刘氏据三关之险，守重山之固。张萱《汉南纪》：蜀有阳平关、白水关、江关，是为三关。"⑤可见蜀汉的三关是阳平关、白水关、江关，而无剑门关。北朝崔鸿《十六国春秋》卷37始有"出剑门寇梁益"⑥之称。《旧唐书》卷41记载："剑门，圣历二年，分普安、永归、阴平三县地，于方期驿城置剑门，县界大剑山，即梁山也。"⑦《元和郡县图志》卷33记载：

① 见雍思政《漫话蜀道剑门》，巴蜀书社，2010年；张述林等《剑门关志》，巴蜀书社，1995年，附有王文才《小剑故城考》。

② 陆游《剑南诗稿》卷3，《陆放翁全集》中册，中国书店，1986年，第50页。

③ 祝穆《方舆胜览》卷67，中华书局，第1171页。

④ 常璩撰，刘琳校注《华阳国志》卷2《汉中志》，巴蜀书社，1984年，第153页。

⑤ 顾祖禹《读史方舆纪要》卷56，中华书局，2005年，第2696页。

⑥ 崔鸿《十六国春秋》卷37，万历刻本。

⑦ 《旧唐书》卷41《地理志》，中华书局，1975年，第1671页。

"大剑山，亦曰凉山，在县北四十九里……剑门县，中，西南至州六十里。"①《舆地广记》卷32也记载："剑门县，晋桓温平蜀，分晋寿置剑门县，孝武时省。唐圣历二年，分普安、永归、阴平三县地于方期驿置剑门县，属剑州。"②《元丰九域志》卷8记载剑门县在"州东北五十五里"，有小剑寨、大剑山和剑门峡。③《太平寰宇记》卷84则记载："剑门县，东北六十里。"④

在宋代剑门关地位更重要，《舆地纪胜》卷192记载："蜀平，遂以剑门县隶剑门关，兵马都监主之，《国朝会要》在景德二年。又以剑门关直隶京师，《国朝会要》云在景德三年。《图经》云：剑门关承平时以东京兵出戍关，有路分，有驻泊，皆得进表，剑门知县亦同管关事。中兴以来，剑门关亦列在利路十七郡之数焉。班朝录。又《剑门集》云，皇朝景德中，以县不隶于州，俾司关者兼治之，熙宁中，关、县析而为二，皆隶于州，元符初，又敕县令通管关事……《图经》云：景德中，敕委剑门监押使臣兼知县事，遂移县治在剑门关寨南。"⑤同样，《方舆胜览》卷67也将剑门关与隆庆府并列。可以看出，宋景德二年，剑门关一度直隶京师成为州级行政，设立监押使臣，兼任剑门知县，剑门关寨一度与剑门县治同署同地。熙宁以前，剑门关、剑门县属于利路十七郡之一，并不隶于剑州隆庆府。总的来看，今剑门关一带在唐宋时期地位重要，唐圣历二年置剑门县，设有方期驿，应在剑阁县剑门镇。宋景德二年在今剑门关内设立州一级的剑门关，具体地点在剑门关寨，可能在今剑门关剑门峡内，剑门县也一度南迁于此。剑门梁山即大剑山，峡门峡口有剑门关，山上有大剑戍。

青疆店 历史上也称青强店、清强店、清疆店，即今青树子。李焘《续资治通鉴长编》卷6记载："王全斌等自利州趋剑门，次益光，会议曰：'剑门天险，古称一夫荷戈，万夫莫当，诸军各宜陈进取之策。'侍卫军头向韬曰：'得降卒牟进言，益光江东越大山数重，有狭径，名来苏，蜀人于江西置栅，对岸可渡。自此出剑门南二十里，至青疆店与官道合。若大军行此路，则剑门之险不足恃也。'全斌等即欲卷甲赴之，康延泽曰：'蜀人数战数败，胆气夺矣，可急攻而下也。且来苏狭径，主帅不宜自行，但可遣一偏将往耳。若抵青疆，北与大军夹击剑门，昭远等必成擒矣。'全斌等然之，命史延德分兵趋来苏，跨江为浮梁以济。蜀人见之，弃寨而遁。延德遂至青

---

① 李吉甫《元和郡县图志》卷33，中华书局，1983年，第845、848页。
② 欧阳忞《舆地广记》卷32，四川大学出版社，2003年，第958页。
③ 王存《元丰九域志》卷8，中华书局，1984年，第358页。
④ 乐史《太平寰宇记》卷84，中华书局，2007年，第1676页。
⑤ 王象之《舆地纪胜》卷192，四川大学出版社，2005年，第5658页。

疆，王昭远等引兵退驻汉源坡，以其偏将守剑门，全斌等以锐兵奋击，破之。"[①]对于青疆店，在宋代以来的《玉海》《名臣碑传》等文献中也有记载为青强店、清强店、清疆店的。同治《剑州志》卷2《山川》记载："青疆，一作青强，今名青树子。"[②]从位置和地名传承来看，也证明这个青疆店应该就是剑门南面的青树子一带。

汉源驿、汉源坡　在今剑阁县汉源区，《太平广记》卷432《虎七》引《北梦琐言》"周雄"条下称："先是西川监军使鱼全谞特进，自京搬家，憩于汉源驿，其媚嫂方税驾，遂严妆倚驿门而看，为虎攫去，虽驱夺得之，已伤钩爪也。仆尝行次白卫岭。时属炎蒸，夜凉而进。"[③]可知唐末就有汉源驿之名。上文引李焘《续资治通鉴长编》卷6也记载"王昭远等引兵退驻汉源坡"[④]。此外，宋司马光《资治通鉴考异》和郭允蹈《蜀鉴》卷8都有汉源坡的记载。同治《剑州志》卷2《山川》称："汉源坡，即今之石洞沟。"[⑤]也许汉源驿在今汉源镇，而汉源坡在其西南的石洞沟。

税人场、石洞沟　税人场以前的地望向无从确考，严耕望先生在《唐金牛成都道驿程考》一文中估计在今剑阁县南。按黄休复《茅亭客话》卷1记载："圣朝未克蜀之前，剑、利之间，虎暴尤甚，白卫岭、石筒溪虎名披鬃子，地号税人场。"[⑥]《太平广记》卷432引《北梦琐言》称："唐大顺、景福已后，蜀路剑、利之间，白卫岭石筒溪虎暴尤甚，号'税人场'，商旅结伴而行。"[⑦]按今广元剑阁间汉阳南石洞沟地名仍存，白卫岭在昭化朝阳至高庙之间，以前虽然是驿路，但相对偏僻，林木深茂，附近阴森逼人。我们考察发现，石洞沟肖家河一带沟深地僻，至今还有许多古柏保留。唐宋时期的税人场之地，实际上是指今朝阳至高庙、石洞沟上下。严耕望先生认为在原剑阁县南，乃未能实地考察之故。

普安县，宋剑州驿　宋代有剑州驿，在原剑阁县治，今普安镇。《资治通鉴考异》记载："剑州至成都止十二程。"[⑧]剑州理应有驿站，《宋史》卷63《五行志》记

---

① 李焘《续资治通鉴长编》卷6《太祖·乾德三年》，中华书局，1979年，第143—144页。

② 同治《剑州志》卷2《山川》，同治十二年刻本。

③ 《太平广记》卷432引《北梦琐言》，《笔记小说大观》第5册，江苏广陵古籍刻印社，1983年，第209页。

④ 李焘《续资治通鉴长编》卷6《太祖·乾德三年》，中华书局，1979年，第144页。

⑤ 同治《剑州志》卷2《山川》，同治十二年刻本。

⑥ 黄休复《茅亭客话》卷1，上海古籍出版社，2012年，第100页。

⑦ 《太平广记》卷432引《北梦琐言》，《笔记小说大观》第5册，江苏广陵古籍刻印社，1983年，第209页。

⑧ 司马光《资治通鉴考异》卷24，《四部丛刊》景宋刻本。

唐宋石洞沟应指龙团河（今肖家河）两岸，当时阴森逼人，虎患甚烈。

载："（咸平二年）九月，剑州驿厅梁山生芝草。"[1]可知在宋代有剑州驿。

柳池驿　陆游《剑南诗稿》卷3记载："过武连县北柳池安国院，煮泉试日铸、顾渚茶。院有二泉，皆甘寒。传云唐僖宗幸蜀在道不豫，至此饮泉而愈，赐名报国灵泉云。"[2]《宋史》卷466也记载："四月，继恩由小剑门路入研石寨破贼，斩首五百级，逐北过青强岭，平剑州，进破贼五千于柳池驿，斩千六百级。"[3]石介《徂徕石先生全集》卷5《杂文》有《柳池驿中作》一诗称："二十二余程鸟道，一千一百里江声。听尽行尽不觉远，西去出山犹七程。至罗江出山。"[4]这是对宋代金牛道总行程的高度概括，认为金牛道到成都共29程的路程。对于柳池驿的位置，清代顾祖禹《读史方舆纪要》卷68认为："柳池驿，即跨鹤山之柳溪驿也，今为柳池铺。"[5]即今剑阁县柳沟镇。

武连县，宋武连驿　即今剑阁县武连镇。李吉甫《元和郡县图志》卷33记载："武连县，中。东北至州八十五里。本汉梓潼县地，宋元嘉中，于县南五里侨立武都郡下辨县，又改下辨侨置武功县。周明帝改武功为武连县，隋开皇三年罢郡，以县

① 《宋史》卷63《五行志》，中华书局，1985年，第1388页。

② 陆游《剑南诗稿》卷3，《陆放翁全集》中册，中国书店，1986年，第50页。

③ 《宋史》卷466，中华书局，1985年，第13603页。

④ 石介《徂徕石先生全集》卷5《杂文·柳池驿中作》，康熙五十六年刻本。

⑤ 顾祖禹《读史方舆纪要》卷68，中华书局，2005年，第3222页。

属始州。"[1]释道宣《续高僧传》卷21载武连县造三寺[2]，说明当时文化较为发达。《剑南诗稿》卷3有《宿武连驿》诗。祝穆《方舆胜览》卷67记载："七盘山，在武连县西。县令何琰按图记：'郭璞云：县路翠，武功贵。县路青，武功荣。'遂刻石荣。"[3]《蜀中广记》卷26记载此碑仍存在"县门"[4]。清代王士禛《陇蜀余闻》则记载此碑在觉苑寺。[5]至今此碑仍在觉苑寺中。

上亭驿（琅珰驿） 即今演武乡上亭铺。王象之《舆地纪胜》卷186记载："上亭驿，在梓潼武连二县之界，唐明皇幸蜀闻钧声之地，又名琅珰驿，前辈诗什极多。"[6]王仲敏、罗隐、黄钧、杨汝为、杨子方、姚清叔等对琅珰驿都有咏叹，魏了翁也有《题上亭驿》诗。在今梓潼县演武乡上亭铺，仍有清代光绪二十年的"唐明皇幸蜀闻铃处"碑。

七曲山 七曲山之名首见于宋代，宋代有英显武烈王庙（俗呼为张相公庙）、灵应庙（梓潼帝君之祠）、显德祠等，也是古道所经。

五妇山 有五妇候台，即今水观音处。《太平寰宇记》卷84记载："剑泉，在县北十二里五丁力士庙西一十步。古老相传云：'五丁开剑路，迎秦女，拔蛇，山摧，五丁与秦女俱毙于此，余剑隐在路傍，忽生一泉。'又云：'此剑每庚申日见。'"[7]五妇山则早在《汉书》中就有记载："梓潼，五妇山，驰水所出。"[8]《太平

梓潼县长岭，远方即五妇山。

① 李吉甫《元和郡县图志》卷33，中华书局，1983年，第847页。
② 释道宣《续高僧传》卷21，大正新修大藏经本。
③ 祝穆《方舆胜览》卷67，中华书局，2003年，第1165页。
④ 曹学佺《蜀中广记》卷26，上海古籍出版社，2020年，第276页。
⑤ 王士禛《陇蜀余闻》，《王士禛全集》，齐鲁书社，2007年，第3616页。
⑥ 王象之《舆地纪胜》卷186，四川大学出版社，2005年，第5439页
⑦ 乐史《太平寰宇记》卷84《剑南东道三》，中华书局，2007年，第1678页。
⑧ 《汉书》卷28《地理志》，中华书局，1962年，第1597页。

寰宇记》卷84："梓潼五妇山，在县北一十二里，高四百二十丈。"①明确记载了五妇山的具体位置。

梓潼县 今梓潼县治。李吉甫《元和郡县图志》卷33记载："本汉旧县，属广汉郡。蜀先主分广汉置梓潼郡，以县属焉。"②可知早在东汉就置县，历史悠久，唐宋应该有驿站，但名称无存。

魏城驿 据陆游《剑南诗稿》卷3《绵州魏成县驿有罗江东诗云芳草有情皆碍马好云无处不遮楼戏用其韵》诗，此驿应在今绵阳市魏城镇。

奉济驿 杜甫有《奉济驿重送严公四韵》，杨伦《杜诗镜铨》卷9记载："驿去绵州三十里。"③明清时期设沉香铺。但我们考察发现，20世纪90年代沉香铺在修沉抗水库（现仙海）时已淹入水库中。

巴西驿 在今绵阳市，隋改涪县置巴西县，杜甫有《巴西驿亭观江涨呈窦十五使君》诗，杨伦《杜诗镜铨》卷9记载："绵阆皆称巴西，此指绵州也。"④

万安驿、罗江驿 今罗江县南万安驿，又称罗江驿。唐代李商隐《为河东公谢相国京兆公启二首》称："今月某日，得当道万安驿状报。"⑤宋代程公许有"老树万安驿，古井罗真山"⑥之句。乐史《太平寰宇记》卷83《剑南东道二》记载："（罗江县）本涪县地，晋于梓潼水尾万安故城置万安县。晋末乱，移就潺亭，今县城是也。梁置万安郡。隋开皇二年废郡为县。唐天宝元年改为罗江县。"⑦可知万安得名早至晋代，唐代即设有驿站，后因唐玄宗亲临而有了名气。据宋佚名《锦绣万花谷·续集》卷11记载："万安驿，唐明皇幸蜀至此，而叹曰，一安尚不可，况万安乎。"⑧《方舆胜览》卷54记载："万安驿，在罗江县西，旧经云，唐明皇幸蜀至此，闻驿名，叹

① 乐史《太平寰宇记》卷84《剑南东道三》，中华书局，2007年，第1677页。
② 李吉甫《元和郡县图志》卷33，中华书局，1983年，第846页。
③ 杨伦《杜诗镜铨》卷9，乾隆五十七年九柏山房刻本。
④ 杨伦《杜诗镜铨》卷9，乾隆五十七年九柏山房刻本。
⑤ 李商隐《李义山文集》卷4，《景印文渊阁四库全书》第1082册，台湾商务印书馆，1986年，第310页。
⑥ 程公许《罗仙宫道士留午饭后遍览山中佳景三十六峰罗列几席夜雨达旦客枕甚清》，《沧州尘缶编》卷3，《景印文渊阁四库全书》第1176册，台湾商务印书馆，1986年，第915页。
⑦ 乐史《太平寰宇记》卷83《剑南东道二》，中华书局，2007年，第1665—1666页。
⑧ 佚名《锦绣万花谷·续集》卷11，《景印文渊阁四库全书》第924册，台湾商务印书馆，1986年，第883页。

曰：'一安尚不可，况万安乎。'移宿真明寺，旧驿碑所载如此。"①明代开始有万安驿的具体位置记载，如曹学佺《蜀中广记》卷9记载："《图经》：唐明皇幸蜀，至万安驿，叹曰：'一安尚不可，况万安乎。'乃回辇宿于真明寺。按驿在治西一里，昔有碑书'一安且不可'句云，是玄宗亲笔，今亦毁蚀。"②顾祖禹《读史方舆纪要》卷67记载："万安城，在县西南。晋置县于此，后移今治。志云县西一里有故万安驿，即旧县治也。"③另《大清一统志》卷414记载："万安故城，在罗江县西，晋置，属梓潼郡，唐改为罗江……今为万安驿，在罗江县西。旧志：万安驿在县西一里，晋时县置于此。"④嘉庆《罗江县志》卷12《古迹志》也称："万安故城，在县西一里。《太平寰宇记》：晋于梓潼水尾置万安县，李雄之乱，移就潺亭。《一统志》：今县治本汉涪县之潺亭。唐明皇碑，旧《图经》云：唐明皇幸蜀至万安驿，叹曰一安且不可，况万安乎，移宿真明寺。驿在治西一里，昔有碑书：一安且不可之句，云是元宗亲笔，今毁。"⑤唐彦谦有《罗江驿》诗，陆游《剑南诗稿》卷3有《罗江驿翠望亭读宋景文公诗》，可见唐宋时万安驿可能也有罗江驿之名。

鹿头关、白马关　在今德阳罗江县白马关。我们发现，历史上先有鹿头山，然后才有鹿头关、鹿头戍、白马关。据乐史《太平寰宇记》卷73《剑南西道》记载："鹿头山，自绵州罗江县界逶迤入县界。古老云：昔有张鹿头于此造宅，山因以为名。"⑥早在唐代就出现鹿头关之称，如唐代郑谷《蜀中三首》就有"马头春向鹿头关，远树平芜一望闲"⑦之句。杜甫则有《鹿头山》诗，注称："王洙曰：自秦入蜀，川岭重复，极为险阻，及下鹿头关，东望成都沃野，葱郁之气乃若烟霞霭。"⑧《元和郡县图志》卷32记载德阳县北三十八里有鹿头戍。⑨到宋代始有白马关之名，如乐史《太平寰宇记》卷83《剑南东道二》记载："白马关在县西南十里，与鹿头关相对。"⑩但宋元以来往往是鹿头关与白马关并称，李石《方舟集》卷3《题鹿头关石乡祠并序》记

---

①　祝穆《方舆胜览》卷54，中华书局，2005年，第973页。
②　曹学佺《蜀中广记》卷9，上海古籍出版社，2020年，第114页。
③　顾祖禹《读史方舆纪要》卷67，中华书局，2005年，第3181页。
④　《大清一统志》卷414，上海古籍出版社，2008年，第9册，第634页。
⑤　嘉庆《罗江县志》卷12《古迹志》，同治四年刻本。
⑥　乐史《太平寰宇记》卷73，中华书局，2007年，第1492页。
⑦　郑谷《蜀中三首》，《全蜀艺文志》卷5，线装书局，2003年，第107页。
⑧　杜甫《杜诗镜铨》卷7，乾隆五十七年九柏山房刻本。
⑨　李吉甫《元和郡县图志》卷32，中华书局，1983年，第779页。
⑩　乐史《太平寰宇记》卷83，中华书局，2007年，第1666页。

载："绵之白马关，关上有庙乃将军为蜀守隘之地，庙榜忠烈，乃祥符所赐，额碑亦可辨……地志，鹿头白马二名同出也，山高八十丈，下瞰平川，蜀险尽此，亦高崇文擒刘辟之地，庞将军之墓在焉。"[1]陆游《剑南诗稿》卷3有《鹿头关过庞士元庙》、王之望《汉滨集》卷16收录有《祭鹿头关白马庙文》。曹学佺《蜀中广记》卷9记载："志云：山上平坦，有小径仅容车马，三国时营垒也。其下名落凤坡。按，凤雏先生，庞士元，侍昭烈至此，卒于流矢下。其葬在鹿头关桃花溪东岸。墓右有龙洞，葬时，人见白马自洞中逸出。旧有白马关巡司。"[2]不过，明清以来文献更多记载白马关，所以现在人们多知道白马关，而对鹿头山和鹿头关知道较少了。

德阳县　今德阳市。唐武德二年始置德阳县，后一直相沿。此外，东汉曾一度在今江油雁门坝、遂宁龙凤场置德阳县。县应该有驿站，但名称失传。

雁桥、金雁驿、白杨林镇　在今广汉城北的雁桥，历史悠久。乐史《太平寰宇记》卷73《剑南西道二》记载："君平卜台，任豫记云：广汉郡雁桥东有严君平卜处，土台高数丈。雁桥，李膺记云：张任与刘璋子循守雒城，任勒兵出于雁桥，战败，即此也。"[3]顾祖禹《读史方舆纪要》卷67记载："雁桥，州治北一里。亦曰金雁桥，以跨雁水上也。后汉建安十八年，刘璋将张任自绵竹退守雒城，刘备进军围之，任勒兵出战于雁桥，败死。后唐同光四年，李绍琛叛据汉州，州无城堑，树木为栅，唐将任圜击之，绍琛出战于金雁桥，败奔绵竹，圜追擒之。即此桥也。"[4]五代韦縠《才调集》卷3《古律》所录韦庄《汉州》诗有"十日醉眠金雁驿，临岐无恨脸波横"之句。[5]严耕望先生考证唐宋汉州有雁桥、鹰桥，即指金雁桥。[6]《资治通鉴》卷274记载，后唐天成元年"李绍琛引兵出战于金雁桥"，胡注："金雁桥在汉州雒县东一里。"[7]嘉庆《汉州志》卷9记载，明正统七年汉州就有金雁乡，为县治乡，显然，金雁驿也应该在汉州雒县治城内。另严耕望认为当时汉州有白杨林镇，也可能是大道所经。[8]《资治通鉴》卷277《后唐纪六》记载："孟知祥闻之，遣马军都指挥使潘仁嗣

---

① 李石《方舟集》卷3，《景印文渊阁四库全书》第1149册，台湾商务印书馆，1986年，第557页。
② 曹学佺《蜀中广记》卷9，上海古籍出版社，2020年，第114页。
③ 乐史《太平寰宇记》卷73，中华书局，2007年，第1489页。
④ 顾祖禹《读史方舆纪要》卷67，中华书局，2005年，第3172—3173页。
⑤ 韦縠《才调集》卷3《古律》，《四部丛刊》景清钱曾述古堂景宋抄本。
⑥ 严耕望《唐代交通图考》第4卷，上海古籍出版社，2007年，第900页。
⑦ 《资治通鉴》卷274《后唐纪三》，中华书局，1982年，第9090页。
⑧ 严耕望《唐代交通图考》第4卷，上海古籍出版社，2007年，第899页。

将三千人诣汉州诇之。璋入境，破白杨林镇。"胡注："白杨林镇当在汉州上。"①
黄休复《茅亭客话》卷1记载："圣朝未克蜀之前，剑、利之间虎暴尤甚，白卫岭石筒
碛虎名披鬏子地号税人场。绵、汉间白杨林，虎名裂蹄子，商旅聚徒而行，屡有遭搏
噬者。"②顾祖禹《读史方舆纪要》卷67记载："白杨林镇在州东，后唐长兴三年，董
璋谋袭孟知祥入西川境，破白杨林镇，即此。"③但嘉庆《汉州志》卷9《关隘志》记
载："白杨林镇，在州东十五里，通金堂赵家渡路，凭沉犀河下流险，距和兴场二里
许。考唐长兴三年，董璋龚孟知祥入西川境，破白杨林镇，即此。"④从赴赵家渡路上
15里的方位空间来看，白杨林镇应在今广汉城与连山镇之间的白云村一带，但这是明
代的金牛道（小川北路）路线所经之处，并不在从德阳、小汉南下的清代金牛道路线
上，故唐宋金牛道的路线可能是从德阳沿石亭江南下白杨林镇再西入汉州。

两女驿　释道世《法苑珠林》卷51记载："有天竺僧……至雒县大石寺塔，所敬
事已讫，欲往成都，宿两女驿。"⑤据严耕望先生的考证，这个驿站就在今广汉、新都
之间。⑥具体位置不明。

弥牟镇　弥牟之名始见于《大唐六典》卷3记载的弥牟布⑦，乐史《太平寰宇记》
卷73《剑南西道二》载土产有弥牟布⑧。五代何光远《鉴诫录》卷1开始有弥牟镇的记
载⑨，宋代以后频繁见于史籍，即今弥牟镇。历史上的两女驿可能在今弥牟镇。

鸡踪桥、武侯庙、五侯津　据严耕望先生的考证，弥牟镇以北大道上有鸡踪桥、
武侯庙、五侯津。⑩司马光《资治通鉴》卷277《后唐纪六》记载："知祥引兵追璋至
五侯津。"⑪另郭允蹈《蜀鉴》卷8记载："弥牟镇有武侯八阵图。鸡踪桥，在弥牟
镇。五侯津，在弥蒙水。李膺《益州记》云：昔有人姓侯，兄弟五人住此水侧，皆武

---

①　《资治通鉴》卷277《后唐纪六》，中华书局，1982年，第9194页。

②　黄休复《茅亭客话》卷1，上海古籍出版社，2012年，第100页。

③　顾祖禹《读史方舆纪要》卷67，中华书局，2005年，第3172页。

④　嘉庆《汉州志》卷9《关隘志》，嘉庆二十二年刻本。

⑤　释道世《法苑珠林》卷51，四部丛刊景明万历本。

⑥　严耕望《唐代交通图考》第4卷，上海古籍出版社，2007年，第901页。

⑦　《大唐六典》卷3，三秦出版社，1991年，第62页。

⑧　乐史《太平寰宇记》卷73《剑南西道二》，中华书局，2007年，第1666页。

⑨　何光远《鉴诫录》卷1，知不足斋丛书本。

⑩　严耕望《唐代交通图考》第4卷，上海古籍出版社，2007年，第900—901页。

⑪　《资治通鉴》卷277《后唐纪六》，中华书局，1982年，第9196页。

勇殷富，俗人呼为五侯水。"①后顾祖禹《读史方舆纪要》卷67记载："五侯津，在州西，或曰即弥牟河律济处也。五代唐长兴三年，孟知祥败董璋于鸡踪桥，追至五侯津即此。"②

新都县　秦汉时即设县，治所不明，一说在军屯村。今桂湖镇的新都县治始于隋，开皇十八年设立兴乐县，唐武德二年改新都县。新都县当有驿站，只是名称不详。另唐宋时新都区西新繁镇毗河边的龙桥乡曾设有沱江驿，历代征战多经过此驿。不知是否为正驿。③

毗桥　在今新都区南毗河上，历史悠久。常璩《华阳国志》卷3记载："城北六十里曰毗桥，亦有一折石，亦如之。"④卷8《大同志》也记载："八月，特破德阳，流次成都北土，李骧在毗桥。尚遣将张兴伪降于骧。觇士众虚实，还，以告尚。"⑤可见汉晋时毗桥就是大道上的一个重要关渡。后司马光《资治通鉴》卷252《唐纪六十八》记载："丁丑，王昼以兴元、资、简兵三千余人军于毗桥，遇蛮前锋。"⑥顾祖禹《读史方舆纪要》卷67记载："毗桥，县南十里，毗桥河以此名。晋永宁初李特攻罗尚于成都，遣其弟骧军于毗桥。唐咸通十一年南诏攻成都，成都将王昼以援兵军毗桥，遇蛮前锋，与战不利，退保汉州，既而将军宋威败蛮军于毗桥，即此。"⑦据我们考察，唐宋毗桥具体位置在新都区治南传化国际新城小区南毗河旧桥遗址附近。

天回驿、天回镇　天回驿的名称早在唐代就出现了，唐末范摅《云溪友议》卷中记载："自金吾持节西川……至天回驿，去府城三十里。上皇发驾日以为名称。"⑧《全唐诗》中有蜀太后徐氏《题天回驿》诗。宋代张唐英《蜀梼杌》卷上记载了"回至天回驿各又赋诗"之事。⑨陆游诗中有"天回驿畔江如染"之句。后来《宋史》卷324《石普传》中才谈到天回镇⑩，似驿出现比镇更早一些。明代曹学佺《蜀中广记》卷3记载："志云：府北三十里有天回山。扬雄《蜀记》以杜宇自天而降，号曰天隳。

①　郭允蹈《蜀鉴》卷8，国家图书馆出版社，2010年，第204页。
②　顾祖禹《读史方舆纪要》卷67，中华书局，2005年，第3172页。
③　蓝勇《唐宋四川馆驿汇考》，《成都大学学报（社会科学版）》1990年第4期。
④　常璩撰，刘琳校注《华阳国志校注》卷3《蜀志》，巴蜀书社，1984年，第189页。
⑤　常璩撰，刘琳校注《华阳国志校注》卷8《大同志》，巴蜀书社，1984年，第633页。
⑥　《资治通鉴》卷252《唐纪六十八》，中华书局，1982年，第8155页。
⑦　顾祖禹《读史方舆纪要》卷67，中华书局，2005年，第3248页。
⑧　范摅《云溪友议》卷中，古典文学出版社，1957年，第26页。
⑨　张唐英《蜀梼杌》卷上，《景印文渊阁四库全书》第464册，台湾商务印书馆，1986年，第233页。
⑩　《宋史》卷324《石普传》，中华书局，1985年，第10472页。

及玄宗幸蜀返跸之后，土人呼曰天回。今谓之天回镇也。"①清初陈祥裔《蜀都碎事》卷4也记载："成都至北三十里，名天回山，因唐明皇幸蜀至此，闻长安平，车驾乃回，因名。今名天回镇。"②

升仙桥、七里亭、驷马桥　升仙桥早在晋代就出现了，常璩《华阳国志》卷3记载："城北十里有升仙桥，有送客观。司马相如初入长安，题市门曰：不乘赤车驷马，不过汝下也。"③李吉甫《元和郡县图志》卷32记载："升仙桥，在县北九里，相如初入长安题其门：'不乘高车驷马，不过汝下。'"④五代李瀚《蒙求集注》卷下记载："旧注蜀城北七里有升仙桥，相如题其柱曰：大丈夫不乘驷马车，不复过此桥。"⑤驷马桥和七里亭之名出现在宋代，如宋代佚名《昭忠录》载："申时至成都城北驷马桥。"⑥句延庆《锦里耆旧传》卷1记载："冬十月丁卯，川军与王司徒战，川军败退入城，是日天色阴，先主庙上黑雾起，至暮，王司徒抽军回七里亭。"⑦宋张唐英《蜀梼杌》卷上记载："衍至成都宫人及百官迎谒于七里亭……魏王至七里亭。"⑧曹学佺《蜀中广记》卷73记载："竹子谓曰：'我乞丐之士也，在北门外七里亭桥下盘泊。"⑨宋代佚名《锦绣万花谷·后集》卷26记载："升仙桥，前汉司马相如成都人，蜀城北七里，有升仙桥，相如题其柱曰：大丈夫不乘驷马车，不复过此桥。"⑩严耕望先生曾考证认为七里亭与升仙桥不在一地，七里亭在升仙桥北二里，误。⑪从上面记载可以看出，历史上关于升仙桥的位置有成都北10里、7里、5里之说，这可能是误写所致，也可能是从成都城的出发点不同所致。实际上，晋代的升仙桥即宋代的驷马

①　曹学佺《蜀中广记》卷3，上海古籍出版社，2020年，第39页。

②　陈祥裔《蜀都碎事》卷4，李勇先、高志刚主编《蜀藏·巴蜀珍稀旅游文献汇刊》第8册，成都时代出版社，2015年，第426页。

③　常璩撰，刘琳校注《华阳国志校注》卷3《蜀志》，巴蜀书社，1984年，第227页。

④　李吉甫《元和郡县图志》卷32，中华书局，1983年，第768页。

⑤　李瀚《蒙求集注》卷下，《景印文渊阁四库全书》第892册，台湾商务印书馆，1986年，第751页。

⑥　佚名《昭忠录》，两淮马裕家藏本。

⑦　句延庆《锦里耆旧传》卷1，《景印文渊阁四库全书》第464册，台湾商务印书馆，1986年，第177页。

⑧　张唐英《蜀梼杌》卷上，《景印文渊阁四库全书》第464册，台湾商务印书馆，1986年，第234页。

⑨　曹学佺《蜀中广记》卷73，上海古籍出版社，2020年，第788页。

⑩　佚名《锦绣万花谷·后集》卷26，《景印文渊阁四库全书》第924册，台湾商务印书馆，1986年，第711页。

⑪　严耕望《唐代交通图考》第4卷，上海古籍出版社，2007年，第901—902页。

桥和七里亭之地，七里亭可能就是桥边的亭名，都应在今驷马桥附近。

成都临途馆　宋代《宝刻类编》卷6记载成都卢正有《临途馆记》，认为是唐代会昌中立，严耕望认为在成都。[①]成都理应设有驿站，但唐宋成都城内的驿站名称缺失。"馆"在中国古代可能指驿站，但并不绝对。所以，此临途馆是否是驿站，是否在成都城内，还有待考证。宋代陆游《剑南诗稿》卷5有《寓驿舍》诗并序，称"予三至成都，皆馆于是"，从"闲坊古驿掩朱扉"诗句来看，此驿甚古老，只是不知驿名和具体位置。[②]

隋平蜀以后，可能对剑阁段金牛道多有修缮改道之举。隋文帝就曾以"巴蜀险阻，人好为乱，于是更开平道，毁剑阁之路，立铭垂诫焉"[③]。这便是我们熟悉的北周剑阁改道之事，只是我们无法知道具体的"平道"路线。《元和郡县图志》卷33记载："剑阁道自利州益昌县界西南十里，至大剑镇合今驿道。"[④]乾隆《昭化县志》卷2《古迹》记载："益昌县故城，在今治西北五十里白田坝，宋初为清水坍陷，移治今城，迹无存，犹称安昌乡。"[⑤]从白田坝"西南十里"这一信息判断，从白田坝到大仓坝再沿三岔河（上游为剑溪，下游又称雷鸣谷）到剑门关之路，可能就是隋以前的剑阁道旧路。由此可看出元和时的驿道非原剑阁道，而是隋文帝时的新开平路，即从泥溪、白卫岭到剑门关之路，称为今驿道。至于李之勤先生认为《隋书》里记载的剑阁道为以前的白水关到剑阁之路，而新开的平道指唐宋沿嘉陵江南下昭化的入剑门的通道的结论，是值得商榷的。[⑥]因为不论是从汉晋白水关沿白龙江到下寺到剑门，还是唐宋从昭化到剑门的主道，都是要经过剑门关的。

由于金牛道在唐代是四川盆地最重要的官道，所以官府多次对其进行修治。如唐开成四年，刘禹锡、石文颖等领导修治川陕驿路，"自散关南至剑门，凿山石栈道千余里，以通驿路"[⑦]，对顽石"炽炭以烘之，严醋以沃之，溃为埃煤，一彗可扫"；对盘虚栈阁"柟木缅铁，因而广之，限以钩拦"；对"狭径深径，衔尾相接，从而拓

---

① 严耕望《唐代交通图考》第4卷，上海古籍出版社，2007年，第902页。
② 陆游《剑南诗稿》卷5，《陆放翁全集》中册，中国书店，1986年，第83页。
③ 《隋书》卷1《高祖》，中华书局，1973年，第4页。
④ 李吉甫《元和郡县图志》卷33《剑南道·剑州》，中华书局，1983年，第846页。
⑤ 乾隆《昭化县志》卷2《古迹》，乾隆五十年刻本。
⑥ 见李之勤《金牛道北段线路的变迁与优化》，《中国历史地理论丛》2004年第2期。
⑦ 《全蜀艺文志》卷52引《集古录》，线装书局，2003年，第1603页。

之"，从而使"方驾从容，急宣之骑，宵夜不惑，却曲棱层，一朝垣夷"[1]。通过这次修治，唐又将剑阁道辟为了正驿，一度废弃了隋文帝以来所开的新道，故人们习惯中的唐代驿道路线仍是剑阁道。[2]又如唐宣宗大中年间，剑州普安县令蒋侑"大铲险道，辊石见土"，"推险为夷，大石是扛"，又使剑阁古道得到整治。[3]

唐代，金牛道上的栈道十分普遍。苏颋《夜发三泉即事》有"下奔泥栈楷，上观云梯设"之句。杜甫《秦州入蜀纪行五盘诗》描绘五盘岭是"仰凌栈道细，俯映江亦疏"。岑参《自褒城同行至利州道中》称七盘关"栈道宠迅湍，行人贯层崖"，而《赴犍为经龙洞背》诗有"侧经龙洞背，虎栈透沧渡"之句。按北宋时明月峡栈道仍然存在，可知其在唐也应存在。杜甫入蜀纪行诗《石柜阁》有"石柜曾波上，临虚荡高壁"之句，可知玄宗时今千佛崖阁道犹存，故民国《广元县志稿》记载："秦汉架木为栈，唐韦抗乃凿石成道，立阁如柜，因以为关，今废。"[4]看来，今千佛崖曾架设木栈和凹槽石栈。从昭化经龙爪湾、白卫岭、高庙到剑门一段也有栈道，清道光时仍有栈迹，今已不存。[5]《元和郡县图志》称小剑山是"飞阁通衢"，称大剑山是"飞阁以通行旅"。[6]岑参《送郎仆射等制剑南》诗有"剑门乘岭过，阁道踏空行"之句，也证明剑门关有栈道之设，故道光《重修昭化县志》载道光时剑门关剑溪仍有栈存在。看来，唐代金牛道从三泉、五盘岭、龙洞阁、朝天岭、石柜阁到白卫岭、剑门关一线都有大量栈道存在。

由于唐代的政治中心在关中平原，剑阁道成为联系西南与政治中心的最重要的官道，所以金牛道在唐代地位显要。于邵《剑门山记》认为"趋蜀之路必由是山"，还说"仁者由剑门以之为福，不仁者由剑门以之生祸"[7]，又称四川"束咽喉于剑阁"[8]。当时，达官贵人、文人骚客、富商大贾、军旅游兵往来不绝于道。仅据《蜀中名胜记》

① 《刘禹锡集》卷8《山南西道新修驿路记》，上海人民出版社，1975年，第80页。
② 道光《重修昭化县志》卷28《武备志三·驿传》，同治三年刻本。
③ 《李义山文集》卷10《剑州重阳亭铭》，《景印文渊阁四库全书》第1082册，台湾商务印书馆，1986年，第440页。
④ 民国《广元县志稿》卷21《武备志》，民国二十九年铅印本。
⑤ 道光《重修昭化县志》卷28《武备志三·驿传》，同治三年刻本。
⑥ 李吉甫《元和郡县图志》卷22、卷33，中华书局，1983年，第565、846页。
⑦ 《文苑英华》卷834《记》录于邵《剑门山记》，《景印文渊阁四库全书》第1341册，台湾商务印书馆，1986年，第261、262页。
⑧ 《文苑英华》卷458《制》录《授刘崇望东川节度使制》，《景印文渊阁四库全书》第1337册，台湾商务印书馆，1986年，第294页。

卷26《剑州》所录，唐代就有张载、柳宗元、王勃、卢照邻、岑参、唐玄宗、杜甫、王维、李白、唐僖宗、李德裕、戎昱、李商隐等24人取此道出入四川。《北梦琐言》曾记载："人有从剑门拾得裹漆器文书，乃成都具狱案牍。"[1]由此可看出当时公文传递多取此道。由于许多人私带武器行进，宝应元年时，曾在金牛道上严禁私客携带武器，如要携带则必须所持"过所"上注明方可。[2]贞观二十二年，"剑外骚然"，"唐太宗遣长孙知人取此道驰驿往视之"。[3]

　　唐末战乱，剑阁道一些路段曾荒芜而为虎豺出入之地，致使古道梗阻一时。《茅亭客话》记载："圣朝未克蜀前，剑、利之间，虎暴尤甚，白卫岭石洞溪虎名披宗子，地名税人场。绵、汉之间白杨林，虎名裂蹄子，商旅聚徒而行，屡有遭博噬者。"[4]《北梦琐言》载："蜀路白卫岭，多虎豹噬人。"[5]又载："唐大顺、景福已后，蜀路剑、利之间，白卫岭、石筒溪虎暴尤甚，号'税人场'。商旅结伴而行，军人带甲列队而过，亦遭攫搏……先是，西川监军使鱼全特进自京搬家，憩于汉源驿，其媵嫂方税驾，遂严妆倚驿而看，为虎攫去，虽驱夺得之，已伤钩爪也……景福、乾宁之时，三川兵革，虎豹昼行，任土贡输，梗于前迈；西川奏章，多取巫峡。大虫作暴，得非系国家之盛哀乎！"[6]这种荒凉异常的景象，与唐末五代战乱关系密切，其结果是出现了"自是东北商旅少敢入蜀"[7]的现象。同时，据记载，"孟知祥以朝廷恩意优厚，而董璋塞绵州路，不听遣使入谢，与节度副使赵季良等谋，欲发使自峡江上表"[8]。不仅商旅不行，连官行也受阻，只有取峡路出入。这都可能与五代时的战乱和虎患有关。

①　孙光宪《北梦琐言》卷3，三秦出版社，2003年，第33页。

②　《唐会要》卷86《关市》，《景印文渊阁四库全书》第607册，台湾商务印书馆，1986年，第294页。

③　《资治通鉴》卷199，中华书局，1982年，第6375页。

④　黄休复《茅亭客话》卷1《虎盗屏记》，上海古籍出版社，2012年，第100页。

⑤　孙光宪《北梦琐言》卷9，三秦出版社，2003年，第158页。

⑥　孙光宪《北梦琐言》逸文卷4，上海古籍出版社，2012年，第166页。

⑦　《资治通鉴》卷277，中华书局，1982年，第9169页。

⑧　《资治通鉴》卷277，中华书局，1982年，第9190页。

表3　唐五代金牛道重要取用事迹表

年　代	事　迹	出　处
天宝十四年（755）	玄宗逃蜀，从陕西经益昌、桔柏渡、 白卫岭、普安、巴西郡至成都。	《旧唐书·玄宗纪》 《蜀鉴》卷7
上元二年（781）	崔光远，李奂攻绵州段子璋。	《通鉴》卷222
元和元年（806）	高宗文从兴元入川，避开剑门， 经阆州、梓州、鹿头关入成都。	《通鉴》卷237
咸通—乾符之际 （860—879）	南诏攻陷成都，朝廷官军从剑门入四川， 南诏军败。	《通鉴》卷252
广明元年（880） 至中和元年（881）	唐僖宗奔蜀，经绵州、鹿头关、汉州入成都。	《通鉴》卷254
大顺二年（891）	王建送韦昭度出剑门，即扼剑门关，回攻成都。	《通鉴》卷258
乾宁四年（897）	凤翔李继昭征王建至梓州，留偏将守剑门， 西川王宗播击破李继昭。	《通鉴》卷261
天复二年（902）	王建取利州、三泉驿、金牛、黑水、 西县、褒城、汉中。	《通鉴》卷293
同光三年（925）	魏王李继岌、郭崇韬领兵伐蜀， 蜀王王衍率军经汉州、梓潼、剑门、剑门、白卫岭、 利州，为魏军败，归断桔柏渡浮梁。	《通鉴》卷273
同光三年（925）	李绍琛入利州，修桔柏渡渡梁为浮桥， 经剑州、绵州、鹿头关、汉州入成都。	《通鉴》卷274
长兴元年至长兴二年 （930—931）	石敬瑭二次经剑门攻剑州。	《通鉴》卷277
清泰元年（934）	蜀将张业将兵经大漫天入兴元。	《通鉴》卷279

现在看来，唐五代时期，金牛道利州到剑州之间有许多绕开剑门关天险的小路。早在西魏废帝二年，尉迟迥从白马趋晋寿开平林道至剑阁，当为剑阁道旁小道，具体路线不可考。①五代末年剑门关附近有两条小道也可避剑门之险，历史上称为来苏小径和人头山小径。

《新五代史·后蜀家》记载："军头向韬得蜀降卒言：'来苏小路，出剑门南清疆店，与大路合。'全斌遣偏将史延德分兵出来苏，北击剑门。"②又有记载："先是，庞福城、谢锽屯阆州北来苏寨，闻剑门陷，惧北军据剑州，率部兵千余人由间道

---

① 《周书》卷21《尉迟迥传》，中华书局，1971年，第350页。
② 《新五代史》卷64，中华书局，1974年，第806页。

先董璋至剑州，壁于衙城后。"①那么，这个来苏地区位置何在呢？我们注意到，早在《元和郡县图志》中就有记载："又有古道，自（益昌）县东南经益昌城，又东南入剑州普安县界，即钟会伐蜀之路也。"②后来《资治通鉴·后唐纪》胡注称："益昌江东越大山数重，

张王镇，五代来苏小径要地。

有狭径名来苏，蜀人于江西置栅守之。渡江出剑门西二十里至青疆店与官路合。"③现在看来，唐代所谓"古道"可能在宋代年久失修已变成"狭径"。至于其具体位置，《通鉴》胡注据《元丰九域志》载蓬州仪陇县有来苏镇，认为来苏小径之来苏即此，④但考其地望，显然不合。按《读史方舆纪要》卷68《剑州》记载"来苏塞，州东南七十里"⑤，而《剑阁县续志》也记载来苏村在剑阁县东南70里⑥。具体地望怎样呢？按此来苏径在渡江西20里与青疆店合，显然不可能在剑阁县东南，只可能是东北。今出剑门南约20里嘉陵江边（即益昌江）张王乡治，对岸为朱家渡。由今昭化渡江翻山越岭渡朱家渡经张王乡到青树子（古青疆店），清代以来仍为一条重要的通道。据民国初年绘制的昭化地图显示，当时从昭化东渡、嘉陵江经檬子垭翻笔架山，经射箭河、土地垭、红岩寺、老土地到朱家渡过嘉陵江到张王乡，东至青树子正好在20里左右，当时的道路仍存，位置和形势均与记载相合，所以，来苏小径必此无疑。

《资治通鉴》记载，在长兴元年王弘贽等"引兵出人头山后，过剑门之南，还袭剑门"⑦，后引李昊《蜀高祖实录》记载："己卯，东川告急，今月十八日北军自白卫

---

① 严衍《资治通鉴补》卷277《后列国纪十二》，光绪二年盛氏思补楼活字印本。

② 李吉甫《元和郡县图志》卷22《山南道·利州》，中华书局，1983年，第565页。

③ 《资治通鉴》卷277《后唐纪六》考异，中华书局，1982年，第9177页。

④ 严衍《资治通鉴补》卷277《后列国纪十二》，光绪二年盛氏思补楼活字印本。

⑤ 顾祖禹《读史方舆纪要》卷68，中华书局，2005年，第3223页。

⑥ 民国《剑阁县续志》卷3《事记》，民国十六年铅印本。

⑦ 《资治通鉴》卷277，中华书局，1982年，第9175页。

岭、人头山后过，从小剑路至汉源驿出头倒入剑门，打破关寨，掩捉彦温及将士五百余人，遂相次构唤大军，据关下营。"①看来，此人头山道经昭化西四十里人头山入小剑道。人头山具体在何处呢？早在《经世大典·站赤》中就记载昭化附近的人头山添设站赤之事。②《读史方舆纪要》卷68记载："人头山，在（昭化）县西四十里，山巅突出，宛若人头。"③并非确指。但乾隆《昭化县志》卷2《山川》记载："人头山，在治西四十里大木戍之右，山形如人故名。或曰此山巨石矗矗，连卷如云，名云头山。"④从此记载可见，人头山实指今天大朝附近的云台山。今人张述林等《剑门关志》也持此说。⑤所以，宋代的人头山道实际是后来明代末年从天雄关、牛头山到大朝的金牛道正路这一段的前身。

另《舆地纪胜》卷184《利州》引《言行录》谈到孝宗时利州开马道："蜀号天险，舍剑门无他道。近岁文州辄开青唐岭，利州辄开马道院，皆不由剑阁，别架栈道，以引商贩。"⑥显然，马道应当为剑阁道旁邪径，但具体路径不明。

剑阁道在宋代有了新的发展。宋真宗大中祥符三年以前，因为剑阁道"或经水潦，即坠石隔碍，旧路又随而废"，利州官吏便一度筹划重新修治。大中祥符三年，宋真宗下诏："欲修易栈阁者，具述经久利害，待报，无得擅行。"到了大中祥符五年又下诏："剑州、利州修栈阁路。"仁宗天圣三年褒城县窦充上书认为，"入川大路自凤州至利州剑门关直入益州路遥远，桥阁约九万余间"，每年士卒修整桥阁多到远山密林采伐，甚为艰辛，建议在入川大道两旁委专职官吏负责栽种树木，以树干随时修整桥阁。当时，仁宗皇帝不置可否，诏陕西及益州路转运司揣度行事。⑦以后是否栽种，不见记载。但清代王士禛曾谈到宋宁宗庆元三年剑阁县令何琰修凿剑阁道，沿路种松，并刻石纪之，清代仍留有《治路种松碑》。⑧

宋代剑阁道取用十分频繁。为了便于古道管理，一度设置绵汉剑门路都巡检使，

---

① 《资治通鉴》卷277《后唐纪六》考异，中华书局，1982年，第9176页。

② 《经世大典·站赤》，《永乐大典》卷19416。

③ 顾祖禹《读史方舆纪要》卷68，中华书局，2005年，第3215页。

④ 乾隆《昭化县志》卷2《山川》，乾隆五十年刻本。

⑤ 张述林等《剑门关志》，巴蜀书社，1995年，第52、63页。

⑥ 王象之《舆地纪胜》卷184《利州》引《言行录》，四川大学出版社，2005年，5358页。

⑦ 《宋会要辑稿》191册《方域一〇》，中华书局，1957年，第7474页。

⑧ 王士禛《陇蜀余闻》，《小方壶斋舆地丛钞》第7帙，上海著易堂排印本。另黄邦红《剑阁古柏与李璧铜像》（《四川文物》1986年第3期）认为晋郭璞曾种松，史据欠充分，应误。

专司此事务。①还设立与州同级的剑门关行政机构。景德二年又将剑门县隶属于剑门关。华阳人梁鼎祖父梁钺曾充为剑门关使。②剑门关的设置，主要是征收商税、照验公凭和守御之需要。淳化六年许多商人为躲避征税，改道从利州葭萌沿嘉陵江到阆州出成都，所谓"自阆州往来"，以避开剑门课税，宋政府便立即又在此条道路上的葭萌寨设置了关卡。③看来，宋代剑阁道商旅不断，足见四川商业之盛。交子首先在四川出现绝非偶然。只是宋代在四川实行榷场制，对四川商业有所影响。当时，四川实行茶禁，古道上榷场林立，以至"成都路客人贩茶不得过剑门，利州路客人贩茶不得过陕西"，造成"商贾不行，百货不通"，使剑阁道交通之功能受到了影响。④当然，比之于前朝，剑阁道确实更加通畅。宝元年间，四川大饥荒，大批饥民沿剑阁道出川求食，政府只有下令放行出关。⑤五代时的梗阻现象在宋代不复存在，"岁贡纳运，使命商旅，昼夜相继，庐舍骈接。犬豕纵横，虎豹群盗，悉皆屏迹"⑥。南宋绍兴初，漕运军粮于嘉陵江，由于水路梗阻，一度改行金牛道陆运。⑦又有记载："蜀号天险，秦以十月取之，后唐以七十五日取之，本朝以六十六取之。"⑧撇开其他因素，古道陡险化平夷，无疑是使征战速度加快的重要原因。

宋代是剑阁道上栈阁由鼎盛走向衰落的朝代。言其鼎盛，有所谓"栈道连空，极天下之至险"⑨之称。《舆地纪胜》卷184记载："自（利州）城北至大安军界，管桥、栏、阁共一万五千三百一十六间，其著名者为石柜阁、龙洞阁。"又转引冯钤干田："其他阁道虽险，然在山腰，亦微有径可以增治阁道。独惟此（龙洞）阁，石壁斗立，虚凿石窍而架木其上，比之他处极险。"⑩又有文献载："兴、利州至三泉县桥

① 王珪《华阳集》卷49《穆武高康王神道碑》，《景印文渊阁四库全书》第1093册，台湾商务印书馆，1986年，第367页。
② 《大明一统志》卷67，三秦出版社，1990年，第1050页。
③ 《宋会要辑稿》191册《方域一二》，中华书局，1957年，第7521页。
④ 苏辙《栾城集》卷41《申本省论处置川茶未当状》，《景印文渊阁四库全书》第1112册，台湾商务印书馆，1986年，第464页。
⑤ 《宋史》卷10《仁宗二》，中华书局，1985年，第206页。
⑥ 黄休复《茅亭客话》卷1《虎盗屏迹》，上海古籍出版社，2012年，第100页。
⑦ 《宋史》卷378《胡交修传》，中华书局，1985年，第11678—11679页。
⑧ 邵博《邵氏闻见后录》卷26，上海古籍出版社，2012年，第247页。
⑨ 王象之《舆地纪胜》卷191《大安军》引《图经·栈道门》，四川大学出版社，2005年，第5636页。
⑩ 王象之《舆地纪胜》卷184《利州》，四川大学出版社，2005年，第5354页。

阁共一万九千三百十八间，护险偏栏共四万七千一百三十四间。"①从上可知宋代栈道非常发达，有木栈，有凹槽式石栈。这些栈道可能许多都是宋代修治的，文同《嘉川》诗称"嘉川之西过新栈，几里朱栏绕青壁"②，既是"新栈"，必宋所治修了。另，今广元清风峡仍有许多栈孔遗迹，据称栈孔边原有摩崖石刻："淳熙丙午年仲春，桥阁官刘君用改修。"如果真有，也说明宋代曾大规模修治栈道，只是此石刻是否在后来修公路时被破坏了不可得知，故有人怀疑此碑的存在。

宋代剑门关仍设栈而过。《黄冕仲修关议》称剑门关"中出栈道，行者侧立"③，司马光诗有"剑岭横天古栈微，相如重驾停车归"④之句，陈宇《送许中庸》诗有"剑门当石隘，栈道入云危"⑤之句。

但是，许多栈道在宋代已毁坏了。南宋末成书的《舆地纪胜》卷184《利州》记载："朝天岭在州北五十里，路经绝险，其后即朝天程，旧路在朝天峡栈道，遂开此道，人甚便之。"⑥可以肯定，今明月峡（朝天峡）栈孔所立栈道至少在南宋末已毁。再考北宋初年文同《过朝天岭》一诗有"耳倚钩栏拥鼻吟"⑦之句，似乎北宋初年朝天峡下栈道仍存，但比其稍晚的范祖禹《过朝天岭》有"夜上朝天晓不极，下视嘉陵千丈黑"⑧之句，则明显取岭上驿路而过，下面栈道必然已毁。可见，明月峡的栈道毁于北宋初年。这样看来李之勤《蜀道话古》认为明月峡栈道在宋代存在，元代才改行朝天岭碥路是误断了。⑨据我1986年实地考察测量发现，明月峡南段无柱式壁孔孔径在35厘米左右，北面木杪斜柱式三排并列孔，孔径一般在35—40厘米，深在70—80厘米，栈孔应是北宋初的遗迹。

整体来看，南宋时期金牛道的栈道多有毁坏，大量诗文都用"危栈""断栈"来表述栈道。陆游《自阆复还汉中次益昌诗》有"马经断栈危无路"⑩之句，李曾伯《利

---

① 耶律铸《双溪醉隐集》卷2《述实录四十韵》，《景印文渊阁四库全书》第1199册，台湾商务印书馆，1986年，第399页。

② 文同《丹渊集》卷17，《景印文渊阁四库全书》第1096册，台湾商务印书馆，1986年，第657页。

③ 祝穆《方舆胜览》卷67，中华书局，2003年，第1170页。

④ 王象之《舆地纪胜》卷191《大安军》引《图经·栈道门》，四川大学出版社，2005年，第5636页。

⑤ 王象之《舆地纪胜》卷191《大安军》引《图经·栈道门》，四川大学出版社，2005年，第5636页。

⑥ 王象之《舆地纪胜》卷184《利州》，四川大学出版社，2005年，第5351页。

⑦ 文同《丹渊集》卷16，《景印文渊阁四库全书》第1096册，台湾商务印书馆，1986年，第649页。

⑧ 范祖禹《范太史集》卷1，《景印文渊阁四库全书》第1100册，台湾商务印书馆，1986年，第93页。

⑨ 李之勤《蜀道话古》，西北大学出版社，1986年，第18页，

⑩ 文同《丹渊集》卷16，《景印文渊阁四库全书》第1096册，台湾商务印书馆，1986年，第649页。

州登栈道》诗有"试登危栈瞰江流"①之句。看来，到了南宋，剑阁道栈道便多毁弃破烂了。当然，南宋末年整个金牛道大安军、利州、剑州沿线仍有大量栈道，故仍称汉中到利州"犹有栈阁险阻"②。

需要指出的是，宋代栈道坏弃与宋初灭蜀战争有关。乾德二年，王全斌伐蜀至三泉县，蜀军"烧绝栈道，退保葭萌"。烧绝，即完全中断。由于栈道被烧，有人劝王全斌取罗川道入利州克益州。但康延泽认为罗川路险，所以，士卒仍然在主道上"分兵修栈"，"不数日，阁道成"③。

关于罗川道，后来的历史文献少有直接记载，从宋代有关文献看，这条道路，可直接到深渡，王全斌最后从罗川道到深渡，而崔彦进从大路进金山寨，攻小漫天岭（朝天岭），两军会于深渡，合攻大漫天岭（今飞仙关南一带）。④但具体路线是怎样呢？据嘉靖《保宁府志》所录元李祖仁《广元路古道记》的记载，在元代正统年间曾开通蒿本山道，"遂移置朝天、镇宁二驿"，一度将正路上的驿站移置在此路上，但险阻异常，不久仍"复其旧"。⑤据考证，这个蒿本山道即经达今天广元东北大光坡、小广坡、今麻柳、白杨栈、两河口到宁强的一条间道，宋元可与正道并行。⑥罗川道在何地呢？是否就是蒿本山小道呢？历史上并无罗川地名的记载，据《析津志·天下站名》和《经世大典·站赤》，此路上有罗村站，一说在今宁羌县城东罗村坝，按里程，大约在滴水铺。宋元两代相隔不远，罗川道是否即是从罗村南下经蒿本山到深渡的通道呢？现在只能是臆测。

宋代取剑阁道征战的军旅不少。如乾德二年至乾德三年，王全斌、史延德伐蜀，取剑阁道旁罗川道、来苏道克蜀。⑦淳化五年，王小波、李顺起事，攻剑州、剑门。宋

---

① 李曾伯《利州登栈道》，《可斋杂稿》卷28，《景印文渊阁四库全书》第1179册，台湾商务印书馆，1986年，第457页。

② 魏了翁《鹤山集》卷31《督府知安吉州蒋左史》，《景印文渊阁四库全书》第1172册，台湾商务印书馆，1986年，第372页。

③ 李焘《续资治通鉴长编》卷5《太祖·乾德二年》，中华书局，1979年，第137、138页。另《宋史》卷255《王全斌传》作"断阁道"。

④ 李焘《续资治通鉴长编》卷5《太祖·乾德二年》，中华书局，1979年，第137、138页。

⑤ 嘉靖《保宁府志》卷14《艺文》录李祖仁《广元路古道记》，嘉靖二十二年刻本。

⑥ 见李生辉《试谈广元历代交通》，《广元县志通讯》1984年第2期。

⑦ 李焘《续资治通鉴长编》卷5《太祖·乾德二年》、卷6《太祖·乾德三年》，中华书局，1979年，137—147页。

派王继恩取剑门道镇压。[①]征战取用最频繁之时是宋末元初，嘉定十二年，红巾军张福入利州，聂子述退守剑门，"自剑门遁"。[②]端平三年，蒙古太子阔端出大散关、阳平关，克利州、剑门趋成都。宝祐二年，"嘉陵漕舟水涩，议者欲弃去"[③]，汪德臣为了保全蒙古军给养，两路并举，驻"扼四川衿喉"的利州，除继续利用嘉陵故道外，沿金牛道"陆挽兴元"。[④]宝祐八年，杨大渊守剑门，宪宗以纽璘为前锋，从散关、宝峰入利州、葭萌。蒙古军渡白水克剑门，拔苦竹隘，攻下隆庆府。[⑤]

　　宋末，宋人对剑阁道剑门关一度重视不够，"昔守三关（武休、仙人、七方），无所事此"[⑥]，所谓"栈道不烧，隘口不塞"[⑦]。到元军破利州，"议者以剑门天险，实为户枢"，也认为"益昌之南，陆走剑而外，东西川在焉"。[⑧]虽然在剑阁道上置云顶、苦竹诸城寨，但仍挡不住强悍的蒙古骑兵。

三、元代金牛道的路线走向变迁考证

　　元代全国广置驿站，剑阁道作为出入四川的正道，自然也不例外。但元代金牛道在路线走向上有两个重大变化，奠定了明清时期金牛道主线的基本走向。

　　一是从汉中到广元的主道已经不一直向西到阳平关后南下与嘉陵故道并线同行，而是从金牛驿南下与滴水铺经今宁强、朝天到广元。《析津志·天下站名》记载："褒城，四十五沔阳，九十金牛，西南五十罗村，正西偏南镇宁。正西朝天，正南七十广元。"[⑨]元代沔阳在今逸县城旧州铺，金牛在今烈金坝村。据光绪《宁羌州

①　李焘《续资治通鉴长编》卷35《太宗·淳化五年》，中华书局，1979年，第772、780页。
②　《历代名臣奏议》卷99李鸣复《策全蜀安危疏》，《景印文渊阁四库全书》第435册，台湾商务印书馆，1986年，第750页；《宋史》卷402《安丙传》，中华书局，1985年，第12192页。
③　《元史》卷155《汪德臣传》，中华书局，1976年，第3651页。
④　《元史》卷163《李德辉传》，中华书局，1976年，第3816页。
⑤　《元史》卷3《宪宗本纪》，中华书局，1976年，第51—52页。
⑥　牟子才《论救蜀急着六事疏》，傅增湘辑《宋代蜀文辑存》卷87，北京图书馆出版社，2005年，第119页。
⑦　吴泳《鹤林集》卷20《论坏蜀四证及救蜀五策扎子》，《景印文渊阁四库全书》第1176册，台湾商务印书馆，1986年，第193页。
⑧　牟子才《论救蜀急着六事疏》，傅增湘辑《宋代蜀文辑存》卷87，北京图书馆出版社，2005年，第119、117页。
⑨　熊梦祥《析津志辑佚》，北京古籍出版社，1983年，第128页。

志·舆地志》，烈金坝到滴水铺45里，到宁羌州75里，似罗村从里程上应在滴水铺。但《宁羌州志·舆图》和光绪《宁羌州乡土志》都记载今宁强县东有罗村坝，所以，罗村站在今宁强县城的可能更大。据《析津志》，镇宁站在罗村西南，在罗村与朝天之间，从方位上来看应在今七盘关至黄坝驿之间，在黄坝驿的可能较大。对此，元代李祖仁《广元路古道记》记载，在元代正统年间曾行蒿本山道，一度将正驿上的朝天、镇宁二驿移置在蒿本山道上。[①]可见元代确实已经正式将此道作为出入四川盆地的主线了。

一是从昭化到剑门关的人头山道得到开凿。前面已经谈到，从昭化到剑门关，唐宋的主线是从昭化南经龙爪湾再从泥溪到白卫岭入剑门，但当时就有一条经过牛头山、人头山到剑门关的小路；到了元代这条道路开始受到重视，得到修治。早在至元五年五月，便"更于人头山添设驿站，庶省铺马不致失误"[②]。可见元代人头山线就存在于世，明清时期一直相沿，即今从牛头山天雄关云台山（宋代人头山）到大朝的路线。

元代的驿站又称站赤，有关元代站赤的记载主要在《永乐大典》中保存的《经世大典》和《析津志》两部著作中。[③]元代站赤分成水站和陆站，也有水陆兼有的。从这两部著述中可考的这条线上的驿站有20个。

汉川陆站 早在唐代就有汉川驿。《经世大典》记载有汉川站，有站马21匹。元代兴元府古为汉中之地，临汉水。两晋南北朝时汉中平原就有汉川之称，后周置汉川郡。应在汉中市内。

褒城陆站 《经世大典》和《析津志》都记载有褒城站，《经世大典》载有站马56匹。元代褒城在今汉中褒城镇红庙寨，一说在今河东店。

沔阳陆站 《经世大典》和《析津志》都记载有沔阳站，《经世大典》载有站马55匹。《析津志》记载距褒城45里，在元代勉县治，治今勉县东旧州铺。

金牛陆站 《经世大典》和《析津志》都记载有金牛站，唐宋曾设有金牛驿，《经世大典》载有站马57匹。在今勉县大安镇烈坝金牛驿。

罗村陆站 罗村一名早在唐宋时就出现了，但具体位置一直不明。《经世大典》和《析津志》都记载有罗村站，《经世大典》载有站马58匹。《析津志》记载罗村在

---

① 嘉靖《保宁府志》卷14《艺文》录李祖仁《广元路古道记》，嘉靖二十二年刻本。
② 《经世大典·站赤》，周少川等《经世大典辑校》，中华书局，2020年，第452页。
③ 《经世大典·站赤》，见周少川等《经世大典辑校》，中华书局，2020年，第704—711页；《析津志·天下站名》，见《析津志辑佚》，北京古籍出版社，1983年，第128—131页。由于下面多次引用这两部书，均在此页码范围内，故不一一出注。

金牛站西南50里，如果我们仅以里程来核算，据《云栈纪程》卷4，烈金坝到滴水铺正好50里，光绪《宁羌州志·舆地志》记载烈金坝到滴水铺45里，似罗村应在今滴水铺。[1]但据嘉靖《汉中府志》卷1《山川》，宁羌州有罗村河，其称："罗村河，北一里，东入汉江，昔有罗姥者居此故名。"在《村寨》处又记载："罗村，（宁羌州）东北十五里。"[2]道光《宁羌州志》卷1《舆图》、光绪《宁羌州志·舆图》和光绪《宁羌州乡土志》都记载今宁强县东有罗村坝，今名称仍在。所以，罗村站在今宁强县城的可能更大。

黄坝驿，元代镇宁陆站可能的地址。

镇宁陆站　《经世大典》和《析津志》都记载有镇宁站，《经世大典》载有站马44匹，但位置一直不明。元代李祖仁《广元路古道记》记载，元正统年间曾行蒿本山道，一度将正驿上的朝天、镇宁二驿移置在蒿本山道上。[3]《析津志》记载此站在罗村"正西偏南"，自然镇宁应在罗村与朝天之间，可能在今黄坝驿与七盘关之间。但李之勤估计在神宣驿与黄坝驿之间。道光《宁羌州志·舆图》在黄坝驿与七盘关之间有兴宁寺，在今天公房湾一带，从位置和名称上看也可能就是镇宁站之地。

朝天陆站　《经世大典》和《析津志》都记载有朝天站，《经世大典》载有站马59匹。此地唐代曾置筹笔驿和朝天驿，元代相承，《析津志》记载在镇宁站正西，应在今广元市朝天区治所。

宁武陆站　《经世大典》有宁武站，《析津志》记载为广元站，《经世大典》载有站马60匹。据《舆地纪胜》卷184记载，曾在广元置宁武军和宁武节度[4]，故称宁武

① 光绪《宁羌州志》卷1《舆地志》，光绪十四年刻本。
② 嘉靖《汉中府志》卷1《山川》，嘉靖二十三年刻本。
③ 嘉靖《保宁府志》卷14《艺文》录李祖仁《广元路古道记》，嘉靖二十二年刻本。
④ 王象之《舆地纪胜》卷184《利州》，四川大学出版社，2005年，第5341—5344页。

站。宋代专门编有《宁武志》。唐宋时期，广元曾置有嘉陵驿（嘉川驿）。

临江陆站　《经世大典》有临江水陆站，《析津志》记载为临江站，《经世大典》载此陆站有站马40匹，水站有站船6只，应在广元正西60里，在今广元与剑阁间。以位置和里程来看，应该在今广元昭化区昭化古镇。此站实为金牛道的中枢站，在昭化站西南经人头山可入剑门，也可从东南沿水路江口站进入四川盆地腹地，或走陆路从板石站深入四川盆地腹地，亦可从西北沿白龙江取古代阴平道进入甘青地区。

人头山站　《析津志》未记载此站，但《经世大典》中记载至元五年五月"更于人头山添设驿站，庶省铺马不致失误"。据前面的考证，此人头山即今云台山，当为明代后来开通的牛头山天雄关正道路线所经。

剑门陆站　《经世大典》和《析津志》都记载有剑门站，《经世大典》载有站马40匹。当在今剑门关剑门镇。

隆庆陆站　《析津志·天下站名》记载有隆庆站。据记载宋绍熙二年升普安军为隆庆府，故剑州始有隆庆之名。即今剑阁县普安镇。

人头山，即今云台山。

乘泉陆站　在今剑阁垂泉乡。《经世大典》和《析津志》都记载有垂泉站，但《析津志》将"垂"字误写为"乘"。《经世大典》载有站马40匹。同治《剑州志·舆图》记载，柳池沟与武连驿间有垂泉，清代设有垂泉铺。①民国《剑阁县续志》卷1《方舆》记载有垂泉场，即今剑阁县垂泉乡。

伯坝陆站　王象之《舆地纪胜》卷186记载："百顷坝，七曲山之上，可以望见，地极平衍而膏腴。"②即今梓潼县复兴镇，也称许州。《析津志》作伯坝站，而《经世大典》作伯顶站。《经世大典》载有站马40匹。今梓潼复兴镇在历史上又称百顷坝，原称伯坝。从此站的位置可知元代今梓潼县城内并无站赤之设，从垂泉南下后并不经

①　同治《剑州志·舆图》，同治十二年刻本。
②　王象之《舆地纪胜》卷186《隆庆府》，四川大学出版社，2005年，第5427页。

从上亭铺远眺伯坝

明清时期的上亭铺、七曲山山脊，而是下至潼江西岸的伯坝南下。据我们实地考察，从复兴镇出发确有一条经过上亭铺到武连镇的道路存在，以前当地人也多有取用。

绵州陆站　《经世大典》和《析津志》都记载有绵州陆站，《经世大典》载有站马40匹。应在今绵阳市内。

罗江陆站　《经世大典》记载绵州汉州之间有罗江站，无临江站之名，但《析津志》记载绵州西南90里有临江站。《经世大典》载有站马40匹。按临江站名与昭化的临江站重复，且从绵汉之间的里程来看，《析津志》记载的临江站似为罗江站之误写。

白马陆站　《析津志》记载潼州府有白马站，应在今罗江县南白马关。

德阳陆站　《经世大典》记载有德阳站，有站马40匹，但《析津志》不载此站，在今德阳市老城区。

汉州陆站　《经世大典》和《析津志》都记载有汉州陆站，《经世大典》载有站马45匹，应在今广汉市老城内。

成都本府陆站　《经世大典》和《析津志》都记载有成都本府站，《经世大典》载有站马60匹，应在成都旧城内，具体地点无考。

《马可波罗游记》记载："从（汉中）穿山越岭，走过二十个驿站路线之后，来到蛮子省境内的一片平川，那里有一个名叫成都的地区。"[①]以上考证的驿站数量正好20个，也就是元朝从汉中到成都的全部站赤。总的来看，元代金牛道在路线走向上与唐宋相比已经有了较大的变化，主要有以下三点：第一，放弃了唐宋从阳平关沿嘉陵江南下到朝天的路线，改从金牛驿南下走今宁强、黄坝、七盘关、中子、神宣驿的道路；第二，在昭化以南不走唐宋的泥溪通道（不过，泥溪道在明代仍在使用）到高

---

① 　《马可波罗游记》第44章，福建科学技术出版社，1981年，第138页。

庙，而改走牛头山和人头山通道到大朝；第三，从剑阁南下梓潼不走七曲山上亭铺山脊段，而是渡潼江到西岸伯坝后，沿潼江南下梓潼县城。

金牛道南段自通路以来长时间都是从利州、绵州走西线（即我们所称的剑阁道）为主，这早已是共识。其间，虽偶有微小的路线调整，但大格局上没有变化，这种情况一直持续到元代。上述考证表明，元代金牛道南段驿路仍走西线。同时，东线则一直是以支线的身份作为交通的辅路。据黄盛璋推测，东线至晚在唐至德二年已通，"三台古为潼川，为唐东川节度使的治所，常驻重军，因此我们推想此路之辟为通道，或在唐至德二年分剑南道为东西川之前，因交通之故，使潼川成为重镇"[1]，在唐、宋时均发生过经由此路攻入成都的战事。

四、明代金牛道主线东移的路线与原因探索

从明代开始，金牛道突然出现主线、支线地位倒转的情况，东线一跃而成驿路主线。明初官修《寰宇通衢》记载："京城至四川布政司并所属各府各卫……神宣驿，六十里至沙河驿，七十里至龙潭驿，六十五里至柏林驿，四十里至施店驿，五十里至槐树驿，七十五里至锦屏驿，六十里至隆山驿，六十里至柳边驿，六十里至富村驿，六十里至云溪驿，六十里至秋林驿，六十里至皇华驿，六十里至建宁驿，五十里至五城驿，六十里至古店驿，六十里至广汉驿，六十里至新都驿，四十里至锦官驿。"[2]成书于景泰年间的《寰宇通志》，也在卷66《潼川州》中记载了潼川州的皇华、建宁驿、云溪驿、富村驿、秋林驿、五成驿、古店驿等驿，在卷63《保宁府》中记载了保宁府的锦屏驿、隆山驿、龙潭驿、百林驿、施店驿、柳边驿、槐树驿、沙河驿、神宣驿、朝天驿等驿，在卷61《成都府》中记载了成都府的锦官驿、广汉驿。[3]

明代四川的方志中有关的记载也较多。如明正德《四川志》卷14《保宁府》记载保宁府有隆山马驿、槐树马驿、柳边马驿、问津水马驿、柏林马驿、施店马驿、沙河马驿、神仙马驿，卷18《潼川州》记载有皇华马驿、秋林马驿、建宁马驿、五城驿、古店马驿、云溪马驿、富村马驿，卷12《成都府》记载有广汉驿。[4]另嘉靖《四川总

① 黄盛璋《川陕交通的历史发展》，《地理学报》1957年第4期，第429页。
② 杨正泰《明代驿站考（增订本）》附录1《寰宇通衢》，上海古籍出版社，2006年，第176—177页。
③ 《寰宇通志》卷61《成都府》、卷63《保宁府》、卷66《潼川州》，《玄览堂丛书续集》，国立中央图书馆，1947年影印本，第61册第19—20页、第62册第14页、第63册第10页。
④ 正德《四川志》卷14《保宁府》、卷18《潼川州》，正德十三年刻、嘉靖十六年增补本。

志》卷16《经略·驿传》记载："国初疆理封域，即设邮驿以通往来。自成都府锦官驿，由府属之新都军站、广汉驿，北由潼川州境古店军站、五城驿、建宁军站、皇华驿、秋林军站、云溪驿，保宁府境富村军站、柳边驿、隆山军站、锦屏水马驿、槐树军站、施店军站、柏林军站、柏林递运所、龙潭军站、问津水马驿、沙河军站、神宣军站、神宣递运所抵陕西宁羌州境，为北路。"①万历《四川总志》卷20《经略二·驿传》中"隆山"作"龙山"，其余相同。②顾炎武《天下郡国利病书·四川备录上》也称："自成都府锦官驿，由府属之新都军站、广汉驿，北由潼川州境古店军站、五城驿、建宁军站、皇华驿、秋林军站、云溪驿，保宁府境富村军站、柳边驿、龙山军站、锦屏水马驿、槐树军站、施店军站、柏林军站、柏林递运所、龙潭军站、问津水马驿、沙河军站、神宣军站、神宣递运所抵陕西宁羌州境为北路。"③明代嘉靖《保宁府志》卷4《建置纪下·驿传》中，记录了此道的锦屏水马驿、柳边马驿、问津水马驿、隆山马驿、槐树马驿、富村马驿、龙潭马驿、柏林马驿、沙河马驿、施店马驿、神宣马驿等，并有"东驿道往来岁无虚日"④之说。由此可知，在明代当地人眼中，利、阆、梓至成都的路线称为"东驿道"，而反知原来行走在剑州、绵州入成都的主线可能有"西驿道"之称。明嘉靖《潼川志》记载了此路的秋林、建宁、皇华、五城、富村五驿。⑤另外，万历《潼川州志》记载的沿途秋林驿军站、建宁驿军站、古店驿军站、皇华驿民站、云溪驿民站、五城驿民站，都在此东驿道上，且有民站和军站之分。⑥

　　明代，人们很少使用"金牛道"一词，更多是用北路、东驿道、剑阁道、陕西至四川省陆路等称呼。许多文人商贾对此道路有记载，如王士性《入蜀稿》中的《入蜀记》可能是明代金牛道东线主线少见的游记，其称："甲戌，出保宁，又行大山中不断，至汉州乃止，然皆大道，划石平甃，即村落市镇皆然。是夕息足柳边。乙亥，于盐亭。丙子，于潼川。丁丑，于建宁。戊寅，于古店。缘保宁而来，馆毂舆马之供，往往出自军伍。如隆山、富村、秋林、建宁、古店类沃阜，秋林诸生至百人，小邑不

① 　嘉靖《四川总志》卷16《经略·驿传》，嘉靖二十四年刻本。
② 　万历《四川总志》卷20《经略二·驿传》，万历九年刻本，第9页。
③ 　顾炎武《天下郡国利病书·四川备录上》，上海古籍出版社，2012年，第2190页。
④ 　嘉靖《保宁府志》卷4《建置纪下·驿传》，嘉靖二十二年刻本，第21—22页。
⑤ 　嘉靖《潼川志》卷2《建置志》、卷5《赋役志》，民国抄本，第2—10、13—14页。
⑥ 　万历《潼川州志》卷7《驿传》，李勇先、高志刚主编《日本藏巴蜀珍稀文献汇刊》第1辑第7册，巴蜀书社，2017年，第399—400页。

如也。郡邑止潼川、中江为最……下古店，过新都，由入平川，所谓沃野千里者。"①张瀚《松窗梦语》也记载："自川以北曰新都、汉州，曰中江、潼川，自盐亭渡嘉陵江曰保宁……自柏林、龙潭逾梅岭曰广元，沿江而至沙河，再逾朝天、二郎岭，皆设关，官军防守。路甚险峻，一夫当关，万夫莫开，岂即云此？又逾七盘关，尖亦甚险，自此离蜀境矣。"②何宇度《益部谈资》也记载："出郭而西，经槐树、施店、柏林、圆山、龙潭五驿，始抵广元，重岗复岭，道路绵邈，行者苦之。"③此外，大量的商人路书也有途经地点及里程的记载，如黄汴《天下水陆路程》中的《北京至陕西四川路》、憺漪子《天下路程图引》中的《北京由陕西至四川省陆路》、程春宇《士商类要》的《北京由陕西至四川省陆路》等。

（一）明代四川北路驿站、铺递详考

锦官驿、旱馆驿、成都递运所、总铺　锦官驿是明代成都的一个水马驿。洪武《寰宇通衢》、景泰《寰宇通志》、正德《四川志》、万历《四川总志》、嘉靖《四川总志》、顾炎武《天下郡国利病书·四川备录上》、天启《成都府志》、明《四川省四路关驿图》及明代的商人路书中都有记载。据天启《成都府志》卷6《驿传志》，锦官驿有旱夫80人，站船水夫32名，马100匹，应该是一个较大的水陆驿站。④天启《成都府志》卷1《舆图》中，锦官驿与递运所相邻，都在城东南处，与清代锦官驿位置相同，即在成都原锦官驿街。笔者曾实地考察，发现驿舍可能在原锦官驿小学附近，具体驿站位置无考。现因城市改造，锦官驿街已经不复存在，现为兰桂坊街区。另从天启《成都府志》卷1《舆图》来看，城西北还设有旱馆驿。⑤正德《四川志》卷12记载："旱馆驿，在治北大安门外。"⑥康熙《成都府志》卷7《公署》记载："旱馆驿，府治北大安门外。俱毁。"⑦疑在原成都市成华南街附近，只是早在清初即已毁于战乱。这样，明代官员出入成都，实际上是可以从成都城的东南和西北两处北上的。但考虑到金牛道的位置走向，可能更多以锦官驿为正站。正德《四川志》卷12记

① 王士性《入蜀稿》，《王士性地理书三种》，上海古籍出版社，1993年，第533页。
② 张瀚《松窗梦语》，上海古籍出版社，1986年，第41页。
③ 何宇度《益部谈资》，西南交通大学出版社，2020年，第27—28页。
④ 天启《成都府志》卷6，成都时代出版社，2007年，第97页。
⑤ 天启《成都府志》卷1，成都时代出版社，2007年，第4页。
⑥ 正德《四川志》卷12《成都府》，正德十三年刻、嘉靖十六年增补本。
⑦ 康熙《成都府志》卷7《公署》，成都时代出版社，2007年，第18页。

载有成都递运所，在东门外，也应在锦官驿附近。同卷中还记载有成都总铺，在治前西。这里的治前应该是成都府治所。据《成都城坊古迹考》，明代成都府治地在洗墨池右侧，成都县和华阳县衙署间，即今天成都市正府街一带，总铺也应该在附近。

升仙铺　正德《四川志》卷12记载成都北有升仙铺，即唐宋时期的升仙桥、七里亭之地，在今驷马桥附近。正德《四川志》卷12和天启《成都府志》卷3都记载成都有驷马桥，但并没有升仙桥之名。

毗桥铺　正德《四川志》卷12记载成都北、新都南有毗桥铺，即汉唐宋代的毗桥、清代的毗河桥铺，据我们考察，其在今新都区治南，传化国际新城小区南毗河旧桥附近。

新都驿、总铺　洪武《寰宇通衢》、万历《四川总志》、嘉靖《四川总志》、顾炎武《天下郡国利病书·四川备录上》、天启《成都府志》、明《四川省四路关驿图》及明代的商人路书中都有记载，只是有的记载为新都军站，有的记载为新都驿。据天启《成都府志》卷6《驿传志》，此驿有旱夫30人，马50匹。[1]据嘉庆《新都县志》卷2《舆图志》标明马号在县署旁，同书卷22《驿传志》记载："新都广汉驿，在县署左，因广汉郡得名。"[2]如果明清县署位置和馆驿位置变化不大，那么明代新都驿或军站位置可能也没有变。正德《四川志》卷12记载有新都总铺，铺舍具体位置不明。

弥牟镇　王士性《入蜀稿》记载："至弥牟镇，孔明八阵在焉，石卵埋灌莽中，成百二十八聚，有门有伍，土人窃其地种植者犁平之，久复隐隐隆起，亦神矣。"[3]在今新都弥牟镇。

广汉驿、总铺　洪武《寰宇通衢》、景泰《寰宇通志》、正德《四川志》、万历《四川总志》、嘉靖《四川总志》、天启《成都府志》、明《四川省四路关驿图》、顾炎武《天下郡国利病书·四川备录上》及明代的商人路书中都有记载，但多数记载为广汉驿，并不称汉州驿。元代王沂《伊滨集》卷7记载有"题汉州驿"[4]，可能元代多称汉州驿。据天启《成都府志》卷6《驿传志》，此驿有旱夫50人，马47匹。[5]明代广汉驿的具体位置缺乏相关记载。正德《四川志》卷12记载广汉有总铺。明代金牛道主线成都至广汉间路线与唐宋元路线完全重合，但从广汉开始主线向东进入中江县境。从广汉向

①　天启《成都府志》卷6，成都时代出版社，2007年，第99页。
②　嘉庆《新都县志》卷2、卷22，嘉庆二十一年刻本。
③　王士性《入蜀稿》，《王士性地理书三种》，上海古籍出版社，1993年，第533页。
④　王沂《伊滨集》卷7，《景印文渊阁四库全书》第1208册，台湾商务印书馆，1986年，第450页。
⑤　天启《成都府志》卷6，成都时代出版社，2007年，第99页。

东经炳灵宫、皂角树、张家湾到金鱼场。

石佛铺　正德《四川志》卷12记载汉州东有石佛铺，雍正《四川通志》卷22记载："石佛铺，在州东十里。"[①]我们实地考察后发现，石佛铺即今石佛寺之处，但并不在广汉向东的官道上。

白云铺、金鱼铺　正德《四川志》卷12记载汉州东有白云铺，雍正《四川通志》卷22记载："白云铺，在州东二十里。"[②]《钦定大清会典事例》卷678记载有白鱼铺。[③]嘉庆《汉州志》卷9记载有白鱼乡，卷16记载有白鱼铺。[④]民国《广汉县全图》标注有金鱼铺。《四川省广汉县地名录》记载："金鱼场，集市。在雒城镇东六公里，白鱼河、石亭江交汇处，因白鱼河中多出金色鲤鱼得名。"[⑤]经我们实地考察，大约在今金鱼镇白云村，因有白云庵而得名。《四川省广汉县地名录》记载："白云大队，因驻地白云庵得名……白云庵，古庙。位于金鱼场西0.5公里，清乾隆二十三年建，因供白云老祖像，故名。"[⑥]从白云铺经过龙角桥、黄家店、东人桥到连山铺。

连山铺　民国连山镇，正德《四川志》卷12记载汉州东有连山铺，雍正《四川通志》卷22记载："连山铺，在州东三十里。"嘉庆《汉州志》卷9记载有连山场。[⑦]民国《广汉县全图》也标注有连山镇。经我们实地考察，铺在今广汉连山镇。连山镇以前为广汉东面的一个大镇，曾名德胜镇，商业贸易发达，有陕西会馆之类的移民会馆，现在城镇规模也较大，但已经没有传统建筑保存下来了。从连山铺过绵远河上的广洛桥，往中江方向经过打石凹至中江县境。

实地考察发现，从连山镇到古店的铺递官道要经过皂角铺到古店驿，但民间习惯性通道则要过龙泉乡、翻梁子，经兴隆寺、刘家湾、胖土地、长龄桥、钟鼓石到柯家湾。其中的长龄桥现又称齐家拱桥，保存较好，桥边仍有清代同治年间的重修路题记和功德碑，始建年代不明，应该在明代就有此桥。《中国文物地图集·四川分册》认为今残留的桥是同治七年重修，但将桥名误作长令桥。据我们的考察，在长龄桥至胖土地间还保存一段碥路和路基，但杂草丛生，难以通过。

---

①　雍正《四川通志》卷22，乾隆元年刻本。

②　雍正《四川通志》卷22，乾隆元年刻本。以下此书频繁引用，故不一一出注。

③　《钦定大清会典事例》卷678，《续修四库全书》第808册，上海古籍出版社，2002年，第462页。

④　嘉庆《汉州志》卷9、卷16，嘉庆二十二年刻本。

⑤　四川省广汉县地名办公室编印《四川省广汉县地名录》，1986年，第55页。

⑥　四川省广汉县地名办公室编印《四川省广汉县地名录》，1986年，第57页。

⑦　嘉庆《汉州志》卷9，嘉庆二十二年刻本。

石潭铺　正德《四川志》卷12记载汉州东有石潭铺。雍正《四川通志》卷22记载："石炭铺，在州东四十里。"经我们实地考察，铺在今广汉连山镇东双泉乡石坛铺之地，旧称龙泉乡。从石潭铺开始，古道离开平原坝子翻蓝家山梁到皂角铺。

皂角铺　正德《四川志》卷12记载汉州东有皂角铺。雍正《四川通志》卷22记载："皂角铺，在州东五十里。"嘉庆《中江县志》卷2《驿传铺递》记载，皂角铺在州西七十里。[①]1930年《中江县全图》标明有皂角铺。据我们实地考察，皂角铺后来划归中江县管辖，在今中江县西皂角铺。

古店驿　洪武《寰宇通衢》、景泰《寰宇通志》、正德《四川志》、万历《四川总志》、嘉靖《四川总志》、顾炎武《天下郡国利病书·四川备录上》及明代的商人路书中都有记载，只是有的记载为古店军站，有的记载为古店驿。万历《潼川府志》

广汉石佛寺

金鱼镇白云村

石坛铺

皂角铺

---

①　嘉庆《中江县志》卷2《驿传铺递》，清代抄本。

长龄桥

长龄桥桥面

古店老街

古店古亭寺

记载："古店驿，在州西一百一十里，洪武二十年建。"①驿应在今中江县集凤镇古店老街上。古店原为古店乡，2019年撤乡并入集凤镇。古店驿在明代相当重要，据记载："按古店道，明初自汉州由中江以至广元是为中路，设有驿丞，往来贤士多所留题。"②可见明代当地人视此路为"中路"。古店驿实际上是明代从以往金牛道主线上的广汉向东进入中路新线的第一大站，明代配有马32匹。③1930年《中江县全图》标明有古店场。据我们实地考察，古店的老街肌理仍然存在，但传统建筑破坏较为严重。明代古店驿（军站）应在老街上，具体位置不明。

正德《四川志》卷18记载中江县有总铺、双鱼铺、飞龙铺、芳基铺、走马铺、西

①　万历《潼川府志》卷4《建置志》，李勇先、高志刚主编《日本藏巴蜀珍稀文献汇刊》第1辑第7册，巴蜀书社，2017年，第295页。

②　嘉庆《中江县志》卷2《驿传铺递》，清代抄本。

③　嘉庆《中江县志》卷2《驿传铺递》，清代抄本。

城铺、牟谷铺、回水铺、朝宗铺，但没有记载位置。后嘉庆《中江县志》卷2《驿传铺递》中记载了这些铺递的位置，其称"中江以西十里是余岭铺，二十里是平易铺，三十里是便民铺，四十里是走马铺，五十里是西城铺，七十里是皂角铺；中江以东九里是牟谷铺，二十里是回水铺，三十里是朝宗铺三铺"[①]。

西城铺　嘉庆《中江县志》卷2记载位于中江县西50里，距离走马铺（今集凤镇）仅10里。[②]1930年《中江县全图》标明有西城街，北为金鸡寺，应该在今古店东北一带西城村之地。从此经金鸡寺到走马铺。

走马铺　清末《中江县乡土志·道路》记载："集凤场，俗名走马铺。"[③]至今集凤镇仍名走马铺，位置一直没变。

芳基铺、飞龙铺、双鱼铺　我们研究和考察发现，这三铺的位置和名称在明清之际发生了较大的变化。明嘉靖四年以前，这三个铺递在集凤、天公堂（今又作天宫堂）梁子、石垭子、老街巷（老高桥）、高石墙、下油房、鲇鱼桥、五块碑至中江之间，我们称为石垭子南线。1930年《中江县全图》标明集凤场西北有石垭子、老马桥、高石场等地名。民国《参谋本部地形图》标为从土地垭、石垭子、老高桥、下油房、马掌沟翻西山到中江县。也可以从走马经滥泥沟到石垭子。但三铺的具体位置难以精准确定。道光《中江县新志》卷2《建置·铺递》所附《余岭新道记》记载："县西二十里有山曰高崖，壁立云蠹，俯瞰群峰，势与青城、大峨伍。山之麓故有铺曰双鱼，逾双鱼五里，溪水自此下，夏秋之交，辅以行潦，其悍滋甚。有司者尝桥之，号曰高桥。桥西上数里为铺曰飞黄，出飞黄

走马铺隆兴桥

①　嘉庆《中江县志》卷2《驿传铺递》，清代抄本。

②　嘉庆《中江县志》卷2《驿传铺递》，清代抄本。

③　光绪《中江县乡土志·道路》，清代抄本。

之上十里曰芳基，又十里曰走马。"[1]按里程和形势来推测，双鱼铺可能在今天廖家堰北老街巷，飞龙铺可能在石垭子，芳基铺可能在今天宫堂。1930年《中江县全图》标明有一条从走马铺经隆兴场、新马桥、龙王潭、定字沟、马掌沟到中江县的路线；民国《参谋本部地形图》标有这条从济凤场经土地垭、新高桥、龙王潭、鸡屎树、马掌沟到中江的路线，我们称为新高桥北线。只是龙王潭以东的路线略有出入。嘉靖四年以后，走马铺与中江县之间改走新高桥（隆兴）北线，经过土地垭、隆兴场（新高桥）、向家坡、龙王潭、干垮、五里坡、鸡

西城铺

天宫堂

屎树、五块碑到中江。嘉靖四年，将原芳基铺、飞龙铺、双鱼铺分别改名为便民铺、平易铺、余岭铺，设在北线之上，位置自然与原来的铺递完全不同了。便民铺位置可考，在今集凤镇何家山土地垭。平易铺和余岭铺位置不明。据各版《中江县志·铺递》记载，清初中江设有五城、古店二驿，古店驿在县西60里，从县城往西去汉州又有铺六，"余岭铺十里，平易铺二十里，便民铺三十里，走马铺四十里，西城铺五十里，皂角铺七十里"。康熙二十九年改驿道后，各驿铺便被裁撤。清末《中江县乡土志·道路》记载："古店场，县西六十里，距集凤场二十里，西距汉州属之连山三十

---

① 道光《中江县新志》卷2《建置·铺递》，道光十九年刻本。

石垭子碥路

老高桥庙子

石墙村

鲢鱼桥

龙王潭

鸡屎树，今金粟之地。

五块碑

里……西五里皂角铺与汉州交界。"①我们实地考察发现，南线石垭子附近碥路路基保存较好，当地为开发旅游新铺有碥石，在北线隆兴场，仍保留有清代的三孔隆兴桥。

五城驿 洪武《寰宇通衢》、景泰《寰宇通志》、正德《四川志》、万历《四川总志》、嘉靖《四川总志》、顾炎武《天下郡国利病书·四川备录上》、明《四川省四路关驿图》及明代的商人路书中都有记载。正德《四川志》卷18记载"在治北"②，所以明代驿站应在原中江县旧城内，只是具体位置不明。

实际上，明清时期从中江县到三台县境有南北两条通道，北路经关岳庙、兴隆沟、通济场、张家楼、八洞镇、仁和桥到三台建宁驿，南路经关岳庙、东山坝、红土地、牟公铺、三元桥、水观音、回龙镇（回水铺）、五里堆、朝宗铺、大界牌、怀安铺到三台建宁驿，南路当为主道。

牟谷铺、回水铺 正德《四川志》卷18记载中江县东有牟谷铺、回水铺、朝宗铺，但没有给出位置。嘉庆《中江县志》卷2《驿传铺递》中则记载了这些铺递的位置，中江以东9里是牟谷铺，20里是回水铺，30里是朝宗铺三铺。③《钦定大清会典事例》卷679记载中江县底博铺"东十七里至回水铺，十六里至朝宗铺，十五里至三台县槐安铺"④。清末《中江县乡土志·道路》记载："东北出东门二十里为回水铺，直下二十余里为界牌。"⑤因康熙二十九年改驿路后，牟谷铺被裁，位置一直不详。按东9里的方位来看，应在今中江县东郊东山木公铺（一说牟公村）一带，木为牟之误写。至于回水铺，即今天的回龙镇。

明清方志对中江至三台间的铺递多有记载，如正德《四川志》卷18《潼川府·驿传》云："本州……清平铺、永宁铺、乐安铺、思贤铺、建德铺、银杏铺、怀安铺，俱在治西。"⑥万历《潼川府志》卷4记载："急递铺：州门铺，在治前，达中江曰清平铺、永宁铺、乐安铺、思贤铺、建德铺、银杏铺、怀安铺。"⑦嘉靖《潼川志》卷2《建置·公署》记载："急递铺：州门铺，在治前，达中江曰清平、曰永宁、曰乐

① 光绪《中江县乡土志·道路》，清代抄本。
② 正德《四川志》卷18，正德十三年刻、嘉靖十六年增补本。
③ 嘉庆《中江县志》卷2《驿传铺递》，清代抄本。
④ 《钦定大清会典事例》卷679，《续修四库全书》第808册，上海古籍出版社，2002年，第481页。
⑤ 光绪《中江县乡土志·道路》，清代抄本。
⑥ 正德《四川志》卷18，正德十三年刻、嘉靖十六年增补本。
⑦ 万历《潼川府志》卷4，李勇先、高志刚主编《日本藏巴蜀珍稀文献汇刊》第1辑第7册，巴蜀书社，2017年，第295页。

安、曰思贤、曰建德、曰银杏、曰怀安。"①嘉庆《三台县志》卷4《铺递》云:"西路。龙顶铺一里半,黄连铺十五里,乐安铺十五里,思贤铺十五里,建宁铺十五里,槐安铺十五里,又十五里交中江朝宗铺。"②据各版《中江县志·铺递》,从中江县城往东去三台有铺三,"牟谷铺九里,回水铺二十里,朝宗铺三十里"。康熙二十九年改驿路后,牟谷铺被裁。

五里堆 即今五义村旧五里堆。

朝宗铺 即今中江县朝中铺,现称旺寨村。

大界牌 清末《中江县乡土志·道路》记载:"东北出东门二十里,为回水铺,直下二十余里为界牌,抵三台县。"③这里的界牌即1940年《三台县全图》中的大界牌。《丁治棠纪行四种》记载大界牌为两三瓦房之地,为中江县与三台县交界。④即今大界牌之地,现只留有残破房基。

槐安铺 嘉庆《三台县志》卷4记载,槐安铺距离朝宗铺15里,《钦定大清会典事例》卷679也有类似记载,应在今天三台西平镇西的怀安铺一地,明代铺当亦在此处。以前这里有指路碑和店子,现在仍有一些居民,但指路碑不见踪影了。

银杏铺 据以上地方志所载,思贤铺至怀安铺间有银杏、建德两铺,如果建德铺即在建林驿,银杏铺位置应在建林驿与怀安铺之间,但具体位置不明。如果仅从里程上来看,应该在今三台县建林干坝子一带。从1940年《三台县全图》可知,朝宗铺到大界牌之间还有四王庙。

建宁(林)驿、建德铺 洪武《寰宇通衢》、景泰《寰宇通志》、正德《四川志》、万历《四川总志》、嘉靖《四川总志》、顾炎武《天下郡国利病书·四川备录上》及明代的商人路书中都有记载,有的记作建宁军站。正德《四川志》卷18载有建德铺,从名称和里程上来看,可能是在建林驿。明代《四川省四路关驿图》中标注为建德驿,似将铺与驿混在一起了。嘉靖《潼川志》卷2《建置志》记载:"建宁驿,在州西六十里,洪武二十五年百户陈仕弘建。"⑤万历《潼川府志》卷4有类似记载,载

---

① 嘉靖《潼川志》卷2《建置志·公署》,国家图书馆旧抄本。
② 嘉庆《三台县志》卷4《铺递》,嘉庆二十年刻本。
③ 光绪《中江县乡土志·道路》,清代抄本。
④ 丁治棠《丁治棠纪行四种》,四川人民出版社,1984年,第148页。
⑤ 嘉靖《潼川志》卷2《建置志》,国家图书馆旧抄本。

创建人为成仕弘。[1]嘉庆《三台县志》卷4和《钦定大清会典事例》卷679亦记载有建宁铺。1940年《三台县全图》标明为建林驿。《丁治棠纪行四种》记载建宁驿"场殷富，街房栉比。场首尾立石门洞，如小城"[2]。据我们2020年实地考察，建宁驿在今三台县原建林乡，现西平镇建林，现在街道上还保存建林驿馆舍旧址，可能是我国罕见的原始风貌的明清驿站遗址。不过，民国《三台县志》卷1《区镇》记载："建林驿，六十里，原称建宁寺，明末毁于兵燹，雍正六年补修。"[3]另《中国文物地图集·四川分册》记载此遗址"始建于明天启四年，清乾隆四十年重建，光绪二十五年维修"[4]。现在当地人称这个建筑为"公馆"，但建筑本身可能是清代建筑的遗留，正厅梁上明确标明"光绪二十五年五月初九日□工动土"，其是否是在明代建宁驿舍基础上修建，待考。

牟公铺一带

朝宗铺旧址

回龙场石桥

大界牌垭口

---

① 万历《潼川府志》卷4，李勇先、高志刚主编日本藏巴蜀珍稀文献汇刊》第1辑第7册，巴蜀书社，2017年，第295页。
② 丁治棠《丁治棠纪行四种》，四川人民出版社，1984年，第148页。
③ 民国《三台县志》卷1《区镇》，民国二十年铅印本。
④ 《中国文物地图集·四川分册》，文物出版社，2009年，第350页。

大界牌垭口神龛

大界牌房基

怀安铺旧址

怀安铺老屋

干坝子

思贤铺 嘉庆《三台县志》卷4《铺递》记载："西路。龙顶铺一里半，黄连铺十五里，乐安铺十五里，思贤铺十五里，建宁铺十五里。"[1]《钦定大清会典事例》卷679有记载，1940年《三台县全图》标明为红昕场，《丁治棠纪行四种》记载称红棺材场。从位置上看，应该在今三台县建平镇红昕场，也称洪兴场，即红星场。从此经过青杠店、荷叶塘到乐安铺。

---

① 嘉庆《三台县志》卷4《铺递》，嘉庆二十年刻本。

乐安铺 嘉庆《三台县志》卷4和《钦定大清会典事例》卷679均有记载。1940年《三台县全图》标明为乐安铺，当在今三台县乐安镇。《丁治棠纪行四种》记载此地"街屋华治，爽垲修通"。从此经过柳树店、灵官庙、黄莲垭、马家桥、水观音、牌坊坡到三台县。

永宁铺 清代无永宁铺之设，嘉庆《三台县志》卷4和《钦定大清会典事例》卷679均记载有黄莲铺。1940年《三台县全图》标明有黄莲垭，从位置里程来看应该在今断山村黄连垭，也称黄柳垭，即清代的黄连铺。《丁治棠纪行四种》记载称"小坡草店"。

清平铺 清代无清平铺之设，从位置里程来看应该在西5里（一说一里半）清代的龙顶铺一带，即今麻石桥附近。

皇华驿、总铺（州门铺） 洪武《寰宇通衢》、景泰《寰宇通志》、正德《四川志》、万历《四川总志》、嘉靖《四川总志》、顾炎武《天下郡国利病书·四川备录上》、明《四川省四路关驿图》及明代的商人路书中都记载有皇华驿，在明代潼川府治地今三台

三台县南门近景

县。明代《四川省四路关驿图》标注为黄华驿，"黄"应为"皇"之误。嘉靖《潼川志》卷2《建置志》记载："皇华驿，在治东一里，知府郑彦文创建。"[1]驿应该在三台旧县城东门外，具体位置待考。我们发现，明《寰宇通志》卷66记载皇华驿在治东[2]，但清光绪《潼川府志》卷18载皇华驿在县西[3]，可能明清之际驿的具体位置有变。另万历《潼川府志》卷4记载还有州门铺[4]，位置在城治前，估计在明代州府附

① 嘉靖《潼川志》卷2《建置志·公署》，国家图书馆旧抄本。

② 《寰宇通志》卷66，《玄览堂丛书续集》第63册，国立中央图书馆，1947年影印本。

③ 光绪《潼川府志》卷18，光绪二十三年刻本。

④ 万历《潼川府志》卷4，李勇先、高志刚主编《日本藏巴蜀珍稀文献汇刊》第1辑第7册，巴蜀书社，2017年，第295页。

原三台县南门外老街　　　　　　　　　　　　　　原三台县南门外潼川客栈

三台县东门

近。据1941年《三台县城厢图》，当时东门外为外东街，南门外为外南街，明代格局应相似。

正德《四川志》卷18《潼川府·驿传》记载："本州……总铺。石门铺、通济铺、安定铺、安乐铺、安宁铺、安吉铺，俱在治东。"[1]万历《潼川府志》卷4记载："达盐亭石门铺、通济铺、安定铺、安乐铺、安宁铺、安吉铺、安然铺。"[2]嘉靖《潼川志》卷2《建置志·公署》记载："急递铺……达盐亭曰石门、曰通济、曰安定、曰安乐、曰安宁、曰安吉、曰安然。"[3]嘉庆《三台县志》卷4《铺递》记载："东路。凤山铺一里半，安定铺二十里，安宁铺二十里，秋林铺二十里，又二十五里交盐亭猴溪铺，添设庙垭铺。"[4]民国《三台县志》卷14《兵事上》记载："东路凤山铺二名，安定铺二名，安宁铺二名，秋林铺三

① 正德《四川志》卷18，正德十三年刻、嘉靖十六年增补本。

② 万历《潼川府志》卷4，李勇先、高志刚主编《日本藏巴蜀珍稀文献汇刊》第1辑第7册，巴蜀书社，2017年，第295页。

③ 嘉靖《潼川志》卷2《建置志·公署》，国家图书馆旧抄本。

④ 嘉庆《三台县志》卷4《铺递》，嘉庆二十年刻本。

建宁驿铺馆驿门

建宁驿铺馆驿内院一

建宁驿铺馆驿内院二

建宁驿铺馆驿内部

建宁驿铺馆驿正厅偏门人物画像

建宁驿铺馆驿内大水缸

名，添设庙垭铺二名，距盐亭猴溪铺界。"①显然，明代铺递名称与清名称相去甚远，位置也难以厘清。

明代从潼川府皇华驿东出经石门铺、凤山铺、通济铺到安定铺，清代则经过牌坊垭、烟堆子、麻石桥到高山铺。

石门铺、凤山铺　石门铺在三台县东涪江边，并不在明金牛道官道上。嘉庆《三台县志》卷4和《钦定大清会典事例》卷679均记载三台东出第一站为凤山铺，只是一说东一里半，一说东5里。应在今东塔村牌坊垭、烟堆子一带。

通济铺　位置不明，应在高山铺至东山间。从此官道经麻石桥到高山铺；也可从三道河翻黄家湾、石庙山、白禅寺到高山铺，为小路。

麻石桥　地处高山铺西南，也可能即通济铺，从此上高山铺的古道路基和部分碥石保存较好。

安定铺　估计即清代高山铺的旧名，清代紫金关所在。正德《四川志》卷18《潼川府·驿传》记载："本州……总铺。石门铺、通济铺、安定铺、安乐铺、安宁铺、安吉铺，俱在治东。"②嘉靖《潼川志》卷2《建置志·公署》记载："急递铺……达盐亭曰石门、曰通济、曰安定、曰安乐、曰安宁、曰安吉、曰安然。"③嘉庆《三台县志》卷4《铺递》记载："东路。凤山铺一里半，安定铺二十里，安宁铺二十里，秋林铺

牌坊垭口一带

烟堆子一带

---

① 民国《三台县志》卷14《兵事上》，民国二十年铅印本。
② 正德《四川志》卷18，正德十三年刻、嘉靖十六年增补本。
③ 嘉靖《潼川志》卷2《建置志·公署》，国家图书馆旧抄本。

三道河坝子

麻石桥

麻石桥附近碥路

白禅寺垭口

高山铺石店子

高山铺古树

高山铺戏楼

二十里，又二十五里交盐亭猴溪铺，添设庙垭铺。"①《钦定大清会典事例》卷679记载安定铺距离县城25里。②民国《三台县志》卷14《兵事上》记载："东路凤山铺二名，安定铺二名，安宁铺二名，秋林铺三名，添设庙垭铺二名，距盐亭猴溪铺界。"③均没有提到高山铺。而民国《三台县志》卷2《关隘》记载："高山铺，在县东二十里，旧名紫金关。"④《四川省三台县地名录》记载："地处较高垭口，故名。"⑤《丁治棠纪行四种》记载高山铺"立乐楼，名接龙楼"⑥。我们实地考察发现，高山铺很小，主街为戏楼街，往垭口另分有高垭街，两街交会处有石店子遗址。戏楼街因街上有一个旧戏楼而得名，即《中国文物地图集·四川分册》所载"高山乐楼"⑦，戏楼梁上写着"同治十三年岁次甲戌正月初二日卯时竖柱，皇帝万岁万万岁太子千秋士农工商正午时上梁"。戏楼楼顶瓦上还有三尊雕像，中间为笑罗汉，两边各有一古装男女，一个是手执船桨的男性老者，一个是舞剑的年轻女性，形制皆颇为精美。从此下土地垭口到留使坡。

留使坡　也称流石坡，从高山铺往东下山到底即到留使坡。1940年《三台县全图》标明有留使坡。民国《参谋本部地形图》标为牛屎坡。民国《三台县志》卷2《关隘》记载："紫金关下行五里，有倒碑垭，旧为益城关，相传唐朝人民挽留西川节度

留使坡古道

留使坡观音店

①　嘉庆《三台县志》卷4《铺递》，嘉庆二十年刻本。

②　《钦定大清会典事例》卷679，《续修四库全书》，第808册，上海古籍出版社，2002年，第481页。

③　民国《三台县志》卷14《兵事上》，民国二十年铅印本。

④　民国《三台县志》卷2《关隘》，民国二十年铅印本。

⑤　四川省三台县地名领导小组编印《四川省三台县地名录》，1986年，第189页。

⑥　丁治棠《丁治棠纪行四种》，四川人民出版社，1984年，第147页。

⑦　《中国文物地图集·四川分册》，文物出版社，2009年，第350页。

留使坡下李家店子

使于此惓留一宿始去，后人又名留使坡，以示不忘之意。"①《中国文物地图集·四川分册》记留使坡驿道遗址云："位于高山乡至金光乡之间的小道上，长约1公里。路宽1.5米左右，用石板铺成，沿河沟、山谷、山垭延伸。现存清咸丰三年《留使坡功德碑》1通；清光绪年间《指路碑》1通，刻有'上通都城，下达巴阆，过客行商必从此而跋履'等字。"又记留使坡石碑云："碑额刻'名收著'……清咸丰三年立碑。已毁。"②我们实地考察发现，留使坡是指邓家湾上方至李家店子间的坡道，至今碥石还多有保留。坡道下完就到达李家店子附近，李家店子现仍为一土墙大院，附近有一座古石板平桥。我们在李家店子农户家边发现了功德碑和修路碑。只是功德碑碑额所刻并非"名收著"三个字，而是"令名攸著"四个字，时间也不是咸丰三年，而是咸丰九年。《中国文物地图集》的记载大谬，碑并没有被毁，只是当地文物部门未加保护而已。《中国文物地图集》所称的指路碑应为修路碑，也不是光绪年间，而是道光十一年，记作"道光十一年□月□六

留使坡古桥

2020年我们合力翻起功德碑

---

① 民国《三台县志》卷2《关隘》，民国二十年铅印本。
② 《中国文物地图集·四川分册》，文物出版社，2009年，第339页。

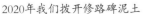

| 2020年我们拨开修路碑泥土 | 留使坡修路功德碑 | 留使坡修路碑局部 |

日谷旦立"，这一行字并没有紧挨，而是拉开各字间距以刻满一行，这种刻法比较少见。该碑碑额三字皆残破过半，可勉强判读中间的字为"龙"字。此修路碑虽然漫漶不清，但除了上面谈到的"上通都城，下达巴阆，过客行商必从此而跋履"外，还有"于是公□建修鸠工""行旅被其泽，即万世之商贾亦蒙"等字迹。

安乐铺 嘉庆《三台县志》卷4和《钦定大清会典事例》卷679均记载称安宁铺，《丁治棠纪行四种》记载此地仅为"十室之邑"[1]。在今三台县富顺镇金光场，也名安乐场，应该是明代的安乐铺。从此经申家桥、塞江山到水观音。

水观音 1940年《三台县全图》标明安乐铺与秋林驿之间有水观音，今仍存此地名。从此经拱背桥到秋林驿。

秋林驿 洪武《寰宇通衢》、

水观音

---

① 丁治棠《丁治棠纪行四种》，四川人民出版社，1984年，第147页。

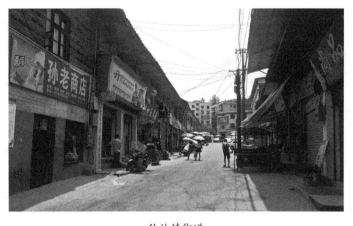

秋林镇街道

景泰《寰宇通志》、正德《四川志》、万历《四川总志》、嘉靖《四川总志》、顾炎武《天下郡国利病书·四川备录上》、明《四川省四路关驿图》及明代的商人路书中都记载有秋林驿或秋林军站。嘉靖《潼川志》卷2《建置志》记载："秋林驿，在县西五十里，洪武二十五年百户杨德建。"①万历《潼川府志》卷4也有类似的记载。嘉庆《三台县志》卷4和《钦定大清会典事例》卷679均记载秋林铺，驿应在三台县秋林镇城内。《丁治棠纪行四种》记载："（秋林场）街曲而长，依山脚圆转，计三里许，烟火千余家，亭、台、市、庙，恢宏壮丽，较富村驿犹过之，三台大市镇也。"②据我们两次考察，现秋林镇老街建筑全毁，明代秋林驿驿舍的具体位置不明。据1940年《三台县全图》，秋林驿到界牌间有施公庙。从秋林驿要经过庙湾头、黄梁垭、瘟神庙、三台嘴到界牌。

安吉铺　清代无此铺，位置不明，估计在今秋林驿东三台县境内。

安然铺　清代无此铺，位置不明，估计在今秋林驿东三台县境内。

界牌沟　民国《盐亭县全图》标明要经界牌、界牌沟到秋林驿，界牌沟已经是属于盐亭县了。《丁治棠纪行四种》记载界牌有店子，从此进入阆中、盐亭。即今界牌村。

塝子铺　正德《四川志》卷18《潼川府·邮驿》记载："盐亭……总铺。龙淮铺、塝子铺。"③嘉靖《潼川志》卷2《建置志·公署》记载："急递铺：县门铺，在治前。达潼川曰龙淮、曰塝子。"④万历《潼川府志》卷4也有类似的记载。乾隆二十八年《盐亭县志》卷1《舆地·邮传》记载："龙淮铺，县西南十里。塝溪铺，县

---

① 嘉靖《潼川志》卷2《建置志·公署》，国家图书馆旧抄本。
② 丁治棠《丁治棠纪行四种》，四川人民出版社，1984年，第147页。
③ 正德《四川志》卷18，正德十三年刻、嘉靖十六年增补本。
④ 嘉靖《潼川志》卷2《建置志·公署》，国家图书馆旧抄本。

西南二十里……二铺递潼川府。"①《钦定大清会典事例》卷1有记载称猴溪铺。清代也称为堠溪铺，民国《盐亭县全图》标明有猴溪场，今为盐亭县两河镇堠溪铺。

龙淮铺　也称龙槐。乾隆《盐亭县志》卷1记载在县西南10里之地，《钦定大清会典事例》卷679记载在县南10里，即今盐亭县西南梓江边龙淮铺。

界牌沟三台嘴

猴子铺旧址，今堠溪村。

盐亭县龙淮铺

盐亭县、云溪驿、县门铺　洪武《寰宇通衢》、景泰《寰宇通志》、正德《四川志》、万历《四川总志》、嘉靖《四川总志》、顾炎武《天下郡国利病书·四川备录上》、明《四川省四路关驿图》及明代的商人路书中都记载有云溪驿。万历《潼川府志》卷4和嘉靖《潼川志》卷2《建置志》记载皆云"云溪驿，在治西"②，在今盐亭县老城

---

① 乾隆《盐亭县志》卷1《舆地·邮传》，乾隆二十八年刻本。

② 万历《潼川府志》卷4，李勇先、高志刚主编《日本藏巴蜀珍稀文献汇刊》第1辑第7册，巴蜀书社，2017年；嘉靖《潼川志》卷2《建置志·公署》，国家图书馆旧抄本。

内，具体位置不明待考。盐亭县城并不大，《丁治棠纪行四种》称："市廛迫狭，街路零碎，有庙不壮，有塔不高，蕞尔小邑也。"①

沙河铺　正德《四川志》卷18《潼川府·邮驿》记载："盐亭……沙河铺、紫荆铺、灵山铺、东溪铺、富村铺。"②嘉靖《潼川志》卷2《建置志·公署》记载："急递铺……达保宁曰沙河、曰紫荆、曰灵山、曰东溪、曰富村。"③乾隆二十八年《盐亭县志》卷1《舆地·邮传》记载："沙河铺，县北十里。紫金铺，县东北二十里。灵山铺，县东北三十里……三铺递保宁府。"④《钦定大清会典事例》卷679有记载。据清末《盐亭县乡土志》附《盐亭县境图》所绘，出盐亭北门经沙河桥、井子口、紫金铺、灵山铺入南部县境。⑤光绪《南部县乡土志·道路》记载："富村驿……至碧山庙十二里，又至灵山铺十八里，未至灵山铺以前一里许，即南盐交界处。以上所经山岭甚多，苦不易行。又行至盐亭城三十里。"⑥在今盐亭县万安社区万安高速高架下的沙河铺，地名相承不变。从此经过井字场（口）到紫荆铺。

紫荆铺、大兴场　正德《四川志》、万历《潼川府志》、嘉靖《潼川志》记为紫荆铺，清代文献多作紫鑫铺，《钦定大清会典事例》卷679记载称紫荆铺，民国《盐亭县全图》所标大兴场即此地，在今盐亭县大兴回族乡小学附近。

灵山铺　乾隆《盐亭县志》卷1和《钦定大清会典事例》卷679均记载有灵山铺。

万安沙河铺旧址

井字口

---

① 丁治棠《丁治棠纪行四种》，四川人民出版社，1984年，第151页。
② 正德《四川志》卷18，正德十三年刻、嘉靖十六年增补本。
③ 嘉靖《潼川志》卷2《建置志·公署》，国家图书馆旧抄本。
④ 乾隆《盐亭县志》卷1《舆地·邮传》，乾隆二十八年刻本。
⑤ 光绪《盐亭县乡土志》附《盐亭县境图》，光绪三十二年抄本。
⑥ 光绪《南部县乡土志·道路》，光绪三十二年抄本。

民国《盐亭县全图》标有灵山场，位置在今盐亭县林山乡，旧称灵山铺、灵官场，现大兴回族乡政府所在地。从此进入阆中县境。

灵山铺旧址

东溪铺、碧山铺 乾隆《盐亭县志》卷1记载当时东溪铺已裁撤，现位置不明，可能在今复明，也可能在清代的碧山庙、碧山铺（今南部县碧山村碧山庙）。民国《盐亭县全图》标有碧山庙。《丁治棠纪行四种》记载碧山铺为小庙、小店，即今碧山村小庙处。从碧山庙经过麻石桥、大湾头到富村驿。

富村驿、寨坝铺 洪武《寰宇通衢》、景泰《寰宇通志》、正德《四川志》、万历《四川总志》、嘉靖《四川总志》、顾炎武《天下郡国利病书·四川备录上》、明《四川省四

富驿镇街上老建筑

路关驿图》及明代的商人路书中，都记载有富村驿或富村军站。①嘉靖《潼川志》卷2《建置志》记载："富村驿，在治东六十里，百户王毫建。"②万历《潼川府志》卷4也有类似的记载。嘉靖《保宁府志》卷4《建置纪下·驿传》记载："富村马驿，在府南一百里。旗军一百一十二名，马骡二十六匹头，铺陈十付。"③富村驿在今盐亭

---

① 正德《四川志》卷18，正德十三年刻、嘉靖十六年增补本。
② 嘉靖《潼川志》卷2《建置志·公署》，国家图书馆旧抄本。
③ 嘉靖《保宁府志》卷4《建置纪下·驿传》，嘉靖二十二年刻本。

天门垭

天门垭饮马潭

远眺花牌楼垭口

花牌楼张飞庙

远眺登（灯）台嘴

县富驿镇，《丁治棠纪行四种》记载富村驿"街衢坦荡，铺户整齐，设分司巡检署，大镇也"[1]。《钦定大清会典事例》卷678记载的寨坝铺也应在此。据我们实地考察，今天富驿镇的老建筑已经保留不多了，明代富村驿驿舍的具体位置不明。当地人称，富驿本地旧有"五马奔

---

① 丁治棠《丁治棠纪行四种》，四川人民出版社，1984年，第146页。

槽"的说法，分别为一马水、天马山、白马沟、石马坳、老马山，而从富驿到盐亭的老路，先后要走富驿、麻石桥、碧山庙、复明（梨子园）、观岩头、东房垭、林山、大兴、井子口、万安桥、盐亭等地。

从富村驿到保宁府阆中要经过南部县境和阆中县境，据正德《四川志》卷14《保宁府·邮驿》和嘉靖《保宁府志》卷4《建置纪下·驿传》，阆中县和南部县下记载有较多铺递名，但位置多不明确。所以，从富村驿经南部县到保宁府阆中、苍溪、广元等地的明代铺递情况，我们知道得并不是很系

杂草中的登（灯）台嘴三百六十梯碥路

统全面，特别是从富村驿、柳边驿到西水铺之间的铺递之名可能有错误和遗漏。据民国《南部县最新地图》和我们的实地考察，从富村驿到柳边驿中途还要经过三溪口、花牌楼（今花牌楼）、桥楼子、黄连垭、金鞍铺（今金峰寺）、鹅公桥（今鹅公桥村）、道化铺（今道花寺村）、关帝垭、观音桥（店）、倒石桥、狮峰山、登（灯）台嘴、法子寺（发子垭），其中登台嘴山腰有所谓"三百六十梯"的石板路残存。

花牌楼　即今富驿镇东北花牌楼，《丁治棠纪行四种》记载此地"瓦店密密，立恒侯庙"[1]。附近有天门垭，有饮马槽。

金峰寺场　即金鞍铺，今盐亭县金安乡治地，旧名金峰寺场。《丁治棠纪行四种》记载"瓦屋十余座，排列成街，有古寺，号金峰"[2]。

柳边驿　洪武《寰宇通衢》、景泰《寰宇通志》、正德《四川志》、万历《四川总志》、嘉靖《四川总志》、顾炎武《天下郡国利病书·四川备录上》、明《四川省四路关驿图》及明代的商人路书中都有记载。嘉靖《保宁府志》卷4《建置纪下·驿

---

① 丁治棠《丁治棠纪行四种》，四川人民出版社，1984年，第146页。
② 丁治棠《丁治棠纪行四种》，四川人民出版社，1984年，第146页。

柳驿街道上的古建筑

传》记载："柳边马驿，在南部县西一百二十里。马骡二十三匹头，夫四十名。"① 咸丰《南部县舆地图说·大桥场图考》记载："南部县柳边驿在县属西路，东抵大桥场，以马跑泉为之界。"② 道光《南部县志》卷10记载有柳边铺③，《钦定大清会典事例》卷678亦有记载。光绪《南部县乡土志·道路》记载："大桥场……过黄土坡至马跑泉十二里，又至柳边驿十三里，至观音桥十五里，至金峰寺十七里，至花牌楼二十里，至富村驿八里。"④ 历史上，人们习惯将柳边驿简称为柳驿、柳一。《丁治棠纪行四种》记载柳边驿"立塘房，亦大市，有坝立乐楼"⑤。据我们实地考察，2019年南部县柳驿镇已经并入花罐镇，现柳驿的老街多不复存在，仅有一条青龙街还有一点传统风貌。柳边驿舍的具体

张飞庙

马跑泉

---

① 嘉靖《保宁府志》卷4《建置纪下·驿传》，嘉靖二十二年刻本。
② 咸丰《南部县舆地图说·大桥场图考》，光绪二十二年刻本。
③ 道光《南部县志》卷10，道光二十九年刻本。
④ 光绪《南部县乡土志·道路》，光绪三十二年抄本。
⑤ 丁治棠《丁治棠纪行四种》，四川人民出版社，1984年，第146页。

位置也无法具体定位。柳驿很小，街上老房子不多，但街上中老年人还多有"皇柏大道"的历史记忆。

从柳边驿向东要经过马跑泉、丰欲铺、大桥场、观音桥、狮子场、大小猴垭、万年场（垭）到西水铺，其中马跑泉附近有马跑泉、古柏树、张飞庙等遗迹。1940年《阆中县舆图》标明万年垭交南部县界，民国《南部县最新地图》标明万年垭属于阆中。其中丰欲铺即道光《南部县志》卷10记载的丰盈铺，《钦定大清会典事例》卷678

马跑泉古柏树

丰欲铺旧址

大石桥老街

大石桥老街过街楼

大石桥丁戊桥，也称金鱼桥。

大石桥石梯步

狮子场

大喉垭

远眺小喉垭垭口

万年场旧址

西水铺渡口码头

记载称丰英铺，即今大桥西风云村之地。而丰盈铺、大桥一带当一个枢纽之站，北经狮子场、万年垭、西水铺通阆中，东则经曲水铺、侯垭（坝）铺到南部底塘铺。据嘉靖《保宁府志》卷4《建置纪下·驿传》的记载，西水铺以西还有侯垭铺，即今万年场西的大喉村。

正德《四川志》卷14《保宁府·邮驿》记载："白坡铺、大风铺、隆山铺、淳风铺、西水铺、北溪铺……俱在治西。"[1]但嘉靖《保宁府志》卷4《建置纪下·驿传》记载："正南曰白坡、大丰、隆山、淳风、西水、侯垭，亦南部界，达于盐亭。西曰北溪，亦南部界，达于剑州。"[2]可见，正德《四川志》与嘉靖《保宁府志》对于铺递的位置记载不同，正德《四川志》西水铺以东为北溪铺，但嘉靖《保宁府志》并没有北溪铺记载。雍正《四川通志》卷22《铺递》记载："白鹤铺，在县西十里。大风铺，在县西二十里。隆山铺，在县西三十里。淳风铺，在县西四十里。西水铺，在县西五十里。"[3]实际上，北溪地名仍在今阆中西柴家嘴，在城西的位置是正确的，只是北溪铺并不在官道上。

丰欲铺　即今风云村旧风云铺，附近有关老爷庙。也称丰印铺。

大石桥　即今南部县大桥镇，《丁治棠纪行四种》记载此地"瓦房参差，飞甍耀目，场首有桥，名古金鱼桥"[4]。也称王家场，现老街有新井街、文庙街、金鱼巷，有"丁戊桥"。

狮子场　即今南部县雄师乡。《丁治棠纪行四种》记载此地店屋寥落。

大喉垭　在今大喉村，原立有一个石洞门。从此经过二龙桥到小喉垭。

界牌　即万年垭西南5里小喉垭处，清代为阆中、南部县分界处，故称界牌。以前建有恒侯庙，即张飞庙，有硕大柏树一株。

侯垭铺　即清代万年垭，在今万年镇。《丁治棠纪行四种》有记载。

西水铺　道光《保宁府志》卷31记载有西水铺[5]，《钦定大清会典事例》卷678也有记载。1940年《阆中县舆图》标有西河塘，可能即明代西水铺，则西水铺在今阆中市天宫镇西河塘村，现有西河塘码头。从此经糍粑店、水田坝、张家垭、刘家沟到淳风铺。

---

① 正德《四川志》卷14，正德十三年刻、嘉靖十六年增补本。

② 嘉靖《保宁府志》卷4《建置纪下·驿传》，嘉靖二十二年刻本。

③ 雍正《四川通志》卷22《铺递》，乾隆元年刻本。

④ 丁治棠《丁治棠纪行四种》，四川人民出版社，1984年，第145页。

⑤ 道光《保宁府志》卷31，道光二十三年刻本。

淳风铺 道光《保宁府志》卷31记载有淳风铺，《钦定大清会典事例》卷678也有记载。在今阆中天宫院附近。今天宫院一带已经开发成旅游景区，铺舍位置难以确定。

淳风铺，即今天宫院。

天宫院

龙山驿民房

龙山驿巨型磨盘

龙山驿大磨盘

隆山驿、隆山铺　洪武《寰宇通衢》、景泰《寰宇通志》、正德《四川志》、万历《四川总志》、嘉靖《四川总志》、顾炎武《天下郡国利病书·四川备录上》、明《四川省四路关驿图》及明代的商人路书中都记载有隆山驿或隆山军站。嘉靖《保宁府志》卷4《建置纪下·驿传》记载："隆山马驿，□□□南四十里，旗军一百一十二名，骡马十匹头，铺陈二十付。"①道光《保宁府志》卷31记载有隆山铺，《钦定大清会典事例》卷678也有记载。据我们考察，以前认为隆山驿在南部县城和双龙镇的说法是不正确的，按1940年《阆中县舆图》标明天宫院在古道上，则应该在今阆中市天宫镇龙山驿村。至今此地传统旧民居仍较多，门板上多有画像，石碾、石磨较多，显现了昔日的热闹。

从地图上看，在淳风铺与铺垭塘之间，走将军庙（也可以不经过将军庙直接向西到天宫院）、龙山驿村的路线和走福星场、陈家坡（属双桥村）的路线分别在山的两侧，就距离而言，前者绕路更多。怀疑线路前后有变化，前者是更早的路线，后者是福星场兴起前后改走的更近的路线，即民国《阆中县志》卷2《疆域》附《阆中县舆图》所绘沿途走南津关、白鹤堡、大风堡、铺垭塘、福星场、天宫院、万年垭的省城大道。②

福星场　也称城隍垭，民国《阆中县舆图》标为复兴场，在天宫院与铺垭塘之间。考察发现，福星场附近还保存一些残破的民房。从福星场沿山腰往南，西侧的山坡即陈家坡。《清代重庆府至京都路程》记载从阆中出发的第一站为陈家坡，离阆中15里。在山腰南段柏树林里，还有一段旧道，路面的石板虽然存留不多，但整段路基保存得较好。

福星场旧址

---

①　嘉靖《保宁府志》卷4《建置纪下·驿传》，嘉靖二十二年刻本。
②　民国《阆中县志》卷2《疆域》附《阆中县舆图》，民国十五年石印本。

陈家坡段古道路基

路基上偶有碥石残留

铺垭塘村街道

铺垭塘　1940年《阆中县舆图》标明大风铺南为铺垭塘，不知是否嘉靖《保宁府志》记载的侯垭铺，即今铺垭村之地。此外根据铺垭塘老人们的说法，从铺垭塘到阆中的老路，先后要经过铺垭塘、柳林子、十里观、瓦店子、大风铺、桥柳子、千佛崖、黄桷树、白鹤铺、连山湾、南津关、阆中等地，主要经过石佛寺（今石伏村）、瓦店子到大风铺。

瓦店子　原瓦店大队驻地，因以前修有瓦房店子而得名，地居一个山脊

瓦店子旧址　　　　　　　　　　　　大风铺旧址

大风铺古代残碑　　　　　　　　　　大风铺石件

小侯垭垭口　　　　　　　　　　　　白鹤铺旧址

上，仍有一残破平房。

　　大风（丰）铺（堡）　　正德《四川志》卷14、嘉靖《保宁府志》卷4、道光《保宁府志》卷31、《钦定大清会典事例》卷678均有记载，在今阆中市飞凤镇瓦店村大风铺，有骑龙寺遗址。1940年《阆中县舆图》标注从大风铺向东北经小侯垭、白鹤铺、五里台到南津关。

千佛岩　即今天千佛岩村千佛岩。

小侯垭　也称小佛垭，在今小喉垭，下为阆中市殡仪馆。

白坡铺　正德《四川志》卷14、嘉靖《保宁府志》卷4、道光《保宁府志》卷31、《钦定大清会典事例》卷678均有记载，只是明代文献均记载为白坡铺，不是白鹤铺。清代白鹤铺在原白鹤大队之地，在今阆中市白鹤铺。

五里台　也称五里店，原五里大队驻地，在今阆中市火车站附近。从五里台过阆南桥到南津关。

锦屏驿、南津关、保宁守御千户所　洪武《寰宇通衢》、景泰《寰宇通志》、正德《四川志》、万历《四川总志》、嘉靖《四川总志》、顾炎武《天下郡国利病书·四川备录上》、明《四川省四路关驿图》及明代的商人路书中都记载有锦屏水马驿。嘉靖《保宁府志》卷4《建置纪下·驿传》记载："锦屏水马驿，属阆中县，在澄清门外，今徙于富春门外。站船四只，什物二百一十六件，水夫四十名。马骡二十六匹头，马骡夫四十九名，什物二百九十件，铺陈一十九付，库子一名，馆夫六名。"[1]嘉靖《保宁府志》卷6《名胜纪·古迹》记载有锦屏旧驿，在城西1里。[2]明代阆中城西门为澄清门，东门为富春门，即明代的锦屏驿先设在西门澄清门，后迁东门富春门，均在今阆中古城附近。其中东门即清代的东门瓮城子，明代的锦屏驿驿舍应该在此城

清代保宁府城门

清代保宁城城壕

清代保宁城城墙

---

① 嘉靖《保宁府志》卷4《建置纪下·驿传》，嘉靖二十二年刻本。

② 嘉靖《保宁府志》卷6《名胜纪·古迹》，嘉靖二十二年刻本。

清代南津关　　　　　　　　　　　现在重建的南津关

现在阆中古城全景

门外边不远处。明代金牛道从西而来，先到南津关渡嘉陵江到城内。《蜀海丛谈》记载："县治在清初时最当冲要，迨水路大通，驿路改由绵州径达昭化、广元，即较清简。"[1]所以，阆中的地位重要在明代及清代初年以前，由于当官驿正途，有所谓"五城十二楼"之称，商业相当繁华，只是到了康熙二十九年金牛道主线改走剑阁后才相对萧条零落。嘉靖《四川总志》卷6载有南津关，嘉靖《保宁府志》卷4《建置纪下》也载有南津浮桥，成化八年创建。《读史方舆纪要》卷68记载："南津关，在城南，

----

① 周询《蜀海丛谈》，巴蜀书社，1986年，第94页。

阆中古城一角

临嘉陵江，有南津渡口，为戍守处，今关下有锦屏浮桥。"①此浮桥在民国时期仍然存在，有照片为证。如今，当地为旅游开发重新打造了南津关老街和关口。嘉靖《四川总志》卷6还记载："保宁府守御千户所，在府治南，

清代阆中的浮桥

① 顾祖禹《读史方舆纪要》卷68，中华书局，2005年，第3205页。

洪武初建。"①但千户所具体治地一直不明。

明清以来从阆中北至苍溪的道路体系较为杂乱，这主要是因为地属中、深丘地带，道路可选择性大，故需要我们认真考察。正德《四川志》卷14《保宁府·邮驿》记载："阆中……瓦窑铺、土地铺，俱在治北……（苍溪）罗石铺，在治南……伏公铺在治东。"②嘉靖《保宁府志》卷4《建置纪下·驿传》记载："北曰瓦窑、土地，苍溪界……（苍溪）南曰罗石、土地，北曰槐树、伏公、白坡、经政。"③雍正《四川通志》卷22《铺递》、嘉庆《四川通志》卷89《武备·铺递》、民国《阆中县志》卷20《武备》皆记载："瓦窑铺，在县北十里。土地铺，在县北二十五里。"④咸丰《阆中县志》卷3《兵制》亦记载："瓦窑铺，县北十里。土地铺，县北二十五里。"⑤民国《阆中县志》卷6《交通·陆路》又记载："北走广元。自巴巴坟至二道沟，左行经土地关至五里子约四十里至苍溪界。"⑥王士性《入蜀稿》记载："出保宁，又行大山中不断，至于汉州乃止，然皆大道，划石平甃，即村落市镇皆然。"⑦说明金牛道保宁至汉州段，虽然经过山地丘陵，但作为官道，整治较好。

据阆中黄世杰先生的研究，从阆中北到下五里子，历史上共有四条通道：第一条从阆中古城经过玉台观、漏风垭、一碗水、檬子垭、布施梁、永鸿寺、接官亭、仙鱼铺（双山垭）、瓦口隘、曹家店（土地关）、尖山塘、柏树垭（苍溪）到下五里子；第二条从阆中古城经过巴巴寺、姜家拐、二道沟、任家山、仙鱼铺（双山垭）、瓦口隘、曹家店（土地关）、尖山塘、柏树垭（苍溪）到下五里子；第三条从阆中古城经过沙沟子（江边）、滴水关、红石岩儿、磨刀沟儿、高家濠口、任家山、石子梁、何家山、小土地关、九幢埝到下五里子；第四条从阆中古城、沙沟子（江边）、滴水关、红石岩儿、磨刀沟儿、上大石板（进沟）、（大山沟）三堆石、（翻大山）五家桥、石桥子、张家碥、下黄家坝、三星桥、上黄家坝、郑家山、青包山、油房梁、大坪山儿、柏树垭（苍溪）到下五里子。这些道路间还留有发马坡（也称发麻坡）、布

---

① 嘉靖《四川总志》卷6，嘉靖二十四年刻本。

② 正德《四川志》卷14《保宁府·邮驿》，正德十三年刻、嘉靖十六年增补本。

③ 嘉靖《保宁府志》卷4《建置纪下·驿传》，嘉靖二十二年刻本。

④ 雍正《四川通志》卷22《铺递》，乾隆元年刻本；嘉庆《四川通志》卷89《武备·铺递》，嘉庆二十一年刻本；民国《阆中县志》卷20《武备》，民国十五年石印本。

⑤ 咸丰《阆中县志》卷3《兵制》，咸丰元年刻本。

⑥ 民国《阆中县志》卷6《交通·陆路》，民国十五年石印本。

⑦ 王士性《入蜀稿》，《王士性地理书三种》，上海古籍出版社，1993年，第533页。

施梁、接官亭等地名，与交通有关。[1]1940年《阆中县舆图》中还有一条从阆中经靶靶寺、江家拐、梁山关、娘娘庙到五里子的道路。

据我们实地考察，从整体上看，自阆中到下五里子可以分成东路和西路，东路经瓦窑铺、土地铺到苍溪下五里子，西路从沙沟子、滴水关到苍溪下五里子或土地关。据明代有关记载，可能当时两条通道就都存在。从阆中城到土地铺的路线选择较多，远不止一条。

东路在明代有锯山关、瓦窑铺、土地铺的记载，说明明代东路为主线。

巴巴寺　地处蟠龙山南麓，始建于清康熙二十八年，为历史上阆中北出第一站。从此经过张家岭到江家拐。

锯山关　明代《四川省四路关驿图》中标注了锯山关，嘉靖《四川总志》卷6保宁府有锯山关，嘉靖《保宁府志》卷4《建置纪下》记载锯山关在东5里。《读史方舆纪要》卷68记载："锯山关，在府东蟠龙山后，为汉沔要冲之路。"[2]嘉庆《四川通志》卷27记载："锯山关，在县东北五里盘龙山后。"[3]道光《保宁府志》卷8记载："锯山关，在县

巴巴寺

---

①　黄世杰《话说广元、苍溪到阆中的利阆道》，2021年4月16日，https://pc.sclztv.com/news/11173，2024年9月4日。

②　顾祖禹《读史方舆纪要》卷68，中华书局，2005年，第3205页。

③　嘉庆《四川通志》卷27，嘉庆二十一年刻本。

东北十二里蟠龙山后，为汉沔要冲之地。"①此关即今阆中县盘龙山下锯山垭，但此关似为东西向翻盘龙山的垭口。

瓦窑铺 正德《四川志》卷14《保宁府·邮驿》和嘉靖《保宁府志》卷4《建置纪下》都有记载。②清代从阆中出发经过九龙子、回子湾到瓦窑铺。按道光《保宁府志》卷31记载在县北10里，但《钦定大清会典事例》卷678记载在县北30里，瓦窑铺应在今城东北姜家拐、东岩寺一带。考察中当地人反映，从阆中向北也可以经过九龙子、回子湾到姜家拐，但可能并非主线。

二道沟 在今嘉陵江从南北向向东拐处，有的

锯山垭，也称锯山关。

姜家拐

地图标为一道沟，误。从此开始翻越山梁任家山。

陈家湾 地处大梁以东，盖元山之南，营盘湾之西，为二道沟的尽头，有较多人户，从北翻越盖元山东北坡到任家山任家坡。

任家山 即今盖元山东侧，以前翻越此山多为碥石辅路，至今梯步碥石仍有部

① 道光《保宁府志》卷8，道光二十三年刻本。
② 正德《四川志》卷14《保宁府·邮驿》，正德十三年刻、嘉靖十六年增补本；嘉靖《保宁府志》卷4《建置纪下》，嘉靖二十二年刻本。

分保存，只是荒废而通行困难。在山顶上有一个称为店子的地方，应为古代打尖的铺子。从任家山山顶店子之地直通双山垭，一路路基保存较好，个别路段仍有碥石。

双山垭、仙鱼铺、上五里子 早在嘉靖《保宁府志》卷6《名胜纪·古迹》中就

二道沟

陈家湾

盖元山上的碥路碥石

盖元山上店子的厕所茅坑

有记载："双山旧驿，在府城北十五里，洪武间建，后并入锦屏驿。"① 此地在明清时相当重要，在清代又称仙鱼铺。《新修支那省别全志》记载称双山坝，也称上五里子，只有六户人家、一座庙、一家商铺。②据我

任家坡古道

任家坡至双山垭间的碥路碥石

们实地考察，从阆中北上的几条路线都要经过此地，即从滴水关、二道沟、梁山关而来的三条路都汇于此地后向北而行。现在此地关隘仍有不少建筑旧石件残留，两山相峙，垭口居于中。从双山垭开始古道直到下五里子间几乎都是沿着山脊而行。

双山垭垭口

双山垭旧建筑遗址

---

① 嘉靖《保宁府志》卷6《名胜纪·古迹》，嘉靖二十二年刻本。

② 东亚同文会《新修支那省别全志》卷1，1941年，第390页。下文各地民国初年的人口、店铺等情况，除特别注明的外，皆采自此志。

第一章

瓦口隘城墙

瓦口隘城墙一角

瓦口隘 又称城墙岩。原瓦口隘传为张飞所建，以前还保留有拱形卡子，古道从中穿过。现只存在一条横亘的石墙，当地人俗称城墙。

土地铺、曹家店 正德《四川志》卷14《保宁府·邮驿》和嘉靖《保宁府志》卷4《建置纪下》都记载有土地铺。[1]清代从瓦窑铺出发经过江家拐、二道沟到土地铺。乾隆《苍溪县志》卷2记载："土地铺，邑东三十里，今存。"[2]但道光《保宁府志》卷31在阆中县下记载："土地铺，在县北二十五里。"[3]但《钦定大清会典事例》卷678记载此地距离阆中有60里，记载有误。民国《阆中县志》卷6《交通·陆路》又记载："北走广元。自巴巴坟至二道沟，左行经土地关，至五里子，约四十里，入

① 正德《四川志》卷14《保宁府·邮驿》，正德十三年刻、嘉靖十六年增补本；嘉靖《保宁府志》卷4《建置纪下》，嘉靖二十二年刻本。
② 乾隆《苍溪县志》卷2，乾隆四十八年刻本。
③ 道光《保宁府志》卷31，道光二十三年刻本。

曹家店旧址

远眺曹家店

尖山塘

柏树垭

苍溪界，经永宁铺抵广元，约三百六十里。"①土地关疑即土地铺，可能是今穿洞子南的土地关。按清代记载在县北25里，估计应在今城东北梁山关一带。黄世杰先生研究认为曹家店即土地关、土地铺，可能性更大。据我们实地考察，此地为一山脊上的小平地，原来有一家店子，后来建有一学校，现在完全荒废。从此翻寨子山经苟家店到尖山塘。

尖山塘 在山脊上的一小山下，地处小山东北方向，今仍有一大水塘，东南方向仍有几户居民居住。从此经娘娘庙到柏树垭。

柏树垭 为山脊上的一个垭口，以前多柏树，今仍有民房数栋。

下五里子 五里子的地位重要，乾隆《苍溪县志》卷1记载乡场就有五里子。

---

① 民国《阆中县志》卷6《交通·陆路》，民国十五年石印本。

第一章

地处山脊的下五里子

下五里子分岔口

《清代重庆府至京都路程》记载："五龙（里）子，二十五里，坡路有店可宿。"①《新修支那省别全志》记载下五里子有25户人家，大路宽敞，有门楼，设有小学。只是《清代重庆府至京都路程》从陈家坡直接跨越阆中到苍溪间的众多站点到五里子，多有缺佚，有一点遗憾，也显出五里子的重要性。五里子即下五里子，旧为阆苍交界处，阆中、苍溪各有一部分。民国《阆中县志》《苍溪县志》皆载有五里子，也称五里场，其中民国《阆中县志》卷5《场市》载五里场有14户人家，并明确备注云："地界苍阆，所载户数属阆民。"②新中国成立后五里子划归苍溪。1993年《苍溪县志》云："1935年5月后属五里乡（联保），当时五里场西半街及任家沟为阆中县属地。1951年建政时将属阆中的部分地域划入苍溪。"③本为五里乡，2005年撤销并入云峰镇。实地考察发现，现五里子地处一个山梁上，一条街贯通南北，街道肌理仍存，传统建筑多被破坏。

---

① 《清代重庆府至京都路程》，刘建民主编《晋商史料集成》第70卷《规程》，商务印书馆，2018年，第701页。

② 民国《阆中县志》卷5《场市》，民国十五年石印本。

③ 苍溪县地方志办公室《苍溪县志》，四川人民出版社，1993年，第88页。

滴水关

滴水关　西路第一站为滴水关。早在明代《四川省四路关驿图》中就标注有滴水关，嘉靖《四川总志》卷6记载保宁府有滴水关。嘉靖《保宁府志》卷4《建置纪下》记载滴水关在玉台山下。《读史方舆纪要》卷68记载："又玉台山下有滴水关。"[1]嘉庆《四川通志》卷27记载："滴水关，在县北玉台山下。"[2]道光《保宁府志》卷8记载："滴水关，在县经七里。"[3]民国《阆中县志》卷6称滴水关"北走苍溪"[4]。滴水关应在今阆中沙溪场玉台山下，具体可能在滕王阁西的嘉陵江边一带。

走西路可以从滴水关（玉台观）东北方向经过红土梁、一碗水、漏风垭、檬子垭、布施梁、接官亭到双山垭，清代以来也一直是一条重要的路线。也可以从滴水关经石家坝、土地关、石家坝（同名）、杨家壕、塔子山、游坝到苍溪县。

接官亭　在山腰一狭长的台地上，以前曾是保宁府接送上级官员之地，建有亭楼，现有几户民居，亭楼就在住户旁的竹林处。

周家湾　为一重要居民点，从前和现在人户都较多。

---

①　顾祖禹《读史方舆纪要》卷68，中华书局，2005年，第3205页。
②　嘉庆《四川通志》卷27，嘉庆二十一年刻本。
③　道光《保宁府志》卷8，道光二十三年刻本。
④　民国《阆中县志》卷6《交通·陆路》，民国十五年石印本。

红石嘴

漏风垭

檬子垭

远眺布施梁

接官亭附近地势

接官亭旧址

周家湾   永鸿寺旧址

永鸿寺 以前曾建有一寺，现毁，现从此可遥看双山垭垭口。

同时，从此向北也可沿黄世杰谈到的第三、四条道路到五里子。据实地考察，当地人认为清代从土地铺经陈家坡、王家湾、双山垭、曹家店、凉水井、窦家店、娘娘庙、柏树垭到下五里子，再经烟峰铺（今云峰镇）、牌坊垭、六包垭到槐树驿。同时，从下五里子到苍溪先后走柳树梁、麻石垭、张王庙、青冈嘴、文焕桥到苍溪，不经过金垭子，只有云峰镇那边的人向西进城才走金垭子。可知路线在历史上有所变化。则过去苍溪到阆中的大路是先往东，经金垭到云峰再往南。我们实地考察中发现，五里子乡民张树莲、张华所描述的柳树梁、麻石垭、张王庙、青冈嘴、文焕桥到苍溪的路线，应该是年代更晚的下五里子到苍溪的支线。

梁山关关口   梁山关整体形势

云峰镇，原烟峰铺。

古道从下五里子经过北斗山、羊鹿垭、金银仓到烟峰楼。

烟峰楼、烟峰铺 《清代重庆府至京都路程》记载为马凤楼。民国《苍溪县志》卷8《方域志·关隘》记载："城正东十里为金垭隘，又十里为烽火塘，南行三十里为尖山塘，形势险要，过土地关入阆界。"①烽火塘又名烟峰铺、烟峰楼，即今云峰镇。乾隆《苍溪县志》卷2《铺递》记载："烟峰铺，县东三十里，今存。"同卷《古迹》记载："烟峰楼，河东大路，雍肃公虞允文治蜀，遇军务辄举火相通，至今存其名。或曰胭粉楼，因任妃得名。二说存参。"②《钦定大清会典事例》卷678有记载称烟峰铺。《四川省苍溪县地名录》记载："公社驻地烟峰楼……因驻地有一山峰，似高耸入云，称云峰山。乡以山名。"③民国初年，此地有五六十户人家，建有庙宇和门楼。考察发现，现云峰镇地处一山坳处，老街肌理仍存，顺着老街上朱家梁子到牌坊垭，古道坡度较大，有的路段碥石保存较好。

苍溪县苍溪驿、总铺、在城铺 原汉昌县旧境，隋设立苍溪县，直到今天。苍溪县在明代就设有苍溪驿，明代《四川省四路关驿图》中就标有苍溪驿，再如《寰宇通志》卷63记载："苍溪驿，在苍溪县治之西。"④《读史方舆纪要》卷68记载："又苍溪驿，在县西，水道所经也。"⑤正德《四川志》卷14记载为总铺。嘉靖《保宁府志》卷4记载为在城铺，称："在城（铺），在东门外。"⑥应在今苍溪县东城一带。明清时期从下五里子到槐树驿可以经过苍溪县城，也可以不经苍溪县城而经过烟峰铺

① 民国《苍溪县志》卷8《方域志·关隘》，民国十七年铅印、石印本。
② 乾隆《苍溪县志》卷2《铺递》，乾隆四十八年刻本。
③ 四川省苍溪县地名领导小组编印《四川省苍溪县地名录》，1982年，第33页。
④ 《寰宇通志》卷63，《玄览堂丛书续集》第62册，国立中央图书馆，1947年影印本。
⑤ 顾祖禹《读史方舆纪要》卷68，中华书局，2005年，第3207页。
⑥ 嘉靖《保宁府志》卷4《建置纪下》，嘉靖二十二年刻本。

（楼）、六包垭到槐树驿。具体而言，金牛道南段东线在苍溪境内直接顺着县城东面的山路往北，即从下五里子过云峰经六包垭到槐树驿。故1945年《苍溪县全图》标明从五里子向北25里到烟峰楼，可向西20里到苍溪县城，亦可向北25里直接到槐树驿，不必经过苍溪县城。但是明清时期可以从苍溪县城经过游坝、懒龙沱、严家坝、金垭子、九湾子、罗石铺到烟峰铺接官道主线，也可以经刘家湾、黄连嘴、谭家店、鞍子山、船包梁到六包垭北接官道主线。民国《阆中县志》卷2《疆域》附《阆中县舆图》所绘走广元大道，沿途即走瓦口隘、五里子、烟峰楼。实际上从阆中到广元的驿路有水路、陆路两种，官员入蜀往往更喜欢走水路，如康熙十一年王士禛、康熙二十二年

朱家梁子碥路

牌坊田与牌坊遗址旧地　　　　　　牌坊垭碥路

方象瑛都是从朝天上船，经广元、桔柏、昭化、虎跳、苍溪，到阆中城后才又重新走陆路。所以，明清时期苍溪县城陆运地位相对并不高。

六包垭老街

牌坊梁　由朱家梁子上陡坡到牌坊梁，为一小台地，有牌坊田，原牌坊立于田中，碥路仍存。由此上缓坡到六包垭。

元马铺　乾隆《苍溪县志》卷2记载元马铺在县北50里，道光《保宁府志》卷31也有类似记载。即今河山村元马铺之地。

六包垭　也称六巴垭，《新修支那省别全志》记载当时有17户人家，有武圣宫。地处一缓坡上，现只存有一条小街、一栋传统建筑。

槐树驿、槐树铺　槐树驿是从阆中北上广元四大驿铺中的第一个，洪武《寰宇通衢》、景泰《寰宇通志》、正德《四川志》、万历《四川总志》、嘉靖《四川总志》、顾炎武《天下郡国利病书·四川备录上》、明代《四川省四路关驿图》及明代的商人路书中都有记载。嘉靖《保宁府志》卷4《建置纪下·驿传》记载："槐树马驿，在苍溪县西二十里。旗军一百十二名，马骡一十七匹头，夫四十名。"[①]乾隆《苍

槐树旧街道

槐树老街旧碥路遗迹

---

①　嘉靖《保宁府志》卷4《建置纪下·驿传》，嘉靖二十二年刻本。

溪县志》卷2《铺递》记载："槐树铺，县北四十里，今存。"①《钦定大清会典事例》卷678也有记载。《清代重庆府至京都路程》记载槐树驿，称"铺下坡路有大店可到武功"②，这里的武功即伏公铺。民国《苍溪县志》卷8《方域志·关隘》记载："城北二十里为大石坎，石磴陡绝。又北十里为槐树驿，下至烽火塘经元马铺三十里，上至白鹤铺三十里，系由阆达利通衢。"③民国《苍溪县全图》有槐树驿的标注。据《中国文物地图集·四川分册》记载："槐树驿遗址，六槐乡槐树村东50米……现存石板驿道、柱础等遗物。"④《新修支那省别全志》称有50户人家，有马厩。据我们实地考察，这个槐树驿遗址在今天苍溪县陵江镇六槐的粮仓背后，并不在今天的槐树村。今天的槐树村远离六槐街道，是近来乡镇政区撤乡并镇过程中将以前一个村新命名的，在老槐树街东面几里的山腰下，并不是以前的槐树驿所在。我们考察发现，现在槐树驿旧址也只保留了一些碥路碥石，可能是清代的遗物，并不存在明代以往驿舍之类建筑。从此经过二道坎、马马石到伏公铺。

伏公铺　又名伏工铺，正德《四川志》卷14《保宁府》记载："伏公铺在治东。"⑤嘉靖《保宁府志》卷4《建置纪下·驿传》也记载有伏公铺。⑥乾隆《苍溪县志》卷2《铺递》记载："伏工铺，县北六十里。"⑦《清代重庆府至京都路程》所载武功铺，实即伏公铺。民国

伏公铺老街

① 乾隆《苍溪县志》卷2《铺递》，乾隆四十八年刻本。

② 《清代重庆府至京都路程》，刘建民主编《晋商史料集成》第70卷《规程》，商务印书馆，2018年，第701页。

③ 民国《苍溪县志》卷8《方域志·关隘》，民国十七年铅印、石印本。

④ 《中国文物地图集·四川分册》，文物出版社，2009年，第406页。

⑤ 正德《四川志》卷14《保宁府》，正德十三年刻、嘉靖十六年增补本。

⑥ 嘉靖《保宁府志》卷4《建置纪下·驿传》，嘉靖二十二年刻本。

⑦ 乾隆《苍溪县志》卷2《铺递》，乾隆四十八年刻本。

古道边的文昌庙　　　　　　文昌庙附近古道路基

天池铺一面

《苍溪县志》卷8《方域志·关隘》记载："（槐树驿）又北二十里为伏公铺。"[1]民国《苍溪县全图》有伏公铺的标注，即今苍溪县白鹤乡伏公铺。民国初年，此地有60余户人家，街上建有过街楼，养蚕业发达。考察发现，街道肌理保存较好，但传统建筑大多已被破坏。

白鹤铺　嘉靖《保宁府志》卷4《建置纪下》有记载。乾隆《苍溪县志》卷2《铺递》记载："白鹤铺，县北七十里，今存。"[2]《钦定大清会典事例》卷678也有记载。《清代重庆府至京都路程》记载称上白鹤铺，距离伏公15里。民国初年此地只有6户人家，但有饭馆。今为白鹤乡，位于乡道054与国道212的交会处，疑即清代的白鹤铺之地，在今苍溪白鹤乡。

新店子　民国初年只有6户人家，在今新店子村。

经政铺、武龙子　嘉靖《保宁府志》卷4《建置纪下》有记载。乾隆《苍溪县志》卷2《铺递》记载："金针铺，县北八十里。"[3]道光《保宁府志》卷31也有记载。《清代重庆府至京都路程》记载称上五龙（里）子，称"有店可尖"[4]。此即历史上的上五里

---

① 民国《苍溪县志》卷8《方域志·关隘》，民国十七年铅印、石印本。

② 乾隆《苍溪县志》卷2《铺递》，乾隆四十八年刻本。

③ 乾隆《苍溪县志》卷2《铺递》，乾隆四十八年刻本。

④ 《清代重庆府至京都路程》，刘建民主编《晋商史料集成》第70卷《规程》，商务印书馆，2018年，第701页。

天池铺另一面　　　　　　　　　　　天池铺附近古道路基

子，与前面《新修支那省别全志》记载的双山坝的上五里子位置关系混乱。民国《苍溪县志》卷8《方域志·关隘》记载："（伏公铺）又北三十里为八字关，旧设巡检，今裁，一曰金针铺。"同卷《方域志·市镇》亦记载："五龙，古时为八字关地，设巡检一员。"①民国《苍溪县全图》有五龙的标注。民国初年有36户人家，场口牌坊上题"五龙古场"四字，有一庙上题"西江伐往"。今五龙镇在苍溪县境内算是一个大镇，即清代的金针铺，街道肌理保存较好，但传统建筑已经荡然无存。

天池铺　正德《四川志》卷14和嘉靖《保宁府志》卷4都记载有天池铺，《钦定大清会典事例》卷678亦有记载，应在经政铺与施店驿之间，在今苍溪县五龙镇天池铺。《四川省苍溪县地名录》记载，此地原有一个供奉天池星神的庙，地处驿道上，故名。②考察发现，天池铺旧址在今212国道旁，地处一小垭口，一侧有大树一株，一侧原有一供天池星神的小庙，现称庙梁。附近下坡的古道路基仍存。

印合山　民国初年只有6户人家，今印合村。

施店驿　洪武《寰宇通衢》、景泰《寰宇通志》、正德《四川志》、万历《四川总志》、嘉靖《四川总志》、顾炎武《天下郡国利病书·四川备录上》、明代《四川省四路关驿图》及明代的商人路书中都记载有施店驿或施店军站。嘉靖《保宁府志》卷4《建置纪下·驿传》记载："施店马驿，在昭化县南一百八十里。旗军一百十二员名，马骡二十七匹头，辅陈一十四付。"③乾隆《苍溪县志》卷2《铺递》记载："施

---

① 民国《苍溪县志》卷8《方域志》，民国十七年铅印、石印本。

② 四川省苍溪县地名领导小组编印《四川省苍溪县地名录》，1982年，第80页。

③ 嘉靖《保宁府志》卷4《建置纪下·驿传》，嘉靖二十二年刻本。

施店驿旧址

施店驿旧址一角

施店驿古代石质构件

施店驿红军塔

施店驿红军树

店驿，县北一百里。"①同时记载有施店铺。《清代重庆府至京都路程》记载称施天驿。民国《苍溪县志》卷8《方域志·关隘》记载："又北十里为施店驿。"②民国初年，此地有12户人家，仅有一家饭店。我们发现，明清时期文献中均是施店、施天之名，但近代不知何时，当地人将施店误作施添，并且编出了"古为驿道大站，邮役至此，马可添草料，人可添粮，故名"的说法，是一种误解下的重构。其实，更有可能的是"施"为一个姓氏，"施氏所开之店"可能是最早的地名由来。《中国文物地图集·四川分册》记载："位于吹筒山上，西接华山庙。遗址呈四合院布局，面积约4500平方米。现存围墙、石柱、柱础、水井、石碾等遗迹，砖、瓦、瓦当、黑釉瓷罐等遗物。遗址前有驿道遗迹。"③这是反映20世纪80年代的情况，然而，我们2020年考察发现，施添驿旧址在苍溪县永宁镇天池村二组施添驿，现只存两栋房屋，四合院已经不复存在，建筑多是清代以来遗留，现附近只有石碾等遗物存在。不过，金牛道南段东线的施店驿遗址和建宁驿遗址是我国目前较有原始风貌的古代驿铺遗址，值得我们重视。

永宁铺 正德《四川志》卷14记载："施店铺、石岭铺、天池铺、永宁铺、清水铺，俱在（昭化县）治东。"④嘉靖《保宁府志》卷4记载："昭化，十有八，县门，在分司前，东曰皂角、漫山、龙潭、沟头，东南曰梅树、石井、圆山、金凤，南曰板石、柏林、清水、永宁、施店、天池，西方曰官店、朝阳、高庙。"⑤两志对铺递位置

远眺永宁铺

大石口幺店子

---

① 乾隆《苍溪县志》卷2《铺递》，乾隆四十八年刻本。
② 民国《苍溪县志》卷8《方域志·关隘》，民国十七年铅印、石印本。
③ 《中国文物地图集·四川分册》，文物出版社，2009年，第405页。
④ 正德《四川志》卷14，正德十三年、嘉靖十六年增补本。
⑤ 嘉靖《保宁府志》卷4《建置纪下·驿传》，嘉靖二十二年刻本。

的记载较乱，现在可考的在这条官道上的铺递有龙潭、梅树、石井、圆山、柏林、清水、施店、永宁、天池等铺。《钦定大清会典事例》卷678有记载。《清代重庆府至京都路程》记载："永宁铺，十五里，有店可住。从此之梅树铺，俗云有廿四个蘑菇顶，比栈道更难行走。此保宁梁子至险之路此也。"[1]民国《苍溪县全图》有永宁铺的标注。民国初年，此地有150多户人家，为古道上人口较多的大镇。永宁铺在今苍溪县永宁镇，处居一山梁台地之上，山下为荞子坝，驿路穿城而过，但传统建筑已经完全消失。据我们考察，施店驿至永宁驿之间有两段碥路遗迹，一段在施店驿七组附近，一段在永宁镇南一段，其中永宁镇南一段的碥路多为现在复建，但路边大石口幺店子保存较好。从永宁铺经黄土包、百石坎、沙包店到清水铺。

清水铺 正德《四川志》卷14和嘉靖《保宁府志》卷4都有记载，乾隆《广元县志》卷3《营建·驿铺》记载："清水铺，在县南一百三十里。"[2]《钦定大清会典事例》卷678有记载。据民国《重修广元县志稿》附《广元县第一区图》所绘，从永宁铺过界往北分别为清水铺、关帝庙、檬子树垭、柏林沟。清水的驻地也发生过变化。[3]在1988年《四川省广元县地名录》中，清水公社驻龙凤场，即今清水镇龙凤场村，而如今清水与永宁两镇的街道是紧挨着的。但无论是龙凤场还是现在的清水镇街道，都不是旧清水铺的位置所在，旧址是在今清水镇街道北约4公里关帝庙村境内的清水镇小学附近。从清水铺经过关帝庙、帽盒山到柏林沟。

柏林驿、柏林铺、柏林沟 洪武《寰宇通衢》、景泰《寰宇通志》、正德《四川志》、万历《四川总志》、嘉靖《四川总志》、顾炎武《天下郡国利病书·四川备录上》、明代《四川省四路关驿图》及明代的商人路书中，都记载有柏林驿，也有称柏林军站、柏林递运所的。嘉靖《保宁府志》卷4《建置纪下·驿传》记载："柏林马驿，在昭化县南一百三十里。旗军一百十二员名，马骡二十七匹头，辅陈一十二付。"[4]乾隆《广元县志》卷3《营建·驿铺》记载："柏林铺，在县南一百二十里。"[5]《钦定大清会典事例》卷678有记载。《清代重庆府至京都路程》记载称白林沟，称"此处一上一下，极陡险难行，遇雪雨更难走，有腰店可尖，俗传此处有

---

① 《清代重庆府至京都路程》，刘建民主编《晋商史料集成》卷70《规程》，商务印书馆，2018年，第701页。

② 乾隆《广元县志》卷3《营建·驿铺》，乾隆二十二年刻本。

③ 民国《重修广元县志稿》附《广元县第一区图》，民国二十九年铅印本。

④ 嘉靖《保宁府志》卷4《建置纪下·驿传》，嘉靖二十二年刻本。

⑤ 乾隆《广元县志》卷3《营建·驿铺》，乾隆二十二年刻本。

柏林驿老街　　　　　　　　　　　柏林镇魁星阁

柏林驿柏龙分司旧址　　　　　　　　柏林驿附近碥路

马超墓"[1]。民国《重修广元县志稿》卷4《建置志一》记载："柏林沟，（场期）
三六九，（距城道里）一五五，（场市户数）二〇，县南大道，清设汛。"[2]1940年
《广元县地形图》标注为白林沟。民国初年，柏林铺仅有24户人家，铺前有一个二孔
平桥，称善心桥。柏林驿在今苍溪县柏林沟镇。现街道肌理和建筑还保存较好，但多
是清代的建筑。据我们2020年实地考察，街道上还保留有魁星阁、柏龙分司等古迹，
也新立有"利阆道"指路碑，现当地已经开发成旅游景区。从柏林驿到清水铺和到新
场的部分碥路还有保存。

歇马铺　乾隆《广元县志》卷3《营建》记载有此铺，《钦定大清会典事例》卷678

---

① 《清代重庆府至京都路程》，刘建民主编《晋商史料集成》卷70《规程》，商务印书馆，2018
　　年，第701页。
② 民国《重修广元县志稿》卷4《建置志一》，民国二十九年铅印本。

也记载称歇马铺，也称放马碑，即今放马坪。从此经过金包谷到金岚铺。

金岚铺　嘉靖《保宁府志》卷4《建置纪下》、乾隆《广元县志》卷3《营建》记载有此铺。《钦定大清会典事例》卷678记载有金岚铺，但记载的位置关系与道光《保宁府志》卷31所载不一样。在今昭化柏林沟镇金岚村，有金岗寺。从此经字库梁到新场。

发马铺、新场（金牛场）　乾隆《广元县志》卷3《营建》和《钦定大清会典事例》卷678均记载有发马铺，应即新场。《清代重庆府至京都路程》记载有新场，距离柏林驿25里。据民国《重修广元县志稿》附《广元县第一区图》所绘，柏林沟往北分别为放马碑、石关子、金岚铺、新场。[1]民国《重修广元县志稿》卷4《建置志一》记载："金牛，（场期）一四七，（距城道里）一三〇，（场市户数）三〇，县南大道，新立，俗名新场。"[2]1940年《广元县地形图》标注有新场。民国初年，此场有38户人家，有庙一座，当时为金牛场小学。我们考察发现，新场即新场村，街道比较萧条，老房子不多，街上旧有火神庙，庙今已无存，但庙前的两尊神兽保留下来，移到了街边。1940年《广元县地形图》标注新场与石井铺之间有茶店子，即今茶店子。

新场老街

新场老街老部件

石井铺　嘉靖《保宁府志》卷4记载有石井铺，但正德《四川志》卷14记载为石岭铺。据民国《重修广元县志稿》附《广元县第一区图》所绘，新场往北分别为麻石垭、茶店子、石井铺。乾隆《昭化县志》卷6《政事下·铺递》记载："旧大路由广元过二郎关，迤逦南下保宁，又南经潼川、中江、汉州、新都直抵省城。于县设铺递七

① 民国《重修广元县志稿》附《广元县第一区图》，民国二十九年铅印本。
② 民国《重修广元县志稿》卷4《建置志一》，民国二十九年铅印本。

| 石井铺老街 | 石井铺老街的木板画墙面 |

处，曰沟头、龙滩、漫三、梅树、圆山、石井、金岚。"①康熙二十九年改驿道后，七处只留沟头、龙滩、梅树三处，石井铺改属广元。乾隆《广元县志》卷3《营建·驿铺》记载："石井铺，在县南八十里。"②《钦定大清会典事例》卷678有记载。《清代重庆府至京都路程》记载为石井铺，称"有腰店"。民国《重修广元县志稿》卷4《建置志一》记载："石井铺，（场期）三六九，（距城道里）一一五，（场市户数）三〇，同（县南大道）。"③1941年日本《汉中地形图》和1940年《广元县地形图》标注为十井铺。民国初年，石井铺有27户人家，有2家饭店。据我们实地考察，老石井铺在今昭化区卫子镇石井村老石井街，街道肌理和传统建筑还保留较好，值得保护。从石井铺经陈家角、肖家坟到圆山驿。

圆山驿、圆山铺　洪武《寰宇通衢》、景泰《寰宇通志》、正德《四川志》、万历《四川总志》、嘉靖《四川总志》、顾炎武《天下郡国利病书·四川备录上》及明代的大多数商人路书中都没有记载，天启《士商类要》中记载有圆山驿，嘉靖《保宁府志》卷4《建置纪下》记载有圆山铺④。清乾隆《昭化县志》卷6《政事下·驿站》记载有圆山驿，只是误将陆驿记载为水驿。⑤雍正《四川通志》卷22记载："圆山驿，在广元县界，原设站马六匹，马夫三名。康熙五十一年，裁减马三匹，马夫一名半留马三

① 乾隆《昭化县志》卷6《政事下·铺递》，乾隆五十年刻本。
② 乾隆《广元县志》卷3《营建·驿铺》，乾隆二十二年刻本。
③ 民国《重修广元县志稿》卷4《建置志一》，民国二十九年铅印本。
④ 嘉靖《保宁府志》卷4《建置纪下》，嘉靖二十二年刻本。
⑤ 乾隆《昭化县志》卷6《政事下·驿站》，乾隆五十年刻本。

匹，马夫一名半。雍正八年，奉
裁。额设杠夫八名，雍正十年，
尽行裁汰。"[1]1940年《广元县
地形图》标注为元山驿。《四川
省广元县地名录》记载："圆山
驿，为古驿道，地处山岭，有一
土包而得名。"[2]很长时期内，
我们并不知道明代圆山驿的具体
位置。我们2020年的实地考察发
现，今天当地人习惯称元山驿，

圆山驿旧址

具体位置在昭化区卫子镇梅岭村六组，在一大池塘边有两栋二三层的楼房，周边为田
土，楼房前以前为驿路所经的碥石路，即为原来圆山驿旧址。

射虎碑 乾隆《昭化县志》卷6《关隘》有明人贯通射虎而杨升庵作记的记载，但
记其史实在梅岭关。但据考察，具体地名和遗址在梅岭关南的射虎牌之地。现保留有
碥路一段和疑似射虎碑碑槽。

射虎碑遗址

射虎碑碑槽

梅岭关 清代称为梅林关。乾隆《广元县志》卷3《营建·关隘》记载："梅林
关，在县南七十里。"[3]道光《重修昭化县志》卷8《舆地志七·关隘》也记载："梅

①　雍正《四川通志》卷22，乾隆元年刻本。
②　四川省广元县地名领导小组编印《四川省广元县地名录》，1988年，第436页。
③　乾隆《广元县志》卷3《营建·关隘》，乾隆二十二年刻本。

梅岭关关口　　　　　　　　　　　　　　梅岭关关口石刻

梅岭关上古道路基　　　　　　　　　　　梅岭关老庙旧址

梅岭关附近石构件

　　林关，在治东六十里，系由府至陕西大路，元至正间迭木耳将军屯兵于此，有射虎碑存焉。"[1]民国《重修广元县志稿》卷21《武备志二·关隘》记载："梅林关，县南七十里，关有贯侯射虎碑，山险路崎，为南方之保障，西□昭化，南至阆中，关已

①　道光《重修昭化县志》卷8《舆地志七·关隘》，同治三年刻本。

梅岭寺僧墓

梅岭寺四方碑

梅岭关附近石兽

不存，仅遗址耳。"[1]乾隆《昭化县志》卷6《政事下·关隘》详载射虎事迹云："梅林关，在治东四十里，系由府至陕西大路，元至正间迭木耳将军屯兵于此。有射虎碑存焉，明正德中有缺耳大虎潜迹树林，伺人而攫食之，行人阻绝。龙潭驿百户贯通率军校射其大虎，生捉二虎子于穴而毙之。升庵杨太史壮其事，作《射虎行》。"[2]据记载，梅岭关"有六户人家，位于高约三千尺的山顶，建有庙、饭店、茶馆，成为旅客的休息场所。山顶有阙的遗迹。北面有一个要倾圯的关门"[3]。我们考察发现，梅岭关上仍有老庙一座和关卡残迹，附近古道路基保存较好，但碥石破坏严重，路面灌草丛生，难以通

---

① 民国《重修广元县志稿》卷21《武备志二·关隘》，民国二十九年铅印本。
② 乾隆《昭化县志》卷6《政事下·关隘》，乾隆五十年刻本。
③ 东亚同文会《新修支那省别全志》卷1，1941年，第393页。

行。从梅岭关下坡3里即到达梅树铺。

梅树铺 嘉靖《保宁府志》卷4记载有梅树铺，咸丰年间高延第《北游纪程》称为梅水铺，应误。《清代重庆府至京都路程》记载称梅树铺"有店可住，至此到广元四上四下，且路小坡陡，洵难行走，若轿大更难行"[①]。在今昭化区卫子镇梅树。梅树铺老街破坏较为严重，没有传统建筑保存下来。民国时期，此地有38户人家，有一观音殿。

梅树铺旧址

三元场 三元场民国时有10户人家。有栅子门。《中国文物地图集·四川分册》云："三元场梅树铺北现存石板驿道及土路。另有一后期建造的石寨门，俗称'寨子门'，呈圆拱形，高2.06米，宽3.5米。"[②]考察发现，栅子门洞就在金潼路公路东侧的干田边，当地人称为"栅子门"，出门下坡有一段石板路。明代《四川省四路关驿图》在广元北标有梅树驿，虽然标识的位置有误，但似说明明代梅树之地曾设驿站。翻过一个垭口而下就到达李家沟，其间古道多荒废难行。

李家沟 从三元场栅子门往北下坡杂草丛生处的碥路保存较好，可下到小李家湾，跨越李家沟桥沟河，有一石板平桥，附近仍保存有一段碥路遗址。

漫山铺、三元乡 早在正德《四川志》和嘉靖《保宁府志》卷4中就记载有"漫山铺"一名。后雍正《四川通志》卷22《驿传》又记载："沟头铺，在县北七十里；龙滩驿铺，在县北八十五里；漫三铺，在县北一百里；梅树铺，在县北一百一十里；圆山铺，在县北一百二十里。"[③]1940年《广元县地形图》标注为三元乡。我们发现此处漫山铺一作漫三铺，在梅树北、龙潭南的漫山湾一带。今只存几间残破民房，但仍有人居住。

---

① 《清代重庆府至京都路程》，刘建民主编《晋商史料集成》卷70《规程》，商务印书馆，2018年，第701页。
② 《中国文物地图集·四川分册》，文物出版社，2009年，第369页。
③ 雍正《四川通志》卷22《驿传》，乾隆元年刻本。

栅子门　　　　　　　　　　　　栅子门下桥沟河间杂草丛生下的碥路

漫山湾

李家湾桥沟河石板桥　　　　　　　　漫山铺旧址

漫山铺通往穿心店的古道路基　　穿心店的古道路基铺上新水泥板　　　　　　穿心店旧址

穿心店　漫山铺到穿心店之间的古道路基仍存，只是石板已不复存在。今穿心店附近还保留有两家店子的遗址，古道从店子旁边而过，但碥路多被破坏。从此经过周家梁、李家店到柏佛寺（百佛寺）。

柏佛寺　从穿心店上山到柏佛寺一段碥路还在，但杂草丛生难以走通。龙潭乡柏佛村，即柏

穿心店后的碥路

佛寺所在地，以古庙百佛寺得名。[①]1940年《广元县地形图》标注有百福寺，即柏佛寺。民国时有15户人家，有回族人居住。现在较为冷清，只有道路两旁几处房屋，老寺庙也已经不在。

───────────

① 四川省广元县地名领导小组编印《四川省广元县地名录》，1988年，第30页。

柏佛寺

金鼓明代贯公碑

柏佛村郭家垭碑槽

柏佛寺至龙潭间碥路一段防滑槽

柏佛寺至龙潭间碥路一段

龙潭铺旧址

郭家垭　在柏佛村郭家垭古道边还保存有一块指路碑的碑槽，碑已经不复存在了。从此经过胡家岩到龙潭铺。

龙潭驿、龙潭铺　洪武《寰宇通衢》、景泰《寰宇通志》、正德《四川志》、万历《四川总志》、嘉靖《四川总志》、顾炎武《天下郡国利病书·四川备录上》及明代的商人路书中都有记载，有的记载为马驿，有的记载为军站。明代《四川省四路关驿图》记载为龙滩驿，但明代这一带有龙潭陆驿和龙滩水驿之别，此图为茶马贸易陆运图，怀疑为龙潭驿之误。嘉靖《保宁府志》卷4《建置纪下》记载有龙潭铺[1]，道光《重修昭化县志》卷29《武备志四·铺递》记载又作龙滩铺[2]。《清代重庆府至京都路程》记载称隆滩驿，称"有店虽小可住"[3]。嘉靖《保宁府志》卷4《建置纪下·驿传》记载："龙潭马驿，在昭化县东七十里。旗军一百一十二员名，马骡二十七匹头，辅陈一十二付。"同时也记载有龙潭铺。[4]具体位置在今广元利州区旧龙潭老街金鼓村。民国时期，此地有17户人家。关于金鼓村的来历，当地人称，南宋时期，元蒙哥统军进击四川。金鼓至阆中一带，曾广布烽火台若干，击鼓烧狼烟报信，金鼓村由此得名。但是《四川省广元县地名录》中记载金鼓村的得名则是因为有一黄色沙岩似鼓。[5]具体因何得名现已无法考证。

老街南面还保留着一段碥路，约100米左右，当地人搞旅游开发命名为广宁古驿道。龙潭老街上还保留了一些传统建筑，如老驿舍金鼓驿站，从建筑形式来看，可能是以前的幺店子、店铺之类。不过，历史上的龙潭之地可能曾有变动，今龙潭乡政府驻地曾是龙潭（滩）

贯家桥

①　嘉靖《保宁府志》卷4《建置纪下》，嘉靖二十二年刻本。
②　道光《重修昭化县志》卷29《武备志四·铺递》，同治三年刻本。
③　《清代重庆府至京都路程》，刘建民主编《晋商史料集成》第70卷《规程》，商务印书馆，2018年，第701页。
④　嘉靖《保宁府志》卷4《建置纪下》，嘉靖二十二年刻本。
⑤　四川省广元县地名领导小组编印《四川省广元县地名录》，1988年，第30页。

明代贯公安仁杨氏碑　　　　　　　　　　　龙潭大桥

巴岩店桥，一说即沟头铺旧址。

沟头铺至水观音段碥路

得名之地，龙潭一度曾迁移此地，现还保存有光绪八年修建的龙潭大桥。在金鼓发现有明代贯公碑，在金鼓与今龙潭间有贯公安仁杨氏碑。而龙潭铺以北界牌垭以南的水观音寺南北仍有两段保留较好的碥路。

界牌垭至水观音间碥路　　　碥路上的三步两洞桥

贯家桥　《龙潭乡志》记载，此桥建于光绪八年，长只有1.6米。[1]另贯家桥附近有明代贯公安仁杨氏碑。从此下坡到今龙潭乡青龙村原青龙桥到沟头铺。实际上从龙潭向北可经金鼓潭到沟头铺，也可向西北直接到沟头铺。

正德《四川志》卷14记载："总铺，山下铺、沟头铺、龙潭铺、漫山铺，俱在治南。磁窑铺、

水观音寺

石桥铺、沙河铺、望云铺，俱在治西。"[2]嘉靖《保宁府志》卷4记载："曰县门，南曰山下、思贤、沟头，北曰磁窑、石桥、叠石、望云、朝天、杂果、榆林、纸房、钟子、转头、枯树。"[3]可见嘉靖年间广元设立的铺递要比正德年间多一些，一些名称也产生了变化。例如，漫山铺之名消失，沙河铺改称叠石铺，增加了朝天、杂果、榆林、纸房、钟子、转头、枯树等铺。据高延第《北游纪程》记载："龙潭至广元历

①　《龙潭乡志》，内部出版，2004年，第326页。
②　正德《四川志》卷14，正德十三年刻、嘉靖十六年增补本。
③　嘉靖《保宁府志》卷4《建置纪下》，嘉靖二十二年刻本。

二十四坡，路尤诘曲，山多童赭。"①所以，至今这一段路线走向也较为复杂。

沟头铺 正德《四川志》卷14和嘉靖《保宁府志》卷4均记载沟头铺。雍正《四川通志》卷22《驿传》记载"沟头铺，在县北七十里"②。嘉庆《四川通志》卷89《武备·铺递》则记载"沟头铺，在县北六十五里"③。由于不能确定沟头铺的具体位置，我们在当地多方了解，发现当地人已经没有沟头铺地名的历史记忆了，故位置不明。

水观音功德碑

一说沟头铺在今巴岩店桥附近，现为一河流交汇处，地处山沟。该桥建于1964年。

水观音 1940年《广元县地形图》标明从龙潭乡到界牌沟间有地名水观音。为古道边的一座寺庙，寺庙内发现有两块清代修庙功德碑。从沟头铺（巴岩店桥）处上坡至水观音，途中有一段保存较好的碥路遗迹，一直有人取行，较为方便。而从水观音到界牌铺之间的碥路同样保存较好，有三道拐的地名，还有三步两洞桥保存其间。

界牌垭、界牌铺 从龙潭到思贤铺的老石板路经过界牌垭，即老界牌村。界牌因柏龙乡与则

界牌铺界碑

---

① 高延第《北游纪程》，金生杨主编《蜀道行纪类编》第22册，广陵书社，2017年，第1页。
② 雍正《四川通志》卷22《驿传》，乾隆元年刻本。
③ 嘉庆《四川通志》卷89《武备·铺递》，嘉庆二十一年木刻本。

界牌铺旧址　　　　　　　　界碑铺至王家沟一段的碥路

界碑铺至王家沟一段的小桥　　　　　　王家沟

天乡交界垭口立界牌得名。至今在界牌垭一老乡家中仍保存有一块界碑。此地古为铺递，故又名界牌铺。[①]乾隆《广元县志》卷3《营建》记载有此铺。嘉庆《四川通志》卷89《武备志·铺递》记载："界牌铺，在县南三十里。"[②]《钦定大清会典事例》卷678也有记载。1940年《广元县地形图》标注有界牌一名。我们发现，从界牌垭下坡到思贤铺一段有多段碥路保留，主要在从垭口下山到回民村一段，当地人因王姓住户多又称王家沟。此段碥路约有1米宽，石板上因为平常走的人较少两边路基被湮埋，但是整体来说保留完整，大概有几百米长，中间一小段被广永路截断。王家沟地势相对低凹，在今回民村村委会的位置。

---

①　四川省广元县地名领导小组编印《四川省广元县地名录》，1988年，第34页。

②　嘉庆《四川通志》卷89《武备志·铺递》，嘉庆二十一年木刻本。

思贤铺旧址

思贤铺旧公路桥

思贤铺万历交界碑

思贤铺 嘉靖《保宁府志》卷4记载有思贤铺，乾隆《广元县志》卷3《营建》也记载有此铺。嘉庆《四川通志》卷89《武备志·铺递》记载："思贤铺，在县（广元）南二十里。"[1]《钦定大清会典事例》卷678也有记载。《清代重庆府至京都路程》记载称思贤铺，称"有腰店，至广元数里，从此保宁梁止，从广元入栈道"[2]。且民国《重修广元县志稿》卷6《建置志三》记载："思贤桥，县南二十里思贤铺下。"[3]老思贤铺在今广元市利州区广永路旁溪边，溪上确实有一石桥与公路平行，现在石桥上虽已杂草丛生，但石桥历史并不久远。思贤铺，当地传曾有一官员过此思贤得名。[4]但历史上又称丝线铺。民国有7户人家，多为回族，有两家饭店。今地名仍存，但只有数间民房，并无任何遗迹可寻。近来当地政府在思贤铺农家院落中发现一通明万历年间的交界残

① 嘉庆《四川通志》卷89《武备志·铺递》，嘉庆二十一年木刻本。
② 《清代重庆府至京都路程》，刘建民主编《晋商史料集成》卷70《规程》，商务印书馆，2018年，第701页。
③ 民国《重修广元县志稿》卷6《建置志三》，民国二十九年铅印本。
④ 四川省广元县地名领导小组编印《四川省广元县地名录》，1988年，第36页。

碑，值得重视。

当地人告知我们，从龙潭到接官亭要经过水观音、界牌、思贤铺、癞巴石、杏树垭、大垭、韩家半坡。其中从思贤铺开始从正北方向翻越南山，经过南坡杏树垭上山顶为大垭口。1940年《广元县地形图》标注为大垭。

我们发现，从思贤铺西北方向经谭家湾也有一条古道到小垭口，其中谭家湾南有一段碥路保存较好，当地旅游开发碑文上也称为广宁古道。

二郎铺、二郎关、大垭口　乾隆《广元县志》卷3、道光《保宁府志》卷31和《钦定大清会典事例》卷678均记载有二郎铺，在县南10里（一说15里）。《新修支那省别全志》将"大亚山"与"郎山"记为两地，相隔8里，估计大亚山是指整个杏树垭的山体，而郎山指今大垭口一带。明清之际，广元南的南山也称二郎山，上有二郎关，在

远眺杏树垭

从小垭口看嘉陵江大回转

思贤铺至小垭口间碥路

小垭口

大垭口，即古代二郎关。

猪儿梁

大垭口至韩家半坡间碥路

大垭口神龛

从韩家半坡看今广元城

吴伟业《绥寇纪略》卷5、
李馥荣《滟滪囊》卷1、
彭遵泗《蜀碧》卷1等文献
中有记载，乾隆《四川省
广元县图》中也有标注。
乾隆《广元县志》卷3《营
建》记载："二郎关，在
县南五里。"同时记载有
二郎铺。[1]《大清一统志》
卷391记载："二郎关，在
广元县南五里，相传昔有

韩家半坡到接官亭间碥路

赵二郎昱者，屯兵于此，因名。"[2]从方位上来看，二郎山即今广元南山，上山顶为大
垭口，位于大南山垭口，故名。[3]从此地可俯瞰整个广元市区。从大垭口的位置来看，
可能就是明清时期的二郎关所在，现在天地图（www.tianditu.gov.cn）就将二郎关标在
大垭口处。有人认为大垭口南的孙家院子也可能为二郎关之地。在大垭口东还有一个
猪儿梁之地，有关于二郎神的传说，不知是否与二郎关有关。从大垭口下南山北坡到
山下铺，同样有一段碥路，但路基多被破坏，时断时续。其中大垭口到韩家半坡段碥
路保存较好。

山下铺、接官亭　乾隆《广元县志》卷3、道光《保宁府志》卷31和《钦定大清会
典事例》卷678均有记载山下铺。应在今广元市利州区南河接官亭一带。接官亭原有一
小亭，古时为接送官员之处，故名。[4]接官亭即明代的山下铺。清代接官亭在今广元南
河区一加油站对面，以前曾立有一接官亭石碑，现在不知去向。旧的基座还在，埋在
公路边停车坪之下，不过，紧邻山麓现仍有几米长的残破碥路遗留。

问津水马驿、总铺　洪武《寰宇通衢》、景泰《寰宇通志》、万历《四川总
志》、嘉靖《四川总志》、顾炎武《天下郡国利病书·四川备录上》及明代的商人
路书中都没有记载问津马驿，但正德《四川志》卷14记载有问津水马驿，在治西南一

① 乾隆《广元县志》卷3《营建》，乾隆二十二年刻本。
② 《大清一统志》卷391，上海古籍出版社，2008年，第9册，第240页。
③ 四川省广元县地名领导小组编印《四川省广元县地名录》，1988年，第34页。
④ 四川省广元县地名领导小组编印《四川省广元县地名录》，1988年，第41页。

原山下铺（接官亭）旧址处　　　接官亭后的碥路　　　　接官亭巷

里①，另，嘉靖《保宁府志》卷4《建置纪下·驿传》记载："问津水马驿，在广元县西门外，站船四艘，水夫四十名。马二十七匹，夫二十名，系正德九年添设，辅陈三十七付，馆夫四名，库子一名。"②具体位置应在今广元利州区大西街西门最西处近嘉陵江边附近，水陆两便。《清代重庆府至京都路程》记载："广元县……有大店，往四川省城至此分路，从北来过河往右手走即省城路。"③嘉靖《保宁府志》卷4《建置纪下》记载有南渡，在县南三里。④乾隆《广元县志》卷3《营建》记载在县南1里，"系京省通衢"⑤。此渡在今广元南河蜀门大桥与天成大桥间，附近有古渡街。嘉靖《保宁府志》卷4《建置纪下》记载有绵谷古渡，在县一里，为通茂州、龙州、松潘所经渡口。⑥可能与问津驿相近。另嘉靖《保宁府志》卷4《建置纪下》记载有县门铺，具体位置不明。乾隆《广元县志》卷3记载清代的县门铺在治前。

明代金牛道主线到广元问津驿后，完全与唐宋旧线和清康熙以后的路线重合，故此段路线在明代的情况，将放在后面清代路线中来分析。

在两千多年的时段内，金牛道的路线在翻越大巴山段时，许多路段曾有过主次线

① 正德《四川志》卷14，正德十三年刻、嘉靖十六年增补本。

② 嘉靖《保宁府志》卷4《建置纪下》，嘉靖二十二年刻本。

③ 《清代重庆府至京都路程》，刘建民主编《晋商史料集成》卷70《规程》，商务印书馆，2018年，第701页。

④ 嘉靖《保宁府志》卷4《建置纪下》，嘉靖二十二年刻本。

⑤ 乾隆《广元县志》卷3《营建》，乾隆二十二年刻本。

⑥ 嘉靖《保宁府志》卷4《建置纪下》，嘉靖二十二年刻本。

之间的变化，但盆地内部段线路的变化相对较小，只有明代相当特殊，主线从广元南下苍溪、阆中、三台、中江到成都，绕开剑门天险，原因何在？可惜的是，目前所见文献都没有明确提到这个变化的具体时间、成因、相关过程等。因此，乾隆《昭化县志》卷6《政事下·道路》有"明驿道自保宁而下成都，不知辟于何时"[①]的说法。据前引黄盛璋的说法，这条路应早已存在，只是不清楚明代从哪一年将它定为主驿路。虽然不能精确到年，但仍可大体推断。因早在洪武年间的《寰宇通衢》对此路线就作正驿记载，洪武二十七年"修《寰宇通衢》书成"[②]，因此东线成为主驿路的时间不会晚于此。又洪武二十四年至二十五年间，景川侯曹震奉命修治西南驿路，"自二月初七日兴工，五月十五日工歇；至秋九月初一兴工，次年正月十五日工毕，凡八阅月"，其中"保宁驿道至陕西汉中府界，委成都后卫指挥佥事王清，提调军民以修治之"。[③]《明实录》及杨慎《景川曹侯庙碑记》亦分别记录道："（洪武二十四年十二月）己未，命景川侯曹震往四川治道路……复辟陆路，作驿舍邮亭，驾桥立栈，自茂州一道至松潘一道，至贵州以达保宁通陕西，由是往来者便之。"[④]"皇明洪武中，命景川侯曹公震往平治之。陕西自宝鸡达汉中，贵州自永宁达云南之曲靖，四川自保宁达于利州……川陕云贵四处，东西南北，广轮经纬，五千余里，置驿奠邮。"[⑤]金牛道驿路的变迁，似与此次大规模的道路修治有关。故金牛道南段东线开始成为主驿路的时间，大致在洪武二十五年至二十七年之间。此外，隆庆四年，黄汴《一统路程图记》称，驿路从朝天驿可分为两路，"朝天驿，即朝天岭，极高峻。西南由保宁府驿道达于成都，西北由剑州剑门关达于汉州入成都"，并记载了具体的路线途程："北京至陕西、四川路……神宣驿。七十里朝天驿。西北去剑州。即朝天岭。属保宁府广元县。六十里沙河驿。七十里龙潭驿。六十五里柏林驿。四十里施店驿。五十里槐树驿。七十五里保宁府阆中县锦屏驿。六十里隆山驿。六十里柳边驿。南部县。六十里富村驿。六十里云溪驿。六十里秋林驿。六十里潼川州皇华驿。六十里建宁驿。五十里中江县五城驿。六十里古店驿。六十里汉州广汉驿。六十里新都县新都驿。四十里

① 乾隆《昭化县志》卷6《政事下·道路》，乾隆五十年刻本。

② 《明太祖实录》卷234，洪武二十七年九月，《明实录》第8册，"中央研究院"历史语言研究所，1962年校印，第3423页。

③ 叙永县编史修志委员会编印《叙永文钞》，1983年，第2页。

④ 《明太祖实录》卷214，洪武二十四年十二月，《明实录》第7册，"中央研究院"历史语言研究所，1962年校印，第3162页。

⑤ 杨慎《升庵集》卷4《景川曹侯庙碑记》，上海古籍出版社，1993年，第49页。

第一章

至四川布政司成都府成都县、华阳县锦官驿……朝天驿西北分剑阁路。朝天驿。廿五里广元县。廿里昭化县。廿里剑门关。八十里剑州。百廿里梓潼县。百三十里绵州。九十里罗江县。百里德阳县。九十里汉州。六十里新都县。四十里至成都府。"①天启六年，程春宇《士商类要》亦记载道："北京由陕西至四川省陆路……神宣驿。四十里朝天岭。岭极高峻，西北去剑州。西南三十里至沙河驿。六十里至利州卫。六十里龙潭驿。六十五里圆山驿。六十里柏林驿。四十里施店驿。五十里槐树驿。七十五里保宁府。阆中县锦屏驿。六十里至隆山驿。六十里柳边驿。六十里富村驿。六十里云溪驿。六十里秋林驿。六十里潼川州。皇华驿。六十里建宁驿。五十里中江县。五城驿。六十里古店驿。六十里至汉州。广汉驿。六十里新都县。新都驿。四十里四川成都府。成都、华阳二县锦官驿。"②这类说法是不准确的，对此，李之勤指出："明代有关图书多言从朝天镇向西或西北分有一支通往剑门关的驿道，亦属误会。实际上明代驿道过广元之后才分二支，大驿道南下阆中，再折西南去成都，支线由广元向西南，经昭化入剑门，经绵阳去成都。"③之所以出现这种误记，与古代文献方位记载的模糊有关。严格地讲，因当时朝天驿地位重要，加上对具体山川形胜不了解，人们误将其视为金牛道东西分界的起点，并将走朝天西南经剑阁误会为西北，将南走龙潭正道误会作西南。可能正因为当时从朝天驿开始到剑阁一直是陆路，故正德九年之前广元城只设有问津水驿。正德九年十二月丁巳，"广元县问津水驿宜改为水马驿，添设马匹以节龙潭、沙河二驿之劳"④。嘉靖《保宁府志》卷4《建置纪下·驿传》亦记载："问津水马驿，在广元县西门外。站船马四只，夫四十名。马二十五匹，夫三十名，系正德九年添设。"⑤即，从正德九年开始，广元城才正式设有陆路马驿。

尽管明代曾多次对西线的旧路进行修复，但主驿路一直为东线。经过明末清初的战乱，驿路系统崩坏。四川盆地内部局势稳定后，清廷开始对驿路系统进行重建。康熙《四川总志》卷33《驿传》记载："皇清开复全川后，四川督抚司道因时度势，酌量冲僻，顺治十六年、康熙二年、康熙六年三次题请，设陆站五十一、水站

---

① 杨正泰《明代驿站考（增订本）》附《一统路程图记》，上海古籍出版社，2006年，第211、210页。
② 杨正泰《明代驿站考（增订本）》附《士商类要》，上海古籍出版社，2006年，第346—347页。
③ 李之勤《金牛道北段线路的变迁与优化》，《中国历史地理论丛》2004年第2辑。
④ 《明武宗实录》卷119，正德九年十二月，《明实录》第66册，"中央研究院"历史语言研究所，1962年校印，第2412页。
⑤ 嘉靖《保宁府志》卷4《建置纪下·驿传》，嘉靖二十二年刻本。

三十四。"①大体恢复了驿路系统，并延续了明代以东线为主驿路的局面。康熙十一年王士祯《蜀道驿程记》和康熙二十二年方象瑛《使蜀日记》，都记载了走的东线。②直到康熙二十九年，金牛道南段再次发生主线、支线地位倒转，西线重新成为主驿路。王士祯《居易录》卷5记载："蜀道剑门驿路自明末寇乱，久为榛莽，予壬子岁入蜀，由苍溪、阆中、盐亭、潼川以达汉州，率皆鸟道。二十九年四月，四川巡抚噶尔图上疏，自广元县迤南历圆山等十二站始达汉州，计程八百二十里，多崇山峻岭，盘折难行。查得剑门关旧路仅六百二十里，臣乘农隙刊木伐石，搭桥造船，以通行旅，遂成坦途。"③壬子岁即康熙十一年。彭遵泗《蜀故》略加改动，称："剑门驿路，自明末寇乱，久为榛莽，入蜀由苍溪、阆中、盐亭、潼川以达汉州，率皆鸟道。康熙二十九年四月，四川巡抚噶尔图上疏，自广元县迤南，历圆山等十二站，始达汉州，计程八百二十里，多崇山峻岭，盘折难行。查得剑门关旧路仅六百二十里，臣乘农隙，刊木伐石，搭桥造船，以通行旅，遂成坦途。"④乾隆《中江县志》卷12《政事·驿铺》、乾隆《昭化县志》卷6《政事下·道路》亦分别云："康熙二十九年，为驿路宜就坦近等事，改移驿站自汉州由德阳以至广元。"⑤"今驿道明天启四年初凿山开径，崇正元年功始竣……当时系僻径也，国朝康熙二十七年始改为驿道。"⑥显然，从洪武二十五年到康熙二十九年之间的东驿道时期，仅仅只有288年的时间。

（二）明清金牛道南段东线路线走向的局部变迁

金牛道南段东线的整体路线为自广元往南入苍溪境直到阆中，过嘉陵江折向西南入南部境，再西经盐亭、潼川、中江到汉州。金牛道南段东线，从明代成为驿路主线，到康熙二十九年恢复为支线，虽然地位有升降，但其路线总体上的变化并不大。在总体稳定的情况下，路线内也还是有一些局部的调整。

1. 中江县西段的驿路路线变化

乾隆《中江县志》卷12《政事·驿铺》记载："明。本县应递马四十四，古店

① 康熙《四川总志》卷33《驿传》，康熙十二年刻本。
② 王士祯《蜀道驿程记》、方象瑛《使蜀日记》，《小方壶斋舆地丛钞》第7帙，上海著易堂排印本。
③ 王士祯《居易录》卷5，《景印文渊阁四库全书》第869册，台湾商务印书馆，1986年，第9—10页。
④ 彭遵泗《蜀故》卷6《蜀道》，国家图书馆出版社，2017年，第79—80页。
⑤ 乾隆《中江县志》卷12《政事·驿铺》，乾隆五十二年刻本。
⑥ 乾隆《昭化县志》卷6《政事下·道路》，乾隆五十年刻本。

驿马三十二匹……国朝。五城驿，城内，站马二十四，马夫十名，杠夫三十名，康熙二年设。古店驿，治西六十里，站马二十四，马夫十名，杠夫三十名，康熙五年设。县门铺城内，东由潼川铺三，牟谷铺九里，回水铺二十里，朝宗铺三十里。西由汉州铺六，余岭铺十里，平易铺二十里，便民铺三十里，走马铺四十里，西城铺五十里，皂角铺七十里。康熙二十九年，为驿路宜就坦近等事，改移驿站自汉州由德阳以至广元，是为中路，两驿站马杠夫并撤。现在中江额设铺司兵十四名内，东路底塘铺司一名、铺兵一名，回水铺铺司一名、铺兵一名，朝宗铺铺司一名、铺兵一名；南路底塘铺司一名、铺兵一名，南垭店铺司一名、铺兵一名，朝阳店铺司一名、铺兵一名，兴隆场铺司一名、铺兵一名。"①嘉庆《中江县志》记载："中江昔为驿站孔道，西由古店至汉州以达省垣，东由潼川至广元以达京师。明设本县应递马四十匹，古店马三十二匹。国朝康熙二年，城内五城驿设站马二十四、马夫十名、杠夫三十名。五年，古店驿站马二十四、马夫十名、杠夫三十名。城内设县门铺，东由潼川，铺三：牟谷铺九里，回水铺二十里，朝宗铺三十里。西由汉州，铺六：余岭铺十里，平易铺二十里，便民铺三十里，走马铺四十里，西城铺五十里，皂角铺七十里，是为古道。二十九年为驿路宜就坦近，改移驿站自汉州趋德阳、罗江以至广元，是为中路，两驿夫马铺兵并裁。"②

通过对以上资料的梳理，中江县境内驿路的整体变化是比较清楚的。以康熙二十九年改金牛道驿道为节点，从此境内驿站全裁。同时县东往潼川的三铺只保留了回水、朝宗二铺，县西往汉州的六铺则全都被裁撤，改设为县西南往金堂的各铺。兴隆铺与金堂县交界，嘉庆《金堂县志》卷9《防御·铺递》记载，兴隆铺接金堂县莲花铺，再经黄土铺、赵家铺、姚家铺、红瓦铺到新都县，最终到成都。③

但是，值得注意的是，中江县西从余岭铺到走马铺的驿路是曾单独发生过变化的。正德《四川志》卷18《潼川州·邮驿》记载："中江五城驿，在治北，古店马驿，在治西五十里，俱洪武中建。总铺、双鱼铺、飞黄铺、芳基铺、走马铺、西城铺、牟谷铺、回水铺、朝宗铺。"④明嘉靖以前，西出中江城，过双鱼、飞黄、芳基三铺到走马铺，路较崎岖。嘉靖四年，中江县令余祺舍迁就直、弃险从易，改驿道走三

① 乾隆《中江县志》卷12《政事·驿铺》，乾隆五十二年刻本。
② 嘉庆《中江县志》卷12《驿铺》，清代抄本。
③ 嘉庆《金堂县志》卷9《防御·铺递》，嘉庆十六年刻本。
④ 正德《四川志》卷18《潼川州·邮驿》，正德十三年刻、嘉靖十六年增补本。

铺之北，并迁三铺位置，后又改三铺名为余岭、平易、便民。道光《中江县新志》卷2《建置·铺递》附有《余岭新道记》，对此事的过程有详细的记载：

中江当两川、云贵、秦陇行旅之冲，实剑外剧县。县西二十里有山曰高崖，壁立云矗，俯瞰群峰，势与青城、大峨伍。山之麓故有铺曰双鱼，逾双鱼五里，溪水自此下，夏秋之交，辅以行潦，其悍滋甚。有司者尝桥之，号曰高桥。桥西上数里为铺曰飞黄，出飞黄之上十里曰芳基，又十里曰走马。自双鱼而上，逆坂重现，时相勾连，巨细石铓，巇巇齿齿，行者必择地，然后可投足，至走马稍已。又所在乏水泉，当溽暑时，公私往来无以济渴，暍不死则病。循县西五里，出双鱼之北，历两河口蛮洞，直距芳基、走马之间一径弦直可通辙迹，而少纡回演迤艰难攀跨之状。夹径有井，或寒泉错出石镈，汋滴漫美，其声淙淙然，疑所谓井渫不食者，官道不出于此而出于彼，何也？新建余侯祺来令之五年，不为苛皦之政，县以无事，乃属其土人而告之曰："吾闻道弗不治，司空不视，涂泽不陂，川不梁，周单子所以知陈之亡也。今官道之利害，前人之智非不能及此，而不肯一举手，或有意举手而夺于群咻，惮而不为。智及之而不为，不仁；惮于人言而不为，不勇。不仁不勇，吾无以令为也。兹将舍其迁而就其直，弃其险而从其易，佥其谓何？"皆应之曰："然。"遂以嘉靖四年十一月庚申，刊木夷秽，凿两河蛮洞之道而通之，下上连延仅三十里，广加故道三之一，并徙双鱼、飞黄、芳基三亭于形胜之便区。取南之直以易北，不伤于民；撤旧亭之材以为新，不费于财。首尾两阅月厥工告成，而县之人忘其劳，途之人始得便周行之安也。两河当高桥上游十里，其患差小，乃废高桥旧趾，改翔石桥二于其上，为桥之空各三，桥之阳为亭一。不侈不陋，亢爽可嘉，榜之曰仰止以休行役之士大夫，凡所规画，动适人意，旄倪欢呼如出一口。会按察使九川吕君道夫适以入觐，过而嘉之，遂更旧铺之名双鱼者曰余岭，飞黄曰平易，芳基曰便民。[①]

经过嘉靖四年这次改道后，中江到汉州的驿道便要过新高桥，新高桥附近后又发展为隆兴场。清末《中江县乡土志·道路》记载："（中江县城）西出小南门，渡凯江，经谭家街，至五块碑二里，西北至五里坡三里，龙王潭十里。此水即余家河上流，源出会棚场福嘉沟等处，经双龙桥、新高桥南流二十五里至龙王潭。循龙王潭小

---

① 道光《中江县新志》卷2《建置·铺递》，道光十九年刻本。

河西岸西北逆上至新高桥十里。新高桥，县西微偏北二十五里，旧有驿店二十余间，为本县与汉州交通要道，止为行人往来住止食宿之区。今始立场兴市。西距集凤场十五里……场西过云津桥，至云梯岭，抵便民铺，俗名土地垭，五里皆斜坡路，循山斜上至集凤场十里。集凤场，俗名走马铺。"[①]《四川省中江县地名录》记载："隆兴俗名新高桥。此地在过去是中江到成都的必经之路，因过河无桥不便，明嘉靖年间县府令九保和一保各建一桥。九保所建桥先落成，取名老高桥；一保落成后，取名新高桥。后因商业往来日益繁荣，人们称为'隆兴'。隆兴之名沿用至今。"[②]

在实地调查中，我们发现，从集凤到中江，过去曾有两条碥石路，一条过隆兴，前后经过集凤、何家山、隆兴、向家坡、龙王潭、干塄、鸡屎树、龙背、太平桥到中江；另一条过石垭子，前后经过集凤、天公堂（今又作天宫堂）梁子、石垭子、老街巷、高石墙、鲇鱼桥、五块碑到中江。从距离和方位而言，走石垭子这条路线，与明嘉靖以前的旧路线比较吻合，所经余家河正好在隆兴下游约10里处。自嘉靖四年改走新线后，经过400多年的沉淀，不再有旧线的记忆。当地人回忆集凤到中江的老路，多是指经隆兴的老路，石垭子只是一条支线，不仅绕，路也更难走，一般只有石垭子沿线的人会走。与此同时，石垭子这段路还存留有所谓"阿弥陀佛"的戏称，即过去从中江经石垭子到集凤，要从山下往上爬数公里，到山顶方能停顿，松一口气，直感叹"阿弥陀佛，终于爬上来了"，与嘉靖以前旧路线沿途行走的艰难情形如出一辙。

2. 阆中县南段驿路路线变化

这段主要是天宫院到铺垭塘的路线问题，并涉及隆山驿（铺）的地址定位问题。正德《四川志》卷14《保宁府·邮驿》记载："隆山马驿，在治西南四十里……白坡铺、大风铺、隆山铺、淳风铺、西水铺……俱在治西。"[③]嘉靖《保宁府志》卷4《建置纪下·驿传》也记载："隆山马驿，在府城南四十里……正南曰白坡、大丰、隆山、淳风、西水、侯垭，亦南部界，达于盐亭。"[④]雍正《四川通志》卷22《铺递》记载："白鹤铺，在县西十里。大风铺，在县西二十里。隆山铺，在县西三十里。淳风铺，在县西四十里。西水铺，在县西五十里。"[⑤]嘉庆《四川通志》卷89《武备·铺

---

① 游夔一编《中江县乡土志·道路》，光绪抄本。
② 四川省中江县地名领导小组编印《四川省中江县地名录》，1986年，第101页。
③ 正德《四川志》卷14《保宁府·邮驿》，正德十三年刻、嘉靖十六年增补本。
④ 嘉靖《保宁府志》卷4《建置纪下·驿传》，嘉靖二十二年刻本。
⑤ 雍正《四川通志》卷22《铺递》，乾隆元年刻本。

递》、民国《阆中县志》卷20《武备》皆记载："白鹤铺，在县西南十里。大风铺，在县西南二十里。隆山铺，在县西三十里。淳风铺，在县西四十里。西水铺，在县西五十里。"①咸丰《阆中县志》卷3《兵制》记载："白鹤铺，县西南十里。大丰铺，县西南二十里。隆山铺，县西三十里。淳风铺，县西四十里。西水铺，县西五十里。"②由此可知，明清时期，从阆中县往西南经南部县到盐亭县的铺递，基本没有变化。隆山铺旧址不详，应在现在的天宫镇境内，具体位置目前有争议。一种说法认为，隆山驿（铺）在如今的天宫院，这种说法现在比较普遍。③另一种说法认为，隆山驿（铺）在龙山驿村，淳风铺才在天宫院。如李家驹《阆史索征：续》一书便记为："白鹤铺、千佛岩、大丰铺、十里观、铺垭塘、隆山马驿、将军庙、淳风铺（天宫院）、西水铺（西河塘）。"④《四川省阆中县地名录》亦记载："龙山驿。古代阆中通往成都要道的驿站，因位于龙山脚下，故名。"⑤从间距来看，如果隆山驿（铺）是在天宫院的话，那离西水铺（今西河塘）就太近了，根本没有淳风铺的生存空间。因此，隆山驿（铺）在今龙山驿村境内的说法比较合理。

关于天宫院到铺垭塘的路线，我们在实地调查中发现，当地也有两种说法：一种是走将军庙过，另一种是走福星场过。福星场是民国初年新兴的场，也称复兴场。《四川省阆中县地名录》记载："民国初，此处曾修一小场，命名福星，取福星高照，生意兴隆之意。"⑥当地人介绍称，新中国成立前，这里曾经是个小场，但当时场街并没有多少房屋，而且存在时间也不长。对照地形图，可以明显看出，走将军庙、龙山驿村的路线，和走福星场、陈家坡（属双桥村）的路线，分别在山的两侧，是两条平行路线。就距离而言，前者明显绕路更多。民国《阆中县志》卷6《交通·陆路》记载："西南走成都。自南津关经铺垭塘、西河、天宫院，抵万年垭，约六十里，入南部界，经盐亭、潼川至成都，约六百六十里。"卷2《疆域》附《阆中县舆图》更

① 嘉庆《四川通志》卷89《武备·铺递》，嘉庆二十一年刻本；民国《阆中县志》卷20《武备》，民国十五年石印本。

② 咸丰《阆中县志》卷3《兵制》，咸丰元年刻本。

③ 蒋小华等主编《南充文物旅游揽胜》，四川大学出版社，2003年，第216页；阆中市文化局等编著《走进天宫院》，宁夏人民出版社，2010年，第27页；李志杰主编《古镇·码头》，四川人民出版社，2016年，第72页。

④ 李家驹《阆史索征：续》，宁夏人民出版社，2014年，第87页。

⑤ 四川省阆中县地名领导小组编印《四川省阆中县地名录》，1987年，第59页。

⑥ 四川省阆中县地名领导小组编印《四川省阆中县地名录》，1987年，第59页。

绘有省城大道，沿途走南津关、白鹤堡、大风堡、铺垭塘、福星场、天宫院、万年垭。①可见民国时候是走福星场这条路线的，这一点毫无疑问。另一方面，如果隆山驿（铺）的位置是在今龙山驿村境内，那么将军庙、龙山驿村这条路线应更早，而福星场、陈家坡这条路线是后来兴起的更节省距离的新线。

3. 阆中至广元驿路的路线选择

明代及清初从广元到阆中的驿路有陆路和水路两种选择。嘉靖《四川总志》卷16《经略·驿传》记载："又自陕西汉中南界水路，由九井驿、朝天驿、问津驿、龙滩驿、虎跳驿、苍溪驿、盘龙驿、顺庆府境龙溪驿……至重庆府入大江，为北水路。"②万历《四川总志》卷20《经略·驿传》的记载相同。③这条水驿路本是从陕西到重庆的路线，但正好要经过广元、阆中境，可以为走金牛道东线的人群所利用。因此，出于便捷性和舒适度的考量，沿驿道经陕西入川到成都的人，有不少（尤其是官员群体）在走这一段路的时候，往往喜欢走水驿路。如康熙十一年王士禛、康熙二十二年方象瑛都是从朝天上船，经广元、桔柏、昭化、虎跳、苍溪到阆中城后才又重新走陆路。

需要注意的是，苍溪县城只有水驿，没有设陆驿。《寰宇通衢》、嘉靖《四川通志》《一统路程图记》、万历《四川通志》《士商类要》等均将槐树驿和锦屏驿记为两个相邻的陆路驿站，其他明代或清初文献也都没有记载苍溪陆驿。乾隆《苍溪县志》卷1《疆域》记载："陆路自广元白林沟入本邑永宁铺交界起，至施店驿十里，金针铺二十里，一碗水二十里，槐树铺二十里，烟峰楼二十里，尖山子二十里，入阆中。"④民国《苍溪县志》卷8《方域·关隘》记载："城北二十里为大石坎，石磴陡绝。又北十里为槐树驿，下至烽火塘经元马铺三十里，上至白鹤铺三十里，系由阆达利通衢。"⑤民国《阆中县志》卷2《疆域》附《阆中县舆图》绘有走广元大道，沿途走瓦口隘、五里子、烟峰楼。⑥烟峰楼即烽火塘，今苍溪县云峰镇。乾隆《苍溪县志》卷2《铺递》记载："烟峰铺，县东三十里，今存。"同卷《古迹》记载："烟峰楼，河东大路，雍肃公虞允文治蜀，遇军务辄举火相通，至今存其名。或曰胭粉楼，因任

① 民国《阆中县志》卷6《交通·陆路》、卷2《疆域》附《阆中县舆图》，民国十五年石印本。
② 嘉靖《四川总志》卷16《经略·驿传》，嘉靖二十四年刻本。
③ 万历《四川总志》卷20《经略·驿传》，万历九年刻本。
④ 乾隆《苍溪县志》卷1《疆域》，乾隆四十八年刻本。
⑤ 民国《苍溪县志》卷8《方域·关隘》，民国十七年铅印本。
⑥ 民国《阆中县志》卷2《疆域》附《阆中县舆图》，民国十五年石印本。

妃得名。二说存参。"①《四川省苍溪县地名录》云："公社驻地烟峰楼……因驻地有一山峰，似高耸入云，称云峰山。乡以山名。"②综上可知，从广元到阆中的陆路不经苍溪县城，而是直接顺着苍溪县城东面的山路经槐树、烟峰楼往南。

与此同时，苍溪县城虽不在金牛道南段东线的驿道路线上，但也有路相通。民国《苍溪县志》卷8《方域·关隘》记载："城正东十里为金垭隘，又十里为烽火塘，南行三十里为尖山塘，形势险要，过土地关入阆界。"③则苍溪到阆中是先往东经金垭到云峰，与驿道相接后再往南。另外，我们在阆中、苍溪交界处的下五里子实地调查时发现，有另外一条去苍溪的老路，先后走下五里子、柳树梁、麻石垭、张王庙、青冈嘴、文焕桥到苍溪，这条路比经云峰、金垭绕行的旧路要近得多，应该是年代更晚的支线。

4. 高庙至昭化的路线选择

明代大多数时段，从高庙到昭化仍然走吴家店唐宋泥溪旧道，可与金牛道东线的水路相连，只是在天启年间才开启牛头山天雄关之道，所以《蜀故》卷6记载："新路径牛山，亦首险。"④嘉靖《保宁府志》卷6《名胜纪·古迹》记载有牛头山阁，但"不知何在"⑤。

明代在高庙、昭化间专门设立有高庙铺、朝阳铺、官店铺到昭化铺，反而没有在高庙铺至牛头山、昭化间设有铺递。正德《四川志》卷14《保宁府》和嘉靖《保宁府志》卷4《建置纪下·驿传》都记载有朝阳铺。乾隆《昭化县志》卷2《古迹》记载："白卫岭，在治西南四十里朝阳堡，此岭东抵嘉陵江，西抵高庙铺，唐时大道也。"⑥这个白卫岭下的朝阳堡即朝阳铺，即今吴家店、泥溪浩、朝阳乡治地之名。据嘉靖年间姜宝《西征记》，当时他就是从朝天、昭化经过龙滩驿到剑门关住宿的。⑦这也说明正德年间，从剑门关到高庙后主要是走泥溪、龙爪湾到昭化的唐宋旧道，故在吴家店设立有朝阳铺，与乾隆《昭化县志》卷6《政事下·道路》记载的天启四年才开通牛头

① 乾隆《苍溪县志》卷2《铺递》、卷2《古迹》，乾隆四十八年刻本。
② 四川省苍溪县地名领导小组编印《四川省苍溪县地名录》，1982年，第33页。
③ 民国《苍溪县志》卷8《方域·关隘》，民国十七年铅印本。
④ 彭遵泗《蜀故》卷6《蜀道》，国家图书馆出版社，2017年，第80页。
⑤ 嘉靖《保宁府志》卷6《名胜纪·古迹》，嘉靖二十二年刻本。
⑥ 乾隆《昭化县志》卷2《古迹》，乾隆五十年刻本。
⑦ 姜宝《西征记》，金生杨主编《蜀道行纪类编》第2册，广陵书社，2017年，第250页。

山天雄关道相符合。①1913年的《昭化县地形图》显示，确实存在一条从昭化南经龙爪湾翻南马山到泥溪浩、蒲家沟到高庙的通道，再次证明这条道路的走向。

嘉靖《保宁府志》卷4《建置纪下·驿传》也提到昭化有县门铺，但"西曰官店、朝阳、高庙"②，以位置顺序来看，官店铺当在昭化县门铺与朝阳铺之间。如果我们认为朝阳铺在昭化区吴家店，则官店铺在吴家店到昭化古城之间的嘉陵江边某地，位置难以确考。

实际上，由于失去主道的地位，明代金牛旧线的驿站设置较少。不过，明代设置的铺递仍然较多，天启以前，金牛道到高庙铺后，主要并不是向北经大木树、竹垭铺、新铺、天雄关到昭化，而是仍然沿唐宋旧线从高庙经朝阳铺、南马山、龙爪滩到昭化，所以，我们发现明代高庙以北的路线站点上都未设立驿站和铺递，沿线的重要关隘天雄关、大木树铺、孔道新等也只见于清代的记载，并不见于明代的记载。不过，由于人头山（今云台山）在元代一度设立过站赤，可能明代过天雄关、新铺、竹垭铺、大朝到高庙的通道也是一直存在的，只是不作为主线存在，人们的知晓度并不高。

5. 历史上的"东道"与剑阁古道

在巴蜀历史上曾出现过"东道"的说法，最早可能要追溯到《梁书》的记载，据《梁书》卷17《张齐传》记载："巴西郡居益州之半，又当东道冲要，刺史经过，军府远涉，多所穷匮。齐缘路聚粮食，种蔬菜，行者皆取给焉。"③后李延寿《南史》卷46、杜佑《通典》卷175、《文献通考》卷321、《宋会要辑稿》、《册府元龟》卷691、《太平御览》卷167等文献都沿用之，只有"当东道冲要"和"当东道要冲"之别。只是对于此"东道"是一条道路，还是指一个区域，学界观点并不统一。

实际上唐宋时期的其他文献中也多有"东道"的说法，如李商隐《为河东公谢相国京兆公第二启》中言"适当东道，获事西邻"④，与"西邻"相对称，这里的"东道"明显是指一个区域。另《艺文类聚》卷84中谈到有"蜀东道铜山"⑤，这里的"东道"也更像指一个区域。宋代员兴宗也有记载称："臣谨据兴洋一带义士，西蜀东道

① 乾隆《昭化县志》卷6《政事下·道路》，乾隆五十年刻本。
② 嘉靖《保宁府志》卷4《建置纪下·驿传》，嘉靖二十二年刻本。
③ 《梁书》卷17《张齐传》，中华书局，1973年，第282页。
④ 李商隐《为河东公谢相国京兆公第二启》，《李商隐文编年校注》，中华书局，2002年，第1940页。
⑤ 《艺文类聚》卷84《宝玉部下·铜》，中华书局上海编辑所，1965年，第1443页

之扦蔽也。"[1] "东道"与"西蜀"并列，也像指一个区域。柳宗元《送班孝廉擢第归东川觐省序》中有"家于蜀之东道""道出于南郑"[2]之句，从中难以得出柳氏住在道路上的结论，不能说"东道"一定是指道路。反而因山南西道治兴元府南郑县，更像指一个区域。查阅历史文献可发现，唐宋也确实有用"南道""北道""东道"指一个区域的。直到清代，还有"东川，楚道也""南川，滇道也""北川，秦道也""西川，番道也"的说法。[3]如果这里是指一个区域，结合前后文和阆中所处地理位置来看，可能是指唐代的山南道（特别是山南西道），如同历史上的"东川""东蜀""蜀川""蜀中""川峡"等概念。

不过，虽然唐宋"东道"是否为一条道路存在争议，但盆地内部阆中通往广元剑阁一带的通道得到的关注确实是不够的。元代的站赤交通中，确实存在一条从阆中锦屏站（也称宝峰站）经槐树站（今苍溪槐树）、永宁站（今苍溪永宁）、板石站（今昭化板石）到宁武站（今广元）的通道。这条道路应是明代金牛道利阆通道的前身。

实际上，明代从阆州到剑州的通道也相当重要，其不仅连接金牛道东西线，而且从沿线大量古柏和一些明代石刻来看，过去曾相当繁忙，但以前得到的关注不够。

这条通道从阆中出发，主要有以下站点：

空树溪　也称孔树溪，在阆中城南津关西的嘉陵江边，至今仍称空树溪，有一条小溪汇入嘉陵江处。以前此处有较多人户居住，附近有朱虹桥，现已经荒废。从此经

空树溪与老桥

天安观

① 员兴宗《恤义士札子》，曾枣庄、刘琳主编《全宋文》第218册，上海辞书出版社，2006年，第89页。
② 《柳宗元集》卷22《送班孝廉擢第归东川觐省序》，中华书局，1979年，第604页。
③ 沈镐《蜀游记》，陈洪、刘义武主编《蜀道游记文献补编》第2册，巴蜀书社，2024年，第377—387页。

向家塘（白溪村）   黑水塘

过何家湾、来虹桥、王家铺子、母家嘴、赵家嘴到天安观。

天安观　在今天安观村公路边，已经没有任何古迹可寻。从此过黄连垭到白溪村向家塘。

松林塘

向家塘　在今白溪浩边的向家塘，地处今白溪村。从此经过双柏树到黑水塘。

黑水塘　在今白溪浩的黑水塘。古道从此离开白溪浩开始向西到松林塘。从此经过王家垭、宁家嘴、陈家坪、陈家嘴到松林塘。

松林塘　在今松林塘村。在松

杨家河古代石龛

松林塘杨家河边的古道

松林塘附近未成的石龛　　　　　　　　松林塘至枣碧铺碥路

松林塘附近碥路　　　　　　　　　　　枣碧老街

林塘附近杨家河古道旁有神龛。从松林塘开始古道才开始翻山，直到枣碧铺。我们考察发现，从松林塘到枣碧铺的山林间仍保存有几段碥路，是目前剑阁古道上保留不多的碥石。古道下山到泥石嘴，再到枣碧铺。

枣碧铺　也称枣碧庙，在今阆中枣碧乡枣林场。老街肌理仍在，但只

木林塘

思依街

有几栋老建筑保存下来。从此经过金子垭、城隍庙、古灵包到木林塘。

木林塘　在今阆中木林塘村。在今公路边，已经没有老建筑保存下来了。从此经过金子垭、城隍窝、古灵包到木树塘。从此经对天山、石板到思依铺。

思依铺　在今阆中思依镇思依场。现有文庙街和武庙街，老街肌理仍在，但已经没有老建筑保存下来了。从思依铺经过温家河到桥楼河。

河楼　在今河楼乡。老街肌理仍存，老建筑只有一座河楼庙戏楼保存下来。我们发现，古道到了河楼后本就该继续向西北方向到罐儿铺（今罐铺村），但现在有人认为是上向西南到厚子铺（苏维村），路线较为回曲，难以理解。当地旅游地图则标明从河楼可以有两条道路到厚子铺，并没有提到正路罐儿铺。前人考察发现，罐儿铺古道附近仍有古柏残木，而厚子铺附近一直没有古柏[1]，我们考察后也证明此点。在明代，剑阁道主线可能是经过罐儿铺而不经过厚子铺的，从河楼经厚子铺到文林铺的路线可能是后来出现的支线。古道从此经神仙窝、苟家坝、金盆垭到罐儿铺。

河楼庙

河楼庙内部

---

① 谭嘉韬《中国金牛蜀道》，四川美术出版社，2018年，第152—153页。

厚子铺　　　　　　　　　　　　　　　　罐儿铺老街

原文林铺已经完全荒废　　　　　　　　　　金盔垭

罐儿铺　现老街仍保存有一些老建筑，整体上较为原始，但街道路面已铺上水泥。从此经过冠子山、土门垭、毛尖山、公兴场到文林铺。

金盔垭　从罐儿铺向西北方向一直在一个山脊上行进，上有一个垭口称金盔垭。

文林铺　旧文林铺地处一个山脊上，现已经荒芜而无人烟。

老土地　老土地地处一个更高的山脊上，有"征马踏雪"古柏，但现已经荒芜而无人烟。需要指出，历史上的剑阆古道并不必须经过今白龙镇；但明代白龙场称为浆池屯，地位显要，至今仍保留有鲁班桥残址、南华宫戏楼、陕西会馆遗址等遗迹。

我们发现，明代剑阆道路线与清代剑阆道路线并不完全一样，主要差异在老土地、白龙、龙源一线上。明代路线并不经过店子口、石岩寺；而清代也有两条路线，先从老土地下坡经牌坊坝到白龙场，一条从水观音、黄连垭到龙源寺，一条经过白龙场、小垭口、古楼铺、店子口、石岩寺、石门场（石垭口）、小石垭到龙源寺。

小垭口一带古柏

老土地一带也同样荒废　　　　　　　　　古楼铺一角

白龙镇南华宫戏台

白龙镇陕西会馆遗址

白龙镇鲁班桥残址

白龙镇白龙寺

小垭子 为一个山脊上的垭口，古道上的古柏从这里开始多起来。

古楼铺 早在嘉靖《保宁府志》卷4中就记载有鼓楼铺[①]，是明代剑阆路上两个铺递之一。现此地地外山脊上有一个小平坝，附近皇柏梁古道两边的柏树较多，旁边平坝已经无人居住而荒凉，附近仍可见大量房基。

古楼铺旧址

① 嘉靖《保宁府志》卷4《建置纪下·驿传》，嘉靖二十二年刻本。

古楼铺一带古柏

三母城一带古柏

三母城　是剑阁古道上古柏保留较好的路段之一，风貌较为原始。

断背梁　是剑阁古道上古柏保留较好的路段之一，风貌较为原始。

一碗水　是剑阁古道上古柏保留较好的路段之一，风貌较为原始。

大石口　也称石垭口、石门场，是剑阁古道上古柏保留较好的路段之一，附近人烟较多，有一个大水池，水池边不远的路边有一大石盘。

小石口　也称小石垭，在剑马公路边，附近古柏多有保留，但风貌已不太原始。

断碑梁处古柏

大石口

大石口与小石口间的古柏之一

大石口与小石口间的古柏之二

小石垭口古柏

龙源红彤村古柏

龙源红彤村古柏边的禁早婚磨崖

龙源红彤村古柏

龙源寺红彤村　嘉靖《保宁府志》卷4中就记载有龙源铺[1]，是明代剑阆路上两个铺递之一。龙源红彤村一带是剑阆古道上古柏保留较好的路段之一，但人烟较多，风貌相对于三母城和碑梁段已经不够原始。在往红彤村的公路边，保存一个禁止早婚的女儿碑，碑中内容和镌刻发布时间与剑阁县汉源镇石楼门的女儿碑一样。

江石垭　在江石乡剑马公路边，虽然附近古柏多有保留，但古柏间的路面多被硬化，人烟较多，风貌不如断碑梁、三母城一段原始。从江口垭经金斗子湾到打儿岩古道开始下坡。

打儿岩　打儿岩地处一个垭口下，古道边有一石中有凹孔，称打儿石。从此下坡经过一碗钱到桥边河，沿途偶有古柏。

桥边河　剑阆古道的路段多在山脊上行进，这是四川盆地中深丘地段古道择线的一个明显特征，剑阆古道到此后下山脊到桥边河，为河流平坝之地，古柏少见有保

---

① 嘉靖《保宁府志》卷4《建置纪下·驿传》，嘉靖二十二年刻本。

存下来的。桥边河上的古桥已毁，只是在原桥址上修有一个新桥，桥北面仍有一栋老房。从桥边河经刘家坟到东岳庙。

东岳庙　原老庙已毁，现修有一个新庙。古道从庙侧过，路边偶有古柏保留。古道从此经过油榨湾、七里碥上到风垭子，一路古柏多有保留。

风垭子　为一较高的垭口，可远眺唐家坪全貌。附近有一株古柏为剑阆古道上最北的一株。

唐家坪　雍正《剑州志》卷2中就记载有唐家坪，我们发现古道从桥边河开始再翻越山岭到一平坝，即唐家坪。从唐家坪向北下山即达剑阁县城。

大岩口　地处一高台上，从此下坡处可远眺整个剑阁普安镇，下坡的碥路碥石保留较好。

江石附近古柏

江石街道

金斗子湾及怪异古柏

打儿岩

打儿岩石头

一碗钱

一碗钱至桥边河间古柏

桥边河石桥，古石桥也在此位置。

桥边河老民居

东岳庙　　　　　　　　　　　　东岳庙附近古柏和古道

七里碥　　　　　　　　　　　　从凤垭子看唐家坪

从唐家坪远眺凤垭子山梁　　　　凤垭子上的古道路基

汉唐时期，阆中城的地位相当高，从历史文化地位来看，可以说是仅次于成都的一个城市。直到明代，保宁府治城阆中城为川北道所在，同样地位显要。明代虽然以利阆古道为金牛道盆地内的主线，但西线剑阁、绵州通道仍然在使用中，剑阆古道成为连接金牛道东线和西线的要道，地位自然也重要。不过，我们考察发现，整个剑阆古道上虽然古柏保留较多，但很少有碥石保留下来，考察中当地老人也说以前就没有碥石存在。且古柏主要分布

大岩口段碥路

从大岩口鸟瞰剑阁普安镇

在剑阁县境内，阆中境内很少。但从雍正《剑州志》卷19的记载来看，明代剑阁知州李璧在剑阆古道上"自剑南到阆州""以石砌路"和"两旁植柏数十万株"[1]，似是包括阆中境内的。当地人传说，阆中境内古道少古柏主要是因为心急用热水浇灌柏树所致。这种传说自然不可靠，但剑阆古道的研究较为缺乏是需要我们注意的。

（三）明代金牛道主线东移的"阆中引力"因素分析

李之勤认为："交通道路的选线条件，主要有三方面：一是距离远近，里程多少；二是地形夷险，修筑和通行难易；三是当地社会经济发展水平高低，物资供应和安全保障条件如何。三者之中，第一点是受客观自然条件严格限制的常数，在技术发展相对缓慢的古代，不同历史时期也不可能发生多大的变化。第二点虽然也受自然条件的限制，却是人力可以改造克服的，至少可以改造、克服一部分。第三点的差别变

---

① 雍正《剑州志》卷19《古迹》，雍正五年刻本。

化就大了。随着社会经济的发展，技术的进步，不同地区不同时期会发生极不相同的变化，先进和落后，优势和劣势，有时甚至会颠倒过来。"[①]

从距离里程和通行难易来看，东线都明显不如西线。就前者而言，噶尔图在疏请改驿路时提到，西线比东线能近至少两百里。乾隆《昭化县志》卷6《政事下·道路》亦称："自柏林驿而下长岗直走，较今道为坦，但迂远几三百里。"[②]就后者而言，亲自走过东线的王士禛，在《蜀道驿程记》中屡次提到"乱山""险恶""峻绝""路峻"等字眼。[③]后来，他又回忆称"由苍溪、阆中、盐亭、潼川以达汉州，率皆鸟道"，并引证噶尔图上疏"多崇山峻岭，盘折难行"的话来描述东线的艰险。[④]乾隆《昭化县志》卷6《政事下·道路》亦记载："广元以南冈峦起伏，跋涉亦艰，至保宁南路又不若梓、绵之坦矣。"[⑤]

我们在实地考察中也发现，西线从成都出发一直到罗江县白马关，都是处于平原大道之中，而从罗江到剑门关一线也多是浅丘地貌与平坝相间；但东线要出成都平原就要翻龙泉山，从苍溪到广元一直是以深丘、中丘地貌为主，道路回曲陡险都更加明显。所以，我们在对两线的考察中发现，无论是仅剩的路基还是存留的石板，东线整体上都要窄一些。

但是，一条又险又远的道路为何在明代成为驿道主线呢？这似乎主要与沿途地方的发展有关。早在三十多年前，笔者就认识到，驿路改走东线的一个重要原因就在于"明代保宁府地位重要"[⑥]。阆中在巴蜀历史上的地位，学界还远远没有认知到。既有研究表明，阆中在先秦时期即为巴国故都，在汉晋时期是四川盆地除成都之外的另一个政治经济文化中心，唐宋时期，嘉陵江中游阆州、果州、梓州一带更成为巴蜀地区的重要经济区域。元代以前，虽然东线的地位很重要，但西线从利州向西南所经的剑州、绵州、汉州都是二级政区建置，地位并不亚于东线所经政区，为平衡政区地位而选择平近之线十分自然。但是，从元代开始，在政区建置上出现了一些特殊的变化。元代开始设置路总管府、散府来辖属府、属州、属县。成都以北的路总管府和散府，只有广元路和潼川府，由此导致唐宋的绵州、汉州失去了原有的二级地方政区地

① 李之勤《金牛道北段线路的变迁与优化》，《中国历史地理论丛》2004年第2期。
② 乾隆《昭化县志》卷6《政事下·道路》，乾隆五十年刻本。
③ 王士禛《蜀道驿程记》，《小方壶斋舆地丛钞》第7帙，上海著易堂排印本。
④ 王士禛《居易录》卷5，《景印文渊阁四库全书》第869册，台湾商务印书馆，1986年，第9—10页。
⑤ 乾隆《昭化县志》卷6《政事下·道路》，乾隆五十年刻本。
⑥ 蓝勇《四川古代交通路线史》，西南师范大学出版社，1989年，第31页。

位；剑州属于广元路，绵州属于潼川府，汉州属于成都路，三者均降为三级政区。[①]潼川府的治地为郪县（今三台），东部地区一度更为重要，但元代金牛道仍走西线，整个元代，四川盆地的南北官道绕开了潼川府治地。但实际上，从元代开始，从广元经阆中、三台、中江到成都都设有站赤，如广元陆站（宁武陆站）、板石陆站（广元昭化东板石）、永宁陆站（在苍溪北永宁乡）、槐树陆站（苍溪东北槐树乡，又叫怀恕站）、宝峰陆站（阆中县，又称锦屏站）、潼川陆站（今三台县）、中江陆站（又称中汜站，今中江县）、成都本府陆站（成都市）。[②]所以，元代是一个金牛道东西线并重的时代，而这与当时金牛道东西政区地位并列有关。到了明代，四川盆地政治经济大格局又发生了更大的变化。明代以府、直隶州辖散州、县。明初洪武四年，改广元路为广元府，以原属广元路的保宁府直属四川行省，二十二年又将已经降府为州的广元州并入保宁府，成为保宁府属广元县。[③]成都以北金牛道路沿线只有保宁府、潼川直隶州两个二级政区，进一步强化了保宁的地位。而从明代开始设立守巡道，川北巡道治保宁府，更是将阆中的地位抬升起来。正德《四川志》卷3《布政司·历代年表下》记载："分巡川东、川西、川南、川北四道，一年一更……分守川东、川西、川南、川北四道，一年一更，各道俱左右参政参议为之。"[④]《大明会典》卷210《都察院二》亦记载："四川按察司，川东道、川西道、川南道、川北道。"[⑤]后来在川南和川东道之间增设上下之分，故明末《蜀中广记》是按上川东道、下川东道、川西道、上川南道、下川南道、川北道六道来分区域。可以说，道是从明代开始由一个分巡分守的巡察派出机构逐渐演变成高级政区。川北道的具体建置时间是哪一年呢？嘉靖《保宁府志》卷1《舆地纪上·沿革》记载："国初明氏以保宁府等处来附，遂仍为保宁府，隶四川布政司属川北道。"[⑥]有研究表明，川北守道设置于永乐年间，而巡道可能是在明初景泰二年初设。[⑦]可见，明代初年川北道就已经存在。显然，从明代金牛道地

① 周振鹤主编、李治安等著《中国行政区划通史：元代卷》，复旦大学出版社，2009年，第168—174页。

② 蓝勇《四川古代交通路线史》，西南师范大学出版社，1989年，第265—266页。

③ 周振鹤主编、郭红等著《中国行政区划通史：明代卷》，复旦大学出版社，2007年，第104页。

④ 正德《四川志》卷3《布政司·历代年表下》，正德十三年刻、嘉靖十六年增补本。

⑤ 《大明会典》卷210《都察院二》，《续修四库全书》第792册，上海古籍出版社，1996年，第305页。

⑥ 嘉靖《保宁府志》卷1《舆地纪上·沿革》，嘉靖二十二年刻本。

⑦ 苟德仪、汪秀平《川北道的辖区与职能演变》，《西华师范大学学报（哲学社会科学版）》2014年第3期。

区的政治格局来看，东线有川北道分巡治、保宁府治、潼川直隶州治，而西线属于保宁府的剑州和属于成都府的绵州、汉州都是隶属于府的散州，政治地位远远不能与东线相比。明代阆中是金牛道南段地位最重要的城市，这个吸引力可说是明代金牛道东移的最重要的原因，官道绕开保宁府、川北道，从管理上来看是不合理的。这种重要性，到了清初更加明显。清军入川，先后与大西、南明军对峙，皆以保宁为基地，一度设省治于阆中此长达十余年。这些都是东线在明代成为主线并一直延续到清初的重要原因。

清代早期，金牛道南段的政治经济格局发生了较大变化，绵州的政治经济文化地位有上升趋势，自雍正五年从成都府独立出来，由散州升为直隶州，西线形成了剑州、绵州、成都府相连的格局。随着四川盆地的政治经济重心继续向东南推移，就整个嘉陵江流域来看，顺庆府、合州、重庆府的地位在清代远远超过保宁府，保宁府在整个四川盆地格局中的地位大大下降了，"阆中引力"相对削弱。在这种背景下，东线始终存在的路程迂远和路况艰难两大缺陷便更加突显出来。故从康熙、雍正时期，明代的"东驿道"回归支线地位，再次成为地方性的辅路或支线。

五、明清金牛道的驿传铺递设置与历史记忆

在明代，虽然金牛道主线从广汉绕道中江、三台、阆中、苍溪到广元，但从广汉向北经德阳、绵阳、剑阁到昭化的旧道仍然设有相关驿传铺递，仍然是四川盆地内的一个重要通道。故黄汴《天下水陆路程》中虽然记载"北京至陕西四川路"的金牛道南段东线的主道，但同时也记载了"朝天驿西北分剑阁路"，其里程："朝天驿，二十五里广元县、二十里昭化县，二十里剑门关，八十里剑州，百二十里梓潼县，百三十里绵州，九十里罗江县，百里德阳县，九十里汉州，六十里新都县，四十里成都府。"[1]这里，我们从正德《四川志》、嘉靖《四川总志》、万历《四川通志》、天启《成都府志》、嘉靖《保宁府志》的相关记载可以看出相关的设置情况。系统分析明金牛道旧的线驿站铺递设置情况可知，由于失去主道地位，明代金牛旧线的驿站设置较少，不过，明代仿照宋代设置的铺递仍然较多，且大多为清代所沿用。

清人习惯称金牛道为剑阁道，具体而言，四川人多称出蜀北路、北路、北道、大北路，陕西人则称四川官路、南栈。当时，商贾转输、兵旅征伐、公文传递、皇帝

---

[1] 黄汴《天下水陆路程》卷1，杨正泰校注，山西人民出版社，1992年，第25页。

下诏、官吏往返多取此道，有"各路驿站中，尤以北路为最繁重"之称，共有馆驿18处。当时从成都传递公文到京师，取此道换马不换人，17—19天便可行一单程。[1]今天，我们在沿线考察中发现，历史遗迹和人们的历史记忆主要都是清代的内容。道光《重修昭化县志》卷28《武备志三·驿传》记载："昭化旧有水龙滩、虎跳驿、圆山驿、旱龙（潭）驿、柏林驿……今驿道改由县城剑州一道，诸驿尽裁。"[2]又道光《重修昭化县志》卷29《武备志四·铺递》："旧大路由广元过二郎关南下保宁，又南经潼川、中江、汉州、新都抵省城，于县设铺递七处，曰沟头、龙滩、漫三、梅树、圆山、石井、金岚……国朝康熙二十九年改从今路，设昭化驿于县城，而塘铺以次移建，东通广元，西达剑州，于是有皂角、榆钱、桔柏、县门、天雄、新铺、竹垭、大木、高庙之九铺，共故驿道仅存沟头、龙滩、梅树、板石四铺。乾隆二年归皂角铺于广元，而板石系一邑往来，裁之，凡十有一铺。"[3]高延第《北游纪程》记载："入蜀有数道，自陕西宁羌州道广元、昭化入剑门，八日至成都，正道也。自广元达保宁，十日至成都，奇道也。"[4]显然，康熙二十九年的改道，使金牛道主线依然归为唐宋的主线，从成都、汉州、绵州、剑阁、昭化、广元一线馆驿铺递之设大增，而原来绕道阆中的旧线馆驿裁撤，相对萧条起来。在康熙年间，人们双道并行，如康熙十一年王士祯入蜀，在《蜀道驿程记》中记载从宁羌州到了广元昭化舍陆从舟到保宁府阆中，再取道三台、盐亭、中江到明代正道到成都，但康熙三十四年再次入蜀时，在《秦蜀驿程记》中就记载改从昭化、剑阁梓潼、绵州、汉州到成都了。

应该看到，金牛道沿线的历史遗迹和历史记忆仍然保存较好，故在此系统梳理一下明清时期金牛道上的馆驿、铺递、关隘名称和遗迹于下。

锦官驿、旱馆驿、成都递运所、总铺 明代的情况见上文"明代四川北路驿站、铺递详考"。实际上，清代的锦官驿大部分时间并不在东门外的明代锦官驿位置上。嘉庆《华阳县志》卷20记载："锦官驿，治东城外。国初设，康熙九年裁县，移置成都署侧，其遗址今为东岳庙。"[5]又嘉庆《成都县志》卷1记载："锦官驿，在成都县

① 周询《蜀海丛谈》卷1《驿站》，巴蜀书社，1986年，第42页。
② 道光《重修昭化县志》卷28《武备志三·驿传》，同治三年刻本。
③ 道光《重修昭化县志》卷29《武备志四·铺递》，同治三年刻本。
④ 高延第《北游纪程》，李勇先、高志刚主编《蜀藏·巴蜀珍稀交通文献汇刊》第8册，成都时代出版社，2015年，第293页。
⑤ 嘉庆《华阳县志》卷20，成都时代出版社，2007年，第153页。

民国初年成都北门内　　　　　　　　　民国初年成都北门外

民国初年成都北门外附近客栈

治左。"①所以，清代康熙以后，锦馆驿实际位置在原成都的县正街（又称署前街）的成都县衙署附近。

锦官驿街出现的时间较晚，清代民国时期有黄伞、太平（民国称大同）、存古等巷连接锦官驿街与双槐树街、金泉街。我们发现，此街在清代还没有街名，可能是在民国时期才出现了锦官驿街的名称。另袁庭栋《成都街巷志》所附陈先敏的锦官驿街照片可能有误。②据我曾经的考察，锦官驿街比照片上的街道更狭窄弯曲。现在因为城市改造，今锦官驿街已经不在原来的肌理空间上了。

成都底塘铺　嘉庆《华阳县志》卷20记载成都有底铺，在治东北城内。③同治《成都县志》卷2记载名称为底塘铺。④具体地点在今成都剧场对面。

成都北门外

北门铺　同治《成都县志》卷2记载有北门铺，《钦定大清会典事例》卷678也有记载，在府博铺北2里。⑤应在原清代成都城北门附近，即原北大街北门一带。据杨钟秀《万里云程》，北路从成都北门出发，北门又称大安门，附近有涵津楼。⑥金牛道从成都北门（大安门）经过大安桥沿簸箕街经过王爷庙、岳公庙、露辉寺、花兴庙、仁寿宫、平桥、元天观、凤公祠到驷马桥。

民国时期的驷马桥

① 嘉庆《成都县志》卷1《驿传铺递》，嘉庆二十一年刻本。
② 袁庭栋《成都街巷志》，四川教育出版社，2010年，第354页。
③ 嘉庆《华阳县志》卷20，成都时代出版社，2007年，第153页。
④ 同治《成都县志》卷2，成都时代出版社，2007年，第71页。
⑤ 《钦定大清会典事例》卷678，《续修四库全书》第808册，上海古籍出版社，2002年，第460页。
⑥ 杨钟秀《万里云程》，金生杨主编《蜀道行纪类编》第15册，广陵书社，2017年，第165页。

今天的驷马桥一带

武侯祠接官厅 道光年间佚名《蜀省赴京沿途站里数清册》记载出北门即为武侯祠接官厅，郭尚先《使蜀日记》也记载当时蜀中官员在武侯祠迎接他后才从东门入皇华馆。[1]

升仙铺、升仙桥、驷马桥 明代情况详见前文。嘉庆《成都县志》卷1记载升仙桥亦名驷马桥，在县北10里。[2]从前此桥前有一对联，联称："鹊架灵泉自古升仙传胜事，虹凌锦水从今驷马绍前辉。"清代迎送重要官员一般都在此处，如乾隆年间孟超然入蜀即是场景。据我们考察，原升仙桥早在1952年修建成渝铁路时就被撤毁，现在只是在原址以下200米的沙河上重新修建了一个宽阔的水泥平桥，也称驷马桥。

欢喜庵铺 本为昭觉寺的足庙，以供奉欢喜佛而得名。嘉庆《成都县志》卷1记载有欢喜庵铺，同治《成都县志》卷2记载有欢喜铺，在县北10里。[3]杨钟秀《万里云程》记载"十里至欢喜庵塘"[4]，《钦定大清会典事例》卷678也有记载。铺应该在今昭觉寺南路川陕路跨线桥到仁爱路之间。欢喜铺东南有昭觉寺，从昭觉寺北到将军碑。

将军碑 曾经误以为是有唐代将军葬此而得名。[5]实际上原有向忠武神道碑一通在此，简称将军碑，故名。在今将军碑遗址处。道光年间佚名《蜀省赴京沿途站里数清册》记载从此"右走上北路，左走新都大路"，指出从此向东与历史上的小川北路连接。

学射山、北关 即今成都北凤凰山，历史上也名斛石山。附近原有凤凰山机场。古道并不经过此山，只是从此山东侧经过回回店、红苕坡、唐家店、鸭子池、土门子、大瓦窑到天回镇。

---

① 郭尚先《使蜀日记》，金生杨主编《蜀道行纪类编》第15册，广陵书社，2017年，第556页。

② 嘉庆《成都县志》卷1《津梁》，嘉庆二十一年刻本。

③ 嘉庆《成都县志》卷1《驿传铺递》，嘉庆二十一年刻本；同治《成都县志》卷2，成都时代出版社，2007年，第71页。

④ 杨钟秀《万里云程》，金生杨主编《蜀道行纪类编》第15册，广陵书社，2017年，第165页。

⑤ 成都市金牛区地名领导小组编印《四川省成都市地名录》第2分册，1984年，第31页。

天回镇、铺　嘉庆《成都县志》卷1和同治《成都县志》卷2记载有天回铺，在县北二十里。① 《钦定大清会典事例》卷678也有记载。天回镇是成都北面的一个重要城镇，道光年间佚名《蜀省赴京沿途站里数清册》记载可在此茶尖。民国初年，天回镇又称三河下街，当时天回镇有四百多户人家，谷物贸易发达。但据我们考察，现在天回镇老城老街多被破坏，只有上下街还保存了肌理，但古代的传统建筑多不复存在。天回镇铺也应该在老街附近。

天回下街北侧居民楼下的停车场

据《成都通览》所载《由成都赴陕西之路程》，当时在天回镇和毗

天回上街的西侧街道与公路

桥梁间有一个小毗桥，距天回镇5里，距毗河桥10里。②但俞陛云《蜀轺诗记》记载距离大毗桥只有3里，故现在位置不明。

三河场　道光年间佚名《蜀省赴京沿途站里数清册》记载"平路，过河有桥"。

毗桥河铺、毗桥铺　也称同善桥，正德《四川志》卷12记载成都北、新都南有毗桥铺，嘉庆《新都县志》卷11《关隘志》记载："毗桥，在县西十里，省会进京大道，设有塘铺在此。"卷23《铺递志》记载："毗桥河铺，在县西十里，与成都县北

---

① 嘉庆《成都县志》卷1《驿传铺递》，嘉庆二十一年刻本；同治《成都县志》卷2，成都时代出版社，2007年，第71页。
② 傅崇矩《成都通览》，巴蜀书社，1987年，第429页。

毗河桥

毗河两岸的小径

界交连。"①《钦定大清会典事例》卷678也有记载。据前面的考证，毗桥早在汉晋时期就有较大名气，唐宋时期毗桥常为征战取用，具体位置在新都区治南传化国际新城小区南毗河旧桥遗址东的原老桥位置上，原来是一个石拱桥，道光年间佚名《蜀省赴京沿途站里数清册》记载曾有毗河楼，毗桥河铺也应该在其桥处的北岸附近。古道从毗河桥北经天元（缘）桥、万安桥、月波池到新都县城。

明新都驿、总铺，清新都广汉驿、玉皇观铺 明代情况详见前文。清代新都驿名为广汉驿，名称有一点特别，嘉庆《新都县志》卷22《驿传志》记载："新都广汉驿，在县署左，因广汉郡得名。"据道光《新都县志》的《地舆图》②与《城池图》③，可知清代汉州（广汉）驿位于县署东侧，城西南角有桂湖池，县署、汉州（广汉）驿紧挨桂湖北部，因此新都驿应位于今新都区桂湖北侧市政广场一带，地理坐标北纬30° 82'31''，东经

① 嘉庆《新都县志》卷11《关隘志》、卷23《铺递志》，嘉庆二十一年刻本。
② 道光《新都县志》卷1《地舆图》，道光二十四年刻本。
③ 道光《新都县志》卷1《城池图》，道光二十四年刻本。

104°15'87''，旧址不存。道光年间佚名《蜀省赴京沿途站里数清册》记载："进西门出东门有广汉驿。"据道光《新都县志》的《城池图》，可知东门外有玉皇观，嘉庆《新都县志》卷23《铺递志》记载"玉皇观铺，在县东关外"[①]。所以，玉皇观铺也应该在其地附近。从新都北经封赐桥、莲花桥、甘露寺（茶店子）到督河桥。

1917年新都街道与牌坊

新都宝光寺

新都挹锦门

---

① 嘉庆《新都县志》卷23《铺递志》，嘉庆二十一年刻本。

独桥河铺　　即今督河桥处。嘉庆《新都县志》卷23《铺递志》记载："督桥河铺，在县东十里。"[1]嘉庆《四川通志》卷89等文献记载为独桥河铺。[2]《钦定大清会典事例》卷678也记载有独河桥铺。道光《新都县志》卷1《山川》记载："督桥河，在县东北十里，清白江分流也。"[3]《成都通览》记载的《由成都赴陕西之路程》记载为独桥河。[4]杨钟秀《万里云程》记载为独桥河塘。《四川省新都县地名录》记有督桥河之名的由来："督桥河，因旧时由官吏在该处河流上督促建成一桥得名。"[5]我们实地考察发现，督桥河是青白江的一条支流，今仍有督河桥，为新修建之公路桥，已经被毁掉的老督桥河桥遗址也在附近，铺也应该在其附近。从督河桥北经王坝基、四平口、黄□桥、孝子碑到弥牟镇。

督河桥

①　嘉庆《新都县志》卷23《铺递志》，嘉庆二十一年刻本。
②　嘉庆《四川通志》卷89《铺递》，嘉庆二十一年刻本。
③　道光《新都县志》卷1《山川》，道光二十四年刻本。
④　傅崇矩《成都通览》，巴蜀书社，1987年，第429页。
⑤　新都县地名领导小组编印《四川省新都县地名录》，1982年，第10页。

王稚子关　道光年间佚名《蜀省赴京沿途站里数清册》记载有稚子关，当时已废，同时也有稚子王公墓，即称此地旧有王君稚子二阙，有王君稚子墓，现均已经无存。

弥牟镇、弥牟镇铺　北有唐家寺，故也称唐家寺，即今弥牟镇。王士性《入蜀稿》有牟弥镇记载。杨钟秀《万里云程》记载弥牟镇又称唐家寺[①]，即今新都弥牟镇。《读史方舆纪要》卷67《四川二·成都府·新都县》"弥牟镇"条载："县北三十里。接汉州界，亦名八阵乡。"[②]嘉庆《四川通志》卷27《关隘》新都县条载："弥牟镇，在县北三十里，接汉州界。"[③]嘉庆《新都县志》卷11《关隘志》记载："弥牟镇，在县东十五里，省会进京大道，武侯常演八阵于此。雍正七年置巡检司，今裁。"[④]《钦定大清会典事例》卷678记载有弥牟镇铺。据《成都通览》所载《由成都赴陕西之路程》，弥牟镇也称唐家寺。[⑤]民国时期，弥牟镇便有上、中、下街，系川陕公路过镇路段，两侧有民族路、草市巷、鸡市巷、老横街、新横街、中横

弥牟上街的老房

---

① 杨钟秀《万里云程》，金生杨主编《蜀道行纪类编》第15册，广陵书社，2017年，第165页。

② 顾祖禹《读史方舆纪要》，中华书局，2005年，第3148页。

③ 嘉庆《四川通志》卷27《关隘》，嘉庆二十一年刻本。

④ 嘉庆《新都县志》卷11《关隘志》，嘉庆二十一年刻本。

⑤ 傅崇矩《成都通览》，巴蜀书社，1987年，第429页。

弥牟镇八阵图遗址

街、半边街。①今弥牟镇的上、下街从街道肌理上还保有原貌，但两边的传统建筑多被破坏。道光《新都县志》记载："八阵图，在县北二十里弥牟镇。"②八阵图为兵站垒阵图式，三国蜀相诸葛亮曾在此推演兵法、训练士卒。八阵图早在清代末年就湮没于田土之中。现八阵图遗址不过是后来重新构造出来而保存至今的。据景区标识牌的记述，八阵图原有130垒，现仅存6垒，左右各3垒，整齐排列，可能与原来的风貌差异较大了。据张邦伸《云栈纪程》卷8的记载，原有杨慎的《八阵图记》碑。清末弥牟镇武侯祠附近"拥杂货以待客者店相属，往来成市"③。民国初年弥牟镇又称九日场，有400多户人家，与天回镇一样，谷物交易贸易发达。但20世纪20年代此地匪患盛行，匪徒多达千人。④从此经冯家祠、安乐桥、永清桥、清白桥到向阳场。

蓝家店铺　嘉庆《新都县志》卷23记载有蓝家店铺。《钦定大清会典事例》卷678也记载有蓝家店铺，张邦伸《云栈纪程》卷8、杨钟秀《万里云程》及《成都通览》所载《由成都赴陕西之路程》⑤均有记载，即今青白江南兰家店。

向阳镇、向阳场　即万年桥，道光年间佚名《蜀省赴京沿途站里数清册》、臧卓《秦蜀旅行记》记载有向阳场⑥，沈炳垣《星轺日记》记载有万年桥，地名向阳场。⑦民国《新都县治图》标有向阳场，即今青白江北向阳镇。

张化铺、张华镇　嘉庆《汉州志》卷16《驿传铺递志》和《钦定大清会典事例》

①　青白江区地方志编纂委员会《成都市青白江区志》，成都出版社，1995年，第267页。
②　道光《新都县志》卷1《古迹》，道光二十四年刻本。
③　竹添进一郎《栈云峡雨日记》，李勇先、高志刚主编《蜀藏·巴蜀珍稀交通文献汇刊》第10册，成都时代出版社，2015年，第515页。
④　臧卓《秦蜀旅行记》，金生杨主编《蜀道行纪类编》第30册，广陵书社，2017年，第85页。
⑤　傅崇矩《成都通览》，巴蜀书社，1987年，第429页。
⑥　臧卓《秦蜀旅行记》，金生杨主编《蜀道行纪类编》第30册，广陵书社，2017年，第92页。
⑦　沈炳垣《星轺日记》，金生杨主编《蜀道行纪类编》第22册，广陵书社，2017年，第182页。

卷678记载有张化铺，臧卓《秦蜀旅行记》记载有江华镇[1]，沈炳垣《星轺日记》称张华镇[2]，即今向阳镇北张华村。从此经过瓦店子、白鹤桥到姚景桥。

姚景桥　今蒋家河上的古城村南的姚景桥。张邦伸《云栈纪程》卷8记载明嘉靖时期姚景修治。[3]可能即杨钟秀《万里云程》记载的通道桥。据《成都通览》所载《由成都赴陕西之路程》，桥距离蓝家店五里。道光年间佚名《蜀省赴京沿途站里数清册》记载有渡船，冬天则有浮桥。从此经过林家巷到石梯桥。

高总铺　嘉庆《汉州志》卷16记载称高棕铺，《钦定大清会典事例》卷678记载称高总铺。即今城南高宗寺。

石梯桥　据《成都通览》所载《由成都赴陕西之路程》，南五里，跨马木河，即濛阳河。杨钟秀《万里云程》记载又称石桥河塘。[4]古道从广汉西门入广汉城。

明代汉州驿、总铺，清代汉州站（广汉驿）、底塘铺　洪武《寰宇通衢》、景泰《寰宇通志》、正德《四川志》、万历《四川总志》、嘉靖《四川总志》、顾炎武《天下郡国利病书·四川

广汉川王宫

鸭子河大桥

①　臧卓《秦蜀旅行记》，金生杨主编《蜀道行纪类编》第30册，广陵书社，2017年，第92页。
②　沈炳垣《星轺日记》，金生杨主编《蜀道行纪类编》第22册，广陵书社，2017年，第182页。
③　张邦伸《云栈纪程》卷8，李勇先、高志刚主编《蜀藏·巴蜀珍稀交通文献汇刊》第2册，成都时代出版社，2015年，第430页。
④　杨钟秀《万里云程》，金生杨主编《蜀道行纪类编》第15册，广陵书社，2017年，第166页。

备录上》、天启《成都府志》及明代的商人路书中都有记载。天启《成都府志》卷6《驿传志》记载，此驿有旱夫50人，马47匹。[1]汉州在清代相当繁盛，周询《蜀海丛谈》记载其"田土沃衍，人民富庶，惟当北道通衢，政务之外，驿务亦繁"[2]。俞陛云谈到汉州城"繁盛甲于川北，有'小荆州'之目"[3]。但明代广汉驿的具体位置缺乏相关记载。正德《四川志》卷12记载广汉有总铺。嘉庆《四川通志》卷88《武备志·驿传》载："汉州站，在州治内。东至德阳县旌阳驿五十里，南至新都县广汉驿五十里。"[4]同时也记载汉州站没有称汉州驿。[5]道光年间佚名《蜀省赴京沿途站里数清册》记载"进西门出北门有广汉驿"。但据嘉庆《汉州志》卷2的《城池图》[6]可知，清代的汉州驿（广汉驿）位于文庙东北侧，相隔一条街道，而今广汉文庙现存建筑仍保持清嘉庆十七年重建时的大致格局。[7]可见，明清汉州驿位于今广汉文庙东北侧汉口路二段一带，只是旧址已不可寻。

金雁桥　从广汉向北一桥是金雁桥，正德《四川志》记载桥在治北1里。《读史方舆纪要》记载："雁桥。州治北一里。亦曰金雁桥，以跨雁水上也。"[8]嘉庆《汉州志》记载："治北城外，在雁水上。《方舆胜览》谓水中出金雁因以名。"[9]据杨钟秀《万里云程》，金江（石亭江）上本有浮桥和船渡，同时有雁桥梁"长三百余步，架木为梁，上建穿房二十余间，往来轿马行人颇为得

广汉市金雁湖大桥

① 天启《成都府志》卷6，成都时代出版社，2007年，第99页。

② 周询《蜀海丛谈》，巴蜀书社，1986年，第73页。

③ 俞陛云《蜀辀诗记》，金生杨主编《蜀道行纪类编》第27册，广陵书社，2017年，第114页。

④ 嘉庆《四川通志》卷88《武备志·驿传》，嘉庆二十一年木刻本。

⑤ 周询《蜀海丛谈》，巴蜀书社，1986年，第42页。

⑥ 嘉庆《汉州志》卷2《地舆·城池图》，嘉庆二十二年刻本。

⑦ 高文、范小平《中国孔庙》，成都出版社，1994年，第75—76页。

⑧ 顾祖禹《读史方舆纪要》，第3172页。

⑨ 嘉庆《汉州志》卷9《津梁》，嘉庆二十二年刻本。

济"①。我们实地考察发现，雁水即今鸭子河，古金雁桥与现金雁大桥的位置不一致，但相距不远。古金雁桥在今金雁桥上游150米，与大北门相接，清代移至小北门处，系石墩木梁木面桥。②历史上取金牛道进出的行旅往往对金雁桥多有咏叹或记载。现金雁大桥连接南岸的苏州

广汉市金雁大桥

路北二段与北岸的沱水路，为川陕老路上的一座公路桥，桥基始建于1942年，经多次修复与改建，至今仍在使用。

沈犀桥 宋代《太平寰宇记》卷73中引《李膺记》记载汉州城北一里半有白鱼水，有犀桥。③据《成都通览》所载《由成都赴陕西之路程》，有沉犀桥在汉州五里外。

白鱼铺 正德《四川志》卷12《成都府》记载有白鱼铺。嘉庆《四川通志》卷89《武备志·铺递》记载："白鱼铺，在州北十里。"④估计白鱼铺的地名与《李膺记》所载白鱼水有关。清代仍设白鱼铺，有白鱼桥，一名和顺桥。嘉庆《汉州志》卷16《驿传铺递志》记载："一冲路自底塘铺出北门，十里至白鱼铺，铺司兵四名。自白鱼铺十里至小汉铺，司兵四名。"⑤《钦定大清会典事例》卷678也有记载。位置在广汉白鱼村原白鱼桥附近。从此经过凤凰寺、王家碾、三元桥到小汉场。

瓦窑铺 正德《四川志》卷12《成都府》有记载，位置不明。

明高骈铺，清小汉镇铺，民国小汉场 正德《四川志》卷12《成都府》有记载。嘉庆《四川通志》卷89《武备志铺递》记载："小汉镇铺，在州北二十里。"⑥从里程上来看，明代的高骈铺疑是清代的小汉铺。明代无小汉铺，只有高骈铺，估计是小汉

① 杨钟秀《万里云程》，金生杨主编《蜀道行纪类编》第15册，广陵书社，2017年，第166页。
② 四川省广汉县地名办公室编印《四川省广汉县地名录》，1986年，第129页。
③ 乐史《太平寰宇记》卷73，中华书局，2007年，第1489页。
④ 嘉庆《四川通志》卷89《武备志·铺递》，嘉庆二十一年木刻本。
⑤ 嘉庆《汉州志》卷16《驿传铺递志》，嘉庆二十二年刻本。
⑥ 嘉庆《四川通志》卷89《武备志·铺递》，嘉庆二十一年刻本。

小汉镇汉源街北段

小汉镇汉源街南段

铺的原名。嘉庆《四川通志》卷89《武备志·铺递》载："汉州……小汉镇铺，在州北二十里。"[1] 嘉庆《汉州志》卷16《驿传铺递志》记载："自白鱼铺十里至小汉铺，司兵四名。"[2]《钦定大清会典事例》卷678记载称小汉镇。清小汉镇铺位于今小汉镇。民国时期《广汉县全图》和《广汉县乡镇划分图》标为小汉乡。当时小汉镇有人家一百多户，以谷物交易最为发达，是当时广汉经济最发达的乡镇。我们实地考察得知，小汉镇最早的街道为南北走向的汉源街，全长约730米，整段街道由水泥混凝土铺设而成，街道两侧商铺林立，已经看不见老房的痕迹。从小汉经石灰窑后从新福桥渡石亭江。

广德桥 俞陛云《蜀辀诗记》记载有小舟渡石亭江[3]，德阳南有跨石亭江的和顺桥，可能就是后来的广德桥、新福桥。据光绪《德阳乡土志·道路》，在县南25里，跨石亭河。从此经过中河桥、老福桥到大汉镇。

大汉铺、大汉镇 在正德《四川志》卷12《成都府》中就有记载。雍正《四川通志》卷22记载："大汉镇铺，在县南十里。"[4]雍正《四川通志》卷22《驿传》有载：

① 嘉庆《四川通志》卷89《武备志·铺递》，嘉庆二十一年刻本。
② 嘉庆《汉州志》卷16《驿传铺递志》，嘉庆二十二年刻本。
③ 俞陛云《蜀辀诗记》，金生杨主编《蜀道行纪类编》第27册，广陵书社，2017年，第113页。
④ 雍正《四川通志》卷22《驿传》，乾隆元年刻本。

"德阳县……大汉镇铺，在县南十里。"[1]这里的里程记载可能有误，应为20里。同治《德阳县志》卷20《驿递》记载："竹林铺，县南十里。大汉镇铺，县南二十里石亭江北岸，一里有德汉交界处碑，距汉州三十里。牛耳铺，县北十里。"[2]《钦定大清会典事例》卷678也有记载称大汉镇铺。在今德阳南石亭江北岸旧大汉镇附近。据我们实地考察，铺在今德阳南石亭江北岸原大汉镇，原德汉交界处碑已经不复存在，其他遗迹也无处可寻。清代有民谚称"大汉不大，小汉不小"，实际上大汉镇相对炊烟寥落，而小汉反而毂击肩摩。[3]

荷照桥　同治《德阳县志》卷12记载："荷照桥，县南十八里，绵阳河支流所经，通省城赴京要路，长八丈余。"[4]光绪《德阳乡土志·道路》记载在县南17里。[5]即今照桥新村荷照桥。从此经过陈家牌坊、醪糟店到竹林铺。

竹林铺　同治《德阳县志》卷20《驿递》记载："竹林铺，县南十里。大汉镇铺，县南二十里石亭江北岸，一里有德汉交界处碑，距汉州三十里。牛耳铺，县北十里。孟家店，县北二十里，有茶亭题骢马朝天字。林坎铺，县北三十里。至广济桥五里与罗江交界，距罗江二十里。"[6]从"县南十里"的位置来看，就在今德阳城内沱江西路一带，具体位置无法确定，地名也失传。

瓦店子　据光绪《德阳乡土志·道路》的记载，在县南5里。

明旌阳铺，清旌阳驿、底塘　据正德《四川志》卷12《成都府》的记载，在今德阳市旌阳区老城内。同治《德阳县志》卷20《驿递》记载有旌阳驿和城内底塘，驿在城内

德阳文庙大门

---

①　雍正《四川通志》卷22《驿传》，乾隆元年刻本。
②　同治《德阳县志》卷20《驿递》，同治十三年刻本。
③　俞陛云《蜀輶诗记》，金生杨主编《蜀道行纪类编》第27册，广陵书社，第113页。
④　同治《德阳县志》卷12，同治十三年刻本。
⑤　光绪《德阳乡土志·道路》，民国抄本。
⑥　同治《德阳县志》卷20《驿递》，同治十三年刻本。

县署东偏。①道光《德阳县新志》卷2《建置志·驿递》也记载旌阳驿在县署东。②我们发现，明代德阳城内只设有旌阳铺，并没有设立驿站，清康熙二十九年才设立驿站。故道光年间佚名《蜀省赴京沿途站里数清册》记载："进南门出北门有旌阳驿。"德阳以前的地位重要，民国时期绵阳河仍有船运之利，德阳东门外大石桥平常停泊有民船十多艘。清代德阳城坊表较多，如城内姜诗坊、城外秦公坊。据1935年《德阳县全图》的标注，德阳县向北经过三圣宫、简家庙到仙人桥。

三造亭、五里堆 因夏侯三造秦宓故宅得名。据光绪《德阳乡土志·道路》，在德阳北三里。传为秦宓故宅。据《成都通览》所载《由成都赴陕西之路程》，也称为

清代牛耳铺旧址

三造亭。③道光年间佚名《蜀省赴京沿途站里数清册》称其为秦子店。也称五里堆，张邦伸《云栈纪程》卷7称有秦宓故里石碣。④从此经四方碑、拱桥到牛耳铺。

牛耳铺 嘉庆《四川通志》卷89《武备志·铺递》德阳县条记载："牛耳铺，在县北十里。"⑤同治《德阳县志》卷20《驿

递》记载："牛耳铺，县北十里。"⑥道光《德阳县新志》卷首图考中也有标注。《钦定大清会典事例》卷678也有记载。据我们考察，牛耳铺位于德阳北莲池村，地理坐标为北纬31°17'18"，东经104°40'43"，只是现在已经完全荒废成一片农地和残破的房基。从此经简家林到仙人桥。

---

① 同治《德阳县志》卷20《驿递》，同治十三年刻本。

② 道光《德阳县新志》卷2《建置志·驿递》，道光十七年刻本。

③ 傅崇矩《成都通览》，巴蜀书社，1987年，第429页。

④ 张邦伸《云栈纪程》卷8，李勇先、高志刚主编《蜀藏·巴蜀珍稀交通文献汇刊》第2册，成都时代出版社，2015年，第402页。

⑤ 嘉庆《四川通志》卷89《武备志·铺递》，嘉庆二十一年刻本。

⑥ 同治《德阳县志》卷20《驿递》，同治十三年刻本。

仙人桥、仙人铺 正德《四川志》卷12《成都府》记载有仙人铺和仙人桥。嘉庆《四川通志》卷33《舆地志·津梁》记载："仙人桥，在县北二十里。"[1]在今德阳北仙人桥村处。道光《德阳县新志》卷首图考中也有标注。我们实地考察发现，仙人桥位于旌阳区黄许镇仙桥村，地理坐标为北纬31°20'18''，东经104°40'98''。俞陛云《蜀輶诗记》记载此桥边有一亭子，上有对联称"仙迹不随云影散，泉香犹遗客心清"，过桥有一个指石碑，上书"几希之界，人禽之别"八字。[2]但今已不复存在。现在仙人桥已经被重建为一座现代石桥，

仙桥村仙人桥

古道边的两棵黄葛树，人称"许愿树"。

连接仙桥村南北两片区域，桥南立有同治年间的石碑，碑文为"重建仙人桥，同治癸酉年孟冬月毂"，老石碑左侧立有一块现代石碑，介绍了仙人桥的基本情况，传为秦代韩仲修炼处，故名。从仙人桥经新庙子、醪糟店、铁篱笆、三步两桥到孟家店。

孟家店铺 嘉庆《四川通志》卷89《武备志·铺递》德阳县条记载："孟家店铺，在县北二十里。"[3]同治《德阳县志》卷20《驿递》记载："孟家店，县北二十

---

① 嘉庆《四川通志》卷33《舆地志·津梁》，嘉庆二十一年刻本。

② 俞陛云《蜀輶诗记》，金生杨主编《蜀道行纪类编》第27册，广陵书社，2017年，第113页。

③ 嘉庆《四川通志》卷89《武备志·铺递》，嘉庆二十一年刻本。

仙人桥古碑　　　　　　　　　　　旌阳区双原村街道

里，有茶亭题骢马朝天字。"①《钦定大清会典事例》卷678有记载。道光年间佚名《蜀省赴京沿途站里数清册》记载此地"可尖可宿"。沈炳垣《星轺日记》称孟家店"有市甚长"②。我们实地考察发现，在今德阳北孟家社区，仍有孟家庙遗址，庙门左侧摆放着两尊神仙雕像，右侧摆放着四通

旌阳区孟家庙

石碑，石碑上皆刻有"泰山石敢当"五字。杨钟秀《万里云程》记载孟家店也称仙人桥，有骡马店③，可能是指孟家店距离仙人桥近。从孟家店过马店子到黄许镇。

黄许镇　道光《德阳县新志》卷2《建置志·城池》有关于黄许镇的简介，称"北

---

① 同治《德阳县志》卷20《驿递》，同治十三年刻本。

② 沈炳垣《星轺日记》，金生杨主编《蜀道行纪类编》第22册，广陵书社，2017年，第180页。

③ 杨钟秀《万里云程》，金生杨主编《蜀道行纪类编》第15册，广陵书社，2017年，第167页。

路黄许镇距城二十五里，二五八日赶集"[1]，同治《德阳县志》卷20《驿递》还是记载从孟家店直接到林坎铺。不过，黄许镇在清代中后期确实较为繁华、重要，光绪《德阳县续志》卷2《场镇》记载："黄许镇为绵阳镇，国初又名连山镇，内险雄关，市集颇盛……有上场、下场、北棚、东西等街。"[2]清代许多诗人都有咏叹黄许镇的诗。清末，方濬颐《蜀程小纪》记载黄许镇"市集颇盛"[3]，当时"客店宽"而"无骡马"[4]。民国时期，黄许镇"商业颇盛"[5]，有人户300多家，为川北的一个大镇，盐、糖、棉、谷物等贸易量很大，也曾为一个

黄许镇天后宫入口

天后宫大雄宝殿

重要的船运码头，夏天可通航入沱江。据我们实地考察，黄许镇现今规模仍然较大，东南西北四街的肌理还保存较好，东街还保留有一个较为完整的天后宫遗址。镇北有著名的绵阳古渡，旧称黄石渡。同治《德阳县志》卷12《津梁》记载："绵阳古渡，

①　道光《德阳县新志》卷2《建置志·城池》，道光十七年刻本。
②　光绪《德阳县续志》卷2《场镇》，光绪三十一年刻本。
③　方濬颐《蜀程小纪》，李勇先、高志刚主编《蜀藏·巴蜀珍稀交通文献汇刊》第7册，成都时代出版社，2015年，第261页。
④　杨钟秀《万里云程》，金生杨主编《蜀道行纪类编》第15册，广陵书社，2017年，第167页。
⑤　王舫《乙卯入蜀记》，金生杨主编《蜀道行纪类编》第29册，广陵书社，2017年，第258页。

绵远河两岸的河滩地

黄许镇南部的绵远河大桥

黄许镇东街

黄许镇北部的绵远河大桥

县北二十五里黄许镇北栅子外，绵水所经，省会赴京要路。"[1]以前有大桥名利济桥，建于同治十年，长561尺（一说120余丈），宽丈余。据我们考察，渡口的桥已经不复存在，以前人们习惯称为板板桥，主要是用木板搭建的平桥。黄许镇有两条路到五里堆（一称五里碑）、林坎铺，一条经过平政桥、涝糟店到五里堆，一条直接到五里堆再到林坎铺。

明灵凫铺，清代林坎铺，民国林坎镇 正德《四川志》卷12《成都府》有记载，从位置和名称特征上来看，应该在今黄许镇北林坎铺。张邦伸《云栈纪程》卷7称"临坎，一名灵凫"[2]。道光《德阳县新志》卷2《建置志·城池》记载："林坎铺，在

---

[1] 同治《德阳县志》卷12《津梁》，同治十三年刻本。

[2] 张邦伸《云栈纪程》卷7，李勇先、高志刚主编《蜀藏·巴蜀珍稀交通文献汇刊》第2册，成都时代出版社，2015年，第397页。

县北三十里，驿站路中与罗江县交界，以上四隘口雍正七年皆设盐关，乾隆元年并裁。"①而其图考中也绘有林坎镇。同治《德阳县志》卷20《驿递》记载："林坎铺，县北三十里。"②《钦定大清会典事例》卷678也有记载。1935年《德阳县全图》标注为

原灵龛铺旧址

林坎镇。位置在今黄许镇北林坎镇。杨钟秀《万里云程》记载从林坎铺开始上坡。道光年间佚名《蜀省赴京沿途站里数清册》记载此地为"小平坡"。据我们实地考察，林坎铺一带地处浅丘，附近的老建筑多被新工地推平。

广济桥 同治《德阳县志》卷20《驿递》记载："林坎铺，县北三十里。至广济桥五里与罗江交界。"③光绪《德阳乡土志·道路》中仍有记载："黄许镇，七里交广济桥交罗江界。"④在今广济村西南原广济桥处。同样，乾隆《罗江县志》卷3记载："广济桥，县西南二十里。"⑤嘉庆《罗江县志》卷11记载："广济桥，县西南二十里，与德阳交界，系官路。嘉庆二十年邑庠生毛文□捐资重修。"⑥

白马场 即今广济村东北旧白马场之地。从此翻桐子山上白马关。金牛道从成都北上到此大多取行于平坝之中，道路起伏不大，古道路基多为土沙构成，宽约6尺，只偶有铺碥石的。由此上到白马关才逐渐铺有较多碥石。

白马关、白马关铺 正德《四川志》卷12记载："白马关，即鹿头关，在治西十五里。"⑦但清代嘉庆《罗江县志》卷10记载鹿头关与白马关相对⑧，或两关并列；

① 道光《德阳县新志》卷2《建置志·城池》，道光十七年刻本。
② 同治《德阳县志》卷20《驿递》，同治十三年刻本。
③ 同治《德阳县志》卷20《驿递》，同治十三年刻本。
④ 光绪《德阳乡土志·道路》，民国抄本。
⑤ 乾隆《罗江县志》卷3，乾隆十年刻本。
⑥ 嘉庆《罗江县志》（36卷本）卷11，同治四年刻本。
⑦ 正德《四川志》卷12，正德十三年刻、嘉靖十六年增补本。
⑧ 嘉庆《罗江县志》（36卷本）卷10，同治四年刻本。

白马关及其周边景观

白马关

而道光《德阳县续志》卷2《关隘》则认为鹿头关即汉代的绵竹关，在黄许镇。同治《续修罗江县志》卷5《古迹志》同样认为古鹿头关即今黄许镇。据前面的考证，早在宋代人们就认为鹿头、白马本一关，只是鹿头关名出现相对更早，白马关出现较晚，鹿头关在鹿头山上，后鹿头关又有白马关之称，白马关知名度更大，故后代对此多有误解。白马关是金牛道上的一个重要关隘，在清代相当重要。嘉庆《四川通志》卷89《武备志·铺递》罗江

白马关碥路及车轮槽

白马关碥路

县条记载："白马关铺，在县西十里。"①嘉庆《罗江县志》卷10《关隘》记载："白马关，县西南十里，与鹿头关相对。"卷18《驿传》记载："白马关铺，县西十里，至广济桥交德阳界。"②《钦定大清会典事例》卷678也记载有白马关铺。实际上，清代文献中往往将鹿头关与白马关误为两地，但人们

白马关庞统祠

普遍较为熟悉白马关的位置、地名，而对鹿头山和鹿头关了解不多。实际上鹿头山是指今关底凤鸣桥到关顶桐子山一带的山脉，最高海拔579米③，原称鹿头关，后才有白马关之名，而鹿头关之名逐渐淡出。今白马关一带的遗迹较多，但多为明清时期所遗留，如清乾隆年间庞葛二公祠。白马关是金牛道从成都平原北上后，从平原地区进入浅中丘的丘陵地区的分界点，地理位置十分重要。道光年间佚名《蜀省赴京沿途站里数清册》记载其地为"小平坡"。成都平原人烟密集，历史上的碥路多被破坏，唯在白马关一带还保留较多，有较高的文物价值。特别是碥路上的大量车轮滑道痕，可谓中国乃至世界上保留较早的有轨交通的历史文物，在世界交通文物中相当独特。

落凤坡 从白马关五里到落凤坡，有同治七年落凤坡碑书"汉靖侯庞凤雏先生尽忠处"，故有"庞靖侯尽忠处"。俞陛云《蜀辅诗记》称此地"平冈浩莽，衰草凄迷，为丛莽之地"④。从此经过七里桥、惠慈寺、西寺至罗江县城。

---

① 嘉庆《四川通志》卷89《武备志·铺递》，嘉庆二十一年刻本。
② 嘉庆《罗江县志》（36卷本）卷10《关隘》、卷18《驿传》，同治四年刻本。
③ 罗江县人民武装部《罗江县军事志》，2003年，内部刊印，第53页。
④ 俞陛云《蜀辅诗记》，金生杨主编《蜀道行纪类编》第27册，广陵书社，2017年，第112页。

落凤坡

落凤坡"汉靖侯庞凤雏先生尽忠
处"碑

明纹江铺，清罗江驿、万安驿、万安铺、新州 正德《四川志》卷12《成都府》记载有纹江铺，在（罗江）治南，应为罗江县的县铺。又有新州之称，因乾隆三十六年迁直隶绵州于此，到嘉庆七年才迁回今绵阳。嘉庆《罗江县志》卷18记载："万安驿棚厂，在县西，晋时置万安驿于此，故名。国朝顺治十六年并入德阳改县为驿，设有驿丞专管，雍正八年复设县，治驿归知县兼理。"①今罗江县在清代的驿站似名万安驿。但乾隆《罗江县志》卷3记载："罗江驿，向在县治西南。"②同治《直隶绵州志》卷23记载："罗江驿，在县治内。"③清代治城内的驿站名称是罗江驿，并不是万安驿，同时地图上标明马号在城内西门内，并不在今天人们认知的城外的西寺。乾隆《罗江县志》卷3记载："西寺，城西一里。"④而嘉庆《罗江县志》卷19又记载："西寺，城西一里，国初时建。"⑤道光年间佚名《蜀省赴京沿途站里数清册》明确记载"进西门出东门万安驿"，显然万安桥并不在西门外，具体位置不明。西寺清初建立，相关记载并没有谈到是在万安故城、旧万安驿的故址上建立的。而嘉庆《罗江县志》與图中西寺并没有标为万安驿。卷12《古迹》中有关万安故城的记载也没有说明是驿站。民国《四川省罗江县图》标注县城为万安镇。所以，今天远离罗江县城更靠

---

① 嘉庆《罗江县志》（36卷本）卷18，同治四年刻本。
② 乾隆《罗江县志》卷3，乾隆十年刻本。
③ 同治《直隶绵州志》卷23，同治十二年刻本。
④ 乾隆《罗江县志》卷3，乾隆十年刻本。
⑤ 嘉庆《罗江县志》（36卷本）卷19，同治四年刻本。

雷祖寺

西的雷祖寺并不一定是唐宋万安驿的旧址。文祥《蜀轺纪程》记载清代罗江"街市亦繁华"①。现在东门外有长桥一座，坊书"晴川环翠"。

太平桥　在罗江县东门外。嘉庆《罗江县志》记载："太平桥，在城东门一里，因教匪平定，歌咏太平，故名。为省会绵州官路桥，长五十四丈，高二丈六尺，阔二丈四尺，共十一洞。嘉庆七年署邑令陈启泰督士民捐修。"②太平桥是四川省保存较完好的古石拱大桥之一，一直是南北川陕路必经要桥。③桥为11孔石拱桥，长194米，每拱跨度15米，拱高7.5米。④2007年，当地对太平桥进行了保护性修建，建成了更具

罗江太平廊桥牌楼

---

① 文祥《蜀轺纪程》，李勇先、高志刚主编《蜀藏·巴蜀珍稀交通文献汇刊》第7册，成都时代出版社，2015年，第294页。

② 嘉庆《罗江县志》（卷36本）卷11，同治四年刻本。

③ 德阳市地方志编纂委员会编纂《德阳市志》（上册），四川人民出版社，2003年，第654页。

④ 应金华、樊丙庚主编《四川历史文化名城》，四川人民出版社，2000年，第561页。

第一章

现代性的太平桥，称之为太平廊桥，路面由人行廊道与车行道构成。当时可从罗江县东太平桥、二井铺到大井铺，也可从罗江县北北寺桥、金雁桥经二井铺到大井铺。

大井铺　乾隆《罗江县志》卷3记载："大井铺，东北十里。"①李调元《罗江县志》卷3记载："大井铺，县东十五里，有明万历四十五年十月十五日都察院禁役铺兵碑。"②嘉庆《四川通志》卷89《武备志·铺递》也记载："大井铺，在县东北十里。"③《钦定大清会典事例》卷678也记载有大井铺。据我们考察，大井铺即位于今德阳市罗江区大井镇。当地的大井南街、大井北街，已经改建为柏油路，街道两侧多为新修的民居、商铺，大井镇学校位于南街的东侧，仍有一些老砖瓦房。从此经过七里碑、女儿坟、倒石桥到金山铺。

大井镇主街道

金山镇金营路

金山铺、金山堡　正德《四川志》卷12《成都府》有记载。乾隆《罗江县志》卷3记载："金山铺，县北二十里，即古金山郡驿站路中。"④嘉庆《四川通志》卷89《武备志·铺递》记载："金山铺，在县东北二十里。"⑤李调元《罗江县志》卷3记载："金山铺，县东十五

---

① 乾隆《罗江县志》卷3，乾隆十年刻本。
② 嘉庆《罗江县志》（10卷本）卷3，嘉庆七年刻本。
③ 嘉庆《四川通志》卷89《武备志·铺递》，嘉庆二十一年刻本。
④ 乾隆《罗江县志》卷3，乾隆十年刻本。
⑤ 嘉庆《四川通志》卷89《武备志·铺递》，嘉庆二十一年刻本。

里，即古金山郡驿站，又有崇正（祯）十五年七月都察院禁役铺兵碑。"①嘉庆《四川通志》卷89《武备志·铺递》罗江县条记载："金山铺，在县东北二十里。"②嘉庆《罗江县志》卷18记载："金山铺，县东北三十里，至鸡鸣桥交绵州界。"③《钦定大清会典事例》卷678也有记载。据《成都通览》所载《由成都赴陕西之路程》，铺路边有明代布鉴之女坟。④金山铺位于今德阳市罗江区金山镇，今金山镇北街即为原来老街，但传统建筑都被破坏无存了。从金山铺经将军山、五里碑、四方碑到鸡鸣桥。

毛家牌坊　牌坊无存。

五里碑　今五里碑处。俞陛云《蜀辀诗记》记载此处有"酌中道里碑"⑤，今无存。

鸡鸣铺、鸡鸣桥、鸡鸣寺　嘉庆《罗江县志》卷18记载："金山铺，县东北三十里，至鸡鸣桥交绵州界。"同治《直隶绵州志》卷23《驿传》："鸡鸣铺，十里，交罗江县界。"⑥《钦定大清会典事例》卷678也有记载。据我们考察，这个鸡鸣桥在今绵阳罗江交界的鸡鸣水库附近，具体位于宋家房子西南、杨家房子西北的古店井河上（现称水库沟），西距鸡鸣水库100米，后在修建鸡鸣水库时拆毁。以前附近有古井、鸡鸣寺、城隍庙、明月坡等，崖壁上书"精泉"二字。此处旧为清代罗江与绵阳交界之处。

明石梯铺、新铺、新店　正德《四川志》卷12《成都府》记载有石梯铺，位置不明。清代皂角铺南有新铺，疑为明代石梯铺之地。在今绵阳高新区磨家镇新铺梁上。同治《直隶绵州志》卷23《驿

正在修缮的新铺金洞子节孝双牌坊（北坊）

①　嘉庆《罗江县志》（10卷本）卷3，嘉庆七年刻本。
②　嘉庆《四川通志》卷89《武备志·铺递》，嘉庆二十一年刻本。
③　嘉庆《罗江县志》（36卷本）卷18，同治四年刻本。
④　傅崇矩《成都通览》，巴蜀书社，1987年，第429页。
⑤　俞陛云《蜀辀诗记》，金生杨主编《蜀道行纪类编》第27册，广陵书社，2017年，第111页。
⑥　同治《直隶绵州志》卷23《驿传》，同治十二年刻本。

传》记载："新铺站，绵州腰站，在治南。州西，石桥铺，十里；皂角铺，十里；新铺，十里；鸡鸣铺，十里；交罗江县界。"[①]嘉庆《四川通志》卷88《武备志·驿传》记载："新铺站，在绵州南，南至罗江县驿五十里，北至本州金山驿四十里。"[②]但《蜀海丛谈》记载为"新铺驿"[③]，而不是新铺站。张邦伸《云栈纪程》卷7称新店。[④]《钦定大清会典事例》卷678称新铺。据我们考察，磨家镇南二里的新铺的地名仍然保留下来，但在今新铺一带已经没有以前的传统建筑。俞陛云《蜀辋诗记》记载这一带"凡泽畔田间峰腰岭脚，悉以石板横铺，行旅便之"[⑤]，说明这一段的碥石当时就较为完整。新铺附近新铺梁金洞子的节孝双牌坊保存较好，其驿路上的石板在20世纪多被当地老乡挖走，最近才从老乡家中搜集起来铺在原来路基上，也算是修旧如旧的典范。从新铺经石庙子、马鞍山、烟堆子到皂角铺。

皂角铺　又称皂荚铺，原名钟阳镇，正德《四川志》卷12《成都府》记载有皂角铺。嘉庆《四川通志》卷89《武备志·铺递》"绵州直隶州"条记载："皂角铺，在

正在修缮的新铺金洞子节孝双　　新铺果园段的碥路，中有车轮槽。　　新铺果园段的碥路
牌坊（南坊）

---

①　同治《直隶绵州志》卷23《驿传》，同治十二年刻本。
②　嘉庆《四川通志》卷88《武备志·驿传》，嘉庆二十一年刻本。
③　周询《蜀海丛谈》，巴蜀书社，1986年，第42页。
④　张邦伸《云栈纪程》卷7，李勇先、高志刚主编《蜀藏·巴蜀珍稀交通文献汇刊》第2册，成都时代出版社，2015年，第386页。
⑤　俞陛云《蜀辋诗记》，金生杨主编《蜀道行纪类编》第27册，广陵书社，2017年，第111页。

| 新皂镇街景 | 石桥铺吴绍典孝义坊 | 石桥铺李琦百岁坊 |

州西三十里。"①同治《直隶绵州志》卷23《驿传》记载："皂角铺，十里。"②《钦定大清会典事例》卷678也有记载。据我们实地考察，清代的皂角铺在今新皂镇老街，但老街已经没有传统建筑，只是街道肌理仍旧。其实，民国初年的皂角铺较为热闹，有100多户，路边有石碑刻"明句子舍身救父处"，当时一些旅行者多住皂角铺而不住绵阳城。从皂角铺经边堆山到石桥铺。

石桥铺 也称石桥梁塘。正德《四川志》卷12《成都府》就记载有石桥铺。嘉庆《四川通志》卷89《武备志·铺递》"绵州直隶州"条记载："石桥铺，在州西十五里。"③同治《直隶绵州志》卷23《驿传》："石桥铺，十里。"④《钦定大清会典事例》卷678也有记载。在今绵阳市涪城区高新街道石桥社区。原来铺北有一百岁坊，南有一节孝坊，另有一"飞云骞鹤"石刻；这一带开发程度较高，已经找寻不到石桥铺的老街道，但吴绍典孝义坊和李琦百岁坊仍存在。从石桥铺经纯阳关、涪翁堰到绵阳城。

明绵州金山驿、总铺，清金山驿（绵州驿）、老州、底塘 正德《四川志》卷12《成都府》记载有金山驿和总铺，在今绵阳市涪城区内。同治《直隶绵州志》卷23《驿传》记载："金山驿，在绵州治内，南至罗江县九十里，北至本州魏城驿六十

---

① 嘉庆《四川通志》卷89《武备志·铺递》，嘉庆二十一年刻本。
② 同治《直隶绵州志》卷23《驿传》，同治十二年刻本。
③ 嘉庆《四川通志》卷89《武备志·铺递》，嘉庆二十一年刻本。
④ 同治《直隶绵州志》卷23《驿传》，同治十二年刻本。

涪江渡口旧址　　　　　　　　　　　　　　新修的越王楼

里。"①同时还记载有底塘铺。李德淦《蜀道纪游》记载嘉庆年间绵州俗名老州②，李保泰《入蜀记》则称绵阳为旧州③，朱沄《西行日记》称绵阳为旧州，罗江为新州④，主要是乾隆年间绵州治所一度迁到罗江县之故。绵州老城应该在原绵州城内（今涪城区老城内）。清末民国绵阳城为交通枢纽，水陆两便，"城凡五门，水陆辐辏"⑤，"商业繁盛，城滨涪江，为川北水陆要冲，商铺节次鳞比"⑥。特别是南门涪江外民船众多，仍

绵阳富乐山与芙蓉溪

是一个较重要的水码头。清代从绵州城西关渡北河义渡到龟山头，有越王楼，老楼早已经毁坏，现在东方红大桥边的越王楼为原址重建的新楼。

富乐山　古道从越王楼下过而北上，沿芙蓉溪而行，东为富乐山，有富

① 同治《直隶绵州志》卷23《驿传》，同治十二年刻本。

② 李德淦《蜀道纪游》，李勇先、高志刚主编《蜀藏·巴蜀珍稀交通文献汇刊》第3册，成都时代出版社，2015年，第335页。

③ 李保泰《入蜀记》，金生杨主编《蜀道行纪类编》第9册，广陵书社，2017年，第197页。

④ 朱沄《西行日记》，金生杨主编《蜀道行纪类编》第14册，广陵书社，2017年，第56页。

⑤ 俞陛云《蜀辀诗记》，金生杨主编《蜀道行纪类编》第27册，广陵书社，2017年，第110页。

⑥ 王舫《乙卯入蜀记》，金生杨主编《蜀道行纪类编》第29册，广陵书社，2017年，第257页。

乐寺。古道实际从富乐山下芙蓉溪西岸经过，渡仙人桥到东岸。

仙人桥、芙蓉塘 同治《直隶绵州志》记载："仙人桥，治北五里芙蓉溪上。"[①]仙人桥是古人北上进出绵州唯一的桥梁，被称为古绵州第一桥。[②]李德淯《蜀道纪游》记载此为杜甫东津观打鱼处。我们考察得知，老仙人桥就在今仙人桥以北100米处，但遗址无存。古道过仙人桥、凉水井到滥泥沟的滥泥铺。

滥泥沟铺 同治《直隶绵州志》卷23《驿传》记载："州北，滥泥铺十里，抗香铺十里，蔡家铺

清代仙人桥旧址

滥泥沟铺旧碥路路基遗迹

滥泥沟铺旧碥路遗迹

十里，沉香铺十里，铜瓦铺十里，魏城铺十里，宣化铺十里交梓潼县界。"[③]《钦定大清会典事例》卷678记载为滥泥铺。民国王舫《乙卯入蜀记》也谈到绵州滥泥沟，即指此地。古道从酌中道里碑处经凉水井、大垭豁到滥泥沟，即旧滥泥铺，为一块较大的田坝，中有一个大水田，旁有红狮水泥厂。我们实地考察发现，在仙人桥与滥泥沟之间，还保存着一些碥路和一块清代指路碑，特别是原朝阳厂区北面的山岩上仍有一段100米左右的碥路，碥石保留较完整，这是绵阳市区少有的金牛道碥路遗址，较为珍贵。朝阳慈济学校对面古道上有酌中道里碑，碑上部横书"酌中道里碑"，下部纵书"上至滥泥

① 同治《直隶绵州志》卷13《津梁》，同治十二年刻本。
② 严显勇主编《游仙文物》，四川美术出版社，2019年，第21页。
③ 同治《直隶绵州志》卷23《驿传》，同治十二年刻本。

沟，下至金山驿"，左侧碑文为"乾隆五十年"，是金牛道上少有的指路碑。古道从滥泥沟经生地梁、五里碑垭口、柏树坳到抗香铺。

抗香村仙建路

抗香铺 嘉庆《四川通志》卷89《武备志·铺递》"绵州直隶州"条记载："抗香铺，在州北二十里。"[1]同治《直隶绵州志》卷23《驿传》记载："州北，滥泥铺十里，抗香铺十里。"[2]《钦定大清会典事例》卷678记载称杭香铺。据我们实地考察，"抗香铺"地名所在位置并非古代抗香铺，仙建路的抗香村一带才是清代抗香铺的所在地，现路面已经全部铺设水泥，老石板路位于仙建路的西侧，只留有路基和泥地，石板无存。古道经灵牌山、马儿垭、洞子口、谭家店到蔡家铺。

古道边的酌中道里碑

---

① 嘉庆《四川通志》卷89《武备志·铺递》，嘉庆二十一年刻本。
② 同治《直隶绵州志》卷23《驿传》，同治十二年刻本。

高陂铺 正德《四川志》卷12《成都府》有记载，位置不明。从合理里程推测，应在铜瓦铺与绵州城之间居中的位置，从清代的古道路线来看，估计在清代的蔡家铺西驿观山庄一带。

高陂铺旧址驿观农庄种植园内的老石板

蔡家铺、蔡家桥 嘉庆《四川通志》卷89《武备志·铺递》"绵州直隶州"条记载："蔡家铺，在州北三十里。"[1]《钦定大清会典事例》卷678记载称蔡家桥铺。同治《直隶绵州志》卷23《驿传》记载："州北，滥泥铺十里，抗香铺十里，蔡家铺十里。"[2]据我们考察，清代蔡家铺在今蔡家桥村第三居民点，至今还有一桥存在，只是旧桥桥面已经铺上水泥。据说老桥并不在此地。一说蔡家铺在今碉堡梁下的蔡家店。从此过回龙桥、和尚湾到沉香铺。

蔡家桥村

蔡家桥

沉香铺 即唐宋时期的奉济驿旧地。嘉庆《四川通志》卷89《武备志·铺递》"绵州直隶州"条记载："沉香铺，在州北四十里。"[3]同治《直隶绵州志》卷23《驿传》记载："州北，滥泥铺十里，抗香铺十里，蔡家铺十里，沉香铺十里。"[4]《钦定大清会典事例》卷678有记载。杨伦注杜甫《奉济驿重送严公四韵》诗言奉济驿"去绵

---

① 嘉庆《四川通志》卷89《武备志·铺递》，嘉庆二十一年刻本。
② 同治《直隶绵州志》卷23《驿传》，同治十二年刻本。
③ 嘉庆《四川通志》卷89《武备志·铺递》，嘉庆二十一年刻本。
④ 同治《直隶绵州志》卷23《驿传》，同治十二年刻本。

沉香铺淹于仙海湖中

沉香铺与铜瓦铺间凤凰山碥路遗址

新修的沉香亭

州三十里"①，奉济驿是否就是沉香铺前身？待考。据康熙年间郎廷槐《宦蜀纪程》卷2的记载，当时有嘉靖七年碑记上书"程香铺"，并非"沉香铺"，而康熙年间的石磬中也称"程香铺延真观"。②所以，可能此铺在明代为程香铺，但明代相关传世文献并未记载当时设有程香铺。俞陛云《蜀辖诗记》记载赶场时此地"村人甚众"③。据《成都通览》所载《由成都赴陕西之路程》，当时距离场四五里之处有沉香树，只是当时

① 杨伦《杜诗镜铨》卷9，乾隆五十七年九柏山房刻本。
② 郎廷槐《宦蜀纪程》卷2，国家图书馆藏康熙年间刻本。
③ 俞陛云《蜀辖诗记》，金生杨主编《蜀道行纪类编》第27册，广陵书社，2017年，第110页。

已经萎败。[①]从此向西可到涪江上去往绵州的渡口，有渡船。据我们的考察，20世纪90年代，沉香铺老街草鞋街在修沉抗水库（现仙海）时已淹入水库中。曾经在水库附近新修有沉香亭和碥路，并立有相关介绍的标识。现沉香铺附近凤凰山仍保留有一段长2里左右的古道遗址，其间部分碥石保存较好。古道从凤凰山经黄莲垭、古坟梁到铜瓦铺。

铜瓦铺　正德《四川志》卷12《成都府》有记载，清代仍存。嘉庆《四川通志》卷89《武备志·铺递》"绵州直隶州"条记载："铜瓦铺，在州北五十里。"[②]同治《直隶绵州志》卷23《驿传》记载："沉香铺十里，铜瓦铺十里。"[③]《成都通览》所载《由成都赴陕西之路程》称红瓦铺。[④]《钦定大清会典事例》卷678有记载。我们考察发现，铜瓦铺至今仍然存在，附近有甘露寺，寺前还有古碑一通。古道从铜瓦铺经青龙嘴、五里碑、古家店子渡古通济桥到魏城驿。

魏城驿、魏城驿铺　嘉庆《四川通志》卷89《武备志·铺递》"绵州直隶州"条载："魏城驿铺，在州北六十里。"[⑤]同治《直隶绵州志》卷23《驿传》记载："魏城驿，在州东北……铜瓦铺十里，魏城铺十里，宣化铺十里交梓潼县界。"[⑥]《钦定大清会典事

铜瓦铺之甘露寺

甘露寺古碑

① 傅崇矩《成都通览》，巴蜀书社，1987年，第430页。
② 嘉庆《四川通志》卷89《武备志·铺递》，嘉庆二十一年刻本。
③ 同治《直隶绵州志》卷23《驿传》，同治十二年刻本。
④ 傅崇矩《成都通览》，巴蜀书社，1987年，第430页。
⑤ 嘉庆《四川通志》卷89《武备志·铺递》，嘉庆二十一年刻本。
⑥ 同治《直隶绵州志》卷23《驿传》，同治十二年刻本。

民国初年魏城驿附近石堂院旧址

现在的魏城驿护桥寺

例》卷678有记载。魏城早在南北朝就为县城，盛产盐，经济较为发达。李德淦《蜀道纪游》记载嘉庆年间魏城驿已经是"阛阓邻比，百货充盈"[1]，杨钟秀《万里云程》记载此镇"贸易极胜，如宿老绵州，必在此处打尖"[2]，此外还有"阛阓殊盛，类山外小邑"[3]的描述，城镇较为繁华。民国时期，魏城镇产盐，别称盐泉，在20世纪40年代有519户，2380余人，规模较大。[4]清末魏城为绵阳县的分县衙门，绵州驿丞就设在魏城驿，故商业较为繁忙。现魏城铺西街就是原来的老街，但传统建筑多被人破坏。在魏城镇双柏街有护桥寺，有宋通济桥碑等石刻文物。据我们实地考察和民国《绵阳县乡镇位置全图》的标注，从魏城驿向东北方向经过牌坊、玉皇观下方、梨子沟、五里碑、双柏树到宣化铺。

---

[1] 李德淦《蜀道纪游》，李勇先、高志刚主编《蜀藏·巴蜀珍稀交通文献汇刊》第3册，成都时代出版社，2015年，第334页。

[2] 杨钟秀《万里云程》，金生杨主编《蜀道行纪类编》第15册，广陵书社，2017年，第170页。

[3] 陈涛《入蜀日记》，金生杨主编《蜀道行纪类编》第26册，广陵书社，2017年，第469页

[4] 王成敬《川西北步行记》，金生杨主编《蜀道行纪类编》第45册，广陵书社，2017年，第375页。

魏城驿贞节牌坊　　　　　　　　　　　　从贞节牌坊远眺玉皇观

双柏树观音庙　　　　　　　　　　　　　宣化铺旧址柳塔街

牌坊　在魏城镇东街东面小丘上，系道光元年立唐陈氏贞节牌坊。古道从牌坊下穿过，可远眺玉皇观。古道由此沿玉皇观南的山麓而过，但已经荒废。

双柏树　古道从玉皇观下到梨子沟，再经玉峰村到小梨子沟至双柏树，旧有一观音庙在原川陕公路边，现位置有移动。

宣化铺　嘉庆《四川通志》卷89《武备志·铺递》"绵州直隶州"条记载："宣化铺，在州北七十里。"[1]同治《直隶绵州志》卷23《驿传》记载："魏城驿，在州东北……魏城铺十里，宣化铺十里交梓潼县界。"[2]《成都通览》所载《由成都赴陕西之路程》称董化铺。[3]陈涛《入蜀日记》称理化桥。[4]《钦定大清会典事例》卷678有记

①　嘉庆《四川通志》卷89《武备志·铺递》，嘉庆二十一年刻本。

②　同治《直隶绵州志》卷23《驿传》，同治十二年刻本。

③　傅崇矩《成都通览》，巴蜀书社，1987年，第430页。

④　陈涛《入蜀日记》，金生杨主编《蜀道行纪类编》第26册，广陵书社，2017年，第469页。

第一章

宣化铺至石牛铺石刻子的碥路　　　　　　　　　　　杨麻垭与小庙

载。在今宣化铺，城内柳塔街北侧仍然保留较多传统建筑。从宣化铺经大柏树、罗汉桥到石牛铺。

石刻子、杨麻垭（梁子垭口）　据我们的考察，在宣化铺与石牛铺之间，还保存一段约200米的碥路，其间的杨麻垭（梁子垭口）上还建有小庙一座。

罗汉铺、万年桥　《钦定大清会典事例》卷678记载有罗汉铺，距石牛铺5里。又称罗汉桥，咸丰《重修梓潼县志》卷1记载："万年桥，即罗汉桥，县南三十五里，旧系木桥。"[①]乾隆二十三年改为石桥。此桥当属于梓潼县和绵阳县的界桥，即今罗汉桥处。据梓潼县文物管理所提供的当地文化人调查，从罗汉桥到石牛铺要经过今天的碉堡梁左、王家屋基、任家湾、魏家梁、李家坡、土地垭、王家梁子右梁脊、古石牛堡碑、石牛庙、公房梁、石牛河、三圣宫等地。

石牛铺　正德《四川志》卷14《保宁府》和嘉靖《保宁府志》卷4《驿传》都有记载，说明早在明代就设立有石牛铺，在今梓潼县南石牛铺。嘉庆《四川通志》卷89《武备志·铺递》"梓潼县"条记载："石牛铺，在县南三十里。"[②]同治《直隶绵州志》卷23《驿传》记载："县南，漏峰铺，十里；板桥铺，十里；石牛铺，十里。"[③]《钦定大清会典事例》卷678有记载。据考察，石牛镇仍然存在，在石牛镇永乐街东南边尽头处可以看到文昌小七曲的大门，大门写有对联，上联为"文星普照仰俊杰无量

---

① 咸丰《重修梓潼县志》卷1，咸丰八年刻本。
② 嘉庆《四川通志》卷89《武备志·铺递》，嘉庆二十一年刻本。
③ 同治《直隶绵州志》卷23《驿传》，同治十二年刻本。

其人",下联为"七曲钟灵宣文昌亚子之圣"。郎廷槐《宦蜀纪程》记载石牛铺是以石牛寺得名。①不过,过去认为石牛镇得名于镇的形状似石牛,并不是得名于金牛道传说中的金牛、石牛。李德淦《蜀道纪游》记载嘉庆年间石牛铺为"梓邑山市也,聚山中之民,致山中之货,日用之需木棉为多"②。据《成都通览》所载《由成都赴陕西之路程》,清末当地场外就有石牛铺碑和石牛一个,有石栏相护。③又在上场山内挖出天然石牛。有陕西会馆和蜀王亭遗址。据梓潼县文物管理所提供的当地文化人调查,从石牛铺到板桥铺要经过今天的小七曲山

石牛铺小七曲

小七曲内部

左、石牛山庄左、石牛山垭豁、店子坪、雁门山石榴垭、雁门山腰、井儿垭、烟袋山左、板桥子。

板桥铺 嘉庆《四川通志》卷89《武备志·铺递》梓潼县条记载:"板桥铺,在县南二十里。"④同治《直隶绵州志》卷23《驿传》记载:"县南,漏峰铺,十里;

---

① 郎廷槐《宦蜀纪程》卷2,国家图书馆藏康熙年间刻本。

② 李德淦《蜀道纪游》,李勇先、高志刚主编《蜀藏·巴蜀珍稀交通文献汇刊》第3册,成都时代出版社,2015年,第335页。

③ 傅崇矩《成都通览》,巴蜀书社,1987年,第430页。

④ 嘉庆《四川通志》卷89《武备志·铺递》,嘉庆二十一年刻本。

小七曲古石牛堡简介碑

板桥铺，十里；石牛铺，十里。"①《钦定大清会典事例》卷678也有记载。据我们实地考察，铺在今板桥村附近，但已无相关遗迹。在村南经板桥梁坡到梁上之间有井儿垭，至今还保留有一块路碑。路碑上有"古名""井儿垭""龙泉池水"等字可读。据梓潼县文物管理所提供的当地文化人调查，从板桥铺、漏峰铺要经过今白家烟袋山左、小山、寨子山左、大柏树、龙凤垭（漏风垭）。俞陛云《蜀辀诗记》记载从板桥铺到长卿山一带"山路皆石板，荡平如砥"②，但现在这一段已无碥石存在了。

板桥村

井儿垭路碑

井儿垭水井

---

① 同治《直隶绵州志》卷23《驿传》，同治十二年刻本。
② 俞陛云《蜀辀诗记》，金生杨主编《蜀道行纪类编》第27册，广陵书社，2017年，第109页。

漏峰铺 又称石合子。同治《直隶绵州志》卷23《驿传》记载："县南,漏峰铺,十里。"[①]《钦定大清会典事例》卷678也有记载。从里程来看,应该在梓潼县南长卿镇南旧石河村龙凤垭一带。据梓潼县文物管理所提供的当地文化人调查,从漏峰铺到火烧桥要经过史家湾、石河子桥。

火烧桥 在县南5里太平河上,至今火烧桥地名仍在,河上有一桥,但并非古桥。原桥在两桥之间,为一木梁桥。

总坊牌坊 清代贞孝节烈总坊牌坊一座,俗称贞节牌坊,于清光绪二十八年建造,牌坊坐北向南,为一正楼二边楼、飞檐翼

火烧桥旧址

梓潼县南总坊牌坊

总牌坊古碑之一

---

① 同治《直隶绵州志》卷23《驿传》,同治十二年刻本。

第一章

总牌坊古碑之二、三

接官亭旧址

汉代李业阙

角四柱落脚的石刻。在牌坊广场边缘的草丛中还有几块石碑，其中一块为道光十四年刻有《修理南北官道碑记》的石碑，还有一块为光绪二十八年刻有《梓潼县贞孝节烈总坊记》的石碑。

接官亭　北为长卿山，有相如读书处和汉李业石阙，现李业石阙保存完好。古道边原有接官亭，早已毁，现为民房。由此再向东为王爷庙，也称龙王庙，亦毁，现为一片荒草。

南渡南桥（天仙桥）

也称潼水桥、九孔桥，梓潼县南的潼水原来为船渡，嘉靖《保宁府志》卷4记载有梓潼县南渡，在县南1里。[①]在道光年间才修建此九洞大石桥。同治《直隶绵州志》卷13《津梁》记载："县南一里，久圮，冬春水落，砌石为桥，夏秋乃用渡。道光十六年，知县伍福昌兴修拱桥，系八礅九洞，十七年，知县周树天仙桥棠续修，桥洞中空，高二丈八尺，桥面计长五十丈，横宽二丈，栏杆、梯石、月台、石狮俱全。"[②]咸丰《重修梓潼县志》卷1记载："南渡，在南关外，旧有天仙桥一座。"[③]但道光年间已经倾圮，咸丰年间重修。此桥为梓潼

梓潼王爷庙旧址

梓潼南桥

县南渡潼江的桥梁，具体位置应在今潼江花园与南岸龙王庙潼江上，当地习惯称老南桥。现老南桥为咸丰所修，遗憾的是在汶川特大地震受损后，恢复时给桥重涂了一层水泥，加上了人行道路灯等，可通车，真正的老桥被包裹其中，看不出原本的样子。现南桥头立有四块石碑，即道光十七年刻《□南河天仙桥序》石碑、道光二十二年刻

---

① 嘉靖《保宁府志》卷4《建置纪下·驿传》，嘉靖二十二年刻本。

② 同治《直隶绵州志》卷13《津梁》，同治十二年刻本。

③ 咸丰《重修梓潼县志》卷1，咸丰八年刻本。

南桥南桥头古碑

《经修南河天仙桥碑记》石碑、道光二十三年刻《□□南河天仙桥序》石碑、光绪三年"勤慎爱民"德政碑。碑石部分残损破坏，有些字体已经模糊难辨。清代蜀道过桥由含薰门进入梓潼县城内。

明代梓潼总铺、县门铺，清代梓潼驿（梓潼）、底塘铺　正德《四川志》卷14《保宁府》记载为总铺，嘉靖《保宁府志》卷4《建置纪下·驿传》记载为县门铺。①

---

① 　正德《四川志》卷14《保宁府》、嘉靖《保宁府志》卷4《建置纪下·驿传》。

远眺梓潼县城

梓潼县城老街

同治《直隶绵州志》卷24记载有底塘铺。[1]在今梓潼县城老街。嘉庆《四川通志》卷88《武备志·驿传》记载："梓潼驿，在县治内，北至县属上亭铺六十里，南至绵州魏城驿六十里。"[2]同治《直隶绵州志》卷23《驿传》载"梓潼驿，在县治内"[3]，同时记载有底塘铺，可见清代梓潼驿设在梓潼县城内，应在今梓潼县老城内。清代文祥《蜀轺纪程》称梓潼"街市甚热闹，圣里迥与他处不同"[4]。民国时期梓潼县城城墙保存

民国时期的梓潼县牌坊

完好，道路多为石子铺地，20世纪40年代有1070户，4280人。[5]据梓潼县文物管理所提供的当地文化人调查，从梓潼县城出北门迎凤门要经过长岭龙王碥到送险亭，具体经过今天的长岭、字库坪、送茶岗才到水观音。

---

①　同治《直隶绵州志》卷24《铺递》，同治十二年刻本。

②　嘉庆《四川通志》卷88《武备志·驿传》，嘉庆二十一年刻本。

③　同治《直隶绵州志》卷23《驿传》，同治十二年刻本。

④　文祥《蜀轺纪程》，李勇先、高志刚主编《蜀藏·巴蜀珍稀交通文献汇刊》第7册，成都时代出版社，2015年，第294页。

⑤　王成敬《川西北步行记》，金生杨主编《蜀道行纪类编》第45册，广陵书社，2017年，第372页。

梓潼县长岭，远方即五妇山。

今瓦口关

送险亭、瓦口关、观音寺 据相关文献记载，送险亭、瓦口关在县北7里至10里间。从里程和文献中的提及顺序来看，瓦口关和送险亭应在水观音南。王舫《乙卯入蜀记》则记载称送险亭即瓦口关，水观音在此数百步处。[①]位置关系较乱。嘉靖《四川总志》卷6《建置·沿革》记载："送险亭，在梓潼治西。"[②]清代的所有游记均言送险亭、瓦口关在水观音之南。如王士祯《秦蜀驿程后记》记载："（七曲山）下山过剑泉，泉出石壁下，其上祠观音大士，

① 王舫《乙卯入蜀记》，金生杨主编《蜀道行纪类编》第29册，广陵书社，2017年，第257页。
② 嘉靖《四川总志》卷6《建置·沿革》，嘉靖二十四年刻本。

俗称水观音。十里有石表曰送险亭，蜀栈之险至此始尽。"①张邦伸《云栈纪程》卷6记载："（七曲山）再下为剑泉，泉出石壁下……十里有石表曰送险亭。"②方濬颐《蜀程小纪》记载："（从七曲山大庙）五里过剑泉，有水观音祠，又有送险亭，石坊揭'陂去平来'，其下即瓦口关。"③陶澍《蜀輶日记》记载："（七曲山）循坡而南五里过剑泉，有水观音，又有送险亭石坊揭'陂去平来'四字。"④文祥《蜀轺纪程》记载："（七曲山大庙）又行数里

今送险亭

过水观音庙，座前有泉可汲，稍远有送险亭，又远有坊书曰陂去平来。"⑤清代地方志也有记载，如咸丰《梓潼县志》卷1《关隘》记载"瓦口关，在县北十里，邑令张香海据《文昌全书》摩崖就石书刻"⑥，咸丰《梓潼县志》卷3《古迹》记载"送险亭，咸丰七年知县张香海重建"，卷6所引《重修送险亭碑记》记载送险亭在县北10里。⑦清代这里有一个牌坊，雍正《四川通志》卷27《古迹》记载："送险亭，在县北七里，坊有'陂去平来'四字，言蜀道之险至此而尽也。"⑧杨钟秀《万里云程》记载当时此坊一面书"平来陡去"，一面书"陡来平去"，并不是刻在石碑上。旧送险亭似在今水观音西南送茶岗之处。但民国《参谋本部地形图》将其标在水观音东北一点。不

① 王士禛《秦蜀驿程后记》，李勇先、高志刚主编《蜀藏·巴蜀珍稀交通文献汇刊》第1册，成都时代出版社，2015年，第300页。
② 张邦伸《云栈纪程》卷6，李勇先、高志刚主编《蜀藏·巴蜀珍稀交通文献汇刊》第2册，成都时代出版社，2015年，第364页。
③ 方濬颐《蜀程小纪》，李勇先、高志刚主编《蜀藏·巴蜀珍稀交通文献汇刊》第7册，成都时代出版社，2015年，第255页。
④ 陶澍《蜀輶日记》，《小方壶斋舆地丛钞》第7帙，上海著易堂排印本。
⑤ 文祥《蜀轺纪程》，李勇先、高志刚主编《蜀藏·巴蜀珍稀交通文献汇刊》第7册，成都时代出版社，2015年，第293页。
⑥ 咸丰《梓潼县志》卷1《关隘》，咸丰八年刻本。
⑦ 咸丰《梓潼县志》卷3《古迹》、卷6《艺文》，咸丰八年刻本。
⑧ 雍正《四川通志》卷27《古迹》，乾隆元年刻本。

剑泉 　　　　　　　　　　　　酌中里指路碑

蹬脚石 　　　　　　　　　　　水观音铺碥路

过，后来"陂去平来"四字牌坊被毁，亭子不复存在。

水观音铺、剑泉　都在五妇岭上。嘉靖《四川总志》卷6《郡县志·建置》记载："梓潼县北一十二里，秦惠王遗蜀王美女五人界，遣五丁迎之，丁蹋地大呼，女皆化石。故名。"又载："剑泉，梓潼县一十里，昔蜀五丁遗剑于此，化为此泉，有碑。"[①]嘉庆《四川通志》卷89《武备志·铺递》梓潼县条记载："水观音铺，在县

---

① 　嘉靖《四川总志》卷6《郡县志·建置》，嘉靖二十二年刻本。

民国时期七曲山大庙

今七曲山大庙

北十里。吉阳铺，在县北二十里。通木铺，在县北三十里。墙垣铺，在县北四十里。上亭铺，在县北五十里。酒店铺，在县北六十里。"[1]同治《直隶绵州志》卷23《驿传》也记载："水观音铺，十里。吉阳铺，十里。通木铺，十里。墙垣铺，十里。上亭铺，十里。酒店铺，十里。演武铺，十里。"[2]《钦定大清会典事例》卷678也有记载。具体而言，水观音铺在今梓潼县北水观音风景

晋柏

区内，现附近仍有一段碥路，剑泉碑、酌中里碑、蹬脚石仍存。其中酌中里碑载有相关里程，为金牛道上的一块重要的指路碑。据梓潼县文物管理所提供的当地文化人调查，从水观音到七曲山大庙要经过今天的打儿岩圣境坊。清光绪二十二年，县民于剑泉之基石处修建观音殿，后毁。现水观音庙在1999年以前民间恢复重建，采用的是砖混结构。从水观音上七曲山大庙，中间曾有一个石牌坊，上书"七曲山九曲水文昌胜

---

[1] 嘉庆《四川通志》卷89《武备志·铺递》，嘉庆二十一年刻本。
[2] 同治《直隶绵州志》卷23《驿传》，同治十二年刻本。

民国时期的七曲山大庙

旧墙垣铺，在今薛家寨林场处。

境"①，现在早已经不见踪影。从此经过毛家垭、千佛岩到大庙山。

吉阳铺、七曲山、大庙山 吉阳铺早在明代就设立了，正德《四川志》卷14《保宁府》中就记载有吉阳铺，另嘉靖《保宁府志》卷4《建置纪下·驿传》也有记载。②雍正《四川通志》卷22《铺递》记载："吉阳铺，在县东北二十里。"③《钦定大清会典事例》卷678也记载有吉阳铺。咸丰《梓潼县志》舆图在七曲山大庙前标注有吉阳乡三字。清代的一些游记中都称七曲山大庙为吉阳铺，如文祥《蜀轺纪程》记载："又二十里至吉阳铺，拜梓潼帝君庙。"④吴焘《游蜀日记》也称："二十里至吉阳铺入梓潼界。"⑤而水观音庙内的酌中里碑明确有"至吉阳铺十里""至梓潼县十里"几个字。所以，明清吉阳铺应该在七曲山大庙附近。七曲山，清末以来当地人多习惯称其为大庙山。七曲山原有一个牌坊，上书"七曲山九曲水文昌胜境"，今不复见。据梓潼县文物管理所提供的当地文

① 王舫《乙卯入蜀记》，金生杨主编《蜀道行纪类编》第29册，广陵书社，2017年，第257页。

② 正德《四川志》卷14《保宁府》、嘉靖《保宁府志》卷4《建置纪下·驿传》。

③ 雍正《四川通志》卷22《铺递》，乾隆元年刻本。

④ 文祥《蜀轺纪程》，李勇先、高志刚主编《蜀藏·巴蜀珍稀交通文献汇刊》第7册，成都时代出版社，2015年，第293页。

⑤ 吴焘《游蜀日记》，《小方壶斋舆地丛钞》第7帙，上海著易堂排印本。

化人调查，从吉阳铺七曲山大庙到通木铺要经过今天的土地垭、虎皮包圣境内坊、尖峰村路口。

通木铺 嘉庆《四川通志》卷89《武备志·铺递》记载："通木铺，在县北三十里。墙垣铺，在县北四十里。"①同治《直隶绵州志》卷24《铺递》记载："水观音，十里吉阳铺，十里通木铺，十里墙垣铺，十里上亭铺。"②《钦定大清会典事例》卷678有记载。从吉阳铺先经过枣儿包、独柏树到通木铺。据文管所工作人员的介绍，通木铺又称通木垭、通木树，位于垭口处，大概在今独柏树北的通木树之处。从吉阳铺到通木铺一线，古柏树保存较好，古道的路基也多有保存。

墙垣铺 嘉庆《四川通志》卷89《武备志·铺递》记载："通木铺，在县北三十里。墙垣铺，在县北四十里。"③同治《直隶绵州志》卷24《铺递》记载："水观音，十里吉阳铺，十里通木铺，十里墙垣铺，十里上亭铺。"④《钦定大清会典事例》卷678有记载。民国时期，当地仍有墙院地名的记忆，故民国《参谋本部地形图》仍有标注。但现在当地已经没有墙垣铺地名记忆保存，只是梓潼县文物管理所提供的当地文化人调查，墙垣铺可能在今薛家寨林场处，有薛家沟。从墙垣铺到上亭铺要经过今天的牛王咀、牛王庙。从通木铺到墙垣铺一线，古柏树保存较好，古道的路基也多有保存。

上亭铺 即唐代郎当驿旧址，早在明代就设立有铺递。正德《四川志》卷14《保宁府》记载有上亭铺，嘉靖《保宁府志》卷4《建置纪下·驿传》也有记载，卷6则记载为上亭旧驿。⑤雍正《四川通志》卷22《津梁》记载："上亭铺，在县东北四十

上亭铺整体地形

① 嘉庆《四川通志》卷89《武备志·铺递》，嘉庆二十一年木刻本。
② 同治《直隶绵州志》卷24《铺递》，同治十二年刻本。
③ 嘉庆《四川通志》卷89《武备志·铺递》，嘉庆二十一年木刻本。
④ 同治《直隶绵州志》卷24《铺递》，同治十二年刻本。
⑤ 正德《四川志》卷14《保宁府》、嘉靖《保宁府志》卷4《建置纪下·驿传》、嘉靖《保宁府志》卷6《名胜纪·古迹》。

里。"①嘉庆《四川通志》卷30《舆地志·关隘》记载："上亭镇在县北，唐为上亭驿，宋置镇。"②同治《直隶绵州志》卷23记载："上亭铺，梓潼军站，在县北。"③《钦定大清会典事例》卷678有记载。《蜀海丛谈》卷1记载有上亭站，而不仅是上亭铺。④历史上上亭铺地位重要，设有塘汛，故有塘报房一名。现在有光绪年间的"唐明皇幸蜀闻铃处"石碑。

上亭铺碑亭

酒店铺附近古柏王

上亭铺历史悠久，但李德淦《蜀道纪游》记载嘉庆年间"地颇荒寂"⑤。一说清末民国时期，上亭铺一带较为萧条，人户多为茅草屋。但道光年间佚名《蜀省赴京沿途站里数清册》记载此铺有"腰店，驿马可尖"。而《李希霍芬中国旅行日记》中也记载上亭铺是可以住宿的。⑥从上亭铺到酒店铺要经过今天的大咀、店子梁、五里板、磨盘咀、庙垭。在上亭铺处可向下俯瞰许州镇，许州到上亭铺有一段老石板路，但是由于多年未行人已经荒废。此处房屋较少，在唐明皇幸蜀

① 雍正《四川通志》卷22《津梁》，乾隆元年刻本。

② 嘉庆《四川通志》卷30《舆地志·关隘》，嘉庆二十一年木刻本。

③ 同治《直隶绵州志》卷23《驿传》，同治十二年刻本。

④ 周询《蜀海丛谈》，巴蜀书社，1986年，第42页。

⑤ 李德淦《蜀道纪游》，李勇先、高志刚主编《蜀藏·巴蜀珍稀交通文献汇刊》第3册，成都时代出版社，2015年，第332页。

⑥ 《李希霍芬中国旅行日记》，商务印书馆，2016年，第640页。

酒店铺　　　　　　　　　　　　　　　酒店垭

闻铃处遗址中间立着一个石龟，驮着块大石碑，上面写着"唐明皇幸蜀闻铃处"。石碑系梓潼知县桂良材于光绪二十年所立。据说当年文管人员还在上亭铺发现了一块光绪年间大石碑，上书"七曲山"三个大字，题写者为著名书法家彭聚星，这块石碑现立于文昌大庙外的南坡原址。据《成都通览》所载《由成都赴陕西之路程》，上亭铺场口有四川将军德楞泰纪功碑，但现在已经不复存在。上亭铺作为古蜀道上的重要驿站，据说曾有九重十八殿、驿道公馆、接官厅、花园、碑亭、佛寺等，颇具规模。还有牛王庙和马王庙，但都被战火毁坏，现已荡然无存，没有一丝当年的痕迹。从上亭铺经磨盘嘴、酒店垭、土门垭到演武铺。

酒店铺　嘉庆《四川通志》卷89《武备志·铺递》梓潼县条载："酒店铺，在县北六十里。"[1]同治《直隶绵州志》卷23和《钦定大清会典事例》卷678均有记载。在今梓潼县北酒店垭南。从酒店铺到演武铺要经过今天的酒店垭、望石咀、柏林湾、古柏王、土门垭、苗家咀、塔子包。今柏林湾仍有一株巨大的古柏树。

演武铺　又有偃武铺之名，也俗称雁窝塘。正德《四川志》卷14《保宁府》有记

演武镇老街街景

---

① 　嘉庆《四川通志》卷89《武备志·铺递》，嘉庆二十一年木刻本。

载，嘉靖《保宁府志》卷4《建置纪下·驿传》记载为偃武铺。[1]在今梓潼县北演武镇老街。嘉庆《四川通志》卷89《武备志·铺递》梓潼县条记载："演武铺，在县北七十里。"[2]同治《直隶绵州志》卷23《驿传》也记载："酒店铺，十里。演武铺，十里。"[3]《钦定大清会典事例》卷678有记载。民国初年演武铺一带只有25户人家。我们实地考察发现，演武铺在今演武镇，仍然保留一段老街，但已经较为残破。据梓潼县文物管理所提供的当地文化人调查，从演武铺到广元剑州县交界处要经过今天的柱香、倒马坎、寨子山、界牌子。从界牌子到瓦子垭铺的古道多被破坏。

瓦子垭铺 也称瓦子垭塘、瓦子铺。嘉庆《四川通志》卷89《武备志·铺递》剑州条记载："瓦子垭铺，在州西九十里。"[4]《钦定大清会典事例》卷678记载称瓦子铺。道光年间佚名《蜀省赴京沿途站里数清册》记载："从此下坡，石磴盘曲，路最崎岖。"民国初年瓦子垭铺一带只有15户人家。据我们实地考察，瓦子垭一带还保留一些民居，后面还有一段碥路的路基存在。从瓦子垭路口经二台子、大凸地到武连桥路段的古道路面保存较好。从武功桥经乔家坝到武连驿。

武连驿、武连驿铺 又称武功驿，即剑阁县武连镇。正德《四川志》卷14《保宁府》和嘉靖《保宁府志》卷4《建置纪下·驿传》记载有武连铺。[5]南北朝时期设县，

瓦子垭　　　　　　瓦子垭碥路路基

宋代设立有武连驿，明代设立有武连铺，清代有武连沟之名。嘉庆《四川通志》卷89《武备志·铺递》剑州条记载："武连铺，在州西八十里。"[6]《钦定大清会典事例》卷678记载有连驿铺。又雍正《四川通志》卷26《古迹》剑州条记载："武连

---

① 正德《四川志》卷14《保宁府》、嘉靖《保宁府志》卷4《建置纪下·驿传》。
② 嘉庆《四川通志》卷89《武备志·铺递》，嘉庆二十一年刻本。
③ 同治《直隶绵州志》卷23《驿传》，同治十二年刻本。
④ 嘉庆《四川通志》卷89《武备志·铺递》，嘉庆二十一年刻本。
⑤ 正德《四川志》卷14《保宁府》、嘉靖《保宁府志》卷4《建置纪下·驿传》。
⑥ 嘉庆《四川通志》卷89《武备志·铺递》，嘉庆二十一年刻本。

瓦子垭至武功桥间碥路

瓦子垭至武功桥间碥路与古柏

废县，在州西南八十里……今为武连驿。"①可见，武连驿在明代一度改为武连铺，但在清代改为武连驿。清代剑州设驿丞两个，其一就在武连驿。武连县城遗址留存至今，《中国文物地图集·四川分册》指出武连故城位于今武连镇武侯村，现存武功桥、太子祠等遗迹和觉苑寺、三皇庙等后期建

武功桥

筑。②孟超然《使蜀日记》中记载清代乾隆年间武连驿一带已经是"居民稠密""炊烟蠹蠹"，一片烟火气。③吴棠《蜀游偶记》记载："（武连驿）地颇平旷，有颜鲁公书逍遥楼三字刻石。"④清末武连驿"驿当孔道而颇荒落，居民二百余家"⑤。到民国初年，武连铺一带有250多户人家，人烟辐辏，是金牛道北面一个较为繁华的城镇。清末民初，北门外有一个牌坊，上书"古武连县"，旁注"北门遗址"，背后刻"武

---

① 雍正《四川通志》卷26《古迹》，乾隆元年刻本。

② 《中国文物地图集·四川分册》上册，文物出版社，2009年，第382页。

③ 孟超然《使蜀日记》，李勇先、高志刚主编《蜀藏·巴蜀珍稀交通文献汇刊》第3册，成都时代出版社，2015年，第46页。

④ 吴棠《蜀游偶记》，同治年间抄本。

⑤ 吴庆坻《庚子十二月赴行在日记》，光绪二十七年铅印本。

第一章

武连镇宋代治路种松碑

武连镇

觉苑寺

侯坡"三字，有商铺数十家，称"过往之宿站"。但有记载称北关的牌坊上书"遵古重建，遗址不磨"八字。据我们考察，这些建筑早已经不复存在了。只在今武连镇南有老武功桥保存下来，早在雍正《剑州志》卷7和同治《剑州志》卷3中就有记载，明崇祯十三年坏，清雍正二年重修。现桥长15.4米，宽2.27米。现武连镇的老街肌理仍在，但传统建筑多被破坏。觉苑寺内收藏有许多古代碑刻，如宋代治路种松碑，上书"种松碑。郭璞云：县路青，山河圣。"见证了金牛道修路种护道树的历史。但觉苑寺外的道路已经改建为水泥路，石板路无存。

武侯坡 道光年间佚名《蜀省赴京沿途站里数清册》记载此为"小坡路"，有武侯庙（也称诸葛庙）供奉诸葛亮。雍正《剑州志》卷2记载武侯坡："在武连驿之东，传以为武侯尝憩息于此，故名。"[①]李保泰《入蜀记》记载武侯坡是因为武侯"昔尝驻军，

---

① 雍正《剑州志》卷2，雍正五年刻本。

遂庙祀焉"①。据《成都通览》所载《由成都赴陕西之路程》，当时武侯庙在新建过程中，有唐魏文贞记里碑。②王舫《乙卯入蜀记》也记载有此碑。现武侯庙早已经不复存在，但唐魏文贞故里碑仍收藏在觉远寺内。从武连镇往北翻武侯坡的古道路基偶有保存，有一小段碥石保存较好，从武侯坡到垂泉

武侯坡

武侯坡杂草丛生的碥路

乡之间的古道保存较差。据方濬颐《蜀程小纪》曾有乾隆四十二年川督李汉三公（世杰）修路碑，碑称："自七盘关至此，共修路四百余里，其夷险通阻之功与胶侯中丞之锻咱取石南北两栈允堪并垂不朽云。"③从武侯坡上经狮子湾、马鞍口、小湾到大湾。

大湾 据记载，在武侯坡与柳沟间有一个地方称大湾，当时只有三五户人家。④现正当108国道，仍有一些居民居住。从此经过柏树垭到垂泉铺。

垂（出）泉铺 早在元代就设立了站赤，明代设有垂泉铺，正德《四川志》卷14《保宁府》记载为出泉铺，嘉靖《保宁府志》卷4《建置纪下·驿传》也记载有垂泉铺。⑤清代依然。嘉庆《四川通志》卷89《武备志·铺递》剑州条记载："垂泉铺，在州西六十里。"⑥雍正《剑州志》卷2《疆域》记载的地名为垂泉沟，故也名垂泉铺。道光年间佚名《蜀省赴京沿途站里数清册》记载为"半坡半平路"。《钦定大清会典事例》卷678记载有垂泉铺。民国初期此地有30多户人家。据我们考察，今垂泉乡老街肌里仍存，

① 李保泰《入蜀记》，金生杨主编《蜀道行纪类编》第9册，广陵书社，2017年，第196页。
② 傅崇矩《成都通览》，巴蜀书社，1987年，第430页。
③ 方濬颐《蜀程小纪》，李勇先、高志刚主编《蜀藏·巴蜀珍稀交通文献汇刊》第7册，成都时代出版社，2015年，第252页。
④ 臧卓《秦蜀旅行记》，金生杨主编《蜀道行纪类编》第30册，广陵书社，2017年，第93页。
⑤ 正德《四川志》卷14《保宁府》、嘉靖《保宁府志》卷4《建置纪下·驿传》。
⑥ 嘉庆《四川通志》卷89《武备志·铺递》，嘉庆二十一年刻本。

垂泉乡老街街景

垂泉乡老街寺庙地基

垂泉乡老街老建筑构件

垂泉乡的张飞庙

长380多米，两边时有残破的老建筑，如寺庙建筑的房基等。在北面后山上保留有古张飞庙，也称垂泉寺，但经过近代重新修缮。从垂泉乡到江东庙间古道路基仍存，碥石也多有保留。

江东庙 也称彰忠庙，为在一老旧庙基上新建的庙宇，附近古道碥路路基多有保存，但碥石多为近来新铺。从江东庙往东经过大路湾、大坟山、桥湾到柳池沟铺，其中山路碥石偶有保存，并有残存的碑座。

江东庙旧建筑构件

江东庙及碥路

江东庙至李家店段碥路路基

江东庙至桥湾段李家店一带的老房

江东庙至桥湾段李家店古柏

桥湾皇柏桥

大路湾　古道到此有一个大湾。

大坟山　《四川省剑阁县地名录》记载："以山上有赵姓一大坟茔，故名。"[1]此地下坡到桥湾。

桥湾　有一座古石平桥，也称皇柏桥、新民桥。

柳池沟铺　也称柳沟铺。正德《四川志》卷14《保宁府》、嘉靖《保宁府志》卷4《建置纪下·驿传》有记载，在今剑阁县柳沟镇老街。嘉庆《四川通志》卷89《武备志·铺递》剑州条载："柳池沟铺，在州西四十里。"[2]《钦定大清会典事例》卷678也有记载。但《蜀海丛谈》卷1记载是柳池沟站，而不仅是铺。[3]据清代的记载，柳沟铺曾有一碑，上书有"大顺二年"之字。[4]今柳池沟镇城区老街已面目全非。值得注意的是，从柳沟镇李家店开始到昭化古镇古道，沿途仍然保留较多古代柏树，而今天旅游开发的大柏树湾、石洞沟段的翠云廊只是其中一小段。雍正《剑州志》卷19《古迹》记载："翠云廊，自剑南至阆州西至梓潼三百余里，明正德间知州李璧

柳沟镇

柳沟铺至讲书台段古柏

---

①　四川省剑阁县地名领导小组编印《四川省剑阁县地名录》，1986年，第82页。

②　嘉庆《四川通志》卷89《武备志·铺递》，嘉庆二十一年刻本。

③　周询《蜀海丛谈》，巴蜀书社，1986年，第42页。

④　允礼《奉使行纪》，金生杨主编《蜀道行纪类编》第7册，广陵书社，2017年，第119页。

以石砌路，两旁植柏数十万株，如苍龙蜿蜒，夏不见日。国朝知州乔钵题曰翠云廊赋。有诗。"[1]这里的剑南可能就是指从柳沟镇的李家店一带开始的地方，李家店南到梓潼一带的古柏可能在清代雍正年间就有许多被破坏。民国初期柳沟铺一带有60多户人家，以经营饮食业为特色，包子铺较多。附近还有柳沟老桥。据我们实地考察，柳沟镇西南面李家店，东北面的水沟头、唐家岩、讲书台、蒲家湾一带的古柏、古道路基、部分碥石以及沿途毁弃的传统民居、传统石碾磨盘等保留较好。这几段路基虽然保存下来，但均邻近原川陕公路，有的与老川陕公路有叠压，故路基上的旧碥石多被破坏，有的路段只有土基，有的路段的碥石则多为近来人们仿旧辅设。四川省文物考古研究院等《明清金牛道剑阁段调查简报》谈到这一段有三孔石平桥和单孔石平桥。[2]从此经过苟家岩、窝窝店到水沟头。

水沟头段古道与古柏

水沟头　《四川省剑阁县地名录》记载称系一溪沟发源地，故名。[3]从此到附近的唐家岩古柏保存较好，但碥石多为新近铺设。水沟头经栗青垭到读书台。

讲书台铺　嘉庆《四川通志》卷89《武备志·铺递》剑州条记载："讲书台铺，在州西三十里。"[4]《钦定大清会典事例》卷678也有记载。实

柳沟铺至讲书台段古道与古柏

地考察发现，讲书台的遗址和地名仍然存在，据说是宋代黄裳（兼山）的读书地，但附近已经没有集中的城镇居民点，讲书台的北面还保留一段古道路基和碥路、古柏。古道从讲书台经过蒲家湾到梁山铺。从讲书台经蒲家湾、新店庄到梁山铺。

---

① 雍正《剑州志》卷19《古迹》，雍正五年刻本。
② 见四川省文物考古研究院等《明清金牛道剑阁段调查简报》，《四川文物》2023年第5期。
③ 四川省剑阁县地名领导小组《四川省剑阁县地名录》，1986年，第93页。
④ 嘉庆《四川通志》卷89《武备志·铺递》，嘉庆二十一年刻本。

讲书台　　　　　　　　　　　　　　　　　讲书台一角

讲书台古道与古柏

柳沟铺至讲书台段古道与古柏　　　　　　蒲家湾段古道与古柏

蒲家湾（沟） 　《四川省剑阁县地名录》记载因蒲姓多住此湾得名。[1]附近古柏保存较好，但古道碥石多为新铺盖的。从蒲家沟经新店子到梁山铺。

梁山铺 　也称凉山铺。正德《四川志》卷14《保宁府》、嘉靖《保宁府志》卷4《建置纪下·驿传》有记载。嘉庆《四川通志》卷89《武备志·铺递》剑州条记载："梁山铺，在州西二十里。"[2]《钦定大清会典事例》卷678也有记载。同治《剑州志》记载："永水，源出凉山铺东南，流经清凉桥唐家坪龙源寺，出永归县故城，北流三十余里，至漩口入嘉陵江。"[3]从方位和地名来看，今剑阁凉山乡即明代的梁山铺，清中叶以来所谓梁山，可能是凉山之变。嘉庆《四川通志》卷89《武备志·铺递》剑州条载："梁山铺，在州西二十里。"[4]同治《剑州志》记载："永水，源出凉山铺东南，流经清凉桥唐家坪龙源寺，出永归县故城，北流三十余里，至漩口入嘉陵江。"[5]可知梁山铺也作凉山铺，即今剑阁县凉山乡。民国初期梁山铺一带只有60多户人家。我们考察发现，现在当地传统建筑大多已被破坏，但乡东有一段保存较好的碥路，只是旧碥路与仿旧路面相间。

凉山乡段碥路

凉山乡段碥路与古柏

---

① 四川省剑阁县地名领导小组《四川省剑阁县地名录》，1986年，第96页。
② 嘉庆《四川通志》卷89《武备志·铺递》，嘉庆二十一年刻本。
③ 同治《剑州志》卷2《山川》，同治十二年刻本。
④ 嘉庆《四川通志》卷89《武备志·铺递》，嘉庆二十一年刻本。
⑤ 同治《剑州志》卷2《山川》，同治十二年刻本。

滴梁上、拦马墙　这一带旧称滴梁上，近因拦马墙多而多称拦马墙。从走马岭经任家坡到清凉桥段要过拦马墙、五郎庙、望乡台等地点。我们考察发现，从凉山乡东到青凉桥之间大约4公里的碥路应该是金牛道上目前保存最原始、最完整的路段之一，碥路碥石类型众多，路面在2—4米之间，特别是走马岭拦马墙段的拦马墙设置较为完整，路面也多刻有防滑的石缝，在中国交通科技史上有较大价值。在路边还保留有饮马槽、望乡台遗址，道路两边古柏也较多，有著名的怀胎古柏、夫妻柏等树。

拦马墙石碑

拦马墙段碥路防滑槽

拦马墙段碥路与拦马墙

远眺任家坡和望乡台

拦马墙段碥路

任家坡段碥路与古柏

这一段拦马墙保存得较长、较完整，故人们也惯称这一段地名为拦马墙。拦马墙在广义的蜀道上多处都有较好保留，除了起拦马队的防护作用外，还可供行人休息。

任家坡 从梁山铺开始古道一直缓缓下坡，任家坡一段人户较多，碥石和古柏均保存较好。

望乡台 为一天然磐石平台，由此下坡不远就到青凉桥。望乡台的磐石上有一个形似饮马槽的水槽，在望乡台西南不远处有一更大的，被称为饮马槽的遗迹。

饮马槽

望乡台至任家坡段碥路防滑槽

望乡台

望乡台平面

望乡台至清凉桥段碥路

清凉桥 从任家坡望乡台下至山底杨家河就到达清凉桥。又名平济桥。明代老桥在崇祯十三年就已经损坏。现在清凉桥还保存完好，为清康熙二十三年复建的一个两墩三孔式石平桥，长17米（一说17.3米，实测为17.5米），宽3米（一说2.8米），桥墩上有四个龙兽状石刻，但多残缺。

青（清）凉桥铺 嘉庆《四川通志》卷89《武备志·铺递》剑州条记载："青凉桥铺，在州西十里。"[1]雍正《四川通志》卷22《铺递》剑州条记载："青凉桥铺，在州西十里。"[2]《钦定大清会典事例》卷678也记载有清凉桥铺。历史上也简称清凉铺。民国初年清凉桥一带只有5户人家居住，较为萧条。现在该铺地处清凉桥上方的平地上，为清凉乡清凉村，有较多人户。从清凉桥向东北经皂角树、雷打石、清凉铺、双剑村到剑阁普安镇，要经过州垭子、陈茶点、送接官亭等站点。我们实地考察发现，古道从清凉桥经过州垭子下到剑阁县普安镇，其中清凉铺到唐家嘴、双柏树之间的碥石多被破坏，碥路为近来重新铺设。而在唐家嘴、双柏树到州垭子的上缓坡段，旧碥石多有保留。

清凉桥

清凉桥南侧石碑

清凉桥边古碑

皂角树通往唐家嘴的碥路

① 嘉庆《四川通志》卷89《武备志·铺递》，嘉庆二十一年刻本。
② 雍正《四川通志》卷22《铺递》，乾隆元年刻本。

清凉铺

清凉村分岔路处的雷打石

民国时期剑阁古道上的过往马帮

唐家嘴附近民房

唐家嘴至州垭子间碥路

州垭子 此地为剑阁县西南普翠山的一个制高点垭口，从此往东北方向下坡到剑阁县城，古代在此设立有关卡，现仍有几户人家居住，卡门形式仍在。从州垭子到山麓下的双剑村，一路碥石保留较好，是明清金牛道主线上的县城附近保留较为完整

唐家嘴至州垭子间碥路

唐家嘴至州垭子间基岩碥路　　　　　　唐家嘴至州垭子间的小桥

州垭子　　　　　　　　　　　州垭子北坡碥路

的碥路遗迹。

施茶店（陈茶点） 此地位于普翠山中段茶缸坡，有石凳、茶缸基坑，青石侧面有石刻文字"年六月□□水善，□□杯清茶施于人"，记载了古人施义茶之举。

州垭子至施茶店间碥路

州垭子至施茶店间碥路

州垭子至施茶店间碥路杵子窝

施茶店

施茶店茶座

施茶店至接官亭间碥路防滑槽

施茶店石缸石刻

接官亭至施茶店间碥路

接官亭全景

接官亭古碑

民国时期的剑阁县城城门

接官亭 位于旧剑阁县城西街，原为一八角凉亭，下有石桌石凳。现只有两块古碑，一块为古代"再盼春回"石碑，一块为清嘉庆年间的石碑，上有"嘉庆十一年二月吉旦""宋理学名□""署州教徐□仪敬立""工农专政"等字，只是因多次镌刻而字迹不清。

明剑阁总铺（州门铺），清剑州驿、底塘铺 正德《四川志》卷14《保宁府》记载为总铺，嘉靖《保宁府志》卷4《建置纪下·驿传》记载为州门铺。应在今剑阁县普安镇老城内。道光《保宁府志》卷30《武备志三·驿传》记载："剑州驿，在州治内，上至州属剑门驿六十里，下至州属柳池沟

民国时期的剑阁县城街道　　　　　　　　　民国时期剑阁县城内的背夫

剑阁县普安镇（原剑阁县城）

站四十里。"卷31《武备志四·铺递》记载："底塘铺，在州城小东门外。"①但《蜀海丛谈》卷1记载为剑州站，而不是驿。清代保宁府剑州治所即今普安镇，剑州驿和底塘铺可能设在镇中心区域。民国初年剑阁县城虽然是川北重镇，但只有500多户人家，只与有的大镇相当，所以相对较为萧条。从剑阁普安镇经黄连垭到抄手铺，一路多有古柏。清代杨钟秀《万里云程》记载"自剑州至志公寺沿途两旁有汉时至今古柏大树二三千棵"，实际上，历史上护路植柏在南面始于梓潼，向北终于昭化，远不止二三千株。古道从普安镇北上卧龙山经过土门子到抄手铺，第一站为柳树湾。

---

① 道光《保宁府志》卷30《武备志三·驿传》、卷31《武备志四·铺递》，道光二十三年刻本。

　　　　　　　　　　　　　　　　　　　　　　　　　　　　　　第一章

柳树沟 至今仍有许多居民居住，古代碥路多被道路、房屋占据，路基多不复存在。

五里碑 为剑阁县城北出第一站，在卧龙山山腰原旧国道108线东侧，也称碑梁垭，附近碥路保存较为完整，但古柏保留不多。

刺巴林 也称枝爬岭，附近刺柏与古柏相间，碥路时断时续，碥石较为残破，现有1户人家。

柳树沟老路原址

五里碑段碥路

刺巴林附近

刺巴林至黄连垭间的杵子窝

黄连垭

黄连垭至抄手铺间的古道路面基岩与铺垫碥石混杂

黄连垭至抄手铺间的古道基岩与铺垫碥石混杂　　　　　黄连垭至抄手铺间的碥石和古柏

黄连垭至抄手铺间的杵子窝　　　　　　　　　　土门子

　　黄连垭　也称黄泥垭，地处剑阁县龙凤村的一个高地上，北通抄手铺。附近古柏越来越密集。从黄连垭到抄手铺间碥路保存较为完整，有的路段利用基岩大碥石与条石拼合成路，较有特色。

　　土门子　为一小山垭，古道在此有一个转折，旧应有一个土卡门。

飞凤村（抄手铺）街景

抄手铺的老屋

叉手铺（抄手铺）

正德《四川志》卷14《保宁府》、嘉靖《保宁府志》卷4《建置纪下·驿传》都记载有叉手铺。但嘉庆《四川通志》卷89《武备志·铺递》剑州条记载："抄手铺，在州东二十里。"①道光《保宁府志》卷31记载："抄手铺，在州东二十里。"②《钦定大清会典事例》卷678记载称抄手铺。即清代文献中都将叉手变为抄手。民国初年抄手铺一带只有15户人家。《成都通览》所载《由成都赴陕西之路程》，有云栈香随坊③，现不复存在。据我们实地考察，旧抄手铺在今飞凤村，即今剑阁县抄手乡飞凤村老街。现在街道两侧全是破败的老房子。从飞凤村飞凤山下经过盘龙石、二包岭、兔儿石、大塘垭下到肖家河上汉源桥边，再上到石洞沟，其

---

① 嘉庆《四川通志》卷89《武备志·铺递》，嘉庆二十一年刻本。
② 道光《保宁府志》卷31《武备志四·铺递》，道光二十三年刻本。
③ 傅崇矩《成都通览》，巴蜀书社，1987年，第431页。

抄手铺石碑　　　　　抄手铺附近的碥路路基　　　抄手铺至盘龙石间的基岩碥石

盘龙石　　　　　　　　　　　　　二包岭古道与古柏

二包岭古道与古柏

间古柏树保存较好，碥路整体保存也较好，个别路段破坏较大，有的地方是新铺设。兔儿石到汉源桥间的碥路是金牛道主线上碥石保存较为原始的路段之一。

盘龙石　有巨大古柏一株，树周大石如龙盘踞，故名。此路段碥石和古柏保存较好。

二包岭　此路段古柏保存较好，但碥路多为新铺设。

兔儿石碥路与古柏

兔儿石　此路段碥石与古柏保存均较好。

大塘垭　山脊开始下坡处的一个垭口，旧剑州汛石洞沟塘所在，为一重要哨卡，故设有烽火台，现遗址仍存。从垭口朝向来看，历史上这一段可能有改道，旧路更靠山脊上方，现改道在下方更低处。古道在经过一小公路后进入较陡的下坡，碥路保存相当原始，在一个转弯处碥路宽可达6米多，可能是金牛古道上碥路最宽的地方，宽度可与乌撒入蜀旧路上的七星关碥路相比。从此经旧石洞沟到汉源桥。

大塘垭　　　　　　　　　　　　　　大塘垭烽火台遗址

大塘垭至汉源桥间碥路与古柏

大塘垭至汉源桥间碥路有的宽达6米多　　大塘垭邻近肖家河汉源桥段树木茂密，可能是唐代石洞沟的核心区。

　　石洞沟铺　吴棠《蜀游偶记》记载有石洞驿，即此。[1]清代民间又称石洞子。石洞沟早在唐宋时期就以阴森多虎患而名声在外，严格地讲，唐宋的石洞沟不是一个点，而是龙团河（今肖家河）两岸一带的山林地区。嘉庆《四川通志》卷89《武备志·铺递》剑州条记载："石洞沟铺，在州东三十。"[2]道光《保宁府志》卷31记载："石洞沟铺，在州东三十里。"[3]《钦定大清会典事例》卷678有记载。可能清代时石洞沟铺就在大塘垭至汉源桥之处，但据我们实地考察，现石洞沟具体位置在七里村以南的

①　吴棠《蜀游偶记》，同治年间抄本。
②　嘉庆《四川通志》卷89《武备志·铺递》，嘉庆二十一年刻本。
③　道光《保宁府志》卷31《武备志四·铺递》，道光二十三年刻本。

石楼门、石洞沟一带。而石洞之名，据清人王士禛《秦蜀驿程后记》中解释石洞沟是"两巨石对峙，曰石洞子"[1]，清代称石洞子山，也称为汉阳山。今人所指的石洞沟一线仍较为原始，古柏树保存较好。陈涛《入蜀日记》记载："夹路古柏阴森，其根嵌石裂地，虬蟠蛇走，时有含瘿戴瘤藏空抱穴者，数百年物也。"[2]今整个石洞沟段的碥石路面时断时续，但还算保存较好。民国初年石洞沟一带只有7户人家，较为荒凉。

汉源桥

汉源桥　在石楼门下肖家河上还保留有汉源桥，又名七驿道桥、石塔垭桥、七里桥，为一两墩三孔石板平桥，明清时期所建。桥东孔跨3.4米，中孔跨3.57米，西孔跨3.4米，桥面长10.03米（一说10.6米），宽2.64米（一说2.84米）。实测桥长10.6米，宽2.8米。

1986年笔者所拍汉源桥附近古道

汉源桥附近的碥路与古柏

① 王士禛《秦蜀驿程后记》，李勇先、高志刚主编《蜀藏·巴蜀珍稀交通文献汇刊》第1册，成都时代出版社，2015年，第297页。

② 陈涛《入蜀日记》，金生杨主编《蜀道行纪类编》第26册，广陵书社，2017年，第465页。

石楼门　在汉源桥向北行至石楼门下，有形似蛤蟆的大石，又称石蟾蜍。再往北的大石下有明代万历十年镌刻的禁早婚示谕，当地人称女儿碑。从此上坡到浪井坝，今人多称石洞沟。

石楼门附近蛤蟆石

石楼门

石楼门处明代禁早婚摩崖

石楼门处碥路

现石楼门与七里坡之间古道

1986年笔者所拍石洞沟附近古道 　　　　　　　　　　　现石洞沟处古柏

大路湾　从石洞沟经七里村到汉阳铺，其间碥路时断时续，邻近汉阳铺的大路湾一带有一段保存较好。

大路湾碥路 　　　　　　　　　　　　　　　行走在大路湾碥路上的老者

汉元（源）铺 正德《四川志》卷14《保宁府》记载为汉元铺，嘉靖《保宁府志》卷4《建置纪下·驿传》记载为汉源铺。在今剑阁县汉源镇。前面考证表明，早在唐宋时期就设有汉阳驿，并有汉阳坡之名。但明清时期没有继续设置汉源驿，只设立有铺。嘉庆《四川通志》卷89《武备志·铺递》剑州条记载："汉阳铺，在州东四十里。"[1] 道光《保宁府志》卷31记载："汉阳铺，在州东四十里。"[2] 《钦定大清会典事例》卷678有记载称汉阳铺。《成都通览》所载《由成都赴陕西之路程》称"场颇大"[3]，民国初年汉阳铺一带有200多户人家，是金牛道北面乡镇中

汉阳铺的古柏

的大镇。现汉阳镇的传统老街多被破坏，但在镇西南的大路湾一带还保留一些碥路和古柏。

大柏树湾 即现在的翠云廊核心景区。雍正《剑州志》卷19《古迹》记载："翠云廊，自剑南至阆州西至梓潼三百余里，明正德间知州李璧以石砌路，两旁植柏数十万株，如苍龙蜿蜒，夏不见日。国朝知州乔钵题曰翠云廊，赋有诗。"[4] 以前翠云廊是指一个较广阔的区域，曾有"三百余里官道，数千万株古柏"之称。1997年人们对沿线古柏进行调查，发现金牛道广元、剑阁一线有古柏9233株，其中北段1903株，南段4291株，西段3039株。北段石洞沟、梁门垭、大柏树湾，南段桥边河至白龙镇鼓楼铺，西段贾家桥、清凉桥、讲书台、柳沟至垂泉、武边武功桥、七曲山等地分布较为密集。其中清代前期栽种的占29%，明代李璧下令种植的可能占70%，三国时期的可能占0.12%。[5] 也有记载称从梓潼县到昭化古柏保留有两万多株。后因为灯杆包、大柏树湾一段古柏保存较好，道路较为平直，以前又是公路，故最早开发成为了翠云廊旅游景区，此地才有翠云廊之名。20世纪80年代初我曾多次考察，发现当时这一段的整

---

① 嘉庆《四川通志》卷89《武备志·铺递》，嘉庆二十一年刻本。
② 道光《保宁府志》卷31《武备志四·铺递》，道光二十三年刻本。
③ 傅崇矩《成都通览》，巴蜀书社，1987年，第431页。
④ 雍正《剑州志》卷19《古迹》，雍正五年刻本。
⑤ 雍思政《漫话剑门蜀道》，巴蜀书社，2010年，第37页。

1986年的大柏树湾

现翠云廊大柏树湾古道

民国时期剑阁的大柏树

体风貌还较为原始，路上的碥石虽多有损坏，仍为原始状态，但现在大柏树景区将传统碥路完全换新（部分为征集修复），并人工修建了一些新建筑，一定程度上破坏古道的原始风貌。

天然桥 又名天成桥，今天地名仍称天生桥。乾隆孟超然《使蜀日记》中记载："有天生桥古迹，两旁皆洼下，中平坦如桥。自是道旁古柏夹立，阴翳蔽空，绵亘二十余里，至大者皆数十围，盖数百年树也。"①《抱冲斋诗集》中有记："入剑州，山中自天

---

① 孟超然《使蜀日记》，李勇先、高志刚主编《蜀藏·巴蜀珍稀交通文献汇刊》第3册，成都时代出版社，2015年，第44页。

天然桥全景

然桥至州城岭，松柏参天荫亘数十里，为生平仅见。"[1]李保泰《入蜀记》也记载："此南有天然桥，宽一二丈，横架两冈之间，平直如飞虹，跨越旁多璎珞柏，苍然郁然，大可合抱，不下二三百年之物。"[2]说明清代从天然桥往南开始就有大量古柏。李德淦《蜀道纪游》和张香海《宦蜀纪程》均记载嘉庆年间还立有牌坊，上书"长桥卧波""彩彻云衢"，华表上书"天成桥"三字。[3]俞陛云《蜀輶诗记》和吴庆坻《入蜀纪程》均称天然桥附近石牌坊上还题有"天然图画"四字。[4]据《成都通览》所载《由成都赴陕西之路程》，桥中段树立

天然桥近景

① 斌良《抱冲斋诗集》，光绪五年崇福湖南刻本。

② 李保泰《入蜀记》，金生杨主编《蜀道行纪类编》第9册，广陵书社，2017年，第196页。

③ 李德淦《蜀道纪游》，李勇先、高志刚主编《蜀藏·巴蜀珍稀交通文献汇刊》第3册，成都时代出版社，2015年，第330页；张香海《宦蜀纪程》，李勇先、高志刚主编《蜀藏·巴蜀珍稀交通文献汇刊》第9册，成都时代出版社，2015年，第64页。

④ 俞陛云《蜀輶诗记》，金生杨主编《蜀道行纪类编》第27册，广陵书社，2017年，第104页；吴庆坻《入蜀纪程》，光绪二十三年稿本。

有石牌坊，后改建在旁边坡上。①今天公路两边还有不少古柏，天然桥附近一带原碥路已经被国道完全覆盖，但狭窄的山脊成路似桥的自然形势仍然保存，只是牌坊也荡然无存。根据1946年詹近水所摄老照片看，当时道路旁还有土屋，但现在天然桥附近一带古柏、碥路多变为农田，只剩少量古柏。

青树子铺　青树子即唐宋时期的青疆店，在唐宋时期位置相当重要。嘉庆《四川通志》卷89《武备志·铺递》剑州条记载："青树子铺，在州东五十。"②道光《保宁府志》卷31记载："青树子铺，在州东五十里。"③《钦定大清会典事例》卷678有记载。今青树子正处于川陕公路与青张公路的交会处，但附近碥路和古柏多被破坏。

青树村

五里坡至剑门铺段碥路　　五里坡至剑门铺段碥路与古柏

五里坡、五里塘　吴棠《蜀游偶记》有记载五里塘"石刻前前人诗甚多"④。相对于剑门关镇，此处位于高地，现有民房数幢。垭口上新修有一个关帝庙（玉皇阁）。从五里坡下坡到剑门铺段古道路基保存完好，碥石和古柏时断时续。

剑门驿、剑门铺，剑阁（门）铺　正德《四川志》卷14《保宁府》记载

①　傅崇矩《成都通览》，巴蜀书社，1987年，第431页。
②　嘉庆《四川通志》卷89《武备志·铺递》，嘉庆二十一年刻本。
③　道光《保宁府志》卷31《武备志四·铺递》，道光二十三年刻本。
④　吴棠《蜀游偶记》，同治年间抄本。

剑门关口与剑门山

清代剑门关关楼（日本和田氏摄影）

民国初年的剑门关

民国剑门关关楼

民国剑门关关楼　　　　　　　　　　　　　民国时期的剑门关

民国剑门关一角　　　　　20世纪五六十年代剑门关内

20世纪80年代剑门关下碥石和古柏

从剑门山石笋岩看剑门关

后关门

天下第一关碑

1986年笔者在剑门关关碑前

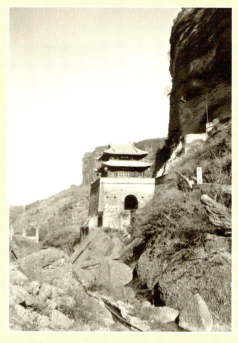

1993年一度在剑溪东侧新修剑门关关楼

现在的剑门关关楼

为剑阁铺，嘉靖《保宁府志》卷4《建置纪下·驿传》也记载有剑门铺，在今剑阁县剑门镇老街上。雍正《剑州志》卷11《赋役》中谈到剑门驿[1]。嘉庆《四川通志》卷89《武备志·铺递》剑州条载："剑门铺，在州东六十里。"[2]道光《保宁府志》

五里坡关帝庙（玉皇阁）

卷30《武备志三·驿传》记载："剑州驿，在州治内，上至州属剑门驿六十里，下至州属柳池沟站四十里……剑门铺，在州东六十里。"[3]《钦定大清会典事例》卷678也记载有剑门驿铺。估计驿和铺也均在剑门镇老街上，为清代道上的一个重要站点，有馆舍。陶澍《蜀輶日记》和方濬颐《蜀程小纪》都记载清末剑门关至剑门驿正好5里，有姜伯约祠，是打尖处。清代剑州设驿丞两个，其一就在剑门驿。民国初年剑门驿（铺）一带有200多户人家居住，街道较为繁华，有的门铺上书有"眼底长安""天堑雄关"等字，现均已不见踪影。据《成都通览》所载《由成都赴陕西之路程》，驿铺上书"春融栈道"四字。[4]进入21世纪的20多年来，由于旅游开发，剑门镇的规模大大扩大，剑门驿旧址与剑门关几乎连在一起了，但传统建筑多被破坏。

剑门关　剑阁之名始于晋代《华阳国志》之中，但剑门之名始于南北朝时期，剑门关的全称始于宋代。嘉靖《保宁府志》卷4《建置纪下》记载剑门关在明洪武年间设利州卫，关废，后在正德年间建公馆，嘉靖二十年佥事杨瞻重新建关，以百户守卫。[5]清代剑门关在原剑溪东建有关楼门一座，紧邻有房舍多间，关口南面立有凉亭一座，旁立有"剑门关"三大字石碑于路边。从关楼门北下一直为石梯碥路，时有拦马墙护路，两边古柏参天，可直下至志公寺一带剑溪桥。据清代游记，部分碥路可能设有木阁。如孟超然《使蜀日记》中记载"削壁之险中辟一径架阁其上，高数仞"，同时谈

① 雍正《剑州志》卷11《赋役》，雍正五年刻本。
② 嘉庆《四川通志》卷89《武备志·铺递》，嘉庆二十一年刻本。
③ 道光《保宁府志》卷30《武备志三·驿传》，道光二十三年刻本。
④ 傅崇矩《成都通览》，巴蜀书社，1987年，第431页。
⑤ 嘉靖《保宁府志》卷4《建置纪下》，嘉靖二十二年刻本。

到剑阁石壁上书"青嶂丹崖"四字。①1935年修建川陕公路时，由于当时的技术条件限制，只有将关楼门拆毁，附近的碥路也被公路覆盖和拆毁。文献记载剑门关多栈道，但清代剑门关一带已经没有栈道设置的痕迹。据杨钟秀《万里云程》和张香海《宦蜀纪程》的记载，清代剑门关设有一坊，上书"险要天成"四字，山腰有"倚虹亭"，关旁修有姜伯约祠碑，上书有"远志孤忠"四字，额上有"如日中天"四字。②方濬颐《蜀程小纪》和陶澍《蜀辋日记》谈到剑门关石壁上有张载、李白、杜甫、李商隐、李德裕等人的诗歌题刻。③《成都通览》所载《由成都赴陕西之路程》，关旁本有一块石碑书"云环耸翠"四字。④民国初年，剑门关上另有一石碑书"到此觉心雄"。直到20世纪30年代关楼拆毁之前，陈友琴《川游漫记》还记载当时关楼上书有"蜀门镇固""眼底长安""天堑雄图"等字。⑤文祥《蜀辋纪程》谈到剑门关有"万载江山"四字⑥，可惜这些遗迹大多不复存在了。1986年我第一次考察剑门关时，发现当时关楼旁的凉亭还保留一部分，清代的剑门关石碑还存在，但没发现"第一关"石碑。后来因旅游发展需要，在剑门关剑溪西侧曾一并新建剑门关楼一座，后焚于火灾之中。后在技术条件支撑下将公路东移穿山洞后又在清代原址上新建成今天的门楼，但凉亭不复存在，清代的剑门关石碑也不知去向。现剑门关的历史遗迹已经不多，一是关门附近的一个小平桥，一是1935年修川陕公路发现的果亲王"第一关"石碑。剑门设关甚早，三国时设关尉，宋代设关使。明代置有关楼，位于今剑门关碑处，清几度培修。关楼为两层，雨扇木门外包铁皮。一楼横匾书"天下雄关"四字，顶阁横匾书"雄关天堑"四字。关外凿石为梯，旁有危栏，十分险要。⑦清代民国剑门关附近仍是"一路

① 孟超然《使蜀日记》，李勇先、高志刚主编《蜀藏·巴蜀珍稀交通文献汇刊》第3册，成都时代出版社，2015年，第43页。

② 张香海《宦蜀纪程》，李勇先、高志刚主编《蜀藏·巴蜀珍稀交通文献汇刊》第9册，成都时代出版社，2015年，第63页；杨钟秀《万里云程》，金生杨主编《蜀道行纪类编》第15册，广陵书社，2007年，第174页。

③ 方濬颐《蜀程小纪》，李勇先、高志刚主编《蜀藏·巴蜀珍稀交通文献汇刊》第7册，成都时代出版社，2015年，第249页；陶澍《蜀辋日记》，李勇先、高志刚主编《蜀藏·巴蜀珍稀交通文献汇刊》第6册，成都时代出版社，2015年，第121页。

④ 傅崇矩《成都通览》，巴蜀书社，1987年，第431页。

⑤ 陈友琴《川游漫记》，金生杨主编《蜀道行纪类编》第34册，广陵书社，2017年，第525—526页。

⑥ 文祥《蜀辋纪程》，金生杨主编《蜀道行纪类编》第22册，广陵书社，2017年，第272页。

⑦ 《乡人话剑门》《剑门老人话风物》，载《剑阁风物资料选辑》。另据笔者实地考察及历史照片。

石道古柏参天"[1]，据笔者20世纪80年代考察，旧碥石和古柏仍保存较好，但现在完全不复存在了。古道从剑门关关楼下坡经观音庙后过凉水沟小桥，再经李家店、张家店到剑溪桥。

剑溪桥　是金牛道上少见的明代石桥，也称剑安桥、志公寺桥，桥梁横跨大剑溪，始建于明弘治年间，桥梁长18.8米，宽4米，高7.5米，为三拱石拱桥。

20世纪中叶的剑溪桥

2000年左右的剑溪桥

志公寺铺　宋代有志公院。嘉庆《四川通志》卷89《武备志·铺递》剑州条记载："志公寺铺，在州东七十里。"[2]道光《保宁府志》卷31记载："志公寺铺，在州东七十里。"[3]《钦定大清会典事例》卷678也记载有志公寺铺。古道从剑门并楼沿级而下至剑溪桥，也称志公

志公寺

① 沈炳垣《星轺日记》，金生杨主编《蜀道行纪类编》第22册，广陵书社，2017年，第176页。
② 嘉庆《四川通志》卷89《武备志·铺递》，嘉庆二十一年刻本。
③ 道光《保宁府志》卷31《武备志四·铺递》，道光二十三年刻本。

柏树垭碥路　　　　　　　　　　　　　美女石

寺桥，过桥到志公寺，即为志公寺铺。民国初年志公寺有7户人家居住。古道从寺边经过，附近路基多存，但碥路多毁。蜀道下到志公寺开始翻山，从剑门关到昭化间翻越山岭，道路较为险恶难行，民间有四上四下之说。从志公寺开始翻山，经过赵家坡、柏树垭到七里坡，沿途古道碥石多有保留。在赵家坡有光绪二十年的一块指路碑。

七里铺　道光《保宁府志》卷31记载："七里坡铺，在州东八十里。"[①]《钦定大清会典事例》卷678有记载。现民间也称七里坡。我们考察发现，古道从志公寺向东开始翻山，从志公寺到当地有7里之遥，估计因此得名。民国初年七里坡一带有四五户人家。其间古道遗迹时断时续，在七里坡附近有一些碥路和古柏都保存较好。

任家垭　保留有较为原始的传统村落建筑，当地人称为任家垭传统民居院子，古道从中经过。从任家垭到高庙间的碥路保存较好，古柏也多有保留，碥路上有的地方还保留有防滑的石刻横槽，路边保留有饮马槽、拦马墙等设施。

七里坡　　　　　　　　　　　　　七里坡至任家垭间碥路

---

① 道光《保宁府志》卷31《武备志四·铺递》，道光二十三年刻本。

七里坡至任家垭间碥路　　　　　七里坡至任家垭碥路防滑槽

任家垭老建筑

青杠梁子、界牌梁

从柏树垭、七里坡经任家垭、青杠梁（界牌梁）到高庙铺一线，碥路和古柏保存较好，当地在剑昭公路边设有相关介绍标识的指路碑，并有通往碥路的引道。在青杠梁子上有界牌子遗址，为以前昭化、

青杠梁子

界牌子遗址　　　　　　　　　　　　　　界牌子遗址石件

剑阁两县分界点。据考察，界牌梁在青杠梁子东北一点，地面仍留有许多石质构件残件，如鸱吻构件、碑槽构件等。

高庙铺、高庙塘　嘉靖《保宁府志》卷4《建置纪下·驿传》记载有高庙铺，在今昭化区高庙铺。嘉庆《四川通志》卷89《武备志·铺递》昭化县条记载："高庙铺，在县西五十里。"[1]乾隆《昭化县志》卷6《铺递》记载："高庙铺，系剑昭分界处，下接剑州七里坡十里。"[2]《钦定大清会典事例》卷678记载高庙铺属昭化县。高庙之名源于原来火把梁高处的关帝庙。历史上高庙铺因处唐宋与明清古道一个重要的交会点而相当重要，到清代又是剑州与昭化县的分界点。高庙铺地处山脊上的较平缓地带，民国初年高庙铺一带虽只有9户人家，但建有莫梁寺、火把房、烽火亭等。据四川省文物考古调查，高庙的院子称张家院子，

高庙铺一带形势

---

① 嘉庆《四川通志》卷89《武备志·铺递》，嘉庆二十一年刻本。
② 乾隆《昭化县志》卷6《铺递》，乾隆五十年刻本。

高庙铺一角

高庙铺另一角

高庙铺旧庙址

从高庙铺远眺剑门山

有清代建筑构件存在。[①]我们考察时也发现，张家院子已经经过翻新，原高庙的庙址仍存，但寺庙早已不存。需要说明的是，清末方濬颐《蜀程小纪》记载清末架枧沟即高庙铺，[②]我们实地考察架枧沟应在高庙铺北，并不完全在一地。

架枧店、松宁桥、望夫桥　《成都通览》所载的《由成都赴陕西之路程》中称架霓沟。[③]高庙铺后古道向东北方向沿架枧沟行，沿途柏树、碥路都保存较好，其中架枧店附近碥路较为宽阔，有一尊新立的"古驿道"三字碑，北面松宁桥段碥路边的林木

---

①　四川省文物考古研究院、西安美术学院中国艺术与考古研究所《蜀道广元段考古调查简报》，《四川文物》2012年3期。

②　方濬颐《蜀程小纪》，李勇先、高志刚主编《蜀藏·巴蜀珍稀交通文献汇刊》第7册，成都时代出版社，2015年，第248页。

③　傅崇矩《成都通览》，巴蜀书社，1987年，第431页。

更为茂密。松宁桥保存较好，旁边石碑书"松宁桥"三字，桥长10.6米，宽2.84米。今人在松宁桥旁建有一个凉亭。从松宁桥再往北行进到了望夫桥。在架枧店、松宁桥、望夫桥（也称寡妇桥，长约5.3米，宽约2.78米）之间碥路上保留有一些杵子窝。

架枧店古驿道路碑

架枧店段碥路

架枧店到松林桥间碥路

架枧店附近老屋 架枧店到松林桥间碥路

今人所立架枧沟碑 架枧沟

松宁桥 松宁桥路碑

杵子窝

望夫桥

铁栓子桥

架枧沟　为一狭长的小沟，历史上可能曾在此架设有枧引水，故名。但吴庆坻认为架枧为"阁道飞梁架木遗址"①。

铁栓子桥　在毛家沟上有铁栓子桥，又名孔道新西桥，全长24米，宽3.3米。建筑年代不明，可能是清代。主要特点是用铁栓子连接、固定石质桥板，在桥梁中较为少见。

铁栓子桥面

铁栓子桥附近古道

① 吴庆坻《入蜀纪程》，光绪二十三年稿本。

老虎洞　　　　　　老虎洞下孔道新的原址　　　　大朝驿大拱桥（双龙桥）

孔道新　又称孔道塘。嘉庆年间的陶澍《蜀輶日记》记载："二十二日出（大木树）传舍数百步，有碑刻白卫岭三字，唐明皇幸蜀至此……五里孔道新。"[1]张邦伸《云栈纪程》卷6记载大木树到孔道新一带是"深林密箐"[2]。从文献记载来看，孔道新在大朝南五里之地，从位置上来看，应该在今孟江村一带，为毛家沟和贾家溪汇合处。我们实地考察发现，孔道新的具体位置应在孟江村北的老虎洞处，地处大朝南、松宁桥北，原有石碑"孔道新开"四字，但现在修公路后已不存。老虎洞现还保存在公路上方，但原古道在老虎洞下方，并不穿越老虎洞，这一段古道完全被新修公路破坏。现在出于旅游需要，在公路上方新开出一条步行道将双龙桥与铁栓子桥联通起来。从孔道新经过双龙桥

大朝驿新修老街

---

①　陶澍《蜀輶日记》，《小方壶斋舆地丛钞》第7帙，上海著易堂排印本。
②　张邦伸《云栈纪程》卷6，李勇先、高志刚主编《蜀藏·巴蜀珍稀交通文献汇刊》第2册，成都时代出版社，2015年，第325页。

到大木树，多为上坡。

双龙桥　也称大朝大拱桥，是古道从老虎洞上大朝上李家沟的拱桥，清代文献中记载的"白卫岭"石碑就应在此桥北，大木铺南，但现在碑已经不存在了。

大木铺、大木树铺、大木树站、小剑树戌　嘉庆《四川通志》卷89《武备志·铺递》昭化县条记载："大木铺，在县西四十里。"[1]乾隆《昭化县志》卷6《铺递》记载："大木铺，下接高庙铺十里。"同卷《驿站》记载："大木树，地属昭化，康熙五十五年初设驿站，归剑州支应。"[2]道光《保宁府志》卷30《驿传》记载有"大木树站"，卷31《铺递》记载有大木铺，在县西40里。[3]《钦定大清会典事例》卷678有记载称大木树铺。所谓大木铺，即今大朝乡。前面考证，早在唐宋时期就因附近的白卫岭、人头山、小剑戌而有名，清代仍然设立为驿站和铺。乾隆年间，习称为大木村，只有"寥落数家"人户，但民国初年大木树铺一带有60多户人

新修大朝驿

家，在金牛道大山中的这一段中可称人烟较繁。《李希霍芬中国旅行日记》记载多为客栈[4]，所以清中叶以后许多行旅者都是在大木树住宿。但20世纪30年代川陕公路修通后，大木树又相对衰落了，只有居民数十家，有店铺，但无食物供应。[5]今大朝乡经过改建，旧貌不复存在，完全是一条新修的仿古街道了。清代诸多人都认为大木树

---

① 嘉庆《四川通志》卷89《武备志·铺递》，嘉庆二十一年刻本。
② 乾隆《昭化县志》卷6，乾隆五十年刻本。
③ 道光《保宁府志》卷30《武备志三·驿传》、卷31《武备志四·铺递》，道光二十三年刻本。
④ 《李希霍芬中国旅行日记》，商务印书馆，2016年，第638页。
⑤ 陈友琴《川游漫记》，金生杨主编《蜀道行纪类编》第34册，广陵书社，2017年，第527页。

大朝驿北新立的白卫岭碑处

古道分向云台山岔路处

远眺云台山

就是以前的白卫岭，如朱沄《西行日记》、张香海《宦蜀草》、王培荀《寓蜀草》。[1]陶澍《蜀辎日记》、方濬颐《蜀程小纪》、葛忠弼《蜀程橐记》都记载清末大木树南数百步立有"白卫岭"三个大字的石碑[2]，现已无存。道光年间佚名《蜀

①　朱沄《西行日记》，金生杨主编《蜀道行纪类编》第14册，广陵书社，2017年，第52页；张香海《宦蜀草》，《蜀道行纪类编》第21册，第329页；王培荀《寓蜀草》，《蜀道行纪类编》第20册，第482页。

②　陶澍《蜀辎日记》，《小方壶斋舆地丛钞》第7帙，上海著易堂排印本；方濬颐《蜀程小纪》，李勇先、高志刚主编《蜀藏·巴蜀珍稀交通文献汇刊》第7册，成都时代出版社，2015年，第248页；葛忠弼《蜀程橐记》，道光二十九年抄本。

省赴京沿途站里数清册》记载："大木树，即白卫岭溪也，有大木戍驿，可尖宿。"今人在大朝以北数百步修白卫岭碑、亭，实际是将位置搞反了。附近人头山（今云台山）早在宋代就得名，但影响不大。明清以来，因改道天雄关，古道经过山下，此山才显重要。道光《重修昭化县志》卷6《山川》记载："牛头山，在治西四十里大木树之右，山形如人，故名。"[①]即今云台山。古道并不经云台山，只是从山下过，现此段碥路仍保存较好。

店子坪 古道从大朝向北而行，与上云台山的支路分道后一直上缓坡到店子坪，地势较缓，人户较多，再翻一小垭口下坡到凉亭子，一路碥石保存较好。

店子坪段碥路

远眺五颗堆处

五堆村凉亭子 道光《重修昭化县志》卷6《山川》记载："五伙堆，在治西三十里。"[②]治西40里大木树之右附近有新立的"古驿道"石碑一座。现在往碑湾、竹垭子间的碥路保存较好。附近的王家河沟为李家河的一条支流，清代也称白卫溪。

---

① 道光《重修昭化县志》卷6《山川》，同治三年刻本。
② 道光《重修昭化县志》卷6《山川》，同治三年刻本。

碑湾（桥沟子、桥沟里）　　从五堆村凉亭子到竹垭铺之间有保存较好的一段碥路，碥路石壁上有"砥矢周行"摩崖石刻，上方有"修路碑"三字，右侧书"天启四年仲秋，相视新关，捐俸银工，委冬告成，裁官店一铺，捷二十里，西通蜀省，北达帝都"。还有"化险为夷"石刻，上书"培修道路，李大老爷邑贤侯德政"，下书

凉亭子古道入口

碑湾"砥矢周行"摩崖

碑湾"化险为夷"摩崖

碑湾段碥路

竹垭铺

"光绪戊子季春,六里士庶公立谷旦"。

竹垭铺 当地人又称竹垭子,地处一较高的山垭口上。嘉庆《四川通志》卷89《武备志·铺递》昭化县条记载:"竹垭铺,在县西三十里。"① 乾隆《昭化县志》卷6《铺递》记载:"曰桔柏铺,下接县门铺十里,曰县门铺,下接天雄铺,曰天雄厚铺,下接新铺十里,曰新铺,下接竹垭铺十里,曰竹垭铺,下接大木铺十里,曰大木铺,下接高庙铺十里,曰高庙铺,系昭剑分界处,下接剑州七里坡十里。"②《钦定大清会典事例》卷678称竹坝铺。

竹垭铺下的碥路

道光年间佚名《蜀省赴京沿途站里数清册》记载此地为"上下大坡路"。民国初年竹垭铺一带只有三四户人家,今天仍有一些人户。清吴庆坻认为竹垭铺的山梁即古白卫岭。③竹垭铺至碑湾一带还保存有较好的碥路,只有一段新修的碥路。

塘房湾 从竹垭铺向北下坡,山称倒白山,然后转向东北,即为塘房湾。从此下山经古墓梁到达上新铺,沿途一带碥路保存较好。

---

① 嘉庆《四川通志》卷89《武备志·铺递》,嘉庆二十一年刻本。
② 乾隆《昭化县志》卷6《铺递》,乾隆五十年刻本。
③ 吴庆坻《庚子十二月赴行在日记》,光绪二十七年铅印本。

塘房湾段碥路

古墓梁　也称古毛梁，附近碥路保存较好。

上新铺　雍正《四川通志》卷22《津梁》记载："新铺，在县西二十里。"[1]乾隆《昭化县志》卷6《铺递》记载："曰天雄铺，下接新铺十里，曰新铺，下接竹垭铺十里，曰竹垭铺，下接大木铺十里。"[2]《钦定大清会典事例》卷678称新铺。道光年间佚名《蜀省赴京沿途站里数清册》记载，此地为"上下大坡路"。民国初期新铺一带只有六七户人家。新铺在今昭化新繁村，分为上新铺和下新铺，现在当地人又称新店子，两边房

古墓梁段碥路

---

① 雍正《四川通志》卷22《津梁》，乾隆元年刻本。
② 乾隆《昭化县志》卷6《铺递》，乾隆五十年刻本。

屋整齐，皆为新建，人烟稠密。古道穿插其间，或上或下。我们考察发现，今上新铺一带碥路保存较为完好，但大的柏树已经不见，碥石前的门槛石较多，在蜀道碥路中较为少见。下新铺一带的古道和古柏已经不复存在了。

上新铺

新铺东入口

上新铺至古墓梁间碥路

上新铺至古墓梁间碥路

上新铺至古墓梁间碥路石槛门

上新铺至古墓梁间碥路上的石构件

大树垭

大树垭 在牛滚凼上来的一个小垭口上，古道路基仍存，但碥石多不存。

早在清代时，对于这一带白卫岭的位置的认知就极不统一，但多认为在大朝以北至新铺一带的地区。如乾隆《昭化县志》卷6《道路》谈到"砥矢周行"摩崖石刻为白卫溪摩崖，卷2《山川》记载："五伏堆，在治西三十里——五峰山，在治西南，与白卫岭相峙，路接剑阁，连峰插天，圆秀如坚掌，俗名五伙山。"[①]五峰山与白卫岭相接，在今昭化大朝北五堆村一带。反映民国初年情况的《新修支那省别全志》中谈到白卫岭在新店子（新铺）、竹垭子附近，则更靠北了。清代许多游记都记载大朝南有白卫岭碑，如陶澍《蜀辅日记》、方濬颐《蜀程小纪》都记载清末大木树南数百步立有"白卫岭"三个大字的石碑[②]，张邦伸《云栈纪程》和方濬颐《蜀程小纪》又记载竹垭铺（竹垭子）为白卫岭[③]，而竹添进一郎《栈云峡雨日记》中则直接认为大木戍为白卫岭[④]。但沈炳垣《星轺日记》认为白卫岭在大木树南与孔道新之间。[⑤]此外，对于白卫溪位置的认知在清代就已混乱，乾隆《昭化县志》卷2《山川》："泥溪，在治西南十五里，源发寨子渠，南经孔道新，合架枧沟之水，又南合大木树桥下之水，又南出石门峡，又南至沙田坝

---

① 乾隆《昭化县志》卷6《铺递》、卷2《山川》，乾隆五十年刻本。

② 陶澍《蜀辅日记》，《小方壶斋舆地丛钞》第7帙，上海著易堂排印本；方濬颐《蜀程小纪》，李勇先、高志刚主编《蜀藏·巴蜀珍稀交通文献汇刊》第7册，成都时代出版社，2015年，第248页。

③ 张邦伸《云栈纪程》卷6，李勇先、高志刚主编《蜀藏·巴蜀珍稀交通文献汇刊》第2册，成都时代出版社，2015年，第323页；方濬颐《蜀程小纪》，李勇先、高志刚主编《蜀藏·巴蜀珍稀交通文献汇刊》第7册，成都时代出版社，2015年，第248页。

④ 竹添进一郎《栈云峡雨日记》，李勇先、高志刚主编《蜀藏·巴蜀珍稀交通文献汇刊》第10册，成都时代出版社，2015年，第509页。

⑤ 沈炳垣《星轺日记》，李勇先、高志刚主编《蜀藏·巴蜀珍稀交通文献汇刊》第6册，成都时代出版社，2015年，第386页。

合人头山溪水，又东南合五伙堆溪水，又东合白卫溪，又东入嘉陵江。"①这里，白卫岭为泥溪最东边的支流，但同书认为碑湾附近的溪水为白卫溪，即认为五堆村凉亭子的王家沟为白卫溪。王家沟为泥溪河靠西北的一条支流，当地人们至今多认为此溪为白卫溪。现在看来，清代诸多认为白卫岭在大朝以北的说法，可能是明末改道后将唐宋时在高庙以东、大朝东南的白卫岭在新道路重构的结果，是一个典型的地名漂移现象。今当地人在大朝北新建一亭，立有白卫岭碑，从方位上来看又与清代的大朝南不同了。同时，当地人又在高庙白家庙配上白卫岭木匾，认为白家庙一带即唐代白卫岭。显然，清代至今，我们对唐代白卫岭的位置已经认知错乱而不清楚了。

牛滚凼 《成都通览》所载《由成都赴陕西之路程》记载有牛滚荡，实即牛头山的一部分，为牛头山上的一相对低的垭口，有一个较大的水凼，因以前常有水牛在内泡澡而名。从下新铺到牛滚凼开始沿牛头山山梁自西向东而行，碥路路基尚存，碥石多被破坏，杂草丛生，行走困难。过去牛滚凼到天雄关一带灌草丛生，往牛头山天雄关的道路路基难寻，2022年当地组织人员砍去荆棘灌丛后才通达。

牛滚凼

哨楼铺 也称梅青垭，在牛滚凼与天雄关之间的垭口，因灌木杂草丛生阻路，路基难寻，梅青垭垭口一度情况不明。后来我们考察发现，哨楼铺地处牛头山一小垭口转角处，现仍有一座新修庙宇。从梅青垭到天雄关之

哨楼铺

---

① 乾隆《昭化县志》卷2《山川》，乾隆五十年刻本。

哨楼铺地上石构件

间，碥路碥石时断时续，有一段保存相当完整。这一段保留有大量碥路上的门槛石，是蜀道碥路上少见的。

荫坡 以前昭化蜀道除表道的大柏树外树木并不多，但牛头山这一段的树木相对更多，故有此名。现在这一段树木仍然茂密，只是最近20多年燃料换代和退耕还林后，这个荫坡的荫凉相较别处程度并不突出了。

天雄铺、天雄关 在今昭化西牛头山东侧。天雄关之名在清代才见于文献记载。明代嘉靖《保宁府志》卷6《名胜纪》记载有牛头山阁，但直接称"不知何在"①。乾隆《昭化县志》卷6《关隘》

荫坡段碥路

---

① 嘉靖《保宁府志》卷6《名胜纪》，嘉靖二十二年刻本。

荫坡段碥路门槛石

从天雄关看白龙江与嘉陵江汇合处

记载："天雄关，在治西十五里，由城后翼山竣登之，飞阁下临欲无地，危梯一径，单骑才通，而东北数十里往来行人目焉数之矣……乾隆三十五年邑令吴廷相建新亭其上。"[①]道光《重修昭化县志》卷8《关隘》记载天雄关是"入蜀而来殆与七盘、朝天二关声势联络，实剑阁之密钥也"[②]。道光《保宁府志》卷8记载："天雄关，在县西南十五里，势极雄险，乾隆三十五年，邑令吴廷相建新亭其上。"卷31《铺递》记载："天雄铺，在县西十里。"[③]《钦定大清会典事例》卷678记载称天雄关铺。清代

① 乾隆《昭化县志》卷6《关隘》，乾隆五十年刻本。

② 道光《重修昭化县志》卷8《关隘》，同治三年刻本。

③ 道光《保宁府志》卷8《舆地志七·关隘》、卷31《武备志四·铺递》，道光二十三年刻本。

第一章

天雄关碥路 天雄关一角

天雄关有帝君庙，即关帝庙、汉寿亭侯庙。俞陛云《蜀辂诗记》记载关帝庙原有匾额书"嘉陵图画"四字①，从此可以鸟瞰嘉陵江与白龙江交汇处全貌。原天雄关关帝庙旁边还修有一个小阁观音堂，但后毁弃，现为重修的天雄观。现在天雄关往东下山段碥路保存较好，关上有"天雄关"三字石碑，还

天雄关一角

保留有一个石拱门和14通古碑。民国初年，天雄铺上还有四五户人家，现在庙宇旁虽然有几栋旧房，但已经无人居住，只天雄观中有道士居住。民国时期，天雄关一带"童山濯濯，荒塞之象，东南所未有也"②，但今天植被已经较好了。从天雄关下到十里铺，邻近天雄关下坡段的碥路保存较好，进入缓坡地带后人户较多，碥路多被破坏。

人们习惯说天雄关古称葭萌关，但这种说法的历史可能并不太长，因天雄关的通道虽然可能是元代开通的，但在明代天启年间才得到到较大修治，清代康熙年间才正

---

① 俞陛云《蜀辂诗记》，金生杨主编《蜀道行纪类编》第27册，广陵书社，2017年，第103页。
② 臧卓《秦蜀旅行记》，金生杨主编《蜀道行纪类编》第30册，广陵书社，2017年，第91页。

十里碑段碥路   十里碑蒋树屏神道碑

式成为官道。我们发现，苴、葭萌之名出现较早，在汉代就相当出名，但关于葭萌关的记载最早出现在宋代，《舆地纪胜》卷184记载："葭萌关，《宁武志》在葭萌县，旧置监关，今废。"[1]这里只是记载了唐宋的葭萌县，并没有说是在牛头山的天雄关之地，后来在明清时期的小说《三国演义》《醒世恒言》中多次出现葭萌关的地名，但并没有一个具体位置。清代当地人认为的葭萌关同样不是在今天雄关上。如乾隆《广元县志》卷3《关隘》记载"葭萌关，在县南十里"[2]。舆图标在梅林堡与龙潭驿之间，故马以愚《嘉陵江志》认为葭萌关在广元县南柏林沟[3]，并不在天雄关处，而是在广元县南明代金牛旧道上。同时，我们知道，从清代开始，人们一般认为汉代葭萌县旧址在昭化北面白龙江东岸的土基坝，而隋代葭萌县在苍溪县施店驿处。张邦伸《云栈纪程》卷5又记载朝天关为葭萌关。而清代还有文献称葭萌关在广元南山二郎关。可以看出，历史上对葭萌关位置的认知可能也在变化之中。所以，古葭萌关究竟在何地还有待详考。

十里碑 有倚虹亭。张邦伸《云栈纪程》卷6记载"危径数盘"，至今附近仍有碥路一段，并有蒋树屏神道碑一通。

茶亭、红石坎 又称凉亭子、倚虹亭，在昭化城西五里坡上。张邦伸《云栈纪程》

---

① 王象之《舆地纪胜》卷184，四川大学出版社，2005年，第5352页。

② 乾隆《广元县志》卷3《关隘》，乾隆二十二年刻本。

③ 马以愚《嘉陵江志》，商务印书馆，1946年，第137页。

卷6记载茶亭离昭化8里①，古代从此开始就有大柏树护道。据考察，附近有一段古路路基保存，但现碥石多为新铺。原亭边有一块光绪二十三年间的"春满杏坛"碑。

战胜坝　在今战胜村处，为从牛头山下到昭化坝子上的第一站。在其东有苟家坪汉代遗址，性质不明。

茶亭子旧地　　　　　　　　　　　　　　　　"春满杏坛"碑

战胜坝

---

①　张邦伸《云栈纪程》卷6，李勇先、高志刚主编《蜀藏·巴蜀珍稀交通文献汇刊》第2册，成都时代出版社，2015年，第320页。

明代昭化县总铺、县门铺，清代昭化驿、县门铺　正德《四川志》卷14《保宁府》记载为总铺，嘉靖《保宁府志》卷4《建置纪下·驿传》记载为县门铺，[1] 但明代昭化县治并无驿站之设，因为当时的金牛道主线并不经过昭化县治。昭化县城在清代更为重要，南北接金牛道主线，西可沿白龙江阴平正道到陇南地区，东南沿嘉陵江进入四川盆地腹地，一度相当繁华。民国初年，这里有200户人家，已不如以前辉煌。道光年间佚名《蜀省赴京沿途站里数清册》记载"进西门出东门有葭萌驿"，"可尖可宿，有桔柏渡，大河过渡要小心，河岸有唐代县令何易于引缆处碑"。不过，也有记载称引缆处在榆钱铺附近。现在的昭化古城是保留较好的一个清代县城遗址，城门、城墙和街道肌理保存较好，传统寺庙建筑也多有保存。

乾隆《昭化县志》卷6《驿传》和道光《保宁府志》卷32记载有昭化驿，在县治内。[2] 同时，乾隆《昭化县志》卷6《铺递》记载："曰桔柏铺，下接县门铺十里，曰县门铺，下接天雄铺十里。"[3] 道光《保宁府志》卷31《铺递》记载："县门铺，在县城治前。"[4] 清代昭化作为县城，规模并不太大，民国初年仅有两百多户，只有金牛道南面的一些中小乡镇的人口，但所处的区位相当重要，为川北的一个交通枢纽。道光《保宁府志》卷31还记载："……榆钱铺，在县东二十里，桔柏铺，在县东十里，天雄铺，在县西十里，新铺，在县西二十里，竹垭铺，在县西三十里，大木铺，在县西四十里，高庙铺，在县西五十里。"[5] 张邦伸《云栈纪程》卷6记载桔柏渡渡江5里才到昭化县[6]，但有的文献记载只有3里。

明清渡口关、桔柏铺、桔铺渡　嘉靖《四川总志》卷6载有渡口关[7]，明代《四川省四路关驿图》也标明有渡口关。又嘉庆《四川通志》卷27记载："渡口关，在（昭化）县东北二里桔柏渡北。"[8] 道光《保宁府志》卷8记载："在县东北二里，桔柏渡

---

① 正德《四川志》卷14《保宁府》；嘉靖《保宁府志》卷4《建置纪下·驿传》。

② 乾隆《昭化县志》卷6《驿传》，乾隆五十年刻本；道光《保宁府志》卷32，道光二十三年刻本。

③ 乾隆《昭化县志》卷6《铺递》，乾隆五十年刻本。

④ 道光《保宁府志》卷31《武备志四·铺递》，道光二十三年刻本。

⑤ 道光《保宁府志》卷31《武备志四·铺递》，道光二十三年刻本。

⑥ 张邦伸《云栈纪程》卷6，李勇先、高志刚主编《蜀藏·巴蜀珍稀交通文献汇刊》第2册，成都时代出版社，2015年，第317页。

⑦ 嘉靖《四川总志》卷6，嘉靖二十四年刻本。

⑧ 嘉庆《四川通志》卷27，嘉庆二十一年刻本。

2000年左右的旧桔柏渡

桔柏渡北岸

北，宋元嘉中置戍葭萌水，即此。"①显然，渡口关在今昭化桔柏渡北嘉陵江北岸边码头。乾隆《昭化县志》卷6《铺递》记载："曰桔柏铺，下接县门铺十里。"②道光《保宁府志》卷31《铺递》记载："桔柏铺，在县东十里。"③《钦定大清会典事例》卷678记载称桔柏渡，在昭化县北5里。桔柏渡早在唐宋就有较大名气，为金牛道上的一个重要渡口，是嘉陵江、白龙江水路和金牛道陆路交汇的转运点。乾隆《昭化县志》卷6《津渡》记载："桔柏渡，古名桔柏津，在治东二里，明有浮梁，今改移保宁。按：后唐庄宗同光三年遣李绍琛伐蜀，时蜀

主王衍方东游秦州，闻之倍道西走，断桔柏津浮梁，是浮梁之设久矣。但夏水暴涨，非浮梁所能敌。乾隆三十九年署令谢泰奉文于渡口修立索桥。"④但后来因技术问题中止。清代桔柏渡一带设有渡船一只，为大毛船，另有站船两只，曾经还设有输送公文的过江溜索，曾是川北最重要的渡口。20世纪，桔柏渡处设有公路轮渡，现废。文

① 道光《保宁府志》卷8，《舆地志七·关隘》道光二十三年刻本。

② 乾隆《昭化县志》卷6《铺递》，乾隆五十年刻本。

③ 道光《保宁府志》卷31《武备志四·铺递》，道光二十三年刻本。

④ 乾隆《昭化县志》卷6《津渡》，乾隆五十年刻本。

献中普遍记载桔柏渡在县东2里，但桔柏铺在县东10里，如此，清代的桔柏铺似应该在嘉陵江东岸的摆宴坝（清代多写成板筵坝）上更为合理。所以，方濬颐《蜀程小纪》记载清末从20里皂角铺、15里榆钱铺、10里桔柏潭才渡江，乘船渡江后5里到昭化县城。[1]沈炳垣在《星轺日记》中认为从桔柏渡北岸乘船到南岸要漂移二三里水程[2]，也说明桔柏铺离昭化城较远。据《成都通览》所载《由成都赴陕西之路程》，昭化五里外有"苴侯旧治坊"[3]，但现在不见踪影了。

摆宴坝

摆宴坝、摆宴村　即旧时摆宴坝，清人多称板筵坝，相传唐明皇入蜀时，在此休兵摆宴，故名。[4]嘉庆《四川通志》卷89《武备志·铺递》记载"桔柏铺，在县东十里"[5]，大致就是摆宴坝处。2014年在此处发现一处西周时期古城址，后初步命名为"摆宴坝城址"。过去摆宴村有三条主街，都为南北方向，村里现

榆钱铺，今新民村一带。

①　方濬颐《蜀程小纪》，李勇先、高志刚主编《蜀藏·巴蜀珍稀交通文献汇刊》第7册，成都时代出版社，2015年，第247页。

②　沈炳垣《星轺日记》，李勇先、高志刚主编《蜀藏·巴蜀珍稀交通文献汇刊》第6册，成都时代出版社，2015年，第384页。

③　傅崇矩《成都通览》，巴蜀书社，1987年，第431页。

④　四川省广元县地名领导小组编印《四川省广元县地名录》，1988年，第133页。

⑤　嘉庆《四川通志》卷89《武备志·铺递》，嘉庆二十一年木刻本。

榆钱铺至摆宴坝间观音庙

张家湾老场遗址

在有桔柏渡、来佛寺（重建）、御马石、望乡台、护陵堡等诸多遗存，流传着众多历史久远的传说。现在摆宴坝的桔柏渡口还新立有指路碑，渡口的原始风貌比昭化更好。只是以前人们推测从嘉陵江北岸经土基坝渡清江又经摆宴坝在桔柏渡过嘉陵江到昭化[①]，不仅将白龙江误作清江，也完全不合明清交通路线走向。

榆钱铺 乾隆《昭化县志》卷6《铺递》记载："曰榆钱铺，系广昭分界处，上接广元皂角铺十里，下接桔柏铺十里。"[②]道光《重修昭化县志》卷10记载："榆钱渡，系牛寨坝往来之道，在治东十五里桔柏渡上游，只此一渡。"[③]《钦定大清会典事例》卷678记载称榆钱铺。据我们考察，当地人已经没有听说过榆钱铺这个地名。据民国《广元县地形图》的标注，从皂角铺到榆钱铺之间取直线过张家湾，从此经过樊家湾、马家河古道重新回到嘉陵江边，榆钱铺可能在昭化区与利州区交界的彭家湾以北新民村张家院子一带。俞陛云《蜀辀诗记》记载，附近5

---

① 四川省文物考古研究院、西安美术学院中国艺术与考古研究所《蜀道广元段考古调查简报》，《四川文物》2012年第3期。

② 乾隆《昭化县志》卷6《铺递》，乾隆五十年刻本。

③ 道光《重修昭化县志》卷10《舆地志九·津渡》，同治三年刻本。

里为唐益昌县令何易于腰笏挽舟处，以前有"唐益昌令何易于腰笏引舟"石碑，崖畔有玉女泉碑，往来行人多在此饮泉。[①]

张家湾　道光年间佚名《蜀省赴京沿途站里数清册》记载，在榆钱铺北5里之地，今仍名张家湾，地处一小垭口上，古道到此绕开嘉陵江的大回曲。民国《参谋本部地形图》标为经过张家湾南的陈家岩，应误。

两座店　道光年间佚名《蜀省赴京沿途站里数清册》记载，在张家湾北5里，为上下坡路，估计在今大垭豁至毕家河之间的坡上。今毕家河小沟上还保留有古代小拱桥一座。

毛坝子　为江边一大坝子，保留一座古代平桥。

毕家河后的两座店

两座店下毕家河拱桥

茅坝子平桥

① 俞陛云《蜀辂诗记》，金生杨主编《蜀道行纪类编》第27册，广陵书社，2017年，第102页。

皂角铺旧址

五里坡塔子垭口

皂角铺　也称皂荚铺。早在嘉靖《保宁府志》卷4《建置纪下》昭化条下就记载有皂角铺。雍正《四川通志》卷22《驿传》记载："皂角铺，在县西南二十里。"①乾隆《昭化县志》卷6《铺递》记载："曰榆钱铺，系广昭分界处，上接广元皂角铺十里，下接桔柏铺十里。"②乾隆《广元县志》卷3《驿铺》记载："皂角铺，在县西南二十里。"③道光《保宁府志》卷31《铺递》记载："皂角铺，在县西南二十里。"④《钦定大清会典事例》卷678记载皂角铺属于广元县。我们实地考察发现皂角铺在今利州区西南村赵家铺龙德砂浆厂外公路边，地名仍存，有几间残破的房屋。《广元县志》渡口一览表显示，皂角铺曾设有渡口，但今天已经不复存在了。

五里坡　古道经过皂角铺后在铺堂上处上坡取直经五里坡（今当地人称塔子垭口）绕开佛爷堂嘉陵江大回曲到利州区南河。

土门铺　乾隆《广元县志》卷3《驿铺》记载："土门铺，在县西南十里。"⑤道光《保宁府志》卷31《铺递》记载："土门铺，在县西南十里。"⑥怀疑在利州区南河

①　雍正《四川通志》卷22《驿传》，乾隆元年刻本。
②　乾隆《昭化县志》卷6《铺递》，乾隆五十年刻本。
③　乾隆《广元县志》卷3《驿铺》，乾隆二十二年刻本。
④　道光《保宁府志》卷31《武备志四·铺递》，道光二十三年刻本。
⑤　乾隆《广元县志》卷3《驿铺》，乾隆二十二年刻本。
⑥　道光《保宁府志》卷31《武备志四·铺递》，道光二十三年刻本。

昭化古城西门临清门

昭化古城北门拱极门

昭化古城东门瞻凤门

昭化古城南门临江门及老城墙遗址

昭化城墙界碑

昭化老城墙遗址

昭化接官亭遗址

昭化文庙

昭化城隍庙

昭化老建筑

的南山丽景小区一带，地名无存。

南关渡口 清代立有劝农亭和苏惠莲故里碑，在今蜀门大桥与古渡路口处，但现在已经毫无踪影。

南河渡旧址

广元西门一带原问津驿码头旧址

明代问津水马驿、总铺，清代问津驿、县门铺 正德《四川志》卷14记载有问津水马驿，在治西南一里[①]。另，嘉靖《保宁府志》卷4《建置纪下·驿传》记载："问津水马驿，在广元县西门外，站船四艘，水夫四十名。马二十七匹，夫二十名，系正德九年添设，辅陈三十七付，馆夫四名，库子一名。"[②]具体位置应在今广元利州区大西街西门最西处嘉陵江边附近，水陆两便。乾隆《广元县志》卷3《驿铺》记载

---

① 正德《四川志》卷14，正德十三年刻、嘉靖十六年增补本。
② 嘉靖《保宁府志》卷4《建置纪下·驿传》，嘉靖二十二年刻本。

"问津驿，宅旧在城西关外"，同时也记载"问津驿，在县治东侧"，又记载"问津水驿，在县西嘉陵江"。[①]道光《保宁府志》卷30《驿传》记载"问津驿，在广元县治前"[②]，嘉靖《保宁府志》卷4《建置纪下》记载有县门铺，道光《保宁府志》卷31《铺递》也记载"县门铺，在县治前"[③]。

显然，清代问津驿和县门铺可能相邻相近，而问津马驿的位置不在原来的西门外，而是在县衙附近，但问津水驿仍然在原来明代的位置上，即西门外嘉陵江边。清末民初广元县城地位重要，当时嘉陵江水运还相当重要，广元西门码头上停泊的民船众多。历史上，人们多从广元朝天镇乘舟顺水南下广元、昭化，但清人允礼则从昭化桔柏渡乘舟溯水而上到广元，并乘船到千佛崖观光[④]，说明当时溯水嘉陵江也平常。据嘉靖《保宁府志》卷4《建置纪下》记载，有通圣桥，为千佛崖的通衢，有将军桥，"在县北四里，跨驿路，横溪每水溢多怪，昔人凿石肖将军像以镇之"；还记载有嘉陵浮桥，当时已废；在县西二里还有武济桥，为"松龙之通衢，即古之平政桥"。[⑤]从广元城北经将军桥、严家湾到千佛崖。

千佛崖　嘉靖《保宁府志》卷6《名胜纪·古迹》记载有龙门阁、石柜阁，即千佛崖。明清时期金牛古道一直从佛阁前经过，后川陕公路将碥路覆盖，现公路改道后将压在下面的碥路挖出展示在人们眼中，成为保留得较为完整的一段碥路。民国初年，在千佛崖北关帝庙前有多达30多户居民。据陈

清末民初千佛崖下的碥路

现揭开公路后千佛崖前的碥路

①　乾隆《广元县志》卷3《驿铺》，乾隆二十二年刻本。
②　道光《保宁府志》卷30《武备志三·驿传》，道光二十三年刻本。
③　道光《保宁府志》卷31《武备志四·铺递》，道光二十三年刻本。
④　允礼《奉使行纪》，金生杨主编《蜀道行纪类编》第7册，广陵书社，2017年，第120页。
⑤　嘉靖《保宁府志》卷4《建置纪下》，嘉靖二十二年刻本。

奕禧《益州于役记》，千佛崖有元修路碑和刘崇文碑记录古代通道情况。[1]现二碑去向不明。据《成都通览》所载《由成都赴陕西之路程》，千佛崖有"千佛一心"石刻。[2]此外还有"化险为夷""山不在高"诸石刻。[3]

磁窑铺　正德《四川志》卷14《保宁府》和嘉靖《保宁府志》卷4记载明代就设有磁窑铺。清代延续，设置有磁磁乡。乾隆《广元县志》卷3记载："磁磁铺，在县东北十里。"道光《保宁府志》卷31《铺递》记载："磁窑铺，在县东北十五里。"[4]《钦定大清会典事例》卷678记载在县北10里。以上记载里程有出入，但可以肯定的是，磁窑铺的位置在今千佛崖北不远处。今有磁窑铺社区居委会。磁窑铺窑址考证年代为宋朝，是四川著名的民间古瓷窑窑址之一。早在20世纪五六十年代，此地就有遗物发现。后来考古调查队发现了此窑址，始定名为"广元窑"。附近有金鳌背，清

磁窑铺

须家河王爷庙旧址

须家河码头

---

① 陈奕禧《益州于役记》，《小方壶斋舆地丛钞》第7帙，上海著易堂排本。
② 傅崇矩《成都通览》，巴蜀书社，1987年，第431页。
③ 杨钟秀《万里云程》，金生杨主编《蜀道行纪类编》第15册，广陵书社，2017年，第176页。
④ 道光《保宁府志》卷31《武备志四·铺递》，道光二十三年刻本。

代此地存有明代四川巡抚张士佩二碑，今已不复存在。从此经过青家河到须家河。

须（许）家河　吴庆坻《庚子十二月赴行在日记》称"（许家河）居民颇多，对岸瓦屋栉比，皆开煤厂者"，但称在石鼓铺北。[①]1944年《广元县地形图》标为许家河，在今磁窑铺北须家河。民国初年当地有70多户人家，嘉陵江岸边停泊着大量燕子尾、大小毛船装载煤炭。旧有王爷庙，现新修有一座王爷庙。

小塘子

大塘子

石鼓铺（石谷岩）、小塘子　杨钟秀《万里云程》记载有石鼓塘，离石桥铺仅5里，应即今小塘子之地。[②]《清代重庆府至京都路程》记载称石谷岩，在县北20里。[③]葛忠弼《蜀程橐记》记载石鼓铺一带"男妇樵采背负栈道间"[④]，说明这附近原修有栈道，但现在不复存在。今仍有一些居民。

石桥铺　即今大塘子。嘉靖《保宁府志》卷4《建置纪下》记载设有铺递，清代继续设置，雍正《四川通志》卷22下《驿传》记载："石桥铺，在县东北三十里。"[⑤]乾隆《广元县志》卷3记载："石桥铺，在县东北二十里。"[⑥]道光《保宁府志》卷31《铺递》记载："石桥铺，

①　吴庆坻《庚子十二月赴行在日记》，光绪二十七年铅印本。

②　杨钟秀《万里云程》，金生杨主编《蜀道行纪类编》第15册，广陵书社，2017年，第177页。

③　《清代重庆府至京都路程》，刘建民主编《晋商史料集成》卷70《规程》，商务印书馆，2018年，第701页。

④　葛忠弼《蜀程橐记》，道光二十九年抄本。

⑤　雍正《四川通志》卷22《驿传》，乾隆元年刻本。

⑥　乾隆《广元县志》卷3《营建》，乾隆二十二年刻本。

在县东北二十里。"①《钦定大清会典事例》卷678有记载。《清代重庆府至京都路程》记载的石谷岩与乾隆《广元县志》记载的石桥铺里程对应。民国《重修广元县志稿》卷6《建置志三》记载："石桥铺，治北三十里俗呼大塘子。"②《清代重庆府至京都路程》同时记载称大塘子在县北30里，石谷岩与大塘子为两个站。1944年《广元县地形图》标为大塘子。今大塘子位于利州区工农镇大塘村。因为有小溪经此，呈大凹水凼，所以叫大塘村。③但是现在已经没有碥路及古建筑留存。

飞仙阁、飞仙关　嘉靖《保宁府志》卷6《名胜纪·古迹》记载："飞仙阁，在县北四十里。"④乾隆《广元县志》卷2《封域》记载："飞仙阁，一名威凤山，三面环江，峭壁千仞，上有观名飞仙观，一面与前山相接，其间起一阁名飞仙阁，为径行大路，亦栈道是险要也。"⑤飞仙阁在今石桥铺北。张邦伸《云栈纪程》卷5记载山名威凤山，清代有明代万历年间张士佩开岭碑记。⑥但现在已经不见此碑。具体讲飞仙关位于今朝天区沙河镇飞仙关社区。嘉庆《四川通志》卷27《舆地志·关隘》记载："飞仙关在县北四十里，飞仙岭下，临碧潭，悬栈而行，若飞仙然。"⑦民国《重修广元县志稿》卷21《武备志志二》记载："飞仙关，飞仙岭上，即威凤山。三面环江，峭壁千仞，前栈道中之要隘。《益州于役记》云：'飞仙岭二里许有阁巍然，三面绝壁，俯临关门，有飞起之势，所谓飞仙关也。'"⑧民间传说，唐代徐道士住此，唐明皇游此见壁间箭为前在御花园射鹤之箭，故名飞仙。⑨现在的飞仙关，三面环水，左边跨江的是宝成铁路，右边是108国道，中间是老川陕公路，飞仙关的垭口就在老川陕公路上。《成都通览》所载《由成都赴陕西之路程》记载，当时有"飞仙岭"三字石碑，另有明时抚臣祭文碑。现垭口草丛中有两块1995年立的石碑，一块刻"飞仙关"三个大字，一块刻有《重建飞仙阁记》。近来有农户在飞仙关挖出清代同治六年的"飞仙关"碑一块，现藏于朝天明月峡景区内。考察发现，过观光长廊到观景台，嘉陵江大

---

①　道光《保宁府志》卷31《武备志四·铺递》，道光二十三年刻本。

②　民国《重修广元县志稿》卷6《建置志三》，民国二十九年铅印本。

③　四川省广元县地名领导小组编印《四川省广元县地名录》，1988年，第41页。

④　嘉靖《保宁府志》卷6《名胜纪·古迹》，嘉靖二十二年刻本。

⑤　乾隆《广元县志》卷2《封域》，乾隆二十二年刻本。

⑥　张邦伸《云栈纪程》卷5，李勇先、高志刚主编《蜀藏·巴蜀珍稀交通文献汇刊》第2册，成都时代出版社，2015年，第299页。

⑦　嘉庆《四川通志》卷27《舆地志·关隘》，嘉庆二十一年木刻本。

⑧　民国《重修广元县志稿》卷21《武备志志二》，民国二十九年铅印本。

⑨　四川省广元县地名领导小组编印《四川省广元县地名录》，1988年，第314页。

出土的清代同治六年飞仙关碑

现在的飞仙关碑

飞仙阁远眺

拐弯处的河流走势清晰可察，可眺望前方山顶飞云寺。旧县志记载的飞仙阁即飞仙观，现已经不存。现在的飞云寺是20世纪90年代在飞仙关旧址上修建，上山的石板路与栈道已经基本被毁。从此经过老荫坪到沙河驿。

沙河驿、垒石铺　洪武《寰宇通衢》、景泰《寰宇通志》、正德《四川志》、万历《四川总志》、嘉靖《四川总志》、嘉靖《保宁府志》、顾炎武《天下郡国利病书·四川备录上》及明代的商人路书中，都记载有沙河马驿，有的记载为军站。嘉靖《保宁府志》卷4《建置纪下·驿传》记载："沙河马驿，在利州卫四十里。马骡二十七匹头，旗军一百一十二员名，铺陈一十一付。"[1]明代正德《四川志》卷14和嘉

---

[1]　嘉靖《保宁府志》卷4《建置纪下·驿传》，嘉靖二十二年刻本。

沙河驿旧址　　　　　　　　　　　　　　　　　　　望云驿旧址

靖《保宁府志》卷4记载有垒石铺和沙河马驿，清代继续设置。乾隆《广元县志》卷3
记载："垒石铺，在县东北三十里。"①道光《保宁府志》卷31《铺递》记载："垒石
铺，在县东北三十里。"②《钦定大清会典事例》卷678记载有垒石铺，在县北，离望
云铺仅10里。《清代重庆府至京都路程》记载称沙河铺，以位置而论可能在今沙河镇
一带。③我们发现，明代设有沙河马驿，但清代沙河没有设驿和铺。乾隆《广元县志》
舆图标有沙河一地，但当时沙河一带的江边停泊着许多木船，为嘉陵江上的一个重要
码头。葛忠弼《蜀程橐记》就记载沙河驿一带嘉陵江上"沿江行帆影波光"，而岸上
"引缆挽舟"。④俞陛云《蜀辖诗记》记载，当时沙河驿一带多有拉纤场景，路边崖石
刻有"云栈康庄"四个大字。⑤我1986年考察发现，当时沙河驿老街还存在，驿应该在
老街上。2019年我们到沙河镇考察，发现老街已经完全不复存在。明代王士性记载他
当时夜宿沙河，而在朝天区治没有留下记述，只直接记载了朝天岭⑥。说明当时朝天区
治朝天驿、铺的地位并不是很高，而沙河驿地位较高。1944年《广元县地形图》标明
沙河驿与望云铺之间有新店子之地。

望云驿、望云铺　传为唐代袁天罡望云气之地。⑦明代正德《四川志》卷14《保宁

①　乾隆《广元县志》卷3《营建》，乾隆二十二年刻本。
②　道光《保宁府志》卷31《武备志四·铺递》，道光二十三年刻本。
③　《清代重庆府至京都路程》，刘建民主编《晋商史料集成》卷70《规程》，商务印书馆，2018
年，第701页。
④　葛忠弼《蜀程橐记》，道光二十九年抄本。
⑤　俞陛云《蜀辖诗记》，金生杨主编《蜀道行纪类编》第27册，广陵书社，2017年，第100页。
⑥　王士性《入蜀稿》，《王士性地理书三种》，上海古籍出版社，1993年，第533页。
⑦　四川省广元县地名领导小组编印《四川省广元县地名录》，1988年，第316页。

府》和嘉靖《保宁府志》卷4记载有望云铺，并无望云驿的记载。乾隆《广元县志》卷3记载："望云驿，在县北四十里。"同时也记载："望云铺，在县东北四十里。"[1]道光《保宁府志》卷31《铺递》记载："望云铺，在县东北四十里。"卷8《关隘》记载："望云关，在县北四十五里，山势高耸，与云霄相接，今名望云铺。"[2]杨钟秀《万里云程》称望云铺塘，直上朝天关坡。[3]《钦定大清会典事例》卷678记载有望云铺。《清代重庆府至京都路程》记载称望云铺[4]，但《蜀海丛谈》卷1记载为望云站[5]。清代民国有的《邮程》中记载为望云铺、望云关。即今望云铺之地。清代望云驿附近有金鳌岭，有戏台，岭上刻有明巡抚"致祭以辟路"文，但现在当地已经没有历史遗迹了。

楼房桥、楼房沟　《李希霍芬中国旅行日记》中记载为龙房口。[6]1944年《广元县地形图》标有楼房沟，在今天楼房沟一带。从此经过周家坪上朝天岭。

朝天岭、上关铺　清代的朝天岭上朝天关，可能习惯称为上关。乾隆《广元县志》卷3《驿铺》记载："上关铺，在县东北五十里。"[7]道光《保宁府志》卷31《铺递》记载："上关铺，在县东北五十里。"[8]《钦定大清会典事例》卷678记载有上关铺。此上关铺实际上是指朝天岭南的周家坝大巴口江东一带，也可能就在朝天关上。过去有人认为这个上关铺建于宋代，并无史料可以支撑。据董邦达《四川全图》，

楼房村

①　乾隆《广元县志》卷3《驿铺》，乾隆二十二年刻本。
②　道光《保宁府志》卷8《舆地志七·关隘》、卷31《武备志四·铺递》，道光二十三年刻本。
③　杨钟秀《万里云程》，金生杨主编《蜀道行纪类编》第15册，广陵书社，2017年，第177页。
④　《清代重庆府至京都路程》，刘建民主编《晋商史料集成》卷70《规程》，商务印书馆，2018年，第701页。
⑤　周询《蜀海丛谈》，巴蜀书社，1986年，第42页。
⑥　《李希霍芬中国旅行日记》，商务印书馆，2016年，第636页。
⑦　乾隆《广元县志》卷3《驿铺》，乾隆二十二年刻本。
⑧　道光《保宁府志》卷31《武备志四·铺递》，道光二十三年刻本。

明月峡全景

明月峡接近河床的栈孔

1986年笔者在明月峡测量栈孔

20世末在明月峡新修复的栈道

20世纪末的明月峡栈道

清末朝天关关楼

20世纪30年代的朝天岭朝天关

1986年的朝天关关楼遗址

1986年朝天岭上的碥路和拴马桩

1986年朝天关道光年间《增修广邑道路碑记》
石碑

1986年朝天岭上的碥路

当时朝天关为一关城，有南、北两门，城墙内房屋栉比；又据20世纪30年代朝天关照片显现的关城规模来看，民间传说关城内的"北门天街"可能名不虚传。故有人认为关城内还有褒忠祠、关帝庙、皇恩寺、关楼等，只是根据不明。[1]杨钟秀《万里云程》记载，清代关上还有一庙，内塑武侯、刘、关、张诸像。[2]当时，不仅朝天镇上可以停泊木船，朝天峡下也停泊着许多木船，岭下还有一块"小心移步"的石碑。[3]只是这些历史景观已经不复存在了。清代有记载关上设有关汛，有把总1员，步兵64名。[4]《清代重庆府至京都路程》记载："朝天关，十五里，岭甚高，下坎极陡，蜀栈崎岖第一热闹。"[5]文献中对于朝天关险恶多有记载，如李保泰《入蜀记》记载朝天关"石磴盘纡，滑不留步"[6]。清代的朝天关关门在民国时期还保存完全，清末姚炳奎《戊戌游记》中仍记载有关门，日本人还保留了这个影像，名朝天阁。实际上清代文献中的朝天阁就是朝天岭上的朝天关。早在1986年，笔者实地考察就发现，朝天岭上的碥路碥石保存时断时续，关楼建筑基础仍存，崩塌的关楼碎石堆成一堆，附近田土中仍立有道光二十八年增修广邑道路碑以及残破的修路姓氏功德碑。今人认为海螺水泥厂修建前朝天岭上的关门、关楼仍存在，显然有误。

朝天驿、朝天铺、朝天镇、金堆铺、朝天巡检司 洪武《寰宇通衢》、正德《四川志》、万历《四川总志》、嘉靖《四川总志》、顾炎武《天下郡国利病书·四川备录上》及明代的商人路

远眺朝天镇

① 赵联明《朝天关与明月峡》《朝天纪胜》，《广元市朝天区文史资料》第6辑，2001年。
② 杨钟秀《万里云程》，金生杨主编《蜀道行纪类编》第15册，广陵书社，2017年，第177页。
③ 俞陛云《蜀辀诗记》，金生杨主编《蜀道行纪类编》第27册，广陵书社，2017年，第100页。
④ 严如熤《三省边防备览》卷10《军制》，蓝勇主编《稀见重庆地方文献汇点》，重庆大学出版社，2013年，第357页。
⑤ 《清代重庆府至京都路程》，刘建民主编《晋商史料集成》卷70《规程》，商务印书馆，2018年，第701页。
⑥ 李保泰《入蜀记》，金生杨主编《蜀道行纪类编》第9册，广陵书社，2017年，第194页。

清末民初朝天驿和铁龙桥旧影

书中，少有朝天马驿的记载，而对朝天水驿的记载较多。嘉靖《保宁府志》卷4记载有朝天水驿和朝天铺，只《寰宇通志》卷63中有记载："朝天驿，在广元北八十里。"[1]黄汴《一统路程图记》记载："朝天驿，西北去剑州，即朝天岭，属保宁府广元县。"[2]隆庆年间的《天下水陆路程》卷1中记载有朝天驿[3]，但天启年间的《士商类要》卷2中只记载称为朝天岭[4]。明清之际《天下路程图引》卷2中也只记载："朝天岭，岭极高峻。"[5]看来，朝天驿虽然在唐宋设置，但明代陆驿的地位一度并不是很重要。从当时的递运所设在神宣驿来看，当时金牛道陆路中作为川陕交通的边站枢纽的无疑是神宣驿。乾隆《广元县志》卷3《津梁》记载有朝天渡和朝天镇，称朝天镇在广元北60里，同卷《驿铺》和道光《保宁府志》卷31记载"金堆铺，在县东北六十里"[6]，里程与朝天镇位置相同。《钦定大清会典事例》卷678也记载上关铺10里到金堆铺。至今朝天镇西仍有金堆村，可知金堆铺为朝天镇的铺递。不过金堆村金堆铺在嘉陵江西岸，位置令人不解。同时道光《保宁府志》卷8《关隘》记载："朝天镇，在县北六十里，雍正七年置巡司于此。"[7]杨钟秀《万里云程》记载朝天驿设有巡检讯官衙门。[8]不过，严如熤《三省边防备览》中仍然称为朝天驿[9]，似清代朝天仍设有驿站。吴焘《游蜀日记》记载，同治年间朝天镇"背山面江，商旅

① 《寰宇通志》卷63，《玄览堂丛书续集》第62册，国立中央图书馆，1947年影印本。

② 黄汴《一统路程图记》，杨正泰《明代驿站考》，上海古籍出版社，2006年，第210页。

③ 黄汴《天下水陆路程》卷1，山西人民出版社，1992年，第24页。

④ 程春宇《士商类要》卷2，杨正泰《明代驿站考》，上海古籍出版社，2006年，第347页。

⑤ 憺漪子《天下路程图引》卷2，山西人民出版社，1992年，第478页。

⑥ 乾隆《广元县志》卷3《驿铺》，乾隆二十二年刻本；道光《保宁府志》卷31《武备志四·铺递》，道光二十三年刻本。

⑦ 道光《保宁府志》卷8《舆地志七·关隘》，道光二十三年刻本。

⑧ 杨钟秀《万里云程》，金生杨主编《蜀道行纪类编》第15册，广陵书社，2017年，第177页。

⑨ 见严如熤《三省边防备览》，蓝勇主编《稀见重庆地方文献汇点》，重庆大学出版社，2013年。

辐辏，川北一巨镇也"①。沈炳垣《星轺日记》记载，清代后期朝天镇"居民颇多，无大户"②。《清代重庆府至京都路程》记载称朝天镇"有大店，尖宿均可"③。葛忠弼《蜀程橐记》记载朝天"人烟大"④。清末民初朝天镇已经较为萧条，但江边仍然停泊着一些木船。民国时期朝天镇"居民不及百户，甚凋敝也"⑤。据郎廷槐《宦蜀纪程》记载，当时郎廷槐就是从朝天镇开始坐船南下的，谈到是称为楸子、三板的小船，只有三根桨。⑥孟超然《使蜀日记》中记载他从宁羌而下到朝天馆舍后就是从朝天坐有窗

朝天镇

铁龙江上铁龙桥

的官船到广元的。⑦姚炳奎《戊戌游记》称朝天镇"小舟聚泊不一"⑧。不过，从朝天行船在清代被视为"大险"，受天气水文影响较大，有人宁可舍舟从陆，如道光年间孟传铸本拟在朝天镇购船沿嘉陵江而下的，但天气不好，就只有改行陆路过朝天关而

① 吴焘《游蜀日记》，《小方壶斋舆地丛钞》第7帙，上海著易堂排印本。
② 沈炳垣《星轺日记》，李勇先、高志刚主编《蜀藏·巴蜀珍稀交通文献汇刊》第6册，成都时代出版社，2015年，第382页。
③ 《清代重庆府至京都路程》，刘建民主编《晋商史料集成》卷70《规程》，商务印书馆，2018年，第701页。
④ 葛忠弼《蜀程橐记》，道光二十九年抄本。
⑤ 臧卓《秦蜀旅行记》，金生杨主编《蜀道行纪类编》第30册，广陵书社，2017年，第97页。
⑥ 郎廷槐《宦蜀纪程》卷2，国家图书馆藏康熙年间刻本。
⑦ 孟超然《使蜀日记》，李勇先、高志刚主编《蜀藏·巴蜀珍稀交通文献汇刊》第3册，成都时代出版社，2015年，第38页。
⑧ 姚炳奎《戊戌游记》，光绪二十九年刻本。

行。[1]张邦伸《云栈纪程》卷5记载，朝天关即汉葭萌关，不知何据。[2]具体讲，历史上的朝天驿和铺舍应在原朝天镇老街铁龙桥西南至嘉陵江的老街上。今朝天的铁龙桥（又称钱龙桥、潜龙桥）还保存完好，是朝天区作为清代金牛道上重要枢纽的一个证明，位于潜溪河上，清代所修。民国《重修广元县志稿》卷6《建置志三》记载："潜龙桥，县北九十三里朝天镇。清光绪时，知县刘金溪倡修，俗曰翰天大桥。"[3]又在潜龙桥工记中说，潜龙桥为秦蜀通衢，镇之北溪水横焉。说明潜龙桥是清末民国时期蜀道上重要桥梁，桥旁存清碑二通，一刻"铁龙桥"名，一刻《修建朝天桥记》。另嘉靖《保宁府志》卷4记载："朝天古渡，在县北八十里，即潜水所出。"可能在今潜水汇入嘉陵江处附近，渡船可到对岸金堆铺，今仍有金堆村的地名。

从朝天往东北方向沿沟而上经乱石子、老路上到杂果铺，但这一段已基本没有明清时的碥路路基和碥石。

观音庙、乱石子 处于沿沟而上的山腰上，今有一红色观音庙，气势宏大。

老路上 仍有一株老皂角树，老房子边老路的路基走向还可寻迹。

从朝天镇远眺乱石子

乱石子一带

老路上

---

① 孟传铸《西行纪程》，金生杨主编《蜀道行纪类编》第20册，广陵书社，2017年，第579页。
② 张邦伸《云栈纪程》卷5，李勇先、高志刚主编《蜀藏·巴蜀珍稀交通文献汇刊》第2册，成都时代出版社，2015年，第294页。
③ 民国《重修广元县志稿》卷6《建置志三》，民国二十九年铅印本。

杂果铺　　　　　　　　　　　　　　　杂果铺老路路基

杂果铺　又作杂角塘或翟谷铺。嘉靖《保宁府志》卷4记载明代就设有杂果铺，清代延续设置，乾隆《广元县志》卷3《驿铺》记载："杂果铺，在县东北七十里。"[①]道光《保宁府志》卷31《铺递》记载："杂果铺，在县东北七十里。"[②]杨钟秀《万里云程》记载称杂角塘，《钦定大清会典事例》卷678记载称杂果铺。《清代重庆府至京都路程》也称杂角铺，为杂果铺之误，并记载从此"上大坡"到龙洞背。[③]据我们考察，杂果铺在今朝天区东北杂果铺，居山腰，当地人又叫扎脚铺，仍有数间民居，为朝天北上陕西的第一大站。从杂果铺往东一直在山腰行进，古道主道从龙洞背上面翻越到龙洞背东北口上再下坡到潜水河边。如果是在枯水季节，也可从龙洞背洞内乱石间穿洞而过。从杂果铺经土门子到付家坪。

付家坪　《新修支那省别全志》记载为福家坪，约有七八户人家。从地位于山腰缓坡，现仍有一些人居住。从此向东到龙洞背。

干龙洞、龙洞背　明代王士性《入蜀稿》记载："一宿神宣而发，循溪行，远见石巚横于溪流，乃菘下一洞，如堂皇穿山而过，稍见天，又穿一石，如是者三，乃出谷。水落时可蹑石而游，名干龙洞，旧有龙在。"[④]可知明代古道就可从洞而过，洞

---

① 乾隆《广元县志》卷3《驿铺》，乾隆二十二年刻本。
② 道光《保宁府志》卷31《武备志四·铺递》，道光二十三年刻本。
③ 《清代重庆府至京都路程》，刘建民主编《晋商史料集成》卷70《规程》，商务印书馆，2018年，第701页。
④ 王士性《入蜀稿》，《王士性地理书三种》，上海古籍出版社，第532—533页。

以前俗名为干龙洞。张邦伸《云栈纪程》卷5记载："又五里，经黄荆岭，缘坡而西五里至龙洞背，一名龙门山，有石穴高数十丈，其状如门，潜水奔注其中，声甚厉，穿山腹而出，分为三洞，水经二洞出三洞，西南流入嘉陵江……龙洞背路极斗折，是阁道曰龙门阁。"[①]王士祯《蜀道驿程记》记载："上龙洞背，两山夹峙，一山如狞龙奋脊跨两山之间，下有洞似重门，可通九轨，水流其中，下视烟雾翁郁，不测寻丈，自是盘折而上骑龙背行，四望诸山如剑铓戟牙。"[②]杨钟秀《万里云程》记载称龙洞背塘，《清代重庆府至京都路程》记载称："平坎山上有龙洞子，容数千人，又名慈岭，山顶上有二郎庙。"[③]据张香海《宦蜀纪程》记载，清代龙洞背的坊有"龙门阁"三字[④]，但今已经无存。陈奕禧《益州于役记》也记载洞内曾有苏长公题字，当时就已经漫蚀不清了[⑤]。今天我们在洞内也没有寻到。陶澍《蜀輶日记》记载在龙洞背梁子上以前有一个龙头庙[⑥]，吴焘《游蜀日记》记为禹王庙[⑦]，方濬颐《蜀程小纪》称为龙门阁，言其"将圮"[⑧]。竹添进一郎《栈云峡雨日记》卷上记载为玉皇观[⑨]，《新修支那省别全志》四川卷也记载有玉皇观[⑩]。以前龙洞背大道上建有牌坊，上题"龙门关"，还建有龙头庙。现当地人在原址复建了一座玉皇观。在庙附近我们发现了一通清道光六年的修路"去恩碑"。我们实地考察从洞中穿越后发现，龙洞实际上是分成三洞，古代从榆林铺南下到龙洞背东面洞口后，如果是在枯水季节可穿越三个洞到杂果铺，如果不穿越可以在洞口向东南方向绕行盘折而上龙洞背梁子，翻山而到达杂

① 张邦伸《云栈纪程》卷5，李勇先、高志刚主编《蜀藏·巴蜀珍稀交通文献汇刊》第2册，成都时代出版社，2015年，第280页。

② 王士祯《蜀道驿程记》，《小方壶斋舆地丛钞》第7帙，上海著易堂排印本。

③ 《清代重庆府至京都路程》，刘建民主编《晋商史料集成》卷70《规程》，商务印书馆，2018年，第701页。

④ 张香海《宦蜀纪程》，李勇先、高志刚主编《蜀藏·巴蜀珍稀交通文献汇刊》第9册，成都时代出版社，2015年，第55页。

⑤ 陈奕禧《益州于役记》，《小方壶斋舆地丛钞》第7帙，上海著易堂排印本。

⑥ 陶澍《蜀輶日记》，李勇先、高志刚主编《蜀藏·巴蜀珍稀交通文献汇刊》第6册，成都时代出版社，2015年，第114页。

⑦ 吴焘《游蜀日记》，《小方壶斋舆地丛钞》第7帙，上海著易堂排印本。

⑧ 方濬颐《蜀程小纪》，李勇先、高志刚主编《蜀藏·巴蜀珍稀交通文献汇刊》第7册，成都时代出版社，2015年，第244页。

⑨ 竹添进一郎《栈云峡雨日记》卷上，李勇先、高志刚主编《蜀藏·巴蜀珍稀交通文献汇刊》第10册，成都时代出版社，2015年，第505页。

⑩ 东亚同文会《新修支那省别全志》第1卷《四川》第2编《交通》，第249页。

| 榆林铺 | 榆林铺附近古道路基 |

果铺。现在洞内的所谓古代栈道，实际上是20多年前当地人采燕窝而修的便道，相当险峻难行。实际上，过去的主道从榆林铺沿潜水河到洞口不远的一处小平坝就开始盘折上龙门洞山梁而走，古人只是在枯水时可以从洞内沟底乱石之间小路到龙洞背西出口，并不是走今人在洞内东侧涧崖壁腰上开凿的便道。据当地老百姓所称，由于枯水季节多从洞内沿滩石边而行，故洞内一度形成卖货物的买卖街。张香海《宦蜀纪程》卷3就谈到龙洞阁有出售富顺的卤水（盐胆）。[1]此外，龙洞背在战乱时还可以供人躲避战乱和土匪，如当地人为防白莲教就曾进入洞内躲避。据1944年《广元县地形图》标榆林铺至朝天驿之间还有傅家坪、杨定铺之地。从龙洞背到七盘关的古道大多沿潜水边碥石路行进。

榆林铺　嘉靖《保宁府志》卷4记载有此铺，清代继续设置。乾隆《广元县志》卷3《驿铺》记载："榆林铺，在县东北八十里。"[2]道光《保宁府志》卷31《铺递》记载："榆林铺，在县东北八十里。"[3]《钦定大清会典事例》卷678有记载。但杨钟秀《万里云程》误作嘉陵塘。据考察，在今朝天区榆林铺附近，地处一个小台地上，南眺龙洞背，北可达黄荆岭，实际位置与地图上所标略微有点偏差。实际位置在龙门村西150米道路旁，具体坐标为北纬32° 40'7.9''，东经105° 56'54''。当地居民说，以前

---

① 张香海《宦蜀纪程》卷3，金生杨主编《蜀道行纪类编》第21册，广陵书社，2017年，第105页。
② 乾隆《广元县志》卷3《驿铺》，乾隆二十二年刻本。
③ 道光《保宁府志》卷31《武备志四·铺递》，道光二十三年刻本。

黄荆岭　　　　　　　　　　　　　　　黄荆岭下路基

有三间茅草屋，一位老大爷在这里卖茶，屋前水泥路就是当时从朝天镇到榆林铺的老路。从神宣到朝天要从门前过龙洞，由于洞中容易涨水，不方便通行，基本上都走龙洞背上，也就是山上。现在榆林铺附近有一个一层楼小瓦房，附近种植的树木较多。榆林铺到龙洞背上坡还有一段老路基，但基本全是杂草、碎石，路基被泥土掩埋。

黄荆岭　又称黄金岭。《清代重庆府至京都路程》记载称黄荆岭，有上下坡坎路。[①]现岭下有数户人家，古道在潜溪河边黄金岭民户下过。当地老乡说一直叫黄家岭，但是这里并没有很多姓黄的人，现在只剩老路基，石板路不在。以前黄荆岭上有座牌坊树立在古道上，一坊额书"彩彻云衢，周道如砥"，一坊额书"天然桥"，一坊额书"春霭栈阁，王道平荡"，另在崖壁上刻有"阁立岩头""云横洞口""泉飞天外""烟结空中"等字。[②]现在牌坊和石刻早已经不见踪影了。

神宣驿　明代就有设置，神宣（仙）驿、神宣递运所（广元宣河）。洪武《寰宇通衢》、景泰《寰宇通志》、正德《四川志》、万历《四川总志》、嘉靖《四川总志》、顾炎武《天下郡国利病书·四川备录上》及明代的商人路书中，都记载有神宣马驿或神宣军站、神宣递运所。嘉靖《保宁府志》卷4《建置纪下·驿传》记载："神

① 《清代重庆府至京都路程》，刘建民主编《晋商史料集成》卷70《规程》，商务印书馆，2018年，第701页。
② 杨钟秀《万里云程》，金生杨主编《蜀道行纪类编》第15册，广陵书社，2017年，第178页。

民国时期李约瑟所拍龙洞背外景

现龙洞背上洞外景

从上洞北望榆林铺

上洞旁翻越龙洞背的古道

上洞口谷底

上洞与中洞间

中洞出口

龙洞背上道光年间"去恩碑"

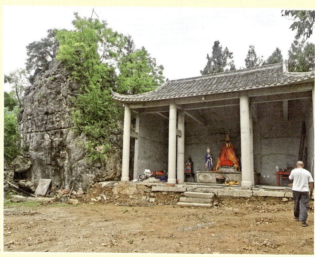

龙洞背上重修的玉皇观

1986年笔者所拍神宣驿　　　　　　　　现宣河镇神仙驿街

宣马驿，在利州卫北一百里。马骡二十八匹头，旗军一百一十三员名，辅陈一十二付。"[1]正德《四川志》卷14《保宁府》下作神仙马驿。[2]乾隆《广元县志》卷3《驿铺》记载："神宣驿，在县北九十里。"[3]严如熤《三省边防备览》卷2《道路考上》记载："二十里神宣驿，川省广元县巡检驻此。"[4]杨钟秀《万里云程》认为青树塘即神宣驿，也可能是别名。当时，广元县设立巡检二，一驻神宣驿。清代设立有宣河乡，民国初年有人户100多户。到20世纪20年代，神宣驿"居民数百户"，仍设有县佐。[5]许多清人认为神宣驿即唐代筹笔驿，曾立有古碑，上书"古之筹笔驿"，还曾建有筹笔书院，这倒显现了古代地名区位重构的普遍性，但实际上是不正确的。神宣驿即今朝天区宣河镇，1986年我们考察发现神宣老街仍存，驿应该在老街内。但现在老街老房已经完全不复存在了。现仍有一街名神仙驿街，在030乡道上，驿站可能就在这附近。据传场东驿道上有大理石板花纹似鹤名神鹤、仙鹤，后取谐音为神宣驿。[6]

扶嘉坟　古道离开宣河镇向东北方向前行到朝天区中子镇潜溪村，西南经过温家

①　嘉靖《保宁府志》卷4《建置纪下·驿传》，嘉靖二十二年刻本。
②　正德《四川志》卷14《保宁府》，正德十三年刻、嘉靖十六年增补本。
③　乾隆《广元县志》卷3《驿传铺递》，乾隆二十二年刻本。
④　严如熤《三省边防备览》卷2《道路考上》，道光十年刻本。
⑤　臧卓《秦蜀旅行记》，金生杨主编《蜀道行纪类编》第30册，广陵书社，2017年，第97页。
⑥　四川省广元县地名领导小组《四川省广元县地名录》，1988年，第389页。

温家坟

青树湾

坟一地。方濬颐《蜀程小纪》记载扶嘉坟在中子铺南十10里[1]，民国游记中也谈到扶嘉坟，可能就是温家坟。《清代重庆府至京都路程》记载称温家坟距离神宣驿仅3里[2]，也有上下坡坎路。

纸房铺 杨钟秀《万里云程》记载又称神仙房。嘉靖《保宁府志》卷4记载有纸房铺。乾隆《广元县志》卷3《驿铺》记载："纸房铺，在县东北百里。"[3]道光《保宁府志》卷31《铺递》记载："纸房铺，在县东北百里。"[4]《钦定大清会典事例》卷678有记载。民国初年，此铺较为热闹，街道狭长，有130多户人家。纸坊铺曾建过造纸的作坊，并设铺，故名。据《成都通览》所载《由成都赴陕西之路程》，当时此地卖东西的多为女人，往往借此找男人为夫。[5]但目前已经没有老房子，这一带的房子都是在"5·12"汶川特大地震后重建的，所留古迹极少。

青树湾 《清代重庆府至京都路程》记载称青树湾，从纸房铺五里村到青岩子村，

---

① 方濬颐《蜀程小纪》，李勇先、高志刚主编《蜀藏·巴蜀珍稀交通文献汇刊》第7册，成都时代出版社，2015年，第244页。

② 《清代重庆府至京都路程》，刘建民主编《晋商史料集成》卷70《规程》，商务印书馆，2018年，第701页。

③ 乾隆《广元县志》卷3《驿铺》，乾隆二十二年刻本。

④ 道光《保宁府志》卷31《武备志四·铺递》，道光二十三年刻本。

⑤ 傅崇矩《成都通览》，巴蜀书社，1987年，第432页。

中子铺一带

中子铺川陕街

川陕街老石件

中子铺新石器时代遗址

即商人游记中记载的青树湾。1944年《广元县地形图》和民国《参谋本部地形图》标为五里塘，但无任何遗迹可寻。

中（钟）子铺　又称钟子堡、钟子铺。嘉靖《保宁府志》卷4记载钟子铺。乾隆《广元县志》卷3《驿铺》记载："钟子铺，在县东北一百一十里。"[1]道光《保宁府志》卷31《铺递》记载："中子铺，在县东北一百一十里。"[2]《钦定大清会典事例》卷678有记载。民国初年，中子铺有人户百多家，有染坊和旅馆。民国《重修广元县志稿》卷5《建置志二》记载："元山寺，中子铺场，明万历时所修，平田一辆，林木掩映，洵胜境也，有小学校。"[3]书中记载，元山寺已经不存。现在有元山寺遗址，老街

①　乾隆《广元县志》卷3《驿铺》，乾隆二十二年刻本。
②　道光《保宁府志》卷31《武备志四·铺递》，道光二十三年刻本。
③　民国《重修广元县志稿》卷5《建置志二》，民国二十九年铅印本。

也早已重建。在川陕街中子机修厂附近还有一座小石桥，石桥为后来所建，但是石桥旁的一个石墩是老桥的石墩，嘴的部分为后来重铸。中子铺深处朝天北部的一大平坝上，老街不远的一个台地上有著名的中子铺石器时代遗址。中子铺一带在历史上可能也是交通枢纽之地，当地最近发现有一些栈道和碥路遗迹，值得进一步的研究。

石栈垭 张邦伸《云栈纪程》卷5记载："南五里度石栈垭，逾岭行五里至钟子铺。"[1]古道从黄荆岭、神宣驿、纸房铺到中子铺一直在平缓的河谷上行进，过了中子铺后开始相对有了坡度。

转头铺远眺

转斗铺 也称转头铺、转头塘。嘉靖《保宁府志》卷4记载有转头铺，今天民间又称转头店。乾隆《广元县志》卷3《驿铺》记载："转头铺，在县东北一百二十里。"[2]道光《保宁府志》卷31《铺递》记载："转斗铺，在县东北一百二十里。"[3]《钦定大清会典事例》卷678有记载。清代又称转头塘，以业丝者多著称。[4]民国初年转头铺不足百户人家，不如纸房铺热闹，但仍有徐家号里骡马店、马堂上小店。[5]在今朝天区转斗铺附近。从中子铺向北在此登山，是北登七盘关的起始点。据称，以前邮政、通信靠人力送达，四川与陕西的接送地点在此，送件人在这里要马不停蹄地"转回头"去，故得名转头铺，取谐音"转斗"。[6]从地名解释也可看出此处在川陕交通中的重要性。转斗镇是由陕入川"第一镇"，也是广元北大门。但现在已经没有古建筑保留下来。古道到此可

① 张邦伸《云栈纪程》卷5，李勇先、高志刚主编《蜀藏·巴蜀珍稀交通文献汇刊》第2册，成都时代出版社，2015年，第279页。
② 乾隆《广元县志》卷3《驿铺》，乾隆二十二年刻本。
③ 道光《保宁府志》卷31《武备志四·铺递》，道光二十三年刻本。
④ 沈炳垣《星轺日记》，金生杨主编《蜀道行纪类编》第22册，广陵书社，2017年，第169页。
⑤ 四川省广元县地名领导小组编印《四川省广元县地名录》，1988年，第382页。
⑥ 李立国主编《新中国政区大典·四川省卷》，中国社会出版社，2016年，第1564—1565页。

以有两条路到校场坝，一条继续沿潜溪河边向北绕行到校场坝，一条向东翻营盘梁取直到校场坝。

校场坝 清代最早称棕子铺，又名木寨山、木寨塘，在今校场村。《清代重庆府至京都路程》记载称较场坝又名木寨山，"有店尖宿均可"①。葛忠弼《蜀程囊记》称小河上有小舟。1944年《广元县地形图》也标有校场坝，民国初年有100多户人家，有一些旅馆和茶馆。校场村也就是古代校场坝，清代其南有木寨山，故又称木寨山，是练兵的场所。清代经过金牛道的行旅对此地多有咏叹和记载。我们发现，这里地势低平，三面环水，便于防守。原

较场坝

较场村老街只存肌理

《中国文物地图集·四川分册》在此处标有校场坝古街，但现在村里只剩一条南北走向的街道，肌理还在，但已经没有老房子了。

椿树铺 嘉靖《保宁府志》卷4记载有枯树铺，怀疑是椿树铺之误。在今朝天区旧铺园一带，具体地点待考。乾隆《广元县志》卷3《驿铺》记载："椿树铺，在县东北一百三十里。"②道光《保宁府志》卷31《铺递》记载："椿树铺，在县东北一百三十里。"③《钦定大清会典事例》卷678有记载。考察发现此处地势相对平缓，今公路边

---

① 《清代重庆府至京都路程》，刘建民主编《晋商史料集成》卷70《规程》，商务印书馆，2018年，第701页。
② 乾隆《广元县志》卷3《驿铺》，乾隆二十二年刻本。
③ 道光《保宁府志》卷31《武备志四·铺递》，道光二十三年刻本。

椿树铺

椿树铺上武侯坡处

椿树铺至武侯坡的古道路基

民房较多，东北方向为七盘关隧洞。

武侯坡、棋盘山、七盘关　七盘关在七盘岭上，七盘岭也称棋盘山。其实，七盘
关之得名在于棋盘山北坡"石磴七盘"①。在王士性《入蜀稿》中就有记载："行十
余里过溪，溪南北树二棹，则秦、蜀分矣。南崖有关，杜少陵云'五盘虽云险，山色
佳有余'。今益之为七盘。"②乾隆《广元县志》卷3《关隘》记载："七盘关，在县
北一百四十里。"③《三省边防备览》卷6《险要上》记载："七盘关，宁羌所管，与

① 臧卓《秦蜀旅行记》，金生杨主编《蜀道行纪类编》第30册，广陵书社，2017年，第98页。
② 王士性《入蜀稿》，《王士性地理书三种》，上海古籍出版社，第532页。
③ 乾隆《广元县志》卷3《关隘》，乾隆二十二年刻本。

广元分界，盘曲而上，西至转斗铺二十里，东至黄坝驿二十里。"①道光《保宁府志》卷8《关隘》记载："七盘关，在县北七盘岭上。"②光绪《宁羌州志》卷1《舆地·关隘》记载："再二十里为七盘关，后倚峻岭，前临深涧，为川陕交界第一要隘，设把总汛防守。"③明清七盘关在今朝天区与陕西宁强县交界的七盘岭上。

其实清代七盘关一带也很险要，但具体位置长期不明，需要考证。

嘉庆年间陶澍《蜀輏日记》记载：

> 涉闵家坡上下十五里，名为坡实即岭也，西有深涧，为秦蜀分界处，过涧登七盘岭入四川保宁府广元县县地，石磴延缘，下临深潭不可逼视。往时有失足坠者人马皆化为乌有。有杨中丞刻"小心移步"四字于路旁，以儆行旅。④

嘉庆年间李德淦《蜀道纪游》记载：

> 七盘关，一名五盘关，界秦蜀之交。北属陕西之宁羌，南属四川广元，峻岭横空，若天堑焉。半山凿石为磴，层累布上者二百六十余阶，侧仄处有碑大书"小心移步"四字，险可知矣。上有关帝庙，平仓坐待，武弁守之。一夫当关，亦鸡头之亚也。⑤

同治年间方濬颐《蜀程小纪》也对七盘关一带的记载较为详明：

> 五里闵家坡，名坡实岭也。至是万壑嵯岈，一线缭绕而下，可谓鸟道，山凹新筑关门，榜曰石峡关。又摩崖"曰西秦第一关"。过涧又三涉，凡二十四时涉，登七盘岭入四川保宁府广元县，岭凡七折，隘于鸡头关而拗折过之，有石磴

① 严如熤《三省边防备览》，蓝勇主编《稀见重庆地方文献汇点》，重庆大学出版社，2013年，第323页。
② 道光《保宁府志》卷8《舆地志七·关隘》，道光二十三年刻本。
③ 光绪《宁羌州志》卷1《舆地·关隘》，光绪十四年刻本。
④ 陶澍《蜀輏日记》，《小方壶斋舆地丛钞》第7帙，上海著易堂排印本。
⑤ 李德淦《蜀道纪游》，李勇先、高志刚主编《蜀藏·巴蜀珍稀交通文献汇刊》第3册，成都时代出版社，2015年，第320页。

颇宽，新筑短石垣以防倾陷，昔杨中丞刻"小心移步"四字于道旁，以儆行旅。[1]

《成都通览》所载《由成都赴陕西之路程》记载：

> 九里七盘关，四川界，对山陕西界石霞关。石壁"西秦第一关"五字。关上石碑果亲王七绝一首：蓟州曾过七盘关，蜀道今经岭七盘。盘入七盘大字阔，剑门云栈掌中看。又有"小心移步"碑。[2]

《清代重庆府至京都路程》记载称：

> 七盘关，五里，上下坡坎路，高险崎岖难走，小心移步碑，川陕交界。闵家坡，五里。[3]

我们多次实地考察发现，明清七盘关的具体位置应该在椿树铺（今旧铺园）东北的棋盘山上，山的西南面称武侯坡，上坡即达七盘关上的武侯庙，过此庙后到七盘关门处，从关门下陡坡，临近关沟处立有"小心移步"的石碑，据有关记载，此碑在从陕西方向过关沟开始盘曲而上棋盘山的第一转折处[4]，清末民初还存在，现在不知去向，当地人称已经搬走。雍正十二年允礼《西藏日记》记载清初七盘关上还立有牌坊，上书"秦蜀交界"四个大字[5]，但清中叶以来就不见记载了。光绪年间，七盘关关门上有"山色最佳"四字，关内还有果亲王诗碑。[6]附近原有许多石碑，有"险与剑阁等""鸡鸣关下七盘岭，蚓曲蛇盘始见顶"等句。[7]现也无任何遗迹可寻。据李德淦

---

① 方濬颐《蜀程小纪》，李勇先、高志刚主编《蜀藏·巴蜀珍稀交通文献汇刊》第7册，成都时代出版社，2015年，第243页。

② 傅崇矩《成都通览》，巴蜀书社，1987年，第432页。

③ 《清代重庆府至京都路程》，刘建民主编《晋商史料集成》卷70《规程》，商务印书馆，2018年，第701页。

④ 朱沄《西行日记》，金生杨主编《蜀道行纪类编》第14册，广陵书社，2017年，第49、50页。

⑤ 允礼《西藏日记》，禹贡学会，民国二十六年铅印本。

⑥ 吴庆坻《庚子十二月赴行在日记》，光绪二十七年铅印本。

⑦ 姚炳奎《戊戌游记》，光绪二十九年刻本。

清末日本人绘的七盘关

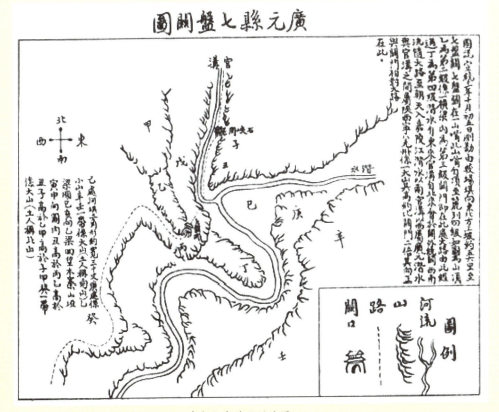

清末七盘关附近地图

七盘关整体形势

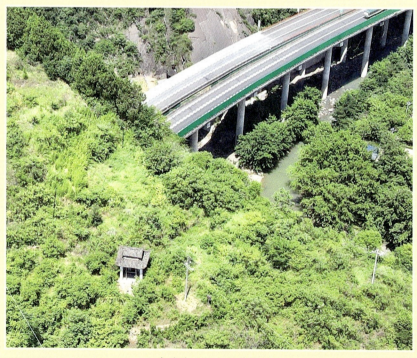

七盘关关口垭口原关楼处

新修的七盘关庙

七盘关庙

七盘山北坡上七盘关悬崖处，下临关沟。

从关沟处望七盘山北坡悬崖

从关沟上七盘山处的碥路

七盘关北坡下碥路第一转折处，即以前"小心移步"石碑处。

《蜀道纪游》，清嘉庆年间七盘关上的庙宇已经不称武侯庙了，而称关帝庙。[1]清末人们又一度认为关上庙为玉皇宫阙。[2]现七盘关卡子地处棋盘山上的一小平地，人称庙坪，杂草丛生，以前的关帝庙已经全毁，后建的庙宇供奉有三尊神。对于以前七盘关卡子上的关楼，在《陕境蜀道图》和清末《广元县七盘关图》中均有标绘。1902年日本建筑学家伊东忠太绘有七盘关关楼画像，其位置应在今七盘关坪上东北方向，东缘为悬岩处。十多年前，四川省文物考古研究院曾调查过棋盘关遗址，现场观察，关口地处南北长约50米、东西宽约60米的一个台地上，有石砌墙体基础，有明代青花瓷片等遗物。[3]近来学者们也在关口发现大量石、陶质构件。

我们多次考察发现，从七盘关关口上的新庙下至关东北面的关沟口一段相当陡峭，道路一侧先是面临陡直的悬崖，然后曲折而下。陶澍《蜀輶日记》记载："下临深潭不可逼视，往时有失足坠者人马皆化为乌有。"[4]孟传铸《西行纪程》记载七盘关东北坡"螺旋而上，幸磴道新葺，遇欹险蔽以牛墙，筋力虽劳，尚不惴也"[5]。张香海《宧蜀纪程》卷3也记载："石磴延缘，层累转折而上者二百六十余级，下即深涧，不见其底，转舆最仄处，杨中丞刻'小心移步'一碑，其险可想，其危可惧……此岭西为武侯坡。"[6]朱沄《西行日记》则记载称："上（七盘）岭甫一折，有'小心移步'碑。"[7]沈炳垣《星轺日记》记载："古道甚高，有积水，泥蛇滑险甚至七盘关，有'小心移步'石碑。"[8]李保泰《入蜀记》也记载七盘岭"岭不高而甚曲艰于折旋，行者告疲"[9]。《李希霍芬中国旅行日记》中则记载了七盘关的山川形势："道路依旧追随着那条山溪向下，但这条河在它转弯的地方陡然切入地层，使得道路只得翻越上下

① 李德淦《蜀道纪游》，李勇先、高志刚主编《蜀藏·巴蜀珍稀交通文献汇刊》第3册，成都时代出版社，2015年，第320页。

② 杨昌邠《北山草堂游览诗记》，宣统元年刻本。

③ 四川省文物考古研究院、西安美术学院中国艺术与考古研究所《蜀道广元段考古调查简报》，《四川文物》2012年第3期。

④ 陶澍《蜀輶日记》，李勇先、高志刚主编《蜀藏·巴蜀珍稀交通文献汇刊》第6册，成都时代出版社，2015年，第113页。

⑤ 孟传铸《西行纪程》，金生杨主编《蜀道行纪类编》第20册，广陵书社，2017年，第577页。

⑥ 张香海《宧蜀纪程》卷3，金生杨主编《蜀道行纪类编》第21册，广陵书社，2017年，第164页。

⑦ 朱沄《西行日记》，金生杨主编《蜀道行纪类编》第14册，广陵书社，2017年，第49—50页。

⑧ 沈炳垣《星轺日记》，金生杨主编《蜀道行纪类编》第22册，广陵书社，2017年，第169页。

⑨ 李保泰《入蜀记》，金生杨主编《蜀道行纪类编》第9册，广陵书社，2017年，第193页。

坡都有很陡的横向的山岩，因为河边已没有空间。"①对此，《新修支那省别全志》记载："七盘坡有宽六尺的由石头铺成的小路，悬崖上设有栏杆。"②由于七盘关一带道路险陡，故"为肩舆上下，多用百丈牵挽"③，即指轿子、滑竿等用陆纤来助力。我们实地考察发现，现悬崖边路基仍存，碥石在部分盘折处也时有发现，但多残破零碎。俞陛云《蜀輏诗记》记载，清代曾在七盘关东坡盘曲处建有拦马墙以护行客。④而以前从此下陡坡到关沟口的碥路盘折而上下，临近关沟口处的"小心移步"碑已经不复存在，从关顶到关沟的整个路基也因修高速公路隧洞而被挖断，无法完全走通了。考察研究表明，现在关沟口小河也称干沟，将东北的米家山和西南的棋盘山分割开，即历史文献记载的"深涧""深潭"。现有陕西省文管会在陕西境内潜溪河支流的关沟口东岸立的石碑，上书"七盘关遗址"，为省级文物保护单位，但实际上该地并不是以前真正的七盘关的关口所在。现在只存有道光年间范涞的《重修朝天七盘关道路碑记》，上书有"道光二十八年八月""重修县境朝天关道路碑记""署广元县韦资阳县知县范涞清立"等字。这

1898年日本冈仓天心拍摄的石峡关

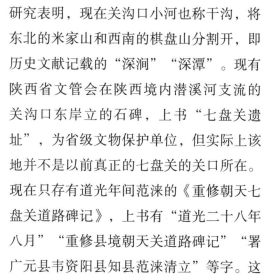

民国时期的接官亭

日本福田眉仙所绘石峡关

① 《李希霍芬中国旅行日记》，商务印书馆，2016年，第635页。
② 东亚同文会《新修支那省别全志》卷1，第250页。
③ 高延第《北游纪程》，金生杨主编《蜀道行纪类编》第22册，广陵书社，2017年，第2页。
④ 俞陛云《蜀輏诗记》，金生杨主编《蜀道行纪类编》第27册，广陵书社，2017年，第98页。

碑应是与朝天关的两块碑记同时竖立的。

米家山、接官亭 又称庙宇子、石峡（霞）关，即今米家山（也称米架山）闵家坡南山腰的石卡，当地人称卡门子。清末民初《广元县七盘关图》中标注为石峡关。今当地立碑称为蜀门。张邦伸《云栈纪程》卷5记载："由驿上（应为下）闵家坡，十里至庙宇子，五里至七盘关。"①可知接官厅也称庙宇子。接官亭的位置据称是在黄坝驿西南15里，5里与七盘并相接。光绪《宁羌州志》卷1《舆地·道路》记载："又十里黄坝驿，又十五里接官亭，又五里七盘关交广元界，驿传通衢，西南门

接官亭遗址

接官亭上部碥路

接官亭遗址之匮槽

户。"②光绪《宁羌州乡土志·道路》记载距离宁羌州城55里之地③，距离七盘关5里。今人在此立碑称为茶马古道蜀门，可见人工开凿的摩崖石刻遗迹。陈涛《入蜀记》称"石峡关"，也称"西秦第一关"。据方濬颐《蜀程小纪》和《成都通览》所载《由成都赴陕西之路程》，道路上摩崖，上书"西秦第一关"五字。方濬颐《蜀程小纪》

---

① 张邦伸《云栈纪程》卷5，李勇先、高志刚主编《蜀藏·巴蜀珍稀交通文献汇刊》第2册，成都时代出版社，2015年，第275页。

② 光绪《宁羌州志》卷1《舆地·道路》，光绪十四年刻本。

③ 光绪《宁羌州乡土志·道路》，民国二十六年铅印本。

闵家坡一角

具体记载了清代同治年间闵家坡到卡门子间新筑有关门，上书"石峡关"，附近摩崖上书"西秦第一关"。以前以为是摩崖刻字，附近并没有修公路，石壁摩崖上的刻字为何不见踪影，很是疑惑。但据臧卓《秦蜀旅行记》记载："（七盘山）下有干沟，为川陕界限……自此北向里许崖边道上矗立一箭楼，有石镌'西秦第一关'五字，盖陕西境矣。"[1]吴翼《川陕鄂旅行笔记》也记载："陕西界口有石霞关石壁上镌'西秦第一关'，又有'小心移步'碑。"[2]光绪《宁羌州志》所附栈道全图中，七盘关经接官亭、石峡关到黄坝驿，而1944年《广元县地形图》中在七盘关东北标有"西秦一关"，但位置实际是在接官亭附近。显然，历史上的"西秦第一关"碑应在今关沟东北上米家山的接官亭处，由于是箭楼中的石碑碑刻，并不是摩崖石刻，可能早已经随着箭楼的毁去而消失了。有一种可能是在石壁上留有一处凹石槽，因此处石壁为散碎的砾石，不宜刻字，故原来此槽上嵌有一个沙石的"西秦第一关"碑石，后被毁去。所以现在我们在古道并没见这五个字，至于五字附近果亲王的题刻更是早已经不见了。另《陕境蜀道图》所标接官亭塘，还画有"秦蜀接壤"四字的牌坊，也不见踪影。我们实地考察发现，当地人对于米家山、干沟、接官亭这些地名也知晓不多了。只在民国老川陕公路边发现有1937年修川陕公路时新刻的"西秦第一关"和新国道边近年新刻的"西秦第一关"五个字，但这两处均不在古代驿路上。我们发现，卡门子石壁上有人工开凿而成的豁口，曾立有关门，豁口宽2.2—2.4米、长55米。石壁上有安装石门的门栓窝、匾槽、柱痕及门蠹石。周边石道上留有马蹄窝及脚夫"打杵"的印记。最近，有人发现清末日本画家福田眉仙的画中将石峡关称为二郎关，还画有上下两个卡子，因中国古代许多关隘是多卡布局，估计石峡关上面的卡门早已毁坏而无遗迹了。

---

① 臧卓《秦蜀旅行记》，金生杨主编《蜀道行纪类编》第30册，广陵书社，2017年，第98页。
② 吴翼《川陕鄂旅行笔记》，金生杨主编《蜀道行纪类编》第29册，广陵书社，2017年，第215页。

闵家坡古道和民舍　　　　　　　　　　　闵家坡民舍

　　《陕境蜀道图》中，从接官亭开始标有石岩湾、石岩碥南、石岩碥、寺梁湾、大湾里、石板长、老塘坡、堆子梁、桃树坡、兴宁寺、马莲坡、大树垭、红石岭、红石磴、红石坡、红土沟北、红土坡南、大红土沟、小红土沟、黄树坡到黄坝驿。据我们的实地考察，这些地名除马莲坡（今称马路坪）、红土沟（今仍称红土沟）外，大多失传而不能具体定位，而其间屡屡见于记载的闵家坡又不见标注。

　　闵家坡　清代的游记中谈到闵家坡的较多。方濬颐《蜀程小纪》记载在黄坝驿南5里，王士禛《秦蜀驿程后记》记载百牢关、闵家坡、七盘关"皆险峻"[1]。方象瑛《使蜀日记》记载："十五日过闵家山、木架山、七盘岭。"[2]陈奕禧《益州于役记》也记载："十里上闵家坡，崚嶒难行，行十里下坡已尽陕南境。"[3]吴庆坻《入蜀纪程》记载："滑泞不受屦，颓崖仄磴，步步皆危机。"[4]竹添进一郎《栈云峡雨日记》卷

---

①　王士禛《秦蜀驿程后记》，李勇先、高志刚主编《蜀藏·巴蜀珍稀交通文献汇刊》第1册，成都时代出版社，2015年，第293页。

②　方象瑛《使蜀日记》，李勇先、高志刚主编《蜀藏·巴蜀珍稀交通文献汇刊》第1册，成都时代出版社，2015年，第383页。

③　陈奕禧《益州于役记》，《小方壶斋舆地丛钞》第7帙，上海著易堂排印本。

④　吴庆坻《入蜀纪程》，光绪二十三年稿本。

从二台子远眺七盘关

马路坪附近的红土沟垭口

上记载："逾闵家坡，山隘而隆，次为七盘关，尤高峻。"①《成都通览》所载《由成都赴陕西之路程》记载："山不高，颇陡。"②历史上闵家坡的名声较大，清代黄琼《蜀游草》中专门写有"闵家坡"两诗。不过，现在各类电子地图对闵家坡的位置标注偏移太大。民国《新修支那省别全志》卷1《四川省》中谈到闵家坡"地势极为险峻"③。民国时期，闵家坡有小店两三家，林散之就曾住宿在闵家坡。我们实地考察发现，闵家坡实际上是在山腰间，称坡名副其实。至今仍有残破的土墙民房数间，但已经无人居住了。从闵家坡上山经二台子、垸马路、马路坪（原有兴宁寺）、倒老婆子、红土沟（红铜坡）、黄树坡到黄坝驿。

对于宁羌州至七盘关的道路，严如熤《三省边防备览》卷2《道路考上》记载："南二十里回水河，二十里黄坝驿，宁羌州巡检驻此，二十里七盘关，川陕交界要隘，川北讯盘诘，属广元县，三十里转斗铺，二十里钟子铺，二十里神宣驿，川省广元县巡检驻此，三十里朝天驿，二十里朝天关，五十里广元县，共程二百二十里。"④光绪《宁羌州乡土

① 竹添进一郎《栈云峡雨日记》卷上，李勇先、高志刚主编《蜀藏·巴蜀珍稀交通文献汇刊》第10册，成都时代出版社，2015年，第504页。

② 傅崇矩《成都通览》，巴蜀书社，1987年，第432页。

③ 东亚同文会《新修支那省别全志》卷1《四川省》，第250页。

④ 严如熤《三省边防备览》，蓝勇主编《稀见重庆地方文献汇点》，重庆大学出版社，2013年，第270—271页。

黄坝驿

黄坝驿远眺

志·道路》记载了宁羌州到七盘关的道路："出城过玉带河，西南行十里七里坝，又十里界牌，又十里回水河，又十里牢固关，逾关而西十里黄坝驿，又十五里接官亭，又五里七盘关出境，接四川广元县校场坝，为州南通行之驿路。"①

航拍黄坝驿

黄坝驿、青龙场　早在明代就设有黄坝驿。洪武《寰宇通衢》、景泰《寰宇通志》、嘉靖《汉中府志》及明代的商人路书中都记载有黄坝驿，一般称至宁羌州50里，60里至七盘关；有的则记载60里至柏林驿，60里或40里至神宣驿。嘉靖《汉中府志》卷2《建置志》记载在宁羌州西80里。②万历《宁羌州志》卷2《建置》记载："黄坝驿，州南五十里，洪武二十三年设驿丞一员，吏一名，马驿夫十六名，马骡十六匹头。"③严如熤《汉南续修郡志》卷3《幅员道路》记载，黄坝驿在宁羌州五十里④，

① 光绪《宁羌州乡土志·道路》，民国二十六年铅印本。
② 嘉靖《汉中府志》卷2《建置》，嘉靖二十三年刻本。
③ 万历《宁羌州志》卷2《建置》，抄本。
④ 严如熤《汉南续修郡志》卷3《幅员道路》，嘉庆十八年刻本。

但从黄坝驿到七盘关只有20里，故商人路引的路程多有误漏。另万历《宁羌州志》卷2《建置》记载有"箭亭铺"，位置在"州西五十里"，[1]也可能在今黄坝驿位置。清代继续设置，光绪《宁羌州志》卷1《舆地·道路》记载："又十里黄坝驿。"[2]光绪《宁羌州志》卷1《舆地·关隘》记载："黄坝驿，州西南五十里。"[3]光绪《宁羌州志》卷2《建置·驿递》记载："柏林驿南至黄坝驿四十五里。"[4]光绪《宁羌州乡土志·道路》称记载距离宁羌州城五十里之地。[5]《成都通览》所载《由成都赴陕西之路程》称此地产香谷，一名青龙场。[6]《清代重庆府至京都路程》记载："黄坝驿，十里，七十二道脚不干，从此起有山溪沟渠数道，有店可尖。"[7]《陕境蜀道图》标绘

无人机鸟瞰牢固关

有黄坝驿塘，为尖站。即今宁强县黄坝村，已经没有太多的历史建筑遗迹可寻。从此经过雷家坝、五里班翻牢固关垭口。

牢固铺、牢固关 也称百牢关、萝卜塘，一说旧称白马关。嘉靖《汉中府志》卷2《建置志》记载："牢固铺，（宁羌州）南四十里。"[8]卷1《舆地》记载："寂固关，（宁羌州）西方四十里。"[9]万历《宁羌州志》卷1《舆地》记载："牢固关，城西四十里，秦蜀门户。旧设厅台，左右廊房六间，牌坊题

① 万历《宁羌州志》卷2《建置》，抄本。

② 光绪《宁羌州志》卷1《舆地·道路》，光绪十四年刻本。

③ 光绪《宁羌州志》卷1《舆地·关隘》，光绪十四年刻本。

④ 光绪《宁羌州志》卷2《建置·驿递》，光绪十四年刻本。

⑤ 光绪《宁羌州乡土志·道路》，民国二十六年铅印本。

⑥ 傅崇矩《成都通览》，巴蜀书社，1987年，第432页。

⑦ 《清代重庆府至京都路程》，刘建民主编《晋商史料集成》卷70《规程》，商务印书馆，2018年，第701页。

⑧ 嘉靖《汉中府志》卷2《建置志》，嘉靖二十三年刻本。

⑨ 嘉靖《汉中府志》卷1《舆地志》，嘉靖二十三年刻本。

曰：'蜀界·秦界'。"①《陕境蜀道图》标绘有牢固关塘。光绪《宁羌州志》卷1《舆地·关隘》记载："牢固关，州西南四十里，当驿站大道，为自川入陕必由之路。"②光绪《宁羌州乡土志·道路》记载距离宁羌州城四十里。③《清代重庆府至京都路程》记载称牢固关"皆系大山坡，水分南北流"。在今宁强县黄坝村东北牢固关，关口地处老川陕公路上，称山垭口。以前关口上有居民数家，只是早在清末关门就已毁弃。从此下坡经水井铺、狮子口到回水河。

飞仙铺 万历《宁羌州志》卷2《建置》记载："飞仙，州西三十里。"④今原名仍存，即牢固关东麓飞仙铺。据光绪《宁羌州志》中的南乡舆图显示，从牢固关要依次经过竹箭岭、回水河、界牌、七里坝。竹箭岭的位置没有史料记载，暂时无法考证，估计在飞仙铺附近。

回水河 又称回水铺、浑水塘。《陕境蜀道图》标绘有回水河塘。光绪《宁羌州志》卷1《舆地·关隘》记载："西南三十里回水河，又十里牢固关。"⑤光绪《宁羌州乡土志·道路》记载距离宁羌州城三十里。⑥《清代重庆府至京都路程》记载称："回水河，十里，有溪一道，水涨难过，有店可尖。"⑦在今宁强县回水河村回水河。回水河曾有街道，比较热闹，逢一、四、七赶集。据《成都通览》所载《由成都赴陕西之路程》，此地水极好，烹茶香

回水河

---

① 万历《宁羌州志》卷1《舆地》，抄本。

② 光绪《宁羌州志》卷1《舆地·关隘》，光绪十四年刻本。

③ 光绪《宁羌州乡土志·道路》，民国二十六年铅印本。

④ 万历《宁羌州志》卷2《建置》，抄本。

⑤ 光绪《宁羌州志》卷1《舆地·关隘》，光绪十四年刻本。

⑥ 光绪《宁羌州乡土志·道路》，民国二十六年铅印本。

⑦ 《清代重庆府至京都路程》，刘建民主编《晋商史料集成》卷70《规程》，商务印书馆，2018年，第701页。

美。①《陕境蜀道图》标绘从回水河塘经过大河坝、鹅斗岭北、石岩碥、野牛岭南、野牛岭北、石岩滩、界牌岭南到界牌塘。从此经黄家岭到界牌。

界牌　也称界牌塘。光绪《宁羌州乡土志·道路》记载距离宁羌州城20里。②在今宁强县燕子坝界牌。张邦伸《云栈纪程》卷5记载从宁羌州南下"山路径渐险"③。《清代重庆府至京都路程》记载称界牌为"上下坡坎路"④。1938年日本绘《汉中地形图》标为界碑塘。今京昆高速上有界牌沟隧道，但老界牌在今宁强县金家坝乡界牌沟村附近。《陕境蜀道图》在界牌塘和宁羌县城之间只标有芦家湾，较为简略。芦家湾地名仍存，在界牌东北一点。过界牌后经二道河、砚盘石、七里坝、金家坪、三寨坝到宁羌。

界牌沟

土门铺附近小桥

土门铺、碾盘石　嘉靖《汉中府志》卷2《建置志》记载："土门铺，（宁羌州）南十里。"⑤万历《宁羌州志》卷2《建置志》记载："土门，州西十五里。"⑥光绪《宁羌

①　傅崇矩《成都通览》，巴蜀书社，1987年，第432页。

②　光绪《宁羌州乡土志·道路》，民国二十六年铅印本。

③　张邦伸《云栈纪程》卷5，李勇先、高志刚主编《蜀藏·巴蜀珍稀交通文献汇刊》第2册，成都时代出版社，2015年，第271页。

④　《清代重庆府至京都路程》，刘建民主编《晋商史料集成》卷70《规程》，商务印书馆，2018年，第701页。

⑤　嘉靖《汉中府志》卷2《建置志》，嘉靖二十三年刻本。

⑥　万历《宁羌州志》卷2《建置》，抄本。

清末旧宁羌县南门南薰门　　　　　　　　旧宁羌县铁索桥

州志》卷2《建置·铺舍》
记载："土门铺，西十五
里。"①《清代重庆府至京
都路程》记载称土门铺为
平路。②光绪《宁羌州志》
所附栈道图标为碾盘石，
《新修支那省别全志》误
作杨盘市，在今宁强县界
牌东北与七里坝之间的二
道河干沟口五组附近，即
今宁强县汉源镇二道河村

今宁强古城西门永蕙门

碾盘石。二道河村旧名土门铺，大概因回水河在此流经两次所以改为二道河村。

　　七里坝　光绪《宁羌州乡土志·道路》记载距离宁羌州城十里。③在宁强县七里坝
村老七里坝一带。从黄坝开始都比较平缓，而且距离县城较近，古路基本无存。从此
经过金家坪到宁羌州城。

　　明代宁羌州总铺、宁羌递运所、宁羌卫指挥司　在今宁强县老城内。清代宁羌
州城总铺，原为勉县羊鹿坪之地，明洪武年间置卫，成化年间建立宁羌州。据有关记

---

① 　光绪《宁羌州志》卷2《建置·铺舍》，光绪十四年刻本。
② 　《清代重庆府至京都路程》，刘建民主编《晋商史料集成》卷70《规程》，商务印书馆，2018
年，第701页。
③ 　光绪《宁羌州乡土志·道路》，民国二十六年铅印本。

载，治并没有设驿，商人路引在宁羌只记载有宁羌州，50里到黄坝驿，北10里到柏林驿，有的路引则根本不提宁羌州，直接跨过。嘉靖《汉中府志》卷1《舆地志》记载州城内有总铺，在治前。①卷2《建置志》记载有宁羌递运所，在西门外一百步。②万历《宁羌州志》卷2《建置》称在城铺，嘉靖《汉中府志》卷2《建置志》载，北门外有通济桥、起凤桥。万历《宁羌州志》卷2《建置》记载："递运所，在西关，正德年间设，堂舍俱废。先设大使一员，今改百户一员，掌印管事吏一名。原额坊夫一百五十名，今裁。止存长夫八名，每季府州库领银觅雇。"③光绪《宁羌州志》卷2《建置·铺舍》记载："总铺，州前北关。"④孟超然《使蜀日记》中记载："州治在万山中，土田稀少。"⑤《清代重庆府至京都路程》记载宁羌州有七星台和大店。⑥

对于宁羌州至沔县的道路，早在嘉庆年间严如熤《三省边防备览》卷2《道路考上》记载："西南坦途五十里土关铺，坦途二十五里下沮水，坦途二十里青羊驿，坦途三十里大安驿，交宁羌州界，坦途十里烈金坝，十里宽川铺，山路二十里五丁关，十里滴水铺，坦途四十里宁羌州，共程一百八十里，系入川栈道。"⑦光绪《宁羌州乡土志·道路》记载了宁羌州北至沔县、汉中之路"出城过玉带河东北行十里柳树店，又十里五里坡，又十里滴水铺，又五里猪市街……其干路则自猪市街东北行十里逾五丁关，又十五里宽川铺，又十五里斩龙垭，又十里烈金坝……折东行十里至大安镇……又东行十里桑树湾，又十里至金碓铺，出境接沔县青羊驿，为州北通行之驿路。"⑧而光绪《宁羌州志》卷1《舆地·道路》记载了沿途铺舍："东北十五里柏林驿，又十五里滴水铺，又十五里五丁关，又十里宽川铺，又二十里烈金坝，又十里大安驿，又二十里金堆铺交沔县界。"⑨另，罗村铺是否为北上大道路所经，涉及罗

① 嘉靖《汉中府志》卷1《舆地志》，嘉靖二十三年刻本。

② 嘉靖《汉中府志》卷2《建置志》，嘉靖二十三年刻本。

③ 万历《宁羌州志》卷2《建置》，抄本。

④ 光绪《宁羌州志》卷2《建置·铺舍》，光绪十四年刻本。

⑤ 孟超然《使蜀日记》，李勇先、高志刚主编《蜀藏·巴蜀珍稀交通文献汇刊》第3册，成都时代出版社，2015年，第35页。

⑥ 《清代重庆府至京都路程》，刘建民主编《晋商史料集成》卷70《规程》，商务印书馆，2018年，第701页。

⑦ 严如熤《三省边防备览》，蓝勇主编《稀见重庆地方文献汇点》，重庆大学出版社，2013年，第270页。

⑧ 光绪《宁羌州乡土志·道路》，民国二十六年铅印本。

⑨ 光绪《宁羌州志》卷1《舆地·道路》，光绪十四年刻本。

村位置的分歧。嘉靖《汉中府志》卷2《建置志》记载："罗村铺，（宁羌州）东五里。"①应在今宁强县东罗村坝。据嘉靖《汉中府志》卷2《建置志》的记载，州南五十里还有一个罗村铺②，令人疑惑。嘉靖《汉中府志》卷1《舆地志》记载："罗村河，（宁羌州）北一里，东入汉江，昔有罗姓者居此，故名……罗村河，（沔县）西一百九十里，出牢固关，南入汉江……罗村，（宁羌州）东北十五里。"③可知在历史上罗村的范围并不确定。嘉靖《汉中府志》卷2《建置志》记载："罗村驿，（宁羌州）北三里。"④但万历《宁羌州志》卷1《舆地》记载："罗村坝，州东十五里。"⑤似坝与驿并不在一起。嘉靖《汉中府志》可能是针对元代设立有罗村站来说的。但道光《宁羌州志》卷1《疆域图》中罗村坝紧邻县城⑥，我们实地考察也发现今罗村坝在县城东15里。

柳树店 光绪《宁羌州乡土志·道路》记载距宁羌州10里⑦，在今宁强县北柏林驿村南。

柏林驿 洪武《寰宇通衢》、景泰《寰宇通志》、嘉靖《汉中府志》及明代的商人路书中，都记有宁强柏林驿。嘉靖《汉中府志》卷2《建置志》记载在宁羌州北10里。⑧万历《宁羌州志》卷2《建置》记载："柏林驿，州北十里，旧名五丁驿，洪武三十年改今。百户一员，吏一名，马驿夫七名，马骡七匹头。"⑨严如熤《汉南续修郡志》卷3《幅员道路》记载："（宁羌州）东北平原十五里至柏林驿。"⑩在今宁强县柏林驿村。我们注意到，在明代金牛道上有两个柏林驿，一个是在苍溪县柏林沟镇，一个是宁羌县柏林驿村，往往有在同一文献之中并存的情况。清代柏林驿仍存。光绪《宁羌州志》卷2《建置·驿递》记载："柏林驿南至黄坝驿四十五里，北至宽川驿六十里"。又记载："黄坝驿，南至四川广元神宣驿六十里，北至柏林驿四十五

① 嘉靖《汉中府志》卷2《建置志》，嘉靖二十三年刻本。
② 嘉靖《汉中府志》卷2《建置志》，嘉靖二十三年刻本。
③ 嘉靖《汉中府志》卷1《舆地志》，嘉靖二十三年刻本。
④ 嘉靖《汉中府志》卷2《建置志》，嘉靖二十三年刻本。
⑤ 万历《宁羌州志》卷1《舆地》，抄本。
⑥ 道光《宁羌州志》卷1《疆域图》，道光十二年刻本。
⑦ 光绪《宁羌州乡土志·道路》，民国二十六年铅印本。
⑧ 嘉靖《汉中府志》卷2《建置志》，嘉靖二十三年刻本。
⑨ 万历《宁羌州志》卷2《建置》，抄本。
⑩ 严如熤《汉南续修郡志》卷3《幅员道路》，嘉庆十八年刻本。

里"，"宽川驿，北至沔县青羊驿，六十里南至柏林驿六十里"。①里程记载混乱不清。《清代重庆府至京都路程》记载称："白树驿，十三里，平路有小河十道，水涨难行。"②白树驿可能是白林驿之误。柏林驿应在今柏林镇老街。

浣石铺、院石铺 从里程上来看，浣石铺似应在柏林驿村附近。嘉靖《汉中府志》卷2《建置志》记载："浣石铺，（宁羌州）东二十里。"③万历《宁羌州志》卷2《建置》记载："浣石，州北十五里。"④《陕境蜀道图》标绘有浣石铺塘。光绪《宁羌州志》卷2《建置·铺舍》记载："浣石铺，北十五里。"⑤光绪《宁羌州乡土志》记载，五里坡距离宁强县20里，故可能在宁强县五里坡一带。《清代重庆府至京都路程》记载称从白树驿到院石铺只有5里。⑥也可能是里程记载混乱了，浣石铺就是柏林驿之铺递，可能就在今柏林。也有人认为是在今滴水铺乡小河（天池水）与五丁南峡水交汇处，今称亢家洞。

五里坡

五里坡 《清代重庆府至京都路程》记载称五里铺，均系平路，有小河。⑦光绪《宁羌州乡土志·道路》记载距宁羌州20里。⑧在今宁强县五里坡。《陕境蜀道图》标绘浣石铺塘与滴水铺塘间有岩河子，地点不明。

滴水铺 嘉靖《汉

---

① 光绪《宁羌州志》卷2《建置·驿递》，光绪十四年刻本。

② 《清代重庆府至京都路程》，刘建民主编《晋商史料集成》卷70《规程》，商务印书馆，2018年，第701—102页。

③ 嘉靖《汉中府志》卷2《建置志》，嘉靖二十三年刻本。

④ 万历《宁羌州志》卷2《建置》，抄本。

⑤ 光绪《宁羌州志》卷2《建置·铺舍》，光绪十四年刻本。

⑥ 《清代重庆府至京都路程》，刘建民主编《晋商史料集成》卷70《规程》，商务印书馆，2018年，第701页。

⑦ 《清代重庆府至京都路程》，刘建民主编《晋商史料集成》卷70《规程》，商务印书馆，2018年，第701页。

⑧ 光绪《宁羌州乡土志·道路》，民国二十六年铅印本。

中府志》卷2《建置志》记载："滴水铺，（宁羌州）东四十五里。"[1]万历《宁羌州志》卷2《建置》："滴水，州北三十里。"[2]万历《宁羌州志》卷1《舆地》记载："滴水岩，州北三十里。"[3]在今滴水铺旧场坝，因有滴水崖而名。光绪《宁羌州乡土志·道路》记载距宁羌

滴水铺

州30里，光绪《宁羌州志》卷2《建置·铺舍》有记载。在今宁强县滴水铺村旧场坝。

关于滴水铺的位置，一种观点认为在猪市街南一点，一种观点认为猪市街就是滴水铺老街。猪市街后来又雅化称祖师街。但据我们的实地考察，祖师街附近村民大多搬到移民新村，今只有一些低矮的平房。滴水铺因一个独特景观滴水悬崖而得名。明万历《宁羌州志》卷1《舆地》所载"武安八景"就有滴水悬崖，据称"崖高数丈，有泉四时飞喷如雪，响应山谷"[4]。《清代重庆府至京都路程》记载，滴水铺有滴水悬崖，"山水颇佳"[5]，但今天我们没有发现这个景观。我们考察发现，在祖师街公路下有一处摩崖石刻，下有一较浅的潭水，上方有一块宽约两米、高约一米的长方形石壁痕迹，凿痕清晰但是字迹模糊无法辨别。在前方转弯处还有一石刻，可大致看出四个字的轮廓，上面长满了苔藓，右上角有"道光乙酉年正月"字样。

五丁峡、五丁关、五丁铺、金牛（五丁）峡 据《陕境蜀道图》，从滴水岩铺经过石碥滩、石岩滩、石马滩、五丁桥南、五丁关南到五丁关塘，为古道的一个垭口，应即五丁关。据前面研究表明，今天宁强县的金牛峡和五丁峡地名在明代才见之于文

---

① 嘉靖《汉中府志》卷2《建置志》，嘉靖二十三年刻本。
② 万历《宁羌州志》卷2《建置》，抄本。
③ 万历《宁羌州志》卷1《舆地》，抄本。
④ 万历《宁羌州志》卷1《舆地》，抄本。
⑤ 《清代重庆府至京都路程》，刘建民主编《晋商史料集成》卷70《规程》，商务印书馆，2018年，第702页。

献，如明代何景明《雍大记》卷10①、李贤《明一统志》卷34②、嘉靖《汉中府志》。嘉靖《汉中府志》卷1《舆地志》记载："金牛峡，东北四十五里，一名五丁峡，下有通秦乡，秦惠王谋伐蜀，患山隘险，乃作五石牛，每旦置金于尾，后言能粪金，以遗蜀王。蜀王信之，乃令五丁力士开道引之，秦因使张仪、司马错引兵灭蜀，自古蜀道之险者。"③此段历史早在《华阳国志》中就有详细的记载，但将其附会在今陕西宁强、勉县一带金牛峡则始于明代。《士商类要》卷2记载："金牛驿，后有金牛沱，四十里过五丁峡。"④《天下水陆路程》卷1中记载有40里五丁峡。⑤嘉靖《汉中府志》卷2《建置志》记载"五丁铺，（宁羌州）东六十五里"⑥，似五丁关附近设有五丁铺。万历《宁羌州志》卷2《建置》所载铺递有"五丁，州北四十里。"⑦从明代开始就有对五丁峡的具体描述。如王士性《入蜀稿》记载："再十数里入五丁峡，由石牛粪金处，崖头高耸蔽天，中盘一壑，石蹪躃塞路，真若斧凿所余。"⑧光绪《宁羌州乡土志·道路》记载距宁羌州四十五里。⑨光绪《宁羌州志》卷1《舆地·关隘》记载："五丁关，州东北四十五里，山岩陡峻，中辟一线，由滴水铺至宽川铺，险路三十里，其绝险处，两面石壁峭立，高接云霄，中宽不过一二丈，洞水弥漫，石径纤折，行人伫行而登，仅容一人一骑，诚天险也。"⑩卷2《建置·铺舍》记载有五丁铺在县北四十里。⑪在今宁强县五丁峡、五丁关。张邦伸《云栈纪程》卷4记载五丁峡："自峡口至五丁关十里，山如斧劈，峭壁凌空，步步悬绠而上下，峡亦如之，传称此峡为蜀道第一险。"⑫嘉靖《汉中府志》卷2《建置志》记载，五丁峡中有五丁桥和通惠

① 何景明《雍大记》卷10，嘉靖刻本。

② 李贤《明一统志》卷34，三秦出版社，1990年，第594页。

③ 嘉靖《汉中府志》卷1《舆地志》，嘉靖二十三年刻本。

④ 程春宇《士商类要》卷2，杨正泰《明代驿站考》，上海古籍出版社，2006年，第347页。

⑤ 黄汴《天下水陆路程》卷1，山西人民出版社，1992年，第24页。

⑥ 嘉靖《汉中府志》卷2《建置志》，嘉靖二十三年刻本。

⑦ 万历《宁羌州志》卷2《建置》，抄本。

⑧ 王士性《入蜀稿》，《王士性地理书三种》，上海古籍出版社，1993年，第532页。

⑨ 光绪《宁羌州乡土志·道路》，民国二十六年铅印本。

⑩ 光绪《宁羌州志》卷1《舆地·关隘》，光绪十四年刻本。

⑪ 光绪《宁羌州志》卷2《建置·铺舍》，光绪十四年刻本。

⑫ 张邦伸《云栈纪程》卷4，李勇先、高志刚主编《蜀藏·巴蜀珍稀交通文献汇刊》第2册，成都时代出版社，2015年，第267页。

民国时期的五丁峡

民国时期五丁峡石刻

民国时期五丁峡内摩崖石刻

现在五丁峡入口

五丁峡内摩崖石刻

祖师街

五丁峡摩崖石刻

五丁峡上五丁关，也称老关上。

桥[①]，但现在早已经不见踪影。嘉靖《汉中府志》卷10《古迹》中还记载有五丁峡的三景，即悬泉、文径、洞云。[②]直到清代嘉庆年间当地仍有"悬泉飞雪、仄径盘云、洞云吸月"三景，但现在已经无处寻觅，估计是川陕公路修建时被改变。据《成都通览》所载《由成都赴陕西之路程》，五丁关上有关帝庙[③]，但也不见踪影。考察发现，今五丁峡最高处的老关上垭口处原来有关门楼，关门刻有"五丁关"三字，古代曾有士兵驻守。过去认为清代五丁峡中五丁关处有"汉关侯祠""五丁开山处"石碑，石壁摩崖上刻有"全秦筅钥""险类九折"等字，但据历史文献的记载，牌坊上有"全秦锁钥"四字，另有"五丁开山处""雄关天擘""险类九折""悬泉飞雪""仄径盘云"等石碑，而不是在石壁上的摩崖。[④]但不论摩崖还是石碑，现在这些石刻文字已经无法寻找到。据称清末民国时期，五丁关上有三五人家，主要以卖茶为主。[⑤]今天五丁峡中的居民已经较少，也无任何商业店铺。至于有考察者称五丁峡内发现所谓的栈孔遗迹，据我们的实地考察，不过是一些零乱的天然洞穴而已。《陕境蜀道图》标绘五丁关塘，另绘有五丁关北和茶亭，但今天早无踪影。

二台子　1938年日本绘《汉中地形图》标有二台子，地处从五丁峡下山的一台地上。

宽川驿、宽川铺　嘉靖《汉中府志》卷2《建置志》记载："宽川铺，（宁羌州）东八十五里。"[⑥]万历《宁羌州志》卷1《舆地》记载："宽川

宽川铺

①　嘉靖《汉中府志》卷2《建置》，嘉靖二十三年刻本。
②　嘉靖《汉中府志》卷10《古迹》，嘉靖二十三年刻本。
③　傅崇矩《成都通览》，巴蜀书社，1987年，第433页。
④　张香海《宦蜀纪程》，金生杨主编《蜀道行纪类编》第21册，广陵书社，2017年，第161—162页；葛忠弼《蜀程橐记》，道光二十九年抄本。
⑤　见梁中效《川陕公路开通前的蜀道交通述论》，《成都大学学报（社会科学报）》2019年第3期。
⑥　嘉靖《汉中府志》卷2《建置志》，嘉靖二十三年刻本。

宽川峡"川回舆转"摩崖　　　　　　　　　　斩龙垭

店，州北六十里。"①万历《宁羌州志》卷2《建置》记载："宽川，州北六十里。"②
光绪《宁羌州乡土志·道路》记载距宁羌州六十里。③光绪《宁羌州志》卷1《舆
地·道路》记载距离55里，卷2《建置·铺舍》记载有宽川铺在县北60里。④《清代重
庆府至京都路程》记载有大宽川铺和小宽川铺之分⑤，应均在今宁强县宽川铺。实际
上，宽川铺地处宽川峡上，是一个较为宽阔的坡地小峡谷。《陕境蜀道图》标绘宽川峡和
宽川驿塘，塘为打尖处。我们考察发现，在宽川峡道旁有一崖壁石刻，刻有四个大字，大
约是"川回舆转"，描述此处险峻曲折。另据清人记载，宽川驿出来有一个洞穴，中书
"金牛故道"四字，但今天也无法寻到。据记载，宽川铺过去"面食极佳"，为一个重要
的打尖站点。⑥今宽川铺边有一些民房，人口比五丁峡中多。

　　斩龙垭　也称堑龙峡，光绪《宁羌州乡土志·道路》记载距宁羌州75里。⑦在今宁
强县宽川铺北斩龙垭村，以前设有斩龙塘。

　　皂角铺　万历《宁羌州志》卷2《建置》记载："皂角，州北八十里。"⑧光绪

---

① 万历《宁羌州志》卷1《舆地》，抄本。

② 万历《宁羌州志》卷2《建置》，抄本。

③ 光绪《宁羌州乡土志·道路》，民国二十六年铅印本。

④ 光绪《宁羌州志》卷1《舆地·道路》、卷2《建置·铺舍》，光绪十四年刻本。

⑤ 《清代重庆府至京都路程》，刘建民主编《晋商史料集成》卷70《规程》，商务印书馆，2018
年，第702页。

⑥ 陈涛《入蜀日记》，金生杨主编《蜀道行纪类编》第26册，广陵书社，2017年，第449页。

⑦ 光绪《宁羌州乡土志·道路》，民国二十六年铅印本。

⑧ 万历《宁羌州志》卷2《建置》，抄本。

《宁羌州志》卷2《建置·铺舍》记载："皂角铺，北八十里。"[1]位置应在今大安镇西金牛驿村东头。

据《陕境蜀道图》的标绘，从宽川驿塘开始经过三道河、戴家碥、石槽沟、小王沟、萧家岩、堰树岭、邵家碥到烈金坝塘。

金牛驿、烈金坝 金牛驿的设置历史久远，早在唐代即出现，明代依然，前面已经有考证。康熙《沔县志·驿铺》记载："金牛驿，在县西玖拾里，今改大安驿。"[2]光绪《宁羌州乡土志·道路》

烈金坝

记载距宁羌州85里。[3]洪武《寰宇通衢》、景泰《寰宇通志》、嘉靖《汉中府志》及明代的商人路书中，都记载有沔县金牛驿。只是过去的学者认为在大安镇烈金坝[4]，不确切，应在今勉县大安镇烈金坝金牛驿。从里程上来看，嘉靖《汉中府志》卷2《建置志》记载在沔县西100里，即今烈金坝金牛驿村。[5]严如熤《汉南续修郡志》卷3《幅员道路》记载柏林驿50里至烈金坝[6]，但光绪《宁羌州志》卷1《舆地·道路》记载有

① 光绪《宁羌州志》卷2《建置·铺舍》，光绪十四年刻本。

② 康熙《沔县志·驿铺》，清代抄本。

③ 光绪《宁羌州乡土志·道路》，民国二十六年铅印本。

④ 杨正泰校注《天下水陆路程·天下路程图引·客商一览醒迷》，山西人民出版社，1992年，第28、480页。

⑤ 嘉靖《汉中府志》卷2《建置志》，嘉靖二十三年刻本。

⑥ 严如熤《汉南续修郡志》卷3《幅员道路》，嘉庆十八年刻本。

75里[1]。具体位置在今烈金坝金牛驿。烈金坝地处青泥沟入汉江处，其名源于秦惠文王使"石牛粪金"之计的传说，在尽取楚地600里的战役中，石牛在此处拉下牛粪，人们拾到后，用烈火焚炼而得到黄金，遂称此地为"烈金坝"。[2]

《清代重庆府至京都路程》记载称烈经桥，称"过小溪。此处分路走阳平关，系松龙捷径。□□川省进京路。镇南有洪水碑，书云'嶓冢导漾'处"[3]，也有记载称碑刻"嶓冢导漾"四字[4]。关于烈金坝和大安镇与古代金牛驿位置关系的记载比较混乱，不过现在人们普遍认为烈金坝就是古金牛驿所在。金牛驿实际上是在烈金坝村东北的金牛驿处。烈金坝的地理位置极其重要，是金牛道上的重要驿站。由烈金坝可向南翻五丁关至宁强后入川，也可由烈金坝西行经代家坝、阳平关、广坪河至金山寺青岩子（界牌）入四川界，去白水（今名沙洲）至昭化而与经宁强县城之路会合。此道较坦缓，是南北朝以前秦蜀主要通道。[5]从此经襄埠沟到大安驿。

桑树湾

大安镇

大安镇、大安驿、大安汛，皂角铺 即今勉县大安镇。嘉靖《汉

① 光绪《宁羌州志》卷1《舆地·道路》，光绪十四年刻本。
② 孙本祥主编《中国铁路站名词典》，中国铁道出版社，2003年，第608页。
③ 《清代重庆府至京都路程》，刘建民主编《晋商史料集成》卷70《规程》，商务印书馆，2018年，第702页。
④ 杨钟秀《万里云程》，金生杨主编《蜀道行纪类编》第15册，广陵书社，2017年，第180页。
⑤ 宋文富主编《宁强县志》，陕西师范大学出版社，1995年，第213页。

中府志》與圖同時標有大安驛和金牛驛，但卷2《建置志》只記載金牛驛"在沔阳县一百里"，并没有大安驛的记载。只是在卷10《古迹》中记载："大安驛，（沔县）西九十三里。"①康熙《沔县志·驛铺》记载："金牛驛，在县西玖拾里，今改大安驛。"②似清大安驛即明金牛驛。张香海《宦蜀纪程》记载："大安驛，即古金牛驛，或谓即阳平关，今属宁羌州，故三泉县址。"③朱沄《西行日记》记载："唐代三泉县地，宋置大安军。"④《陕境蜀道图》标绘有烈金坝塘，同时标有大安汛塘，为一个宿站。综上，明代金牛、大安两驛的关系记载较为混乱。《清代重庆府至京都路程》记载大安驛称："平路。七十二道脚不干。有大店，尖宿均可。"⑤葛忠弼《蜀程囊记》称大安驛"人烟大，濒江石居"⑥。王士性《入蜀稿》记载有禹庙。⑦《李希霍芬中国旅行日记》中记载此地为热闹的集市。⑧万历《宁羌州志》卷1《舆地》记载："大安镇，州北九十里，旧无城。正德中屡遭兵燹，知州谢豸同卫员筑城以捍之。周二百四十七丈，立东西二门，覆以天棚，树以谯楼，为一州巨镇。"⑨过去一直认为大安镇为旧三泉县旧址，故张邦伸《云栈纪程》卷4记载有土城遗址。另光绪《宁羌州乡土志·道路》记载有皂角铺，距宁羌州95里。⑩但光绪《宁羌州志》卷1《舆地·道路》记载只有85里。⑪在今宁强县大安镇。另光绪《宁羌州志》卷2《建置·铺舍》记载："皂角铺，北八十里。"⑫位置应也在今大安镇。孟超然《使蜀日记》中记载此铺"地多山，少田，居民寥落，驛馆亦荒凉"⑬。

从宁羌州城到大安驛之间经过山地和丘陵地区，河流支流较多，遇到雨水往往山

① 嘉靖《汉中府志》舆图、卷2、卷10，嘉靖二十三年刻本。
② 康熙《沔县志·驛铺》，清代抄本。
③ 张香海《宦蜀纪程》，金生杨主编《蜀道行纪类编》第21册，广陵书社，2017年，第159页。
④ 朱沄《西行日记》，金生杨主编《蜀道行纪类编》第14册，广陵书社，2017年，第48页。
⑤ 《清代重庆府至京都路程》，刘建民主编《晋商史料集成》卷70《规程》，商务印书馆，2018年，第702页。
⑥ 葛忠弼《蜀程囊记》，道光二十九年抄本。
⑦ 王士性《入蜀稿》，《王士性地理书三种》，上海古籍出版社，1993年，第532页。
⑧ 《李希霍芬中国旅行日记》，商务印书馆，2016年，第633页。
⑨ 万历《宁羌州志》卷1《舆地》，抄本。
⑩ 光绪《宁羌州乡土志·道路》，民国二十六年铅印本。
⑪ 光绪《宁羌州志》卷1《舆地·道路》，光绪十四年刻本。
⑫ 光绪《宁羌州志》卷2《建置·铺舍》，光绪十四年刻本。
⑬ 孟超然《使蜀日记》，李勇先、高志刚主编《蜀藏·巴蜀珍稀交通文献汇刊》第3册，成都时代出版社，2015年，第34页。

洪断路，民间有"七十二道脚不干"之说，在杨钟秀《万里云程》①和丁绍周《蜀游草》中都有记载，丁绍周自己就因此"阻程半日"②，还有记载称在这一段行进有阻碍时间长达数十日之久的。

柿树铺、泗水铺 嘉靖《汉中府志》卷2《建置志》记载："柿树铺，（宁羌州）东一百里。"③万历《宁羌州志》卷2《建置》记载："神（柿）树，州北九十里。"④光绪《宁羌州志》卷2《建置·铺舍》记载："柿树铺，北九十里。"⑤《清代重庆府至京都路程》记载称泗水铺⑥，在今宁强县泗水铺，地名发生了变化。铺应在泗水铺桑树湾村西泗水铺村附近。但光绪《宁羌州乡土志·道路》记载距宁羌州"一百〇五里"，里程有出入。

桑树湾 《清代重庆府至京都路程》记载桑树湾距离泗水铺5里⑦，光绪《宁羌州志》所附栈道全图中就有桑树湾，即今桑树湾。另张邦伸《云栈纪程》卷4记载，金堆铺与大安驿之间有打火石，一名大木村⑧，应该也在这附近。

《陕境蜀道图》标绘从大安汛塘经过马家岭、大石岭、金堆岭到金堆铺塘。

金碓铺 也称金堆铺或金斗铺。嘉靖《汉中府志》卷2《建置志》记载："金堆铺，（宁羌州）西一百七十里。"⑨而万历《宁羌州志》卷2《建置》记载："金堆，州北一百一十五里。"⑩但清代文献均记载金堆铺应在宁羌北，在今宁强县金堆村金堆铺。⑪但光绪《宁羌州志》卷1《舆地·道路》记载只有105里。⑫卷2《建置·铺舍》记

---

① 杨钟秀《万里云程》，金生杨主编《蜀道行纪类编》第15册，广陵书社，2017年，第180页。

② 丁绍周《蜀游草》，金生杨主编《蜀道行纪类编》第23册，广陵书社，2017年，第211—212页。

③ 嘉靖《汉中府志》卷2《建置志》，嘉靖二十三年刻本。

④ 万历《宁羌州志》卷2《建置》，抄本。

⑤ 光绪《宁羌州志》卷2《建置·铺舍》，光绪十四年刻本。

⑥ 《清代重庆府至京都路程》，刘建民主编《晋商史料集成》卷70《规程》，商务印书馆，2018年，第702页。

⑦ 《清代重庆府至京都路程》，刘建民主编《晋商史料集成》卷70《规程》，商务印书馆，2018年，第702页。

⑧ 张邦伸《云栈纪程》卷4，李勇先、高志刚主编《蜀藏·巴蜀珍稀交通文献汇刊》第2册，成都时代出版社，2015年，第247页。

⑨ 嘉靖《汉中府志》卷2《建置志》，嘉靖二十三年刻本。

⑩ 万历《宁羌州志》卷2《建置》，抄本。

⑪ 光绪《宁羌州乡土志·道路》，民国二十六年铅印本

⑫ 光绪《宁羌州志》卷1《舆地·道路》，光绪十四年刻本。

载有金堆铺在县北115里。[1] 东距沔阳老丁铺15里。沈炳垣《星轺日记》称金堆铺也称亥家湾。[2]《清代重庆府至京都路程》记载金堆铺有河中大石称石荡金窝，称蜀王遣五丁力士迎金牛于此。[3] 在今宁强县金堆铺村金堆铺。我们考察发现，金堆铺的小溪两侧都有居民楼，但是老屋和老路都已经不存，石窝也无处可寻。

金堆铺旧址

板庙子、板庙子汛

光绪《沔县志》卷1《道路》记载，在县西65里[4]。郎廷槐《宦蜀纪程》记载为板庙河[5]。位于今陕西省

板庙子旧址

汉中市勉县新铺镇板庙村老板庙子，有一座用石板建造的寺庙，故名。[6] 因庙建于汉江边的山包上，正殿面对汉江，居高临下，俯瞰江水，故名临江寺。始建于元至正十七年，内塑泥佛像一座，因年久失修已倒塌大半，仅残留正殿三间。[7] 板庙子在勉县金堆

① 光绪《宁羌州志》卷2《建置·铺舍》，光绪十四年刻本。

② 沈炳垣《星轺日记》，李勇先、高志刚主编《蜀藏：巴蜀珍稀交通文献汇刊》第6册，成都时代出版社，2015年，第377页。

③ 《清代重庆府至京都路程》，刘建民主编《晋商史料集成》卷70《规程》，商务印书馆，2018年，第702页。

④ 光绪《沔县志》卷1《道路》，光绪九年刻本。

⑤ 郎廷槐《宦蜀纪程》卷2，国家图书馆藏康熙刻本。

⑥ 勉县地名志办公室编《陕西省勉县地名志》，解放军第7226工厂印刷，1987年，第167页。

⑦ 勉县地名志办公室编《陕西省勉县地名志》，解放军第7226工厂印刷，1987年，第294页。

　　　　　　　　　　　　　　　　　　　　第一章

铺东北老板庙子，不在今板庙村之地。由临江寺往下大约两公里的坡下即最早的板庙子，大约在烂泥塘附近。《陕境蜀道图》标绘从金堆铺经宁羌与沔交界处再经土桥、小石桥、土桥到板庙子汛。《清代重庆府至京都路程》有记载，距离金堆铺5里。[①]

《陕境蜀道图》标绘从板庙子汛经过土桥、龙江河木房桥、土桥到青羊驿汛、青羊驿，为打尖处。

青阳驿

青阳驿、老丁铺 洪武《寰宇通衢》、景泰《寰宇通志》、嘉靖《汉中府志》及明代的商人路书中，都记有沔县青阳。早在宋代就设有青阳驿。《方舆胜览》卷69《馆驿》记载："青阳驿，在顺政县东五十里。"[②]《舆地纪胜》记载为青云驿，源于元稹有关青云驿的诗句。[③]过去有人误认为青阳驿在今大安镇。[④]嘉靖《汉中府志》卷2《建置志》记载："青阳驿，（沔县）西六十里。"同卷还记载："老丁铺，（沔县）西五十五里。"[⑤]康熙《沔县志·驿铺》记载青阳驿在县西65里，久废，又记载老丁铺在县西60里。[⑥]光绪《沔县志》卷1《道路》也记载青阳驿在县西60里[⑦]，则青阳驿与老丁铺当为一地，在今勉县青羊驿。据说以前青羊驿村西有一座一米高的青石羊，故名。[⑧]历史上除称青云驿外，也称青杨驿、青羊驿，当地人同时也将青羊驿叫作

① 《清代重庆府至京都路程》，刘建民主编《晋商史料集成》卷70《规程》，商务印书馆，2018年，第702页。

② 祝穆《方舆胜览》卷69，中华书局，2003年，第1207页。

③ 王象之《舆地纪胜》卷184，四川大学出版社，2005年，第5310页。

④ 杨正泰校注《天下水陆路程·天下路程图引·客商一览醒迷》，山西人民出版社，1992年，第28、480页。

⑤ 嘉靖《汉中府志》卷2《建置志》，嘉靖二十三年刻本。

⑥ 康熙《沔县志·驿铺》，清代抄本。

⑦ 光绪《沔县志》卷1《道路》，光绪九年刻本。

⑧ 勉县地名志办公室编《陕西省勉县地名志》，解放军第7226工厂印刷，1987年，第166页。

新龙桥。据清代李德淦《蜀道纪游》记载，嘉庆年间有桥名"通蜀桥"[1]，此桥是否就是新龙桥，不得而知。现在道路两边房屋整齐密集，旁边有学校。1938年《汉中地形图》标明青羊驿与新铺湾之间有汤家庄，即今汤家湾，而光绪《沔县志》附图中在青羊驿与菜坝间标有流子沟。

《陕境蜀道图》的标绘在青羊驿汛和青羊驿后直接跳到褒城，为宿站，显然，现在我们看到的此图可能缺失青羊、勉县到褒城段的站点的图幅。所以，此图现存版本对蜀道站点的标注是不完整的。

王士性《入蜀稿》记载："自沔至青阳，缘江乱石，无路。"[2]因为从青阳驿向西南方向的金牛古道往往沿河谷而行进，山路路况较差。从青阳铺经油坊沟、蜂子岭到菜坝。

加兴铺、新铺湾、菜坝　也称柴坝。康熙《沔县志·驿铺》记载，加兴铺在县城西45里。[3]光绪《沔县志》卷1《道路》记载，在县西44里有新铺湾，45里有菜坝。[4]应是一地，在今勉县新铺镇。《清代重庆府至京都路程》记载称刘子沟，一说即新铺。菜坝则位于勉县新铺镇新铺湾村。此坝面积较宽，地形平缓，种菜的人较多，故名。从此经过金埠湾到铜钱坝。

铜钱坝　在勉县新铺镇铜钱坝村。雍正《陕西通志》卷16《关梁一》记载："铜钱坝在县西四十里，县图中，左涧右山，仅通线道中建古盖楼扼西路之要。"[5]光绪《沔县志》载在县西38里。北魏延昌二年在此设嶓冢县。相传西汉文帝元年因侍臣

铜钱坝

①　李德淦《蜀道纪游》，李勇先、高志刚主编《蜀藏·巴蜀珍稀交通文献汇刊》第3册，成都时代出版社，2015年，第317页。

②　王士性《入蜀稿》，《王士性地理书三种》，上海古籍出版社，1993年，第532页。

③　康熙《沔县志·驿铺》，清代抄本。

④　光绪《沔县志》卷1《道路》，光绪九年刻本。

⑤　雍正《陕西通志》卷16《关梁一》，雍正十三年刻本。

邓通在此地炼铜铸钱，加之地势平坦，故名。①《清代重庆府至京都路程》记载有铜钱坝。②现川陕公路经此，有汽车停靠站。从此经过寒道谷到沮水铺。

沮水铺、沮口 嘉靖《汉中府志》卷2《建置志》记载："沮水铺，（沔县）西三十里。"③在今勉县沮水村之地。同卷还载有沮水渡。康熙《沔县志·驿铺》和光绪《沔县志》记载在县城西30里。④在今沮水村之地，沮水从村西注入汉江，清代有木桥渡沮水。附近有巨碑，上书"沮漾会流"四字。雍正《陕西通志》卷16《关梁一》记载："沮水渡，在县西三十里，通宁羌州路有官船水夫。"⑤《清代重庆府至京都路程》记载有沮水铺，当时立有沮、汉合流碑，但现在无存。⑥严如熤《汉南续修郡志》卷3《幅员道路》记载："又十五里至沮水铺过沮水，冬春架桥夏秋船渡。"⑦孟超然《使蜀日记》中记载："过沮水，水亦甚浅，沔沮合流处曰沮口，四望乱山层叠。"⑧

沮水汇入汉水处　　　　　　　　　　旧沮水铺之地

① 勉县地名志办公室编《陕西省勉县地名志》，解放军第7226工厂印刷，1987年，第178页。

② 《清代重庆府至京都路程》，刘建民主编《晋商史料集成》卷70《规程》，商务印书馆，2018年，第702页。

③ 嘉靖《汉中府志》卷2《建置志》，嘉靖二十三年刻本。

④ 康熙《沔县志·驿铺》，清代抄本；光绪《沔县志》卷1《道路》，光绪九年刻本。

⑤ 雍正《陕西通志》卷16《关梁一》，雍正十三年刻本。

⑥ 《清代重庆府至京都路程》，刘建民主编《晋商史料集成》卷70《规程》，商务印书馆，2018年，第702页。

⑦ 严如熤《汉南续修郡志》卷3《幅员道路》，民国十三年重刻本。

⑧ 孟超然《使蜀日记》，李勇先、高志刚主编《蜀藏·巴蜀珍稀交通文献汇刊》第3册，成都时代出版社，2015年，第33页。

沮水铺位于沮水与汉江的汇流处，故名。《新修支那省别全志》记载附近有黄龙坝。从地势上看，沮水坝是因为位于沮水河边且地势平坦，故名。[1]现沮水村是2002年由王家坪村、董家坪村、沮水村三村合并而成。有108国道、阳安铁路穿境而过，河道由于挖沙等破坏基本不能行船，108国道在沮水上架桥通车，也无需再乘船过河。

沮水铺前后地处汉江上游的小峡谷内，以前峡谷内的崖壁上多有相关题记，如刻有"云栈低昂""险类九折""石上清泉""洞云湖""泛珠泉"等，但可能在开修公路时被破坏，所以我们至今无法寻得。

黄莲垭　《清代重庆府至京都路程》记载在沮水铺东10里。[2]即今黄连垭村。

土关铺、百牢关　嘉靖《汉中府志》卷2《建置志》记载："土关铺，（沔县）西十五里。"[3]康熙《沔县志·驿铺》、光绪《沔县志》记载在县城西15里。[4]张邦伸《云栈纪程》卷4记载土关"一名百牢关"[5]。《清代重庆府至京都路程》记载"下坡路，前半路甚狭"[6]。在今勉县土关铺村。相传三国时，魏、蜀两军在此争战，诸葛亮为固守西川后方，筑土城把关，后来人们在关口附近开设店

土关铺，旧百牢关。

---

① 勉县地名志办公室编《陕西省勉县地名志》，解放军第7226工厂印刷，1987年，第184页。

② 《清代重庆府至京都路程》，刘建民主编《晋商史料集成》卷70《规程》，商务印书馆，2018年，第702页。

③ 嘉靖《汉中府志》卷2《建置志》，嘉靖二十三年刻本。

④ 康熙《沔县志·驿铺》，清代抄本；光绪《沔县志》卷1《道路》，光绪九年刻本。

⑤ 张邦伸《云栈纪程》卷4，李勇先、高志刚主编《蜀藏·巴蜀珍稀交通文献汇刊》第2册，成都时代出版社，2015年，第243页。

⑥ 《清代重庆府至京都路程》，刘建民主编《晋商史料集成》卷70《规程》，商务印书馆，2018年，第702页。

七里碥

浕水汇入汉江处

铺，故名。①

七里碥　郎廷槐《宦蜀纪程》记载有七里碥。②以前认为此地得名系公路有7里长③，可能有误。清代这里并无所谓公路，中国古代习惯以离治城的里数命名地名，所以，这里的七里碥应该是离沔县治城七里之意。

白马江、白马渡　又称白马河，即古代浕水，今称咸水河。

古阳平关　又名白马城、尽口城，始建于西汉，三国时为蜀汉三关之一，位于今陕西省勉县武侯镇莲水村。明清时期城墙和城门楼仍存，后被破坏，现关城为在原址重新修建的。清代金牛道成都至罗江白马关一段一直一马平川，从白马关青岗嘴一带开始翻越山丘，直到广元，但多是浅丘、中丘的丘陵，偶有深丘。从广元开始翻越大巴山，山势高耸，过五丁关后山势稍平，但多行岭谷间，或上或下，到了汉阳平关旧址后，开始进入汉中平原地带，人户越来越多，烟火越来越旺。

新修古阳平关城

---

① 勉县地名志办公室编《陕西省勉县地名志》，解放军第7226工厂印刷，1987年，第182页。
② 郎廷槐《宦蜀纪程》卷2，国家图书馆藏康熙年间刻本。
③ 勉县地名志办公室编《陕西省勉县地名志》，解放军第7226工厂印刷，1987年，第184页。

沔阳顺政驿、在城铺　此地在唐宋曾作为西县的治地，明代就设立顺政驿、总铺（勉县），洪武《寰宇通衢》、景泰《寰宇通志》、嘉靖《汉中府志》及明代的商人路书中，都记载有沔县顺政驿。顺政的地名源于后魏的顺正郡，隋开皇十八年设立兴州顺政县，南宋以前一直都是在今略阳市之地。但从文献记载来看，明代顺政驿，是指勉县县城。嘉靖《汉中府志》卷2《建置志》记载："顺政驿，（沔县）西四十步。"[1]《士商类要》卷2记载："沔县，顺政驿，六十里青阳驿。"[2]《天下水陆路程》卷1记载："四十里，沔县顺政驿，六十里青阳驿。"[3]严如熤《汉南续修郡志》卷7《坊表街村》记载："顺政驿，（沔）县西四十步。"[4]明代沔县县城多在今勉县城关镇西武侯镇，顺政驿也应在此。嘉靖《汉中府志》卷2《建置》还记载有总铺在治前。[5]据康熙《沔县志·驿铺》的记载，当时顺政驿在县西40步，有在城铺，应在清代沔县县城内，即今勉县武侯镇。[6]另嘉靖《汉中府志》卷10《古迹》中记载"顺政驿，（沔县）西一百一十里"[7]，是指唐宋顺政县（今略阳）的驿站。

武侯祠　光绪《沔县志》卷1《道路》记载在县东3里。[8]在今勉县武侯中学南武侯祠，今仍存。

马超墓　距离菜园子5

武侯祠

---

①　嘉靖《汉中府志》卷2《建置志》，嘉靖二十三年刻本。

②　程春宇《士商类要》卷2，转引自杨正泰《明代驿站考》，上海古籍出版社，2006年，第347页。

③　杨正泰校注《天下水陆路程·天下路程图引·客商一览醒迷》，山西人民出版社，1992年，第24页。

④　严如熤《汉南续修郡志》卷7《坊表街村》，嘉庆十八年刻本。

⑤　嘉靖《汉中府志》卷2《建置》，嘉靖二十三年刻本。

⑥　康熙《沔县志·驿铺》，清代抄本。

⑦　嘉靖《汉中府志》卷10《古迹》，嘉靖二十三年刻本。

⑧　光绪《沔县志》卷1《道路》，光绪九年刻本。

里，康熙年间陈奕禧《益州于役记》还有记载，但清代后期已毁。

新添铺、菜园渡（菜园坝、菜园子） 康熙《沔县志·驿铺》记载新添铺在县东10里。光绪《沔县志》卷1《道路》记载在县东10里。[①]据《成都通览》所载《由成都赴陕西之路程》，当时确实有菜园子"颇大，如城池"[②]。从新街子到菜园、黄沙一带"街衢洞达，阎阎且干"[③]。《李希霍芬中国旅行日记》中记载了此地热闹的情形。[④]现在此铺的位置已经在今勉县城关镇内了。

旧州铺

旧州铺 嘉靖《汉中府志》卷2《建置志》记载："旧州铺，（沔县）东十五里。"[⑤]在今勉县旧州铺。同卷还载有旧州河桥。康熙《沔县志·驿铺》记载在县东20里。[⑥]雍正《陕西通志》卷5《建置四》记载："明初改州为县，洪武四年，知州王昱移于今治，旧治在今县东二十里，置铺。又县以沔水为名。"[⑦]据传，旧州铺因三国时刘备称汉中王在此设坛而有名，在汉晋时曾作为沔阳县的治地。元至元二十年，原沔州设于此。明洪武四年，州治迁西山谷口（今武侯镇），故留有旧州铺之称。李德淦《蜀道纪游》记载嘉庆年间旧州铺号称沔阳旧城，"百货所集，南栈道首区，最为繁胜"[⑧]。现在旧州铺有一条东西穿行的街道，也是以前古道所经之处，后川陕公路从村子背面绕行，往日的熙攘繁华已经不见，成为一个比较现代化的村镇，两边还有些许

① 光绪《沔县志》卷1《道路》，光绪九年刻本。
② 傅崇矩《成都通览》，巴蜀书社，1987年，第433页。
③ 陈涛《入蜀日记》，金生杨主编《蜀道行纪类编》第26册，广陵书社，2017年，第448页。
④ 《李希霍芬中国旅行日记》，商务印书馆，2016年，第632页。
⑤ 嘉靖《汉中府志》卷2《建置志》，嘉靖二十三年刻本。
⑥ 康熙《沔县志·驿铺》，清代抄本。
⑦ 雍正《陕西通志》卷5《建置四》，雍正十三年刻本。
⑧ 李德淦《蜀道纪游》，李勇先、高志刚主编《蜀藏·巴蜀珍稀交通文献汇刊》第3册，成都时代出版社，2015年，第314页。

刘备汉中称王设坛处　　　　　　　　　　　　　　柳树营

零落坍塌的土墙房。据说原西门城头还有"沔阳旧址""昭烈故都"两块石匾，如今也不复存在，仅余一处刘备社坛，称汉中王遗址，可以窥探昔日辉煌。

柳树营　《清代重庆府至京都路程》记载称苏柳营[①]。光绪《沔县志》卷1《道路》记载在县东30里。[②]在旧州铺东柳营社区老柳树营。今周家山镇柳营社区柳营村分上下柳树营，上柳树营靠川陕公路北侧，下柳树营位于上柳树营南侧，早年柳树成荫，故名。[③]现在柳树营两侧倒是没见到柳树，基本都是稻田。

黄沙驿、黄沙镇、黄沙铺　明代就设立有黄沙驿。洪武《寰宇通衢》、景泰《寰宇通志》、嘉靖《汉中府志》及明代的商人路书中都记载有沔县黄沙驿。嘉靖《汉中府志》同时记载有黄沙铺。[④]《士商类要》卷2记载："（纽项铺）西北二十里至黄沙驿。至此，路始平。四十里至沔县。"[⑤]《天下水陆路程》卷1记载："褒城县开山驿，东五十里至汉中府，南五十里黄沙驿，至此路始平，四十里沔县顺政驿。"[⑥]严如煜《汉南续修郡志》卷3《幅员道路》记载："正东平原四里至武侯祠，又一里至马超墓，又五里至何家营，又五里至火安营，又五里至旧州铺，又十里至苏曹营，又十里至黄沙驿，又五里至上人桥，交褒城县射鸿台界，川陕驿栈大道，又为赴郡城大

①　《清代重庆府至京都路程》，刘建民主编《晋商史料集成》卷70《规程》，商务印书馆，2018年，第702页。

②　光绪《沔县志》卷1《道路》，光绪九年刻本。

③　勉县地名志办公室编《陕西省勉县地名志》，解放军第7226工厂印刷，1987年，第46页。

④　嘉靖《汉中府志》卷2《建置志》，嘉靖二十三年刻本。

⑤　程春宇《士商类要》卷2，转引自杨正泰《明代驿站考》，上海古籍出版社，2006年，第347页。

⑥　杨正泰校注《天下水陆路程·天下路程图引·客商一览醒迷》，山西人民出版社，1992年，第24页。

黄沙镇街景

诸葛亮制木牛流马处

新黄沙桥

路。"①雍正《陕西通志》卷5《建置四》记载："黄沙镇，在县东四十里。昔时系二镇：东为铎水，西为仙流，后人户繁集合为一镇，改名黄沙。"②康熙《沔县志》和光绪《沔县志》都记载有黄沙驿，在县东40里，还记载有黄沙镇，也在东40里。③《清代重庆府至京都路程》记载："走汉中在此分路，过五六里，石桥梁，有褒沔两县分界。"④黄沙驿的具体位置应在今勉县东黄沙社区，即以前的黄沙镇。李德淦《蜀道

---

① 严如熤《汉南续修郡志》卷3《幅员道路》，嘉庆十八年刻本。
② 雍正《陕西通志》卷5《建置四》，雍正十三年刻本。
③ 康熙《沔县志·驿铺》，清代抄本；光绪《沔县志·道路》，光绪九年刻本。
④ 《清代重庆府至京都路程》，刘建民主编《晋商史料集成》卷70《规程》，商务印书馆，2018年，第702页。

纪游》记载，嘉庆年黄沙驿一带"稼穑如云"[①]，为典型的汉中平原农耕区。陈奕禧《益州于役记》又记载"民居瓦屋千余家"，有"巨镇"之称。[②]《李希霍芬中国旅行日记》中记载了此地"人头攒动"的情形。[③]说明清代黄沙驿商业也较发达。现存有一黄沙街，东西走向，约1000米，北接108国道，南临汉江，街道旁有一些低矮老屋、木板门，因后来川陕公路不经过此地，逐渐衰落。清代黄沙驿街立有"诸葛武侯造木牛流马处"之碑，据考察在今黄沙街东头（黄沙河流入汉江交汇处），为一座六角亭，亭内竖立石碑，上刻"汉诸葛亮武侯制木牛流马处。清同治五年四月吉立，知沔县事莫增奎重立"。另据嘉靖《汉中府志》卷2《建置志》有黄沙河桥[④]，张邦伸《云栈纪程》卷4记载驿东还有留仙桥[⑤]。嘉靖《陕西通志》卷3《土地三·山川中》记载："黄沙桥，即今土关子桥，在黄沙驿前。"[⑥]康熙《沔县志》卷2记载："黄沙桥，东有石坊，明御史任维贤题'安流永济'四字。"[⑦]据记载，黄沙桥为较大古桥，民国二年兴建铁索桥，民国二十四年修筑川陕公路时将铁索桥拆除，利用原来桥墩、桥台，修成13孔石木结构木板桥，桥孔5.1至6米不等，可通行汽车。1949年国民党军队溃退时，将桥炸毁9孔，但桥基未损。1953年修复石拱桥。现在的黄沙桥就是新建的钢筋混凝土桥。

新街子、射鸿台、上人桥[⑧]　　光绪《沔县志》卷1《道路》称新街子在"川陕驿路"[⑨]上，在今新街子镇东。据考察，以前的新街子镇在汉江边，1981年被洪水淹没，后整体搬迁到紧接下石寨村（乡政府驻地）东南，川陕公路两旁的位置，而现在新街子老街大部分已经变成农田。至于上人桥，光绪《沔县志》卷1记载："又东至上人桥，距黄沙五里，在水北。"[⑩]实地考察发现，上人桥本就在今新街子东南老新街子小

---

① 李德淦《蜀道纪游》，李勇先、高志刚主编《蜀藏·巴蜀珍稀交通文献汇刊》第3册，成都时代出版社，2015年，第314页。

② 陈奕禧《益州于役记》，《小方壶斋舆地丛钞》第7帙，上海著易堂排印本。

③ 《李希霍芬中国旅行日记》，商务印书馆，2016年，第631页。

④ 嘉靖《汉中府志》卷2《建置志》，嘉靖二十三年刻本。

⑤ 张邦伸《云栈纪程》卷4，李勇先、高志刚主编《蜀藏·巴蜀珍稀交通文献汇刊》第2册，成都时代出版社，2015年，第233页。

⑥ 嘉靖《陕西通志》卷3《土地三·山川中》，嘉靖二十一年刊本。

⑦ 康熙《沔县志》卷2《地理志》，清代抄本。

⑧ 臧卓《秦蜀旅行记》记载的黄沙驿与新街子的位置东西搞反了，见《蜀道行纪类编》第30册。

⑨ 光绪《沔县志》卷1《道路》，光绪九年刻本。

⑩ 光绪《沔县志》卷1《道路》，光绪九年刻本。

河入汉江两边，小河西为上人桥，小河有桥也名上人桥。严如熤《汉南续修郡志》卷3《幅员道路》记载："黄沙驿又五里至上人桥交褒城县射鸿台界。"[1]桥东边高地为射鸿台，但当地人大多未曾听闻有射鸿台，无法确指。

纽项铺 明代就有此地名。在嘉靖《汉中府志》卷2《建置》中未记载纽项铺。明代《士商类要》卷2记载："褒城县开山驿，二十里纽项铺，东南六十里至汉中府，西北二十里黄沙驿，至此，路始平，四十里至沔县。"[2]又明代天启年间《天下路程图引》卷2记载："褒城县开山驿，二十里纽项铺，东南六十里至汉中府，西北二十里黄沙驿。"[3]显然，这里的纽项铺为金牛道与连云栈道上的一个重要枢纽，从此西可取沔县、宁羌州入蜀，东南可入进汉中府汉阳驿，北可上褒城县开山驿取连云栈道进入关中地区。但这个纽项铺在何地呢？康熙《沔县志·驿铺》记载在县东60里[4]，严如熤《汉南续修郡志》卷3《幅员道路》记载："（南郑县）正西离城五里至沙堰子，又五里至十里店，又五里至铁佛殿，又五里至龙江铺交褒城县界，为赴川大道坦途……（褒城县）正西十五里至老道寺，又二十五里至射鸿台，交沔县界，平原大道川陕驿路……（沔县黄沙驿）又五里至上人桥，交褒城县射鸿台界，川陕驿栈大道，又为赴郡城大路。"[5]显然，此纽项铺在黄沙驿东南20里、汉中西南60里、褒城西南20里的

原新街子旧址处

原新街子老街外的汉江

① 严如熤《汉南续修郡志》卷3《幅员道路》，嘉庆十八年刻本。
② 程春宇《士商类要》卷2，转引自杨正泰《明代驿站考》，上海古籍出版社，2006年，第347页。
③ 杨正泰校注《天下水陆路程·天下路程图引·客商一览醒迷》，山西人民出版社，1992年，第478页。
④ 康熙《沔县志·驿铺》，清代抄本。
⑤ 严如熤《汉南续修郡志》卷3《幅员道路》，嘉庆十八年刻本。

纽项铺旧址　　　　　　　　　　　　　扭项铺靠近汉江处

位置上，即今勉县新街子镇东建国村的老纽项铺，原属于褒县。不过，老纽项铺也因为洪水整体北迁，已变成江边的荒地与农田，而今建国村的纽项铺不过是后来新建的聚落。

　　清代沔阳以东的道路多处于汉中平原之内，通道密集，道路的多选性较明显，所以，清代汉中南郑县、褒城县、沔县之间形成一个三角形的交通网。一般来说，由于清代从关中平原南下，如果取连云栈道的褒斜旧道而下，终点是在四川盆地，往往都从褒城直接绕开南郑到沔县，故形成一条褒城到沔县的川陕大道的路线。道光《褒城县志》卷1《疆域图考》记载："自县城西历红庙寨（今红庙寨村）、柴寨（今柴寨村）、金寨（今金寨村）、老道寺（今老道寺镇）、龚寨、海棠桥、纪寨（今纪寨村）、纽项铺（今建国村扭项铺）、牛寨（今牛寨）至于射鸿台（今新街子东南汉江边小河东一带）为入川大道，交沔县上人桥（今新街子东南汉江边小河西）。"同时还记载："正西十五里至老道寺，又二十五里射鸿台，交沔县界，平原大道，川陕驿程。"[①]1938年《汉中地形图》中标明有这条经过柴寨之路。严如熤《三省边防备览》卷2《道路考上》记载："（褒城县）西十五里老道岭，二十五里新街子，十里黄沙驿（属沔县），二十里旧州铺，二十里沔县。计程九十里，平原坦途。"[②]康熙时张邦伸《云栈纪程》、郎廷槐《宦蜀纪程》，嘉庆时方象瑛《使蜀日记》、陈涛《入蜀日记》等书所记行程便是如此，从褒城直接到老道寺，并不绕道汉中南郑。这样，老道

①　道光《褒城县志》卷1《疆域图考》，道光十一年刻本。
②　严如熤《三省边防备览》卷2《道路考上》，蓝勇主编《稀见重庆地方文献汇点》，重庆大学出版社，2013年，第269页。

寺在汉中平原交通中地位就相当重要。雍正《陕西通志》卷29《祠祀二》记载："顺天寺，在县西南二十里，明正德二年修。相传有老道居此，又名老道寺。"[1]老道寺老街曾是古代西安到成都的必经之路，称为御街；以前路面全用石板铺设，宽约4米。老道寺原归褒城县管辖，1958年撤褒城县，划归勉县。1986年对老道寺集镇进行改造，共拆除旧屋276间，打通街道6条。当然，历史上也有从褒城先到南郑再到沔县入川的，如王士禛《秦蜀驿程后记》中便是如此，先到褒城县河东宿，然后到南郑县，再从长寨（长宁镇）到黄沙驿、沔县。[2]

开山驿、褒城总铺　洪武《寰宇通衢》、景泰《寰宇通志》、嘉靖《汉中府志》及明代的商人路书中，都载有褒城县开山驿。嘉靖《汉中府志》卷2《建置志》记载："开山驿，东南一百五十步。"[3]驿站应该在今褒城镇内。清代从此驿可由褒城乘船过褒河，抵今汉台河东店镇范寨，再由此抵今汉中城。此时为"郡城大道"。也可以取西南到老道寺、射鸿台、黄沙驿入四川，为川陕大驿道。明代与清代的道路形势相差不会太大。嘉靖《汉中府志》卷2《建置志》记载："（褒城）总铺，县门内。"[4]明人如果是从中原、关中平原取连云栈道或褒斜道到巴蜀地区，到褒城后往往也并不向东南到汉中城区的南郑县，而是直接从褒城经黄沙驿到沔县，如明代王士性就是晚宿褒城，第二天一早从褒城出发直接到黄沙驿吃午饭。[5]

而从南郑县连接川陕大道可以有南、中、北三线：

北线经过褒城县城再取褒城通沔县大道而行，南线则从褒城县南境直接向沔县川陕大道而行。据严如熤《汉南续修郡志》卷3《幅员道路》记载："自（褒）县城东逾褒水径河东店、东周寨，稍南径东张寨、东范寨至宗家营，交南郑二十里铺界，此入府城大道也。"[6]乾隆《南郑县志》卷3《建置》中也记载南郑北十里有长宁铺、二十里有双桥铺，四十里到褒城县在城铺。[7]这是南郑连接褒城县的又一条官道。现在河东店、周寨、张寨、范寨村、宗营、二十里铺等地名仍存。1938年《汉中地形图》中标

① 雍正《陕西通志》卷29《祠祀二》，文渊阁四库全书本。
② 王士禛《秦蜀驿程后记》，李勇先、高志刚主编《蜀藏·巴蜀珍稀交通文献汇刊》第1册，成都时代出版社，2015年，第290—291页。
③ 嘉靖《汉中府志》卷2《建置志》，嘉靖二十三年刻本。
④ 嘉靖《汉中府志》卷2《建置志》，嘉靖二十三年刻本。
⑤ 王士性《入蜀稿》，《王士性地理书三种》，上海古籍出版社，1993年，第532页。
⑥ 严如熤《汉南续修郡志》卷3《幅员道路》，嘉庆十八年刻本。
⑦ 乾隆《南郑县志》卷3《建置》，乾隆五十九年刻本。

老道寺　　　　　　　　　　　　　旧州铺柏花村

有这条道路。此路到了褒城再沿上文所述川陕大道到沔县，只是此道较为绕道。

　　中线从南郑县往西行进，据严如熤《汉南续修郡志》卷3《幅员道路》记载："（南郑）正西离城五里至沙堰子，又五里至十里店，又五里至铁佛殿，又五里至龙江铺交褒城县界为赴川大道坦途。"[①]对此乾隆《南郑县志》卷3《建置》中也记载西十里沙堰铺、十里龙江铺接褒城。[②]光绪《南郑县乡土志》也记载："正西离城五里至沙堰子（今沙沿子），又五里至十里店，又一里铁佛店，即大店子（今仍称大店子），又五里至龙江铺（今汉中龙江村），交褒城县界，为赴川大道坦途。"[③]这条道路过龙江村后在褒城境内向西北，经过张家营（今张营村）、冉家营、王家营、郑家营（今郑营）、打钟坝（今河坝）渡褒河到杨寨（今杨寨村）、老道寺与褒城出来的川陕大道会合。龙江铺，嘉靖《汉中府志》卷2《建置志》记载："龙江铺，（南郑县）西二十里。"[④]就在今汉中西龙江村，为汉中南郑县西入沔县的重要铺递。

　　南线直接向西行进，据道光《褒城县志》舆图的标注，还有一条更南的从龙江铺向柏西乡村（今柏花村）、张码头渡褒河经长林铺（清代长宁镇、今长林镇）、侯寨（今侯寨村）、罗卜营（今罗卜营）、纽项铺到射鸿台的通道，最为便捷。[⑤]据陈奕禧《益州于役记》，当时他从汉中府城出西门经过高台、小柏乡（即柏花村）、大柏乡、渡黑龙江（褒河）、长寨（即长林寨）到黄沙驿，即是此道。[⑥]柏村铺，嘉靖《汉

①　严如熤《汉南续修郡志》卷3《幅员道路》，嘉庆十八年刻本。

②　乾隆《南郑县志》卷3《建置》，乾隆五十九年刻本。

③　光绪《南郑县乡土志》，清末抄本。

④　嘉靖《汉中府志》卷2《建置志》，嘉靖二十三年刻本。

⑤　道光《褒城县志》卷1《疆域图考》，道光十一年刻本。

⑥　陈奕禧《益州于役记》，《小方壶斋舆地丛钞》第7帙，上海著易堂排印本。

中府志》卷2《建置志》记载："柏村铺，（褒城县）西二十里。"[①]里程记载混乱，一般认为柏村铺即龙江铺西北方向的柏花村，即传统认为的唐代褒城驿之地。但实际位置应该在褒城县之南，南郑县之西，而不是褒城县西。

　　总的来看，在南郑、褒城、沔县三县的交通中，老道寺、纽项铺、射鸿台、人上桥是四个重要的交通节点。三道之中，可能从南郑县经龙江铺、长宁镇到沔阳的道路最为重要，故严如熤《三省边防备览》中南郑到沔县只记载此道。[②]1938年《汉中地形图》中标有从南郑县向西经过沙原子、龙江铺、小柏乡、长林镇、纪寨、纽项铺、新街子、桥东营、黄沙镇、柳林营、旧州铺、菜园渡到沔县的道路。长宁镇就是清代的褒城长林铺，所以，从南郑到沔县的通道中，南线应最重要。

龙江村

张码头村

褒河汇入汉江处

褒河一段

① 嘉靖《汉中府志》卷2《建置志》，嘉靖二十三年刻本。
② 严如熤《三省边防备览》卷2《道路考上》，蓝勇主编《稀见重庆地方文献汇点》，重庆大学出版社，2013年，第268页。

清末汉中城　　　　　　　　　　　清代汉中北门拱辰门

汉中作为金牛道的一个重要节点城市，早在元代就设立了汉川站，明代设立有汉阳驿、总铺、汉阳铺，《大明会典》、嘉靖《汉中府志》等都记载明代汉中府有汉阳驿、汉阳铺，嘉靖《汉中府志》卷2《建置志》记载："汉阳驿，在城北北门内。"另一处记载则称在"府治

清末汉中城南

西"。①驿在今汉中市区老城内。但明清的路书一般只记载从褒城开山驿直接到纽项铺、黄沙驿经宁羌州入川的路线，往往并不经过汉中府南郑县治。嘉靖《汉中府志》卷2《建置志》记载汉阳驿、汉阳铺北8里有长亭铺，北20里有双桥铺到褒城县接小江铺（褒城南25里）到褒城总铺（县门内）。②目前长亭铺、双桥铺、小江铺的具体位置待考。③

乾隆《南郑县志》卷3《建置》记载仍然设立有汉阳驿。④此外，褒城在元代也设立有褒城站，明代设立有开山驿。道光《褒城县志》卷1《疆域图考》记载："开山驿，在本城，旧在县东。"舆图确实将开山驿绘在县城东面，并不在县城内。同时，

①　嘉靖《汉中府志》卷2《建置志》，嘉靖二十三年刻本。
②　嘉靖《汉中府志》卷2《建置志》，嘉靖二十三年刻本。
③　道光《褒城县志》卷1《疆域图考》，道光十一年刻本。
④　乾隆《南郑县志》卷3《建置》，乾隆五十九年刻本。

侯寨

褒城也有总铺，也称开山铺，记载是"在县治西"。[1]

有关记载表明，勉县至广元之间历史上还存在一条容裘谷道，《水经注》记载："沔水又东径西乐城北。城在山上，周三十里，甚险固。城侧有谷，谓之容裘谷。道通益州，山多群獠。诸葛亮筑以防遏。梁州刺史杨亮，以即险之固，保而居之，为符坚所败。后刺史姜守、潘猛，亦相仍守此城。城东容裘溪水注之，俗谓之洛水也，水南导巴岭山，东北流，水左有故城，凭山即险，四面阻绝。昔先主遣黄忠据之以拒曹公……"[2] 按西乐古城在今勉县西南，容裘谷即今勉县南漾家河，旁有定军山。诸葛亮、杨亮、符坚、姜守、潘猛、黄忠、曹操都取此道征战，可知在魏晋时这是一条重要通道。现在我们已很难找到唐宋时取用此道的记载了，但清代以来取羊家河谷而南下的通道仍然是存在的，据《三省边防备览》卷2《道路考上》和光绪《沔阳志》卷1《道路》、光绪《宁羌州志》卷1的记载，有一条沿羊（养）家河经过武侯墓、罗家营、阜川集、梯子岩、钢厂（今南郑县钢厂村）直接进入南郑县交四川南江县、旺苍县的道路，也可从阜川镇向西经漆树坝、老戴坝、胡家坝到铁锁关。[3]

六、明清时期金牛道的维护修建与线性文化遗产

历史上，金牛道是四川盆地与中原交通联系的第一要道，特别是在宋代以前，可以说金牛道的历史地位没有任何通道可以替代，所以历代政府都相当重视古道修治和管理。就是到了明清时期，在中国政治经济文化重心东移南迁的背景下，当时的北

---

① 道光《褒城县志》卷1《疆域图考》，道光十一年刻本。
② 郦道元《水经注》卷27，上海古籍出版社，1990年，第532页。
③ 严如熤《三省边防备览》卷2《道路考上》，蓝勇主编《稀见重庆地方文献汇点》，重庆大学出版社，2013年，第270页；光绪《沔阳志》卷1《道路》，光绪九年刻本；光绪《宁羌州志》卷1，光绪十四年刻本。

路仍是四川盆地与中原地区交通的要道，沿途各级政府多次对此道加以整修，只是由于道路遥远，特别是广元以北翻越大巴山段，山高水险，道路崎岖，有所谓"二十四道脚不干者""二十四坡腰担底，七十二道脚不干"之称，加上战争、社会动荡等因素，行路十分艰难。所以，明清时期沿途修治不断。不过，由于传统文献更多的是记载主体历史的宏大叙事，相关的修治记载并不系统和全面，所以，虽然历史上沿途各县都在修治，但具体修治的次数统计起来相当困难。剑阁肖明远、罗少先曾认为，历史上对剑阁道的大规模修凿仅在明清各有一次，[①]现在考证起来，在三国、唐、宋都有过许多次大的修凿，而明清二朝大的修凿当远不止二次，应至少有十多次较大规模的修治。

金牛道在明代可能就有五次较大的修治。第一次是洪武二十四年二月至二十五年一月，景川侯曹震派成都后卫指挥佥事王清修凿保宁府至汉中驿道。《明太祖实录》卷214记载："（洪武二十四年）命景川侯曹震往四川治道路……一道至贵州，以达保宁通陕西，由是往来者便之。"[②]对于洪武年间的这次修治事功，《皇明通纪法传全录》卷8、黄光升《昭代典则》卷11、雷礼《皇明大政纪》卷4等文献也有类似的记载。据记载，具体的修治道路为"四川自保宁达于利州"[③]，其中千佛崖一带"古作栈阁，连岁修葺，工费甚多；相其形势，辟取山石从河镇砌，阔四五丈，自四川至陕西而无难焉"[④]。

第二次是洪武二十五年七月普定侯陈桓"修连云栈，入四川"[⑤]，徐日久《五边典则》卷19也记载"二十五年……普定侯陈桓往陕西修连云栈入四川"[⑥]。这次虽是修连云栈道，但既言"入四川"，可能也有连接金牛道的路段。

第三次是正德年间，雍正《四川通志》卷26记载："翠云廊，自剑阁南至阆州再至梓潼三百余里，明正德时知州李璧以石砌路，旁植柏数十万株如苍龙蜿蜒，夏不见

---

① 肖明远、罗少先《剑阁古驿道考略》，《剑阁文史资料选辑》第3辑。

② 《明太祖实录》卷214，洪武二十四年十二月七日，"中央研究院"历史语言研究所据国立北平图书馆，1967年，第3162页。

③ 杨慎《景川曹侯庙碑记》，《叙永文钞》第5页，1983年，叙永县编史修志委员会编印。

④ 曹震《开永宁河碑记》，《叙永文钞》第2页，1983年，叙永县编史修志委员会编印。

⑤ 《明太祖实录》卷219，洪武二十五年七月十四日，"中央研究院"历史语言研究所校印，1967年，第3216页。

⑥ 徐日久《五边典则》卷19，旧抄本。

日，国朝知州乔钵题曰翠云廊。"①实际上当时剑州知州李璧自剑阁至阆中、梓潼、昭化整修驿道，全长三百多里，多以石板砌路，有的宽约两丈，两旁植柏树十万株，这便是所谓"三百长程十万树"②，也就是今天蜀道昭化至梓潼段古柏树的主要来历。

第四次是万历年间四川巡抚张士佩修治金牛古驿道。历史文献中有关四川巡抚张士佩的记载较多，但并没有他主持修治金牛道的记载，但据在广元飞仙关以前的有关张士佩的修路碑记③，张士佩在任四川巡抚时确实组织了一次对金牛道广元段的修治，只是具体情况不明。

第五次是天启四年到崇祯元年，乾隆《昭化县志》卷6《道路》记载："今驿道明天启四年初凿山开径，崇正（祯）元年功始竣。道左有二碑，白卫溪麻磨崖书'砥矢周行'，孔道新石碣'孔道新开'。较官店、朝阳之道为近，当时系僻径也。国朝康熙二十七年始改为驿道。"④我们实地考察发现，"砥矢周行"四字石刻仍存，但"孔道新开"的石碑已经不知去向了。另据《明太祖实录》卷128，永乐年间曾有一次修筑四川栈道之举⑤，具体情况不明，也可能涉及金牛道路段。

清代见于文献记载的修治更多。从总体上看，明清时期的第六次修治是在清初。明末清初，四川战乱不已。崇祯十年起义军攻剑门，"州吏士塞石牛道"⑥，所以，战乱以后，剑门驿道一则屡为军旅所扰，一则"栈悬斜避石，桥断却寻溪"，已难为启用。但明代的东川线比剑阁旧线远二百里，且"多崇山峻岭，盘折难行"，故康熙二十七年至二十九年，四川巡抚噶尔图组织人力，利用农闲，在剑门旧线上"刊木伐石，搭桥造船，以通行旅，遂成坦途……新路经牛山，亦首险"⑦。这次修整后，经昭化、天雄关、新铺、竹垭子、孔道新、高庙铺、剑门关、剑州梓潼、绵州、汉州的古道又成为驿路正线，金牛道东线相对冷落下来。

第七次是康熙三十一年，昭化县令孔毓德率民"凿石开山"修治驿道。孔氏是山

---

① 雍正《四川通志》卷26《古迹》，乾隆元年刻本。

② 同治《剑州志》录乔钵《翠云廊序》，同治十二年刻本。

③ 陈奕禧《益州于役记》载万历年间四川巡抚张士佩开岭碑记，《小方壶斋舆地丛钞》第7帙，上海著易堂排印本。

④ 乾隆《昭化县志》卷6《道路》，乾隆五十年刻本。

⑤ 《明太祖实录》卷128，《明实录类纂·四川史料卷》，武汉出版社，1993年，第1236页。

⑥ 民国《剑阁县续志》卷4《丛谈》，民国十六年铅印本。

⑦ 彭遵泗《蜀故》卷7，国家图书馆出版社，2017年，第79—80页。

东举人出身，康熙二十四年任昭化县知县，具体情况无考。①

第八次是乾隆四年之前，乾隆三年戊午八月，弘历帝谕令四川巡抚硕色和西安巡抚张楷进行勘测，"分别南栈、北栈，两省分任修理"②。《钦定大清会典则例》所载乾隆三年谕令中，谈到在川省栈道和陕省栈道上"凡遇山水相逼纡折之处，随势开凿，增广碥路、偏桥。叠桥砌路，增设木筏接渡。悬岩峭壁，大谷深渊，建筑短墙，并设木栏保护"③。但具体记载并不多。目前可知乾隆四年昭化县陈余庆修凿情况。这次修凿，采取了古老的"火焚水（醋）激"之法，费功不少。据记载，具体方法是："临河临崖坎岸高深者，外砌石墙以防之。其路本窄狭不便修墙碥路者，外架木防之。凡路窄而险者，凿石壁廊之，其内凿之处悬崖难施者，外用石灌浆培之。若高深不可培者，架木为栈补之。凡自然石偏坡滑跌者，即石凿梯正之。自然石挺出梗路者，铲平之。石壁石包有子母石，俗谓之麻渣石，形如千万玺卵，生漆胶粘玺卵。有龙骨牛心油光诸坚石非锤斧所能锻，以火锻，令热沃以醋水，俟其爆酥，铲之。"④《清史稿》记载，乾隆二十八年，阿尔泰任四川总督曾"议平治道路：陆道北讫广元，西达松潘，东抵夔州，护其倾敧，补其缺落"⑤。但不知是否真正实施。

第九次是乾隆四十二年的大修治，据陶澍《蜀辀日记》，乾隆四十二年四川总督李世杰修治七盘关至武连县四百里古道。⑥其他文献也记载了这次修治，如李德淦《蜀道纪游》"自此（武侯坡）而上直至七盘关，皆川督要公名世杰所修"。⑦方濬颐《蜀程小记》记载曾有乾隆四十二年川督李汉三公（世杰）修路碑，碑称："自七盘关至此，共修路四百余里，其夷险通阻之功，与胶侯中丞之锻路取石南北两栈，允堪并垂不朽云。"⑧文献中对于李世杰的事功记载较多，但少有关于他组织修治金牛道的记

---

① 乾隆《昭化县志》卷6《道路》，乾隆五十年刻本。

② 《高宗纯皇帝实录》卷74，乾隆三年八月七日，中华书局，1985年，第2册，第15页。

③ 《钦定大清会典则例》卷135《工部·都水清吏司·桥道》。

④ 乾隆《昭化县志》卷6《道路》，乾隆五十年刻本；道光《重修昭化县志》卷28《武备·驿传》，同治三年刻本。

⑤ 《清史稿》卷326《列传一百十三》，中华书局，1977年，第10876页。

⑥ 陶澍《蜀辀日记》，李勇先、高志刚主编《蜀藏·巴蜀珍稀交通文献汇刊》第6册，成都时代出版社，2015年，第124页。

⑦ 李德淦《蜀道纪游》，李勇先、高志刚主编《蜀藏·巴蜀珍稀交通文献汇刊》第3册，成都时代出版社，2015年，第323页。

⑧ 方濬颐《蜀程小纪》，李勇先、高志刚主编《蜀藏·巴蜀珍稀交通文献汇刊》第7册，成都时代出版社，2015年，第261页。

载，更具体的修治情况并不清楚。

第十次是乾隆五十年，昭化县令徐观海"奉檄修路"，先是丈量昭化的东西二路古道路程，然后由县令余英承修。[1]

第十一次是嘉庆二十一年，据天雄关《修路碑记》，嘉庆二十五年昭化县令张景怀重修化境驿道。[2]

第十二次是道光二十八年广元县范涞募捐修从七盘关到昭化榆钱二百余里古驿道，"向之筑以土者，今累以石。土之下以石为脚。基之旁，以石为杆"，使"数百年之缺陷，一旦从而弥之"。[3]近来发现的《重修县境朝天七盘关道路碑记》也证明了这次修凿之举。

第十三次是在咸丰年间，广元知县朱凤枟修七盘关至飞仙岭间道路，有记载称："凡悬崖绝险处，垒石为垣，加三和土筑之，以卫行者，至今土尚完整，诚惠政矣。"[4]

第十四次是光绪十四年昭化县令李氏主持修治孔道新一段路程，并专门刻"化险为夷"纪事摩崖，至今摩崖仍然存在。另外，陈涛《入蜀日记》记载："自武侯坡东抵七盘关皆光绪年川督重修，一平如砥，行者利之路。"[5]说明光绪年间这段道路也有一次重大的修治，只是具体情况不明。

以上仅是金牛道利、剑之间的重要修治，其实，沿途各县的道路修治应是较为频繁的，如罗江到成都间也有大量修治，只是有关记载较少且并不全面，有的修治之举则可能并没有相关记载。

经过明清多次修治，剑阁道可"联舆并马，足当通衢"，"屡年修砌，可并行二轿四马"。[6]特别是在康熙、雍正后，剑阁道旧线复为正驿，称为正北路，[7]古道商旅不断，征战不绝，有"秦川道，翠柏天，商旅兵家密如烟"之称。明清时，不但官府转输川茶取道入陕西，私运川茶亦不绝于北路，故明景泰四年政府下令"禁约私

① 乾隆《昭化县志》卷6《道路》，乾隆五十年刻本；道光《重修昭化县志》卷28《武备·驿传》，同治三年刻本。
② 雍思政《漫话剑门蜀道》，巴蜀书社，2010年，第12页。
③ 《增修广邑路碑记》，笔者1986年实地考察录于朝天关耕地中。
④ 吴庆坻《入蜀纪程》，光绪二十三年稿本。
⑤ 陈涛《入蜀日记》，金生杨主编《蜀道行纪类编》第26册，广陵书社，2017年，第466页。
⑥ 王士性《广志绎》卷5、卷3，中华书局，1981年，第111、50页。
⑦ 金公亮《清代康雍两朝的四川驿运》，《驿运月刊》1941年第2卷第1期。

茶"①。不仅四川咨陕西公文由此道传送，而且在乾隆四十年，云南到陕西的公文也改由四川取剑阁道入陕西。②时人王士禛、方象瑛、陶澍、高延第、张邦伸、张香海、吴焘、竹添进一郎、方濬颐、文祥、李德淦、孟超然、陈奕禧、郎廷槐等都取此道及附线东川道入蜀，分别著有《蜀道驿程记》《秦蜀驿程后记》和《使蜀日记》《蜀𫐐日记》《北游纪程》《云栈纪程》《宦蜀纪程》《游蜀日记》《栈云峡雨日记》《蜀程小纪》《蜀𫐐纪程》《蜀道纪游》《使蜀日记》《益州于役记》《宦蜀纪程》等。清代地方历史课本《蜀事答问》中所列川北十一险中有七险在剑阁道上，足见古道之重要。③

明代对此路的称谓并不固定，在商人路书中并没有固定的名称，如《士商类要》中是在"北京由陕西至四川省陆路"中记载此道，《一统路程图记》是在"北京至陕西、四川路"中记载此道。早在明末清初，顾炎武的《天下郡国利病书》中就称此路为"北路"④。清人习惯称金牛道、剑阁路为"北路"，在雍正《四川通志》中频繁用"北路"一词，可能即是指剑阁道，也有指四川盆地北部之意。周询《蜀海丛谈》卷1《制度类上·驿站》称"北路""北道"⑤，认为此路的地位仍很重要。民国《广元县志》称此路为"大北路"⑥。民国《四川省一瞥》一书称当时四川普通人称此路为"陕西路"⑦。民国《四川新地志》记载此路称为"川北大路""大川北路"⑧。

周询《蜀海丛谈》卷1《制度类上·驿站》称："清时以北平为京师，故各路驿站中，尤以北路为最繁重，每驿设马及马夫、扛夫，名数多寡不等……北路驿站共十八处。"⑨当时取北路到北平，"所谓换马不换人，约历十八九日到"⑩。所以，整个清代从成都锦官驿到陕西一路的州县，驿务最为繁忙。如成都锦馆驿"为四路驿站总汇，尤称繁重"；新都县"惟当北道之冲，供亿较繁，驿务亦重"；汉州"惟当北道通衢，政务之外，驿务亦繁"；德阳"惟驿务重要，供亿较繁"；罗江"惟驿务

① 《大明会典》卷37《户部》24，明万历内府刻本。
② 《大清会典事例》卷568《兵部·邮政》。
③ 天眉《蜀事答问》第6章，寒杉馆丛书本。
④ 顾炎武《天下郡国利病书》，上海古籍出版社，2012年，第2190页。
⑤ 周询《蜀海丛谈》卷1《制度类上·驿站》，巴蜀书社，1986年，第42—44页。
⑥ 民国《重修广元县志稿》卷2《舆地志》，民国二十九年铅印本。
⑦ 周传儒《四川省一瞥》，商务印书馆，1926年，第153页。
⑧ 郑励俭《四川新地志》，正中书局，1946年，第286页。
⑨ 周询《蜀海丛谈》卷1《制度类上·驿站》，巴蜀书社，1986年，第42页。
⑩ 周询《蜀海丛谈》卷1《制度类上·驿站》，巴蜀书社，1986年，第44页。

责重，政亦较梓潼为繁"；绵州"又有盐场驿站，政务殊繁"；梓潼"惟所管驿站较多，责任甚重"；剑州更是"幅员即宽，又当孔道，驿务且特别繁剧"；昭化也是"驿务重要"；广元"县毗邻省，为川北门户，兼管税关，政务较繁"。[1]显然，清代金牛道的官道驿务功能明显。不过，由于清代中国经济重心的东移南迁已经成为定局，四川盆地的经济重心也随之向东南推移，长江峡路成为四川盆地最重要的经济交通线，金牛道的大宗经济交通运输的功能相对下降。如当时的宁强县"商业只菽麦黍稷、大布大帛，无他繁华物"[2]。这条驿路在民国为川陕驿路，仍是一条十分重要的交通要道。特别是在抗日战争时，为转输抗战物资立下了汗马功劳。民国二十四年修筑川陕公路时，基本上沿用古道路线。今天，G5京昆高速公路成都到汉中段也基本沿金牛道的走向行进。

明清时取剑阁道的军旅也不少。明崇祯三年，"扫地王"率众两万由宁羌、广元克剑门。崇祯十年，李自成率主力军自宁羌、黄坝、七盘关、昭化、江口入剑州、梓潼、绵州、新都围成都。洪承畴率军自宁羌、七盘关、朝天关入广元败义军于梓潼。崇祯十一年，李自成经剑州、大安奔汉中。崇祯十三年，张献忠克利州、广元。顺治元年，李自成余部马科入川被张献忠败于剑州而奔汉中。[3]顺治十五年，吴三桂取蜀，"由沔县、大安、宁羌至朝天驿，顺流击楫，达保宁"[4]。据统计，历史上在剑门关发生的重大战争有64次之多。[5]

李白《蜀道难》的感怀，虽然可能是借指人生的艰难之状，但是用蜀道来指代人生苦难，同样折射出蜀道的险状。我们在数十次的金牛道考察中发现，虽然金牛道是历史上重要的官道，修治无数，但仍险恶万分。从勉县旧阳平关西入汉水上游即开始进入谷地，但一直较为平缓，而从嘉陵江燕子砭翻越五盘岭（今土地垭口一线）到九井滩的汉唐路线盘折难行。嘉陵江河谷也多深谷悬崖，如清风峡一带的潭毒关一线险恶万分，曾留有栈孔遗迹。至于元明清路线，从金牛坝开始翻越五丁峡后道路越来越险陡，到七盘关附近也是悬崖壁立，陶澍《蜀輶日记》所谓"石磴延缘，下临深涧"，方濬颐《蜀程小记》所称"岭凡七折"，确非虚言。从七盘关往朝天的道路一

① 周询《蜀海丛谈》卷1，巴蜀书社，1986年，第74、76、73、79、81、69、80、93、94、95页。

② 梁中效《川陕公路开通前的蜀道交通述论》，《成都大学学报（社会科学版）》2019年第3期。

③ 见《蜀碧》《蜀龟鉴》《荒书》等记载；见何锐等校点《张献忠剿四川实录》，巴蜀书社，2002年。

④ 计六奇《明季南略》卷1，清抄本。

⑤ 见魏湘朝《剑阁古道历次修整与发展变化》，《剑阁文史资料》第25辑，1998年。

直下坡，相对平缓，特别是中子铺一带较为平坦。但到龙洞背一带翻越山坡上的背顶较为陡险，而枯水季节的洞中乱石横行，行走不便。古道在朝天至广元间一直沿嘉陵江河谷行进，两岸深谷较多，历史上的大小漫天岭也在这一带，特别是飞仙关一带较为陡险。广元到昭化间的古道沿嘉陵江东岸坡缓行进，较为平缓，但过昭化后的唐宋路线要翻越今南马山到白卫岭，仍然是相当高险难行。明清路线的牛头山天雄关一带也较为陡险。从天雄关到剑门关一线多在中深丘间行进，时上时下，多有盘折，但整体上坡度不大。剑门关七十二峰壁立横亘，主关口和后门关均较为陡险，关口曾修有栈道，后改为碥路盘折而行。古人言其为"雄关天堑"，相当贴切。金牛道越过剑门关后，一直在丘陵地带山脊和山腰穿行，虽然也时有陡险之处，但高险之路少见。古道下七曲山到梓潼后多在平坝、浅丘中行进，过了白马关后下坡到成都平原北缘的涪江流域坝区，更是平坦而无险路。明代金牛道南段东线主要在丘陵地带行进，但广元到苍溪一线地处深丘地带，也时有高悬陡险之处，如梅岭关、界牌铺、大垭口垭口段较为陡险。不过，考虑到自然地形地貌、道路选择、道路修治方便等因素，从整体上看，金牛道在蜀道翻越大巴山的金牛道、米仓道、荔枝道、宁河堵水诸道中相对较为低矮平缓，这可能是金牛道成为四川盆地与中原核心区交通的主线和官道的一个重要原因。

近年来，随着地方历史文化资源开发的兴起以及蜀道申遗工作的展开，巴蜀线性文化遗产的重要性引起了我们的关注。在巴蜀线性文化遗产中，金牛道线性文化遗产相当丰富。线性文化遗产从类分上可以分为碥路、桥梁、栈道、关隘、馆驿、庙宇、楼亭、牌坊、碑刻、行道树等，今天，这些类别在金牛道上大多可以发现，有的还很有特色。如主线的碥路遗址中，罗江白马关、绵阳朝阳厂段、梓潼七曲山、武功桥、江东庙、武侯坡、剑阁凉山乡、走马岭、任家山、望乡台、清凉桥、州垭子、施茶店、五里碑、黄莲垭、土门子、盘龙石、二包岭、兔儿石、大塘垭、石洞沟、汉阳铺、大路湾、七里坡、柏树垭、任家垭、青杠梁（界牌梁）、高庙、架枧沟、松宁桥、孔道新、碑湾、竹垭铺、糖房湾、上新铺、古墓梁、梅青垭、荫坡、天雄关、十里铺、千佛崖、朝天岭等段仍保留较为完整。特别是罗江白马关带车轮槽的碥路，堪称世界上保存下来的最早的轨道交通遗迹；大塘垭至汉源桥间的碥路有的宽度达6米多，在已经发现的四川盆地碥路中属最宽；凉山乡到清凉间桥的拦马墙、防滑槽；仙人桥、南桥、上新铺、梅青垭到荫坡的门槛石，也是中国碥路设施中较为典型的遗迹。此外，主线中的武功桥、桥湾皇柏桥、汉阳桥、清凉桥、双龙桥、剑溪桥、铁栓子桥、松宁桥、望夫桥、铁龙桥、毛坝子平桥、毕家河拱桥等古桥也较为重要。

明代金牛道南段东线的历史遗迹也较多，如中江县长龄桥至胖土地段碥路、施店驿至永宁铺段碥路、柏树铺至清水铺段碥路、龙潭镇南段碥路（即开发出来的金鼓村广宁古驿道）、龙潭北的水观音南北段碥路、界牌垭至王家沟段碥路、谭家湾段碥路（开发出来的广宁驿路一段）、大垭口至沟下铺段碥路；桥梁中较重要的有中江长龄桥、隆兴桥，三台县留使坡平桥，利州龙潭的贯家桥、龙潭大桥、桥沟河平桥等。

此外，三台县高山铺戏楼、留使坡的功德碑和指路碑，昭化区思贤铺的禁约碑、石井铺老街、柏林沟老街、梅岭关卡子、三元栅子门也很重要；特别是三台县的建宁驿遗址、苍溪县的施店驿遗址，是我们保留下来不多的明清驿站馆舍遗址，应加强保护。

在明代，金牛道栈道设施大多坏弃，但据文献中的记载，剑门关当时似仍有栈道。如《大明一统志》记载："剑阁，在剑州北三十里，两崖峻拔，凿石架阁而为栈道，连山绝险，故谓之剑阁。"[①]《寰宇通志》载大剑山"凿石架阁为栈道"，小剑山"凿石架阁不容越者"[②]。《益部谈资》记载"剑阁两崖峻拔，凿石架阁而为栈道"[③]。《蜀中广记》则记载剑门"又二十里即剑门关栈阁相望"[④]。这些均为明人记明事，所记当属实。但是，《嘉庆一统志》、同治《剑州志》、民国《剑阁县续志》都没有这样的记载；联系到明末战乱使四川栈道败绝，可以肯定，剑门关栈道到清代才最终退出历史舞台。从1986年以来，我们在剑门关的历次考察中并没有发现栈孔存在。即使历史上曾经使用过栈道，也在清代以来的道路修治中，特别是20世纪的公路建设中被破坏了。今天，在广元明月峡还留有宋以前的栈道孔遗迹，现已经在其上修有新栈道供游客参观行走。广元千佛崖原来可能修有栈道，但现在清理出的碥路应是明清时期遗留。在金牛道保留的桥梁中，德阳仙人桥、昭化孔道新铁拴桥、剑阁清凉桥、剑溪桥、松宁桥、梓潼南桥都是保存较好的石桥。

金牛道上有许多重要的关口，如剑门关、百牢关、阳平关、七盘关、天雄关、梅岭关、南津关、白关马（鹿头关）、飞仙关、朝天关、潭毒关等，历史岁月侵蚀下，遗迹早已经不复存在。像剑门关这样的关防，以前为州级关防，地位相当重要，故历史上有"打下剑门关，等于得四川"之说，应该存在一个像佛图关、瞿塘关那样的城

① 《大明一统志》卷68《保宁府》，三秦出版社，1990年，第1061页。
② 《寰宇通志》卷63《保宁府》，《玄览堂丛书续集》第62册，国立中央图书馆，1947年影印本。
③ 何宇度《益部谈资》卷上，西南交通大学出版社，2020年，第24页。
④ 曹学佺《蜀中广记》卷26，上海古籍出版社，2020年，第272页。

防体系，有子母城墙。遗憾的是，剑门关关楼在1935年修筑川陕公路时完全拆毁，对其建置情况已经难以考证了。在整个四川盆地的线性文化遗产中，保留的古代交通馆驿相当少；但在金牛道上，三台县建宁驿馆舍、苍溪施店驿遗址还可以说相对原始，值得重点保护。而绵阳市酏中道里碑、梓潼牌坊及碑刻、剑泉酏中里碑、朝天关道光二十八年增修广邑道路碑及残破的修路姓氏碑、光绪二十年"唐明皇幸蜀闻铃处"碑、三台留使坡功德碑和指路碑、中江县长龄桥碑、昭化"砥矢周行"和"化险为夷"磨崖等，也值得重视。

中国古代植行道树的传统，在金牛道上也体现得相当明显。晋代郭璞的《谶记》有"县路翠，武功贵；县路青，武功荣"之说，唐宋时期也多有沿途植树的记载。至今在梓潼至剑门间流传着翠云廊为唐明皇幸蜀所植的说法。明代植柏树有称"三百里程十万株"，故清代有"翠云廊"之称。1984年，经剑阁县组织调查，当时有古柏8097株，年龄一般在450—500年左右。[①]清人俞陛云《蜀辀诗记》记载光绪年间知州方德堃用木牌悬挂在古柏上，标明株数，当时行到剑州就已经有5000余株，合计可能有万株，其《翠云廊歌》也认为"屈指逾万本"[②]，臧卓《秦蜀旅行记》里也谈及此事[③]。雍正《剑州志》卷19《古迹》记载："翠云廊，自剑南至阆州西至梓潼三百余里，明正德间知州李璧以石砌路，两旁植柏数十万株，如苍龙蜿蜒，夏不见日。国朝知州乔钵题曰翠云廊赋。有诗。"[④]历史上金牛道上的古柏当然不止一万多株，但十万株应是一个夸大的数目。金牛道上的古柏在历史上不断地被维护和砍伐，清代梓潼、剑阁、昭化等地在沿途不断种植桑、柏[⑤]，而1935年修筑川陕公路时，因公路取道占用大量路基，大量古柏遭到砍伐，只是由于当地人士纷纷反对，才使少量古柏保存下来，成了珍贵历史文物。七曲山原有古柏四万株，今仅存两万株，至于剑阁县，今仅存八九千株了。1997年，有关人员再次对翠云廊古柏进行了调查，发现翠云廊共有古柏9233株，从年轮上来看，70%是明代栽种，29%是清代前期栽种，0.12%是明代以前的，如历史上所谓的张飞柏等。[⑥]实际上，明代以前就有在金牛道上种植行道树的记载，如宋代武连县令何琰治剑阁道，在沿途种松；但并没有沿途种柏的记载，而有关

① 陈正鹏《浅议翠云廊古柏》，《文史杂志》2015年第2期。
② 俞陛云《蜀辀诗记》，金生杨主编《蜀道行纪类编》第27册，广陵书社，2017年，第105页。
③ 臧卓《秦蜀旅行记》，金生杨主编《蜀道行纪类编》第30册，广陵书社，2017年，第88页。
④ 雍正《剑州志》卷19《古迹》，雍正五年刻本。
⑤ 雍思政《漫话剑门蜀道》，巴蜀书社，2010年，第36页。
⑥ 雍思政《漫话剑门蜀道》，巴蜀书社，2010年，第37页。

记载中沿途的古柏多是在书院、庙宇、墓地周围，唐宋咏叹金牛道的诗文中并没有咏叹到行道树有柏树。因此，可能今天保留下来的极少的汉唐时期的古柏多是历史上沿途的书院、庙宇、墓地所留，只是在明代大量植行道柏树后，与汉、唐庭院庙宇的柏树连成一体了。清代以来，对于古柏的科学的年龄，人们一直在猜测中，咸丰年间沈炳垣《星轺日记》记载："自剑关至梓潼二百二十里，石道两旁皆古柏，其中大不过一围者十之二，近年补种者十之一，余则根盘节错，老干数抱，宋时州守李璧所植。"[1]可知古柏很多都是清代补种的。至于沈炳垣将明代知州李璧记为宋代州守，显然为谬误。民国臧卓《秦蜀旅行记》则认为剑阁古柏"大者数围，疏密有间，丛翳蔽天，诚大观也，相传为明皇幸蜀时所植也"，又称汉阳镇北五里大及四五围的古柏为"汉物"并无相关直接证据。[2]显然，对于古柏的科学年龄前人尚缺乏科学精准的认知。今天挂牌标明的树龄仍有许多值得商榷之处。

雍思政《漫话剑门蜀道》一书中谈到从剑阁经江石、龙源、断碑梁、古楼铺、老土地、文林铺、罐儿铺、河楼、思依、木林塘、松林塘、天安观到阆中途中也有大量大柏树，形成翠云廊。[3]早在俞陛云《蜀辀诗记》中就有"闻保宁深山中古柏较此尤巨"[4]的记载。我们实地考察发现，从剑阁普安镇上大岩口到老土地段，碥路路基保存较好；碥石除上大岩口段保存较完好外，多不复存在；古柏保存较好，并不比主线差。而阆中境内的古柏多不复存在，碥石也只有松林塘至枣林塘之间有较好的保存。

① 沈炳垣《星轺日记》，金生杨主编《蜀道行纪类编》第22册，广陵书社，2017年，第176页。
② 臧卓《秦蜀旅行记》，金生杨主编《蜀道行纪类编》第30册，第88页。
③ 雍思政《漫话剑门蜀道》，巴蜀书社，2010年，附图和第37页。
④ 俞陛云《蜀辀诗记》，金生杨主编《蜀道行纪类编》第27册，广陵书社，2017年，第105页。

蜀道：四川盆地历史交通地理

第一卷　四川盆地北部交通路线（下册）

蓝 勇／著

四川文艺出版社

图书在版编目（CIP）数据

蜀道：四川盆地历史交通地理.第一卷,四川盆地北部交通路线/蓝勇著.--成都：四川文艺出版社，2025.5.--ISBN 978-7-5411-7076-8

Ⅰ.F512.771

中国国家版本馆CIP数据核字第20244TS571号

SHUDAO SICHUAN PENDI LISHI JIAOTONG DILI
DIYIJUAN SICHUAN PENDI BEIBU JIAOTONG LUXIAN

蜀道：四川盆地历史交通地理
第一卷　四川盆地北部交通路线
（下册）

蓝　勇/著

出 品 人　冯　静
策划组稿　张庆宁　周　平　宋　玥
地图绘制　何开雨　石令奇　王钊勤　聂炜鑫　杨　朗
责任编辑　任子乐　桑　蓉
装帧设计　魏晓舸
责任校对　段　敏　付淑敏
责任印制　崔　娜

出版发行　四川文艺出版社（成都市锦江区三色路238号）
网　　址　www.scwys.com
电　　话　028-86361802（发行部）　028-86361781（编辑部）

排　　版　四川胜翔数码印务设计有限公司
印　　刷　成都东江印务有限公司
成品尺寸　185mm×260mm　　　开　本　16开
印　　张　51.25　彩插　4.5　　字　数　970千
版　　次　2025年5月第一版　　印　次　2025年5月第一次印刷
书　　号　ISBN 978-7-5411-7076-8
定　　价　298.00元（全二册）

第二节　嘉陵故道（嘉陵道·故道·陈仓道·青泥道·散关道·北水路附陇东支线）

一、嘉陵故道的早期取用与修治

中国古代一直善于利用河流水利之利来交通，嘉陵江很早就有航运之利。《禹贡》称"沱、潜既道"，又称"浮于潜"。[1]潜，即指潜水，现一般是指今嘉陵江。《水经注》卷20记载："水出陈仓县之大散岭，西南流入故道川，谓之故道水。"[2]"故道"本是嘉陵江上游的古称，其名称最早出现于《史记》卷8《高祖本纪》："八月，汉王用韩信之计，从故道还，袭雍王章邯。邯迎击汉陈仓，雍兵败，还走。"[3]以前认为秦置故道县，故嘉陵江上游称故道，现在看来应该是嘉陵江上游称故道水或故道，县反而是因水得名。周朝散氏盘有"大沽"一词，王国维考证"大沽"即"故道水"，即嘉陵江道。[4]所以，历史上沿嘉陵江行进的秦蜀通道有陈仓道、嘉陵道、故道等称呼，可知战国以前嘉陵江便开通为通道。当然，早期嘉陵江通道的利用可能是水陆并举，现在看来，秦汉之际的几次重要战争都利用了嘉陵故道。

最早一次重要的取用可能是张仪、司马错的伐蜀之战。早在《战国策》中就记载

---

①　《尚书·禹贡》，《十三经注疏》，中华书局，2009年，第315、316页。

②　郦道元《水经注》卷20，上海古籍出版社，1990年，第392页。

③　《史记》卷8《高祖本纪》，中华书局，1982年，第368页。

④　王国维《观堂林集》卷18《散氏盘跋》，《王国维遗书》第3册，上海书店，2011年。

了司马错伐蜀之事①，但并没有记载线路。后《史记》卷5《秦本纪》中记载："又使司马错发陇西因蜀攻楚黔中。"②《水经注》卷37记载："秦昭襄王二十七年，使司马错以陇、蜀军攻楚。"③从陇西入蜀，自然是取故道最为近便。常璩《华阳国志》卷1记载："秦惠文王遣张仪、司马错救苴、巴，遂伐蜀，灭之。仪贪巴、苴之富，因取巴，执王以归，置巴、蜀及汉中郡，分其地为三十一县。仪城江州。司马错自巴涪水取楚商於地为黔中郡。"④卷3也记载："周慎王五年秋，秦大夫张仪、司马错、都尉墨等从石牛道伐蜀。蜀王自于葭萌拒之，败绩。王遁走，至武阳，为秦军所害。"⑤后来《舆地纪胜》卷185记载："《九域志》云：阆中古城，本张仪城也。《图经》云：秦司马错执巴王以归阆中，遂筑此城。今仪庙存焉。"⑥又按《华阳国志》卷1记载"仪城江州"⑦。《蜀中广记》载阆中为"张仪伐蜀所置"⑧。张仪、司马错应是先取故道到汉中，又取金牛道伐蜀，曾从葭萌分兵沿嘉陵江经阆中到江州，可知嘉陵江北段和南段都曾被取用。

第二次重大的取用事件是秦汉之交的战事。《汉书》记载："（汉王）留萧何收巴蜀租，给军粮食。五月，汉王引兵从故道出袭雍，雍王邯迎击汉陈仓，雍兵败，还走。"⑨这便是所谓暗度陈仓。王升《汉司隶校尉犍为杨君颂》称此战事路线为"出散入秦"，即指刘邦从汉中西北沿嘉陵江旁故道经散关至陈仓（宝鸡）。《华阳国志》载："汉祖自汉中出三秦伐楚，萧何发蜀、汉米万船而给助军粮，收其精锐以补伤疾。"⑩按高祖征战取故道北上，萧何料理军队给养，理应随后，揣其形势，蜀地之粮的转输也可能多取嘉陵江北上。

汉代，关中平原与巴蜀的交流主要是取故道和褒斜道，两道的路况和侧重各有特色。武帝元狩年间，有人认为"抵蜀从故道，故道多阪，回远"，提议整修开通褒斜

① 《战国策》卷3《秦策》，中华书局，2012年，第86页。
② 《史记》卷5《秦本纪》，中华书局，1982年，第213页。
③ 郦道元《水经注》卷37，上海古籍出版社，1990年，第705页。
④ 常璩撰，刘琳校注《华阳国志校注》卷1《巴志》，巴蜀书社，1984年，第32—33页。
⑤ 常璩撰，刘琳校注《华阳国志校注》卷3《蜀志》，巴蜀书社，1984年，第192页。
⑥ 王象之《舆地纪胜》卷185《利州路·阆州》，四川大学出版社，2005年，第5391页。
⑦ 常璩撰，刘琳校注《华阳国志校注》卷1《巴志》，巴蜀书社，1984年，第33页。
⑧ 曹学伶《蜀中广记》卷24，上海古籍出版社，2020年，第251页。
⑨ 《汉书》卷1《高帝纪》，中华书局，1962年，第30—31页。
⑩ 常璩撰，刘琳校注《华阳国志校注》卷3《蜀志》，巴蜀书社，1984年，第214页。

道，但由于褒斜道经过整修后，"道果便近，而水湍石，不可漕"①，故褒斜道只是取代了故道陆路成为正道，而嘉陵故道水陆道仍在不断整修和取用。

元初二年，武都太守虞诩在故道通往秦州（天水）陇东支线沮县（略阳）至下辩（成县）段"烧石剪木，开漕船道"②。建武元年，公孙述派侯丹过白水关守南郑，另派将军任满从阆中沿嘉陵江到江州，据捍关。建武三年，又派程乌出陈仓。③王莽旧将汉中王王嘉击侯丹，与延岑连战不已，延岑北出散关至陈仓。建武九年，王元经河池出陈仓。建武十一年，米歆、盖延、马成经河池、下辩攻王元。到了东汉建宁五年又曾对故道陇东支线和故道进行了一番修凿。《郙阁铭》也记载了嘉陵江故道的险状："行旅咨嗟，郡县所苦。斯溪既然，郙阁尤甚。凭岩凿石，处隐定柱。临深长渊，三百余丈。接木相连，号为万柱。过者愕啼，载乘为下。常车迎布，岁数千辆。遭遇聩纳，人物俱坠。沉没洪渊，酷烈为祸。自古迄今，莫不创楚。"这里谈到河中"处隐定柱""接木相连"的栈道，是栈道中最险的一种，即无柱式。故在建宁五年，武都太守李伯都（翕）组织人马"减西滨之高阁，就安宁之石道"。④将"高阁"改成"石道"（碥路），无疑是一个进步。

三国两晋南北朝时取故道征战的事迹相当多。

建安二十年，曹操征讨张鲁，从陈仓、散关、河池、阳平关入汉中。⑤

建兴六年冬，诸葛亮经沔阳、武兴（略阳）、散关围陈仓，粮尽而还。⑥

晋元康八年，李特率流民入蜀，由略阳先取故道入蜀中。⑦

晋永和十年，后秦丞相苻雄击司马勋于陈仓，司马勋取陈仓道走汉中。⑧

梁天监十五年，张齐北出葭萌围武兴。⑨

① 《史记》卷29《河渠书》，中华书局，1982年，第1411页。

② 《后汉书》卷58《虞诩传》，中华书局，1965年，第1869页。

③ 《后汉书》卷13《公孙述传》，中华书局，1965年，第536—537页。

④ 严如熤《三省边防备览》卷16《艺文上》引蔡邕《郙阁铭》，蓝勇主编《稀见重庆地方文献汇点》，重庆大学出版社，2013年，第387页。

⑤ 《三国志》卷1《武帝纪》，中华书局，1982年，第45页；郭允蹈《蜀鉴》卷2，国家图书馆出版社，2010年，第35—37页。

⑥ 《三国志》卷35《诸葛亮传》，中华书局，1982年，第925页；王开《诸葛亮"六出祁山"与木牛、流马》，《公路交通编史研究》1985年第1期。

⑦ 郭允蹈《蜀鉴》卷4，国家图书馆出版社，2010年，第88页。

⑧ 郭允蹈《蜀鉴》卷5，国家图书馆出版社，2010年，第117页。

⑨ 郭允蹈《蜀鉴》卷6，国家图书馆出版社，2010年，第152页。

西魏废帝二年，尉迟迥自散关由固道、金牛道伐蜀。[1]

隋义宁元年，王仁越率兵至河池郡，太守萧瑀却之。[2]

对于汉晋时期嘉陵道的具体路线，由于史料记载有限，我们只能做出一个大约的推测——当时主要沿嘉陵江南下到葭萌，但一直作为主道取用；后"抵蜀从故道，故道多阪，回远"，才改褒斜道。至今，嘉陵江上游略阳以上确实九曲绕行。但当时嘉陵道沿线只有陈仓、故道、河池、下辩等县，可能在汉晋时期，人们为了绕开险阻荒凉的凤州到虞关段，且为了经过有烟火、供亿更充足的县城，开始绕行河池、下辩、武兴郙阁等地入蜀到葭萌，形成了陇东支线，即后来唐宋的青泥岭路和白水路，只是相关记载不足，具体路线无从考证了。

我们在嘉陵江流域的不断考察中发现了大量栈道遗迹，许多栈道可能就是秦汉时期的遗物，如徽县双龙崖栈道，有双排栈孔40余眼，总长20余米。据说崖壁上曾经有两条龙，故名双龙崖，双龙后被偷走。据说历史上此地民风彪悍，民国时期土匪多，所以又叫造反沟。另略阳县白水江镇南九家山对面江东岸马莲垭口绝壁的马莲垭栈道遗迹，有单排栈孔16眼，长30多米。略阳朱儿坝白岩碥栈道为原汉代郙阁之地，至今仍保留有栈孔，方栈孔37眼，圆栈孔12眼。在栈孔上方有前人留下的纤道。另略阳灵岩寺，广元朝天清风峡、明月峡的栈道遗址也较为有名。其中明月峡的栈道遗址规模较大，显现了嘉陵江流域交通地位的重要。

双龙崖栈道遗址

双龙崖南的栈孔

① 《周书》卷21《尉迟迥传》，中华书局，1971年，第350页。

② 《资治通鉴》卷184《隋纪八》，中华书局，1956年，第5746页。

白岩碛栈孔

郙阁铭

马莲垭口栈孔近景

马莲垭遗迹全景

二、唐代嘉陵故道的路线与取用

唐代，嘉陵故道一度翻越今徽县南青泥岭，故又称青泥道。故道上的青泥一名出现的时间还有争议，以前人们以所谓《续汉书·郡国志》中记载："青泥岭，在兴州长兴县西北，接溪山东，即今通路。悬崖万仞，山多云雨，行者屡逢泥淖，故号为青泥岭。"认为徽县青泥之名早在晋代就出现了，但今本《后汉书·郡国志》中并无此条记载。[1]此《郡国志》为何时代文献，还难以定论。目前最早可以确定时期的是李吉甫《元和郡县图志》卷22中的记载："青泥岭，在县西北五十三里接溪山东，即今通路也。悬崖万仞，山多云雨，行者屡逢泥淖，故号为青泥岭。"[2]同时，唐五代文人中有关青泥岭的记述也较多，如武元衡、元稹、李白、王周等都有咏叹。特别是元稹《青云驿》的"昔游蜀门下，有驿名青泥"[3]之句，较有知名度。

宝鸡陈仓驿、遵涂驿　唐代褚载《陈仓驿》一诗称："锦翼花冠安在哉，雄飞雌伏尽尘埃。一双童子应惆怅，不见真人更猎来。"[4]只是不知此驿的具体位置，可能在当时的陈仓县，即今宝鸡一带。遵涂驿（又叫石盘驿），司马光《资治通鉴》卷256《唐纪七十二》记载："车驾才入散关，朱玫已围宝鸡。石鼻军溃，玫长驱攻散关，不克。嗣襄王煴，肃宗之玄孙也，有疾，从上不及，留遵涂驿，为玫所得，与俱还凤翔。"[5]但对于遵涂驿在何处，历代并无确指。据顾祖禹《读史方舆纪要》卷55记载："遵涂驿，旧置于石鼻城中，亦名石鼻驿。唐光启二年，嗣襄王煴从上南幸，有疾留遵涂驿，为邠宁叛帅朱玫所得，与俱还凤翔，寻奉煴权监军国事，盟百官于石鼻驿。"[6]石鼻城又称石鼻寨、灵壁、石壁，故址在宝鸡县虢镇西18里底店堡，千水与渭河在堡东交汇。相传城为诸葛亮构筑，金代改设石城镇，清代设立底店镇。以此来看，遵涂驿应该在今宝鸡市底店无疑。所以，严耕望先生认为遵涂驿在玉女潭与大散关之间的观点可能有误。[7]

---

① 见蒲向明《"青泥"内涵之辨与青泥道始名考证》，张承荣、蒲向明主编《陇蜀青泥古道与丝路茶马贸易研究》，四川大学出版社，2018年，第20—21页。

② 李吉甫《元和郡县图志》卷22，中华书局，1983年，第571页。

③ 元稹《青云驿》，《全唐诗》卷694，中华书局，1960年，第7991页。

④ 褚载《陈仓驿》，洪迈《万首唐人诗句》卷28，嘉靖刻本。

⑤ 《资治通鉴》卷256《唐纪七十二》，中华书局，1956年，第8331页。

⑥ 顾祖禹《读史方舆纪要》卷55，中华书局，2005年，第2646页。

⑦ 严耕望《通典所记汉中通秦川驿道考》，《新亚学报》第8卷第2期。

模壁 司马光《资治通鉴》卷288《后汉纪三》记载："丙申，安思谦屯右界，汉兵屯宝鸡，思谦遣眉州刺史申贵将兵二千趣模壁，设伏于竹林。"[1]顾祖禹《读史方舆纪要》卷55记载："模壁寨，在县西南七里。汉乾祐初凤翔帅王景崇以凤翔附蜀，蜀遣山南西道节度使安思谦救之，思谦屯右界，汉兵屯宝鸡。思谦遣别将趋模壁，设伏于竹林，乃压宝鸡而陈，诱汉兵败之，遂破宝鸡。既而蜀兵退，汉兵复入宝鸡。思谦退屯渭水，汉益兵戍宝鸡。思谦畏之，退屯凤州，复屯散关，破汉兵于玉女潭。汉兵寻食尽引还，思谦因进屯模壁是也。右界，胡氏曰：'即宝鸡西界，为蜀、汉分疆之处。'"[2]但《大清一统志》卷236记载："模壁寨，在宝鸡县西南七十里，五代汉乾祐初蜀将安思谦救凤翔遣别将越模壁。"[3]似模壁在宝鸡西南70里，而不是7里。现在人们一般认为模壁寨故址在宝鸡市渭滨区秦岭山中，东北距宝鸡市70里，具体地点不明。

三交城（益门镇） 李吉甫《元和郡县图志》卷2记载："三交城，在县西十六里，司马宣王与诸葛亮相距所筑。"[4]《大明一统志》卷34记载："三交城，在宝鸡县西四十里，魏司马懿与汉诸葛亮相拒于此筑城，苻秦武都郡治此。"[5]《太平寰宇记》记载："三交故城，在县西四十六里。"[6]而《读史方舆纪要》却说在宝鸡县西30里[7]，古代的记载方位里程较为混乱。一般认为三交故址在宝鸡市渭滨区益门镇，地处清姜河西岸，东北距宝鸡城30里，但也有人认为三交城故址在宝鸡县固川附近。

玉女潭 司马光《资治通鉴》卷288《后汉纪三》记载："戊子，思谦进屯散关，遣马步使高彦俦、眉州刺史申贵击汉箭筈、安都寨，破之。庚寅，思谦败汉兵于玉女潭，汉兵退屯宝鸡，思谦进屯模壁，韩保贞出新关。"[8]顾祖禹《读史方舆纪要》卷55记载："玉女潭，县西南二十五里。五代汉乾祐初，蜀将安思谦败汉兵于此，进屯模壁。潭盖当往来之道。"[9]地点不明。今宝鸡东北麟游县有玉女潭风景区，但位置不合。

① 《资治通鉴》卷288《后汉纪三》，中华书局，1956年，第9401页。

② 顾祖禹《读史方舆纪要》卷55，中华书局，2005年，第2645页。

③ 《大清一统志》卷236，上海古籍出版社，2008年，第5册，第737页。

④ 李吉甫《元和郡县图志》卷2，中华书局，1983年，第43页。

⑤ 《大明一统志》卷34《保宁府》，三秦出版社，1990年，第588页。

⑥ 乐史《太平寰宇记》卷30《关西道》，中华书局，2007年，第642页。

⑦ 顾祖禹《读史方舆纪要》卷55，中华书局，2005年，第2645页。

⑧ 《资治通鉴》卷288《后汉纪三》，中华书局，1956年，第9405页。

⑨ 顾祖禹《读史方舆纪要》卷55，中华书局，2005年，第2645页。

| 大散关关口 | 远眺大散关 |

大散关　也称观音堂。早在《三国志》《华阳国志》中就有散关的记载。李吉甫《元和郡县图志》卷2记载："散关，在县西南五十二里，《蜀志》：诸葛亮出散关围陈仓。"①顾祖禹《读史方舆纪要》卷55记载："大散岭，县西南五十二里。唐光启二年，上自宝鸡幸兴元，使王建负传国玺从登大散岭是也。大散关置于此……大散关，在县西南大散岭上。自古南北之险要也，向设巡司戍守。"②大散关是宋金争战的主要战场，陆游留有"铁马秋风大散关"之名句。大散关故址在今宝鸡市渭滨区观音堂西南五公里的将子窝附近，地处秦岭山上的清姜河源头，东北距宝鸡城52里，现有新修的关楼一座。

黄牛寨　郭允蹈《蜀鉴》卷8记载："王景拔黄牛寨，蜀将赵季札遁归，蜀王昶斩之……黄牛寨在凤州东，州去兴赵原四十里，原去寨十五里。"③《大清一统志》卷238记载："黄牛堡，在凤县东北一百一十五里，接凤翔府宝鸡县界，五代周显德二年，王景攻蜀入散关拔黄牛寨，宋绍兴三十一年，金图克坦哈希扼大散关，游骑攻黄牛堡，吴璘自河池驰至青野原，调兵分道援黄牛。《府志》：黄牛堡，在县东北五十里，去宝鸡县一百八十里。"④光绪《凤县志》卷1《关隘》记载："黄牛堡，县东一百一十里，古称黄牛堡。由宝鸡口进关，经二里关即大散关。煎茶坪即古大散岭，一路崇山峻岭，至黄牛铺路稍平衍。西北通甘肃三岔厅，东接太白，西南通治城，当

① 李吉甫《元和郡县图志》卷2，中华书局，1983年，第43页。
② 顾祖禹《读史方舆纪要》卷55，中华书局，2005年，第2643、2645页。
③ 郭允蹈《蜀鉴》卷8，国家图书馆出版社，2010年，第207页。
④ 《大清一统志》卷238，上海古籍出版社，2008年，第5册，第785页。

四路总汇，故宋吴玠将杨从义结堡拒金于此。本朝军兴时，经略额侯在此及东河桥屡获大捷。"①黄牛寨在今凤县黄牛铺镇附近。

黄花县、黄花驿　黄花县在唐武德元年设置，宝历元年九月降为黄花镇，并入梁泉县。以前有人认为黄花县故址在凤县东北85里国安寺附近。黄花驿出现在唐代薛逢《题黄花驿》一诗中，其称："孤戍迢迢蜀路长，鸟鸣山馆客思乡。更看绝顶烟霞外，数树岩花照夕阳。" 宋代此驿当道，故咏叹者较多，如陆游《剑南诗稿》卷35《新菊》一诗称："已过重阳十日期，菊丛初破两三枝。自怜短鬓萧萧白，不似黄花驿里时。（黄花驿，在歧凤间，予尝过之。）"②汪元量《凤州歌》称："去路迢迢入两当，三千三百到华阳。黄花川上黄花驿，千百猿声断客肠。"③赵抃《清献集》卷5有《次韵六弟抗黄花驿楼作》一诗。④显然，如此重要的馆驿在完全不当道上的安国寺，不合常理。元代王沂《伊滨集》卷2《草凉楼驿》诗有"凤州黄花驿，山路石齿齿"⑤之句，显然，草凉楼驿即是黄花驿。顾炎武《肇域志》卷38记载"黄花驿，（两当县）城内"⑥，显然不对。而顾祖禹《读史方舆纪要》卷59记载："《通志》：'（两当）县治东有黄花驿。'"⑦应该是合理的。光绪《凤县志》卷1《关隘》记载："草凉，县东七十里，南通白云，直接太白，北通唐藏，毗连吴寨，亦扼要区，设巡检分防。"⑧所以今天新编《凤县志》也认为，草凉楼镇在唐初为黄花县治地，宋为黄花镇。⑨驿与县应该同地，即在今凤县草凉楼，县和驿均在嘉陵江故道上。光绪《凤县志》卷1《关隘》记载："黄花镇在县东北十里，即唐之黄花县地。"⑩认为黄花县故址在凤县东北85里国安寺附近的观点可能有误。

---

① 光绪《凤县志》卷1《关隘》，光绪十八年刻本。
② 陆游《剑南诗稿》卷35，《景印文渊阁四库全书》第1162册，台湾商务印书馆，1972年，第544页。
③ 汪元量《水云集》，清《武林往哲遗著》本。
④ 赵抃《清献集》卷5，嘉靖四十一年汪旦刻本。
⑤ 王沂《草凉楼驿》，《伊滨集》卷2，《景印文渊阁四库全书》第1208册，台湾商务印书馆，1972年，第401页。
⑥ 顾炎武《肇域志》卷38，清代抄本；另见顾炎武《肇域志·陕西》，上海古籍出版社，2004年，第1702页。
⑦ 顾祖禹《读史方舆纪要》卷59，中华书局，2005年，第2860页。
⑧ 光绪《凤县志》卷1《关隘》，光绪十八年刻本。
⑨ 凤县志编纂委员会编《凤县志》，陕西人民出版社，1994年，第57页。
⑩ 光绪《凤县志》卷1《关隘》，光绪十八年刻本。

唐仓镇 早在《水经注》中就记载有唐仓城。郭允蹈《蜀鉴》卷8记载："王景败蜀师于黄花谷，蜀师皆溃，取秦阶成州……又分兵出凤州之北唐仓镇及黄花谷……唐仓镇及黄花谷，在北川水上。《水经注》：北川水出北洛榆山，南流径唐仓城下黄花谷，水亦出此山。《寰宇记》云：唐仓镇，入蜀要路，魏将唐仓于此栅而立仓廪，故谓之唐仓栅。"[1]顾祖禹《读史方舆纪要》卷56记载："唐仓镇，在县北三十里。"[2]《大清一统志》卷238记载："唐仓城，在凤县北。《水经注》北川水南流径唐仓城下。《通鉴》五代周显德二年，王景等伐蜀，蜀李延珪分兵出凤州北唐仓镇及黄花谷，绝周粮道。《寰宇记》梁泉县有唐仓栅，旧立仓廪，至今谓之仓栅。旧志：唐仓镇，在县北三十里。"[3]光绪《凤县志》卷1《关隘》记载："唐藏，县北七十里，接连太渠利桥，为通秦州山路，沿途未辟老林，延亘数百里，即五代史之唐仓镇。周显德二年，王景等伐蜀进至武威城（在县东六十里），蜀将李廷珪分兵出凤州北唐仓镇及黄花谷，绝周粮道，景遣兵抵黄花，又分兵趋唐仓，扼蜀归路，遂败蜀兵。"[4]据此，当地人普遍认为唐仓镇在凤县北的唐藏镇，甚至认为是在今凤县通天河风景区内。但此镇并不在嘉陵故道上，地势偏僻，清人的认知应存在问题。以区位形势来看，如果唐仓镇在嘉陵道上，又在凤县北30里，应在今凤县廖家河至王家台一带。如果不在嘉陵道上，也可能在今唐藏镇。

白涧镇 郭允蹈《蜀鉴》卷8记载："李廷珪遣先锋、都指挥使李进据马岭寨，又遣奇兵出斜谷屯白涧……白涧镇在凤州。"[5]王存《元丰九域志》卷3记载梁泉县七镇中有白涧镇。[6]顾祖禹《读史方舆纪要》卷56记载："云白涧镇在县东北，即是时蜀将李延珪分兵屯戍处。"[7]雍正《陕西通志》卷16记载："白石镇，在县东北十里，即古白涧镇。"[8]即今白石铺村。需要指出，此地名首次出现在宋代而非唐代。

梁泉县（凤县） 李吉甫《元和郡县图志》卷22记载："本汉故道县地，后魏太和元年于此置梁泉县，取县西梁泉为名，属固道郡，隋开皇三年罢郡，县属凤州，皇

① 郭允蹈《蜀鉴》卷8，国家图书馆出版社，2010年，第207页。
② 顾祖禹《读史方舆纪要》卷56，中华书局，2005年，第2690页。
③ 《大清一统志》卷238，上海古籍出版社，2008年，第5册，第781页。
④ 光绪《凤县志》卷1《关隘》，光绪十八年刻本。
⑤ 郭允蹈《蜀鉴》卷8，国家图书馆出版社，2010年，第207页。
⑥ 王存《元丰九域志》卷3，中华书局，1984年，第129页。
⑦ 顾祖禹《读史方舆纪要》卷56，中华书局，2005年，第2690页。
⑧ 雍正《陕西通志》卷16，雍正十三年刻本。

朝因之。"①宋代一直设立凤州梁泉县，明洪武七年撤销凤州设立凤县，故址即今凤县凤州镇，1950年11月才迁治今双石铺。

马岭寨 相关记载最早出现在五代时期。郭允蹈《蜀鉴》卷8记载："蜀李廷珪遣先锋、都指挥使李进据马岭寨……马岭寨，在凤州之西，去州三十五里。"②明代《武备志》卷198记载："马岭关，在凤县西三十里。"③光绪《凤县志》卷1《关隘》记载："马岭关，县西四十五里，周显德间，遣将王景等入散关攻蜀、秦州，蜀将李廷珪遣别将据此。"④一般认为，当时故道从梁泉县沿嘉陵江西南而下，到今草店村后开始向西，离开嘉陵江进入山地到两当县。马岭关故址在凤县凤州镇西45里，今仍名马岭关、马岭寨。翻过马岭关后过今红崖河向西到两当县。

两当县、两当驿 李吉甫《元和郡县图志》卷22记载："本汉故道县地，属武都郡。汉高帝引兵从故道出袭雍，谓此也。永嘉之后，地没氐羌，县名绝矣。后魏变文为固，于此置固道郡，领两当、广乡二县，因县界两当水为名。或云县西界有两山相当，因取为名。隋开皇罢郡，县属凤州。皇朝因之。"⑤乐史《太平寰宇记》卷134《山南西道二》记载："两当县，西五十里，元三乡。本汉故县也，属武都郡。《汉书》曰：高帝引兵从故道出袭雍，谓此也。永嘉之后，地没氐羌，县名绝矣。后魏因于此置故道郡，领两当、广乡二县，因界内两当水为名。《水经注》云：两当水出陈仓县之大散岭，西南流入故道川，谓之故道水。河池县有两当水，西北自成州界入东南流入故道县，取水为名。或云县为界两山相当为名。"⑥显然，汉代就设有故道县（在今两当县杨店），北魏孝文帝延兴四年，变"故"为"固"，设固道郡，领两当（治今杨店乡）、广化（治今城关镇）二县。隋废广乡县。宋至道元年，两当县移至广乡县故城（今城关镇）。但两当驿的记载在宋代才出现，如赵抃《清献集》卷5《熙宁壬子至节夕宿两当驿》记载："里数三千七百余，两当冬夜宿中途。举朝五往东西蜀，还有区区似我无。"⑦后来祝穆《方舆胜览》卷69便有记载："两当驿，两当县东抵京都西抵益州皆三十六程，故曰两当。赵阅道两当驿诗云'里数三千七百余，两当

① 李吉甫《元和郡县图志》卷22，中华书局，1983年，第567页。
② 郭允蹈《蜀鉴》卷8，国家图书馆出版社，2010年，第207页。
③ 茅元仪《武备志》卷198，天启刻本。
④ 光绪《凤县志》卷1《关隘》，光绪十八年刻本。
⑤ 李吉甫《元和郡县图志》卷22，中华书局，1983年，第568页。
⑥ 乐史《太平寰宇记》卷134《山南西道二》，中华书局，2007年，第2629页。
⑦ 赵抃《清献集》卷5，嘉靖四十一年汪旦刻本。

冬夜宿中途'。"① 后元佚名《群书通要》辛集《方舆胜览》上州郡门记载："两当驿，东抵京都西抵益州皆三十六程，故曰两当固镇。"② 如果宋代才设有两当驿，则应在今两当县城关镇。

河池县、河池驿　本汉故道县旧地，汉设河池县，一说在今徽县伏家镇，一说在今银杏镇。李吉甫《元和郡县图志》卷22记载："本汉旧县，属武都郡河池，一名仇池。按仇池山，本名仇维山，上有池似覆壶，有瀑布，其县因山为名。山在成州界，去县稍远。今县所处谓之河池川，故取以为名。永嘉之后，没于氐羌，县名绝矣。后魏于此置广化郡广化县，隋开皇三年罢郡，县属凤州，仁寿元年改为河池县，复汉旧名，皇朝因之。"③ 欧阳忞《舆地广记》卷15记载："紧，河池县，汉属武都郡，东汉及因之，后废焉。元魏置广化县及广化郡，隋开皇初，郡废，仁寿初改县曰河池，属河池郡。唐属凤州，皇朝徙治固镇。"④ 北宋开宝三年，河池县城从伏家镇迁今县城固镇。元改名徽州。清代雍正七年，降为徽县。雷简夫《新修白水路记》（即徽县大河店王河村瓦泉的大石碑）记载有河池驿之名。明何景明《雍大记》卷32引《新修白水路记》称："曰至和二年冬，利州路转运使、主客郎中李虞卿，以蜀道青泥岭旧路高峻，请开白水路，自凤州河池驿至长举驿五十一里有半，以便公私之行。"⑤ 以此，北宋河池县在今县城固镇，驿也在此，但此驿应为宋驿，并非唐驿。

青泥岭、青泥驿　李吉甫《元和郡县图志》卷22记载："青泥岭，在县西北五十三里接溪山东，即今通路也。悬崖万仞，山多云雨，行者屡逢泥淖，故号为青泥岭。"⑥ 乐史《太平寰宇记》卷135《山南西道三》也记载："青泥岭，在接溪山东，即今通路也。悬崖万仞，上多云雨，行者屡逢泥泞，故曰青泥岭。"⑦ 由于唐宋青泥岭的相关记载并不完整具体，因而对青泥岭具体位置难做进一步的定位。明代李贤《大明一统志》卷34记载："青泥岭，在略阳县西北一百五十里，其上雨过多泥淖，宋杨粹中题青泥驿诗：'山犹连蜀道，人已作秦音。'"⑧ 仍不足以具体定位。乾隆《徽

① 祝穆《方舆胜览》卷69，中华书局，2003年，第1214页。
② 元佚名《群书通要》辛集《方舆胜览》上州郡门，嘉庆宛委别藏本。
③ 李吉甫《元和郡县图志》卷22，中华书局，1983年，第568页。
④ 欧阳忞《舆地广记》卷15，四川大学出版社，2003年，第436页。
⑤ 何景明《雍大记》卷32引雷简夫《新修白水路记》，嘉靖刻本。
⑥ 李吉甫《元和郡县图志》卷22，中华书局，1983年，第571页。
⑦ 乐史《太平寰宇记》卷135《山南西道二》，中华书局，2007年，第2645页。
⑧ 《大明一统志》卷34，三秦出版社，1990年，第594页。

县志》的记载较为精准："青泥岭，在县南二十里，上多雪雨，行者苦泥淖，岭上有入蜀之路，杜甫经此有诗。"[①]后嘉庆《徽县志》卷1《疆域志·山川》记载："青泥岭东南二十五里，其南最高峰为巾子山岭支山也，唐时入蜀要路，李白经此作《蜀道难》。《郡国志》青泥岭，在兴州长举县西北接溪山东，即今通路，悬崖万仞，上多云雨，行者屡逢泥淖故名青泥。巾子山，东南四十里，其山巅峦瑰嵬，望之形似巾子，故名。不与众山相属，四围仰承，如百体之尊元首然。其色如铁，又名铁山，唐谓青泥，宋始称铁山，陡壁直上，约五六里至其巅，俯瞰城郭。西南倚山一角有虞关镇。"[②]民国《徽县新志》卷1也有类似的记载。[③]总体来看，唐代青泥岭的位置应在今铁山一带，虽范围较广，但并没有争议。据我们的实地考察，铁山的主峰又名巾子山、泥公山，位于甘肃徽县东南40里处，是青泥山脉最高峰，海拔1746米（一说1946米）。实际上，古人认为的青泥岭范围应该较大。至于现在人们认为的今铁山支系的青泥岭，相对高度并不高，山崖上刻有"青泥岭"三字，山下有青泥村、青泥驿一地，可能是清人地理区位重构的结果。

我们实地考察发现，今青泥村青泥驿一带并无唐宋遗迹，但青泥村在明清时期徽县通往虞关一带的大道上是正确的，大道经过牟阳坝、青泥、孟滩、关坪山到虞关，青泥村确实有可能是唐代青泥驿之地。现青泥村是中国传统村落，村中还有古井一口。在村不远处有"远通吴楚"碑和"修路碑记"碑两通，其中"远通吴楚"碑高约70厘米、宽约40厘米、厚约40厘米，碑文记载："远通吴楚：徽县南虞关之通道也，自石家硖至杏树崖二十余里，路皆崔嵬，险阻可畏。自明以来，虽屡经修筑，崎岖如故，往来负载，莫不

青泥村

①　乾隆《徽县志》，民国二十二年抄本。
②　嘉庆《徽县志》卷1《疆域志·山川》，嘉庆十四年刻本。
③　民国《徽县新志》卷1，民国十三年石印本。

铁山全景　　　　　　　　　　　　当地人认为的青泥岭

寒心。但功力浩大，难以举动。己巳秋，四方左右奋然起念，同心协力，急施□琢，悉内一旦成功，爰立二碑，以垂不朽云。（捐资人姓名省略。）"从碑文可看出，青泥道自明代以来是徽县出入大道，屡经修缮。此碑落款清嘉庆十六年，是青泥村附近百姓为整修青泥古路所立纪念碑。另一通"修路碑记"碑内容为同时记录的修路捐资人的姓名、商号、所捐银两，工匠姓名，书写人姓名等。

沿古道而行，可见一块摩崖石刻横刻着"玄天神路"四个大字，碑额自右至左分两行刻楷书"新刊修路碑记"六个字，记述了当时巩昌府徽州人民自发维修青泥古道的情况。此碑又被称为"玄天神路"碑，其内容如下："新刊修路碑记。巩昌府徽州坊下等□人民，见□居物赉店，方圆一郡，见得官路，上自青泥岭，下至青泥河，土路坍塌，顽石阻隔，阻往来奔走不便，人人所忧虑者，今众等集乡约会，各施各资财粮石，发心修理道路。（捐资人姓名省略。）万历辛丑季春三月吉旦完路。"此碑系明代万历二十九年民间修路所立。这条古道实际上可以直接通往陕西略阳，也可翻越青泥岭铁山的山路到虞关。据徽县教育局王义先生回忆，公路未通之前，高中时代的他去上学就要步行走这条老路，步行到虞关，需要6个小时。

不过，唐青泥驿具体在今徽县境内何地还需要考证。同时，唐代嘉陵道上的青泥驿的大致位置还有争议。确实，在唐代的文献中有青泥驿之名，但问题是唐宋时期青泥驿至少还有两个，一个在蓝田峣关下，一个在长举县。唐代武元衡《同洛阳诸公钱庐起居》有"暮宿青泥驿"之句，而元稹《青云驿》中也有"昔游蜀门下，有驿名青泥"之句。此外，在裴庭裕《东观汉记》卷中、《旧唐书》、钱起《钱考功集》、宋敏求《长安志》、葛立方《韵语阳秋》中亦有记载，但地域指向并不明确，只南宋

《方舆胜览》卷69沔州长举县下记载有杨粹中题青泥驿诗，但杨粹中是宋代濮州郡守，即使所指确是长举青泥驿，也只是局限在宋代，所以，对于文献中的青泥岭是否全指长举县的青泥驿还需进一步考证。

"远通吴楚"碑和"修路碑记"碑

目前还未发现有关唐代此条路线的具体经过和名称。我们只是从明清时期的习惯性交通路线和现存路况来推测嘉陵道青泥岭道的具体路线。其实，我们发现，民国《甘肃省徽县图》标有一条从南关经过姚家坪、上水洞、马房坝、里沟门、大河店、武王洞、虞关、大石碑到白水江的道路，另有一条经过大河垭、立马河、赵家河、牟家坝、石家峡、青泥河、柳家庄、三泉寺、大崖、梨坡到大河店之路，两条路线的走向标注都较为混乱。据当地学者的研究，一说可从今凤县西翻马岭关、杨店（汉代故县、唐代

"玄天神路"碑

青泥村附近碥路

两当县）、两当县城、永宁到固镇（宋河池县，今徽县），另可从银杏镇（唐河池县）、金沟门下、郭坪村、唐庄村、范棱村到固镇，再经刘家庄、普陀、周家庄、师家崖、青泥岭店子。从此一说可以在凉水井经甘草坝、梨树坑、三泉村、中坝、吴家坪、柑树垭、沟岔下、潘家那下、穆家沟下山到虞关，西南到长峰村，为初唐路线。也可从水会渡（老虞关渡口）入陆路经八渡沟到白水江镇长峰村（唐长举县）、兴州（今略阳）。一说从青泥岭东南经草滩、凉水井、柳树垭、上山里、下山里、山盆、杨家河、大湾里、碾道里到阳坡里，再从何家寨、长峰村（唐长举县），也可从马鞍梁到白水江、江镇（宋长举县），为唐末宋初路线。同时，宋代雷简夫《新修白水路记》记载北宋新修白水路，沿白水江而行，大约经过店滩、十里墩、店子沟、照壁崖、黑沟门、大河店、梯子崖、大石碑到宋代长举县之江镇。[①]一般认为这条白水路是青泥路的替代。[②]直到清末民初，从大河店沿白水江一带仍保留有古代栈道遗迹。[③]

不过，虽然大量唐代文人都从大散关南下到马岭寨后折向两当县、河池县，南下青泥岭再折向嘉陵江，而宋人从河池南下也多走白水路，但从马岭南下嘉陵江经过凤县灵官峡、西坡镇、站儿镇、嘉陵镇到虞关的水陆路可能仍然存在并畅通。[④]所以，在凤县南绕开嘉陵江经两当、河池，再折向长举合嘉陵江的青泥路和白水路，可能只是因路程相对平坦且经过县治而为旅行取用，但战争或国计民生大宗运输，应该还是取近捷的嘉陵江沿线通道。

在这样的交通格局下，虞关成为了嘉陵江航运的一个重要起点城镇，同时也是联系徽县的青泥道的重要水陆要地。但唐代并没有鱼关之名出现，此名最早出现在宋代，所以，清代地方志中有关唐代鱼关驿的记载是毫无根据的。其实，唐代后期从鱼关到兴州可通水路，也可走陆路绕开嘉陵江沿江险崖和长举县城，具体路线有可能是经过今天的九股树、枸林驿到略阳。嘉靖《略阳县志》卷2记载，九股树巡检司，成化八年设立。顾祖禹《读史方舆纪要》卷56记载："白玉关在县北八十里，一名九股树，今有九股树巡检司置于此。"[⑤]嘉庆《徽县志》卷1《疆域志·山隘要路》和民国

① 见苏海洋《唐宋时期青泥路高精度复原研究》，张承荣、蒲向明主编《陇蜀青泥古道与丝路茶马贸易研究》，四川大学出版社，2018年。

② 见李之勤《川陕古道中的青泥路和白水路》，《西北历史资料》1982年第2期。

③ 见王舫《乙卯入蜀记》，金生杨主编《蜀道行纪类编》第29册，广陵书社，2017年，第245页。

④ 见张多勇、马悦宁《丝绸之路陇蜀道上北宋摩崖刻石〈新修白水路记〉新释》，张承荣、蒲向明主编《陇蜀青泥古道与丝路茶马贸易研究》，四川大学出版社，2018年。

⑤ 顾祖禹《读史方舆纪要》卷56，中华书局，2005年，第2706页。

《徽县新志》卷5都记载："县南八十里锅厂岩，自虞关西沿江六里，渡嘉陵江，进小百渡沟，而至通略阳金池院路，山溪险绝，负贩者尚由此行。"[①]道光《重修略阳县志》卷1《舆地部·道路》记载："北十五里至吴家营，折西二十三里至红花寺，十里枸林驿，十里黑楼房，十二里铁厂子，二十五里大八渡山之大横渠，十里麻柳塘，十里小八渡山，五里渡白水江，十五里大石碑交徽县打火店界，为赴徽大路，险峻难行，要害之区。"[②]后光绪《略阳县乡土志》卷2《道路》也记载："正北五里菜子坝，十里吴家营，折西二十里磨坝集，五里枸林驿，十里楼房，十二里铁厂子，二十五里大八渡山之大横渠，十里麻柳塘，十里小八渡山，五里白水江集，过江十五里大石碑交徽县界，赴甘肃本省大路，路险峻难行，要害之区。"[③]此金池院路从虞关东南八渡沟处绕开嘉陵江走山路，其中要经过石硖一线天栈道，因崖壁陡峭难行，过往者必须手脚并用，又被称为"手扒崖"。直至新中国成立初期，个别路段还在通行，后在修建宝成铁路时被飞石完全毁坏。目前，因泥沙淤积，河床抬升，许多栈道痕迹已被埋于河床之下，只有个别栈道孔还清晰地排列在崖壁上。过石硖不久的一个悬崖上有摩崖石刻一处，摩崖顶部较圆，整体呈长方形，正中刻着一座观音菩萨坐像。内容记载了当地乡民自愿结社修路，做大功德，祈求佛祖护佑平安、赐予福祉。

八渡沟石峡

八渡沟石峡栈孔

---

① 嘉庆《徽县志》卷1《疆域志·山隘要路》，嘉庆十四年刻本；民国《徽县新志》卷5，民国十三年石印本。

② 道光《重修略阳县志》卷1《舆地部·道路》，道光二十六年刻本。

③ 光绪《略阳县乡土志》卷2《道路》，光绪年间抄本。

石峡明代修路摩崖   石峡明代修路摩崖碑记

碑文内容如下："南瞻部洲，大明国陕西巩昌府徽州各里不南见，在十八盘无口。佛发愿修路，以安信士禅有等善念，□□四日报答，发爱心，领引一方善信人等□□，四月十四日见得石硖路小桥坏，□请道人□□当日正起修□□，八月初十日功完，乘驮□□修路善人。刘尚生（等二十八人，姓名省略）万历四十三年八月。石匠□尚文。"

水会渡　一称水回渡。现在有人认为唐代水会渡即今虞关老渡口。杜甫有《水会渡》诗称："山行有常程，中夜尚未安。微月没已久，崖倾路何难。大江动我前，汹若溟渤宽。篙师暗理楫，歌笑轻波澜。霜浓木石滑，风急手足寒。入舟已千忧，陟巘仍万盘。回眺积水外，始知众星乾。远游令人瘦，衰疾惭加餐。"但历史上对水会渡在何地说法较多，《舆地纪胜》《方舆胜览》《读史方舆纪要》等记载水会

长举县治旧地长峰村

渡一在剑州隆庆府，一在
阆州北。有关水会渡在虞
关的说法出现较晚，清代
地方文献中也没有虞关即
水会渡之说，可能是在近
代才出现此说，故在此列
出存疑。

嘉陵江上的罗汉滩

兴州长举县　李吉甫
《元和郡县图志》卷22记
载："本汉沮县地，后魏
于此分置长举县，属盘头郡。周武帝废盘头郡，县改属落丛郡。隋开皇三年，罢郡，
县属兴州。皇朝因之。"[1]民国《徽县新志》卷1《古迹》记载："长举旧县，仙人关
下，临江岸，西魏置。"[2]但现在学界普遍认为唐代长举县在白水江镇北长峰村，也称
长峰县，但五代、宋代时并没有白水江镇白水老街在仙人关之说。甘肃徽县与陕西略
阳县交界处嘉陵江西岸的长峰村，也称长峰县，至今仍然保留着一个较大的聚落。在
长峰村东北的嘉陵江对岸台地有长峰寺遗址，今仍有宋代摩崖石刻和寺庙地基，可以
看出唐宋时期长举县、仙人关一带是一个较为重要的地方。

兴州顺政县　今略阳。李吉甫《元和郡县图志》卷22记载："本汉沮县地，后
魏废帝分置汉曲县，属顺政郡。隋开皇三年罢郡，以汉曲县属兴州，十八年改为顺政
县，皇朝因之。"[3]唐代兴州顺政县在今略阳文家坪，即今略阳新城。

兴城关　李吉甫《元和郡县图志》卷22记载："兴城关，在县南五里兴城关。"[4]
在今略阳城区南。

唐代从兴州顺政县向南入蜀的陆路有两条，一道向东南到沔县与金牛道相接，一
道翻山到三泉县。嘉靖《汉中府志》卷2《建置志·邮驿》记载，略阳向东设有屺浇、
木瓜、煎茶、夹口、沮水等铺。[5]而道光《重修略阳县志》卷1《舆地部·道路》记
载："正东三里至碾子坝，十里七里店，七里阁老岭，即登云铺，十里蹇家坝，十里

① 李吉甫《元和郡县图志》卷22，中华书局，1983年，第570页。
② 民国《徽县新志》卷1《古迹》，民国十三年石印本。
③ 李吉甫《元和郡县图志》卷22，中华书局，1983年，第570页。
④ 李吉甫《元和郡县图志》卷22，中华书局，1983年，第570页。
⑤ 嘉靖《汉中府志》卷2《建置志·邮驿》，嘉靖二十三年刻本。

略阳城门

20世纪略阳东门楼

接官亭，十里晾马台，五里木瓜桥，五里茅坝，五里何家岩，五里煎茶岭，十里煎茶铺，二十里硖口驿，十五里王家营，五里茶店子，过上沮水，十里陈家嘴，十里分水岭，上立界石交沔县西界漫坡山径，为赴郡大道。"①另光绪《略阳县乡土志》卷2《道路》也记载："正东三里碾子坝（即两河口村），十里七里店（五佛岩翠峰亭在其中），七里阁老岭西麓，即登云铺，十里塞家坝（今有天主教），十里接官亭集，十里晾马台，五里木瓜桥，五里茅坎，五里何家岩，五里煎茶岭，十里煎茶铺，十里伍家桥，十里硖口驿，十五里王家营，五里茶店子（沔县插花），过沮水铺，十里陈家嘴，十里分水岭交沔县界（古有界碑，同治初废）。"②此为道一。

光绪《略阳县乡土志》卷2《道路》记载："正南七里灵岩寺（有唐、宋、明及当时驿），又八里至夹门子沟口，十五里至韩家沟交宁羌州界，山僻路仄难行。"③此为道二。这条路较险，历史上可能取用较少，从兴州顺政驿到三泉县，可能多数取嘉陵江水路。所以，道光《重修略阳县志》卷1《舆地部·道路》称："赴川大路二，一陆路由南三十七里之白雀寺出境经宁羌递广元，一

---

① 道光《重修略阳县志》卷1《舆地部·道路》，道光二十六年刻本。

② 光绪《略阳县乡土志》卷2《道路》，光绪年间抄本。

③ 光绪《略阳县乡土志》卷2《道路》，光绪年间抄本。

略阳城门远景　　　　　　　　　　　　略阳段嘉陵江

水路由嘉陵江直递广元。"[①]

三泉县　见前考，在今宁强县阳平关镇擂鼓台。

唐代三泉县东取陆路接西县、梁州南郑县，南取金牛道陆路到利州绵谷县，当然可以入剑门关到成都。祝穆《方舆胜览》卷69记载："两当驿，两当县东抵京都，西抵益州，皆三十六程，故曰两当。"[②]《圣朝混一方舆胜览》卷上也有类似的记载，此道以两当驿算起南到成都为三十六程，只是程序已难详考。[③]当然，也可在利州绵谷县继续取水路顺嘉陵水道经阆州、果州、合州到渝州接峡路。

唐代，嘉陵故道的兴州顺政、长举段得到较好修治，最重要的一次是在元和年间。当时，故道栗亭川、青泥岭、长举一线三百多里"崖谷峻隘，十里百折，负重而上，若蹈利刃。盛秋水潦，穷冬雨雪，深泥积水，相辅为害。颠踣腾藉，血流栈道。糗粮刍槁，填谷委山；马牛群畜，相藉物故。馂夫毕力，守卒延颈，嗷嗷之声，其可哀也"[④]。特别是青泥岭一带"悬崖万仞，山多云雨，行者屡逢泥淖"[⑤]。李太白《蜀道难》诗中"青泥何盘盘"之句便是指此。于是节度使严砺"自（长举）县而西疏嘉陵江二百里，焚巨石，沃醯以碎之，通漕以馈成州戍兵"[⑥]。《兴州江运记》详细记载了这条路修凿的过程，人们"转巨石，仆大木，焚以炎火，沃以食醯，摧其坚刚，化

---

① 道光《重修略阳县志》卷1《舆地部·道路》，道光二十六年刻本。

② 祝穆《方舆胜览》卷69，中华书局，2003年，第1214页。

③ 《圣朝混一方舆胜览》卷上，《事文类聚翰墨大全》后乙集。

④ 柳宗元《兴州江运记》，《柳宗元散文全集》，今日中国出版社，1996年，第81页。

⑤ 李吉甫《元和郡县图志》卷22，中华书局，1983年，第570页。

⑥ 《新唐书》卷40《地理志四》，中华书局，1975年，第1035页。

为灰烬，畚锸之下，易甚朽坏，乃辟乃垦，乃宣乃理。随山之曲直以休人力，顺地之高下以杀湍悍"，这样便"决去壅土，疏导江涛"。[1]另，唐末僖宗入蜀，李昌符、石君涉焚毁故道和金牛道上栈道，僖宗命王建以三泉县为据点"修栈道以通往来"[2]，这也是一次比较重要的修治。

五代时期王仁裕的《王氏见闻录》记载："秦州董城村院有红牡丹一株，所植年代深远，（王衍）使人取之，掘土方丈，盛以木柜，自秦州至成都三千余里，历九折、七盘、望云、九井、大小漫天隘狭悬险之路方致焉。"[3]九井即唐宋九井滩，明置九井驿，清名空舱滩，在今广元北180里嘉陵江边大滩镇新生村附近。七盘，即五盘岭，又叫七盘关，唐置五盘驿，在今广元北170里九井滩上土地垭一带。望云即望云驿，在广元北朝天区南嘉陵江边。大小漫天，过去认为即大小光坡，又名蒿本山，但据最新考证，小漫天岭即朝天岭，而大漫天岭即飞仙阁以南嘉陵江边诸山，西缘临嘉陵江。其中唯九折不可考。唐代，从成都到秦州，多取沿嘉陵故道的陇东支线，经成州、徽州到兴州入故道。杜甫曾从成州同谷县至兴州，经木皮岭、白沙渡、水会渡、飞仙阁、五盘、龙门阁、石柜阁到广元再入成都。这次从秦州至兴州转送牡丹，所经四险尽为兴州以南和兴州西北之险，而少兴州正北故道之险。故这次转送是取陇东支线连经故道（嘉陵道）、金牛道入蜀的。

九井滩附近

新生村九井驿旧地

① 柳宗元《兴州江运记》，《柳宗元散文全集》，今日中国出版社，1996年，第81页。
② 《资治通鉴》卷256，中华书局，1956年，第8333页。
③ 《太平广记》卷136《征应二》引《王氏见闻录》，《笔记小说大观》第3册，江苏广陵古籍刻印社，1983年，第278页。

唐代，嘉陵故道水陆都取用甚多。元稹《青云驿》诗有“昔游蜀关下，有驿名青泥”之句，知其取嘉陵故道。郑谷从蜀至陕，有《兴州江馆》诗，知其取故道而上，水路有江馆之设。据载，唐代四方馆主王鄑从西京“挈家入蜀，沿嘉陵江下至利州百堂寺前”[①]，可知唐代嘉陵江水路是陕西入蜀一条非常重要的民间行旅水路。更有甚者，五代王衍从阆州溯嘉陵江北上陕西西县（今勉县西）。据载是“自阆州浮江而上，龙舟画舸，照耀江水”[②]。唐代，嘉陵道上从今广元以下曾设有嘉陵驿、望喜驿（昭化驿）、泥溪驿、苍溪馆等。据前面的考证可知，望喜驿（昭化驿）可能在今昭化古镇，泥溪驿在今昭化区家店一带。按《全唐诗》中录有元稹《嘉陵驿》、武元衡《题嘉陵驿》诗，《文苑英华》卷298也录有薛能《题嘉陵江驿》，《读史方舆纪要》卷68记载“又县西二里有高桥水驿，亦曰嘉陵驿，今曰问津马驿，在县西门外”[③]，可知唐嘉陵驿可能在今广元市区。另《全唐诗》中录有刘沧《宿苍溪馆》一诗，可知唐代有苍溪馆，可能在今苍溪县。严耕望曾考证果州有平阳馆[④]，但论据太薄弱，不取。

三、宋代嘉陵故道的路线与取用

从总体的路线走向来看，除了个别路段的改道外，宋代嘉陵故道与唐代嘉陵道在大的走向上并无大的差异。

宋代文献对于从凤州、兴州沿嘉陵江到渝州的水程多有记载，如《太平寰宇记》和《元丰九域志》中都有嘉陵江沿途州县相距里程的记载，可能有一些指道路里程，其中，大多数是指陆路里程，可能也有一些是水路里程，个别则是水陆相兼的路程；不过这些里程出入很大，我们只能概其要貌。

早在唐代的《元和郡县图志》中就有每州之间里程的记载，如渝州到合州160里，合州到果州300里，合州到遂州水路370里、陆路260里，凤州到兴州则有330、350里之说，兴州南沿流到三泉县为150里。再如《太平寰宇记》记载有陈仓县到凤州的里程，从凤州到大散关为240里。从凤州到兴州的里程记载较多，《太平寰宇记》记载为356里，《元丰九域志》中有380、299、230、336里之说。《太平寰宇记》记载凤州

① 孙光宪《北梦琐言》卷20，中华书局，2002年，第357页。
② 《新五代史》卷63《王建》，中华书局，1974年，第792页。
③ 顾祖禹《读史方舆纪要》卷68，中华书局，2005年，第3213页。
④ 严耕望《唐代交通图考》第4卷，上海古籍出版社，2007年，第1165页。

到长举县青泥岭界196里，另记载凤州到河池为152里，到两当县85里。兴州到利州的里程，《太平寰宇记》只记载兴州沿江到三泉县150里，《元丰九域志》则记载兴州到三泉县为148里。《太平寰宇记》中利州到阆州的里程有288、316、290里说；《元丰九域志》则有419、235、240里之说。而《太平寰宇记》中阆州到果州有305、360里之说，《元丰九域志》则有205、320、230、145里之说。《太平寰宇记》记载果州到合州水陆兼程300里，另有陆程200里之说，《元丰九域志》中则有185、280、260里之说。对于合州到渝州的里程，《太平寰宇记》记载有200、205里之说；《元丰九域志》则记载有180、120、335、221里之说。[①]所载里程的差异主要是方位路线不同、水陆差异造成的。同时，中古中国的四至八道更多是一种距离和道路的经验性数据，并不是科学意义上的实测数据，所以，同样州县之间的距离数字有较大的出入是完全正常的。

宋代川陕交通路线中使用最多的是嘉陵道，被置为入川正驿，故见于史籍的修治事迹较多。如乾德二年北宋灭蜀，命张晖"督兵开大散关路"[②]，又命田仁朗为凤州路壕寨都监，"伐木除道，大军以济"[③]。景德元年一度在旧青泥岭道旁修白水路来代替青泥道。其路线从河池驿（甘肃徽县）到长举驿（陕西略阳白水江），长55.5里。因经白水峡而名白水路。[④]但当地居民一再反对，主张废除新驿路。[⑤]故第二年便"诏兴州青泥旧路，依旧置馆驿，并驿马递铺等"，同时又称"其新开白水路，亦任商旅往来"。[⑥]这样便形成了两条驿道并存取用的局面。到了至和三年，利州转运使李虞卿认为旧路青泥岭一带仍险阻非常，上奏再修白水新路，废青泥旧路，未得准允。第二年才组织人力开修新路，"作阁道二千三百九间，邮亭、营屋、纲院三百八十三间，灭旧路三十三里，废青泥一驿，除邮兵、驿马一百五十六人骑，岁省驿廪铺粮五千石、蓄草一万围，放执事役夫三十余人"。[⑦]后来，李虞卿调迁东川，路未峻工，转运使工

---

① 此处参见李吉甫《元和郡县图志》、乐史《太平寰宇记》、王存《元丰九域志》相关卷次，分别于1983年、2007年、1984年由中华书局出版。

② 《宋史》卷272《张晖传》，中华书局，1985年，第9319页。

③ 《宋史》卷275《田仁朗传》，中华书局，1985年，第9379页。

④ 见林启东《古代陇南山区的道路建设》，《公路交通编史研究》1985年第4期。

⑤ 雷简夫《新修白水路记》，张承荣编《图说徽县茶马古道》，中国摄影出版社，2018年，第23页。另见《三省边防备览》卷16《艺文》，所引文字有出入。

⑥ 《宋会要辑稿》第191册《方域一〇》，中华书局，1957年，第7480页。

⑦ 雷简夫《新修白水路记》，张承荣编《图说徽县茶马古道》，中国摄影出版社，2018年，第23页。另见《三省边防备览》卷16《艺文》。

部郎中田谅继续修治而成。通过这次修治，新修的白水路绕开了青泥险路，故道的路线基本上稳定下来，而秦汉隋唐以来的青泥道渐不为人知晓了。

宋神宗熙宁年间，围绕着是取金牛道上金牛驿、青阳驿经分水岭到兴州入故道，还是从褒城取褒斜新道（后连云栈道）到凤州入故道，发生了一场争论。最先，熙宁九年，利州提刑范百禄就筹划以兴元府褒斜新道为大驿路入故道，废旧路。他认为兴州到秦州的陇东道和兴州到河池的故道虽有2万余间栈阁，但"兵士数少，难以修葺"，只不过这条路又为泰州转输川茶的必由之路，要稍加以"相度"决策；而新路金牛驿至褒城驿"悉系平川，别无桥阁"，从褒城驿到凤州武休驿也仅有鸡翁岭之险，应辟新路为正驿。但成都府路提刑司认为旧路"阁道平坦，驿舍马铺完准，道店稠密，行旅易得饮食"；而褒斜新路虽少两驿24里，但是"随山崎岖，登陟甚难。复少居民，又无食物"，再加上"如发川纲往秦州，只从旧路行至故驿便可直入成州，如由新路，须过凤州五程至凤翔府，方有路去泰州"，且"今茶纲见行旧路，商客皆由此出"，故又力主照行旧路。到了第二年，三泉县丞黄裳据刘忱、李稷的考察，上奏认为："褒斜新路视兴州旧路，虽名减两程，其铺兵、递马皆增于旧，又卒亡马死相寻，官吏馆券给请亦倍旧路，虽号十程，比新路才远八里，且多平慢。"这样，皇帝才"从黄裳所请也"，仍以兴州旧路入故道为正驿路。到了淳熙三年，宋朝廷又在这条路长举一线"乞令诸司共措置，务令经久，仍招填人兵，依时修治栈道"，使道路更为通畅。[1]

宋代川陕交通中，嘉陵故道的重要性超过金牛道、米仓道、洋巴道，这主要表现在嘉陵故道为川陕正驿，担负着转输茶纲入秦州，漕运军粮运入兴州、凤州和转输马纲入川趋峡路的大宗物资运输的重担。当时，嘉陵故道南段又称内水道[2]，"（益昌）水走阆、果，由阆、果而去适夔峡焉"[3]，更有"（成都）负于陆则青泥、大散、羊肠九折之坂"[4]之说，故有"马纲商贩之舟溯嘉陵而上，马纲顺流而下"[5]之称。

宋代利用嘉陵江漕运是在南宋初年。过去，"蜀之饷运，溯嘉陵江千余里，半年

①　《宋会要辑稿》第191册《方域一〇》，中华书局，1957年，第7474—7477页。

②　王象之《舆地纪胜》卷159《杜甫送十五弟使蜀注》，四川大学出版社，2005年，第4815页。

③　祝穆《方舆胜览》卷66《利州东路·利州》引陈恢《倅厅题名记》，中华书局，2003年，第1155页。

④　吕大防《锦官楼记》，《全蜀艺文志》卷34，线装书局，2003年，第930页。

⑤　《宋会要辑稿》第183册《兵二三》，中华书局，1957年，第7177页。

始达"，故改用转搬折运法，以致"军储稍充，公私便之"。①嘉定年间，文州主管安蕃曾"漕四十二万三千七百六十石。驮户不该封桩，并由子不到筹钱四十三万六百券有奇。籴二十万一千二百石，以置口漕至西和鱼关至白环"②。这种漕转还有专官护送，魏了翁之诗《送张之卿护饷益昌》可为证。当时，沿嘉陵江漕运十分困难艰险，有记载称："自重兵聚关外以守蜀，饷道险远，漕舟自嘉陵江而上，春夏涨而多覆，秋冬凋而多胶。"③又有记载称："自滟滪逆数至渔关之乐水，号名滩者六百有奇。石之虎伏兽奔者，又崎岖离乱于诸滩之间。米舟相衔，旦昼犯险。率破大竹为百丈之篾缆，有力者十百为群，背负而进，滩怒水激，号呼相应，却立不得前。有如竹断舟退，其遇石而碎，与汩俱入者，皆蜀人之脂膏也。"④到了宋末元初，这条水道又成为元军辖漕军粮的要道，姚枢曾"置行部秦州，顺嘉陵漕渔关沔池，转粟入利"⑤。宝祐二年，汪世显宿兵利州也曾"水漕嘉陵"⑥。

乾道年间，因川秦马纲取陆马损伤严重，故有人上言："（秦西马从利州）上舡顺流而下，不过一月可到荆南，出陆赴行在。成都府路所买川马额，自合州上舡，顺流而下，不过二十日，亦可到荆南出陆。"⑦这样，吴璘催促造船修栈道，取水路转运马纲。当时，利州到峡州需28日程，约1个月，其中利州3—4程到阆州，再3—4程到果州，再3—4程到合州，再1—2程到恭州（重庆），约12程左右。秦纲陆运到利州上船，川纲运到合州上船，顺嘉陵，下峡到荆南起陆。但后来由于嘉陵江春冬枯水难浮重舟，峡江夏秋洪水难行，惊动军马，沿途马料短缺，再加上纲船在嘉陵江一线骚扰沿江百姓，甚至冲撞商贩船舟，干扰了绍兴年间兴起的维系四川粮饷的利、阆籴买运输，故遭到各界反对。仅3年时间，嘉陵、峡路水运马纲便废止了。⑧

唐宋时期嘉陵故道上最有名的山岭是青泥岭，但最有名的渡口可能是虞关渡，也称水会渡，是嘉陵道上一个水陆交通枢纽。而宋代的嘉陵江漕运中，鱼（渔）（虞）关和合州的转运枢纽的地位相当重要，文献中往往将兴州鱼关与大安军并举。王象

---

①　《宋史》卷370《胡世将传》，中华书局，1985年，第11511页。

②　魏了翁《鹤山集》卷75《知文州主管华州云台观安君墓志铭》，《四部丛刊》景宋本。

③　《宋史》卷378《胡交修传》，中华书局，1985年，第11678页。

④　郑刚中《思耕亭记》，见顾炎武《天下郡国利病书》，上海古籍出版社，2012年，第2223—2224页。

⑤　《元朝名臣事略》卷8《左丞姚文献公》，中华书局，1996年，第159页。

⑥　《元史》卷167《李德辉传》，中华书局，1976年，第3816页。

⑦　《宋会要辑稿》第183册《兵二三》，中华书局，1957年，第7174页。

⑧　《宋会要辑稿》第183册《兵二三》，中华书局，1957年，第7174—7178页。

之《舆地纪胜》卷191引《晏公类要》记载："（嘉陵江）源出大散至鱼关始通舟楫。"[①]也就是说鱼关是嘉陵江水陆交汇的节点。李心传《建炎以来系年要录》卷133记载，鱼关有仓斛[②]，实际上是户部鱼关粮料院，杨巨源就曾当过鱼关仓官。嘉庆《徽县志》卷1《疆域志·古迹》记载："鱼关，铁山西南麓。唐置鱼关驿。"[③]实际上，没有任何文献记载唐代设立有鱼关，唐代文献中从没有鱼关之名。鱼关之名出现在宋代，到了明清时期才出现鱼关与虞关名称混用的情形，所以唐代不可能设立鱼关驿。到了宋代岳珂《桯史》卷3记载"时安以随军漕在鱼关驿"[④]，才首见鱼关驿之称。

李心传《建炎以来朝野杂记》甲集卷15记载了南宋在鱼关贮存军粮的情况，其称："三十一年，房帅合喜入侵，王瞻叔调利路夫六万七千人，自鱼关负粮至凤州……其后至淳熙中，西边乃有积粮一百一十余万斛云。在鱼关、阶、成、西和、凤、洋、兴、利、金州、兴元府、大安军十一处贮之。自符行中于利阆等州置籴场，募商人载两川米入中，其在阆州者泛嘉陵而上至利州，又自利州运至鱼关，官不胜其费，又多亡失者。绍熙末，杨嗣勋总计，始用属官井研陈厚议，废阆州籴场，令商人径至利州及鱼关，仍优其直，公私便之。"[⑤]《建炎以来系年要录》卷136也记载："成都、潼川两路对籴，并脚钱折纳米，今运至鱼关，计阙二百万缗，无所从出。"卷192记载："曰自鱼关至大散关不过三百里，安用许夫。不愚乃与之望议，先运五万人三月粮，人日食二升半计，运米十一万三千五百斛，应用五万夫，夫持七斗米，自鱼关至凤州百八十里，往来六日程，凡四十有八日。"[⑥]

其他文献对此重大转运也多有记载，特别是郑刚中《思耕亭记》记载嘉陵江转运的困苦之状：

> 嘉陵之源，发于凤之大散，旁由故镇，缭绕渔关，循崖而出，力未能载。自渔关下武兴，浮三泉，南流二百六十里，至于亭下，又顺流入阆，东走安汉，疾趋于合之汉。初则会东、西二川，并势望夔峡之道，争门而出，回视渔关，不知其高几里，皆终岁漕饷之所，浮水既不得平流，皆因地而浅深，自滟滪逆数至渔

---

① 王象之《舆地纪胜》卷191，四川大学出版社，2005年，第5640页。
② 李心传《建炎以来系年要录》卷133，中华书局，1988年，第2133页。
③ 嘉庆《徽县志》卷1《疆域志·古迹》，嘉庆十四年刻本。
④ 岳珂《桯史》卷3，《四部丛刊续编》景元本。
⑤ 李心传《建炎以来朝野杂记》甲集卷15，中华书局，2006年，第334—335页。
⑥ 李心传《建炎以来系年要录》卷136、192，中华书局，1988年，第2189、3221页。

关之乐水，号名滩者六百有奇。石之虎伏兽奔者，又崎岖杂乱于诸滩之间。米舟相衔，旦昼犯险。率破大竹为百丈之篾缆，有力者十百为群，背负而进，滩怒水激，号呼相应，却立不得前。有如竹断舟退，其遇石而碎，与汩俱入者，皆蜀人之脂膏也。[1]

马端临《文献通考》卷25《国用考》记载：

> 绍兴四年，川陕宣抚吴玠调两川夫运米十五万斛至利州，率四十余千致一斛，饥病相仍，道死者众。漕臣赵开听民以粟输内郡，募舟挽之，人以为便。然嘉陵江险，滩碛相望，夏苦涨流，冬阻浅涩，终岁之运，殆莫能给。玠再欲陆运，帅臣邵溥争之，且言宣司已取蜀民运脚钱百五十万，其忍复使之陆运乎。乃卒行水运，总所委官就籴于沿流，复就兴、利、阆州置场，听客人中卖，又减成都水运对籴米，免四川及京西路诸州租以宽之。[2]

又如吴泳《鹤林集》卷37《杂著》记载："由利阆、大安、沔、鱼关沿江上下，则籴之商旅所贩者也。"[3]王之望《汉滨集》卷10记载："仓卒事皆创行，昼夜不得息者，五十余日，水航陆负，自利州至鱼关五六百里之间相踵不绝。"[4]郑刚中《北山集》卷20："某顿首再拜，四川连关外大稔，营田所入及二十余万斛，鱼关、合江上下廪廥皆满，水运之弊亦十去五六。"[5]陆游《剑南诗稿》卷23《怀南郑旧游》有"千艘粟漕鱼关北，一点烽传骆谷东"[6]之句。所以，宋代文献中多谈到从鱼关"始通舟楫"，而且有"舟航日上下，车马不少闲。近邑凑商贾，远峰白云烟"之称。[7]

到了元明清时期，嘉陵江漕运成为了历史，但是民间运输仍以虞关为水运终起

① 郑刚中《思耕亭记》，见顾炎武《天下郡国利病书》，上海古籍出版社，2012年，第2223—2224页。
② 马端临《文献通考》卷25《国用考》，浙江书局本。
③ 吴泳《鹤林集》卷37，《景印文渊阁四库全书》第1176册，台湾商务印书馆，1972年，第370页。
④ 王之望《汉滨集》卷10，《景印文渊阁四库全书》第1139册，台湾商务印书馆，1972年，第788页。
⑤ 郑刚中《北山集》卷20《与楼枢密》，《景印文渊阁四库全书》第1138册，台湾商务印书馆，1972年，第214页。
⑥ 陆游《剑南诗稿》卷23《怀南郑旧游》，《陆放翁全集》中册，中国书店，1986年，第395页。
⑦ 王象之《舆地纪胜》卷184、191，四川大学出版社，2005年，第5361、5640页。

点，故其地位仍然相当重要。明何景明《雍大记》卷10记载："铁山在巩昌府徽州南七十里，山下二十里为虞关巡检司，此山地最要，为蜀门户，宋将吴玠拒金人撤离喝处。"[1]《大明会典》卷139《兵部二十二》记载有徽州虞关巡检司。[2]顾炎武《天下郡国利病书》也记载徽州有关三，虞关当其首。[3]后来嘉庆《徽县志》卷1《疆域志·古迹》也记载："鱼关，铁山西南麓。唐置鱼关驿，为蜀口要隘。宋曰虞关，置转运使于此。"[4]

正是因为虞关在历史上的交通枢纽地位，至今老虞关附近还保留有一些历史遗迹。如元代至元五年行中书省颁发的"虞关蘸提领印"，反映了元代至元五年长官元帅武思信奉旨修缮嘉陵江水陆通道的历史，现藏在徽县博物馆内。老虞关街道外的南侧石崖上，有明代虞关巡检使许清所撰"虞关修路摩崖碑记"，摩崖碑刻于明宪宗成化三年三月，碑文记载了当时由许清主持官府维修古道的事迹。其称："虞关巡检许清，字文澄，因见山路数处崎岖陡峭，往来乘驴策马，驮轻负重，挨排难行，遂落崖河，伤死者甚多。澄发心令男许琳、许瑛，司吏卜连率领兵牌人等，用工开修，更异平坦，立石为铭者矣。成化三年岁次丁亥三月吉日就石。"这里称虞关一带"往来乘驴策马，驮轻负重，挨排难行"，可见明代虞关交通的繁忙。直到民国时期，虞关的地位仍然重要万分，如今虞关中学内立有《虞关义渡记》碑，为民国时期军方修建虞关渡口的物证。1934年春，胡宗南陆军第一师第一旅旅长李铁军驻防徽县时，见虞关渡口与船渡年久遭废，于老虞关街江北旧址，捐资倡修了义渡。

在宋金战争中，嘉陵故道上的仙人关是一个征战相当频繁的关隘，屡见于宋代文献中。顾祖禹《读史方舆纪要》卷56记载："仙人关，在县南百二十里，近略阳县界，宋绍兴三年，金人入兴元，吴玠守仙人关，自西县间道会刘子羽于三泉，子羽留玠共守，玠曰关外蜀门户，不可轻弃，复往守于仙人关。绍兴四年，玠与弟璘破金人于此。端平二年，曹友闻却蒙古将汪世显于大安，遂引兵扼仙人关。"[5]光绪《凤县志》卷1《舆地志·关隘》记载："仙人关，在县西南一百二十里接徽界，宋绍兴四年，吴玠命弟璘别营仙人关，以防金人深入。金撒离喝欲过关入蜀，玠筑垒拒之。"[6]

---

① 何景明《雍大记》卷10，嘉靖刻本。

② 《大明会典》卷139《兵部二十二》，万历内府刻本。

③ 顾炎武《天下郡国利病书》，上海古籍出版社，2012年，第2074页。

④ 嘉庆《徽县志》卷1《疆域志·古迹》，嘉庆十四年刻本。

⑤ 顾祖禹《读史方舆纪要》卷56，中华书局，2005年，第2689页。

⑥ 光绪《凤县志》卷1《舆地志·关隘》，光绪十八年刻本。

虞关全景（一说水会渡）

明代《虞关修路摩崖碑记》

虞关中学内义渡碑之一

但仙人关在何处却一直不是太清楚，现在普遍认为仙人关即是虞关，但在宋元以来的文献中，仙人关与虞关在位置和功能上是有区别的。嘉靖《略阳县志》卷1《古迹》记载："仙人废关，西一百四十里。"[①]并谈到有碑存在，但其位置并不明确。嘉庆《徽县志》所录《蜀口形胜论》记载："仙人关外又分左右两道，自成州经天水县出皂郊堡，直抵秦州，昔吴璘大军从此而出，地势平衍，因为壕堑，引水纵横，名曰地纲，以遏敌冲。自两当县直出凤州。取大散关距和尚原才咫尺，敌尝凭原下视如蚁蛭，故其势难守，所恃缓急，有仙人

虞关中学内义渡碑之二

仙人关

---

① 　嘉靖《略阳县志》卷1《古迹》，嘉靖三十一年刻本。

仙人关一面

吴王城附近宋代石刻

吴王城遗址

清风峡　　　　　　　　　　　　清风峡栈孔

关耳。"①嘉靖《汉中府志》卷1《舆地志·关隘》中也记载："仙人关，（凤县）西
一百里，路分左右，自成州经天水出皂郊堡直抵秦州北，左出之路。自两当趋凤县，
直出凤翔大散关至和尚原，此右出之路。"②显然，明人眼中的仙人关位置的走向似
并不在嘉陵江边。乾隆《徽县志》记载："虞关，在县南五十里，即古虞关。"同时
又记载："仙人关，在县东南六十里，与汉中府凤县接界。"③而嘉庆《徽县志》卷1
《古迹》记载："仙人关，虞关西十里。"④后来马以愚《嘉陵江志》中也认为"仙
人关，在鱼关西十里东崖"⑤。显然，仙人关与虞关并不是同一关，也不在同一地。同
时，清代人们又认为仙人关与长举县旧址在同一地。如嘉靖《略阳县志》卷1《古迹》
记载："长举废县，在西北一百三十里，吴玠守仙人关于此，县基碑记俱存。"⑥再
如民国《徽县新志》卷1《古迹》也认为："长举废县，仙人关之下，临江岸，西魏
置。"⑦即长举旧县城遗址在今略阳县白水江镇长峰村，但离现在人们认定的虞关、
仙人关均较远。我们实地考察发现，宋代仙人关遗址应该在今吴王城附近的峡谷处，
从虞关南下经过一个罗汉滩，而吴王城在嘉陵江的西岸原宝成铁路边，仙人关应在吴
王城北的峡谷一带。近来有人考证认为仙人关在嘉陵江西岸，分成上关（关门子）和

①　嘉庆《徽县志》卷8《艺文志》录《蜀口形胜论》，嘉庆十四年刻本。
②　嘉靖《汉中府志》卷1《舆地志·关隘》，嘉靖二十三年刻本。
③　乾隆《徽县志》，民国二十二年抄本。
④　嘉庆《徽县志》卷1《疆域志·古迹》，嘉庆十四年刻本。
⑤　马以愚《嘉陵江志》，商务印书馆，1946年，第106页。
⑥　嘉靖《略阳县志》卷1《古迹》，嘉靖三十一年刻本。
⑦　民国《徽县新志》卷1《古迹》，民国十三年石印本。

下关，下关在江边的吴王城东门处。①

当时，转运军粮一年最多达一百五十万石，而在沿途各地设置的转运仓多达七十多处。②其中著名的有城下三仓、鱼关粮半院、兴州合江仓、沔州仓、凤州堡子原仓、徽县黄沙驿新仓等。③在嘉陵江的转运过程中，合州的地位也很重要，曾置合州转船仓。宋代《垫江志》载：

> 始绍兴二年，都转运司于东西两川敷对籴米，岁六十余万石，即合州置转船仓，舟船篙挽，悉从官雇。凡嘉、眉、泸、叙之米，沿蜀外水至重庆，溯内水至合（州）寓于仓，又向合溯西汶水至利、阆州，谓之转般。④

宋代的合州有"巴蜀要津"⑤"蜀口形胜之地"⑥之称。而当时嘉陵江入江口的重庆则"控两江之会，漕三川之粟，诚为便利"⑦。据载，仅绍兴四年，宣抚副使吴玠征发民夫转运米至利州十五万斛。⑧后来，又改募商人载两川米到兴州、利州、阆州，在三州设籴场。当时，籴米从利、阆州水运到鱼关，再陆运到凤州、秦州，也可直接从利州陆运到秦州。⑨

宋元之际，蒙古军攻蜀，为了保证军粮供给，更是大规模组织从嘉陵江转运粮饷。元代姚燧《牧庵集》卷30记载："时汪忠烈公始宿兵利州，扼四川衿喉，规进取数万之师，仰哺于公，乃募民入粟绵竹，散币集之。或给盐券，使归京兆受，陆挽兴元，水漕嘉陵，一年而钱粟充栋于军中。"⑩又如《元史》卷163《列传第五十》记

---

① 冉加强《仙人关与仙人关战役》，陇南徽县文化馆微信公众号，2025年4月9日，https://mp.wexin.qq.com/s/tm33YbCt5pKznzrZdjWhIA，2025年6月11日。

② 李心传《建炎以来朝野杂记》甲集卷15《四川军粮数》，中华书局，2006年，第333—335页；魏了翁《鹤山先生大全文集》卷44《重建四川总领所记》，《四部丛刊》景宋本。

③ 李之勤、李进《嘉陵江上游古代航运的发展特点》，《西北大学学报（哲学社会科学版）》1990年2期。

④ 《永乐大典》卷15948《运·宋漕运六》，《永乐大典方志辑佚》，中华书局，2004年，第3134页。

⑤ 王象之《舆地纪胜》卷159引《清华楼记》，四川大学出版社，2005年，第4814页。

⑥ 万历《合州志》卷1《形胜》，1978年石印本。

⑦ 阳枋《字溪集·上宣谕余樵隐书》，《景印文渊阁四库全书》第1183册，台湾商务印书馆，1972年，第260页。

⑧ 马端临《文献通考》卷25《漕运》，清浙江书局本。

⑨ 《建炎以来朝野杂记》甲集卷15，中华书局，2006年，第333—335页。

⑩ 姚燧《牧庵集》卷30，武英殿聚珍版丛书本。

载："时汪世显宿兵利州，扼四川衿喉，以规进取，数万之师仰哺德辉。乃募民入粟绵竹，散钱币，给盐券为直，陆挽兴元，水漕嘉陵，未期年而军储充羡，取蜀之本基于此矣。"①王恽《秋涧集》卷57也谈到："车驾由陇山道汉蜀趣合州之钓鱼山，大兵既兴，粮饷为大计，庭议推公宜膺将漕，乃降玺书金符充关西兴利军储大使，公转致有方，给授均一，士无饥馁之色，民宽飞挽之劳。"②

正是因为宋代秦州马纲东西运输、蜀军粮北运兴凤二州、蒙古军漕运军饷等国家工程取用嘉陵江水路，嘉陵江故道一直受到宋代官府的重视，修凿不断。北宋灭蜀命张晖"督兵开大散关路"，命田仁朗"伐木阶道"而"大军以济"。③再如元祐年间陈鹏和淳熙年间利州提刑张曩容组织凿平了九井险滩三巨石，使嘉陵江上游水路更加通畅。

王象之《舆地纪胜》卷191录有《九井滩记》：

> 九井滩有大石三，其名鱼梁、龟堆、芒鞋。嘴危参差，相望于波间，操舟之人力不胜舟，而辄为石所触，故抵于败。诚令绝江为长堤，度其南，别为河道，以分水势，则北流水益减，而石出矣。以火锻醯沃，金锤随击之，宜可去，如其言治之。明年三大石不复见，而九井遂平。元祐五年转运使陈鹏记。④

另外，曹学佺《蜀中广记》卷24也有记载称：

> 碑目云：九井滩，旧时有虾蟆、青牛、青埠三巨石伏水，为舟楫害。淳熙间，利路提刑张曩容募降人冉得者，治械如桔槔状，冶铁为杵，重千五百斤，抛掷半空而下，三石俱碎，化险为夷。有碑刻，剥落。⑤

从以上记载来看，在今九井滩附近，北宋元祐和南宋淳熙年间都对航道有修治之功，只是都治三滩，但三滩名称并不一样，这就有一点神奇。我们实地考察发现，当地人仍指着九井滩附近江边巨石指认三石，但多不能确指。从历史文献记载来看，当时三

① 《元史》卷163《列传第五十》，中华书局，1976年，第3816页。
② 王恽《秋涧集》卷57，《四部丛刊》景明弘治本。
③ 《宋史》卷272《张晖传》、卷275《田仁朗传》，中华书局，1985年，第9319、9379页。
④ 王象之《舆地纪胜》卷191，四川大学出版社，2005年，第5643页。
⑤ 曹学佺《蜀中广记》卷24，上海古籍出版社，2020年，第259页。

大石已经毁掉，可能也难以发现。至今，这一段嘉陵江上仍有大滩、二滩、三滩等地名，但因嘉陵江从宋代以来多有整治，这些滩名与宋代整治三大石的关系并不明确。

开禧、嘉定年间，金人为了破坏南宋漕运，在嘉陵江上游增截水流以使下游水枯。陈咸组织"疏而导之，自益昌至于鱼梁，馈运无阻"[1]。只是这次整治缺乏更多记载，我们对其细节知之甚少。

宋代嘉陵道北段栈道分布甚广。前面谈到早在唐末僖宗入蜀时，李昌符、石君涉焚烧故道栈道后，王建曾经修复。宋至和四年新修白水路时，便在55.5里长的距离上建了2309间阁道。[2]熙宁九年时，陇东支线和兴州到河池间有阁道2万间。[3]淳熙年间还在顺政、长举间置栈阁武臣一员，专门负责栈阁修葺和保护。[4]当时，故道北段相较其他驿路"阁道平坦"。[5]但明代故道栈道多遭破坏而毁弃，按唐僖宗入蜀曾历北栈道，胡三省注也谈到大散关以南均为栈道，明《舆程记》载"陕西栈道长四百二十里，自凤县草凉楼驿入栈道之始"[6]，则宝鸡到草冷楼驿一百多里的栈道已破坏。但是清王士祯《蜀道驿程记》认为宝鸡南益门镇便入栈道[7]，王圻《栈道图考》认为宝鸡南二十五里便登山入栈道[8]，是否明清时又有过修复呢？只有待考了。今天故道及陇东支线略阳白岩碥、灵岩寺、马莲垭、徽县双龙崖、凤县长桥（有13个栈孔）等地都曾有栈道孔迹。徽县虞关乡双龙崖栈道遗迹，有双排栈孔40余眼，总长20余米。略阳县白水江镇南马莲垭栈道遗迹，有单排栈孔16眼，长30多米。再往南位于略阳县徐家坪镇的白岩碥栈道遗迹，现存方栈孔37眼，圆栈孔12个，栈道遗迹总长300米。

隋唐以来，故道为入陕正驿，军旅征战往来取用甚多。宝庆三年元军攻汉中，宋军家属"登舟下益昌，凡百余艘"，继而经益昌、固州到阆州、果州，有称"牙樯嘉

① 《宋史》卷412《陈咸传》，中华书局，1985年，第12390页。
② 雷简夫《大宋兴州新开白水路记》，曾枣庄、刘琳主编《全宋文》第31册，上海辞书出版社，2006年，第111页。
③ 《宋会要辑稿·方域一〇》，中华书局，1957年，第7475页。
④ 《宋会要辑稿·方域一〇》，中华书局，1957年，第7477页。
⑤ 《宋会要辑稿·方域一〇》，中华书局，1957年，第7475页。
⑥ 顾祖禹《读史方舆纪要》卷56引《舆程纪》，中华书局，2005年，第2668页。
⑦ 王士祯《蜀道驿程记》，李勇先、高志刚主编《蜀藏·巴蜀珍稀交通文献汇刊》第1册，成都时代出版社，2015年，第80页。
⑧ 王圻《三才图绘》，上海古籍出版社，1985年，第367页；另见《古今图书集成·方舆汇编·职方典》卷534《汉中府部》，中华书局，1985年，第12534页。

陵来，舳舻尾联属"。[1]南宋末年，蒙古军队就多次"一路渡白水江向西……迫近顺庆，沿嘉陵两岸而下"[2]。

表4　五代宋元取嘉陵道征战事迹表

年代	事迹	出处
光启二年（886）	王行瑜自散关、凤州、兴州追僖宗。	《通鉴》卷256
光启三年（887）	王建沿嘉陵江伐阆州。	《蜀鉴》卷7
乾化元年（911）	岐（凤翔）沿故道经青泥岭至兴州、西县攻蜀。	《通鉴》卷268
贞明元年（915）	蜀攻岐，一路出河池、两当、凤州，一路出青泥、固镇、成州、阳川（栗亭川）。	《通鉴》卷269
贞明二年（916）	蜀攻岐，出凤州、大散关、宝鸡。	《通鉴》卷269
贞明五年（919）	蜀攻岐，出凤州、大散关、宝鸡。	《通鉴》卷270
贞明六年（920）	蜀攻岐，出凤州、散关至凤翔。	《通鉴》卷271
同光三年（925）	攻蜀，自散关，凤州、长举、兴州至三泉接金牛道。	《通鉴》卷237
长兴元年（930）	伐蜀取散关，三泉入利州。	《通鉴》卷277
天福十二（947）	蜀伐后汉，自兴州、凤州出散关。	《通鉴》卷286
乾祐元年（948）	蜀伐后汉，一路出凤州、散关、宝鸡。	《通鉴》卷288
显德二年（955）	后周伐蜀，出散关、黄牛、凤州、青泥岭。	《通鉴》卷292
乾德二年（964）	宋伐蜀，取凤州青泥下兴州、三泉灭蜀。	《宋史》卷255《王全斌传》
绍兴四年（1134）	金攻宋，南路自铁山开道出。	《建炎以来系年要录》卷73
开禧三年（1207）	四川忠义人与金人数战于大散关。	《宋史》卷38《宁宗二》
嘉定十年至嘉定十二年（1217—1219）	金人在黄牛堡、大散关大安军一线与宋军战。	《宋史》卷40《宁宗四》
端平三年（1236）	蒙古军皇子与按竺迩攻蜀，出大散关，经朝天，沿嘉陵江至宝峰、阆中，沿嘉陵江两岸至顺庆。	《元史》卷121—123
宝祐六年（1258）	蒙古兵攻蜀，从散关入广元、葭萌、阆中至钓鱼城。	《元史》卷3《宪宗》等

就整个唐宋时期来看，嘉陵故道水陆交通有以下几个特征：

第一，民间商旅取行，如果取陆路，往往都是间断性的。从理论上讲，从大散关南下四川盆地东南地区，嘉陵江两岸都有陆路可行；但由于山川险阻，并没有形成一

---

① 李曾伯《可斋杂稿》卷25《丁亥纪蜀百韵》，《景印文渊阁四库全书》第1179册，台湾商务印书馆，1972年，第432页。

② 李曾伯《可斋续稿》后卷3《乞调重兵应援奏》，《景印文渊阁四库全书》第1179册，台湾商务印书馆，1972年，第613页。

个实际直通的陆上大通道。直到明清时期，嘉陵江沿江陆路都是间断性的。只是个别路段由于水路不够通畅，陆路较为重要，如大散关到凤州段，有"（成都）负于陆则青泥、大散、羊肠九折之坂"[①]之说。还有个别路段被金牛道、青泥道并线共享，故陆路地位较为重要，如从三泉县到利州的陆路，从凤州经两当、河池到兴州长举县的青泥道。所以，从唐宋文献来看，有关利州到兴州的嘉陵江陆路记载往往缺失较多，而嘉陵江进入四川盆地后因沿江为丘陵地带，农业经济较为发达，水路较为通畅，沿江陆路的重要性相对较弱，故直到明清也没有形成像东大路、小川北路这样的连贯一体的大通道。同时，唐宋时期取嘉陵故道陆路入巴蜀者，往往到了利州后都取金牛道到成都平原。直到明清时期，从重庆一带到陕西也是多取近嘉陵江的陆路，到阆中后经金牛道东线的苍溪、广元到陕西。

第二，嘉陵江的水运在历史上相当重要，唐宋时期的一些重大国家运输工程都在取用。如唐代的兴州漕运，宋代茶马纲的东西转运，南宋的川粮北运兴州、凤州等。在国家重大工程的支撑下，往往可以从嘉陵江的起航点虞关南下渝州，所谓"（益昌）水走阆、果，由阆、果而去适夔峡焉"[②]，故有"商贩之舟溯嘉陵而上，马纲顺流而下"[③]之称。但是，就一般商旅来说，在虞关到利州一线取水路舟行往往多是间断性的。而利州到渝州之间，由于水路交通相对较为容易，所以，也有较多商业性直通的水上运输贸易。如颜真卿《鲜于氏离堆记》记载有"贬贰于蓬州，沿嘉陵而路出新政"[④]之事，明显是取嘉陵江水运。陆游有《（兴州）赴成都泛舟自三泉至益昌谋以明年下三峡》诗，又从利州到阆州，可能取水路而行，还留有《夜抵葭萌》诗。陆游也可能取陆路，《太息》诗中有"宿青山铺作"句，在今苍溪县境。宋代从利州到阆州的陆路已经较重要了，《宋会要辑稿·方域一二》载"自利州入阆州由葭萌寨，并有私路入川"[⑤]，一般认为这个葭萌寨即后来明代的施店驿，这条私路实际就是明代的金牛道东线利阆段。《宋会要辑稿·方域一二》还记载："上封者言西川往来商旅，有公平者则由剑门经过，无者并自阆州往来。"[⑥]显然，宋代剑阁金牛道是馆驿主线，剑门多要验证公凭，从利州走陆路经阆州再到成都为辅道。宋代嘉陵江中游的阆州、果

① 吕大防《锦官楼记》，《全蜀艺文志》卷34，线装书局，2003年，第930页。
② 祝穆《方舆胜览》卷66《利州东路·利州》引陈恢《倅厅题名记》，中华书局，2003年，第1155页。
③ 《宋会要辑稿》第183册《兵二三》，中华书局，1957年，第7177页。
④ 颜真卿《鲜于氏离堆记》，《全唐文》卷337，嘉庆内府刻本。
⑤ 《宋会要辑稿》第192册《方域一二》，中华书局，1957年，第7521页。
⑥ 《宋会要辑稿》第192册《方域一二》，中华书局，1957年，第7521页。

州、合州一线处四川盆地丘陵地区，特别是江边冲击平坝较多，农业经济发达，传统人文也较有影响，如阆州有"当东道要冲"[①]之称，顺庆府有所谓"大洲连小洲，此地出公侯"[②]之称，而民间有"当舟车往来之冲，民喜商贾而怠稼事"[③]的说法，州县之间取嘉陵江水运交通应该相当频繁。

第三，唐宋时期，嘉陵江水路运输重要，沿江陆路有一些路段也通畅。不过，由于今凤县以下的许多重要的州县城都并不在嘉陵江边，所以，就出现了这些州县城与嘉陵江交汇的重要支线，如唐代的青泥道和宋代的白水路。这些支线在历史上又经过州县治地和名人经过取行的彰显，道路的名气甚至比嘉陵江主线还高，影响还更大。其中宋代的白水路开通主要是由于青泥路较为难行之故。前面谈到景德元年一度在旧青泥岭道旁修白水路来代替青泥道，其路线从河池驿（甘肃徽县）到长举驿（陕西略阳白水江），长55.5里，因经白水峡而名白水路，形成两条驿道路线并存取用的局面。此白水路大约从今白水镇老街（宋代的长举县）沿洛河（即白水江）经大石碑、梯子崖、大河店、黑沟门、照壁崖、店子沟、十里墩、店滩到今徽县。至今这条道路上仍有许多历史遗迹，如宋代雷简夫《新修白水路记》摩崖、白水峡明代"钟公路"石刻、大河店清代"徽县大河店修路碑"等等。从大河店往成县的路上，还有著名的小河厂白沙渡遗址，据称杜甫《白沙渡》一诗写于此。另有龙洞山，即唐代木皮岭，据称杜甫《木皮岭》一诗就是写于此地。在汉晋时期，沿白龙江的阴平正道（景谷道）是关中地区进入四川盆地的要道，到了唐宋时期，金牛道主线在今阳平关后完全改沿嘉陵江而行，白龙江的路线成为了支线。同时主线陆路也不是完全沿嘉陵江而行，如从阳平关到九井滩之间要翻越五盘岭（今土地垭一带），一度离开嘉陵江边。实际上，在唐宋时期经过蘽本山（经今白杨栈、曾家、大小光坡一线）到广元的道路可能也是客观存在，只是当时并不是一条主线，到元代后得到整治才变得更为重要。

四、元明清时期嘉陵故道的站点与嘉陵江上游航运

早在1988年，李之勤先生发表了《元代川陕间的驿道和驿馆》一文。1989年笔者的《四川古代交通路线史》中，就对元代站赤的名称位置有一个初步的考证，1991年

① 乐史《太平寰宇记》卷86《阆州》引《地形志》，中华书局，2007年，第1712页。
② 王象之《舆地纪胜》卷156《顺庆府》引《图经》，四川大学出版社，2005年，第4701页。
③ 祝穆《方舆胜览》卷63引贾程泾《社稷坛记郡》，中华书局，2003年，第1103页。

笔者的《元代四川站赤汇考》一文，作了较为系统的考证，但对于整个元代嘉陵故道的地位与政治经济大格局的变化关系涉及并不是太多。

宋蒙战争时期，嘉陵江上游成为重要战场。到了元代，最重要是在嘉陵故道旁的唐宋褒斜道上开通了从凤州经今留坝县到褒城县的连云栈道，整个蜀道的格局发生了一定的变化。金牛道主线开始向东推移，嘉陵故道的重心也逐渐向东南推移，略阳一段的嘉陵江一度地位下降。所以，元代设立的站赤多在凤县以北和广元以南的嘉陵江中下游河段。

元代在故道北段置有陆站，从宝鸡站经东河桥站、草凉楼站（黄花驿站）、凤州站然后入连云栈道的三岔站（陈仓站）、柴关站、清水站（苗峡站）、马道站（马头站）、褒城站接金牛道站赤。据李之勤先生考证，东河桥站在今凤县与宝鸡交界的东河桥老街，草凉楼站即今凤县的草凉驿村附近，凤州站在今凤县东北凤州。①《经世大典》记载有黄花驿站，实际就是草凉楼站，同站异名。据李之勤先生考证，三岔站在今凤县呼峪河畔三岔站，明代为三岔驿，元代也称三岔驿；陈仓站在今凤县南星镇或连云寺村；柴关站即今留坝县柴关岭庙台子，即张良庙之处；苗峡站在今留坝县与武关河之间青阳铺附近。我估计清水站与苗峡站、三岔站与陈仓站异名同地。马道站在今马道镇。褒城站在今褒城褒河西的老褒城。有关褒城到广元的站赤我在前面金牛道上已经有详考。对于广元以下嘉陵江水站，据《析津志》所载广元汉江水路，其顺序是：问津、算泉、合水、石羊、虎溪、南部、南津、新政、州子口、石狗、顺庆、后津、石牛、马石湾、云会、金沙、荔枝。②而《经世大典》的记载较为混乱，分属于每州，路与宣抚司之间各有所属。③对于广元以南的有关站点位置我们在第五卷《四川盆地内部交通路线》中有考证。

明代嘉陵故道驿站十分健全，这是驿制健全的表现。明代是嘉陵故道在历史时期中唯一一个通航全河段设立水驿的时代。同时，明代嘉陵江上游的陆上通道也较健全。具体而言，明代在故道北段陆路上设有陈仓驿（宝鸡）、东河桥驿（东河桥老街）、草凉楼驿（今凤县的草凉驿村附近）、梁山驿和总铺（今凤县凤州）、置口巡检司、白水驿（略阳白水江镇老街）、嘉陵驿（略阳县城）、屼浇铺、接官亭、木瓜铺、煎茶铺、峡口驿和夹口铺（驿）（略阳硖口驿镇老街）、沮水铺（今沮水）、青

---

① 李之勤《元代川陕间的驿道和驿馆》，《中国历史地理论丛》1988年第1期。

② 熊梦祥《析津志辑佚》，北京图书馆出版社，1983年，第128—130页。

③ 周少川等《经世大典辑校》，中华书局，2020年，第705—710页。

阳驿（今勉县青羊驿）接金牛道。同样，对于广元以南的有关站点铺递，我们在第五卷《四川盆地内部交通路线》中有考证。这里我们先分述从白水街到勉县沮水铺、青阳驿的陆路。

白水镇老街　处嘉陵江与白水江汇流处河口。明代设有白水驿，嘉靖《略阳县志》卷2有记载，称其在县西120里白水江。[1]雍正《略阳县志》卷1记载有白水江乡村和白水铺、白水渡。[2]民国《续修陕西通志稿》卷50《兵防七·边备》记载："县北一百二十里有白水江边陇界，汉为唐人所开运道，南至八渡山，上下五十里，石径陡险。北沿小溪上虞关磁路，七十里至徽县。西通青泥河、西淮坝。"[3]白水江又名洛河，当地人又称小河。早在宋至和二年，利州路转运使主客郎中权兴州事李虞卿请开白水路后，此地即为陕甘交界处的重要集镇。1981年洪水淹没老街后搬迁到北岸白水江镇，也就是现在白水江镇所在地。《略阳县志》记载，因位于嘉陵江边，此段江水清澈见底，故名白水江。宋代以来，白水江老街是嘉陵江上游的一个重要航运起点，商业发达。民国初年，白水街也名江镇，为川陕甘三省货运之枢纽。据王舫《乙卯入蜀记》，白水"市集滨江左，凡川中货物，由重庆、广元循水道至此，换陆运入陕陇，陕陇货物由牲口载运迄此，改水运入川，乃川陕水陆码头也"[4]。所以20世纪40年代调查发现："民国十年以前，白水江镇尚甚繁盛，每年下运货物在万担以上，行驶船只约六十余艘。镇上居民约六七百户，商号三十余家，有秦帮、狄帮、陕帮及川帮等类似行会之组织。"[5]据称白水镇老街原街道长600米，有居民610人，是当地的文化、经济、政治中

白水街全景

①　嘉靖《略阳县志》卷2，嘉靖三十一年刻本。
②　雍正《略阳县志》卷1，雍正九年刻本。
③　民国《续修陕西通志稿》卷50《兵防七·边备》，民国二十三年铅印本。
④　王舫《乙卯入蜀记》，金生杨主编《蜀道行纪类编》第29册，广陵书社，2017年，第253页。
⑤　林超等《嘉陵江流域地理考察报告》下卷，中国地理研究所《地理专刊》1946年第1号。

白水街城门

白水街城门另一面

白水街江神庙

洛水与嘉陵江汇合处

心。1981年8月21日受洪水冲击，仅存部分民房及学校。[1]至今江镇古街上仍然保留着旧时的一座过街楼，砖墙已经部分坍塌，下半部分被埋入泥沙之中，其上长满杂草，没有任何保护措施，北面及南面分别篆刻有"秦蜀襟带""嘉陵保障"共八个大字。此楼据说是同治元年，由春和店、复兴店、隆丰店及和盛行四大钱庄捐资修建。嘉靖《略阳县志》卷2记载白水驿有洪武八年的"秦山蜀水"匾，但现在已经无法寻获。现古街居民较少，还有一座江神庙，属于陕西省文物保护单位，如今也是略阳县红色教育基地。大门上面有一块横匾，上面写着"白水江苏维埃政府旧址"。民国《续修陕西通志稿》记载："略阳县县城及白水江镇，各有水神庙二所，船户筹捐积款。六月六日均开大会聚饮一日，平日无赛会之区。"[2]白水江镇江神庙被称为新江神庙。以

---

① 略阳县志编纂委员会《略阳县志》，陕西人民出版社，1992年，第104页。

② 民国《续修陕西通志稿》卷198《风俗四》，民国二十三年铅印本。

前保存有《阁帮重修江神庙碑记》及"安敦永著"两块碑。《阁帮重修江神庙碑记》原碑上并没有标题，后人命名，光绪七年六月初六日阁帮立。《略阳县志》记载略阳、江镇、白雀寺都是重要且具一定规模的码头。新中国成立初期，嘉陵江水运仍是修建宝成铁路物资给养

西汉水与嘉陵江汇合处

的重要承担者。1956年宝成铁路建成通车后，嘉陵江航运渐次衰退，逐渐停运。[1]

在白水江镇南的马莲垭口嘉陵江边绝壁上，存有一处规模较大的古栈道遗迹，有栈孔16眼，南北走向，呈一字形线状排列，遗迹长度30多米。在栈孔上方大约3米高处，有一道明显的碥道，自江镇老街一直延伸到远方。再往南位于略阳县徐家坪镇朱儿坝村的白崖碥栈道遗迹，现存方栈孔37眼，圆栈孔12眼，栈道遗迹总长300米。从白水街到略阳嘉陵江沿岸，历代在江边不仅开凿了大量栈道，也为航运和陆运在两岸开凿了许多纤步道，从北向南有李木山、阴面子、岔路子纤步道，只是开凿时间不明。

嘉陵驿　在今略阳县城内。嘉靖《略阳县志》卷1、2记载城内有嘉陵驿、总铺。

清末略阳城一角

略阳城一角

---

① 略阳县志编纂委员会《略阳县志》，陕西人民出版社，1992年，第224页。

第一章

李木山纤步道

阴面子纤步道

岔路子纤步道

岔路子纤步道近景

略阳江神庙

略阳江神庙古残碑

略阳在唐宋为兴州治地，交通区位重要，是嘉陵江航运的一个重要港口。现略阳东门楼是以前城垣的东门，城墙已经被毁，仅存东门楼，后代多次修葺。现略阳县兴州街道办东关文坪存有清道光八年修建的古城墙遗址，大约400米左右。城内江边的江神庙又名王爷庙，位于县城嘉陵路南段东侧。谭瑀《重修江神庙碑记》记载："南街有江神庙一区，西蜀梇人之懋迁于略者，莫不昕夕敬礼特隆，其号曰王爷庙。岁己亥、庚子间，重加丹垩，金碧辉煌。"[1]江神庙是嘉陵江流域船工们议事祭祀以及聚会娱乐的场所，前院有南北回廊；两江神庙，始建于何年已无法考证，推算最晚在明末清初。道光年间曾重修。现存三联两院，内有"清道光略阳县令禁纤夫带货碑"、《清咸丰二年两庙公议章程永远遵行碑记》碑和《邑令谭瑀重修江神庙碑记》碑。

圪远铺　嘉靖《略阳县志》卷2有记载，雍正《略阳县志》卷1记载有阁老岭，在今略阳东南阁老岭一带。

接官亭　在今接官亭镇接官亭村。嘉靖《略阳县志》卷2有记载，道光《重修略阳县志》卷2《建置部》记载："接官亭，距城四十里。"[2]现已基本没有古迹可寻。

木瓜铺、木瓜桥　嘉靖《略阳县志》卷2记载有木瓜铺，民国《续修陕西通志稿》卷56《交通四·关梁下》记载："木瓜桥，在县东五十里。邑令谭瑀捐修。"[3]村旁木瓜树多，建有一木桥，故名。[4]现属接官亭镇亮马台村，村中确有小溪流经，还设有木瓜桥公交站台。

接官亭

木瓜铺

①　谭瑀《重修江神庙碑记》，道光《重修略阳县志》卷4《艺文部》，光绪三十年刻本。
②　道光《重修略阳县志》卷2《建置部》，光绪三十年刻本。
③　民国《续修陕西通志稿》卷56《交通四·关梁下》，民国二十三年铅印本。
④　略阳县民政局编印《陕西省略阳县地名志》，1985年，第45页。

煎茶岭

硖口驿

煎茶铺、煎茶岭 嘉靖《略阳县志》卷2和雍正《略阳县志》卷1有记载，道光《重修略阳县志》卷2《建置部》记载："煎茶铺，距城八十里。"[1]煎茶铺曾有茶店供来往旅客歇脚，以住户开过茶铺得名。[2]现在有煎茶岭村。据考察，在老勉略公路海拔1341米山顶上有煎茶岭。

硖口驿、硖口铺（驿） 硖口驿因村处山硖口而得名，早在嘉靖《略阳县志》卷2就记载有硖口铺和硖口镇。雍正《略阳县志》卷1也记载有硖口驿和硖口铺。清初设镇后为驿，故名。[3]道光《重修略阳县志》卷2《建置部》载："峡口铺，距城一百里。"[4]硖口驿镇东与勉县茶店镇接壤，南和宁强县庙坝镇相邻，是略阳县的东大门。路旁有硖口驿河，源于何家岩的煎茶岭，经五洞桥、硖口驿、小寨子村，于两河口注入大铁坝河。驿道在原来硖口驿镇老街上，只是现在老街已经不在。

---

① 道光《重修略阳县志》卷2《建置部》，光绪三十年刻本。
② 略阳县民政局编印《陕西省略阳县地名志》，1985年，第158页。
③ 略阳县民政局编印《陕西省略阳县地名志》，1985年，第163页。
④ 道光《重修略阳县志》卷2《建置部》，光绪三十年刻本。

道光《重修略阳县志》卷1记载："正东三里至碾子坝……十里接官亭，十里晾马台，五里木瓜桥，五里茅霸，五里何家岩，五里煎茶岭，十里煎茶铺，二十里硖口驿，十五里王家营，五里茶店子过上沮水。"[1]古道从硖口驿到沮水铺（今沮水）、青阳驿（今勉县青羊驿）接金牛道。同时从凤县梁山驿和总铺可取连云栈道到褒城县开山驿，其中设有姜子铺、凤岭铺、新凤铺、三岔驿并铺、野羊铺、新店铺（南新店，清代南星铺，今留凤关镇）、榆林铺、松林驿、高桥铺、蒿坪铺、柴关铺、乱石铺、安山驿及留坝铺、青阳铺、武关驿、清水铺、焦崖铺、武曲铺、三岔铺、马道驿并铺、青桥驿并铺、堡子铺、新安铺、褒城开山驿并总铺。从陆运角度来看，嘉陵故道在广元、昭化以北虽然陆路路线也较多，但历史上形成了相对稳定的陆上主线。只是在许多路段，嘉陵故道与金牛道处于一个路线共享的状态。实际上，昭化以南嘉陵江边的陆路，并没有形成一个可以贯通的习惯性沿江陆路，这是因为昭化以南的嘉陵江河道以回曲绕行著称，而沿岸多是浅丘地区，陆路取行的可选择性大，故虽然嘉陵江沿岸往往多是陆路相伴，但往往时断时续而不能直接贯通，没有形成一个沿嘉陵江边而行的陆上大通道。

在历史上，嘉陵江水运分别有白水街、虞关、合河口等起始点。明嘉靖《略阳县志》卷1记载："嘉陵江，县西城下，源自大散关，至仙人关始通舟楫。"[2]这里称明代以仙人关为水运起点，而雍正《略阳县志》卷1记载是从鱼关通舟楫。实际上，明清时期嘉陵江水路运输的最北点甚至可达永宁河的合河口上的丁家堡，但这些河道往往都是间断性通航，且多借辅助设施来通行；而明清时期长距离大宗运输主要是从白水江镇或略阳县城开始的。

嘉陵驿　据《寰宇通志》卷99《汉中府》，嘉陵驿在略阳县治北[3]，但嘉靖《汉中府志》卷2《建置志·邮驿》记载略阳县治有嘉陵驿，在南20步[4]。可以肯

灵岩寺栈孔远景

---

①　道光《重修略阳县志》卷1《舆地部·道路》，光绪三十年刻本。

②　嘉靖《略阳县志》卷1，嘉靖三十一年刻本。

③　《寰宇通志》卷99《汉中府》，《玄览堂丛书续集》第74册，国立中央图书馆，1947年影印本。

④　嘉靖《汉中府志》卷2《建置志·邮驿》，嘉靖二十三年刻本。

灵岩寺栈孔近景

白雀寺镇老街

乐素河老渡口

乐素河老渡口航拍

定在今略阳县治，但不明是水驿还是陆驿。嘉靖《略阳县志》舆图中嘉陵驿在城内西北面，卷1记载："嘉陵驿，在县西隅，洪武八年建。"[①]其临西门，也可能有一定水驿功能。今略阳江神庙一带是明清时期略阳的码头，从江神庙的建置和碑刻来看，嘉陵驿可能是较为重要的水驿。

白雀寺　原名白阙寺，后演变为白雀寺。曾是略阳南部的重要集镇，民国时期较大商户有10多家，小店铺20多处。现较为残破，老街保存较好。

乐素河　早在雍正《略阳县志》卷1中就记载有乐素河村寨，又称："乐素河，南八十里，俗人名之落索河也。"[②]地处乐素河口，老渡口仍存。

巨亭　清为清河牌，1953年设巨亭乡，现老街肌理仍存，老渡口位置也可寻。

阳平驿　据《寰宇通志》卷99《汉中府》，阳平驿在沔县西180里[③]，

巨亭老街远景

巨亭老渡口

但嘉靖《汉中府志》卷2《建置志·邮驿》记载，在宁羌州西81里[④]。在今宁强县阳平关，不明是水驿还是陆驿。万历《宁羌州志》卷2《建置》："阳平水驿，州西北八十里，洪武八年建。今改为巡检一员，吏一名；站船二只，水夫四名。"[⑤]宁强的阳平

①　嘉靖《略阳县志》卷1，嘉靖三十一年刻本。
②　雍正《略阳县志》卷1，雍正九年刻本。
③　《寰宇通志》卷99《汉中府》，《玄览堂丛书续集》第74册，国立中央图书馆，1947年影印本。
④　嘉靖《汉中府志》卷2《建置志·邮驿》，嘉靖二十三年刻本。
⑤　万历《宁羌州志》卷2《建置》，抄本。

二十多年前阳平关镇老街

现在阳平关老街

关即三国时的阳安关，南北朝称关城，旧关址在今嘉陵江北子龙山麓的黄家坝。光绪《宁羌州志》卷1记载："阳平关，州西北九十里，南倚鸡公山，北靠嘉陵江，最为险要，弹压稽防不易，州同驻此，旧设参将营，今改为都司营。按：古阳平关，即白马城，在今沔县西，中闲，更置于此，仍旧名耳。《明一统志》以为即古阳平关。"[1]现在的阳平关街，宋代称鸡冠隘，明清以来一直是嘉陵江上的重要交通枢纽，驿站应在今阳平关老街三岔路江边一带。据考察，阳平关关口分成上、下关口，明清以来，为嘉陵江上的重要水陆码头，当时从下游蔡家桥到上游东关口一带江边木船林立，绵延约1里，上游集散的山货在此上船，中下游运输来的百货在此登陆，相当繁忙，故清代的阳平关是一个每日场。至今阳平关老街还保存有一两段，江边的临江码头原建有临江楼，江边大石上还保留有三个锚泊木船的牛鼻子。

---

① 光绪《宁羌州志》卷1《舆地·关隘》，光绪十四年刻本。

从蔡家桥远眺阳平关嘉陵江　　　　　　　阳平关临江码头

临江码头临江楼旧地　　　　　　　临江码头牛鼻子

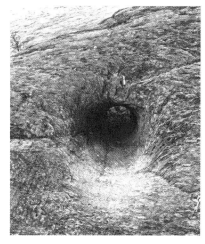

临江码头牛鼻子

燕子碥老街　　　　　　　　　　　　　燕子碥老码头

燕子碥　　光绪《宁羌州志》卷1《舆地·市集》中就记载有燕子碥场，二五八赶场。此地即是燕子河汇入嘉陵江之处，是嘉陵江上的一个重要站点。同时也可能是汉唐从古阳平关南下四川昭化古白水道所经之处，在明清时期，则是从阳平关经安乐河、广坪河进入景谷道而通四川昭化、平武和甘肃文县的一个枢纽，故历史上也较为热闹。至今老街肌理仍存，有一些传统建筑保存，码头位置明显。

顾炎武《天下郡国利病书·四川备录上·道路》记载："又自陕西汉中南界水路，由九井驿、朝天驿、问津驿、龙滩驿、虎跳驿、苍溪驿、盘龙驿，顺庆府境龙溪驿、平滩驿、嘉陵驿，重庆府境太平驿、合阳驿、上（土）沱驿至重庆府入大江为北水路。"[1]显然，明清之际这条嘉陵江水路有"北水路"之称，是当时从北面出四川盆地的重要水路，可与长江三峡东水路相提并论。

九井水驿　　《寰宇通志》卷63记载有九井驿，在广元县北二百一十里，但没注明是水驿。《大明会典》卷120记载有九井马驿，而正德《四川志》卷14记载："九井水驿，在治北一百八十里。"[2]嘉靖《四川总志》卷6也记载："九井水驿，治北一百八十里。"[3]嘉靖《保宁府志》卷4《建置纪下·驿传》记载："九井水驿，在广元北二百里。"[4]记载有站船两只。嘉庆《四川通志》卷12《舆地志·山川》记载："九井滩在县北，有巨石曰：鱼梁、龟堆、芒鞋嘴，参差相望于波间，为行舟患。

①　顾炎武《天下郡国利病书·四川备录上·道路》，上海古籍出版社，2012年，第2191页。

②　正德《四川志》卷14，正德十三年刻本。

③　嘉靖《四川总志》卷6，嘉靖二十二年刻本。

④　嘉靖《保宁府志》卷4《建置纪下·驿传》，嘉靖二十二年刻本。

宋元祐四年转运使陈鹏悉凿平之。旧志在县北一百八十里，一名空舱滩，江流所经也。"①九井滩，即唐宋九井滩，明置九井驿，清名空舱滩，曾为嘉陵江航道官运起点。因地处嘉陵江边山湾，据传场后湾内曾有井九口，故名。②在今朝天区北大滩镇新生村九井滩，明末裁革。老大滩在九井滩上游大约10里处，在现在大滩镇北，为一古渡口，因九井滩至羊角碥十里长滩而得名。民国《重修广元县志稿》卷2《舆地志二》记载："嘉陵江由阳平关、燕子碥南流入广元境，东至大滩场。"③河水水位较高，大滩目前看来不太险。老大滩地势较平，之前人烟较多，还有一个药铺，下有大滩渡口。2011年，大滩嘉陵江大桥建成，大滩渡遂废。以前从九井驿可经穆家坡、土地垭、黑爷庙、清边河、大青沟到阳平关，为翻山至阳平关一道，即唐宋时期的五盘岭道。同时，以前可沿嘉陵江从朝天、九井驿、大滩、羊口边到燕子碥再到阳平关。不过由于河边路难走，所以走穆家坡一道的行人更多。但是在宝成铁路修建之后，两条路基本都已经废弃。

朝天水驿　《寰宇通志》卷63记载有朝天驿，在广元北80里，但没注明是水驿。④《大明会典》卷120记载有广元朝天驿，也没有标明。⑤正德《四川志》卷14记载："朝天水驿，在治北八十里。"⑥嘉靖《四川总志》卷6也记载"朝天水驿，治北八十里"⑦。嘉靖《保宁府志》卷4《建置纪下·驿传》记载："朝天水驿，在广元北八十里。"⑧记载有站船四只，应在今朝天区治老街铺街江边。嘉靖《保宁府志》卷4还记载有朝天古渡，在县北80里。⑨

问津水马驿　《寰宇通志》卷63记载有问津驿，在广元县治西南，但没注明是水驿。《大明会典》卷120记载有问津驿，也没有标明水马之别。正德《四川志》卷14记载："问津水马驿，在治西南一里。"嘉靖《四川总志》卷6也记载有"问津水马驿，治西南一里"。嘉靖《保宁府志》卷4记载："问津水马驿，在广元县西门外。"记

---

① 嘉庆《四川通志》卷12《舆地志·山川》，嘉庆二十一年木刻本。
② 四川省广元县地名领导小组编印《四川省广元县地名录》，1988年，第401页。
③ 民国《重修广元县志稿》卷2《舆地志二》，民国二十九年铅印本。
④ 《寰宇通志》卷63《保宁府》，《玄览堂丛书续集》第62册，国立中央图书馆，1947年影印本。
⑤ 《大明会典》卷120《都察院二》，《续修四库全书》本。
⑥ 正德《四川志》卷14，正德十三年刻本。
⑦ 嘉靖《四川总志》卷6，嘉靖二十二年刻本。
⑧ 嘉靖《保宁府志》卷4《建置纪下·驿传》，嘉靖二十二年刻本。
⑨ 嘉靖《保宁府志》卷4《建置纪下·桥渡》，嘉靖二十二年刻本。以下两自然段文献同以上注释，故不一一列出。

　　　　　　　　　　　　　　　　　　　　　　　　第一章

载有站船四只，在今广元老西门外滨江路。嘉靖《保宁府志》卷4记载的南渡在县南3里，另有绵谷古渡在县西1里，通青川等地。

清代初年，对明代的驿站进行了大量调整，在一些道路上有较多增设，当然也进行了大量的裁撤，特别是在康熙、雍正年间，对明代驿站（特别是水驿）裁撤较多。以嘉陵故道上的水驿来看，清代几乎全部裁并，以大量官府哨船替代水驿官船的功能。清代大量裁撤水驿，很大程度上是由于"川江水急，逆流而上，桡船迟误"①。另外，从元代金牛道川陕交界段改道后，商旅兵家由川入陕多取金牛道经宁羌州、汉中府，取连云栈入陕西，故道略阳、广元在明清的重要性显然不及唐宋。而明代成渝东大路驿道健全定型以后，嘉陵道南水路的地位也逐渐降低了。

随着清代社会经济的稳定发展，嘉陵江故道仍然是四川盆地的一条重要的运输路线。清代初年，嘉陵江成为重要漕运大道，称北水路。有称："略阳白水江合故道、嘉陵二流，可通舟楫。其越陆处经徽、凤，抵宝鸡，达渭河，程四百里，通秦陇，唐时运道。国初，巴蜀军粮亦从此转输，由白水江南下百余里至略阳县城，经宁羌阳平关入蜀境，过朝天关至广元县，水程五百七十余里。"②而雍正《略阳县志》卷1记载："嘉陵江，县北一百二十里，即白水江也。源分大散关分水岭之南，经东河驿、

合河口，嘉陵江最北的航运终始点。

凤县至徽州，由大鱼关通舟楫，又至两河口合淮河，绕城西南会夹江八渡二水入蜀。"③实际上，清代嘉陵江的最上起航点一度可以到永宁河入嘉陵江的合河口，比我们习惯称的虞关还要多40里以上。我们实地考察发现，历史上嘉陵江的船运起点最远可达永宁河的合河口上的

① 道光《重庆府志》卷6《武备志》，蓝勇主编《稀见重庆地方文献汇点》，重庆大学出版社，2013年，第634页。
② 严如熤《三省边防备览》卷5《水道》，蓝勇主编《稀见重庆地方文献汇点》，重庆大学出版社，2013年，第310页。
③ 雍正《略阳县志》卷1，雍正九年刻本。

远眺三滩纤道　　　　　　　　　　　　　旧大滩滩险

三滩纤道一角

丁家堡。据杨三辰《江河纪略》，曾是"始为往来祭江登舟处"[1]，为新船下水处。再下为永宁河入嘉陵江的合河口，曾是清代的粮草转运起点。嘉庆《徽县志》卷7《食货志·风俗》记载："国初运输军饷，尚由永宁河之合河口上船。"[2]在唐宋时期，曾以长举旧县（今长峰村）、虞关为起点，但这只是官府组织的重点整治和大规模转运的起点，并不是自然航行的起点。嘉靖《略阳县志》卷1谈到明代嘉陵江是以仙人关始通舟楫的。[3]所以，在清代虽然可以从丁家堡上船航行，但官府和民间普遍认为虞关或白水镇为嘉陵江航运的起点。当然，这个自然航运的起点，往往受季节的影响，且往往都需借助人力拉纤盘滩等来实现航运。另外，朝天镇在明清时期也是嘉陵江民间航运

———————

① 嘉庆《徽县志》卷8《艺文志》录杨三辰《江河纪略》，嘉庆十四年刻本。

② 嘉庆《徽县志》卷7《食货志·风俗》，嘉庆十四年刻本。

③ 嘉靖《略阳县志》卷1，嘉靖三十一年刻本。

大滩附近民房

的一个起始点。因为元明清时期金牛道主线改走宁羌州、神宣驿一线，朝天成为行旅的第一个水路起点。清代许多官员到了朝天镇后，往往都舍陆从舟到广元、昭化或阆中再到成都。如康熙十一年，王士禛就是从朝天舍陆从舟乘六桨板船到阆州，曾泊虎跳驿。康熙三十四年，他仍然从朝天舍陆从舟，不过只舟行到昭化，从昭化开始舍舟从陆到剑阁。康熙二十二年，方象瑛使蜀也是在朝天舍陆从舟到阆中，有"次虎跳驿宿高桥"的记载。也有人从广元才开始舍陆从舟到阆州。如清初陈奕禧《益州于役记》中记载了水途的紫石、高桥两地。到乾隆年间孟超然使蜀，到了朝天后仍然舍陆从舟到广元，再到牛头山走陆路过剑门。①

　　明清之际，从略阳到保宁约千里，设有营将督理民办漕运，而保宁至重庆二千余里，全靠官船搬运。②所以，顺治年间，为了平定张献忠之乱，组织陕西、甘肃粮草通过嘉陵江转运军需粮饷到四川，徽县一带的船夫行船"其初以保宁为止，今直抵重庆府"③。当时徽州知州杨三辰参加了整治嘉陵江河道的工作。康熙年间，吴三桂反，清平西兵入川，吴军与清军为嘉陵江粮草转运争夺交战不断，粮宪董为沿嘉陵故道转运粮饷，大量陕、甘粮草运到略阳、汉中后顺嘉陵江进入四川。④同治年间，甘凉道道台杨烦镗在叙州、泸州、资州收集商铜，从重庆溯嘉陵江运至略阳白水登陆入陕甘。⑤同治八年，梁嘉麟为了平定回疆，转输川甘粮米，又在嘉陵江上整凿罗汉洞、八渡口、

----

① 王士禛《蜀道驿程记》《秦蜀驿程后记》，方象瑛《使蜀日记》，陈奕禧《益州于役记》，孟超然《使蜀日记》，分见《蜀藏·巴蜀珍稀交通文献汇刊》第1、2册。
② 顾炎武《天下郡国利病书·陕西备录上》，上海古籍出版社，2012年，第1986页。
③ 嘉庆《徽县志》卷7《食货志·救荒七详》，嘉庆十四年刻本。
④ 邓少琴、程龙主编《四川省内河航运史志资料》第2辑，1984年，第129页；李进《清代嘉陵江上游航运述略》，《中国历史地理论丛》1990年第1期。
⑤ 《四川布政司札》，同治六年十二月二十七日，四川省档案馆档案。

虞关、沈官寺、黄沙滩等滩险，并开修纤路60余里。据白水江大路口《土桥子湾碑记》记载，光绪十七年徽县袭柄奎又领民工修凿道路，多次开凿嘉陵故道徽县段。中下游的整治也较多，嘉陵故道更为通畅了。

军师村大沙坝一角

当然，清代嘉陵江上游也往往是水陆兼行，《三省边防备览》卷6《险要上》记载："白水江，在县北一百二十里，江为唐人所开运道，经西江口、罝口而至略阳。陆路南至八渡山，上下五十里，石径陡险。北沿小溪上虞关，碥路七十里至徽县。"[1]就水运来看，清末民国时期，嘉陵江白水江镇到略阳段，通行三丈五尺小船，主要从甘肃运输出药材、烟、酒、粮食，并输入日用品、川药、纸、布等，上水纤挽需要4天，下水半天。略阳到广元段航行五丈五尺船，上水极难，往往需要一个多月，但下水仅需要4天，但如果水小需要盘滩放吊，也需要1个月。

嘉陵江上的滩险甚多，特别是广元以上航运更为艰难。据民国时期的调查发现，当时嘉陵江从白水江老街到重庆巴县城的著名险滩就有170多个。[2]嘉陵江航道从略阳城到川陕交界的对溪子一带滩险众多，从略阳柳树坝经过磨盘滩、女河滩、岩寺滩、红花滩、高滩滩子、剪刀架、羊肉滩、宋朝滩、黑水河口、皮条滩、青石背、黑河滩、陡堂子、瓦窑滩、阳平关下关滩、青边河、龙门子、唐家渡、耐门滩、青铜背、石沟里、乱葬坟、狗家滩、塔山湾、娃娃渡、雷滩、红苕喜、西边西、东河着、高脚楼门、石雀会、观音滩、二郎滩、凉水井、巷口滩到对溪子进入四川广元县境内。[3]民国《重修广元县志稿》也谈到从阳平关到广元间有灶门子、龙门寺、石龙船、竹园

①　严如熤《三省边防备览》卷6《险要上》，蓝勇主编《稀见重庆地方文献汇点》，重庆大学出版社，2013年，第325页。
②　邓少琴、程龙主编《四川省内河航运史志资料》第2辑，1984年，第130—133页。
③　邓少琴、程龙主编《四川省内河航运史志资料》第2辑，1984年，第122、131页。

子、金刚背、小河口、石桥、观音滩、木槽滩、二郎滩、凉水井、长梁子、清滩庙、蔡伯滩、大滩、横梁子、黑崖子、沙碛子、立石子、筹笔滩、苟家滩、安乐滩、朝天镇、穿眼石滩、俞家滩、大坝滩、楼房滩、青杠滩、飞仙滩、冉家滩、磁窑滩、李子滩、北门滩。[1]其中许多滩险都有需要吊滩、盘滩，拉纤更是常态。如从白水镇到略阳间的花浪滩、核桃滩，略阳到阳平关的青石背、肘膊子、响水壳、东河着、剪刀架滩，从阳平关到对溪子的唐家渡、观音滩、二郎滩。[2]清末民初，王舫从白水街沿嘉陵江乘船南下经明月坝到略阳，多次搁浅；在略阳雇大船继续南下，经过青石碑（背）到阳平关，途中用小划子试行而过，大船触礁而水满前仓。然后再经过燕子碥、观音堂、丁家坝、大滩、沙矶子、周（朝）天镇、千佛崖到广元，可谓历尽艰辛。[3]为了嘉陵江上游的航运顺畅，历代都花费大量精力整治航道，嘉陵江上游的许多纤道直到20世纪三四十年代都有开凿，现广元朝天区三滩柴厂沟处的凹槽式纤道相当壮观，但开凿年代已经难以确考了。

嘉陵故道陆路之险始于关中平原进入秦岭谷地，从益门开始沿清姜河而上，过大散关时高谷深悬，历代为至险之地。再翻越东峪口一带和嘉陵江源头的高山，进入嘉陵江流域地区，一直沿嘉陵江河谷行进，直到凤县。历史上，故道在凤县可分三路行进：早期一路继续沿嘉陵江南下到略阳、阳平关；一路向西翻越马岭山、杨店到两当、徽县，再取青泥岭、白水路与嘉陵江路合；后期则可从东南取连云栈道到褒城进入汉中平原。此三路在历史上都要翻越秦岭、大巴山的高山或沿深切的嘉陵江河谷行进，相当陡险。唐宋时期，嘉陵故道在今天阳平关以南至广元段实际上是与金牛道共享的，其中翻越五盘岭一段、潭毒关一段也相当陡险。今天嘉陵故道仍有大量历史交通遗迹可寻，如大散关遗址、青泥岭"远通吴楚""修路碑记"碑、双龙崖栈道、马莲垭栈道、白崖碥栈道、灵岩寺栈道、清风峡栈道、手扒岩栈道和石刻、郙阁铭石刻、长峰寺遗址、略阳城墙与镇江王爷庙、虞关修路摩崖碑记、阳平关码头的牛鼻孔、白水老街建筑遗迹、明钟公路石刻、《新修白水路记》大石碑、大河店"徽县大河店修路碑"、三滩凹槽式栈道（纤道）、李木山纤步道、阴面子纤步道、岔路子纤步道，等等。

---

① 民国《重修广元县志稿》卷2《舆地志二》，民国二十九年铅印本。
② 邓少琴、程龙主编《四川省内河航运史志资料》第2辑，1984年，第121—124页。
③ 王舫《乙卯入蜀记》，金生杨主编《蜀道行纪类编》第29册，广陵书社，2017年，第253—254页。

第三节　川陕中线（米仓道·大竹路·巴岭路）

米仓道是从陕西汉中循濂水河谷翻米仓山再沿南江河谷入四川盆地的一条古道。不过，就现在人们习惯称蜀道的"南三北四"通道来说，历史上米仓道远远不能与南三道中的金牛道相提并论，也不能与北四道中的褒斜道、故道（含连云栈）、傥骆道、子午道地位相当。在历史上，米仓道不曾广泛设置驿传，但作为一条民间商道和军事取用频繁的通道，其作用也相当重要。

一、米仓道的开通与唐宋主线路线走向考证

传统看法认为，最早取此道行进的是东汉末年的张鲁。《华阳国志》记载："（建安）二十年，魏武帝西征鲁，鲁走巴中。"[①]而《三国志》卷8《张鲁传》记载："（鲁）乃奔南山，入巴中。"[②]持此说的主要是黄盛璋先生。[③]后来，王开、傅庆荣先生据《玉堂闲话》"昔汉祖不用韩信，信遁归西楚，萧相国追之，及于兹山，

---

① 常璩撰，刘琳校注《华阳国志校注》卷2《汉中志》，巴蜀书社，1984年，第119页。

② 《三国志》卷8《张鲁传》，中华书局，1982年，第264页。

③ 黄盛璋《川陕交通的历史发展》，《地理学报》1957年第4期。

故立庙貌"①的记载，便认为米仓道首通应提前到西汉初年。②这里必须说明的是，以上诸位考证的仅是见于史籍的通道年代，而历史客观上的首通年代估计更早。汉代民谣《三秦谣》有"武功太白去天三尺，孤云两角去天一握"之句，因孤云山和两角山为米仓道所经高山，想汉代古道上之山已入民谣，必常为时人所行经，则米仓道开通取用也许会更早。

唐、宋、元时期，米仓道在军事和民间商业上都有重要地位。陆放翁有"孤云两角不可行，望云九井不可渡"之句，与金牛道险要并举，足见米仓道之重要。

唐宋时，众多史籍对米仓道都有明确的记载，最经典的就是《太平广记》引五代《玉堂闲话》称：

> 兴元之南有大竹路，通于巴州。其路则深溪峭岩，扪萝拔石，一上三日而达于山顶。行人止宿，则以缅蔓系腰，萦树而寝，不然则堕于深涧，若沉黄泉也。复登措大岭，盖有稍似平处，路人徐步而进，若儒之布武也。其绝顶谓之孤云、两角，彼中谣云：孤云两角，去天一握。淮阴侯庙在焉。昔汉祖不用韩信，信遁归西楚，萧相国追之及于兹山，故立庙貌。王仁裕尝佐褒梁帅王思同南伐巴人，往返登陟，亦留题于淮阴祠，诗曰："一握寒天古木深，路人犹说汉淮阴。孤云不掩兴亡策，两角曾悬去住心。不是冕旒轻布素，岂劳丞相远追寻。当时若放还西楚，尺寸中华未可侵。"崎岖险峻之状，未可殚言。③

宋代《海录碎事》记载："兴元之南有路通巴州，三日而达于山顶。其绝高处，谓之'孤云两角'。谚云：'孤云两角，去天一握。'"④对于此话，清代人认为是唐人贾耽所言。如《嘉庆重修一统志》卷390《保宁府》记载："贾耽曰：兴元之南，路

---

① 《太平广记》卷397引《玉堂闲话》，《笔记小说大观》第5册，江苏广陵古籍刻印社，1983年，第131—132页。

② 王开《米仓道·大竹路·二南公路》，《陕西交通史志通讯》1985年第6期；傅庆荣《米仓道首通年代考辨》，《陕西交通史志通讯》1986年第5期。

③ 《太平广记》卷397引《玉堂闲话》，《笔记小说大观》第5册，江苏广陵古籍刻印社，1983年，第131—132页。

④ 《海录碎事》卷3《地部上》，中华书局，2002年，第70页。

通巴州，中有孤云山，行者必三日始达于顶。"①《读史方舆纪要》《方舆考证》亦有类似的记载。由于宋元并无此贾耽之言相沿下来，这些清代的记载可能存在问题。

实际上，宋人普遍认为米仓道只是一条军事大通道。如《建炎以来系年要录》记载："巴之北境，即米仓山，下视兴元，出兵之孔道。"②所以，巴州在宋代仍然以军事上的区位重要性著称，米仓道在宋人眼中主要是一条出奇兵的军事要道，当时文献中有关这一带的形势描述也是如此。如王旦《高士瑰画像记》称："巴控扼梁、洋，吾蜀孔道，形势绝剑阁之险，飞蹬逾栈道之危，犄角利、阆，连衡绵、剑，遮蔽东、西川，最为襟喉要害地。"③《张忠献奏疏》也称："巴州云云要路，乃命知州兼管内安抚。"④

这条古道在唐宋又称大竹路。《玉堂闲话》记载："兴元之南有大竹路，通于巴州。"⑤胡三省称："兴元之南有大行（竹）路，通于巴州。其路险峻，三日而达于山顶。孤云、两角，二山名也。"⑥又称："巴州在三巴之中，谓之中巴。兴元之南有大行（竹）路，径孤云两角，过米仓山则至巴州。"⑦不过米仓道为什么又叫大竹路呢？王开认为是因为古道经过宋代的大竹镇、大竹县（渠县）而得名。但洋渠道也经过大竹县，为什么不叫大竹路呢？这种说法太牵强。笔者在汉中求访于杨涛同志，他认为巴山多竹，乡民多称巴山为竹山，故称大竹路。古书有记载："小巴山，在（西乡）县西南二百五十里，上产木竹笋，贾客贩卖。"⑧也印证了以上事实。早在1986年，笔者与南江县博物馆的何家林第一次徒步考察米仓道，逾米仓山，踏察荒榛甚久的古道，这个疑问迎刃而解。在我们翻越米仓山过程中，但见米仓山麻光梁子至核桃湾段古道两旁竹林丛生，荫森如竹洞。竹林按海拔高度垂直分布，下为乔竹，中有水竹、慈竹，山顶为木竹。后来，我们又多次翻越大巴山考察米仓道，发现龙坪到关仓坪段也是竹林、簝叶密布。这样，言其为大竹路，真可谓恰如其分。

---

① 　唐宋史籍均不载贾耽此话，唯在《嘉庆重修一统志》卷390《保宁府》、《读史方舆纪要》卷56等清代文献有此话。
② 　李心传《建炎以来系年要录》卷63，中华书局，1988年，第1077页。
③ 　王象之《舆地纪胜》卷187《巴州》引，四川大学出版社，2005年，第5472—5473页。
④ 　祝穆《方舆胜览》卷68《巴州》引，中华书局，2003年，第1186页。
⑤ 　《太平广记》卷397引《玉堂闲话》，《笔记小说大观》第5册，江苏广陵古籍刻印社，1983年。
⑥ 　《资治通鉴》卷67《汉纪五十九》胡注，中华书局，1956年，第2139页。
⑦ 　《资治通鉴》卷268胡注，中华书局，1956年，第8747页。
⑧ 　《古今图书集成·方舆汇编·职方典》卷529《汉中府部》，中华书局，1985年，第12486页。

这条古道又叫巴岭路。《元和郡县图志》卷22记载："（汉中）西（应为南）取巴岭路至集州二百八十里。"[①]《通典》卷175记载："（集州）去西京取郡北巴岭路至汉中都郭下。"[②]《太平寰宇记》卷133记载："（兴元府）南取巴岭路至集州三百里。"卷140又载："（集州）东北取巴岭路至长安一千四百里。"[③]

这条路又称大巴路、小巴路。《玉堂闲话》记载："秦民有王行言以商贾为业，常贩盐鬻于巴、渠之境，路由兴元之南，曰大巴路，曰小巴路。"[④]为什么又称大巴路、小巴路呢？据考证因是古道经过当时大巴岭山和小巴岭山而得名。[⑤]

20世纪80年代，笔者对米仓道进行考察，米仓道为原始森林所覆盖，人烟罕见，道路荒榛，野草齐肩，要真正弄清米仓道具体路线状况是一个棘手的问题。21世纪以来，笔者又通过多次实地考察，对米仓道路线的走向有了更为深入的认知。要搞清米仓道的路线，首先要搞清历史上截贤岭、孤云山和两角山的位置。

关于萧何追韩信的截贤岭的位置历代至少附会有六种说法。一是在褒斜道的留坝马道寒溪，清代还存有碑文。[⑥]二是今南江县北五十里坪河三角山，又称韩山，据说上面曾有石碑，唐代集州刺史杨师谋刻云："萧何追韩信到此。"南宋前迁到县学，后遗失。[⑦]三是今南江县北一百余里截贤岭，又名流贤岭，称："亦以韩信得名，旧志与孤云两角俱修栈道，今则榛斧已辟，半成坦途。"[⑧]这种说法位置不明确，我们至今也无法定位。四是今南江县玉泉乡映水坝截贤岭，据说也有碑文。[⑨]五是宁强县西河，据称也立有石碑。[⑩]六是汉中西南廉水乡仙台山，宋代称米仓山，又称仙台山，元代又叫

① 李吉甫《元和郡县图志》卷22，中华书局，1983年，第558页。

② 杜佑《通典》卷175，中华书局，1988年，第4576页。

③ 乐史《太平寰宇记》卷133、卷140，中华书局，2007年，第2611、2719页。

④ 《太平广记》卷433引《玉堂闲话》，《笔记小说大观》第5册，江苏广陵古籍刻印社，1983年，第210页。

⑤ 蓝勇《对"历史上的小巴简道"的商榷》，《陕西交通史志通讯》1985年第6期。

⑥ 张邦伸《云栈纪程》卷3，李勇先、高志刚主编《蜀藏·巴蜀珍稀交通文献汇刊》第2册，成都时代出版社，2015年；刘辉光《截贤岭是萧何追韩信的地方吗？》，《四川日报》1979年10月14日。

⑦ 民国《南江县志》第1编，民国十一年铅印本；道光《南江县志》卷上，道光七年刻本；四川省南江县地名领导小组编印《四川省南江县地名录》，1983年，第384页。

⑧ 乾隆《南江县志·山川》（不分卷），年代不明抄本；道光《南江县志》卷上，道光七年刻本；道光《保宁府志》卷6，道光二十三年刻本。

⑨ 刘辉光《截贤岭是萧何追韩信的地方吗？》和笔者实地考察。

⑩ 刘辉光《截贤岭是萧何追韩信的地方吗？》，《四川日报》1979年10月14日。

铁贤岭。[①]

　　《史记·淮阴侯列传》对萧何追韩信有明确的记载，这一历史故事当可相信。但《史记》未记载路线地点，后人或为光耀本土，或囿于知识局限，重构出以上众多截贤岭的位置。以上几处截贤岭，位置零乱无章，碑文已踪迹无觅。截贤岭今何在？访于当地人，仍不能确指。这个问题的答案早在宋元时代就是模糊的。如《蜀鉴》卷1记载："今兴元之南南郑县米仓山有截贤岭，韩信庙，或云萧何追韩信于此。"[②]只是说在米仓山中，宋代也有人认为，萧何追韩信于米仓山是"亦未可晓"[③]，显然当时就不清楚。而宋代《海录碎事》有这样记载：

　　　　兴元府之南有路通巴州，行三日而达于山顶，其高处谓之孤云、两角，去天一握。意者韩信逃于深僻之处，刺史杨师谋就其所逃之处而刻石焉。两角山，即非通衢，故碑亦不显。今碑在难江县学，而两角山、米仓山之间有淮阴公庙，又有截贤岭，则其迹可考矣。[④]

　　从这则记载我们可以看出，唐人立碑是在非大道所经的偏僻之处，宋人对该碑具体立于何处已不能确指，只认为淮阴侯庙和截贤岭在两角山和米仓山之间，具体位置并不明。所以，明清时期人们可能更是只有进行推测定位，故明清时期对截贤岭位置的认知更是杂乱无章。

　　然而，孤云山和两角山在何处，更是一个谜案。

　　孤云、两角之名出现在汉代民谣中。汉代民谣所引《三秦谣》有"武功太白去天三尺，孤云两角去天一握"之名，而出现时间可能更早，在民间影响也较大。如前面所引《太平广记》引五代《玉堂闲话》的一段话。后来苏东坡就谈到"觉来五鼓日三竿，始信孤云天一握"。陆游的诗中也多次提到孤云两角山，有"孤云两角不可行，望云九井不可渡"，"孤云两角山亡恙，斗米三钱路不忧"，"山似孤云两角边"等

①　祝穆《方舆胜览》卷66，中华书局，2003年，第1149页；王象之《舆地纪胜》卷183，四川大学出版社，2005年，第5309页；嘉靖《陕西通志》卷3《土地三·山川中·汉中府》"米仓山条"；《嘉庆重修一统志》卷237；民国《南郑县志》卷5《风土志·古迹》。

②　郭允蹈《蜀鉴》卷1，国家图书馆出版社，2010年，第16页。

③　魏了翁、方回《古今考》卷8，《景印文渊阁四库全书》第853册，台湾商务印书馆，1972年，第251页。

④　王象之《舆地纪胜》卷187《巴州》引《海录碎事》，四川大学出版社，2005年，第5477页。

诗句。而南宋仲昂《送李巴州》一诗中也有"平生不识巴南路，梦到孤云两角西"之句。宋代地理志中也多有记载。如《方舆胜览》卷66《利州路》："跻危历险，在孤云、两角之边。张留侯栈道之绝，陈迹可寻。"[①]可以说，早在汉唐两宋时期，今大巴山地区的孤云山、两角山的影响已经很大的了。

不过，宋元以来，有关孤云山、两角山究竟何在，却完全是一笔比截贤岭更糊涂的账。笔者遍查诸史，访求当地人士，加以实地考察，从收集到的资料来看，历史上对于孤云山和两角山的所在地，至少也有以下十种说法：一说是在南江县南3里、5里之地，认为"二山相联属，两峰极高[②]"。此说主要流行于明代，以今天的位置来看，应该在南江县城附近。二说孤云山、两角山在南江西北坪河乡三角山，因山形似孤云两角而称。[③]此说主要流行于民国以来。三说两角山在南江县北50里香炉山，四说孤云山在南江县北50里韩山，也主要流行于民国以来。[④]五说孤云山、两角山在廉水县东南180里（一说170里），即在集州难江县北90里。[⑤]此说主要在宋代流行，但只是中国传统的虚拟定位，并不能实指。六说孤云山、两角山在褒城县前120里。[⑥]此说主要流行于明清时期，但仍然不能实指定位。一说孤云山在南江县东15里立鹄岭。认为此山"奇峰突兀，高入云霄，时有云气拥护，又名归云岭"[⑦]。七说两角山在南江县北50里，"两角相连，峥嵘秀耸，上出重霄，烟萝布合，苍翠欲滴，真奇观也。昔人题咏有'孤云两角，去天一握'之句，言其高也。上有石碑俗呼为国士，云萧何追韩信到此"[⑧]。此说主要流行于清代以来。八说两角山在南郑县喜神坝乡牛脑壳梁（牛头

① 祝穆《方舆胜览》卷66，中华书局，2003年，第1149页。
② 嘉靖《保宁府志》卷2《山川》记载为南3里，正德《四川志》卷14《保宁府》记载为南5里。
③ 民国《南江县志》第1编，成都聚昌公司，民国十一年铅印本；四川省南江县地名领导小组编印《四川省南江县地名录》，1983年，第384页。
④ 民国《南江县志》第1编《山脉》，成都聚昌公司，民国十一年铅印本。
⑤ 祝穆《方舆胜览》卷66、卷68，中华书局，2003年，第1149、1187页；王象之《舆地纪胜》卷183、卷187，四川大学出版社，2005年，第5308、5477页。
⑥ 嘉靖《汉中府志》卷1《山川》、嘉庆《汉南续修郡志》、《陕西通史》卷11、《古今图书集成》卷520。
⑦ 乾隆《南江县志·山川》、道光《南江县志》卷上。
⑧ 乾隆《南江县志·山川》、道光《南江县志》卷上，记载文字稍异。

岭）。①此说主要流行于民国以来。九说孤云山在南郑县小坝乡香炉山。②此说主要流行于民国以来。十说是郭声波教授提出的桃园大光雾山的双峰山。③近来当地因为旅游开发需要，又在南江县大坝北火烧岩香炉山附近附会出一个孤云峰和截贤岭。

如今，孤云山、两角山的碑已踪迹无存，其实宋元时期就争议较大，认知中断，形似孤云两角的山形众多，明清以来多是推测区位重构，所以以上十说，不过是历代臆测的结果，真假难辨。但米仓道必经孤云和两角山顶附近，众多史籍明载，不容质疑。按米仓道应循难江河谷而行，坪河三角山、立鹄岭孤云山均不当道，显系后人附会。褒城县南120里孤云山即南郑廉水废县之地的仙台山，又叫玉女山，依宋人记载孤云山、两角山在廉水县东南170里或180里，这里显然不合。至于牛头岭和香炉山之说，为近人据山形附会而成，证据不足。且两山各在一道旁，相隔甚远，令人费解。现在，孤云山、两角山最大可能便是宋人记载的难江县北90里、廉水县东170里或180里之地。按以今地望应在南江上两区以北、桃园乡和大坝以南的米仓山中。遗憾的是，岁月流逝，截贤岭和淮阴侯庙也无踪迹，而米仓山之中形似孤云、两角者举不胜举，两山具体位置只有存疑了。有学者曾对孤云山、两角山作了考证，认为孤云山在南江大光雾山，两角山为今九角山，但结论可信度并不高。最重要的是，认定的道路不经宋元的米仓山。实地考察发现，认定为两角山的九角山远离古道翻越的庙坪子、韩坡垭口，根本不在一个山体上，在垭口也根本看不到远处低矮的九角山，且根本不符合道路"达于山顶"的事实，故根本不可能了。所以，由于中国传统山脉记载虚拟定位中的记忆中断，历代都在不断臆测两山所在，造成孤云山、两角山的具体定位问题至今难以完全解决，只能存疑待考。

由于截贤岭、淮阴侯庙、孤云山和两角山的地望至今仍无确考，加上古道荒榛甚久，故唐宋米仓道的具体路线一直难以确考。民国《续修南郑县志》记载，清代南郑通南江主要有三路：经中渡、周家坪、喜神坝分岔，一入小坝，经巴峪关、大坝、关坝入南江，是为中路；一入台上至通江，是为东路；另可经上水渡、新集、廉水废县、庙坝、桃园寺入南江，是为西路。并认为经过庙坝、挡墙的西路为米仓道。④实际上，现在学术界对于米仓道具体路线的说法，也是在这三种路线之间。一是汉中杨涛

---

① 民国《续修南郑县志》卷1《舆地志·山脉》，民国十年铅印本。《南郑县交通运输资料汇编》（初稿）亦持此说。

② 民国《南郑县志》卷1《舆地志》和笔者实地考察。

③ 郭声波《论米仓道的系统问题及其历史地位》，《四川文物》2012年第6期。

④ 民国《续修南郑县志》卷1《舆地志》，民国十年铅印本。

认为，米仓道从南郑南牟家坝、青石关、两河口、碑坝入南江、通江。按古代米仓道应沿濂水和难江河谷行进，而这条路线偏东，为入通江河要道，作为米仓道主线路线似不可信。二是从喜神坝分路经牛头岭、台上、桃园寺到上两，即后来的二南公路的路线。民国时经大坝的路线荒榛，商旅多取此道，所以民国时期的《川陕边区略图》上标注的主要路线也是走这一条，20世纪中叶以来，二南公路修通前，当地群众也多取此路线。《南郑县土志》记载，这条路从南郑县上水渡向南30里过周家坪（今天南郑县），10里过青树子，30里过红庙堂，15里过白阳堂，40里过岩方坪，30里过高阡垭，30里过庙坝地，再40里到桃园寺交南江县界，但"山僻小径，险窄难行，亦川陕要隘"[1]。而从桃园寺的道路经过25里雄尖子、上两河口（上两），15里庙垭，35里桥宁场，40里马跃溪，再2里到南江县城，并称"此路线为近今入南郑之要道"，涉水多，"处处险阻"。[2]按上水渡一路，有称"路极险峻"，而不经特指的大巴山（大巴岭）、小巴山（小巴岭），疑非正道。三是西安王开认为，从今汉中濂水河谷经姚家营、草堰塘、周家坪、青树子、红庙堂、喜神坝、小坝、官仓坪、巴峪关、大坝、米仓关、关坝、上两入南江。多次实地考察后，我们发现，从各方面来看应以王开谈到的路线为正道，只是王开没能提出任何证据。实际上民国《南江县志》第1编《交通志·道路》记载有一条道路，即从南江县城向北2里过马跃溪，40里过桥宁场，35里过庙垭，15里到上两河口，经银杏坝，向东北行40里到关坝，30里过米仓关，40里过大坝，30里过巴峪关，25里到关仓坪接南郑县界。[3]民国时期很多人都认为此路线为历史上的米仓道，如《南江县志》明确记载"此路线为汉代米仓道"，只是民国时期大坝一带"鲜有居民，故行旅绝少"。[4]

　　其实，从今南郑翻大巴山到南江、通江、旺苍一带，大巴山的交通路线本身是一个网络状态，特别是在南郑以南的汉中平原地区，由于平原交通的特点，可供自然选择的路线较多。翻越大巴山的交通路线也是一个网络，史籍中谈到的从碑坝到通江的涪阳路线、从小坝经大坝到关坝的路线、从庙坝经桃园到上两的路线、从庙坝经木门到旺苍的通道都是存在的，只是在历史上这些通道都是作为民间一般商道存在，从来

---

① 《南郑县土志·道路》，清末抄本。
② 民国《南江县志》第1编《交通志·道路》，民国十一年铅印本。
③ 民国《南江县志》第1编《交通志·道路》，民国十一年铅印本。
④ 道光《南江县志·舆地》、民国十一年《南江县志》、民国二十四年《南江县图》、民国三十一年《南江县志》。另见王德基等《汉中盆地地理考察报告》，中国地理研究所《地理专刊》1946年第3号。

没有设置过驿站。直到清代，南郑县县南仍没有铺递之设，而南江县县北则一直没有铺递之设，历史上这些道路也没有承担过重大的国计民生转运工程。所以，这些道路在民间往往由当地百姓、民间商旅根据方便程度自然选择，无所谓轻重、主次。宋元以后米仓道之所以名声大振，主要是宋代战争取用之故，才使米仓道之名和经过的孤云山、两角山更加有名。所以，我们主要应该从军事攻防角度来考量米仓道的路线取用，而不是在商业取用的便捷上。米仓道作为大巴山通道，在历史上最有名的时期是宋元时期，有"兴元之南的用兵之道"之称。如《建炎以来系年要录》所言："巴之北境，即米仓山，下视兴元，出兵之孔道。"①所以，历史上很少有认为米仓道是重要商道和官道的。

从地形图来看，米仓山横亘南江北，东低西高，东窄西宽，按古代取路多取垭口和多取窄岭的规律，故古道到喜神坝后经小坝、官仓坪入大坝、关坝、上两入南江也很正常。而从关坝到上两沿河谷而行，本身起伏较少，整体上，这个路线翻越关坝的大巴山的坡度较大，但坡路路程最短。从民间取用来看，有其长处和短处，但从军事取用来看，确实是一条出奇兵之道。

从考古上来看，在这几条路线间都发现了许多历史文物。郭声波教授谈到上两、桃园、台上线的桃园一带曾发现汉代砖室墓和印模砖。②实际上据《中国文物地图集·四川分册》，小坝、大坝、关坝一线的大坝也发现了汉代窑址。③而文物工作者们曾在大巴山大坝发现宋代窑厂、宋代嘉定年间的16个银盏，当地人也常拾到马铃、铜罐之类的东西。④可知宋代大坝必为人烟熙熙的商旅、征战大道，不然，在海拔甚高而宋代时还是荒榛山林的大坝是不会有这些遗迹的。至于将两河口的栈道孔和桥桩孔，在无任何根据佐证背景下，武断地定为汉代或唐宋以前的痕迹，显然是不科学的。所以，四川省文物考古研究院、巴中市文物管理所、南江县文物管理所的联合考察报告中明确认为栈道"时代不详"⑤，较为严谨。据我自己多年在西南地区的田野考察，西南地区河道上这些孔穴很多都是各种柱孔，包括栈孔、石龛孔、桥梁柱孔、牛鼻孔、壶穴孔、扎箱孔，时代从汉到明清都有，很难一眼看出具体的时代和功用。我们实地

①　李心传《建炎以来系年要录》卷63，中华书局，1988年，第1077页。

②　郭声波《论米仓道的系统问题及其历史地位》，《四川文物》2012年第6期。

③　《中国文物地图集·四川分册》，文物出版社，2009年，第963页。

④　此考古材料系南江县博物馆何家林副馆长提供和笔者实地考察所获。

⑤　四川省文物考古研究院、巴中市文物管理所、南江县文物管理所《四川南江米仓道调查简报》，《文物》2013年第9期。

考察发现，两河口韩溪上的栈孔口本身并不典型，是否为栈孔本就存疑。有的石孔明显为壶穴，并非人力形成；有的为人工凿孔，但并不能肯定是桥柱孔。另外，经过两河口的通道主要是汉中西南通往今旺苍的木门道，与历史上唐宋征战的米仓道主道在区位和功能上相去甚远，自然不足为证。

从历史地名来看，桃园寺西线山地段主要的地名记忆和关卡沿革大都是明末以来的。郭声波教授列举的交通地名多是清代的记忆。较早的如民国《南郑县志》庙坝关，其关墙修建于明末，民间呼为挡墙。[1]我们实地考察发现这个挡墙路段相当陡险，可能是明清时期防范土匪而修建的。

从历史古道关口沿革看，这条路线上最早记载的关卡和巡检司，都是在大坝这条道路上，可以追溯到宋代。而其他路线却没有这样的记载，如米仓关、巴峪关、米仓关（大坝）巡检司。早在《元和郡县图志》中就有记载："西取巴岭路至集州二百八十里。"[2]《通典》卷175记载："（集州）去西京，取郡北巴岭路，至汉中都郭下。"[3]后来在《太平寰宇记》中也频繁出现巴岭路之词，如卷133记载"（南郑县）南取巴岭路至集州三百里"，卷140又记载"（集州）东北取巴岭路至长安一千四百里"。[4]在蓬州和利州处也谈到北取巴岭路到长安。这里的巴岭，按《元和郡县图志》记载："巴岭，在县南一百九里，东傍临汉江，与三峡相接，山南即古巴国。"[5]实际上，唐宋文献中的巴岭多是泛指大巴山，当时米仓山和米仓道并不出名，只是到了宋元之际的战争，使米仓道声名逐渐大起来。不过，就是到了宋代，对于米仓道的具体路线也缺乏较为精准的记载。

米仓山之名出现在宋代，如《蜀鉴》《建炎以来朝野杂记》和《建炎以来系年要录》在记载取米仓山征战的过程中谈到米仓山，称在兴元之南的大巴山中。但宋代文献中并没有米仓山具体位置的记载，甚至出现将廉水县仙台山（玉女山）称为米仓山之说。明代文献中有了关于米仓山位置的具体记载，如《大明一统志》卷68记载："米仓山，在巴县（州）北五（百）里。"[6]《寰宇通志》卷63记载："米仓山，在巴

---

① 民国《续修南郑县志》卷1《舆地志》，民国十年铅印本。
② 李吉甫《元和郡县图志》卷22《兴元府》，中华书局，1983年，第558页。
③ 杜佑《通典》卷175，中华书局，1988年，第4589页。
④ 乐史《太平寰宇记》卷133、140，中华书局，2007年，第2611、2719页。
⑤ 李吉甫《元和郡县图志》卷22《兴元府》，中华书局，1983年，第558页。
⑥ 《大明一统志》卷68，三秦出版社，1990年，第1057页。

县（州）北五百里。"①但完全是中国传统虚拟位置的记载，不能确指定位。

宋代开始有大巴山和小巴山的区别，早在《水经注》中就有小巴山的记载，只是位置不明，但对于我们考证宋代米仓山东米仓关位置相当重要。

《太平寰宇记》卷140记载："小巴岭，县东北一百三十里，《周地图》云此山之南即古之巴国，其岭上多云雾，盛夏尤盛，有积雪，又有北水源出此山。难江水源出县东小巴岭。"②《舆地纪胜》卷187引同，同时另引《晏公类要》记载："大巴岭，在化城县北，岭之南古巴国也……小巴岭，《周地图》云，此山之南，即古之巴国。"同时也记载有难江小巴山。③《方舆胜览》卷68也记载："大巴岭，在城北。小巴岭，此山之南，即古巴国。"④《舆地广记》卷32也记载难江县小巴山。⑤不过，整体上讲，宋代大、小巴山（岭）的位置关系记载还是不够清楚。

明代，大小巴山的位置关系相对明确起来。如《大明一统志》卷68记载："大巴岭，在通江县东北五百里，与小巴岭相接，世传九十里巴山也……米仓关，在巴州北五百里。"⑥嘉靖《汉中府志》卷1《舆地志·山川》记载："米仓山，西南一百四十里，最高绝顶可见褒、沔、洋、凤四州县……大巴山，南一百九十里，接巴州，冬夏积雪不消。"⑦嘉靖《保宁府志》卷2《舆地纪下·山川》记载："米仓山，在州北五百里，古今行兵之孔道，下有巡检司"，"大巴山，在县北二百里"，"小巴山，去大巴十里"。⑧特别是正德《四川志》卷14《保宁府》记载："米仓山，在治北八十里，南渡时为兴元出兵之路，山下有巡检司。小巴山、大巴山俱在治北一百里内，小巴之南旧为古巴国，大巴之险过于连云栈，其下通汉中。"⑨再者，何宇度《益部谈资》认为巴水"发源于小巴岭"⑩。仅从以上明代文献的记载来看，明人认知中，小巴山应在大巴山之南，为巴河水源地，而米仓山应与小巴山相近，可能是小巴山的一段。

在清代的《读史方舆纪要》、道光《巴州志》、道光《南江县志》和乾隆《南

---

① 《寰宇通志》卷63，《玄览堂丛书续集》第62册，国立中央图书馆，1947年影印本。

② 乐史《太平寰宇记》卷140，中华书局，2007年，第2720页。

③ 王象之《舆地纪胜》187，四川大学出版社，2005年，第5479、5480页。

④ 祝穆《方舆胜览》卷68，中华书局，2003年，第1187页。

⑤ 欧阳忞《舆地广记》卷32，四川大学出版社，2003年，第959页。

⑥ 《大明一统志》卷68，三秦出版社，1990年，第1057页。

⑦ 嘉靖《汉中府志》卷1《舆地志·山川》，嘉靖二十三年刻本。

⑧ 嘉靖《保宁府志》卷2《舆地纪下·山川》，嘉靖二十二年刻本。

⑨ 正德《四川志》卷14《保宁府》，正德十三年刻、嘉靖十六年增补本。

⑩ 何宇度《益部谈资》，西南交通大学出版社，2020年，第14页。

郑县志》中，大巴山的区位关系就较为明确了。《读史方舆纪要》卷68记载："小巴山，州北二百九十里，其北有大巴山与此绵延相接。亦曰大巴岭、小巴岭，志云大巴所称九十里，巴山也。由小巴而北至大巴，险逾剑阁云。"①道光《巴州志》卷1《山川》记载："水源所出之小巴山，在南江县北二百里，与大巴山相连，不在境内也。"②乾隆《南江县志·山川》记载："小巴山，在县东北二百三十里……大巴山，在县（百）十里，通汉中，山径迫狭，不通舆马。"③道光《南江县志》卷上记载："大巴山，在县北二百二十里，路通汉中……土接上巴山，属陕西南郑县。小巴山，在县北二百三十里，南江源出焉，即巴江之源也，险亚大巴山而峻过之。"④乾隆《南郑县志》卷2《舆地下·山川》记载："大巴山……在县南百九十里，东滨汉江与三峡相接，山南即古巴国……与四川巴州之小巴山接。"⑤

以上位置关系和里程有一定出入，但大的位置关系是明确的。实际上，今上两、关坝以北的大巴山以东西向的焦家河谷为界，正好分成南北两个山脉走向，从山形上显现出了大巴、小巴的大格局。综合以上宋明清代文献中的记载，历史上的小巴山（小巴岭）即为今上两、关坝以北，焦家河以南的大巴山山系的一条山脉，从东向西有红岩子（海拔2202米）、草鞋坪垭口（海拔1990米）、小光雾山（海拔2332米），为巴河支流南江发源地，南为古代巴国旧地。而历史上的大巴山（大巴岭）在其北，应该就是今大坝焦家河以北诸山。

在这样的认知背景下，我们再来讨论宋明以来米仓关的位置。有关米仓山的记载相对较早，而米仓关的位置则记载较晚，目前有关米仓关的最早的记载见于明代。在明人编的《元史》中屡见其名，但没有位置的记载。《大明一统志》卷68记载："米仓关，在巴县（州）北五百里。"⑥《寰宇通志》卷63记载："米仓关，在巴县（州）北五百里。"⑦也是传统虚拟空间定位。不过，有关明代米仓关巡检司位置的记载可以为我们确定米仓关的位置提供支撑。正德《大明会典》卷114记载："南江县，米

① 顾祖禹《读史方舆纪要》卷68，中华书局，2005年，第3226页。
② 道光《巴州志》卷1《山川》，道光十三年刻本。
③ 乾隆《南江县志·山川》，抄本。
④ 道光《南江县志》卷上，道光七年刻本。
⑤ 乾隆《南郑县志》卷2《舆地下·山川》，乾隆五十九年刻本。
⑥ 《大明一统志》卷68，三秦出版社，1990年，第1059页。
⑦ 《寰宇通志》卷63，《玄览堂丛书续集》第62册，国立中央图书馆，1947年影印本。

仓关巡检司。"①万历《大明会典》卷139记载："南江县，大坝巡检司，旧系米仓关改。"②正德《四川志》卷14和万历《四川总志》卷11都记载米仓关巡检司在治北一百里米仓山下③，也符合今大坝的位置，大坝的位置我们完全可以确定。可见明代的大坝和以前的米仓关是一个地方，即在今南江县大坝。但宋代的米仓关在何地呢？

《读史方舆纪要》卷68记载："米仓关，在州北，志云关旧置于小巴山之绝顶，今徙于大巴山之麓，嘉靖八年重修，有米仓关巡司。"④道光《南江县志》卷上记载："米仓关，在县北一百里，旧置小巴山，后徙大巴山之麓，明嘉靖中置，又置巡司，今裁。"⑤《明史》卷43《地理四》也记载："又北有米仓关巡检司，本治小巴山之巅，寻徙大巴山下，后废。"⑥因此民国《南江县志》在叙述道路路程时也将米仓关定在今大坝与关坝之间，即明代以前米仓关在南面小巴山草坪垭口一带山顶上，宋人眼中的米仓山即大坝南面关坝之间的小巴山，而米仓关即在小巴山（米仓山）上的绝顶草鞋坪垭口一带。1986年，我与当时的南江县博物馆馆长何家林一同从关坝徒步翻越小巴山到大坝，经过石羊核桃湾到草鞋坪垭口一带，仍发现垭口南坡当时有一些残旧的房屋基址，可能就是小巴山顶的米仓关和米仓关巡检司旧址。估计米仓道是在元明以后才迁到大巴山之麓的大坝上。民国《南江县志》中明确将米仓关定位在关坝与大坝之间。对此，王子今教授谈到今天"关坝"的地名可以作为米仓关的位置的重要线索⑦，其思路当然是完全正确的。《元史》卷154《李进传》记载："道由陈仓入兴元，度米仓关，其地荒塞不通，进伐木开道七百余里。冬十一月，至定远七十关，其关上下皆筑连堡，宋以五百人守之，巴渠江水环堡东流。"⑧这则资料十分重要，说明南宋末就有米仓关之设，且与今天关坝的地名相关连。今天关坝的地名实际上就是宋元以来米仓关历史地名的记忆，即米仓关下的坝子之意。确定米仓山上的米仓关的具体位置，对于我们认定历史上米仓道的主线相当重要。由此可知唐宋时期的军事征战取用的米仓道肯定是走今小坝、官苍坪、大坝、关坝一线的，这条路线也就是历史上

① 《大明会典》卷114，正德四年司礼监刻本。
② 《大明会典》卷139《兵部二十二》，万历内府刻本。
③ 正德《四川志》卷14，正德十三年刻、嘉靖十六年增补本；万历《四川总志》卷11，万历刻本。
④ 顾祖禹《读史方舆纪要》卷68，中华书局，2005年，第3227页。
⑤ 道光《南江县志》卷上，道光七年刻本。
⑥ 《明史》卷43《地理四》，中华书局，1974年，第1028页。
⑦ 王子今《"米仓道""米仓关"考》，《宝鸡文理学院学报（社会科学版）》2018年第5期。
⑧ 《元史》卷154《李进传》，中华书局，1976年，第3638页。

米仓道得名和声名影响力大的关键线路。

二、历史上米仓古道主线路线站点考述

兴元府 宋兴元府南郑县，明清时期为汉中府南郑县，设有汉阳驿。严耕望先生认为唐宋时古道上曾置鹄鸣驿[①]，实不察地势之误。按鹄鸣驿在今汉中西40里汉江边，与其西南鹤鸣山完全无关，而米仓道应取南郑以南而非以西，这是十分明确的。

历史上从汉中渡汉江南行一般有三个渡口，即上水渡、中渡（又称汉江渡）和下水渡。顺治《汉中府志》卷2记载，汉中汉江段有渡口3处：上水渡、下水渡、老古渡。[②]但乾隆年间《南郑县志》卷3和嘉庆年间《汉南续修郡志》卷7记载为四处，即"上水渡、下水渡、老古渡、龙岗渡，均系官船，设有水夫"[③]。《汉南续修郡志》卷7《津梁》记载："上水渡，县西南五里汉江上，通褒城路，有官船、水夫。下水渡，在县南三里汉水上，通城固往兴安府水路，有官船、水夫。按二渡皆夏秋设官船，冬春设徒杠。老古渡，在县东南十里汉江上。龙冈渡，在县西南十里汉江上，近龙冈山，有官船、水夫。"[④]民国《续修南郑县志》记载："汉水入境，由西而东，百里之遥，南北往来，津渡为要。城南二里为中渡，通周家坪一带，城西南五里为上水渡，南达廉水新集，北通褒城，城东南三里为下水渡，通牟家坝、青石关、回军坝、法慈院。"[⑤]对各个渡口通往的主要地区做了简介。我们发现，取用哪个渡口，往往依据出发点和目的地而定，通过碑坝方向往南江、通江一带多取下水渡，通过庙坝方向到南江、旺苍一带多取上水渡，而正南到小坝方向往往多取中渡。一般而言，取米仓道主线的往往都在中渡和上水渡渡汉江。从中渡渡汉江到达宗嘴子，今天我们称为中嘴。我们实地考察发现，今日上水渡社区是陕西省汉中市汉台区汉中路街道下辖社区，社区规划整齐，街道平直宽阔，老房子和古道已被高楼大厦所取代，永久性桥梁和道路取代了渡口，昔日繁盛的航运情景已被时光淹没。中渡即今汉中市南郑区中嘴村，当时从汉中渡汉江到小坝方向往往多取中渡，同上水渡现状相同，曾经的中渡已不复存

---

① 严耕望《唐代山南境内巴山诸谷道》，《屈万里先生七秩荣庆论文集》，台北联经出版事业公司，1978年。又见《唐代交通图考》第4卷《山剑滇黔区》。

② 顺治《汉中府志》卷2，顺治十三年刻本。

③ 乾隆《南郑县志》卷3，乾隆五十九年刻本；嘉庆《汉南续修郡志》卷7，民国十三年重刻本。

④ 嘉庆《汉南续修郡志》卷7《津梁》，民国十三年重刻本。

⑤ 民国《续修南郑县志》卷2《建置志·桥渡》，民国十年刊本。

在，变化天翻地覆。下水渡，今汉中市南郑区大河坎镇，是古南郑通往汉中的九大渡口之一，也是历史上汉中通往牟家坝、湘水寺、法慈院及四川通江的主要渡口，但现在当地知晓下水渡地名的人已不多了。今天汉江上修建了大量现代桥梁，以前的渡口遗迹多不复存在。

对于汉中南各渡口到大巴山的道路，有关文献也有较多记载。嘉庆年间汉中知府严如熤编修的《汉南续修郡志》就记载："深岭险为川陕要隘……西南五里至上水渡（过汉江），又五里至暮山坡（此处路分两岐）……南过剪子河三十里至周家坪，又十里至青树子，又二十里至红庙堂，又十五里至白阳塘，又四十里至岩方坪，又三十里至高阡垭，又三十里至庙坝，又四十里至桃园寺交南江县界，山僻小径，险窄难行，亦川陕要隘。又由红庙堂南三十里至梅子坝，又二十里至乌山垭，又二十里至白阳关，又二十里至小坝，交南江县界，路极险峻，止可人行。"[1]民国《续修南郑县志》中也有关于米仓道路线站点的记载，其称："西南分两路，一由县过中渡，十五里至回龙寺，属中廉水坝；又五里至草堰塘，属中廉水坝；又十里至周家坪，又二十五里至青树子，又二十里至二里山，又五里至红庙塘，又八里至白杨塘，属红庙塘；又十七里至喜神坝，即梅子坝，至此分两支……偏东十五里至乌山垭，又十里至白杨关，又五里至小坝，又分支南三十里至官仓坪，交南江大坝界。"[2]从汉中南下渡过汉江，第一站为油房街。

油房街　1938年《汉中地形图》有标注，具体位置在中嘴濂水河汇入汉江处东岸，今江南壹号小区外。

回龙寺　旧中所乡回龙寺，今回龙寺村。因回龙寺而得名。雍正《陕西通志》记载："回龙寺，在州东五十里，康熙

回龙寺

---

①　嘉庆《汉南续修郡志》卷3《幅员道路》，民国十三年重刻本。
②　民国《续修南郑县志》卷1《舆地志·幅员》，民国十年刊本。

草堰塘

四十年修。"①《汉南续修郡志》卷14记载："回龙寺,州东五十里,康熙四十年修。"②我们考察发现,回龙寺村仍有一条街道存在,只是今天已经不见寺庙。1938年《汉中地形图》标有此地,附近也称姚家营。

草堰塘 原草堰乡治,今汉中市南郑区草堰村。《汉南续修郡志》卷7《坊表乡村》记载有"草堰塘"这一地名。③新中国成立后设草堰公社,辖10个大队。1984年政社分设结束,设草堰乡,村内有以草堰命名的草堰小学,道路两边民居较多。

周家坪 原南郑县治,今南郑区治地。因该地早年有周姓人家居住在一个较平坦开阔的山地中,故名周家坪。村落形成时间尚无可考,但在乾隆《南郑县志》的村名中并无周家坪之名,村名在民国《续修南郑县志》卷2《建置志》中才有记载,当时属西乡管辖。民国时期,周家坪是南郑县重要的贸易集市,逢一四七赶集。新中国成立后,设周家坪公社,辖13个大队,"1961年始为全县政治、经济、文化中心"④,1984

青树子

青树子老街老房

---

① 雍正《陕西通志》卷29,雍正十三年刻本。
② 嘉庆《汉南续修郡志》卷14《祀典》,民国十三年重刻本。
③ 嘉庆《汉南续修郡志》卷7《坊表乡村》,民国十三年重刻本。
④ 南郑县地方志编纂委员会《南郑县志》,中国人民公安大学出版社,1990年,第57页。

年政社分设结束，设周家坪镇，镇上贸易兴盛，有客车往来。

青树子 原青树乡治，今南郑区青树镇。青树镇地处南郑区西南部，东接牟家坝镇，南连红庙镇，西邻黄官镇，北与协税镇相邻。《汉南续修郡志》卷14记载："青树庵，县北三十里。"[1] "青树"二字的来历颇有意思，根据县志的记载，在清初年间，此处有一棵四季常青的大树，后有人在此居住，故名青树子。但1938年《汉中地形图》标注为青袖子。[2] 我们实地考察发现，今镇内主要有两条街道，呈十字形交叉，另外还有几条辅街，只有一段老街留存，有老房子一处，赫然写着"管鲍遗风"四个大字，仍可窥视昔时的繁华。在青树子南的平桥村仍保留有一座单孔石桥，名定波桥。

1914年法国人拍摄的定波桥

青树子定波桥

罗帐岭

罗帐岭村 汉中市南郑区红庙镇罗帐岭村。民国《续修南郑县志》记载："罗帐岭……傍河皆田。"[3] 罗帐岭村位于南郑区中部，距汉中市区40里，244国道及宝巴高速公路穿境而过，罗帐岭地处巴山腹地，但处于一相对高地，平均海拔820米，气候温润，属浅山丘陵地带，是汉中仙毫的主产区。

---

① 嘉庆《汉南续修郡志》卷14《祀典》，民国十三年重刻本。
② 南郑县地方志编纂委员会《南郑县志》，中国人民公安大学出版社，1990年，第61页。
③ 民国《续修南郑县志》卷1《舆地志·幅员》，民国十年铅印本。

红庙堂

五龙庵

白杨塘

红庙塘（堂） 原红茶乡治，今南郑区红庙镇，地处南郑区西南部，濂水河中游丘陵区，距县城南42里，东接牟家坝镇，南连四川省南江县光雾山镇，西邻黄官镇，北邻青树镇。民国《续修南郑县志》记载："红庙塘，县西南九十五里，隶五龙庵、罗帐岭、黄龙寺、浸林沟、北堰塘、夏家沟六村，傍河皆田，东接上双坪，南接喜神坝，西界褒城，北接红寺坝，纵二十里，横约十二里。"①相传清朝初年，此地有一回水湾，经河水冲刷成塘，人们在塘边修建了一所红墙红瓦的庙宇，故名红庙塘。清代及民国时期，红庙是南郑南部山区的重要集镇，集市贸易颇为繁荣。1990年《南郑县志》记载："民国年间，镇上有各种店铺120余家。双日逢场。上市物资以山货、土特产、竹木农具为大宗。"②新中国成立以来，随着汉红公路通车，川陕汉南公路横穿全境，集镇范围进一步扩大，镇城区规模也更加扩大，但老街已经完全被破坏。在红庙镇群福村保留有一座石梁桥，年代不明。

五龙庵 今红庙镇西南五龙庵。民国《续修南郑县志》记载："五龙庵……傍河皆田。"③今日五龙庵及其道路状况和今红庙塘大致相同，老街均不复存在。

---

① 民国《续修南郑县志》卷1《舆地志·幅员》，民国十年铅印本。
② 南郑县地方志编纂委员会《南郑县志》，中国人民公安大学出版社，1990年，第59页。
③ 民国《续修南郑县志》卷1《舆地志·幅员》，民国十年铅印本。

白阳塘 今白杨塘，路边有数栋房子，只存在地名。

梅子坝 也称嘉神坝，原红星乡治，即今喜神坝村。喜神坝地处米仓山口，为古米仓道北侧枢纽。《汉南续修郡志》卷1记载："梅子坝，县南百二十里，亦通川要路。"[1]民国《续修陕西通志稿》卷1记载："喜神坝，

喜神坝

即梅子坝，县西南一百一十里。"卷50又记载："南山险要……梅子坝与花石梁俱要卡。"[2]后者是指梅子坝关防台上。1990年《南郑县志》载："梅子坝（即喜神坝）关防位于喜神坝南25公里川陕交界的台上。又名官仓坪，历为汉中入川之要隘。相传张鲁曾由此南入巴中。宋、元以来间有驻军。"[3]梅子坝坝子原为南郑县喜神坝乡政府驻地，亦是周围农村的农贸交易点。旧有旅馆两家，当地称为店子。传说三国时期，张飞行军统兵此地，说这么好的一块坝子，神仙见到都喜欢，喜神坝地名由此而来。1986年，笔者第一次考察米仓道时，因躲雨曾在喜神坝住过三天，街道不长，还有部分老房子。现在喜神坝虽然规模较大，但全是新修的低层楼房。历史上，喜神坝是一个重要道路中转站点，向东南方向可经过巫山垭到小坝走米仓道主线，也可以向西南方向到岩房坪分路，一路向南到台上进入四川南江县境内，一路向西到庙坝取米仓道支线到挡墙进入四川南

冬季乌山垭上

春夏乌山垭上

---

① 嘉庆《汉南续修郡志》卷3《关隘》，民国十三年重刻本。
② 民国《续修陕西通志稿》卷1《幅员》、卷50《兵防七》，民国二十三年铅印本。
③ 南郑县地方志编纂委员会《南郑县志》，中国人民公安大学出版社，1990年，第470页。

20世纪80年代的褒城坡卡门和古道
（转引自王开《陕西古代交通史》）

江县境内。近来人们在喜神坝南发现有大高桥、小高桥遗址。

乌山垭 原属小坝乡，今巫山垭。《汉南续修郡志》记载："又二十里至乌山垭，又二十里至白阳关，又二十里至小坝。"[1]严如熤又称："巫山垭、回军坝、花石梁为南郑三卡。"[2]民国《续修陕西通志稿》记载："东之花石梁，西之巫山岭，为南郑三卡。"[3]1990年《南郑县志》记载："位于小坝与喜神坝之界山之上。旧为喜神坝经小坝南入四川南江县的要隘。"[4]巫山垭在喜神坝与小坝之间的一个高山垭口上，现今巫山垭一带老路的路基还存，但杂草丛生，道路早已经荒废了。

胡家湾 为山间的一小山湾，较多人户居住。

白阳关（褒城坡） 原属小坝乡，又称白杨关，在巫山垭向小坝的坡腰处，只是现今白杨关地名在当地知道的人已经不多了。从位置和里程上来看，这个白阳关在今

现在的褒城坡

现在的褒城坡卡子门洞已经不复存在

---

① 嘉庆《汉南续修郡志》卷3《幅员道路》，民国十三年重刻本。
② 严如熤《三省边防备览》卷2《道路考上》，西安交通大学出版社，2018年，第177页。
③ 民国《续修陕西通志稿》卷50《兵防七》，民国二十三年铅印本。
④ 南郑县地方志编纂委员会《南郑县志》，中国人民公安大学出版社，1990年，第470页。

古道上的褒城坡。以前褒城坡卡子处还有一个像巴峪关一样的卡门，相当壮观。卡子下坡处碥路碥石保存较好，直下小坝。但本世纪初修简易公路，将卡门和碥路完全破坏了。

远眺小坝

小坝 即今小坝，汉中市南郑区小南海镇小坝村。民国《续修陕西通志稿》记载："巫山垭之南曰小坝。"又载："南山险要……西南则由小坝、秦家坝至梅子坝。"①乌山垭海拔较高，经白杨关（褒城坡）到小坝一路向下。据考察，上下山的老路还存在，但路久未走，杂树丛生，已经完全荒芜而难以走通。路上可见传说的孤云山（香炉山）和

撞钟石

龙头山。龙头山十分高大，山旁小山上有汉王庙。小坝实际上是大巴山下的一个狭长的小盆地，以前为米仓道从北向南正式翻大巴山的起点，地理位置很重要，现在较多居民居住。清代至民国期间不仅可从喜神坝翻乌山垭到小坝，也可从汉壁道上的牟家坝、马仙坝到河口（今小南海镇）经郑家坝、秦家坝、麻家岭到小坝。从小坝开始，米仓道才正式翻越大巴山山脉的主体部分。民国《南江县图》中标有从小坝经过巴峪关、大坝、米仓关、草鞋坪、核桃坪到官坝的道路。

撞钟石 从小坝东南沿冷水河东进，从撞钟石开始翻山，第一站即撞钟石，路边有撞钟石，附近碥路碥石还偶有保存。

① 民国《续修陕西通志稿》卷50《兵防七》，民国二十三年铅印本。

第一章

撞钟石到黄草坪间的碥路　　　　　　　　黄草坪

黄草坪到庙垭坪间的老房基　　　　　　黄草坪通往庙垭坪的碥路

庙垭坪　　　　　　　　　　庙垭坪上的旧坟墓

龙坪   从龙坪至坐欢喜主要穿行于篾叶林中

黄草坪 为从撞钟石上坡上来的一处小平地，因秋冬天茅草枯黄一片而得名。

庙垭口（梁子） 为一个小垭口，以前曾有一小庙，现仍有一些坟墓。

龙坪 为一较大的斜坡，以前曾有人居住，但现在荒废，杂草枯树一片。

坐欢喜 从龙坪开始上山，山势越来越陡险，路边开始是木竹，后来变成全是篾叶，现在行进相当困难。当登上坐欢喜后就上到大巴山的一个横梁子上，但现在道路一片荒芜，难以行进。

母猪石、母猪台 也称母猪山坎，从坐欢喜东行梁子上到母猪石，再上为母猪台，为一较高的山丘。从此向南上缓坡即达山脊上小坪，即关仓坪。

远眺坐欢喜和母猪台

从关仓坪远眺母猪台和坐欢喜

关仓坪全景

官（关）苍（仓）坪 也称官草坪。乾隆《南江县志》记载："官苍坪，在县北贰百玖拾里，与陕西南郑县交界。"[①]但民国《南江县志》第1编《交通志》记载从巴峪关向北25里到关苍坪，接南郑县。[②]里程明显有误。乾隆《四川全图》上标注称：

关仓坪近景

"南江县北到关苍坪交陕西汉中府南郑县界贰百肆拾里"。可能在咸丰以前，官苍坪在巴峪关以北，咸丰重修巴峪关时才将官苍坪移到巴峪关。从关苍坪向西南方向沿山脊而行，古道路基仍存，道路较为平缓，不久就到达卡门巴峪关。

以上路线为明清时期小坝到巴峪关的主路，也是当时商旅行进的主线。1943年日本人绘制的喜神

① 乾隆《南江县志·兵制》，抄本。

② 民国《南江县志》第1编《交通志·道路》，民国十一年铅印本。

从关仓坪到巴峪关的古道路基   黄土坎

小湾儿   头道水,也称叠石板。   二道水

坝地图将这条官道绘在纸厂沟以西,是相当大的错误。我们实地考察发现,从小坝开始还有一条捷径通巴峪关,可能形成时间也较早,但只是近几十年才多被人取行,并非明清商道。这条路经黄土坎、小湾儿、头道水、二道水、三道水、大石包到达卡门子(巴峪关)再到大坝,基本上沿纸厂沟行走,在大石包处折向沟的西边,缓坡上行到巴峪关。以前从小坝村出发,顺纸厂沟河沟而上,当地人大约半小时可以到达卡门子,一小时可以到达大坝。但现在道路状况不好,登上卡门一般要两三个小时。

三道水　　　　　　　　　　　　　　　大石包，背后为药厂。

　　巴峪关　在大巴岭（大巴山）上，明嘉靖始置关，俗称大巴关和卡门，位于大巴岭山，为川陕分界处，垭口海拔1864米，今关门遗址及残破石路犹存。据称，巴峪关卡子石门额上原有"官苍坪"三字，只是上面的门楼早已经毁坏。卡子附近森林遮天盖地，野草丛生，人迹罕至。早在明代嘉靖《保宁府志》卷4《建置纪下·武备》中就有记载："巴峪关，在大小巴山之间，金事杨瞻鼎立。"①乾隆《南江县志·关隘》记载："巴峪关，在县北壹百伍十里，接陕西南郑县，明嘉靖间廉访使杨公讳舜源建，旧设有驻防官兵及大坝巡检壹员，今已久废，基址仅止，有塘坊把守，称为大巴关。"②在道光《南江县志》中也有同样的记载："巴峪关，在县北一百五十里，接陕西南郑县，明嘉靖间廉访使杨公讳舜源建，旧设有驻防官兵及在大坝巡检壹员，今已久废，基址仅存，今设塘坊三楹，□□□□于此，信宿称大巴关。"③清咸丰七年重建南北两门，便于川陕巡检司交叉把关，关门高4.2米，宽4米，门额更名官仓坪，即将原来巴峪关东北面的官苍坪南移到巴峪关，川陕交界线南移。清代早期的大巴关也在巴峪关。乾隆《南郑县志》卷3《建置》记载："大坝关，通志在县西一百七十里，交四川保宁府南江县界。"④清代早期的大坝林塘似也设在巴峪关，并不设在大坝坝子上。

---

① 　嘉靖《保宁府志》卷4《建置纪下·武备》，嘉靖二十二年刻本。

② 　乾隆《南江县志·关隘》，抄本。

③ 　道光《南江县志》卷上，道光七年刻本。

④ 　乾隆《南郑县志》卷3《建置》，乾隆五十九年刻本。

| 1986年笔者在巴峪关下酒店子 | 九道拐古道 | 九道拐碥石 |

但乾隆《四川全图》称："大坝林塘，离南江县贰百贰拾里，至南郑县界贰拾里。"[1]乾隆《南江县志》也记载："大坝塘，在县北二百六十里。"[2]民国《南江县志》第1编《关隘志》认为大坝关"在巴峪关之南"[3]，似在今天大坝了。1938年《汉中地形图》中标有巴谷关，民国《南江县地图》中标为巴峪关。考察发现，原巴峪关为一二进三门的卡子，现只有四川境内的门洞保存较好，其他二门已经倒塌，但基座仍存。

酒店子，原为荒草丛生地，小乔木较多。

酒店子至大河扁的古道

---

① 乾隆《四川全图》，四川大学博物馆藏。
② 乾隆《南江县志·兵制》，抄本。
③ 民国《南江县志》第1编《关隘志》，民国十一年铅印本。

大河扁河沟　　　　　　　　　　龙兴三坝之上仓坪

　　从巴峪关卡门下到龙兴三坝的上仓坪，坡陡路滑，今沿途大树密布，荆草丛生，老路路基不明显，很容易迷路。

　　九道拐　上下曲折难行，上段古道盘折转弯，下段多次跨越小溪。

　　酒店子　为一相对平缓之地，以前曾有人开店子在此。从此到龙兴三坝，其间有上下苍坪。

　　大河扁　从酒店子开始，道路坡度相对较小，到了较大河沟处渡河沟为大河扁。

　　龙兴三坝　即上下仓坪，传刘邦、韩信在牟阳城练兵，粮仓在此。

　　火烧岩　也称火墙岩，行人歇脚取暖餐饮之地，附近野草并肩，古路难觅。传原川陕革命根据地红军曾工作生活于此。路边今有孤云峰，为近年来因为旅游开发据历史文献附会、重构出来的山峰。

上仓坪　　　　　　　　　　　　下仓坪

1986年的巴峪关全景

1986年巴峪关全景近景

1986年从四川境内看巴峪关城门

1986年从陕西境看巴峪关城门

从陕西面看巴峪关

从四川面看巴峪关

从巴峪关远眺陕西小坝黄土坎

巴峪关残存遗迹

火烧岩

土卡门

土卡门 因土筑关卡而得名。1986年我们考察时发现有吞口菩萨在崖壁上，但今已经不见了。

油房坪 即今陈家河边的油房坪。

坝北、牟阳城 也称大坝堡，传为张飞驻军处。大坝巡检司一度设于此地，清代大坝关在此，

牟阳城旧址

曾设有塘房3间。1986年考察时发现有残破民房数间，今不存。

明代米仓关、米仓关巡检司 今大坝。大坝有宽滩河（焦家河，嘉陵江东河上游）从东向西南流经，实际上为大巴山脉上的一个低槽的宽谷坝子。宋元时期，米仓关在大坝南面的小巴山之巅，后移于大巴山之麓，即此地，也即明代米仓关旧址和米仓关巡检司旧址，明后期改为大坝巡检司。宋元进兵多经过和驻此。清代大坝是整个焦家河河谷的平坝地总称，包括附近的龙塘大坝、南坝、后坝、大元坝、小元坝、叶坝等，乾隆年间可能曾开辟为耕地。①道光《南江县志》的舆图标有大坝场。1938年《汉中地形图》中标有大坝。新中国成立后建立大坝森林经营所，曾经有大量重庆知青上山下乡到此。据笔者1986年的考察，当时仍存许多残破房基和古墓，曾发现宋代

---

① 《清高宗实录》卷755，乾隆三十一年二月二十九日。

嘉定年间的16个银盏，当地人也时常拾到马铃、铜罐之类的东西，更是证明了关坝、大坝、小坝一线确实为宋代米仓道的主线。

从大坝往南跨过焦家河后经过一小松林，古道进入河沟西侧，沿河沟东西跨越经过头道河、二道河到三道河后上一平台，即野哨台，再爬梁垭子可

1986年的大坝焦家河

1986年笔者从草鞋坪下大坝过焦家河，后为米仓山。

现大坝林场

现焦家河

现大坝一角

达草鞋坪垭口。

野哨台　为一相对高的平台，有几棵较大的树子，以前背夫多在此休息，从此古道离开河沟而行。民国有的地图将此标为米仓关，存疑。

梁（凉）垭子　为一较高的山垭口子，仍可北望大坝坝子，过此上坡就看不到大坝了。

| 头道河 | 二道河 | 三道河 |

| 从三道河远眺大坝 | 野哨台 | 从梁垭子南眺草鞋坪垭口 |

梁垭子

　　草鞋坪垭口　　1938年《汉中地形图》和民国《南江县地图》中均标有草鞋坪，为小巴岭山古道所经的最高垭口，是一个以草甸灌丛为主的南北向小平坝，有一定坡度，海拔1990米左右，但今无遗物可寻。从历史上米仓道上的孤云、两角可以接近"达于山顶"的记述来看，草鞋坪垭口东的双峰山（红岩子）也可能是历史上的孤云、两角山，米仓古道可能从此山下经过。从我们的实地考察来看，民国时期有关地图对于米仓关和草鞋坪位置的标注相当混乱，有的将米仓关标在今草鞋坪处，有的标在大坝焦家河南岸，而将草鞋坪标在其南的麻光梁子与板店子附近，明显是错误的。

草鞋坪　　　　　　　　　远眺草鞋坪垭口　　　　　　　　草鞋坪垭口

麻光梁子　为米仓山的一个大梁子，宋元米仓关之地。道光《保宁府志》卷8记载："米仓关，在县北一百里，旧置小巴山，后徙大巴山之麓，明嘉靖八年重修，置巡检司。今裁。"①在小巴岭山上草鞋坪垭口南，地势险要，今关门荡然无存，但1986年笔者考察时发现荒草杂树中有一些残旧房基，估计就是当时米仓关旧址遗迹。

麻光梁子老树　　　　　　麻光梁子土堆　　　　　　　俯瞰麻光梁子

从此下到板店子一带，沿途竹林丛生，主要是木竹，古道完全是在竹丛下穿行，怀疑这是米仓古道又名大竹路的缘由。

板店子　为一相对较缓的平地，以前曾有店子供人休息。从此经过柳树垭豁、长湾里到核桃湾。

核桃湾　为山间一个小山湾，有较多人居住。从核桃湾到草垭子，古道不经过石

米仓道麻光梁子至核桃湾间段多竹　　　　　　　　　核桃湾
子，故宋代又名大竹路。

① 　道光《保宁府志》卷8，道光二十三年刻本。

　　　　　　　　　　　　　　　　　　　　　　　　第一章

1986年笔者行进在麻光梁子至核桃湾之间竹林中　　2024年笔者第三次行进在核桃湾与麻光子竹林之间

核桃湾至板店子间的古道路基　　　　　　　　远眺草垭子

羊村治地。

草垭子　也称茶垭子，为一相对低矮的山梁，从此可直下关坝，可以看到整个关坝。

关坝　也称官坝堡，民间也称涂轮镇。民国南江县地图标为官坝。如果从关坝的得名来看，应该是居于米仓关之下的坝子而得名，所以民国《南江县志》第1编记载："米仓山，在关坝河以北为是。"①当地传说为张飞古战场。《四川省南江县地名录》记载："清道光碑载，三国时，蜀国大将张飞，驻军牟羊城，囤粮米仓山、天荡山，

---

① 民国《南江县志》第1编，民国十一年铅印本。

从草垭子远眺关坝

关坝街道

令牌子坡

竹坝子

麻柳湾

从桦林关远眺小巫峡

北出巴谷关……南关内古战场曰'关坝'，故名。"[1]但道光《南江县志》舆图标有官坝场，民国时期的地图有标注关坝的，也有标注官坝的，可知历史上关坝也称官坝。但从此地当米仓关之下的平坝来看，关坝之名更符合历史和空间场景。

历史上米仓道从关坝到南江的道路主要有两条：一条从关坝南翻山经过九道杵、令牌子坡（今灵牌子坡）、竹坝（堤）子（今竹坝子）、柳湾子（也称麻柳湾，今柳湾社区）、鹿角垭（今赶场镇鹿角垭）、甑子垭到南江。也可从麻柳湾到上两银杏坪，这条路相对较为直捷，但翻越山岭更多。据我们考察，这一段古道大多荒废。其中灵牌子坡一带道路几乎荒废而难以通行。《四川省南江县地名录》记载："灵牌子坡，山坡，坟墓多，据传，过去鬼神出没频繁，要找替身，故名。"[2]而竹坝子一带确实有很多竹林，从竹坝子到麻柳湾一带相对较为平直。麻柳湾一带产矿，矿业遗产太多。从麻柳湾往南经过长滩河、桦林关到鹿角垭，然后向西南经过杨家梁、蓼叶沟、马连溪抵达南江，与经过上两、桥亭的路线相汇。同时，也可从麻柳湾向西南经罗垭到桥亭与沿南江河谷而行的道路相汇。

另一条是沿南江河先到上两区治，再沿南江河南下。我们考察发现，从关坝西南沿南江河谷而

袁山寺

闹水溪

---

① 四川省南江县地名领导小组编印《四川省南江县地名录》，1983年，第306页。
② 四川省南江县地名领导小组编印《四川省南江县地名录》，1983年，第306页。

小沟子　　　　　　　　　　　　　　　　银河观

远眺朱子垭口　　　　　　　　　　从银河观到银杏坪的峡谷

行要经过五郎庙（今五郎沟村）、袁山寺村、闹水溪、后河、茶园子、小沟子、桅杆坪（今洋滩村附近）、银河观（又称银河罐）到达上两，主要是沿南江河谷而行。其中从银河观到上两有两条道路可行，一般沿南江河张二河谷而行，到银杏坝后才到上两，只是峡谷高深，多悬崖峭壁，需要不断过渡，特别是洪水时段完全不能通行，所以人们往往会从银河观翻越朱子垭口经过郑家后沟到上两。

　　上两河口　道光《南江县志》舆图标为两河口，与下两河口相对，故简称上两。老上两河口在今天上两镇西北老街，系南江支流曹家河与金家河两溪交汇处，该地南连桥亭乡，西靠光雾山镇，北与寨坡乡、关坝乡接壤。清代属崇清乡域，置上两河口场。1984年3月，由上两公社改为上两乡。2019年12月，撤销上两乡，将上两乡划归桥亭镇管辖。民国《南江县志》第1编《河流志》载南江发源于大巴山后，"经陈家峡（西南流三十里）、关坝河折而南（三十里）为洋潭河，折而西南（十里）至银

上两老街全景

上两老街一角

上两老街一角

上两老街老构件

杏坝，上两河口之水北入。"①由关坝至今洋滩村段是为洋潭河（洋滩河），中部的曹家河与西部的金家河在老街和银杏坝交汇后流入南江河。民国《南江县志》第1编《交通志》记载有南江北至南郑道路：一是"由治城，二里，马跃溪，四十里，桥亭场，三十五里，庙垭，十五里，上两河口（东有支线入南郑），五十里，龙神殿（西有支线入褒城、宁羌、广元），二十五里，雄尖子，二十五里，桃园寺，十八里，铁炉坝，二里，台上（接南郑县界），一百五十五里，南郑县"；一是"自上两河口，下游里许，银杏坝，向东北行四十里，关坝，三十里，米仓关，四十里，大坝，三十

---

① 民国《南江县志》第1编《河流志》，民国十一年铅印本。

里，巴峪关，二十五里，关仓坪（接南郑界），一百四十里，南郑县"①。显然，上两上达南郑，下可通南江，是米仓古道的重要枢纽。上两河口古有"玉石大街"之称，"石之美者，如上两河口之云纹石"②。此地有质地优良的大理石，当地还流传着"玉石大街金铺路，木兰花开香满屋"的民谣。清代及民国时期，因上两当米仓道主线和支线交汇处，商业较为繁忙，赶三六九场。但现在上两老街只存有几座残破的老房，河上还保留有一个铁索桥，沿河而上便是米仓古道的支线行经之地。从上两往南经过庙垭可达桥亭。

银杏坝　新中国成立后，上两政府机关、学校先后迁至银杏坝，大批的居民也陆续在银杏坝造起了新居，即今上两镇之地。民国《南江县图》、民国《四川省南江县图》标注往南有干沟里、沙滩子（今沙滩子）到樗林关。

银杏坝

樗林关　对岸为梧桐关，明清时期有关这两关的记载较多。如嘉靖《保宁府志》卷4《建置纪下·武备》记载："樗林关，在县东八十里，两山峻出对峙，中有线道。梧桐关，与樗林对，昔关羽尝守此关，今居民耕耨犹时获铠甲箭镞等物。"③嘉靖《四川总志》记载："废樗林关，在南江县北六十里。"④万历《四川总志》记载："废樗材（林）关，南江北六十里，演兵。"⑤清代有关记载仍然较多。如雍正《四川通志》记载："樗林关，在南江县东北八十里，两山峙立悬崖为道"，"两面盘旋而上，有高屋建瓴之势"。⑥道光《保宁府志》卷8和道光《南江县志》卷上《关隘》记

① 民国《南江县志》第1编《交通志》，民国十一年铅印本。
② 民国《南江县志》第2编《物产》，民国十一年铅印本。
③ 嘉靖《保宁府志》卷4《建置纪下·武备》，嘉靖二十二年刻本。
④ 嘉靖《四川总志》卷6《郡县志》，嘉靖刻本。
⑤ 万历《四川总志》卷11《郡县志》，万历刻本。
⑥ 雍正《四川通志》卷4《关隘》，乾隆元年刻本。

载："樗林关，在县北（一作东北）八十里，两山夹峙，悬崖为道，又有涂轮镇、梧桐关与樗林关对峙。"[1]再《读史方舆纪要》记载："又樗林关，在县东八十里。两山夹峙，缘崖为道。又梧桐关，与樗林关对峙。相传关壮缪尝戍此。"[2]可见樗林关地势之险要，自古便是重兵把守之地。嘉庆《四川通志》记载："樗林关……又有涂轮镇梧桐关与樗林关对峙。"[3]民国《南江县志》第1编《关隘志》记载："樗林关，在

淹没后的樗林关、梧桐关

原桥亭镇附近的峡谷

县北六十五里，俗呼小关子，两山夹峙，悬崖为道，两面盘旋而上，有高屋建瓴之势。梧桐关、涂轮镇均与樗林列峙。按：今小关子南有三关坝，盖因樗林、梧桐、涂轮为名，犹关坝因米仓巴峪等关为名也。"[4]我们实地考察发现，两关在今桥亭镇北16里处的孔明洞与仙女洞之间，分别称大寨子和小寨子（小关子），俗称小关子。据南江县博物馆原馆长何家林告知，以前关上有宋残碑，上有"兴元之南"等字。2015年起，桥亭镇红鱼洞水库全面开建，水位上升导致樗林关被淹没。离樗林关不到2里处，有一座观音庙，

① 道光《保宁府志》卷8，道光二十三年刻本；道光《南江县志》卷上，道光七年刻本。
② 顾祖禹《读史方舆纪要》卷68《保宁府》，中华书局，2005年，第3232页。
③ 嘉庆《四川通志》卷27《舆地志》，嘉庆二十一年铅印本。
④ 民国《南江县志》第1编《关隘志》，民国十一年铅印本。

当地人称之为"北庙"，我们从观音庙远眺其北不远处的樗林关，隐约可见关口险峻形势。

桥亭 清代称桥亭子，又称桥亭场，今桥亭镇。桥亭，又名"桥亭子"，以老街场兴木桥上建亭而得名，清代属崇清乡地，置桥亭场。历史上先后有涂轮镇（关）、盐井堡、桥溪乡、官溪乡、桥亭乡（镇）之名。根据民国《南江县志》第1编《交通志》的记载，从南江北上南郑的道路之一要经过桥亭场。桥亭是米仓道上的重要驿站，既可北通上两，也可连接从官坝、麻柳湾的支线，自古兵马驰骋，商贾繁忙，行旅熙攘，民国时期赶一四七场。当地民歌唱词中往往多与交通运输有关，如："高高的大巴山，离天只有三尺三，要想翻越巴山顶，只有背二哥的铁脚杆。背上千斤翻巴山，铁打腰杆都压弯，打双赤脚路难走，七十二道脚不干。"《巴山背二哥》："光明河，南江河，我是巴山背二哥，太阳送我上巴山，月亮陪我过巴河，打杵就把山歌唱，人家说我穷快乐。"但桥亭镇老街因水库蓄水而被淹没，现在已经迁置在山上，也就是今天新的桥亭镇。古道从桥亭南下经鹿角坝、碾盘坝到琉璃关。

明代琉璃关 古琉璃关在南江县北南江镇元山村南江河西岸今琉璃寺附近。嘉靖《保宁府志》卷4《武备》记载："旧有琉璃关，在县东十里，关口石磴□岩，亦要冲也。"[1]雍正《四川通志》记载："琉璃关，在南江县东十里。"[2]道光《保宁府志》卷8和道光《南江县志》卷上《关隘》也记载"琉璃关在县东十里"[3]。嘉庆《四川通

琉璃关全景

琉璃关宋代侯南基修路摩崖

---

① 嘉靖《保宁府志》卷4《建置纪下·武备》，嘉靖二十二年刻本。
② 雍正《四川通志》卷4《关隘》，乾隆元年刻本。
③ 道光《保宁府志》卷8，道光二十三年刻本；道光《南江县志》卷上，道光七年刻本。

第一章

琉璃关南宋绍兴三年任荣记事石刻　　　　　琉璃关云峰石记石刻

志》记载："琉璃关，在县东十里，关口有石磴，巉崖峻险。"①民国《南江县志》第1编《关隘志》记载："琉璃关，在县东北五里，砺山带河，巨石错立，中通纤道，山光水光，掩映其间。"②在琉璃寺附近发现刻有宋、清、民国时期题记5幅，其中有宋代的《侯南基修路记》石刻，其文称："古道边江，夏水暴涨，则不便往来。命令道人何永德凿崖栽石以取道焉。庶为千古不朽之迹。谨题流离关。大宋癸亥嘉泰三年秋。纠首侯南基泊当境信士。石匠赵忠顺记。张刚书。"另有宋代绍兴年间的《任荣记事题记》称："绍兴三年二月十五日，金贼犯兴元府。弓级任荣记。"③其中《侯南基修路记》出现的"古道"二字，《任荣记事题记》中对金人从此处进犯兴元府的记载，都充分证明琉璃关在宋代是米仓道的重要节点。

南江县治、总铺　　南朝梁普通六年置难江县，治今县南，为北水郡治。西魏恭帝三年改名盘道县。北周天和五年复置难江县，移今南江县治，并移集州于此。难江即南江。隋属汉川郡。唐武德元年复于县置集州。北宋熙宁五年废集州，难江县属巴州。元至元二十年省难江入化成县。明正德十一年复置，更名南江县，属巴州。清属保宁府。正德《四川志》卷14记载有南江总铺。④清代南江县设有底塘堡。从南江县

————————

① 嘉庆《四川通志》卷27《舆地志》，嘉庆二十一年刻本。
② 民国《南江县志》第1编《关隘志》，民国十一年铅印本。
③ 四川省文物考古研究院、巴中市文物管理所、南江县文物管理所《四川南江米仓道调查简报》，《文物》2013年第9期。
④ 正德《四川志》卷14，正德十三年刻、嘉靖十六年增补本。

往南从清代开始设立铺递。乾隆《南江县志·驿传》记载设有东榆、石灰、沙河、淘金、柏杨、元潭铺，接巴州的枣林铺到巴州。[1]古道从南江南下经过板登垭、黄金桥到东岳铺。

东榆铺　也称东岳铺距离镇江庙5里，原东榆镇，今公山镇。历史文献中对东榆铺的位置记载较乱。如雍正《四川通志》记载："东榆铺，在（南江）县北八十里。"[2]道光《保宁府志》记载："东榆铺，在县南三十里。"[3]道光《南江县志》卷上记载，"东榆铺，在县南

东榆铺

三十里。"[4]《钦定大清会典事例》卷678记载南江县南30里为东榆铺。[5]民国《南江县志》第1编记载："东榆铺，在县南三十里。"[6]又民国《南江县志》记载："南至巴中路一，由治城，二十五里，镇江庙，五里，东榆铺。"[7]1938年《汉中地形图》标作东岳铺。从县治经镇江庙到东榆铺恰为30里。所以无论是从文献记载还是地理相对位置来看，雍正《四川通志》对东榆铺的记载都存在问题。今公山镇一带为开发的新区，以前老街的肌理和建筑已经不复存在了。在东榆铺附近龙王嵌发现有一个古代石刻摩崖遗址，较为重要。古道主线从东榆铺渡过南江河沿东岸行进，经石矿坝后才渡到西岸行进。

镇江庙　距离南江25里，今误作郑家庙。民国《南江县志》第1编记载，镇江庙建于清咸丰年间，后因"风雨摧折"而"涉者多遭灭顶之灾"，直至民国二年"邑绅傅

---

① 乾隆《南江县志·驿传》，抄本。

② 雍正《四川通志》卷22下《津梁》，乾隆元年刻本。

③ 道光《保宁府志》卷31《武备志》，道光二十三年刻本。

④ 道光《南江县志》卷上，道光七年刻本。

⑤ 《钦定大清会典事例》卷678，《续修四库全书》第808册，上海古籍出版社，2002年，第468页。

⑥ 民国《南江县志》第1编《交通志》，民国十一年铅印本。

⑦ 民国《南江县志》第1编《交通志》，民国十一年铅印本。

镇江庙旧址　　　　　　　　　　　　石矿坝旧址

文耀捐资独修，约费数百缗"。①据实地考察，现镇江庙及所修之桥已了无踪影，其位置应在郑家庙路口的加油站附近。

　　石灰铺　距离东榆铺十里，也称石灰堡，在今石矿坝西南，系南江河西岸阶地。清代属崇清乡地，置石矿坝场。②乾隆《南江县备造新编志书清册》记载："石灰铺，

石灰铺旧址（石矿坝场）

在城南六十里。"③道光《保宁府志》记载："石灰铺，在县南六十里。"④道光《南江县志》记载："石灰铺，在县南六十里。"⑤嘉庆《四川通志》记载："石灰铺，在县南六十里。"⑥《钦定大清会典事例》卷678有记载。民国《南江县志》记载："南至巴中路一：由治城二十五里镇江庙，五里东

---

① 民国《南江县志》第1编《交通志》，民国十一年铅印本。
② 四川省南江县地名领导小组编印《四川省南江县地名录》，1983年，第19页。
③ 乾隆《南江县备造新编志书清册》不分卷，乾隆抄本。
④ 道光《保宁府志》卷31《武备志》，道光二十三年刻本。
⑤ 道光《南江县志》卷上，道光七年刻本。
⑥ 嘉庆《四川通志》卷89《武备志》，嘉庆二十一年刻本。

榆铺，十里石矿坝，二十里棕园子，五里二洞桥。"[1] 1938年《汉中地形图》标作石矿坝。《巴中县志》记载，从巴中至南江邮传，可绕道赤溪场、石矿坝，邮程为310华里。[2]从清至民国的文献记载来看，石灰铺地处南江河东岸，最晚于清代建场，直至民国都是上连南江、下通巴中的重要交通节点。据实地考察，现石灰铺（石矿坝场）处南江河西岸，但旧石矿坝人户多在南江河东岸，今为一污水处理厂。

棕园子 距离石灰铺20里，位于今兴马乡棕园子，从二洞桥沿南江河，走244国道，不到6里，便抵达棕园子，因此处棕树较多而得名。[3]所见文献对棕园子记载不多，唯有民国《南江县志》记载："南至巴中路一，由治城，二十五里……石矿坝，二十里；棕园子，五里，二洞桥。"[4]或因二洞桥与棕园子相邻不过5里，所以明清时期棕园子的交通地位并不彰显。

二洞桥 距离棕园子5里，位于今东榆镇战斗村一组二洞桥石板店，现老桥已经不复存在。在二洞桥南江河的西岸，有唐代《郑子信造阁题记》摩崖

棕园子老街

二洞桥

---

① 民国《南江县志》第1编《交通志》，民国十一年铅印本。
② 四川省巴中县志编纂委员会编纂《巴中县志》，巴蜀书社，1994年，第347页。
③ 四川省南江县地名领导小组编印《四川省南江县地名录》，1983年，第222页。
④ 民国《南江县志》第1编《交通志》，民国十一年铅印本。

唐代郑子信移险造阁题记

石刻，题记在西崖壁上，记曰："天宝四载。太守郑子信此南北路移险造阁记。"我们还在摩崖之上发现残存的栈道孔，说明栈道极有可能因修公路而被摧毁。另，东岸有清嘉庆年间《裘良俊奉旨招抚示谕题记》。

历史上二洞桥的交通枢纽地位相当重要，因可从二洞桥南经石灰窑20里到八庙垭，再行20里到赤溪场，为米仓道从二洞桥到南江县城的一条取直近捷之路。

八庙垭 为南朝梁北水郡难江县县治所在（梁普通六年置难江县，属北水郡，魏改为盘道县，唐

从八庙远眺巴山

八庙老街

八庙戏台

南江皇柏林古道

皇柏林一角

皇柏林一角

代迁于赤溪）。1938年《汉中地形图》、民国《南江县地图》和民国《四川省南江县图》均标明了这一条经过八庙到赤溪的通道。八庙地处高山之上，远离南江河。如今的八庙仅存有一段无人问津的老街（名为"鼓楼街"）与零星几栋残破老屋。鼓楼街不远处有一民国时期所修建的戏楼，位于文庙街之上。据我们实地考察，从八庙到赤溪，需经过二洞桥、木桥河、八庙镇、茨巴门、清巴观然后到金银坎，最后便到达赤溪场，但现在老路多荒废。

清道光《南江县志》记载，明正德年间，邑令杨某倡导古道两边植柏树，形成皇柏林。据载皇柏林古柏"疏密相间，直百余里，高处凭眺，恍如青龙掩映，高低蜿

皇柏林一角　　　　　　　　　　　　公路边的古柏

蜒。土人云，明邑令杨某植树以护山径，不使大水啮堤，以保民地，亦甘棠之遗爱耶，惜无碑记可考。"①《三省边防备览》记载："（南江县）南四十里黄柏林，二十里沙河子，四十里马掌，二十里慈溪场……沙河子，县南七十里，至马掌四十里，古柏夹官道，两旁黛色参天，苍皮溜雨，大者连抱，高十余丈，数千年物也，土人称为神木，又谓之皇木，一枝一叶，不敢轻动。"②当时已经有黄柏林的地名了。又民国十一年《南江县志》记载："从离城二十里的镇江庙起到下两河口止，共一百四十里，其林疏密相间，老干参天，大至数十围，多至四千余株，登高凭眺，恍如青龙。"③但清末以修南江考棚、书院及祀典庙宇为由，砍伐皇柏林，至民初遂减至4000余株。民国时期修筑巴南公路又被破坏一些，现今尚存东榆铺至沙河子40余里一段，计2900多株，称"皇柏林"，为全国四大古柏林之一。皇柏林林带蜿蜒于南江至巴中古驿道两旁，川陕米仓驿道贯穿其间，自古便是米仓古道的经行处。据我们实地考察，现二洞桥至石灰铺一带皇柏林之间的古道路基保存完好，还有一些破碎的碥石保留下来。

天生桥　距离二洞桥10里。天生桥位于南江河西岸，南江至沙河镇的公路边上，

① 道光《南江县志》卷中，道光七年刻本。

② 严如熤《三省边防备览》卷3《道路考下》，蓝勇主编《稀见重庆地方文献汇点》，重庆大学出版社，2013年，第292页、第338页。

③ 民国《南江县志》第1编《交通志》，民国十一年铅印本。

天生桥

天生桥清代碑记

寿桥碑志碑

罗坪河河谷

距离沙河镇6里处。清道光年间，天生桥始建有一座小庙，道光《南江县志》记载"天生桥庙，道光元年刘和尚新建"[1]。又据民国《南江县志》，有天生桥庙，在罗坪河，距离县城90里，有两名僧人。[2]也说明天生桥庙位于罗坪河附近。天生桥桥长38米，宽约8米，桥头有乾隆、道光年间碑，记载桥又名寿桥。米仓道恰恰要穿行这座古桥之上的庙宇，形成桥庙一体的景观。

罗坪河 距离天生桥5里。民国《南江县志》记载："南至巴中路一，由治城……有支线通赤溪场，十里，天生桥，五里，罗坪河。"[3]罗坪河即今沙河镇之地。

---

① 道光《南江县志》卷上，道光七年刻本。
② 民国《南江县志》第1编《宗教志》，民国十一年铅印本。
③ 民国《南江县志》第1编《交通志》，民国十一年铅印本。

今沙河镇一角，原罗坪河。

沙河子，旧沙河铺。

沙河铺 距离罗坪河10里，今沙河镇沙河子。正德《四川志》卷14记载有沙河铺。[①]《三省边防备览》中记载"二十里沙河子，四十里马掌"[②]。道光《南江县志》所载《南江县道路考》记载："南四十里黄柏林，二十里沙河子，四十里慈溪场，马掌铺三十里两河口，三十里元滩，三十里枣林铺，三十里巴州。"[③]道光《保宁府志》、嘉庆《四川通志》记载："沙河铺，在县南九十里。"[④]《钦定大清会典事例》卷678有记载。又民国《南江县志》记载："沙河铺，在县南九十里。"[⑤]1927年《巴中县地舆图》和1938年《汉中地形图》标注为沙河子。今沙河铺一带老街已经不复存在，老建筑也少有保存。清代今沙河一带柏木林也很茂密，至今从沙河场到赤溪场间仍是柏树密布。据《三省边防备览》卷7《险要下》

---

① 正德《四川志》卷14，正德十三年刻、嘉靖十三年增补本。

② 严如熤《三省边防备览》卷3《道路考下》，蓝勇主编《稀见重庆地方文献汇点》，重庆大学出版社，2013年，第292页。

③ 道光《南江县志》卷下，道光七年刻本。

④ 道光《保宁府志》卷31《武备志》，道光二十三年刻本；嘉庆《四川通志》卷89《武备志》，嘉庆二十一年刻本。

⑤ 民国《南江县志》第1编《交通志》，民国十一年铅印本。

石板河东段碥路 乐善桥碑记

乐善桥 石板河西段碥路

记载："沙河子，县南七十里，至马掌四十里，古柏夹官道两旁，黛色参天，苍皮溜雨，大者连抱，高十余寻，数千年物也，土人称为神树，又谓之皇木，一枝一叶，不敢轻动。"[1]而且清代南江河谷一度曾有舟楫之利，主要就是从沙河铺为起点。据卫道凝《南江山水道里记》记载："（南江）至沙河铺，有水由南山坡之分水岭来东北

---

[1] 严如熤《三省边防备览》卷7《险要下》，蓝勇主编《稀见重庆地方文献汇点》，重庆大学出版社，2013年，第338页。

石板河碥石杵子窝

苏家店子

金鸡寺

会之，可通舟楫，谓之巴江。"[1]道光二年，县令胡炳疏通南江至巴州河道，"凿石淘沙，小舟可泊城下，既乃大募夫役，全产却险滩龙坑、石广坝、猴猴箭诸隘"[2]，使小舟可通巴州，大大扩展了航运起点，但现在南江河谷已经难以通航了。在沙河铺西南石板河上保留有一座单孔石桥——乐善桥，桥长36米，宽5.5米，桥上有龙头、龙尾，有乾隆、咸丰年间石碑记载修桥事迹。另在石板河有一段长100多米的碥路，在清代多次维修，保留有许多碑刻。不过，这些遗迹为南江沙河镇经乐善桥、苏家店子、金鸡寺通长赤场的通道上的遗迹，并不在米仓道主线上。

寡妇桥 距离沙河铺20里。民国《南江县志》记载："沙河场，二十里，寡妇桥，十

---

① 道光《南江县志》卷下录卫道凝《南江山水道里记》，道光七年刻本。

② 道光《南江县志》卷下录胡炳《疏河记》，道光七年刻本。

里，赤溪场"；"寡妇桥，在赤溪场北十里，相传为一寡妇所独修，故名"。[1]但现在很少有当地人知道寡妇桥，地名消失。据里程推测，寡妇桥的大致位置应在赤溪镇沿南江通往沙河镇的小路之上，且靠近赤溪，具体位置还有待进一步的研究。

赤溪场

赤溪场 距离寡妇桥10里，也称慈溪场，今赤溪镇。唐五代盘道县治。赤溪由明代蓬岩溪更名而来，因溪沟岩石呈棕红色，故名。嘉靖《保宁府志》卷4也记载建有赤溪铺。[2]清代建场，因从二洞桥经八庙场取直到赤溪场，也可沿南江河经天生桥、罗坪河、沙河场、寡妇桥到赤溪，故赤溪成为两条路的汇合点，一度较为繁华。1927年《巴中县地舆图》标为赤溪场。但现在赤溪已经没有历史遗迹可寻了。

淘金铺（滩） 距离赤溪场10里，也称淘金堡，对岸为鲤鱼池。《钦定大清会典事例》卷678记载有淘金铺。民国《南江县志》记载："石灰铺，在县南六十里，淘金铺，在县南一百二十里，元潭铺，在县南一百八十里。"[3]后淘金铺地名消失，有研究认为淘金铺实为赤溪场。但从民国《南江县志》来看，"赤溪场，十里，淘金滩，十里，马掌铺，二十里，下两河口，二十里，凉水井，十里，元潭（接巴中县界），六十里，巴中县"[4]，淘金铺就是赤溪场的这一论断还有待进一步考证。

马掌堡 也称马掌铺，距离淘金铺10里，今马掌铺。马掌铺位于南江右岸，今赤溪镇四营村马掌铺。我们在岸上发现一四方碑，记载了出资修建渡口之人，以表彰其公德，可惜的是四方碑下端的字迹已然模糊不清，所以此碑是何时所立也就成了一个谜。

---

① 民国《南江县志》第1编《交通志》，民国十一年铅印本。
② 嘉靖《保宁府志》卷4《建置纪下》，嘉靖二十二年刻本。
③ 民国《南江县志》第1编《交通志》，民国十一年铅印本。
④ 民国《南江县志》第1编《交通志》，民国十一年铅印本。

马掌铺功德碑　　　　　　　　　　　　　　马掌铺功德碑局部

　　下两镇　　即清代柏杨铺，今天下两镇，唐盘道县地。《钦大清会典事例》卷678记载有柏杨铺。距离元潭铺50里。清代地图也标为两河口，也称下两河口，简称下两。柏杨铺恰处于南江河与明江河的交汇处，文献中也有"两河口""下两河口"

下两镇全景

的称呼，现位于下两镇，南与元潭乡相邻。民国《南江县志》记载："柏杨铺，在县南一百五十里。"[①]又载："马掌铺，二十里，下两河口，二十里，凉水井，十里，元

---

① 民国《南江县志》第1编《交通志》，民国十一年铅印本。

下两镇柏杨铺老街

下两镇柏杨铺老街一景　　　　　　　下两镇柏杨铺老街过街楼

下两镇柏杨铺老街门栅柱孔

潭（接巴中县界），六十里，巴中县。"①清代柏杨铺即下两河。民国十八年，下两改为第五区公所，区公所遗址位于下两镇老街关帝庙，今下两镇政府临河办公楼所在地。1927年《巴中县地舆图》和1938年《汉中地形图》均标为两河口。1933年，在下两河口老街关帝庙成立长赤县下两区苏维埃政府。②民国时期，下两作为县治，规模较大，商业经济较为发达，赶三六九场。我们实地考察发现，现下两河边老街还保存完好，几棵黄桷树矗立在街道旁，所以老街被当地人称之为"黄桷树老街"，一栋栋瓦片老房鳞次栉比地排列着，年代久远，摇摇欲坠。从下两南下经过灰伏铺到凉水井。

凉水井 在1942年《巴中县全图》和1946年《南江县地图》中均有标注，距离下两镇10里，原凉水，今凉水井，位于今元潭镇凉水井村，凉水井村已无古迹。

元潭铺 距离林河堡10里，也称元滩，今南江县元潭镇。正德《四川志》卷14记载为圆滩铺。嘉庆《四川通志》记载："元滩铺，在（南江）县南一百八十里。"③《钦定大清会典事例》卷678有记载。又民国《南江县志·交通志·邮递》记载："南江旧设铺递原额二十一铺，清中叶改归七铺，递送往来文檄，皆在县城西南，通府之道，东北俱系山径，险阻不通，大道未设……元潭铺，在县南一百八十里……嗣于沙河场、元潭场设信箱，长池场有代办处，木门场亦有代办处，归广元邮局。"④今元潭铺老街已然不复存在。

---

① 民国《南江县志》第1编《交通志》，民国十一年铅印本。

② 中共南江县委党史研究室编《南江革命遗址概览》，四川科学技术出版社，2016年，第38页。

③ 嘉庆《四川通志》卷89《武备志》，嘉庆二十一年刻本。

④ 民国《南江县志》第1编《交通志·邮递》，民国十一年铅印本。

元潭镇街景

枣林铺 也称枣林堡，位于今枣林镇枣林村。嘉庆《四川通志》记载："枣林铺，在州北六十里。"①道光《保宁府志》记载相同。②乾隆《巴州志略》记载："北路三铺，佛龛、枣林、清滩。"③据民国《巴中县志》所述，从巴中到南江主要有四条道路，其中两

今枣林镇街景

条都经过枣林铺。其一是从"治城，四十里，枣林场，二十里，抵南江县属元滩场，百八十里，到南江县"；其二则是"由治城，三十里，早儿塘，十里，断垭场，三十里，枣林场，三十里，灵山场抵南江县界"。④可见，至少在明清时期，枣林铺都是从

① 嘉庆《四川通志》卷89《武备志》，嘉庆二十一年刻本。
② 道光《保宁府志》卷31《武备志》，道光二十三年刻本
③ 乾隆《巴州志略》不分卷，乾隆抄本。
④ 民国《巴中县志》第3编《政事志上》，民国十六年石印本。

巴中北上南江的一个重要通道节点，商旅往来，市集热闹，场镇之上一派繁荣兴盛之景象。但现在老街已不复存在。

远眺清滩村

清滩铺　清滩铺位于今枣林镇青滩村，南江河水流经此滩，河水澄澈，也称之为"清滩坡"①。正德《四川志》卷14记载有清滩铺②，嘉靖《保宁府志》卷4也记载此铺③。嘉庆《四川通志》记载："清滩铺，在州北四十里。"④道光《保宁府志》记载相同。⑤乾隆《巴州志略》记载："北路三铺，佛龛、枣林、清滩。"⑥《钦定大清会典事例》卷678有记载。现青滩老街已然不存。我们实地调查发现，以前从清滩至巴中，需经过坝子滩、浅滩。坝子滩疑是坝子河，坝子河位于南江河右岸，距离青滩村不到四里。浅滩村则属于巴州区回风乡辖地，位于南江河左岸，距离青滩村直线距离约8里。《四川省巴中县地名录》记载："浅滩子，此处河水较浅。"⑦

佛龛铺　在巴中今北龛寺附近。嘉庆《四川通志》记载："佛龛铺，在州北二十里。"⑧道光《保宁府志》记载相同。⑨而乾隆《巴州志略》记载较为简单："北路三铺，佛龛、枣林、清滩。"⑩北龛寺在巴中市城北两里左右的苏山南麓，其间摩崖造像始建于唐贞观年间，盛唐时期达到顶峰，现存寺庙实为清代修建。现存34龛，造像

① 四川省巴中县地名办公室编印《四川省巴中县地名录》，1984年，第21页。
② 正德《四川志》卷14，正德十三年、嘉靖十六年增补本。
③ 嘉靖《保宁府志》卷4《建置志》，嘉靖二十二年刻本。
④ 嘉庆《四川通志》卷89《武备志》，嘉庆二十一年刻本。
⑤ 道光《保宁府志》卷31《武备志》，道光二十三年刻本。
⑥ 乾隆《巴州志略》不分卷，乾隆抄本。
⑦ 四川省巴中县地名办公室编印《四川省巴中县地名录》，1984年，第21页。
⑧ 嘉庆《四川通志》卷89《武备志》，嘉庆二十一年刻本。
⑨ 道光《保宁府志》卷31《武备志》，道光二十三年刻本。
⑩ 乾隆《巴州志略》不分卷，乾隆抄本。

348尊，内容主要有释迦牟尼佛、弥勒佛、七佛、菩提瑞像、二佛并坐、三世佛、药师观音地藏并坐、单身观音等，另有清代碑刻、墓塔等。龛形多为双层龛，尺寸较小，雕刻精细、富丽，造像风化、人为破坏较为严重。①《巴州志》记载，"在龛崖绝高

佛龛铺，即今北龛寺。

处"刻有"淳熙丁未夏四月，郡丞怀安辜泽民挈家游此，男庆祚、庆胄、庆隆侍行于此，资州□□偕来"。②

正德《四川志》卷14中在南江县南还记载有黄荆铺、战滩铺、冬游铺、金钗铺、罗汉铺、马坡铺、□河铺、龙伏铺，但大多数不能与清代以来的地名对应定位。

巴中县 汉代汉昌县境，梁置梁广县、巴州太谷郡，后周改巴州化成县，唐宋一直相沿，明清为巴州，民国改巴中县。《大明一统志》称在州北5里有米仓关，疑误。唐置清水驿。《舆地纪胜》卷187引姚彦游《冰清驿》句："见说巴南一小州，孤城寂寞寄江头。"③《方舆胜览》卷68也有类似的记载："冰清驿，姚彦游诗：'见说巴南一小州，孤城寂寞寄江头。'"④对此，顾祖禹《读史方舆纪要》卷68记载，巴州曾有清水驿，而不是冰水驿，其称："又清水驿，旧在州南三里，唐置。今废。"⑤但我们发现唐代没有任何文献记载巴州有清水驿，更没有记载其明确方位，顾氏所言存疑。后道光《巴州志》卷2和民国《巴中县志》第3编记载此驿为清水驿，称其在县南30里，也不知何据。

当然，如果从民间商道体系来看，米仓道翻越大巴山段除了上面谈到的主线外，在清代至少还有四条支线存在。

一条是从汉中南郑县经庙坝、挡墙河（庙坝挡墙）、寒溪河、两河口（窑房

① 罗世平、如常主编《世界佛教美术图说大典·石窟》，湖南美术出版社，2017年，第348页。
② 道光《巴州志》卷9《艺文志下》，道光十三年刻本。
③ 王象之《舆地纪胜》卷187引姚彦游《冰清驿》，四川大学出版社，2005年，第5491页。
④ 祝穆《方舆胜览》卷68，中华书局，2003年，第1188页。
⑤ 顾祖禹《读史方舆纪要》卷68，中华书局，2005年，第3227页。

庙坝　　　　　　　　　　　　　　庙坝往挡墙路上

庙坝往挡墙路上　　　　　　　　　坐在挡墙卡子旧址上

拦墙卡子夯土　　　　　　　　　　两河口

挡墙北的寒溪河（也称黄长河、焦家河）　　　　　　　挡墙南的寒溪河

两河口寒溪河上的桥柱孔

崖）、响滩子、蟒蛇洞、五块石（今五块石）、龙神殿（今龙神庙）、抽筋坡、银杏坝（上两）与正线合。民国《续修南郑县志》卷1《舆地志·幅员》记载："庙坝关，在庙坝南二十里，县之西南一百八十五里。其关墙修自明末，有碑可考，今呼曰当墙，险踞崖侧，陡临深涧，出入上下，人难并行。"[1]1938年《汉中地形图》中明显标出了这条从喜神坝、大田坝、台上、铁炉坝、桃园寺、焦家河、五颗石南下龙神店、三溪口到上两河口的道路。龙神殿（店）相当重要。据民国《续修南郑县志》卷1《舆地志·幅员》，此路上的台上，以前又称梅子坝关防，为张鲁入巴中的米仓山。[2]又据

---

[1]　民国《续修南郑县志》卷1《舆地志·幅员》，民国十年刊本。

[2]　民国《续修南郑县志》卷1《舆地志·幅员》，民国十年刊本。

民国《南江县志》，也可从桃园寺经雄尖子到上两，只是雄尖子位置不明。从上两河口经雄尖子到桃园寺、铁炉坝、台上的道路为民国时期"入南郑之要道"[1]。而当时支线所经关坝、大坝"一带鲜有居民"，故"行旅绝少"。[2]

一条支线从龙神殿可以绕开上两到南江。据《三省边防备览》卷3《道路考下》的记载，有一条经碾盘坝（碾盘村）、后溪塘、杨家坝（杨坝镇）、牡丹园（杨坝镇牡丹村）、灵官堂（后坝村灵官塘）、龙神殿（今龙神庙）、两河口、陶通岭、龙潭坝、桃园寺、铁炉坝的道路，可以不经过桥亭、上两。[3]

一条从南江白头滩（槐树白头滩村）一直向西南经宽滩河、檬子、旺苍木门接金牛道，即历史上的木门道。

一条经过汉中回军坝（西河乡）、大巴关（小分水岭），再往南江有两条路，其一经铁船山、沙坝场（今沙坝）、木竹关（木竹垭）、桂门关（贵民乡）、桦林关、黄泥堡、官禄口（关路口）、神潭溪（高桥乡），到白杨堡（下两），在官禄口后几乎完全沿神潭河南行进到下两镇，并不经南江县城。但可以从贵民关经观音岩、柳垭子直接到南江县城。同时，从大巴关（小分水岭）南下可沿小通江河经过涪阳到通江，为历史上的涪阳道。据《三省边防备览》卷3《道路考下》，这条道路从通江县北经过庙子垭、扛金子、涪阳场、新场、青峪口、板桥口、平溪场、楼子坝、朱家坝、坝溪、碑坝、西河口、羊圈关、天池子、回军坝、青石关到南郑县。[4]

在这四条支线中，第一条在明清时期最为重要，甚至清代以来曾一度成为米仓道汉中、南江间民间主要通行道路。我们实地考察发现此路主要经过麦子坪、老君坪（岩）、尖子山、花石婆（烂泥沟）、响潭子、五颗石、陈家山梁子、韩坡垭、龙神店（庙子坪）、二十七道拐、横店子（上巴岩店）、石垭子（石卡门）、上帮、下帮岩点（上下堆子坪）、六道水、三溪口、分房岭、红庙子、金巴子河、抽筋坡、曹家河、文家梁子、上两到银杏坝。在这段路上路基多有保存，其间抽筋坡、石卡门、龙神殿等地古道路基保存较好。从银杏到六道水之间，古道多沿上两河河谷行进，但从麦子坪到六道水一带相当荒凉，其间翻越韩坡垭、龙神殿大坡，韩坡垭海拔高达1847

① 民国《南江县志》第1编《交通志》，民国十一年铅印本。
② 民国《南江县志》第1编《交通志》，民国十一年铅印本。
③ 严如熤《三省边防备览》卷3《道路考下》，蓝勇主编《稀见重庆地方文献汇点》，重庆大学出版社，2013年，第292页。
④ 严如熤《三省边防备览》卷3《道路考下》，蓝勇主编《稀见重庆地方文献汇点》，重庆大学出版社，2013年，第293—294页。

米，相当难行。需要指出，现在的一些地图将龙神殿（店）标注在山腰的今石卡门处是错误的，真正的龙神殿在山顶的庙子坪处。寨坡公路修通后，这条古道有几段长期荒塞，无人行走而荆棘密布，通行较为困难。焦家河村即今光雾山镇之地。焦家河，又名庙坝河，东西走向，系南江境内宽滩河上游支流，沿着焦家河支流寒溪河北可通往庙坝。所谓寒溪河也称"韩溪河"，当地有歌谣流传"不是韩溪一夜涨，哪得汉家四百年"，萧何追上韩信，并说服刘邦拜韩信为大将军，韩信辅佐刘邦打下了汉室江山，自此开创了长达422年的汉王朝。

实际上，清代民国以后，从喜神坝、台上、桃园寺、焦家河、龙神殿、三溪口到上两的通道已经成为南郑、南江间最重要的通道；只是如今这一线较为荒凉，麦子坪到官房坝之间完全成了无人区，古道毁坏较为严重。现据我们多次实地考察将站点分述于下。

银杏坝　民国《四川省南江县图》标注为银杏坝。《四川省南江县地名录》记载："银杏坝，过去，此地有一株较大的银杏树得名。土地革命时期为上两区苏维埃治。1975年上两区公所迁此。集市。"[1]现为南江县上两镇驻地，人户较多。

上两老街　道光《南江县志》中的舆图标为两河口，民国《南江县志》第1编记载有上两河口场。[2]《四川省南江县地名录》记载："上两河口，系徐家沟、金家河两溪交口，又处下两河口之上，故名。上两公社、上两大队驻地。"[3]清末民国时期，此地产玉石出名，又当米仓道主线和支线交会处，地位重要。现在此地已经完全荒废，只有几座残破的老房和一座铁索桥。古道从上两河口沿溪沟西岸北上到文家梁子。

文家梁子　《四川省南江县地名录》记载："文家梁，山梁，解放前

上两老街与古道

①　四川省南江县地名领导小组编印《四川省南江县地名录》，1983年，第302页。
②　民国《南江县志》第1编，民国十一年刻本。
③　四川省南江县地名领导小组编印《四川省南江县地名录》，1983年，第302页。

曹家河一带

系地主文老三所有，文家梁大队驻地。"①
附近有老店子，以前雷仕富在此开过食店。
至今，文家梁子一带人户仍较多。

曹家河 《四川省南江县地名录》记
载："曹家河，民国时期，一曹姓农户住
此，故名。"②从曹家河开始，沟西的古道
路基保存较好，直上到抽筋坡。

抽筋坡 《四川省南江县地名录》记
载："抽筋坡，山高坡度陡，需要很大气力
才能爬完。"③这是一段上缓坡的路段，路
段较长。从此翻越刀背梁子到三溪口。

三溪口 《四川省南江县地名录》记
载："三溪口，三条山溪相汇处。"④考察
发现，此处以前修有一个小电站，附近人户
较多。附近还有一座红寺小庙。

曹家河至抽筋坡间的碥路路基

抽筋坡，远处为刀背梁子。

① 四川省南江县地名领导小组编印《四川省南江县地名录》，1983年，第303页。
② 四川省南江县地名领导小组编印《四川省南江县地名录》，1983年，第311页。
③ 四川省南江县地名领导小组编印《四川省南江县地名录》，1983年，第311页。
④ 四川省南江县地名领导小组编印《四川省南江县地名录》，1983年，第311页。

三溪口

三溪口红寺

溪口（分房店）调查

溪口远眺龙神殿大山

官房坝　也称分房店。《四川省南江县地名录》记载："官房坝，古为一财主所有，故名。溪口大队驻地。"[①]正当从寨坡到三溪口的公路交会点上，也称溪口，为一小平坝，有较多人户。

六道水、四道水、三道水　《四川省南江县地名录》记载："六道水，不到一里之内，人们行走须连续涉六道小

六道水

---

① 四川省南江县地名领导小组编印《四川省南江县地名录》，1983年，第311页。

　　　　　　　　　　　　　　　　　　　　　　第一章

六道水至四道水间的近几十年新开的
四槽碥道

四道水

三道水　　　　　　　　下堆子坪　　　　　　　　　上堆子坪

沟，故名。"[1]古道在此不断过溪沟，多为蹚水而过，有时从小木柱横桥上过沟。

上、下堆子坪　过了三道水后古道坡度越来越大，路过下上两个堆子坪，为一小平坝，以前有人户居住。从此处开始古道上的碥石偶有存在。

下巴岩店　从上堆子坪而上，道路坡度较大，上到一相对较大的平坝，为下巴岩店。以前有人户。

石卡门　也称石垭子。从巴岩店再上古道坡度更陡，到一相对狭窄的地方，称石卡门。附近乱石较多，石壁上有一个人工孔穴，功能不明，可能以前立有石卡门。从

---

① 四川省南江县地名领导小组编印《四川省南江县地名录》，1983年，第311页。

下巴岩店　　　　　　　　　　　　巴岩店与堆子坪间的碥路

石卡门处古道

石卡门处人工孔穴　　　　　　　　在石卡门处休息中

上巴岩店　　　　　　　　　　　　　石卡门至龙神殿间的碥路

二十七道拐

石卡门到龙神殿间碥路碥石偶有保存。

上巴岩店　现也称横店子，为山间一小平地，以前开过店子，现在荒废，植被较为茂密。从此开始古道坡度较大，开始来回走"之"字，为二十七道拐。

二十七道拐　古道坡度近六七十度，道路回转陡直，两边大石壁立，行进困难。

龙神殿　民国时期的南江县地图多标有龙神殿。民国《南江县志》第1编记载："龙神殿山，在县北一百六十里，自米仓山东来为一高岭，巴汉通过之要道，地势颇高。"[1]《四川省南江县地名录》记载："龙神殿，古代此山间建有一龙神庙，故名，

---

① 民国《南江县志》第1编，民国十一年刻本。

龙神殿寺庙遗址（庙子坪）

龙神殿古道旁石条

龙神殿石件

在龙神殿休息

海拔1940.5米。寨坡、桃园公社界山。"[1]我们实地考察发现，此地也称庙子坪，为韩（寒）坡垭口的南缘，地势相对较为平缓，寺庙已毁，地面残存石件较多。

韩（寒）坡垭口　从龙神殿开始，古道沿着一个较为平缓的梁子向北而行。道边小溪潺潺，直到韩坡垭口，小溪消失，成为一个分水岭。从此下到陈家梁子再到五颗石。

五颗石　民国《四川南江县图》就标有五颗石。考察发现，五颗石为一个较大而平缓的大湾子。现在此地有通向十八月潭景区的公路经过。古道从此下坡到响潭子。

———————————

[1]　四川省南江县地名领导小组编印《四川省南江县地名录》，1983年，第355页。

| 韩坡垭垭口 | 韩坡垭下五颗石的古道 | 五颗石附近 |

响潭子

响潭子 《四川省南江县地名录》记载："响潭子，山沟中有一陡岩，岩下一深潭，水流呈瀑布，故名。"[1]响潭子为从五颗石下坡而来的一个小平地，可远眺，以前曾有两家在此开店，一家姓鲁。但现在已经荒废，还可见房基遗址。从响潭子一直到火地沟，20世纪曾修林区的机耕道，已将大部分古道路基和碥石破坏，现在可行的道路多为机耕道，而非原来的古道。

火地沟 《四川省南江县地名录》记载："火地沟，此沟发生过火灾，1958年毁林开荒，垦为耕地。"[2]此处古道通过多处小沟，路基也多有崩塌，道路难行，古道在此继续向西北方向行进，时上时下，经过雷包冲、土门子、陡嘴子到达尖子山。其间有人户居住的房基存在。从火地沟到麦子坪间因20世纪沿古道修了机耕道，古道与机

---

① 四川省南江县地名领导小组编印《四川省南江县地名录》，1983年，第321页。
② 四川省南江县地名领导小组编印《四川省南江县地名录》，1983年，第321页。

火地沟

包家屋基

雷包冲

耕道交错，个别路段难以分清之间的关系。

雷包冲 为一个小的平槽，在雷包冲与土门子附近有一段碥石保存较好。

土门子 从火地沟上到土门子，为两边土包形成的一个小门。

陡嘴子 从土门子再上坡到达陡嘴子，一边为悬岩，一边为壁立的岩壁，道路形势险要，从此转弯下坡到尖子山。

尖子山 地处尖子山垭口西南一块缓坡上，有许多旧的建筑房基保存下来，曾开有店子。古道在此转向东北方向翻越尖子山垭口。民国《南江县志》第1编记载龙神殿

雷包冲与土门子之间的碥路　　　　　　　　　　土门子

陡嘴子　　　　　　　　　　　　　尖子山旧址，以前人户较多。

与桃园寺之间有雄尖子，各相距25里。[1]严如熤《三省边防备览》卷3记载有雄通岩[2]，不知是否即此尖子山。

尖子山垭口　《四川省南江县地名录》记载："尖子山，山顶很尖，故名。"[3]为古道上的一个山梁垭口。从此处古道开始向东北方向下坡经过谢家屋基到老君岩。

谢家屋基　从尖子山垭口下坡到老君岩，其间有一个较大的谢家屋基，地势较为平缓，现已完全荒废。

---

①　民国《南江县志》第1编，民国十一年刻本。

②　严如熤《三省边防备览》卷3，蓝勇主编《稀见重庆地方文献汇点》，重庆大学出版社，2013年，第292页。

③　四川省南江县地名领导小组编印《四川省南江县地名录》，1983年，第321页。

尖子山垭口 　　　　　　　　从麦子坪远眺老君岩山梁

老君岩 《四川省南江县地名录》记载："老君岩，岩下有一小庙，供有老君菩萨，故名。"[1]老君岩地处老君岩垭口下，为一处较大的平缓之地，北面悬岩下原有一个小庙称老君庙。古道边有雷家土坯房保存。

老君岩垭口 从老君岩上坡到老君岩垭口，再向东北方向下坡到麦子

老君岩旧庙宇处

坪，一路上有陈家屋基和奉家屋基，古道路基与新修的林区机耕道交错，难以分辨。

麦子坪 《四川省南江县地名录》记载："麦子坪，主产小麦，故名。"[2]此地为一个较大的平坝，人户较多，从此处上矿硐垭的古道路基仍存。

矿硐垭 为麦子坪与焦家河间的一个垭口，因以前在此开过矿而得名。从此处

---

① 四川省南江县地名领导小组编印《四川省南江县地名录》，1983年，第321页。
② 四川省南江县地名领导小组编印《四川省南江县地名录》，1983年，第321页。

老君岩雷家土坯房

老君岩垭口

奉家屋基

陈家屋基

谢家屋基的厕所坑

麦子坪

麦子坪上矿硐垭的古道　　　　　　　　　　矿硐垭

矿硐垭下焦家河的古道入口

下坡到焦家河的古道已经荒废，但路线可寻。

焦家河　民国《四川南江县地图》就在桃园寺南标有焦家河。《四川省南江县地名录》记载："焦家河，地处一小溪南岸，焦姓居民较多，故名。桃园公社地、焦家河大队驻地。集市。"[1]即今天的光雾山风景区的入口处，人户较多。

从焦家河开始往北有两条道路通汉中：一条即上面的第一支线，经寒溪河、挡墙河到庙坝、喜神坝；一条即第二条支线，经桃园寺、铁炉坝、台上、岩方坪、贾家河到喜神坝。

第一条支线先沿焦家河向西到两河口，然后沿支流寒溪河（又称庙坝河）北到庙坝。据《险行米仓道》考察指出，两河口现存有栈道孔、桥孔。但我们考察发现，跳墩桥孔存在，但栈道孔并不典型，存疑。从两河口沿寒溪河经樱桃树、河坝到

----

[1]　四川省南江县地名领导小组编印《四川省南江县地名录》，1983年，第321页。

焦家河　　　　　　　　　　　　　　　　　焦家河大坝段

达挡墙，为历史上川陕交界处。民国《续修南郑县志》卷1《舆地志·幅员》记载："庙坝关，在庙坝南二十里，县之西南一百八十五里。其关墙修自明末，有碑可考，今呼曰当墙，险踞崖侧，陡临深涧，出入上下，人难并行。"[1]新编《南郑县志》记载："旧为入川要道之一。挡墙遗迹尚存，道路加宽。"[2]从两河口到庙坝沿河岸向南行走，荆草密布，有的路基崩塌，行走艰难。挡墙建置于明末，系横亘于峡谷垭口上的一条由泥土、石灰、盐混合夯筑而成的土墙，间杂一些石块，比较坚固。原有门洞，现已塌，仅残存布满荆棘和杂草的墙体。一般认为挡墙建于明朝末年，清嘉庆年间为阻挡白莲教重修，平时也可控制两省商旅出入，但现在当地百姓误以为挡墙是为

桃园寺原址　　　　　　　　　　　　　　　　铁炉坝

① 民国《续修南郑县志》卷1《舆地志·幅员》，民国十年刊本。
② 南郑县地方志编纂委员会《南郑县志》，中国人民公安大学出版社，1990年，第470页。

1914年法国人拍摄的梅子关防（台上）　　　　　　　今天的蜀门秦关

1914年法国人拍摄的岩方坪　　　　　　　今天的岩方坪

了阻挡野猪等动物以防它们损害庄稼的。从挡墙到庙坝，即今陕西省汉中市南郑区黄官镇庙坝村。民国《续修陕西通志稿》记载："庙坝，在县西南二百一十里，在老林中，崎岖幽险，为赴川要路。"[1]又载："由南江老林而行，则梅子坝西七十里之庙坝亚，山垭尤为要卡。"[2]新编《南郑县志》记载："庙坝关，位于庙坝乡西南部川陕交

---

①　民国《续修陕西通志稿》卷56《交通四》，民国二十三年铅印本，第1页。
②　民国《续修陕西通志稿》卷50《兵防七》，民国二十三年铅印本，第30—31页。

岩方坪远景

恩阳古镇

界处。"①今庙坝只有为数不多的一些房屋，为一公路交通死角，已经没有以前两省交界重要城镇的风貌了。

第二条支线经桃园寺、铁炉坝、台上、岩方坪、贾家河到喜神坝，现这条路线正好为两南公路所采用。桃园寺曾建有桃园寺庙，以纪念三国时刘备、张飞、关羽在桃园三结义。②现桃园寺在公路旁边，寺庙已经不复存在，过去只有残存建筑构件散落于地，现在原址上修建了茶餐厅，原址风貌已不复存在。铁炉坝毗邻陕西南郑县，清属南郑县境地，现为南江县光雾山镇下辖村。嘉庆《汉中府志》记载："铁炉坝县西南百七十里，军兴时设卡防堵。"③可见铁炉坝是川陕两省边界要地。现铁炉坝正当进入大坝风景区的一个交通岔路上。从铁炉坝继续北上翻山到达台上，即今蜀门秦关处，为今川陕两省分界。

桃园寺 民国《四川南江县地图》在台上南标有桃园寺。民国《南江县志》第1编

---

① 南郑县地方志编纂委员会《南郑县志》，中国人民公安大学出版社，1990年，第470页。
② 四川省南江县地名领导小组编印《四川省南江县地名录》，1983年，第321页。
③ 嘉庆《汉南续修郡志》，《嘉庆汉中府志校勘》，郭鹏校勘，三秦出版社，2012年，第102页。

记载有桃园寺场。①《四川省南江县地名录》记载："桃园寺，为纪念三国时刘备、张飞、关羽在桃源三结义，建桃源寺庙。"②过去我们考察发现桃园寺旧址仍存，有一些石件保存；只是现在当地发展旅游在原址新修了茶餐厅，旧桃园寺已经完全消失殆尽。

铁炉坝　《汉南续修郡志》卷3中记载铁炉坝"在县南百七十里，军兴时设卡防堵"③。民国《四川南江县地图》在台上南标有铁炉坝。《四川省南江县地名录》记载："铁炉坝，过去，此地曾开设过铁匠铺，故名。"④现在此地人户较多，东为米仓山景区的入口。从此上坡到台上。

台上　《汉南续修郡志》卷3记载梅子坝"在县南百二十里，亦通川要路"⑤。民国《续修南郑县志》卷1记载："梅子坝关防，今名台上，即米仓山为张鲁入巴中故道，在县西南一百五十里，由喜神坝市镇赴此四十五里，亦通川要隘，宋元以来久已设险，有事势所必守。"⑥民国《四川南江县地图》在川陕交界处标有台上。民国《南江县志》第1编记载有铁炉坝二里到台上，接南郑县界。⑦《四川省南江县地名录》记载："台上，川陕交界处，三国时在此筑有点将台。"⑧从1914年法国拉尔蒂格带领的考察队拍摄的梅子关防照片来看，应该就是今天的台上之地，位置在今天的蜀门秦关附近垭口上。

岩方坪　民国《续修南郑县志》卷1记载岩方坪10里至台上，交四川省南江县界山。⑨岩方坪为古道上梅子坝关防（台上）前的一个重要站点，为山上一个狭小的平坝，坝边山崖有岩洞。以前人户较多，现仍有人户。从1914年拉尔蒂格带领的考察队拍摄的岩方坪照片来看，今天岩方坪的整体环境没有太大的变化。

古道向北经过大田坝、牛头岭（牛脑壳梁）、小田坝、唐家坝到喜神坝。在清代及民国时期，喜神坝也一度称为梅子坝，所以，《汉南续修郡志》卷3中有梅子坝"在县南百二十里，亦通川要路"⑩的记载，并不能确定是指梅子坝关防的台上，还是指喜神坝。

---

① 民国《南江县志》第1编，民国十一年刻本。
② 四川省南江县地名领导小组编印《四川省南江县地名录》，1983年，第321页。
③ 嘉庆《汉南续修郡志》卷3，民国十三年重刻本。
④ 四川省南江县地名领导小组编印《四川省南江县地名录》，1983年，第321页。
⑤ 嘉庆《汉南续修郡志》卷3，民国十三年重刻本。
⑥ 民国《续修南郑县志》卷1，民国十年刻本。
⑦ 民国《南江县志》第1编，民国十一年刻本。
⑧ 四川省南江县地名领导小组编印《四川省南江县地名录》，1983年，第321页。
⑨ 民国《续修南郑县志》卷1，民国十年刻本。
⑩ 嘉庆《汉南续修郡志》卷3，民国十三年重刻本。

恩阳老街

米仓道到达巴州后完全进入四川盆地的丘陵地区，通道的选择多样性明显，分路众多，基本上可以分成西、中、东三道深入四川盆地。牟子才《论救蜀急着六事疏》也谈道："如闻米仓之南地名三会，去岁敌兵来侵，不循常道，惟于此处会合诸兵，分入它路，一屯向利，一屯向巴、蓬，一屯向渠、广。"[1]从其谈到的分路来看，三会必在米仓山至巴中市区之间。今巴中雪山镇在清代仍有三汇之名，是否就是宋代的三会之地，不敢妄定。道光《保宁府志》卷6记载："米仓山，在县北八十里。通志：地名三会，乃剑、阆、巴、蓬、渠、达六郡之冲，宋开禧二年，金兵入凤州，兴元帅程松哑趋米仓山，由中巴遁入阆州即此。"[2]但此则资料反映的从巴中一带分向东中西三个方向的取行，显现了米仓道进入四川盆地后由于并非官驿大道而没有相对固定的主线状况。

所谓"一屯向渠、广"之路，即盆地内东路。道路从巴州向东南方向经过今三江口，从此溯今巴河下，经过曾口场，即梁、隋、唐、宋所置曾口县。然后到达今平昌县，为隋唐归仁县。再到渠县三汇镇，到达渠县，唐流江县。从此可达广安，即唐

① 牟子才《论救蜀急着六事疏》，傅增湘辑《宋代蜀文辑存》卷87，北京图书馆出版社，2005年，第7册，第119页。
② 道光《保宁府志》卷6《舆地志·山川》，道光二十三年刻本。

宋广安州。也可到达合川，即唐宋合州。再可达渝州，即今重庆市。这条道路实际上是水陆兼备的，渠江支流的巴河成为重要的水运通道，故南宋时期米仓道盆地内的东线最为重要。《玉堂闲话》记载："秦民有王行言以商贾为业，常贩盐鬻于巴、渠之境，路由兴元之南，曰大巴路，曰小巴路。"[1]这里言巴、渠之境，而不是巴、蓬或者巴、阆，是有道理的。

所谓"一屯巴、蓬"之路，即盆地内中路。严耕望认为古道到了清水驿后经仪陇、营山到渠县。按《太平寰宇记》载巴州210里到蓬州，蓬州官陆路220里或水路250里到渠州，说明这样一条道路是存在的。但一般到了蓬州取水路也是多前往四川盆地的东部，如李曾伯《乞调重兵应援奏》记载："北则兴元宝峰久添生

恩阳老街码头

兵，自今初二日阆州、渠州两处烽火同日告语，阆自宝峰入，渠自米仓入。"[2]这里的"渠自米仓入"的通道，应该就是米仓道盆地中路方向。《建炎以来系年要录》记载："一军自梁、洋经米仓山入巴、阆。"[3]这里说"巴、阆"，说明米仓道中路可直达阆州。

所谓"一屯利"之路，主要是从巴州一带向西进入利州和西南进入阆中四川盆地的通道。"阆自宝峰入"，显然是从巴州取西南方向的通道。巴州后可从西南方向四川盆地成都平原行进，恩阳是一个重要的运输枢纽。恩阳在南朝梁为义阳县治地，隋改为恩阳县，元代省入化城县，明清时期习惯称为恩阳河。嘉靖《保宁府志》卷4也

① 《太平广记》卷433《虎》引《玉堂闲话》，《笔记小说大观》第5册，江苏广陵古籍刻印社，1983年，第210页。
② 李曾伯《可斋续稿》后卷3《乞调重兵应援奏》，《景印文渊阁四库全书》第1179册，台湾商务印书馆，1972年，第613页。
③ 李心传《建炎以来系年要录》卷94，中华书局，1988年，第1561页。

恩阳万寿宫

恩阳万寿宫内

记载明代设有恩阳铺。①恩阳河区位较为特别，清代从恩阳东北新场30里可到东兴场，10里到早儿塘（枣儿塘），30里到巴州，也可以从新场经白玉桥25里直接到枣儿塘，再30里经过金锁关到巴中。同时，恩阳河取水路进入巴河往四川盆地的东部行进，西南则取陆路往四川盆地的西部行进。《舆地纪胜》卷187引碑目"唐韦苏州送令狐宰恩阳县诗刻石于县之驿亭"②，可知唐代恩阳曾设驿，但不知驿名是否就是恩阳驿。《三省边防备览》卷3《道路考下》记载由平梁城、李儿塘、彭溪塘到恩养（阳）河，最后到达保宁府阆中的便是此道。③到了明清时期，恩阳镇仍然是米仓道上的一个重要交通节点，从米仓道南下到巴中后，往成都平原地区往往向西南经恩阳而下。也可由恩阳河船行进入巴河，再入涪江进入四川盆地东部地区。所以，明清时期恩阳镇商业

---

① 嘉靖《保宁府志》卷4《建置纪下》，嘉靖二十二年刻本。

② 王象之《舆地纪胜》卷187，四川大学出版社，2005年，第5489页。

③ 严如熤《三省边防备览》卷3《道路考下》，蓝勇主编《稀见重庆地方文献汇点》，重庆大学出版社，2013年，第293页。

恩阳禹王宫旧址　　　　　　　　　旺苍县木门镇

繁荣，有"好耍不过恩阳河"之称。至今恩阳古镇仍然有一定规模，在外影响较大。

　　据旺苍县文史志家蔡勇的研究，在旺苍县附近存在几条重要的古道，一条为从米仓道南江县的长赤西接木门，再南下巴中恩阳，其中火箭河至黄猫垭路段碥路保存完好，纪家河桥头有"上通秦陇，下达蜀州"的石碑；一条从南江焦家河下旺苍檬子或从宁强南下干河（今米仓山镇），再沿宽滩河（东河）南下旺苍；一条是从宁强毛坝河南下经盐河镇在双汇镇与第二条汇合；另有一条是向西至广元，向东至南江乐坝一带的东西通道，联接米仓道与金牛道。同时从旺苍南下翻五峰山可达苍溪、阆中等地，现何家沟段碥路保存较好，有保存完好的修路碑。[1]这些古道或是四川盆地内与金牛道与米仓道的连接线，或为宁强通旺苍的小路，或为旺苍历史上与盆地内部州县交往的大道。

　　实际上，米仓道巴州以北山高路险，自古不曾置驿。早在道光年间，人们就认为："（南江）旧设二十一铺，今旧七铺递运往来文檄，皆在县城西南通府之道，东

────────────

①　蔡勇《广元米仓道溯源》，《华西都市报》2020年12月14日。

北二处俱系山径险阻，不通大道，并无邮递。"①又有载："巴州在万山之中，不当孔道，无驿站马匹。"②所以，我们在研究米仓道时一定要对米仓道的地位做精准的定位，即历史上米仓道是一条翻越大巴山的重要民间通道（特别是一条民间商业通道），也是宋元时期一条重要的军事征战通道。米仓道名气的显现，实际主要是在宋元战争当中。黄盛璋先生在《川陕交通的历史发展》中统计，古道取用仅两次，但实际上仅宋代以前就不止两次，且主要是战争取用。

表5　宋以前取行米仓道行进的主要事件

年代	事迹	出处
西汉初年	萧何追韩信。	《史记·淮阴侯列传》《玉堂闲话》
建安二十年（215）	张鲁从汉中奔巴中。	《华阳国志》《三国志》
建安二十年（215）	张飞与张郃大战于宕渠之蒙荡山，张郃败返汉中，张飞与之战于关坝，屯粮米仓山，驻军牟羊城，北出巴峪关。	《三国志》、《南江县地名录》载清道光六年墓碑碑文
西魏恭帝元年（554）	李迁哲、贺若敦从汉中进讨梁州取米仓道。	《魏书·贺若敦传》《周书·李迁哲》
五代	王仁裕、王思同取米仓道南伐巴人。	《玉堂闲话》《太平广记》卷397
乾化元年（911）	林思谔取米仓道到中巴、泥溪。	《资治通鉴》卷268

唐宋时，米仓道首先是四川盆地重要的民间商道和便道，地位仅次于金牛道、荔枝道。杜甫诗《九日奉寄严大夫》称"不眠持汉节，何路出巴山。小驿香醪嫩，重岩细菊斑。"《方舆胜览》录此诗于巴州一节③，此小驿可能就是同书记载的唐冰清驿，则严武是取米仓道而行。宋开禧年间吴曦之变，程松"自米仓山出阆州，顺流以归"④，紧接着士大夫也多取米仓道取峡路至荆楚，所谓"开禧逆曦之变，士大夫之逃难者亦多由米仓以东归，此正趋荆楚之路"⑤。前面谈到《玉堂闲话》载秦民王行言往返于米仓道在巴州、渠州贩盐，说明当时民间商人多取此道。五代王仁裕得人献小

①　道光《南江县志》卷上《驿递》，道光七年刻本。
②　道光《巴州志》卷2《建制志·铺递》，道光十三年刻本。
③　祝穆《方舆胜览》卷68，中华书局，2003年，第1188页。
④　李心传《建炎以来朝野杂记》乙集卷18，中华书局，2000年，第830页。
⑤　王象之《舆地纪胜》卷187《巴州》，四川大学出版社，2005年，第5477—5478页。

猿，便派人取米仓道送到孤云两角山，归之山野。[1]宋末元初，米仓道是金与宋一个重要的用兵之道，得以名声大振。早在嘉定十年，金人大举南下，宋军在扼守剑阁道外，又退守米仓道米仓山以防范。[2]绍定四年正月蒙古军围兴元，郭正孙扼米仓道相防遇害。[3]嘉熙二年蒙古军攻兴元，取米仓道入，"陈隆之离兴元，见往米仓山"[4]。淳祐十二年蒙古军从米仓道经巴州、渠州三会、渠州入。[5]宝祐六年蒙古军"度米仓道，其地荒塞不通，进伐木开道七百余里"，顺渠江攻定远（武胜）七关至钓鱼城，使"关路始通"。[6]

到了明清时，米仓道曾为川盐走私贩运之道，政府为了限制贩私盐，征收商税，多于古道上设置关卡，如巴峪关卡子、米仓关巡检司、琉璃关、梧桐关，等等。再加上"今驿路由沔入蜀，故米仓道由之者鲜矣"[7]。毕沅《关中胜迹图志》卷20也称："今驿路所趋盖金牛道而米仓为僻径焉。"[8]故米仓道在清代已较闭塞梗阻。从征战来讲，明正德三年保宁农民起义入汉中，崇祯十年起义军从秦州入南江、通江均取此道。[9]清末民初，这条古道仍为川盐入陕要道和私旅便道。[10]民国时有人建议沿此线修三南公路（南郑、南江、南部），但没能如愿。

这条古道十分险峻，《玉堂闲话》记载称："其路则深溪峭岩，扪萝拔石，一上三日而达于山顶。行人止宿，则以缒蔓系腰，萦树而寝，不然，则堕于深涧，若沉黄泉也。"又称："危峰峻壑，猿径鸟道，路眠野宿，杜绝人烟，鸷兽成群，食啖行

① 民国《续修南郑县志》卷7《艺文》引《王氏旧闻》，民国十年刊本。

② 魏了翁《鹤山先生大全文集》卷82《故太府寺兼知兴元府利州路安抚郭公墓志铭》，《四部丛刊》景宋本。

③ 吴廷燮《南宋制抚年表》引《墓志》，中华书局，1984年，第561页。

④ 袁甫《蕘斋集》卷6《乞降招抚谕四蜀札子》，《景印文渊阁四库全书》第1175册，台湾商务印书馆，1972年，第402页。

⑤ 李曾伯《可斋续稿·乞调重兵应援奏》，《景印文渊阁四库全书》第1179册，台湾商务印书馆，1972年，第613页；牟子才《论救蜀急着六事疏》，傅增湘辑《宋代蜀文辑存》卷87，北京图书馆出版社，2005年，第7册，第119页。

⑥ 《元史》卷154《李进传》，中华书局，1976年，第3638—3639页。

⑦ 张邦伸《云栈纪程》卷4，李勇先、高志刚主编《蜀藏·巴蜀珍稀交通文献汇刊》第2册，成都时代出版社，2015年，第223—233页。

⑧ 毕沅《关中胜迹图志》卷20，《景印文渊阁四库全书》第588册，台湾商务印书馆，1972年，第714页。

⑨ 《明史》卷269《侯良桂传》，中华书局，1974年，第6913页；彭遵泗《蜀碧》卷1，何锐等校点《张献忠剿四川录》，巴蜀书社，2002年，第133页。

⑩ 王成敏《广元大巴山之经济地理与经济建设》，《四川经济季刊》第1卷第2期。

旅。行言结十余辈少壮同行，人持一拄杖，长丈余，铦钢铁以刃之，即其短枪也。才登细径，为猛虎逐之，及露宿于道左，虎忽自人众中攫行言而去。"[1]1986年，笔者与南江县博物馆馆长何家林实地考察米仓道，发现米仓山段附近森林密布，野草丛生，沟壑高深，崖路陡险，且时有野猪和狗熊出没，当时当地人仍多结伴同行。近20年中，我们又多次考察了米仓道，更是体会了道路的险状。从主线来看，从汉中南下到喜神坝就开始翻越大山，翻越巫山垭就相当高险。从小坝开始翻越大巴山北坡到巴峪关更是陡险，至今林木灌丛密布，有的路段仍然荒废而难以走通。而从大坝向南翻越小巴山（米仓山）也是陡险难行，岭上腰际同样林木丰茂，灌丛密布，接近山顶竹林幽深，人行竹笼之下。而最高的垭口称草鞋坪垭口，此处行走遗弃的草鞋较多，故名。古道到了关坝后，如果沿南江河行走经上两、桥亭到南江，途经檬林关、梧桐关等关险，则两岸深谷壁立，急流如鸣，悬视惊心；如果从关坝向南翻越九道（打）杵沿长滩河（小巫峡）在赶场北折向南江，则要翻越九道（打）杵和鹿角垭两座大山，沿长滩河河谷行进也是高深陡险，不亚于南江河谷。而支线的上庙坝墙、挡墙河峡谷、龙神殿、韩坡垭、火地沟、台上等地也是如此。即使是从南江到巴中一线相对平缓，但南河河谷仍然较为陡险，而从二洞桥翻越八庙大山到赤溪镇的捷径同样是陡险无比。《玉堂闲话》所述，确实是真实场景，并无夸张虚构。

历史上，这条古道上也曾有栈道存在。明代曹学佺记载："按孤云、两角山及截贤岭，俱在栈道，去县二百余里。"[2]清人王径芳《大巴山行》一诗称："凿山跨木半山腰，下有汛流乱石漂。"但清乾隆时栈道多已毁，故有载："（截贤岭）与孤云两角俱修栈道，今则榛莽，已辟半成坦途。"[3]但汉、唐、两宋时期的孤云、两角山位置难以确考，栈道之谜也难以证实。近人在桃园的两河口一带发现了一些桥孔或栈孔，但我们实地考察发现，孔洞的性质并不能完全确定，开凿时代也并不清楚。

在蜀道交通中，历史上只有金牛道长期设立为官道，驿站铺递设置较为完整，在传统时代，沿途的社会经济文化也较为发达。米仓道所经过的地区经济文化相对较为落后，翻越大巴山的路段从未设立驿站和铺递，虽然支线众多，但历史上多为民间商道，米仓道的高光时期是在宋元之际，成为重要的出兵之孔道。所以，历史上这条

---

① 《太平广记》卷397、卷433引《玉堂闲话》，《笔记小说大观》第5册，江苏广陵古籍刻印社，1983年，第131、210页。

② 曹学佺《蜀中广记》卷25《保宁府·南江县》，上海古籍出版社，2020年，第269页。

③ 乾隆《南江县志》引《旧志》，抄本。

道路上的关防塘汛体系还是较为完善的。从宋明的米仓关，明代的巴峪关、椤林关、梧桐关、琉璃关、大巴关、米仓关巡检司（大坝巡检司）、牟阳城、大坝塘等都可以看出军事关防的地位。至今，古道沿途保留较多重要的历史遗迹，如巴峪关遗址、琉璃关遗迹和石刻、二洞桥石刻、两河口桥孔、皇柏林护道树与碥路、天生桥、庙坝挡墙、龙神殿遗址等，都值得加强保护。

第四节　川陕东线（洋万涪道·洋渠道·荔枝道）

洋巴道的取用见于史籍，一般认为是唐代为杨贵妃从涪州（涪陵）传送鲜荔枝而开通置驿的，现在看来应更早。《水经注》记载："洋川者，汉戚夫人之所生处也。高祖得而宠之，夫人思慕本乡，追求洋川米，帝为驿致长安。"[①]从上我们不难看出，这次置驿应沿今洋水（即泾洋河）而北至长安，正好是后来荔枝道和子午道的路线。又宋代魏了翁曾认为汉代马援平交趾也是取此道南下。[②]据说张飞为西乡侯，曾征战往返于这条古道，在今万源县仍有有关张飞的插旗山、关坝、望星关古树的传说，在今镇巴县有拴马岭、捞旗河和九阵坝的传说。这些传说并不一定可靠，可能是后代乡土历史重构的产物。但秦汉以来这一带的巴文化就较为发达，也明显受中原文化的影响，可能早在先秦时期，从今达县翻越大巴山到陕西安康一线的交通通道就是客观存在的。

一、唐宋洋巴道交通网络与唐代荔枝道

现在考证起来，唐宋时期所谓的洋巴道主要是指从洋州翻大巴山到今四川盆地东北部旧巴国地域的大通道，具体路线并非一条，而是包括三条。

---

① 郦道元《水经注》卷27，上海古籍出版社，1990年，第538页。
② 魏了翁《鹤山先生大全文集》卷108《师友雅言上》，《四部丛刊》景宋本。

第一条是洋万涪道。《元和郡县图志》卷29《涪州》记载："（涪州）从万州北开通州宣（汉）县及洋州路至上都二千三百四十里。"[1]《太平寰宇记》卷120《涪州》记载："（涪州）东至万州水路六百一十里，自万州取开州、通州宣汉县及洋州路至长安二千三百四十里。"[2]从以上两则史料可看出，洋万涪道是存在的。又参《通典》《元和郡县图志》《太平寰宇记》和《元丰九域志》所载各州里程，可知这条路线以渝州为中心，顺水460里（一说340里）到涪州，350里到忠州，390里（一说260里）到万州，然后舍舟从陆200里（有160、212、200、232里四说）到开州，西北折向通州宣汉县[3]，再循曹水，即下蒲江（今后河），北上越大巴山沿洋水到西乡县，取子午道入长安，约3000里。[4]天宝时洋州改治兴道县（洋县），故有一条经通州、西乡县、兴道县取骆谷入长安之道，从通州计程约1576里。[5]五代天成三年，"四月洋州奏重开入蜀旧路，比今官道近三十五驿"[6]，比金牛官驿路近三十五驿，自然是相当近捷，只是具体路线不明。

这条古道路线相较荔枝道和洋渠道的特点是迂回大，约2800里，在三线中最长，且多穿行于川东平行岭谷带，路较险阻。但这条古道从陕西东部进入四川，对盆地东部地区万州、云阳附近来说较为近便，且取用的历史较悠久。早在《晋书》中就有记载："（太和）四年，迁大将军，加大都督假黄钺，与曹真伐蜀。帝自西城（安康）斫山开道，水陆并进，溯沔而上，至于朐䏰，拔其新丰县。军次丹口，遇雨，班师。"[7]这里，这则记载十分紊乱，既然是伐蜀，进军到今万县之东的朐䏰，为何又一下攻到了今临潼东北的新丰城，甚为费解。疑"新丰县"为晋汉丰县（开县）之误，如此则这次进军蜀地是取洋万涪道的。即大军从安康溯汉江到西乡取洋巴道到开县、万县、万县东的古朐䏰。可证这条古道的取用是很早的。

① 李吉甫《元和郡县图志》卷29《涪州》，中华书局，1983年，第738页。

② 乐史《太平寰宇记》卷120《涪州》，中华书局，2007年，第2390—2391页。

③ 众书不载开州至宣汉县具体里程，只载开州西至通州308里左右，通州东北至宣汉县170里；按地理角度东北角度均以45度折合，取三角原理计算，可知开州至通州宣汉县约400里左右。

④ 洋州至通州796里，减去通州至宣汉县里程170里，知宣汉县至洋州626里左右；这样，我们可合计其总里程为3000里左右。

⑤ 杜佑《通典》卷175《通州》，中华书局，1988年，第4582页。

⑥ 王薄《五代会要》卷25《道路门》，嘉庆十八年抄本。

⑦ 《晋书》卷1《宣帝纪》，中华书局，1974年，第6页。有的专家认为太和四年魏伐蜀仅是一计划，当为一说，今暂不取。

据《元和郡县图志》和《太平寰宇记》，不仅涪州到长安取此路，黔州（彭水）、夷州（凤冈）、播州（遵义）、思州（沿河）也取此道北上，想必为一出川大道。

第二条是洋渠道。按《通典》《元和郡县图志》《太平寰宇记》和《元丰九域志》所载里程，可知这条路线从渝州陆路200里、水路160里到合州，水路400里到渠州流江县（渠县），东北经三会（今三汇西北与米仓道接）600县里陆路，或水路250里至通州通川县，再796里至洋州，621里至长安，合计里程为2617里左右。这条路线南段因多取渠江河谷而行故名洋渠道。其通州以北路线接本上与洋万涪道合。

第三条是荔枝道。《新唐书》和《旧唐书》都载贵妃爱吃鲜荔枝，命置驿传递，只是历史上从何处转送荔枝，取何道而行，众说纷纭。[1] 从使荔枝保鲜选取最近最捷的路线传递来看，似应从涪陵取送较为合理。[2]

吴曾《能改斋漫录》卷15《方物·贡荔枝地》：

> 余昔记唐世进荔枝于《辨误门》云：唐制以贡自南方，《杨妃外传》以贡自南海。杜诗亦云南海及炎方。惟张君房以为忠州，东坡以为涪州，未得其实。近见《涪州图经》，及询土人，云："涪州有妃子园荔枝。盖妃嗜生荔枝，以驿骑传递，自涪至长安有便路，不七日可到。"故杜牧之诗云："一骑红尘妃子笑。"东坡亦川人，故得其实。昔宋景文作《成都方物略记图》，言荔枝生嘉戎等州。此去长安差近，疑妃所取。盖不知涪有妃子园，又自有便路也。[3]

《舆地纪胜》卷174《涪州》：

> 妃子园，在州之西，去城十五里，荔枝百余株，颗肥肉脆，唐杨妃所喜，一骑红尘妃子笑，无人知是荔枝来。谓此。当时以马递驰载，七日七夜至京，人马毙于路者甚众，百姓苦之。蜀中荔枝，叙、泸之品为上，涪次之，合州又次之。涪州徒以妃子得名，其实不如泸、叙。[4]

---

① 蓝勇《神州何处妃子笑》，《文汇报》1986年3月12日。

② 严耕望《天宝荔枝道考》，《大陆杂志》（台北）第57卷第1期，1978年；蓝勇《贵妃食荔自何来》，《史学月刊》1988年第3期。

③ 吴曾《能改斋漫录》卷15《方物》，商务印书馆，1941年，第408页。

④ 王象之《舆地纪胜》卷174《涪州》，四川大学出版社，2005年，第5089页。

对于具体路线，《方舆胜览》卷68引《洋州志》载：

> 杨贵妃嗜生荔支，诏驿自涪陵由达州取西乡入子午谷，至长安才三日，香色
> 俱未变。[①]

这则记载勾画出了荔枝道的简要路程。此外，宋代蔡襄《荔枝谱》、韩唯《南阳集》、范成大《吴船录》《石湖诗集》、王十朋《梅溪先生集》、黄震《黄氏日钞》都谈及涪州西15里的妃子园，专为杨贵妃种有百余株品质好的荔枝。如前文所引，宋人吴曾还特意为此事是否属实访询了当地百姓，证实其事，在《能改斋漫录》卷15《方物》中作了记录。清咸丰年间，涪州知州姚兰坡还在旧址建亭植荔枝以再现旧园，后为官码头，新中国成立后为煤炭转动码头。今园已不存，但以前江边还留有荔枝乡的地名，今天还有荔圃春风公园、荔枝园社区等地。另清人著述中还谈及唐代曾在妃子园中有荔枝驿，不知据何而言。

今天，即使我们认定唐代杨贵妃吃的鲜荔枝来自涪州妃子园，但要完全复原具体的转运路线是不可能的，因为历史交通地理的研究实践告诉我们，历史时期的通道具体路线变化巨大，完全以明清的习惯性路线臆测唐代的情况是很不科学的。既使用唐代遗址连成一线也难以确定为唐代荔枝道的路线，所以我们目前只是按宋元的有关记载推测出可能经过的一些点，而不是线。

按涪州荔枝的重要产地是在涪州乐温县，由此，严耕望先生认为古道必经乐温县地，再循溶溪水（今龙溪河）北上梁山军（梁平县）。[②]《舆地纪胜》卷179《梁山军》载梁山军有梁山驿和唐碑。[③]《梁山军碑记》称碑为唐玄宗御制。元《经世大典》又称梁山有在城站，想其地必当大道。按地势，循溶溪水北上必经梁山驿，这是无疑的。据《舆地纪胜》记载："高都山，距军北一十五里……高都驿路，乃天宝贡荔枝之路也。"[④]《蜀志补》记载："方都山，在梁山县北，山中民以种姜为业，有古驿道，乃天宝贡所经也。"[⑤]《读史方舆纪要》也载："又都梁山，在（梁山）县北十五里，亦曰高都山。旧有高都驿，乃天宝中进荔枝之路，山壤腴而黄，民以种姜

[①] 祝穆《方舆胜览》卷68，中华书局，2003年，第1194页。

[②] 严耕望《天宝荔枝道考》，《大陆杂志》（台北）第57卷第1期。

[③] 王象之《舆地纪胜》卷179《梁山军》，四川大学出版社，2005年，第5217页。

[④] 王象之《舆地纪胜》卷179《梁山军》，四川大学出版社，2005年，第5213页。

[⑤] 曹学佺《蜀中广记》卷63引《蜀志补》，上海古籍出版社，2020年，第666页。

为业。"①嘉庆《梁山县志》卷2、吴焘《川中杂识》、《白云山志》等也均有类似的记载。1986年，笔者实地考察高都山，山腰仍有一段较长的古代碥路。山顶上旧房多毁。铺原有山门，门上原书"高览通都"四字，当时门基仍存。但近来我们考察发现，这上山的碥路和高都驿的山门基址已经完全不见踪影了。至于唐代乐温县址，在原长寿县仁滩寺，20世纪修狮子滩电站时已经淹没于长寿湖下，今天只能大约观察到其位置。近来重庆考古工作者趁长寿湖湖水退回之际，曾对此县治做过一些发掘。不过，从理论上讲，如果仅是从涪州妃子园转送杨贵妃所食荔枝，从取直近便角度讲，也不是一定必要经过乐温县治的，故存疑待考。

王象之《舆地纪胜》、祝穆《方舆胜览》、魏了翁《古今考》均已明载确记荔枝古道经达州。如《舆地纪胜》卷183记载："子午谷，生荔枝，自涪陵入达州，由子午谷路至长安凡三日。"②又卷190记载："《洋川志》云杨妃嗜生荔枝，诏驿自涪陵由达州，取西乡子午谷，至长安才三日，色香俱未变。"③又宋名立《修铁山路碑》谈到当地人认为达州铁山古道乃"达与巴之子午道也。行人者之，非一日矣"④。看来，荔枝古道经过达州是可信的，但具体路线并不可考，我们只能对唐代转运荔枝的通道做一点大致的路线推测。这条荔枝道从今涪州荔枝驿（或就在涪陵荔枝园）北上乐温县地，沿溶溪水河谷行至梁山驿、高都驿，经通州（达州）循下蒲江翻大巴山，又取洋水至西乡县，取子午道到长安。这条路线是在洋万涪道和洋渠道之间取直而行，仅2000里左右，在三线中最短，无疑是为了尽量缩短路程，加快鲜荔枝传送速度，以使荔枝更加鲜美。《方舆胜览》记载，传递贵妃荔枝三日乃至；《舆地纪胜》称七日才至，想荔枝"四五日外色香味尽去矣"，似应以三日到长安较合理。按荔枝道长2000余里，唐制急递日行500里，三日而致，日行不足700里，也在情理之中。宋人魏了翁认为唐代从交州贡荔枝取此路从南平军、涪州、达州入子午谷为七驿800里⑤，不知何据，是哪七驿更无从稽考。

从现在掌握史料看，洋巴道的洋州到达州段，唐代一度设有驿路。

李复《与王漕书》载：

① 顾祖禹《读史方舆纪要》卷69《夔州府》，中华书局，2005年，第3264页。
② 王象之《舆地纪胜》卷183《兴元府》，四川大学出版社，2005年，第5311页。
③ 王象之《舆地纪胜》卷190《洋州》，四川大学出版社，2005年，第5595页。
④ 嘉庆《达县志》卷46《艺文志》，嘉庆二十年刻本。
⑤ 魏了翁《鹤山先生大全文集》卷108《师友雅言上》，《四部丛刊》景宋本。

梁、洋及其东西及岐之南屏，旧有驿程。今商贩亦自长安之南，子午谷直起洋州，自洋州南至达州。若两路漕司差官会于境上，昼阁以阅，旧迹可见，但山路须有登涉。往日曾为驿程，今虽废坏，兴工想亦不难矣。[①]

隋唐和宋朝，这条驿路是从今陕南到川东的最重要交通线。隋末义宁元年，李孝恭从金川（今安康）入巴蜀便取此道。[②]唐韩翃《送巴州杨使君》一诗中谈到从南郑东关出经南郑东之白云县到巴州的情况，如取米仓道则必出南关，不可能到白云县，此则必取洋巴道无疑了。唐罗邺《巴南旅泊》一诗也有"驻马白云村"之句，则也应取洋巴道行。北宋文同《寄子骏运使》称："西乡巴岭下，险道入屠颜，使骑到荒驿，野禽啼乱山。"此荒驿疑即为唐代废驿。宋代，这条古道一度是重要兵旅大道，《建炎以来系年要录》卷96就记载："一军自均、房由达州山路入夔峡，北开元时涪州进荔枝路，其山后距子午道甚近。"[③]但"绍兴以来，南北兵出入并不由此路"，主要是"隘寨颓坏，久不修整"，以后"遂为商贾负贩之路"。[④]当时的通川郡，"在诸郡中为最优，茶盐鱼米，汉中有不如者……水航与蜀，陆肩于雍，持金易丝枲者不绝于道……"[⑤]另白居易《雨夜忆元九诗》称"一种雨中君最苦，偏梁阁道向通州"，则可知唐代洋巴道也似有栈道之设。

二、明清时期荔枝旧道的路线站点考证

前面已经谈到，对于荔枝道的站点我们做了可能的分析，对于唐代转运荔枝的具体路线则很难完全复原，只能对个别站点做一些考证。我们以下考证的明清时期从今陕西西乡、镇巴一带到涪陵的道路，也只能是明清时期在这两个区域之间存在习惯性通道的路线。唐代荔枝转运取其中哪一条，或者另有道路选择，我们不得而知。这里我们借用荔枝道来称这些通道，是我们自己对古代通道的一个命名，不是指唐宋时期就有荔枝道之名，也并非明清时期实际广泛使用过的通道名。

---

① 李复《潏水集》卷3《与王漕书》，《景印文渊阁四库全书》第1121册，台湾商务印书馆，1972年，第25页。
② 《资治通鉴》卷184《隋纪八》，中华书局，1956年，第5766页。
③ 李心传《建炎以来系年要录》卷96，中华书局，1988年，第1561页。
④ 《宋会要辑稿·方域一二》，上海古籍出版社，2019年，第9514页。
⑤ 祝穆《方舆胜览》卷59《达州》引《朱肱记》，中华书局，2003年，第1041页。

（一）荔枝道滚龙坡入四川盆地路线

明清时，历史上所谓的荔枝驿道已毁，路线并不是很清楚了。但历史上的洋渠道路线仍被沿用，故有称"陕西入川之路，其由宁羌、广元栈道而前进者，正道也；而奇兵往往由西乡而进"①。崇祯五年，格里眼、蝎子块越大巴山到东乡太平；崇祯十三年，左良玉、郑崇俭从西乡取渔渡坝到玛瑙山败张献忠，都是取此道。清代在洋渠道路线上置有大量铺递关卡，成为陕西地区东南汉中、安康一带进入四川盆地东北部的最重要通道。一般来说，从汉中东南南下第一站为西乡县，所以西乡县为此道的起点。历史文献中记载其路程从西乡县经过木马河南下30里为堰口镇。

堰口全景

堰口　道光《西乡县志》卷1《幅员道路考》记载："东南过木马河三十里堰口（由此山路），又六十里至司上，又三十里至面子山，又二十里至杨家河，又二十里至拴马岭，又十里至岩寨子交定远厅界。此路沟深岭险，

堰口老街

堰口子午观

---

① 严如熤《三省山内风土杂识》，《关中丛书》本。

| 司上社区旅游宣传栏 | 司上社区街景 |

为川陕冲要。"①早在康熙《西乡县志》卷2《建置·铺堡》中就记载有堰口。②嘉庆年间《汉南续修郡志》卷7《坊表乡村》记载清代有堰口铺。③可见清代早期堰口已经是一个较为成熟繁忙的市集。从地理环境上来看，堰口镇正处于汉中平原与大巴山山地的起始交结点上，荔枝古道到此从平原开始进入山地，故堰口的位置相当重要。我们实地考察发现，堰口镇还保存一小段老街，街道肌理仍存，但建筑多被破坏。附近山麓有一个子午观。

司上　《三省边防备览》卷6《险要上》记载："司上汛，县南九十里，自堰口南进，悬崖峭壁六十里，直至市上场集，仍设石磴之中。南则面子山大坡，设有分汛把总，为定远营所辖。议者有定远分汛，不必在西乡

司上社区"乐行道"小游园

---

① 道光《西乡县志》卷1《幅员道路考》，道光八年刻本。

② 康熙《西乡县志》卷2《建置·铺堡》，康熙二十二年刻本。

③ 嘉庆《汉南续修郡志》卷7《坊表乡村》，民国十三年重刻本。

之地，不知西乡至定远二百七十里，从山峡中行者计二百里，较各道最为险阻。有事时，数十人据之，万众难过。而两邑之声息不通，于司上设此汛，所以通定远声援，而不致孤悬边末者也。"[1]道光《西乡县志》卷1《关隘》记载："司上，县南百里，东通五里坝，西接巴山，南距面子山，为定远咽喉，两面峻岭峭壁，中间羊肠一线最为险要，设把总汛防守。"[2]据《汉南续修郡志》卷3《幅员道路》，从堰口到司上60里。司上原先为乡，如今是堰口镇司上社区，但已经没有历史遗迹可寻。

穿心店　在今堰口镇穿心店村，只是已经没有可寻的历史遗迹了。

面子山　道光《西乡县志》中记载司上下一站为面子山，据《汉南续修郡志》卷3

《幅员道路》，从司上到面子山30里。如今这一地名已经消失在当地人的记忆中。我们试图通过询问村民的方式寻找关于面子山的蛛丝马迹，可惜都未能如愿。从道路里程的地理环境来看，估计应在今穿心店至柳树垭一带山坡上。

三湾村　地处柏树垭

穿心店村入口

穿心店村

三湾村仿古戏台

---

① 严如熤《三省边防备览》卷6《险要上》，蓝勇主编《稀见重庆地方文献汇点》，重庆大学出版社，2013年，第324页。

② 道光《西乡县志》卷1《关隘》，道光八年刻本。

杨家河镇街景　　　　　　　　　　　　杨家河镇"洋源县"仿古城墙

至杨家河的大山上，为古道上的重要关卡。

杨家河　道光《西乡县志》卷2《市集》记载"杨家河，离城一百四十里"，同卷《铺舍》中记载有"杨家河"。[①]据《汉南续修郡志》卷3《幅员道路》，从面子山到杨家河20里。《三省边防备览》作30里。但今天杨家河已经没有传统建筑保留下来，只有门额标有"洋源县"的一段新修城墙，当地人认为杨家河为荔枝古道上的重要驿站。

岩寨子　关于岩寨子，《汉南续修郡志》卷3《幅员道路》记载在西乡县拴马岭南10里，同书另一处记载在定远厅拴马岭北15里，但现在拴马岭以南并没有岩寨子一地；相反，我们在考察中发现在拴马岭以北才有岩寨子一地，从当地老乡口中也证实了这一点。是历史记载的误差，还是历史地名的漂移，需要进一步考证。

拴马岭　光绪《定远厅志》卷2《地理志三·乡里》记载"属从政里曰……拴马岭，下地"，而在卷4《地理志五·寨堡》中记载："拴马岭，在厅北六十里，寨一曰九龙寨，地势峻阔，

拴马岭观景台

---

① 　道光《西乡县志》卷2《市集》《铺舍》，道光八年刻本。

拾马岭雕塑

石峰旁立，高二十余丈，可望远。嘉庆间寇屡攻不克。"①卷1的舆图中也标有拾马岭。据《汉南续修郡志》卷3《幅员道路》，从杨家河到拾马岭20里，《三省边防备览》则作30里。《汉南续修郡志》卷3《关隘》记载："拾马岭，厅北六十里，由西乡至厅三面大山，杏儿垭、杨家山、拾马岭上下盘曲十余里，要险可守。"②至今拾马岭一带山势高耸，曲折难行。目前当地在拾马岭公路边建有拾马亭，塑有有关历史人物的雕像。

拉溪塘　在拾马岭以南，只有一些现代民居存在。

陈家滩（或即二郎滩）　《三省边防备览》卷2《道路考上》记载从拾马岭30里到陈家滩入定远厅界，从陈家滩30里到定远厅城。从堰口到定远厅的此路"石径山沟，夏淤冬冰，极为崎岖"③。光绪《定远厅志》舆图中也标有陈家滩塘，在北乡图中标明从九打杆、拉溪塘、拾马岭、黄家河、陈家滩、高家碉到定远厅。

拉溪塘交通标识牌

拉溪塘民居

---

① 光绪《定远厅志》卷2《地理志三·乡里》、卷4《地理志五·寨堡》，光绪五年刊本。

② 嘉庆《汉南续修郡志》卷3《关隘》，民国十三年重刻本。

③ 严如熤《三省边防备览》卷2《道路考上》，蓝勇主编《稀见重庆地方文献汇点》，重庆大学出版社，2013年，第273页。

陈家滩

  定远厅 即今陕西省镇巴县。清嘉庆七年析西乡县南24地，取"汉定远侯封邑"之意在原西乡县固县坝置定远厅。民国二年，改定远厅为定远县。今镇巴县城内南关街、半边街一带街道肌理保存较好，两边的传统建筑也有部分保存。荔枝古道从西乡县堰口南下后，一直在山地中穿行，到泾洋河支流司上河开始翻越大山，经过山顶的司上镇，然后一直在大巴山的山脊上穿行，到拴马岭一带翻越大巴山山梁顶，然后一直下坡到定远厅。

城南山腰处向北回望镇巴县城

镇巴县南关街街景

远眺小洋镇

毛垭塘附近

小洋坝　康熙《西乡县志》卷2《建置·关隘》记载："小洋，南一百五十里，旧有官兵防守。"[1]同卷《建置·陂堰》记载有"小洋河堰"[2]。道光《西乡县志》卷1《关隘》中同样记载："小洋关，在县南一百五十里。"[3]光绪《定远厅志》卷2《地理志·镇市》中记载有25处镇市，其中小洋坝市位列首位："小洋坝市，在厅南十五里。"[4]《三省边防备览》卷2《道路考上》也记载定远厅南10里有小洋坝。[5]

毛垭塘　《三省边防备览》卷2《道路考上》记载定远厅南30里为毛垭塘[6]，《汉南续修郡志》卷3《幅员道路》亦如此记载[7]。今毛垭塘多为现代建筑，传统街道已经不复存在。

高脚硐　《汉南续修郡志》记载为高角洞，《三省边防备览》记载为高脚洞，距离毛垭塘30里，但今天这一带已经没有这个地名存在。从里程上来看，估计在今穿心

---

① 康熙《西乡县志》卷2《建置·关隘》，康熙二十二年刻本。

② 康熙《西乡县志》卷2《建置·陂堰》，康熙二十二年刻本。

③ 道光《西乡县志》卷1《关隘》，道光八年刻本。

④ 光绪《定远厅志》卷2《地理志·镇市》，光绪五年刊本。

⑤ 严如熤《三省边防备览》卷2《道路考上》，蓝勇主编《稀见重庆地方文献汇点》，重庆大学出版社，2013年，第274页。

⑥ 严如熤《三省边防备览》卷2《道路考上》，蓝勇主编《稀见重庆地方文献汇点》，重庆大学出版社，2013年，第274页。

⑦ 嘉庆《汉南续修郡志》卷3《幅员道路》，民国十三年重刻本。

1986年的滚龙坡卡子远景

1986年原卡子下面的碥路路基

1986年的滚龙坡卡子

1986年的滚龙坡卡子卡门处

今滚龙坡垭口远景形势

今近看滚龙坡垭口形势

2021年再度在滚龙坡卡子遗址考察

2021年的滚龙坡卡子遗址

店和长店子一带。另光绪《定远厅志》舆图中也标明土垭子到渔渡坝。

    渔渡坝   渔渡镇旧名"渔渡坝"，历史悠久。早在康熙《西乡县志》卷2《建置·公署》中便有记载："渔渡坝公署，东南三百六十里，接四川通江界。"[1]同卷《建置·铺堡》记载有"渔渡坝"[2]，表明康熙年间，渔渡镇已经成为西乡县南下四川沿途经过的一处重要城镇。《三省边防备览》卷6《险要上》记载："渔渡坝，厅南九十里，即古鱼肚路……经略额侯常驻大兵于此，近有巡检把总。嘉庆九年，严如熤捐筑土堡一座。"[3]《汉南续修郡志》卷3《幅员道路》记载"高角洞又三十里至渔渡坝"，同卷《关隘》记载："渔渡坝，厅南九十里，四面崇山中开田坝，即古南乡地，东南为九拱坪、鹿池坝，南即滚龙坡，均通川要路，经略额侯曾驻兵于此。近设巡检外委分防。"[4]光绪《定远厅志》卷2《地理志·乡里》记载："属宣化里曰：渔渡坝，上地。"[5]同卷《地理志·镇市》记载"渔渡坝市，在厅南九十

渔渡镇街景

渔渡镇老街

①   康熙《西乡县志》卷2《建置·公署》，康熙二十二年刻本。
②   康熙《西乡县志》卷2《建置·铺堡》，康熙二十二年刻本。
③   严如熤《三省边防备览》卷6《险要上》，蓝勇主编《稀见重庆地方文献汇点》，重庆大学出版社，2013年，第324页。
④   嘉庆《汉南续修郡志》卷3《幅员道路》《关隘》，民国十三年重刻本。
⑤   光绪《定远厅志》卷2《地理志·乡里》，光绪五年刊本。

里。"①卷4《地理志·寨堡》记载："渔渡坝，在厅南百二十里，寨有六曰：龙溪寨，兴隆寨，羊峯岩，高脚碥，风碥塆，白岩碥，皆险峻可恃。"②同卷《地理志·古迹》记载："渔渡坝，有营盘梁，明左良玉屯兵于此。"③由此可见，明清时期渔渡镇在交通、商业、军事等方面地位较为突出，所以清代设立巡检分防于此。目前渔渡镇主要居民区位于渔水河西岸，还保留一段老街，老街呈椭圆形，较为特别。

元滩子　《汉南续修郡志》卷3《幅员道路》记载，渔渡坝南30里为元滩子，即今盐场镇源滩。

响洞子　《三省边防备览》记载为响洞子，也是在渔渡南30里。光绪《定远厅志》舆图中也标有深洞子，即今源滩东南的响洞村。

滚龙坡卡子　今简称龙坡。《三省边防备览》卷6记载："滚龙坡，太平、定远交界之地，在鹿池坝西五十里，至太平黎树溪三十里，到定远渔渡坝汛五十里。土山陂陀，阳斜顺下，盖定远之为东川屏障者。"④而《汉南续修郡志》卷4《山川》记载："滚龙坡，厅南一百六十里，山势险峨，径路崎岖，入太平界。"⑤光绪《定远厅志》卷4《地理志·关隘》记载："滚龙坡，在盐场厅南百四十里，界四川太平，为秦蜀通衢，上下二十余里，形势险峭，咸丰间同知沈际清修筑挡墙，每年川陕两镇会哨于此。"⑥同样光绪《太平县志》卷2《关隘》也记载："滚龙坡，北六十里交定远界，为入陕要道，建有石卡，每年十月初一日川陕两省决镇会哨于此。"⑦民国《万源县志》卷4《官政门·交通》记载："下北路由北门出到四十里之梨树溪，左进至滚龙坡二十里交陕西界，昔年川陕阅边官员会哨于此，由滚龙坡直达镇巴县属渔渡坝六十里。"⑧光绪《定远厅志》舆图和1932年《万源县全图》中均标有滚龙坡。在清代，滚龙坡卡子为川陕两省界线，南面阳坡属太平，即今万源，北面阴坡属定远厅，即今镇巴。1986年，笔者到滚龙坡卡子考察，当时虽然卡子门楼不复存在，但卡子城墙保存

①　光绪《定远厅志》卷2《地理志·镇市》，光绪五年刊本。
②　光绪《定远厅志》卷4《地理志·寨堡》，光绪五年刊本。
③　光绪《定远厅志》卷4《地理志·古迹》，光绪五年刊本。
④　严如煜《三省边防备览》卷6《险要上》，蓝勇主编《稀见重庆地方文献汇点》，重庆大学出版社，2013年，第322页。
⑤　嘉庆《汉南续修郡志》卷4《山川》，民国十三年重刻本。
⑥　光绪《定远厅志》卷4《地理志·关隘》，光绪五年刊本。
⑦　光绪《太平县志》卷2《关隘》，光绪十九年刻本。
⑧　民国《万源县志》卷4《官政门·交通》，民国二十一年铅印本。

完好，中间只是间洞穿空，两边道路路基仍存。现卡子仍称龙坡，2021年我们再次考察发现，垭口处的城门早已坍塌，地面散落着大大小小的石块。在垭口东西两侧依旧能够看到石块垒成的部分墙体，垭口被树木杂草所掩盖，已经难以观察整个卡子全貌了。从卡子南下二台子、店子上、黑水池村后一直沿洞口沟下，到达穿心店后沿杜家沟而下到黎树溪，一直都是在下坡。

1986年石人铺一带古道边的泰山石敢当

　　石人铺　《钦定大清会典事例》卷679记载有石人铺，在太平县北60里。[①]光绪《太平县志》卷5《邮政》记载滚龙坡南10里设立有石人铺，距离官渡30里。[②]以其位置而论应在滚龙坡南黑水池村一带。从滚龙坡南下黎树溪一直为下坡，其间经过洞口河、穿心店，间有石板碥路，有一段路程几乎在溪沟中前进，以前道路边农家屋基前还立有泰山石敢当庇护行人。

　　黎树溪　黎树溪的历史可能比官渡更悠久。梨树乡原名"梨树溪，相传清初年

远眺梨树乡

---

①　《钦定大清会典事例》卷679，《续修四库全书》，上海古籍出版社，2002年，第808册，第478页。

②　光绪《太平县志》卷5《邮政》，光绪十九年刻本。

间，由湖北迁来人家到此傍溪居住，在屋前栽种梨树，而由此得名"[①]。清代黎树溪地位重要，北通定远厅洋巴道与汉中交通，东通大竹河镇可与城口厅、紫阳县等地相通，为川东北的交通枢纽之地。光绪《太平县志》卷2《场市》记载："黎树溪，有隘弁驻防，西北十五里滚龙坡交陕西定远界。赶三六九场。"[②]民国《万源县志》卷2《营建门·乡镇》记载："梨树湾，治北四十五里，原属五保，今市废。西北十五里滚龙坡，交陕西镇巴界。"[③]梨树乡在民国时期还是万源与镇巴之间的邮线、电线经过之地。[④]只是最近因行政区划改革，梨树乡被并入官渡镇，为方便过渡时期行政管理，特设立一个"梨树区域"管理事务。原梨树乡坐落于后河西岸山坡上，地势起伏较

官渡镇马升街

大，有多个陡坡，包茂高速、347国道过境这里，但现在较为萧条冷清。古道到黎树溪后，向南几乎都是沿着后河上游而行。

官渡铺、官渡湾

"官渡"一名系"因清代镇巴、万源的川陕两省地方官员到'滚龙坡'会哨（开会）于此登舟而渡，故名"[⑤]。早在嘉庆时期的《三省边防备览》卷3《道路考下》就记载有官渡湾，在太平县北30里，再15里到黎树溪。[⑥]道光《四川省分县详细图说》太平县图标有官渡场。光绪《太平县志》卷2《场市》记载："官渡湾，为北路各场入城必由之路。"[⑦]《钦定大清会典事例》卷679记载有官渡铺。民国《万

① 万源县地名领导小组编印《四川省万源县地名录》，1984年，第204页。
② 光绪《太平县志》卷2《场市》，光绪十九年刻本。
③ 民国《万源县志》卷2《营建门·乡镇》，民国二十一年铅印本。
④ 民国《万源县志》卷4《官政门·交通》，民国二十一年铅印本。
⑤ 万源县地名领导小组编印《四川省万源县地名录》，1984年，第199页。
⑥ 严如熤《三省边防备览》卷3《道路考下》，蓝勇主编《稀见重庆地方文献汇点》，重庆大学出版社，2013年，第295页。
⑦ 光绪《太平县志》卷2《场市》，光绪十九年刻本。

源县志》卷2《营建门·乡镇》记载："官渡湾：治北三十里，集期二五八，原属五保。"[1]卷4《官政门·邮政》记载有"官渡铺"[2]。清代官渡湾地处官渡镇背后海拔较高的山坡上，既是旧时官渡镇的一处繁华之地，也是由县城去往梨树的必经之路。

官渡老街的名称为"马升街"，目前仅有四五处传统建筑，现居民主要为老年人，整条街人烟稀少，略显萧条。

观音峡　在官渡湾到太平县城之间，峡谷深幽。现公路均从峡内通行，古道已经是不复可寻。

观音峡

本城铺（万源）　旧为巴国疆土，历史上曾属于宕渠县、宣汉县、明通院、达县、东乡县之域。明正德十年置太平县。清嘉庆年间升为太平直隶厅。道光初年降为太平县。民国三年改太平县为万源县。光绪《太平县志》卷5《邮政》记载太平县有底铺。[3]今天万源的老街已经完全被破坏。

平溪塘

古道从太平县南门出发，先沿后河东岸行进上山，走五六里再过石桥到西岸，行走10里坐渡船到东岸，忽上忽下，忽东忽西，较为险阻。

大粟（黎）坪铺、平溪塘　道光《四川省分县详细图说》标有坪溪塘，在县南15

---

① 民国《万源县志》卷2《营建门·乡镇》，民国二十一年铅印本。
② 民国《万源县志》卷4《官政门·邮政》，民国二十一年铅印本。
③ 光绪《太平县志》卷5《邮政》，光绪十九年刻本。

青花镇

大茶园铺

里。光绪《太平县志》卷5《邮政》记载太平县南30里有大梨坪铺。[1]《新修支那省别全志》卷1有记载称平溪塘。[2]民国《参谋本部地形图》标注为大地坪，可在此翻山取直而行，也可沿河而行。现在此地简称为坪溪，为太平镇石岗社区管理。

青花溪（青花镇）

道光《四川分县详细图说》标有青花溪塘，在县南60里，光绪《太平县志》卷5《邮政》记载太平县青花溪铺，是一处规模较大的乡镇。1932年《万源县全图》和民国《参谋本部地形图》标为清花溪。民国时期属于第八区，原名"青花溪，治南

六十里，集期二五八，原属四保，每年春季茶业较盛"[3]。青花镇在民国时期是万源第八区的中心[4]，有多条道路连通周边地区，邮政线路、陆上交通以及架设电线都经过该镇。从此经过瓦厂溪、官家溪到大茶园。

大茶园铺、茶园村　光绪《太平县志》卷5《邮政》记载太平县大茶园铺[5]，介于青花镇与长坝镇之间，坐落于后河西岸，曾名"大茶园铺"。民国《万源县志》卷4

---

① 光绪《太平县志》卷5《邮政》，光绪十九年刻本。
② 东亚同文会《新修支那省别全志》卷1，1941年，第285页。
③ 民国《万源县志》卷2《营建门·乡镇》，民国二十一年铅印本。
④ 民国《万源县志》卷4《官政门·交通》，民国二十一年铅印本。
⑤ 光绪《太平县志》卷5《邮政》，光绪十九年刻本。

长坝老街

《官政门·邮政》记载，大茶园铺距离青花溪和长坝铺都为30里。①

长坝铺（长坝镇） 道光《四川分县详细图说》标有长坝场。光绪《太平县志》卷5《邮政》记载太平县长坝铺②，今为长坝镇，坐落于后河西岸。该镇居民区同样是沿210国道分布，呈现出"东西窄、南北长"的带状特征。1932年《万源县全图》中标有长坝。民国《万源县志》卷2《营建门·乡镇》记载，民国时长坝镇属于第八区管辖，而且当时名为"长坝场，治南一百二十里，集期三六九，原属四保"。③《新修支那省别全志》卷1记载，太平至长坝间水浅滩多，无法通航，长坝至罗文间有三板

王家坝铺

小船通行，但逆水时需要牵绳吊船或拉住岸上的网，虽然长坝航运困难，但仍停泊有十几只木船。④现长坝老街肌理仍存，有一些传统建筑保存下来。

王家坝铺、王家坎 道光《四川分县详细图说》标有王家坝。光绪《太平县志》卷5

---

① 民国《万源县志》卷4《官政门·邮政》，民国二十一年铅印本。
② 光绪《太平县志》卷5《邮政》，光绪十九年刻本。
③ 民国《万源县志》卷2《营建门·乡镇》，民国二十一年铅印本。
④ 东亚同文会《新修支那省别全志》卷1，1941年，第286、287页。

《邮政》记载，太平县有王家坝铺。[1]1932年《万源县全图》中标有王家坝。王家坝又称花楼。关于"花楼乡"之得名，20世纪80年代出版的《四川省万源县地名录》记载，花楼乡"民国初年属万源县九区一个乡，一九五一年建立王家乡政府，一九五八年建立红星人民公社。一九六二年更名王家公社。一九八一年地名普查，根据达署发〔1981〕137号文件，更名为'花楼'，以境内较出名的花楼坝得名。花楼坝北距公社驻地约五里，以原住户赵姓在此建有一祠，高大美观雕刻精美得名"[2]。《新中国地名词典·四川省》一书中介绍："王家坝，万源县花楼乡人民政府驻地。在太平镇西南38公里，石人河与后河交汇处。"[3]据《新修支那省别全志》卷1，当时停泊有数只木船。[4]1932年《万源县全图》中标有桅杆坝到罗文场。

平水季节的罗文坝铺码头

洪水季节的罗文坝铺

罗文坝铺 严如煜《三省边防备览》卷3《道路考下》记载在达县境内，称罗纹坝，设有汛。[5]道光《四川分县详细图说》达县、东乡县图中都没有标出罗文坝，但光绪

---

① 光绪《太平县志》卷5《邮政》，光绪十九年刻本

② 万源县地名领导小组编印《四川省万源县地名录》，1984年，第83页。

③ 蒲孝荣主编《新中国地名词典·四川省》，商务印书馆，1993年，第590页。

④ 东亚同文会《新修支那省别全志》卷1，1941年，第287页。

⑤ 严如煜《三省边防备览》卷3《道路考下》，蓝勇主编《稀见重庆地方文献汇点》，重庆大学出版社，2013年，第294页。

罗文镇吊桥　　　　　　　　　　　　　　罗文坝铺老街

《太平县志》卷5《邮政》记载太平县罗文坝铺。民国《万源县志》卷4《官政门·交通》记载，从县境南部的罗文坝经过县城前往陕西省镇巴县之路称为"下南路"，其记载："下南路由本城到九区，出南门经八区青花溪六十里，由青花南下至长坝场，六十里由长坝经大水荡，交九区界，至王家坝四十里，至九区罗文坝四十里，自县至此共二百里。"①所以，罗文镇素有万源"南大门"之称。《四川省万源县地名录》介绍："前清云贵军门提督罗思举的祖坟园在场对岸白鹤山下，其坟园中最长者名'文'，后习称为罗文。"②民国《万源县志》卷2《营建门·乡镇》记载，罗文镇当时名为"罗文坝"，属第九区管辖，位于"治南二百里，集期二五八，原属四保，又二十里大水荡交宣汉界，商务较为繁盛，盐业为大宗，邻县多到此购运"。③

罗文镇在清代是巴河水运的起止点，故镇上以前人烟鼎盛，商业繁华，各类商品中以盐巴为主，各色商人中以盐商居多。所以，罗文镇在民国时期还是万源县南路邮政站点之一。当时罗文坝铺北距"王家坝铺"40里，南距大水荡铺40里。④早在嘉庆《达县志》卷6《山川》中就记载："通川江自太平县流至东乡县，水渐宽衍，可通舟楫，西南流五十余里入州界，又四十余里至州南门外。"⑤严如熤《三省边防备览》

①　民国《万源县志》卷4《官政门·交通》，民国二十一年铅印本。
②　万源县地名领导小组编印《四川省万源县地名录》，1984年，第76页。
③　民国《万源县志》卷2《营建门·乡镇》，民国二十一年铅印本。
④　民国《万源县志》卷4《官政门·邮政》，民国二十一年铅印本。
⑤　嘉庆《达县志》卷6《山川》，嘉庆二十年刻本。

卷7《险要下》记载："罗纹坝，县南一百八十里，后河水由县城至长坝，白沙河水东来注之，南行八十里至罗纹坝，为水码头，舟行下东乡、绥定、合州县。北大竹河所载襄樊花布起旱夫背陆行三百八十里至罗纹坝，又可放舟西下，故襄樊之货由此直达川北，较汉中之路更捷，亦为要隘。设有弁兵防守。"[1] 清末民初，罗文到长坝间还偶有小船往来，但险滩众多，航行困难。罗文镇以下河道相对宽平，航运较为发达，故民国时期罗文镇是水陆相加的码头，一般停泊着三四十只民船。今罗文镇坐落于后河西岸，地势较为平坦，镇内建筑沿国道呈"带状"分布，境内有210国道（罗文镇段名为"巴山路"）和襄渝铁路经过，交通十分方便。罗文镇老街紧邻后河，根据门牌显示得知其名为"红胜街"。红胜街较长，街两旁保存有大量传统建筑，不过仍有几处老屋已被拆除，在原址上修建了四到五层左右的新式民居，与整条街道风貌格格不入。

毛坝老街

大水荡铺 光绪《太平县志》卷5《邮政》记载，太平县大水荡铺与东乡县界相交。今名大水凼。

毛坝、毛坝镇 道光《四川分县详细图说》东乡县图中标有毛坝场。现毛坝镇地处宣汉与万源交界处，境内交通便利，210国道穿镇而过（210国道毛坝镇段名为"永宁街"）。襄渝铁路一线和二线经过该镇，在此设有毛坝火车站。

---

① 严如熤《三省边防备览》卷7《险要下》，蓝勇主编《稀见重庆地方文献汇点》，重庆大学出版社，2013年，第335页。

毛坝镇老街位于一处山坡上，北高而南低，目前仅剩东侧一排老屋，其余全部为现代民居。老屋门牌上写有"毛坝镇老街村"。

从罗文场到毛坝的古道沿江而行，在毛坝古道可以离开后河向东南经普安、清溪口再乘船到东乡（宣汉），也可离开后河向西南经胡家、双河、罗江到达州。历史上如果取直而行，往往并不绕行到东乡县城再到达州。

胡家铺、胡家镇

《钦定大清会典事例》卷679记载达州北60里有胡家铺。道光《四川分县详细图说》东乡县图中标明有胡家场，是历史上洋渠道必经之地。原名胡家场，民国二十一年改为胡家镇。民国三十年改镇为乡，1958年建立胡家人民公社。[1]20世纪80年代后更名为胡家镇。目前胡家镇有襄渝铁路、210国道穿过，但街道却较为冷清，当地房屋住户较少，传统建筑亦是所剩不多，整个城镇给人以萧条之感。古道从胡家经方家坝到双河场。

胡家老街一角

双河场

嘉庆《达县志》卷11《关隘》记载在县北160里。[2]道光《四川分县详细图说》达县图中标有双河场，但标为120里，即今宣汉县双河镇，

双河场

---

① 四川省宣汉县地名领导小组编印《四川省宣汉县地名录》，1988年，第269页。
② 嘉庆《达县志》卷11《关隘》，嘉庆二十年刻本。

可能原来属于达县，清末划入东乡县。古道从双河经土地垭到瓦窑坝。

瓦窑坝　民国时期宣汉县与达县交界处。从此经过双庙场（大成）到蒲家场。

蒲家场铺　嘉庆《达县志》卷11《关隘》记载在县北50里[1]，道光《四川分县详细图说》达县图中标明有蒲家场，在北60里，即今达州蒲家镇。从蒲家场南可以从罗江口到达县，也可从双龙场、印家店到达县。

罗江镇码头和罐子滩

罗江口铺　嘉庆《达县志》卷11《关隘》记载罗江口铺，在县北30里。[2]设有塘，故也称罗江口塘。道光《四川分县详细图说》达县图中标明有罗江口场。历史上罗江是达州北面的一个重要水陆交通枢纽，民国初年，罗江有100多户人家，常停泊着30余只民船，菜馆生意兴隆。[3]从罗江口东北可通东乡县，北面可从王家到双河，也可从魏家、蒲家到大成和双河，也可从北斗、石庙子、王水垭、王家坝、八庙场、向家坪、冉家桥、观音岩、水扯坝到大成，路线选择较多。现罗江镇老街肌理仍存，但传统建筑已经不复存在。镇上江边码头仍存，江中有罐子滩。

徐家铺　《钦定大清会典事例》卷679记载达县北30里为徐家铺。即今徐家坝。

达县底铺　达县历史悠久，曾属于宣汉县之境，魏置通州，唐代为通川郡通州，宋改达州，明代始有达县之称。据元稹《通州丁溪馆夜别李景信》之诗，唐代曾设立丁溪馆。民国《达县志》卷4《舆地门·道路》记载，从达县经宣汉至万源之路程为"县出北门三十里罗江口，三十里蒲家场，三十里瓦窑坝交宣汉界，又前行经胡家场，左行二十里至毛坝，又五十里罗文坝，又二百里至万源县城"[4]。达州在历史上是四川

---

① 嘉庆《达县志》卷11《关隘》，嘉庆二十年刻本。
② 嘉庆《达县志》卷11《关隘》，嘉庆二十年刻本。
③ 东亚同文会《新修支那省别全志》卷1，1941年，第288页。
④ 民国《达县志》卷4《舆地门·道路》，民国二十七年铅印本。

盆地东部的一个重要交通枢纽，地名上的"通""达"等字，都有四通八达之意。历史上从达州沿州河入渠江南下渠县、合州至巴县，同时可以沿川东平等岭南谷的向斜平坝到达四川盆地的大竹、邻水、垫江、梁平、涪陵等地，向东南方向可达开江、万县等地。民国初年，达县有六七千户人家，州河上航运较发达，分上码头和正码头，共有民船100多只。[①]

（二）荔枝道九元关入四川盆地路线

历史上，分设镇巴县是在清嘉庆七年，之前今镇巴县境多属于西乡县之域，而南面的太平县也是明正德十年才从东乡等县分割出来设置的，而以前历史上从西乡进入四川的通道众多，有一些通道甚至可能早于从镇巴厅经渔渡、滚龙坡卡子到太平县的通道。现在来看，从镇巴县南经九元关、竹峪关到达州的通道可能更早一些。我们实地考察发现，这条道路只有翻越镇巴县城至九阵坝的高山和翻越九元关的大山较为险阻，大多数路段都是沿低矮的河谷行进，道路回曲不大，坡度也相对平缓。所以，这条路线更有可能是唐宋荔枝道所选取的路线。对此，嘉庆《汉南续修郡志》卷1《舆地》和卷3《幅员道路》就都谈到长岭、过街楼、仁村、洋渔塘、九元关的道路。[②]《三省边防备览》卷2《道路考上》对

此路也有记载，称："西二十里九真坝，三十里长岭，十一里索垭、十五里仁村，三十里九元关，六十里竹峪关，属四川通江县，共程一百七十里。九元关高三十里，极其幽险，往时汉兴道、川北道会哨之路。"[③]

九阵坝老街

九阵坝 从镇巴厅往

① 东亚同文会《新修支那省别全志》卷1，1941年，第288页。

② 嘉庆《汉南续修郡志》卷1《舆地》、卷3《幅员道路》，民国十三年重刻本。

③ 严如熤《三省边防备览》卷2《道路考上》，蓝勇主编《稀见重庆地方文献汇点》，重庆大学出版社，2013年第274页。

西南的第一大站点就是九阵坝。《三省边防备览》卷1标作九真坝。[1]光绪《定远厅志》卷2《地理志·乡里》记载："属安定里曰：……九阵坝，中地。"[2]《地理志·关隘》部分则记载："九阵坝，在厅西三十里，寨一曰黄龙寨，远山排列，孤峰独耸，避寇无虞。"[3]此外，在卷4《地理志·古迹》中还记载："九阵坝，有兕牛望月，在九阵坝有巨石卧河畔，状如牛，对山有圆石，似月，先年月石在半山牛望之渐移河岸，后被雷劈……古树：一在九阵坝殷家庙，左右两株，高十余丈，大两人围，左松腰有绳迹，

长岭镇全貌

何家坝栈道遗址文物标识碑

相传张桓侯入蜀拴马于此。"[4]现九阵坝村属长岭镇管辖，是一处规模较大的村落。我们发现，九阵坝老街保留传统建筑数量已经不多，老街宽度在4到5米之间，在民居门口没有看到门牌号。我们在九阵坝发现一棵老银杏树，不知是否为清代方志中记载的那棵古树。

长岭镇 长岭镇是一处历史悠久的聚落，早在光绪年间，这里就有"长岭市"。光绪《定远厅志》卷2《地理志·镇市》记载："长岭市，在厅西六十里。"[5]长岭镇坐落于一条河谷之中，聚落沿河流呈带状分布，但目前已

---

① 严如熤《三省边防备览》卷1《舆图》，道光二年刻本。
② 光绪《定远厅志》卷2《地理志·乡里》，光绪五年刊本。
③ 光绪《定远厅志》卷4《地理志·关隘》，光绪五年刊本。
④ 光绪《定远厅志》卷4《地理志·古迹》，光绪五年刊本。
⑤ 光绪《定远厅志》卷2《地理志·镇市》，光绪五年刊本。

何家坝栈道遗址

经没有传统建筑保存。

何家坝栈道 从长岭镇到仁村镇的公路沿河谷开辟，其间有何家坝栈道遗址，为陕西省重点文物保护单位，其碑文称："何家坝栈道遗址位于镇巴县长岭镇联青村何家坝长仁河西侧的崖壁上，总体呈南北走向，现存栈孔50余个，长约300米，该栈道南达四川，向北至西乡接子午古道，属于古子午道的一条主要支线，也属于唐代中期荔枝道的一部分。该遗址为研究子午古道及古荔枝道提供了有力的佐证。"我们发现，何家坝栈道孔距离河面较近，有可能一部分栈道孔已经被淹没于水下。与栈道孔所在的河西岸岩壁相比，河东岸为堆积岸，在岸边能够看到碗口直径大小的鹅卵石。

过街楼 即今仁村镇。光绪《定远厅志》卷2《地理志·镇市》记载："过街楼市，在厅南一百二十里。"①卷4《地理志·寨堡》记载："仁村，在厅南百二十里，寨有六曰：

枣树坪

仁村镇传统建筑

---

① 光绪《定远厅志》卷2《地理志·镇市》，光绪五年刊本。

北极寨，顶如华盖，中多星石，有警拾击甚便；南极寨，四山逶迤，一峰独耸；马鞍寨，高百仞，三面崭削，一径可通，仅堪容足，最为险胜；石笋寨，高插云表，阔容千人；白岩寨，势险径狭，下有深硐，可容数百人；白虎寨，势若虎踞。皆为里人避寇处。"[1]在20世纪80年代出版的《四川省地图集》中，仁村镇还有一个名称为"过街楼"。目前仁村镇与万源市竹峪镇接壤。据当地民众讲述，仁村镇过去曾有一座过街楼，但早已拆除。从仁村镇前往万源竹峪镇有一条已经废弃的小路，沿小路翻越九元关后便进入四川。目前仁村镇老街已经完全拆除，其聚落规模沿河流、公路呈南北向带状分布。

洋鱼塘村

洋鱼塘 当地人叫洋鱼塘为"洋鱼"（音），地图上一度标为洋芋塘，今只有多户人家散居于此。从此开始翻越九元关垭口进入四川境内，一路陡险。

九元关 据光绪《定远厅志》卷2《地理志·道路》，定远厅西南140里至九元关交通江县界。[2]该志舆图也标有九元关。早期人们还称之为九天关。嘉庆《汉南续修郡志》卷3《关隘》记载："九天关，厅西南百三十里，连峰叠嶂。天之所以界雍梁也。关高三十里，山路盘曲陡险，林密箐深，易以藏奸。上有关帝庙。往时川北道与汉兴道会哨于此。下关六十里为通江之竹峪关。"[3]而严如熤《三省边防备览》卷6《险要上》也记载九元子关："石磴陡险，上下六十里，关上有老关庙，往时川北道同汉南道会哨之地……由西乡至西安山外者，多取道九元子，而林木荟蔚，径路幽险，行旅恒有戒心。"[4]其《三省山内风土杂识》也记载称："通江之竹峪关与陕西定远厅之九元关，相距六十里，川陕客民，挟货贸易者，往往取道于此。山高三十里，上多青

---

① 光绪《定远厅志》卷4《地理志·寨堡》，光绪五年刊本。
② 光绪《定远厅志》卷2《地理志·道路》，光绪五年刊本。
③ 嘉庆《汉南续修郡志》卷3《关隘》，民国十三年重刻本。
④ 严如熤《三省边防备览》卷6《险要上》，蓝勇主编《稀见重庆地方文献汇点》，重庆大学出版社，2013年，第322页。

向北回望九元关

九元关碉堡遗址

在九元关玉皇庙遗址旁合影

九元关附近一处古坟

翻越九元关途中的古代石桥

翻越九元关途中的古代石刻

途中的简易木桥

翻越九元关途中的古道

冈，树林蒙密幽深，往时亦有匪徒伏道攫取货物，上有关庙，为川北陕安两道会哨弹压之处。"[1]1932年《万源县全图》标称九原关。民国《四川省万源县图》标为九原山。民国《参谋本部地形图》标注为大九元。我们考察中发现，当地人称九元关为"大九元子"。现从洋鱼塘经过一个小时的攀登，就可抵达九元关。现九元关是一处垭口，山势高耸，山峰连连，颇有"一夫当关万夫莫开"之势。现上山路径多被树林、巨石阻挡，行进困难。在九元关附近，有一处碉堡遗址，目前只剩墙基。当地人称，它曾是民国时期国民党军队与红军交战的产物。翻过九元关垭口后，再往前行进约50米便是玉皇庙遗址。玉皇庙早已坍圮，石块垒成的墙体掩埋于树枝杂草下方，若不是当地人提醒，外人很难发现其存在。这个玉皇庙遗址是否就是历史文献中记载的关帝庙？存疑。

古道从九元关下山后就跨越了大巴山进入川北中浅丘地区，道路相对平缓。

板桥 板桥位于万源市虹桥乡三岔河村附近。民国《万源县志》卷1《舆地门·疆域》记载有板桥场。[2]1932年《万源县全图》标明为板桥子。20世纪80年代出版的《四川省万源县地名录》介绍："三岔河，以此地有两条小河交汇成'丁'字形得名，三岔河大队驻地。"[3]板桥是三岔河村内一处小地名，"以此地原有一座桥得名"[4]。

三岔河村老街

虹桥乡街景

---

① 严如熤《三省山内风土杂识》，《关中丛书》本。

② 民国《万源县志》卷1《舆地门·疆域》，民国二十一年铅印本。

③ 万源县地名领导小组编印《四川省万源县地名录》，1984年，第160页。

④ 万源县地名领导小组编印《四川省万源县地名录》，1984年，第160页。

竹峪镇凤凰桥

竹峪镇航拍照片

三岔河村目前保存有较多的木结构房屋，老街路面已经实现硬化。

虹桥 虹桥乡是一处新建乡镇，虹桥"原名板桥，原因驻三岔河口，清朝年间搭有一木质凉桥得名"①。1958年由6个高级社联合成立公社。从虹桥沿肖河南下经过亭子铺到竹峪镇。

竹峪镇 竹峪镇"因原满沟杂竹丛生，故得名"②，是一处聚落规模较大的城镇。竹峪镇有竹峪关。早在明代嘉靖《保宁府志》卷4中就有记载，距通江县100里。③严如熤《三省边防备览》卷6《险要上》记载："竹峪关，通江所管，崇山环抱，深涧盘回，极为雄峻。东北则为太平入秦之路，东至官坝九十里，西至九子坡九十里……竹峪关，骡马大集场。"④民国《万源县志》卷1《舆地门·沿革》记载，"道光二年……太平复改为县，割巴州之锅团圆、秋坡梁等处，通江县之竹峪关、黄钟堡等处属之，升达州为绥定府，城口、太平均归其属焉。"⑤道光《通江县志》卷2《舆地志·险隘》记

① 万源县地名领导小组编印《四川省万源县地名录》，1984年，第158页。
② 万源县地名领导小组编印《四川省万源县地名录》，1984年，第143页。
③ 嘉靖《保宁府志》卷4，嘉靖二十二年刻本。
④ 严如熤《三省边防备览》卷6《险要上》，蓝勇主编《稀见重庆地方文献汇点》，重庆大学出版社，2013年，第322页。
⑤ 民国《万源县志》卷1《舆地门·沿革》，民国二十一年铅印本。

竹峪镇后街传统建筑　　　　　　　　　　　　　　竹峪镇后街街景

载：“竹峪关，在治东北二百八十余里。”[1]竹峪关在清朝后期曾多次成为农民战争的战场。道光《通江县志》卷5《武备志·武功》记载嘉庆二年襄阳齐王氏、姚之福、王光祖、樊人杰等人曾由竹峪关前往陕西，又有同治元年蓝大顺等农民军队经过此地。[2]民国时期，从万源县城向西北前往通江县的陆路需经过竹峪关。[3]光绪《太平县志》卷2《舆地志·公署》中就记载有竹峪关汛，同卷《场市》记载：“九乡竹峪关紧与通江连界，设有汛弁驻防，集期三六九。”[4]民国《万源县志》卷1《舆地门·疆域》记载，当时竹峪关隶属于第四区管辖。[5]卷2《营建门·乡镇》记载：“竹峪关，治西一百七十里，集期三六九，原属九乡，紧接通江界。”[6]1932年《万源县全图》标明为竹峪关，民国《四川省万源县图》标为竹峪乡。《巴中地区交通志》记载竹峪关曾有东拱门、西拱门、南拱门，拱门上曾有“竹峪关”三字。[7]我们在竹峪镇考察期间，通过询问当地民众得知，竹峪镇最早的街道为通江街，在1949年以前，这条街还属通江县管辖，后来行政区划调整，这一带整体划归万源。

　　我们实地考察发现，清末民国时期从竹峪关向南到达州的道路众多，主线可能经过黄钟堡、双龙庙、下三溪口、汉王关、罗坝、双龙场、大沙坝到河口，但线路并不

① 　道光《通江县志》卷2《舆地志·险隘》，道光二十八年刻本。

② 　道光《通江县志》卷5《武备志·武功》，道光二十八年刻本。

③ 　民国《万源县志》卷4《官政门·邮政》，民国二十一年铅印本。

④ 　光绪《太平县志》卷2《舆地志·公署》《舆地志·场市》，光绪十九年刻本。

⑤ 　民国《万源县志》卷1《舆地门·疆域》，民国二十一年铅印本。

⑥ 　民国《万源县志》卷2《营建门·乡镇》，民国二十一年铅印本。

⑦ 　巴中地区交通局编《巴中地区交通志》，2007年，第33—34页。

稳定。其间可从大沙坝到石观场（今石窝场），从此再向西到赶场坝（今玉带乡），也可从竹峪关西南经过渐波场、洪口场、魏家乡到石窝场。整体上从竹峪关到达州的路线选择众多，并没有形成一条稳定的习惯性通道。

赶场乡陡嘴子

赶场乡陡嘴子九道拐远眺

九道拐

其中从魏家场至玉带乡（赶场）间有陡嘴子九道拐古道和二百文店子，只是今人影像中的二百文店子是20世纪50年代修建，老店子在其旁，早已毁。

河口镇 是万源市西南一处规模较大的城镇，巴河支流渐滩河横穿全境。据民国《万源县志》卷1《舆地门·疆域》的记载，河口镇旧名"河口场"，属六区管辖。[①]卷2《营建门·乡镇》记载："河口场，西南二百里，集期二五八，原属七乡。"[②]1932年《万源县全图》标有河口场。关于河口之名，《四川省万源县地名录》记载："河口场因系渐滩河、三叉河两河交汇处的一个乡场而故名。"[③]河口镇聚落沿渐滩河南岸呈带状分布，房屋大多为三至四层，沿街房屋一层均修成店铺。从河口可沿渐波滩向西到秦家河（今秦河乡），也可从石窝西南到秦家河。

三官场村入口

嘉佑寺内残碑

三官场村 三官场村原属秦河乡，也称三关场，"原此地为朱、蒲、王三姓势力大，曾兴过集，故名"[④]。民国《万源县志》卷1《舆地门·疆域》中记载"三官场"属六区管辖。[⑤]1932年《万源县全图》标明有三官场。现当地在县道旁立有旅游宣传栏。宣传栏介绍，三官场村幅员面达20平方公里，海拔在380—1332米之间，村中以蒲、朱、王三姓居多。三官场村将"荔枝古道"视为当地特有的旅游资源进行重点宣传，在宣传栏中有着较大篇幅的介绍。三官场村还保留有40余座百年古院落，于2018年入选四川最美古村落，被列入中国传统村落名录。历史上从河口镇、秦河乡、三官场可分别经名场村或庙垭乡到鹰背镇。

名扬村 "境内一处西南的岩石有一山洞，向阳，后人讹为'名扬'，以此得

① 民国《万源县志》卷1《舆地门·疆域》，民国二十一年铅印本。
② 民国《万源县志》卷2《营建门·乡镇》，民国二十一年铅印本。
③ 万源县地名领导小组编印《四川省万源县地名录》，1984年，第101页。
④ 万源县地名领导小组编印《四川省万源县地名录》，1984年，第111页。
⑤ 民国《万源县志》卷1《舆地门·疆域》，民国二十一年铅印本。

误认为的二百文店子

老二百文店子旧址

河口镇永安桥

河口镇一角

秦河乡

石窝乡

名。"①此地地处三合场南，是一座规模较小的村庄，坐落于一处平坝之中，地势较为平坦。村内有义庄寺，也称嘉佑寺，寺内保存有残碑数块。

庙垭乡 "地处山垭，垭口曾修有古庙而故名。"②庙垭乡在之前的乡镇合并中连同秦河乡一起划归河口镇，在庙垭乡入口处有一座高大的仿古牌坊，上书"庙垭"二字。民国《万源县志》卷1《舆地门·疆域》记载，庙垭乡旧名"庙垭场"，属于第六区管辖。③卷2《营建门·乡镇》记载："庙垭场，西南二百六十里，集期二五八，原属七乡，场后即宣汉界。"④庙垭乡老街建筑门牌号显示，庙垭乡老街名为"庙垭场老街"，所有传统民居外表刷有红漆。整条街长度约为100米，较好地保留了老街传统风貌，有几户人家已将自家房屋翻新为楼房。老街宽约4米，路面为新铺设的青石板。

名扬村嘉佑寺大殿

庙垭老街

从河口镇到三官村、名扬村、庙垭乡到鹰背镇的交通关系较为复杂，通道回曲，几个站点并不完全在一个传统习惯性通道上面，将其连接成荔枝古道多有疑惑之处。其中庙垭宋家庄石桥、礼壶村石桥的位置走向关系并不明确。

① 万源县地名领导小组编印《四川省万源县地名录》，1984年，第113页。
② 万源县地名领导小组编印《四川省万源县地名录》，1984年，第112页。
③ 民国《万源县志》卷1《舆地门·疆域》，民国二十一年铅印本。
④ 民国《万源县志》卷2《营建门·乡镇》，民国二十一年铅印本。

远眺鹰背镇

鹰背镇大坟

兴隆场、鹰背镇 鹰背是因为场镇在"以山形似鹰背的鹰背山下，故名"①。鹰背镇位于低山丘陵之中，远离万源市区，城镇规模较小，人口较少。《四川省万源县地名录》记载："民国初……鹰背场更名为兴隆场。"②民国《万源县志》卷1《舆地门·疆域》记载"兴隆场"属六区管辖。③卷2《营建门·乡镇》记载："兴隆场，西南三百里，集期三六九，原属七乡，本名鹰背场，与达宣巴三县交界。"④从鹰背镇到店子间的庙坎上附近还保留有一段碥路，但较为窄短，且碥石较为残破。

店子 也称垭口里，为从鹰背场向南翻山的第一站，地处一垭口上。我们实地考察发现，从此可分两路：一路向南沿歪柏树沟经木叶石、晒经石、茅草店、三步两洞桥、冉家河（店子上）到马鞍乡，也可沿鲁班河到马渡关；一路从桦子梁、化米梁、石寨门、竹筒沟、任斋公、鸡公寨到马鞍乡石板场，现在很多人认为此线为

① 万源县地名领导小组编印《四川省万源县地名录》，1984年，第115页。
② 万源县地名领导小组编印《四川省万源县地名录》，1984年，第115页。
③ 民国《万源县志》卷1《舆地门·疆域》，民国二十一年铅印本。
④ 民国《万源县志》卷2《营建门·乡镇》，民国二十一年铅印本。

鹰背通往店子（垭口里）的碥路　　　　　　　　　　　　店子（垭口里）

荔枝古道所经。从桦子梁到化米梁间碥路多有保存，很多路是在基岩上开凿来的。

化米梁　为一山梁，山梁上并无道路遗迹。从化米梁、石寨门下竹筒沟一段保留了一些古道路基，但碥石多已破坏，偶有残存。古道边有小土地庙遗迹，有一小石桥和一个小神龛保留下来。神龛仅由三块石板搭建而成，高度不及一米。据《觅证荔枝道》一书的记载，在竹筒沟、跑马梁现有两段碥路。①

化米梁梁子　　　　　　　　　　　　　　　　店子至化米梁的碥路

①　四川省文物考古研究院等《觅证荔枝道》，四川大学出版社，2016年，第9页。

店子至化米梁碥路边的明墓遗迹   桦子梁碥路边的建筑遗址

竹筒沟 公路边有被传为荔枝道的遗迹，即饮马槽和拴马柱孔。我们多次到此地考察，发现路边有一块巨石，巨石边缘呈不规则形状，但顶部却较为平坦，爬上巨石后发现有8处手掌大小的凹槽，一个浅而大的为所谓饮马槽，其余为拴马桩孔。但是我们观察和询访当地老乡后，发现原来的古道路基比现在的公路还要低（大石后边本无路，近来才有人挖出道路），将负重的马匹专门牵引到高达三四米高的大石上拴定、饮水，从常识上来看可能性不大，故这些石孔的功能可能还需要继续研究才能定性。我们注意到苟在江《荔枝道探秘》中谈到2007年突然在竹筒沟发现一块明代万历年间的分界碑，并公布了拓片，上有"此竹筒沟通衢也，然则天宝贡果过境而被劫，官军剿焉"的记载。[1]不过，我们对此碑存疑。首先，只有拓片，不见原碑。据说原碑后来因山体塌方被埋无法寻觅了，但我们多次在竹筒沟考察，询访多位当地老人，老乡中除苟在江本人外，均不知道有此碑存在。如果此碑从明万历年间一直到2007年一直树立在路边，考虑到清末至20世纪末，四川盆地丘陵多为裸露地貌，植被稀疏，道路边更甚，竹筒沟今公路修通不到十年，以前人们一直是沿古道行走，老人们绝不可能发现不了这块碑。其次，苟在江《荔枝道探秘》中谈到2007年是在竹筒沟发现这一块明代万历界碑，可是在2010年由其执笔出版的《鹰背乡志》专门有碑的章节，收录了许多价值远不如此碑的古碑，却一字没提到此碑。同样，苟在江编的《鹰背乡志》中有

---

[1] 苟在江等《荔枝道探秘》，四川民族出版社，2019年，第183页。

竹筒沟大石

大石上的不明石孔

大石上的不明石槽

竹筒沟土地庙残碑

小神龛

竹筒沟的碥路

专门的民谣章节，记载了许多民谣，也没有记载所谓的转运荔枝的民谣。近来突然冒出如此多的荔枝故事，需要学者们慎重对待。

另外，即使存在此碑，作为明末人们对唐代荔枝传递的乡土历史重构，可信度并不高。实际上，从竹峪关到大成一线之前虽然有关于荔枝道的传说，但并没有直接的细节故事，只是近年来为配合旅游宣传，名扬村、竹筒沟一带被宣传为荔枝古道经过的地方，嘉佑寺也改成了荔枝庙。问题是有些地点有的并不在明清习惯性大路上，路线走向混乱。唐代传送荔枝的历史记载相当少，从史源学角度来看，唐宋相关记载较少，明清时期的一些关于荔枝传送的具体记载往往是后代的乡土历史重构，本身可信度不高，这是我们需要注意的。

同时，我们实地考察发现，从店子（垭口里）向南沿歪柏树沟经木叶石、晒经石、茅草店、三步两洞桥、冉家河（店子上）到马鞍乡和马渡关，这条道路更捷直，许多老乡认为这条道路才是从鹰背到石板场（马鞍乡）的主道。明清商人多走此路，而非经过绕曲的竹筒沟道路。我们的多次考察也证明这条道路的碥石、桥梁等遗迹更完整，规制也更大。

任斋公 为从竹筒沟向南的一个村寨。

鸡公寨 古道可能从鸡公寨通过，直到马鞍乡，现路基保存较好。鸡公寨地处"一脚踏三县"之地，海拔1189米，寨子建于清咸丰年间，现保留有城门卡子、佛像、碑刻等遗迹多处，特别是南门卡子处保留有一个道光年间的保护林木摩崖石刻。

据周书浩考察，从鸡公寨向南经过二龙包、土地梁、大梁上、豆鼻寺、窑垭口、

鸡公寨北寨门　　　　　　　　　　　　　　　鸡公寨南寨门

寨内残破石碑

寨内的残破石像

南寨门的护林摩崖

歪柏树沟的观音菩萨桥

歪柏树沟碥路

歪柏树沟的古代石龛

歪柏树沟的碥路比竹筒沟更宽

高梯子、杏儿垭到石板场。[1]

总的来看，这一段古道的主线应从店子（也称垭口里）一路向南沿歪柏树沟经木叶石、晒经石、茅草店到冉家河（店子上），也可沿鲁班河（长滩河、冉家河）到马渡关。其中下歪柏树沟一带的碥路碥石保存远比竹筒沟更好，其间还发现一座较大的古石桥。当地人也认为此路比过竹筒沟之路更为重要，是鹰背以前通达州的大道，而从竹筒沟行走的多是前往平昌方向的。

木叶石　从垭口里不久沿歪柏树沟直下，路边有木叶石。

观音菩萨桥　从木叶石下来碥路保存较好，有单孔平桥一座，附近有石龛一个，即观音龛。

晒经石　为一巨大卧石，有僧人晒经的传说。

大岩嵌桥　为沟中双孔平桥。

土地碑桥　深处乱石杂树中，情况不明。

茅草店　处歪柏树沟西侧，东为万源县境，老店荒废全是杂草，上方新店残留有民房石质构件。

三步两洞桥　今这一段古道已经完全荒废，难以通行。

店子上　一说为古代三合面，今又称冉家沟，为歪柏树沟汇入长滩河之处。但今

---

① 周书浩《荔枝道平昌段考察记》，《荔枝道文献汇编》，重庆涪陵，内部印刷，2024年5月。

晒经石

大岩嵌桥

茅草店旧址

茅草店旧房基

冉家河

店子上

三合面地处山顶上，并不在河沟边。从此可以经双凤场、石桥河、竹子坎直到隘口，也可以经双凤场、张家坝、伍家寨、达州坝、鸣鼓场、毛坪直达胡家场再南至达州，故可以不经过马鞍、岩口、马渡关、隘口、三溪口至达州。

马鞍乡 旧称城隍庙，也称石板场，在今平昌县马鞍乡，地处一山垭口，地势较为险要。

周书浩称，从马鞍乡经北山寺、门垭子、滴水岩、长地坪、石香炉、学堂塆、鹅

马鞍乡

鼻寺、核桃碥、风斗垭、大山上、杨家坪到岩口老街。①

岩口 旧称永安场、永安坪，在今平昌县方山村老岩口，老街在公路边的山坡上，街道肌理仍存，还有几栋传统建筑保留下来。从岩口老街经过新场坡卡门旧址和碥石古道可远眺马渡关。

岩口老街

隘口老街

远眺马渡关

马渡关老街

① 周书浩《荔枝道平昌段考察记》，《荔枝道文献汇编》，重庆涪陵，内部印刷，2024年5月。

马渡关 在今宣汉县马渡关镇，老街仍有一点老建筑存在。

隘口 在今宣汉县隘口乡，老街垭口仍在，街道前后的碥路还有保存。

陈家梁 地处一交通枢纽，向东可到双河镇，与滚龙坡线相连。向南可经三溪口到大成镇。

从隘口通往陈家梁的碥路

陈家梁

三溪口老街

瓦窑坝

大成老街建筑

大成拱桥河拱桥

大成老街

大成被泥土覆盖一半的碥路

　　三溪口　为两溪汇合处，现为大桥社区。现老街肌理仍存，但传统建筑和古桥已经不复存在了。在此东可通双河场，南经斑竹林、瓦窑坝到大成镇。

　　瓦窑坝　为大成镇瓦窑坝，已经无传统建筑存在了。

　　大成镇　也称双庙场，仍保留有一段老街。出老街不远的田野中还保存有一段碥路，是浅丘平坝地区为数不多的遗迹，在一条小河上还保留有一座古代的拱桥。

大成拱桥附近边缘规整的碥路　　　　　　　　　　旧八庙场

从大成镇向南，清代的习惯性通道经过水扯坝、观音岩、冉家桥、八庙场、王家坝、望水垭、石庙子、北斗场到罗江口，也可经土溪沟、窝窝店、蒲家场到罗江口。其间八庙场附近基岩上保留有一段阴刻碥路，有一修路摩崖刻石。

应该说，从竹峪关到达州一线线路选择多元而复杂，并没有形成一条完整而历时相沿的习惯性通道。可

旧八庙场修路公议团碑

以肯定的是，清代以来从膺背场往东南经过马鞍乡、岩口、马渡关、隘口、大成到达县的习惯性通道是客观存在的，但沿途的历史文物或历史文献中的相关记载，目前还难以支撑这一路线就是唐代荔枝道所选取的路线。所以，严格地讲，对于唐代传送荔枝的具体交通路线可能只能定位到个别的点，落实到具体的线状路线，最多可能只是明清时期的一些翻越大巴山的民间商旅通道和军事征战的通道。

旧八庙场店子遗址 　　　　　　　　　　　　　　　　　　八庙场阴刻路

（三）荔枝道达县至涪陵段路线

从宋代历史文献的确切记载和荔枝保鲜的客观要求来看，荔枝道传送的荔枝最有可能取自涪陵荔枝园，所以可能存在一条从涪陵到达县一带的较为近捷的通道。遗憾的是，历史文献对这条道路的具体走向缺乏记载，我们只能通过明清时期的习惯性通道情况做一个可能的路线复原。因达县到涪陵虽然穿越了四川盆地内的川东平行岭谷，但道路的可选择性较强，穿越平行岭谷的垭口众多，而且在岭谷的向斜地区的平坝，道路的选择更是具有多样性。所以，我们这里复原的只是一条可能相对更近捷的路线。

由于宋代有关于梁平县高都铺传送荔枝的记载，可能从达县南下要经过梁平县。明清时期从达县到梁平有多种道路选择的可能，但最为近捷的道路是经过开江县境到梁平县。民国《达县志》卷4《舆地门·道路》对此路有详细的记载："一由县城出南门过大渡转东，三里草街子，至两路口，又七里至平桥，十里至雷音铺，二十五里至亭子铺，又十五里砖桥子，十里风洞关，五里风箱垭，十五里麻柳场，东南行十五里赵公桥，十五里凉风垭交开江任市铺界，经凉山县治接成万大路东通万县。"同时记载了知州宋名立《雷音铺七里沟修路记》《修亭子铺高岭路碑记》。①故新编《达县志》记载，清代、民国达县通往开江县的道路出县城南门过大渡转东，经过草街子、雷音铺、亭子铺、大石桥、麻柳场、赵公桥至凉风垭交开江县任市铺界，从此南下可

①　民国《达县志》卷4《舆地门·道路》，民国二十七年铅印本。

通梁平县。^①同时，光绪《新宁县乡土志·道路》记载，南关外道路中有从任市铺20里到螺蛳店交通梁山县界的道路。^②新编《开江县志》记载的南大道中，有一条从任市铺到梁平螺蛳店（今文化镇）、高都铺、梁平县城的通道。^③嘉庆《梁山县志》卷5《驿递》记载："北路底塘，二十五里至高都铺，二十五里至响潭子塘交新宁县界，止五十里。"这里的响子塘，即响子滩，即露斯场。故同书卷1《场镇》记载有露斯场，旧名螺蛳场，在县北50里。新场，在县北60里；永兴场，在县北60里。^④新编《梁平县志》记载有大北路，出北门经过张星桥、高都铺、桐子垭、露斯场至新街交开江县界，即是指此大道。^⑤显然，从达县到梁平的大通道在明清时期是相对稳定的。自达县城过州河到南岸为冯家店子，再南下为草街子。

草街子 《四川省达县地区达县市地名录》记载："草街子居民区，以草街子村得名，草街子早年为集市。"^⑥清代、民国从达县县城渡州河的第一站为草街子，以前这一带相当荒凉，只有一个小集市名草街子，故名。现仍有草街子社区和草街子巷，已经处于达州市达川区的城区地带。

草街子

两路口 1945年《达县城厢图》标明有两路口。《四川省达县地区达县市地名录》记载："两路口，位于南外公社境内，为通往开江和盘石的公路口，故名。"^⑦以前又称新桥坝，现此地已经处城区。从此向东经过南北垭河、齐公桥、豆腐桥、谢

① 达县志编纂委员会《达县志》，四川辞书出版社，1994年，第474页。
② 光绪《新宁县乡土志·道路》，清末抄本。
③ 开江县志编纂委员会《开江县志》，四川人民出版社，1989年，第276页。
④ 嘉庆《梁山县志》卷5《驿递》、卷1《场镇》，同治六年刻本。
⑤ 梁平县志编纂委员会《梁平县志》，方志出版社，1995年，第294页。
⑥ 四川省达县地区达县市地名工作领导小组编印《四川省达县地区达县市地名录》，1985年，第103页。
⑦ 四川省达县地区达县市地名工作领导小组编印《四川省达县地区达县市地名录》，1985年，第130页。

平桥

雷音铺老街

雷音铺老街出口

家店过一相对低矮的小沟——七里沟。

平桥 《四川省达县地区达县市地名录》记载："平桥，以一座石质平桥得名。"①原属于七里沟大队，现为七里沟社区。现此古桥仍存，只是人们在桥上叠加了一座新的水泥平桥，形成桥上桥的景观。过桥开始翻越雷音山，经过山腰的雷音寺到山顶垭口的雷音铺。

雷音铺 乾隆年间董邦达《四川全图·直隶达州图》中标明雷音寺铺。《钦定大清会典事例》卷679中有记载，称雷音铺。乾隆孟超然《使蜀日记》和道光郭尚先《使蜀日记》中就记载有雷音铺。《四川省达县地区达县市地名录》记载："因该地山高，屡有雷电伤害人畜，为安雷神，唐末在此修一雷音庙，后又开设店铺，故名。"②即今达州东雷音山垭口上的雷音铺。此铺地处海拔600多米的雷音山垭口上，雷音铺老街穿过垭口，仍保留有100米左右的老街，街中有一段碥路保留，两边保存有穿斗式传统建筑，但较为残破。从雷音铺下山可直达地处浅丘地带的亭子铺。明代正德《四川志》卷17中载有达州东面的临云铺③，不知是否

---

① 四川省达县地区达县市地名工作领导小组编印《四川省达县地区达县市地名录》，1985年，第105页。
② 四川省达县地区达县市地名工作领导小组编印《四川省达县地区达县市地名录》，1985年，第106页。
③ 正德《四川志》卷17，正德十三年刻、嘉靖十六年增补本。下同。

指此地。

江阳铺 正德《四川志》卷17记载达州有江阳铺，即今明月江边的江阳街道社区。从此经甘草垭到亭子铺。

亭子铺 正德《四川志》卷17记载达州有亭子铺。乾隆年间董邦达《四川全图·直隶达州图》中标明有亭子铺塘。嘉庆《达县志》卷11记载有亭子铺场，卷12记载有赵亭子铺桥。①道光《四川分县详细图说·达县图》中标明有亭子铺。《钦定大清会典事例》卷679中有记载。道光年间郭尚先《使蜀日记》中也记载有亭子铺。民国《达县志》卷3《舆地门》记载亭子铺有户口铺面200余间。②《达县全图》中标明有亭子乡。吴省钦诗中有住宿亭子铺候馆的记载。③《四川

亭子铺老街

亭子铺老街

砖桥子

省达县地名录》记载："亭子，唐古场，明重建。相传周铁匠在此设铺打锭子，远近闻名，故名锭子铺，后谐音为亭子铺，清时隶属明月乡，民国二十四年建立亭子镇，

---

① 嘉庆《达县志》卷11《关隘志》、卷12《津梁志》，嘉庆二十年刻本。

② 民国《达县志》卷3《舆地门·市镇》，民国二十七年铅印本。

③ 吴省钦《吴省钦集》，复旦大学出版社，2012年，第941页。

隶属达县第二区。"①亭子铺仍保存一段较长的老街，传统建筑多，街名仍称老街。古道从亭子铺向东南翻茶盘坡经木洞寺到明月河边。

砖桥子　今仍称砖桥子，古道从亭子铺向东南直到明月河边，沿河边行走，西岸原有一个小沟，建有一砖桥，故名砖桥子。小沟现蓄水成一个水池，砖桥已经填平成公路。古道过此开始进入风洞峡。

风洞峡、风洞关　乾隆年间董邦达《四川全图·直隶达州图》中标明风洞铺塘。民国《达县志》卷4《舆地门》记载："风洞关，治东南七十里风洞子，两山绝壁，中断一峡，扼梁万开三县大道。清同治元年建，翰林王正玺题额，民国以来视为东南第一要隘。"②即今大风乡北一带的风洞峡谷，本为川东平行岭谷铜锣山西北的余脉切割形成的峪谷。古道到达大石桥后开始分路，东南经高拱桥至罗家坝，正南过风箱垭经土桥子、沙陀寺到麻柳场。

风洞峡一带

大风乡高拱桥

风碉铺、风箱垭　《钦定大清会典事例》卷679中记载有风碉铺，在今大风乡治。1944年《达县全图》中标为大风乡。《四川省达县地名录》记载："一九二四年始建场于现公社南约里许之风箱垭，名风兴场。民国二十九年建乡，因驻地风箱垭风势较大，故名大风……枫箱垭，因此垭口有一棵大枫树，同时当地人原多以拉箱打铁为业，

①　四川省达县地名领导小组编印《四川省达县地名录》，1986年，第9页。
②　民国《达县志》卷4《舆地门·郑隘》，民国二十七年铅印本。

故名。"①风箱垭垭口在山上，风硐铺的老街已经不复存在，但明月河上建于清代同治年间的高拱桥仍在，其形制高大，宽达10.3米，高达27米，桥梁的宽度和高度在蜀道中都较为罕见。明代正德《四川志》卷17中就记载达州有左峡铺②，不知是否指此地。

麻柳场

沙沱铺　《钦定大清会典事例》卷679记载有沙沱铺，即今沙河村沙沱寺。

麻柳场　乾隆时孟超然《使蜀日记》记载有麻柳场，有居民多达数百家。③嘉庆《达县志》卷11记载有麻柳场，有巡检驻此。④道光《四川省分县详细图说·达县图》中标明有麻柳场。民国《达县志》卷3《舆地门》记载麻柳场有铺面300余间。⑤1944年《达县全图》中标为麻柳乡。《钦定大清会典事例》卷679记载有合溪铺，也可能就是在麻柳场一带。《四川省达县地名录》记载："麻柳场，汉置，以麻柳树多得名。清雍正八年设巡检署，民国二十四年置麻柳镇。"⑥这里称汉置，显然毫无根据。麻柳场以前地处明月河边，为达县东南部重要城镇，现在麻柳镇老街只存肌

赵公桥遗址

理，两边的建筑完全不复存在了。古道从麻柳场南下离开明月河到达赵公桥。

观音漕、赵公桥、赵公桥塘　《钦定大清会典事例》卷679记载有观音漕铺，即赵公桥观音阁。乾隆年间董邦达《四川全图·直隶达州图》中标明有赵公桥塘。嘉庆

---

① 四川省达县地名领导小组编印《四川省达县地名录》，1986年，第15—16页。
② 正德《四川志》卷17，正德十三年刻、嘉靖十六年增补本。
③ 孟超然《使蜀日记》，金生杨主编《蜀道行纪类编》第7册，广陵书社，2017年，第346页。
④ 嘉庆《达县志》卷11，嘉庆二十年刻本。
⑤ 民国《达县志》卷3《舆地门·市镇》，民国二十七年铅印本。
⑥ 四川省达县地名领导小组编印《四川省达县地名录》，1986年，第27页。

观音阁

《达县志》卷12记载有赵公桥。[1]即原赵公桥大队治地，也称赵拱桥。现赵公桥村老赵公桥，有的地图也标为赵拱桥。老桥已经被洪水冲毁，只留有一些桥墩、石板散布在小河上。桥边还保留有一个四方碑，上塑像观音，碑为刻有"同结善缘"四字的功德碑。从此南下经过指路碑、烂朝门开始翻越明月山，经过观音堂到达凉风垭口。

凉风垭、凉风铺　乾隆《四川全图》中梁山县图标有凉风铺塘，注明"北至凉风铺壹百贰拾里交新宁县界"。道光《四川分县详细图说·达县图》中标明有凉风铺。同治《新宁县志》舆图中标有凉风铺和凉风垭。《钦定大清会典事例》卷679记载有凉风铺，也即此。民国《达县志》卷4《舆地门》记载："凉风垭隘口，治东南一百三十里交开江任市铺界，通梁万大道。"[2]《四川省开江县地名录》记载："凉风垭，此垭适当风口，行人多在此休息，感到凉爽，故名。"[3]即今开江县与达县交界的凉风垭，也称凉峰。现公路经过此垭口，公路边新修有一个福寿庙，供奉儒释道三家诸神。从凉风垭下山到任市铺。

远眺凉风垭垭口

---

① 嘉庆《达县志》卷12，嘉庆二十年刻本。
② 民国《达县志》卷4《舆地门》，民国二十七年铅印本。
③ 四川省开江县地名领导小组编印《四川省开江县地名录》，1987年，第91页。

凉风垭垭口

垭口福寿庙

任市铺 早在明代正德《四川志》卷17中，就记载新宁县有任市铺。[1]乾隆《新宁县志》卷3亦有记载。[2]孟超然《使蜀日记》称仁市，郭尚先《使蜀日记》谈到任市铺当时以古庙为旅馆。道光《四川分县详细图说》标注有任市铺。《四川省开江县地名录》记载："任市，明代时有几家姓任的在此设店经商，后逐渐建房遂形成一集市，故名任市铺。"[3]历史上任市较为重要，街道名称中有"达州街"存在。现老街肌理仍存，但传统建筑已经完全不复存在。在老街上还保留有一座光绪七年修建的陶牌坊，规制较大，

任市铺牌坊

① 正德《四川志》卷17，正德十三年刻、嘉靖十六年增补本。
② 乾隆《新宁县志》卷3，乾隆十八年刻本。
③ 四川省开江县地名领导小组编印《四川省开江县地名录》，1987年，第91页。

任市铺达州街

开江县与梁平县文化乡交界桥

开江县旧新街

但重新修复的工艺较为低下。从任市铺南下经过三堡岭（现新街乡、新街社区）、金家坝、狮子庙、老新街过新街桥到原梁山县的螺蛳店。

螺蛳店 也称露斯场、龙潭子。道光年间《四川分县详细图说》标绘梁山县北道路经过张姓桥、高都铺、响潭子、露斯场交新宁县，在今响滩子、文化镇一带，也即旧露斯场。郭尚先《使蜀日记》称为螺蛳铺。光绪《梁山县志》舆图标有露斯场交新宁县界，卷6《武备志》也有类似的记载。①民国《梁山县志稿》记载露斯场有住户90余家，称此

---

① 光绪《梁山县志》舆图及卷6《武备志》，光绪二十年刻本。

地"四周皆山,场在平地,正街一条,商店六十,住户三十,均系贩卖,以三六九为互市日期"①。1945年《梁山县地图》标明为罗市店。《四川省梁平县地名录》记载:"文化乡系清朝时,一个叫唐子平的团总,时常在螺蛳店场口上的文庙里处理公务,在建乡时,他把这里取名'文化'乡……螺蛳店,因此地有一土包状如螺蛳,据传附近有一座坟,坟上经常布满螺蛳,取名螺蛳坟。后有人在坟附近修一店子,为过往行人食宿,得名螺蛳店。"②今人将螺蛳、露斯雅化为鹭鸶,还有一条老街称为鹭鸶街,老街肌理仍存,两边的传统建筑早已经不复存在了。

三官庙 民国《参谋本部地形图》有标注,即今永远村之地。

桐子垭 民国《参谋本部地形图》和1945年《梁山县地图》标注有桐子垭。从螺蛳店南下不远就开始翻越梁山县北面的高都山,第一个垭口为桐子垭,但现在已经没有古道遗迹保存下来了。垭口处现有一民居。从桐子垭继续上山,就到达高都山上的高都铺。

桐子垭口,古道从此穿过。

高都铺 早在宋代就有高都驿的记载,而且是明确记载唐代传送荔枝经过此地。明代正德《四川志》卷17中就记载梁山县有高都铺。③嘉庆《梁山

1986年的高都铺全景

---

① 民国《梁山县志稿》,《重庆历代方志集成》第59册,国家图书馆出版社,2019年,第179、195页。

② 四川省梁平县地名领导小组编印《四川省梁平县地名录》,1988年,第206页。

③ 正德《四川志》卷17,正德十三年刻、嘉靖十六年增补本。

1986年高都铺"高览通都"牌坊基座处　　　　　　　高都山

1986年高都山碥路

县志》卷6记载北路第一站为高都铺，再北25里到响潭子交新宁县界。①《钦定大清
会典事例》卷679记载有高都铺，北20里交新宁县平坦铺。道光年间《四川分县详细
图说》标绘梁山县北道路经过张姓桥、高都铺、响潭子、露斯场交新宁县。1945年
《梁山县地图》有标注高都铺。《四川省梁平县地名录》记载："高都铺，传说曾
有人想在此立都，现有几家店铺，故名。"②实际上前已考证，早在宋代就有高都
山之名，孟超然《使蜀日记》记载称高都里。清代高都铺较为重要，取高览通都之

---

① 光绪《梁山县志》卷6，光绪二十年刻本。
② 四川省梁平县地名领导小组编印《四川省梁平县地名录》，1988年，第218页。

义。郭尚先《使蜀日记》谈到梁平北高都山三宝岭的碥路"磴道修治，不甚险"[①]。
1986年，笔者实地考察高都山，发现山顶上旧房多毁。据传高都铺原有山门，门上原书"高览通都"四字。考察时山门的门基仍存，而从高都铺下山的山腰仍有较长一段古代碥路，保存得较好，但现在已经不见踪影了。

张星桥　道光年间《四川分县详细图说》标绘梁山县北道路经过张姓桥、高都铺、响潭子、露斯场交新宁县。民国《参谋本部地形图》标为三兴场。1945年《梁山县地图》和民国《四川省梁山县地图》标明为张生桥。这里的张姓桥、张生桥，即张星桥，后来也简称星

1986年的张星桥

桥。《四川省梁平县地名录》记载此地因天上降落星宿子于此，张姓由此做大官，为星宿下凡，故修桥梁纪念得名。[②]1986年我实地考察发现，当时的星桥保存完整原始，但现在新修公路将古桥覆盖在下面，较为遗憾。从张星桥向南经过白地坝、石垭子、魏家店、和尚桥到高坂桥。

高板桥　1945年《梁山县地图》标明从梁山县北出第一站为高板桥。

民国《四川省梁山县地图》中标注往北经高都铺先到露斯场接开江县界，也可再北上新场交开江县界。乾隆《四川全图》中《梁山县图》绘有凉风铺塘，标明"北至凉风铺壹百贰拾里交新宁县界"；《直隶达州图》中标明雷音寺铺、亭子铺塘、风洞铺塘、赵公桥塘，但路线和位置标注混乱，其称"东至凉风铺交梁山县界壹百捌拾里"也不确切，凉风铺所交是新宁县界。新场出现较晚，早期新场可能并不在经过路上。

从梁平到垫江古道穿行在明月山与铁凤山之间平行岭谷的向斜平坝上，在明清时期实际是渝万大道的一段，属于荔枝古道与渝万大道共享路段。民国《垫江县乡土志·道路》记载："正北路，自县城出北门十二里狭口，五里七间桥，六里新场，

①　郭尚先《使蜀日记》，金生杨主编《蜀道行纪类编》第15册，广陵书社，2017年，第585页。
②　四川省梁平县地名领导小组编印《四川省梁平县地名录》，1988年，第216页。

十二里母家桥，五里万安铺，十里沙坪关，五里界牌交梁山界，从此去梁山县至万县之大道也。"①相关考证放在本书第5卷《四川盆地内部交通路线》中的渝万大道一节中。从垫江往南到涪陵的道路在明清时期也相对稳定。如康熙《重庆府涪州志》卷1记载："北壹百里至沙河徐家渡至垫江县界。"②道光年间《四川分县详细图说》标绘垫江县南经过黄沙岩场、界尺场、麒麟场交涪州界。民国《垫江县乡土志·道路》记载："东南路，自县城出东门十里石鸭子，五里蒋家店，十里黄沙崖，十里三王庙，十里高峰场，十五里界尺场，十五里斜滩场，十五里五洞桥，十五里董家场，十里砚石场，八里乔家坝，十二里王家河，十里澄溪场。"③实际上《垫江县乡土志·道路》记载古道到界尺场折向西到澄溪场，因当时界尺以南属于涪州管理，所以并没有记载从界尺往南的道路。现在看来，从垫江到达涪陵的主要路线在清代一般从垫江县城出东门经过石鸭子、蒋家店、黄沙岩、三王庙、高峰场、界尺场、永安场、沈家场（坪山）、界枫（或走三汇）、飞龙、华中、中心场（丛林）、勾家场、黄旗口到涪陵。④当然，由于这一路段地处四川盆地浅丘地区，习惯性通道路线选择较多，历史上也可以从五洞桥、鹤游坪过白家镇、界枫等地到涪州。特别要指出的是，清代鹤游坪一度设有涪州分司，故通往涪州的道路也相当重要。

鹤游坪分司城城门

石鸭子 《四川省垫江县地名录》记载："石鸭子坡，据传此坡有石鸭子出来吃稻子，故名。"⑤

① 民国《垫江县乡土志·道路》，民国六年铅印本。
② 康熙《重庆府涪州志》卷1，康熙五十三年刻本。
③ 民国《垫江县乡土志·道路》，民国六年铅印本。
④ 四川省涪陵市志编纂委员会编《涪陵市志》，四川人民出版社，1995年，第539页；四川省垫江县志编纂委员会编《垫江县志》，四川人民出版社，1993年，第434页。
⑤ 四川省垫江县地名领导小组编印《四川省垫江县地名录》，1986年，第170页。

石鸭子　　　　　　　　　　　　　　　　　　　　蒋家店

在今天垫江火车站附近石鸭子坡一带，为一个低矮的丘陵小坡，古道在此开始从平坝过渡到丘陵地带。从此经过张家坡、龙隐寺、大河凼到蒋家店。

蒋家店　1945年《垫江县水陆分区全图》标有蒋家店。《四川省垫江县地名录》记载："蒋家店，蒋姓开设一饭店。万胜大队驻地。"[1]据考察，蒋家店老街因为修公路立交桥，已经完全拆毁。从此经过三角井、大凼到黄沙岩。

黄沙岩　道光《四川省分县详细图说》标有黄沙岩，乾隆《涪州志》卷1和光绪《垫江县志》卷2记载有黄沙岩场。[2]1945年《垫江县水陆分区全图》和民国《四川省垫江县图》也标有黄沙岩。《四川省垫江县地名录》记载："黄沙场，又名黄沙岩，街建在一色黄沙的岭岗之上，故称。"[3]即今黄沙镇，在一个小山坡上，老街肌理仍存，但传统建筑已经

黄沙岩

① 四川省垫江县地名领导小组编印《四川省垫江县地名录》，1986年，第96页。
② 乾隆《涪州志》卷1，乾隆五十年刻本；光绪《垫江县志》卷2，光绪二十六年刻本。
③ 四川省垫江县地名领导小组编印《四川省垫江县地名录》，1986年，第95页。

完全拆去。从此经百林园到三皇庙。

三王庙　《四川省垫江县地名录》记载："三王庙，原是一个庙，有菩萨，现在无庙了。高峰公社境内。"[1]从此经过新湾、娃儿寨到高峰场。

高峰场、木头滩　道光《四川省分县详细图说》标有高峰场。乾隆《涪州志》卷1和光绪《垫江县志》卷2载有高峰场。[2]1945年《垫江县水陆分区全图》也有高峰场的标注。《四川省垫江县地名录》记载："高峰场，原名木头滩，因峰家山较高而得名。"[3]即今高峰镇，也称木头滩。老街肌理保存较好，传统建筑也偶有保存。场头高滩河上建有一座弯曲的木头滩桥，也称月初桥，传说修建于明代，现保存完好。从此渡过木头滩桥后经过水井湾、谭家湾、李家垭口、吴家湾到界尺场。

高峰场老街

---

① 四川省垫江县地名领导小组编印《四川省垫江县地名录》，1986年，第179页。

② 乾隆《涪州志》卷1，乾隆五十年刻本；光绪《垫江县志》卷2，光绪二十六年刻本。

③ 四川省垫江县地名领导小组编印《四川省垫江县地名录》，1986年，第143页。

高峰木头滩桥

　　界尺场　道光《四川省分县详细图说》标有界尺场。光绪《垫江县志》卷2记载界尺场。[1]今为界尺社区。《四川省垫江县地名录》记载："界尺场，因垫江与原涪州交界于此，一尺之远有一碑为界，故称。"[2]从此向南经窑坝、观音阁到永安场。

界尺老街　　　　　　　　　　　　　　　　　永安场老街遗址

①　光绪《垫江县志》卷2，光绪二十六年刻本。
②　四川省垫江县地名领导小组编印《四川省垫江县地名录》，1986年，第101页。

坪山（沈家场）老街

永安场　乾隆《涪州志》卷1有记载，即今永平镇。[①]1942年《涪陵县全图》中标注为永平乡，从此向南二十里经过鸡栖庙到沈家场。《四川省垫江县地名录》记载："永平场，原名永安场。以永安的'永'、太平的'平'字得名。"[②]原永安场老街地处一山丘上，现已经完全荒废，街头有一个伊斯兰教清真寺维护一新。从此经过石打山、大屋基、海花岩、白云庵到沈家场。

沈家场　乾隆《涪州志》卷1记载白里乡市有沈家场。[③]道光《四川省分县详细图说》也标有沈家场，民国《涪陵县全图》中也标有沈家场。《四川省垫江县地名录》记载："沈家场，清初明末，一对沈氏夫妇在此开店兴场而得名。"[④]今垫江县坪山镇。坪山老街只有肌理存在，老建筑已经完全消失了。从此经古佛堂到界枫。从新河坝、石子口、竹叶岩、赵家坝到沙坪场。

沙坪场老街

沙坪场、界枫　乾隆

---

① 乾隆《涪州志》卷1，乾隆五十年刻本。
② 四川省垫江县地名领导小组编印《四川省垫江县地名录》，1986年，第162页。
③ 乾隆《涪州志》卷1，乾隆五十年刻本。
④ 四川省垫江县地名领导小组编印《四川省垫江县地名录》，1986年，第143页。

《涪州志》舆图中标有沙坪庙，民国《涪陵县全图》中也标有沙坪场，即今垫江县界枫。《四川省垫江县地名录》记载："界枫场，原名沙坪场。1953年以垫江与长寿交界的枫香坪卡子而得名。"[1]今界枫的老街已经完全不复存在，只有一个语录塔留下的历史记忆。从界枫经飞龙到华中，要跨越原来的龙溪河支流，因20世纪50年代修狮子滩水电站形成了长寿湖，使古道完全中断。民国《涪陵县全图》中标明由沙坪场20里经风箱坎到龙溪河南的飞龙乡。

从此经过弹花铺、风箱吹、破眼塘、大龙门、土地坝至飞龙场。

沙坪场语录塔

飞龙场 道光《四川省分县详细图说》中就标有飞龙场。明、清、民国时期的飞龙场原在龙溪河支流的东岸，现已经完全淹没在长寿湖里。20世纪80年代《四川省地图集》标注的飞龙公社即今长寿区飞龙雷祖村。《四川省长寿县地名录》记载："飞龙公社，1963年由涪陵县划入，名飞龙乡，以境内有飞龙场而得名……雷祖殿，清代建庙，塑有雷祖神像，故名。集市。有非农业人口825人。飞龙公社，雷祖大队驻地。"[2]以前古道并不经过今飞龙乡的雷祖村。古道从界枫南下在龙溪河支流渡车家坳渡河到达原老飞龙场，然后经过河口村（原红旗大队）到达打谷凼。民国《涪陵县全图》中标明从飞龙乡15里经万寿场到华中场。具

打谷场

① 四川省垫江县地名领导小组编印《四川省垫江县地名录》，1986年，第148页。
② 四川省长寿县地名领导小组编印《四川省长寿县地名录》，1983年，第80页。

体讲从飞龙场可经石崖口、倒石桥到万寿场。

打谷凼 即20世纪50年代老飞龙淹入水中迁建的飞龙，80年代为飞龙大队，今为飞龙村。以前古道从打谷凼西南经过神仙口、见面桥到罗家场。

万寿场 即原长寿县万寿场，后为华中公社万寿大队万寿场，现为万寿村。从此经过水口、一碗水到罗家场。

罗家场 即今长寿区云集镇华中村，为云集镇驻地。《四川省长寿县地名录》记

罗家场华严老街遗址

罗家场华严老街碥路上杆子窝

罗家场华严老街遗址

罗家场华严老街遗址碥石

载："因场处于华严寺、中心场之间，故名。"[1]现在公路边仍有老街一条，肌理已经被破坏，传统建筑多被拆改，一片残破。从罗家场往南进入黄草山的边缘地区，经过柳家堡、石门坎、罗家垭、二岁桥、冯家湾、江家坝天池到中心场，其间经过黄泥桥、店子、九洞桥。民国《涪陵县全图》标明从华中乡罗家场经铜牙穴到中兴场。铜牙穴即

铜岩溪碥路

铜岩溪碥路

铜岩溪碥路碥石

---

① 四川省长寿县地名领导小组编印《四川省长寿县地名录》，1983年，第74页。

　　　　　　　　　　　　　　　　　　　　　　　　　　　　　第一章

铜岩溪石门坎小石龛遗址

铜岩溪石门坎大石龛遗址

铜岩溪罗家垭口

铜岩溪,中兴场即中心场。

铜岩溪石门坎 在黄草山内,铜岩溪段碥路保存较好,路边有一个在老的石龛上新修的神龛。从石门坎到罗家垭的道路附近崖壁上有一个明正统二年有关涪州通济里的摩崖石刻,说明此路至少在明代就通达了。据万历《重庆府志》卷3记载,通济里是明代涪州十三里之一。

罗家垭口 为较高的一个垭口,是以前涪陵县与长寿县的分界处。古道从华中村向南一直沿铜岩溪的东边行进,到此过桥改走溪的西岸,再经过二岁桥向南经过冯家湾、江家坝天池到中心场。现在此地仍保存有一小石平桥。当地人介绍,以前此处为一个更大的拱桥,后在庚戌年被洪水冲毁后才改建成此平桥。从此桥向南的碥路还保存有一段。

铜岩溪罗家垭口旧石桥

从罗家垭口到中心场的碥路遗址

铜岩溪罗家垭口下明代涪州通济里石刻

中心场　原名中兴场，《四川省涪陵县地名录》记载："中心场，系早年一老场，今沿用其名。丛林公社驻地。"[①]今称涪陵区中心村。有一小段老街保存，但街边建筑多被破坏。从此经过象鼻子、紫微庙到芶家场。从

中心场老街

---

① 四川省涪陵县地名领导小组编印《四川省涪陵县地名录》，1985年，第187页。

丛林场（中心场）南被水泥叠压的碥路

陈家坡

中心场向南保留有较长一段古道，但被水泥路面叠压在下。

陈家坡　为一小垭口，从此下坡到象鼻子。

象鼻子　在一巨石下，有平梁小桥一座，南北均保留有一段碥路遗址。附近有杨柳塘。从象鼻子向南经过方家湾、青杠岭、大石坑、干坝子到紫微庙，古道路基偶有保存。

陈家坡到象鼻子间的碥路

象鼻子平桥与碥路

紫微庙　在公路边的紫微村，有数栋民房，但老庙已经不复存在了。从此经罗水洞到苟家场。

苟家场　乾隆《涪州志》卷1记载白里乡市有苟家场，舆图中也标有苟家场。① 《四川省涪陵县地名录》记载："苟家场，早年苟姓于此建立场圩，故名。"② 即今涪陵区黄草山上七里村老苟家场。

紫微庙

以前苟家场为一个重要站点，会馆戏楼、饭店较多，但现已残破不堪。在苟家场下端还保留有一段碥路，在上端耕地中保留有一块清代的功德碑。古道从苟家场往东南经过七里槽、小拱桥、铜茅湾。高坎子从芝草垭下黄草山到来龙场，再南下长江边的黄旗口。

苟家场全景

苟家场老店子遗址

---

① 乾隆《涪州志》卷1，乾隆五十年刻本。
② 四川省涪陵县地名领导小组编印《四川省涪陵县地名录》，1985年，第189页。

苟家场集体食堂遗址

苟家场古代石碑

苟家场通往芝草垭的碥路

芝草垭通往苟家场的环境

芝草垭 早在乾隆《涪州志》舆图中就有芝草垭的标注，1931年《涪陵县地形图》也有标注，为黄草山上的一个垭口。从垭口下到山下来龙场的道路上保留有几段碥路，一段在垭口下到观音石龛附近，崖壁上曾刻有一个指路碑，但现在不复存在。一段在来龙场附近，

芝草垭垭口　　　　　　　　　　　　通往芝草垭口的路上

芝草垭下的石龛遗址　　　　　　　　芝草垭到来龙场的碥路

碥石保留较好。

　　来龙场　民国《涪陵县续修涪州志》舆图中有标注。1942年《涪陵县全图》中也有标注，即今老来龙场之地，只有几户民居，老建筑已经完全不存。老来龙场远离来龙溪，居来龙河西边山腰际一小槽上。从老来龙场下坡到来龙溪边打子锤之间有两段碥路保存较好。

旧来龙场

打子锤 从来龙场沿沟下坡直到打子锤到来龙溪边，向南经过坟嘴到新铺子，上下保留有两段碥路遗址。

新铺子 地处来龙溪边，也称朱家堡，在今来龙小学附近。

犁脚溪 1931年《涪陵县地形图》标为利脚溪。1942年《涪陵县全图》标为犁脚溪，在今大石坝附近。从此经过李家坝、懒板凳过小拱桥。

新铺子（朱家堡）

来龙场通往打子锤的上段碥路

来龙场至打子锤间的下段碥路

打子锤

小拱桥 从来龙溪西往东过溪的小桥，现公路桥铺盖在老桥上形成桥上桥。

黄旗口 乾隆《涪州志》與图中标有黄旗口，也称黄溪口。1942年《涪陵县全图》也标有黄旗口，《四川省涪陵县地名录》记载："明末张献忠义军经过，曾在河边插黄色军旗，故名。"[1]即今涪陵区黄旗集装箱码头处，原老街已经完全拆去。从此渡长江到涪陵上游，再下游到荔枝园。

小拱桥

黄旗口

荔枝园 虽然早在宋代文献中就对妃子园有记载，不过康熙《重庆府涪州志》卷1中就记载："荔枝园，治西三里，唐代杨贵妃取荔枝于此，今毁，无。"但当时"荔浦春风"仍为八景之一。[2]乾隆《涪州志》卷1和道光《涪州志》卷1中就记载有荔枝园，但只是录引旧志所载。咸丰元年，陈钟祥《岷江纪程》中谈到荔枝园"今无其树矣"[3]。但咸丰年间，涪州知州姚兰坡还在旧址建亭植荔枝以再现旧园。民国《涪陵县续修涪州志》卷3中记载："荔枝园，一名妃子园，在州西十里，唐代天宝时涪陵贡荔枝即产于此。东坡有诗载。"[4]可能当时

① 四川省涪陵县地名领导小组编印《四川省涪陵县地名录》，1985年，第15页。
② 康熙《重庆府涪州志》卷1《古迹》《山川》，康熙五十三年刻本。
③ 陈钟祥《岷江纪程》，金生杨主编《蜀道行纪类编》第22册，广陵书社，2017年，第35页。
④ 民国《涪陵县续修涪州志》卷3《古迹》，民国十七年铅印本。

乐温县旧址，已经淹没在长寿湖中。　　　　　乐温县地名记忆

20多年前的涪陵市原荔枝乡荔枝园旧址

20多年前的荔枝园码头，旧时也称官码头。

荔枝园已经不存在了。民国以来荔枝园只留有一个地名，称官码头，后来荔枝园之地变成一个工矿码头，现码头已不复存，为滨江大道覆盖，只在附近留有荔枝园社区的地名记忆，建有荔浦春风公园。

清代民国西乡至达州大道经常都有维修，如咸丰三年，唐祖友修治今镇巴北打更坝、羊鼻梁、陈家滩、学堂坝40余里古道。咸丰十一年，唐祖友又整治今镇巴北温水峡石路。咸丰十一年，同知沈际清筑滚龙坡卡子。光绪三年，同知余修凤整修镇巴南小豆坝至杨家河道路，第二年又整治镇巴渔洞坝、高脚碉石路10里。民国二十一年僧人修治万源北观音峡古道。乾隆年间，知州宋名立修治达县雷音铺七里沟、亭子铺高岭路。

明清以至民国，这条古道为川陕重要商道。清代的陕西商人用船将盐运到绥定（南充），换小舟运到罗文坝，滩多难行舟，多起陆而行，北上陕西，故当时罗文坝盐店林立，号为一商埠。[①]渔渡坝也是川陕一个重要商业城镇，"当秦蜀之交，实负贩往来要道，承平时，

20多年前的荔枝园码头内景

人烟辏集，居然巨镇"[②]。九元关是较早的川陕会防卡子。嘉庆《汉南续修郡志》卷3《关隘》记载："九天关，厅西南百三十里，连峰叠嶂。天之所以界雍梁也。关高三十里，山路盘曲陡险，林密箐深，易以藏奸。上有关帝庙。往时川北道与汉兴道会哨于此。下关六十里为通江之竹峪关。"[③]只是卡子的遗迹今天已经完全被破坏。到后

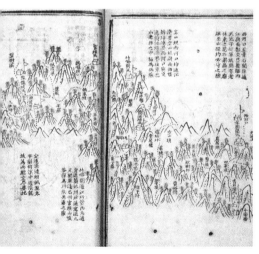

《三省边防备览》荔枝道翻越大巴山的形势图

民国时期秦巴山地背夫

---

① 民国《万源县志》卷2《营建门·乡镇》，民国二十一年铅印本。
② 光绪《定远厅志》卷25《艺文志》，光绪五年刊本。
③ 嘉庆《汉南续修郡志》卷3《关隘》，民国十三年重刻本。

来，滚龙坡卡子成为比九元关更重要的会防关口。清咸丰十一年设卡后，每年十月初一川陕两省总镇在此会哨，商谈军务和商务。民国时，为了保护行商，镇巴、万源还派有军队在卡子驻防。

历史上荔枝道的官驿设置并不多，虽然个别路段设有铺递，但并不完整。历代对此道也多有修治，但整体上整治力度并不大。所以，荔枝道遗留下来的历史交通遗迹并不是太多。目前，这条道路上的何家坝栈道孔、滚龙坡卡子还值得保护，官渡老街、堰口老街、铜岩溪和象鼻子段碥路、赶场九道拐碥路、河口永安桥、八庙场阴刻路、大成拱桥、高峰木头桥、大冈乡高拱桥、涪陵小拱桥等，还有加强保护的必要。

第五节　景谷道（阴平正道・白水道）

在四川盆地北部的交通通道中，经过白水关的白水道在汉晋时期相当重要，地位并不在金牛道之下。白水道历史上又称景谷道，主要指从甘青地区沿白龙江进入四川盆地的通道，只是，历史上从汉中地区也可从白水关进入四川盆地，故从白水关沿白龙江到今昭化一段道路也成为汉中地区进入四川盆地的共享路段。

历史上的景谷道即从古扶州（南坪）、古阴平（文县）沿文河（白水江）和从古武都郡沿白龙江经景谷、景谷县（今沙州镇）、白水关（五里垭）入昭化接金牛道之古道，故又称阴平道和白水道。

景谷道因景谷得名，但景谷在何处呢？常璩《华阳国志》卷2记载："自景谷有步道径江由左儋行出涪，邓艾从之伐蜀……武平县有关尉，自景谷有步道径江由左儋出涪，邓艾伐蜀道也。刘主时置义守，号关尉。"[1]这是较早记载景谷的文献。但是景谷在何处，早在宋代人们就不清楚了。如傅寅《禹贡说断》卷2记载："利州景谷县汉白水县也，今利州无景谷，但昭化有白水镇，当是唐家五代废入。"[2]明清以后也有人推测，如李元《蜀水经》卷13记载："白水又南经白水县故城东，受西谷水。西谷水源出碧玉山为杲阳河，东受孔溪，又东受金厂河，又东为灵宝河入白水。西谷即景谷

①　常璩撰，刘琳校注《华阳国志校注》卷2，巴蜀书社，1984年，第167、169页。
②　傅寅《禹贡说断》卷2，《景印文渊阁四库全书》第57册，台湾商务印书馆，1972年，第60页。

也。利州景谷县本汉白水县，属广汉郡，宋为平兴县，隋改景谷，因县北景谷为名。魏景元初，邓艾侵蜀，自阴平由景谷道傍入。唐大历十四年吐蕃入寇，分道趋扶文，掠方维、白坝。建中初复寇西川，诏东川兵自江油趋白坝，与山南兵合击，破之。白坝即故城南，白水镇《唐书》曰景谷，西北有白坝镇。"[1]又如沈炳《水经注集释订伪》卷20认为白景谷即"今四川保宁府昭化县之白水镇是也"[2]。显然，这里的景谷可能就是指今天的青川河，白水镇正当此河入白龙江处。据李吉甫《元和郡县图志》卷22记载："景谷县，中下，西南至州六十六里，本白水县地，属广汉郡，宋元嘉十七年，氐人杨难当自称大秦王，进军克葭萌，获晋寿太守申坦，因分白水，置平兴县，属之沙州。隋开皇十八年改为景谷县，因县北景谷为名。大业二年废沙州，县属利州。"[3]这里"因县北景谷为名"，似景谷在县北。原来青川县白水街在青川河汇入白龙江的南岸，北靠青川河，故称县北。显然，景谷道是因为经过因景谷得名的景谷县而得名。

历史上青川白水街一带战略地位之重要，不在剑门关之下。在白水街很早就设立白水县、景谷县，斜对面的五里垭曾是汉晋时期关头，即白水关所在地，唐宋称为白坝。《旧唐书》卷196记载："十月，吐蕃率南蛮众二十万来寇：一入茂州，过汶川及灌口；一入扶、文，过方维、白坝。"[4]明代严衍《资治通鉴补》卷226《唐纪四十二》记载："景谷县西北有白坝镇城，蜀人谓平川为坝。"[5]康熙《大清一统志》卷240记载："白坝城，在昭化县西北，《唐书》大历十四年，南诏与土番入寇，一趋扶文掠方维、白坝。地理志：景谷县西北有白坝镇城，旧志在今县西北一百三十里。"[6]所以，所谓景谷道又称白水道，要经过巴蜀的重要关隘白水关。

早在晋代，张莹《汉南记》就记载："蜀有阳平关、江关、白水关，此为三关。"[7]这里将景谷道之白水关与峡路江关和金牛道阳平关并称，足见景谷道之重要。

---

① 李元《蜀水经》卷13，巴蜀书社，1985年，第841—842页。

② 沈炳《水经注集释订伪》卷20，《景印文渊阁四库全书》第574册，台湾商务印书馆，1972年，第356页。

③ 李吉甫《元和郡县图志》卷22，中华书局，1983年，第566页。

④ 《旧唐书》卷196，中华书局，1975年，第5245页。

⑤ 严衍《资治通鉴补》卷226《唐纪四十二》，光绪二年盛氏思补楼活字印本。

⑥ 康熙《大清一统志》卷240《保宁府》，道光九年木活字本。

⑦ 张莹《汉南记》，王应麟《玉海》卷24《地理·关塞》引，《景印文渊阁四库全书》第943册，台湾商务印书馆，1972年，第613页。

又有记载称："鱼腹与关头实为益州福祸之门，今二门悉开，坚城皆下。"[1]更可见景谷道与峡路为维系四川的要径。对于白水关的具体位置，以往多认为在广元朝天镇，也有人认为在今广元白水镇，据说还有邓艾之苍坪。[2]白水关即关头，据近人考证，其地望应在青川县白水五里垭。[3]我们实地考察发现，白水关原在都家坝上的五里垭，今垭口仍存，有公路可通，是一个控扼东北并连通金牛道路和从武都南下景谷道的重要关口。只是现在因为碧口电站工程成库蓄水后，都家坝完全被淹没于水下，白水关五里垭的险要不及以前了。

这里要说明的是，金牛道早期往往从陇南、陕南到白水关借用景谷道白水关经昭化段到葭萌，所以，景谷道往往汇聚陇南、关中商旅，也引发诸多军旅取用征战。正因为如此，历史上取景谷道行进之事迹的记载不绝于史籍。如建武六年，隗嚣从天水伐蜀。隗嚣认为"白水险阻，栈阁绝败"，又在白水上"多设支阁"。[4]安帝永初二年，羌人据阴平郡城，郡人退住白水。[5]后李固自洛阳去广汉行至白水关解印绶返汉中，廉范从葭萌返长安经白水关抱父柩沉水，都是取此道而行。[6]《华阳国志》卷2《汉中志》记载："乃以羲为巴西太守，又遣杨怀、高沛守关头，请刘先主讨鲁先主，更袭取璋。"[7]卷5《公孙述刘二牧志》记载："杨怀、高沛，璋之名将，各仗强兵据守关头，数有笺谏。"[8]以上记载指的是建安十七年至十八年刘璋故将白水军督杨怀、高沛握强兵据守白水关，刘备沿金牛道入葭萌回击白水关，斩二将，复取剑阁道南下，攻取成都之事。建安二十二年，刘备派陈式沿白水进兵汉中，"绝马鸣阁道"，魏徐晃追破陈式，曹操经过这个阁道说："此阁道，汉中之险要咽喉也。"[9]又有记载称："马鸣阁在治北五十里，白水之岸……按即今白水岸粗石站之编桥是也，古之阁道，三国时军旅往来经此。"[10]此马鸣阁一说即广元七里乡之七里扁，又名鲁班

①　《三国志》卷37《法正传》，中华书局，1982年，第959页。

②　《古今图书集成·方舆汇编·职方典》卷599《保宁府部》，中华书局，1985年，第13124页。

③　陶张、尹默《白水关故地考》，《四川地方志通讯》1984年第4期。

④　《后汉书》卷13《隗嚣传》，中华书局，1965年，第526页。

⑤　常璩撰，刘琳校注《华阳国志校注》卷2，巴蜀书社，1984年，第166页。

⑥　《后汉书》卷63《李固传》、卷31《廉范传》，中华书局，1965年，第2078、1101页。

⑦　常璩撰，刘琳校注《华阳国志校注》卷2，巴蜀书社，1984年，第118页。

⑧　常璩撰，刘琳校注《华阳国志校注》卷5，巴蜀书社，1984年，第496页。

⑨　《三国志》卷17《徐晃传》，中华书局，1982年，第529页。

⑩　道光《重修昭化县志》卷16《舆地志十五·古迹》，同治三年刻本。

岩。据载其处"山顶窄径，临崖最险，河岸有故栈迹数处，鲁班峡在焉"[1]。建兴七年至八年，孔明、陈戒平武都、阴平二郡，疑即取此道北上。[2]炎兴元年魏伐蜀，蜀将姜维估计魏军在取金牛道南下同时，也会取景谷道入，故上表求守阳安关的同时也守桥头（碧口）。在沓中的姜维受挫于邓艾，廖化取景谷道援助姜维。失守阳平关的蜀将张翼也取景谷道与姜维合，但在桥头受阻于扼姜维后路的魏将诸葛绪。姜维只有沿景谷道经阴平、桥头、白水关、葭萌退至剑阁，共防钟会。从以上记载可看出，东汉至三国景谷道征战取用是非常频繁的，故景谷道在三国时有整修。《三国典略》记载："刘元德起馆舍，筑亭障，从成都至白水关四百余区。"[3]联系到笔者在金牛道一节中的考证看，这是一次规模较大的修整。

两晋南北朝时期，景谷道的取用也非常频繁。东晋永昌年间，李雄部将李稚、李琰从白水道击武都杨难敌。咸和六年，李寿又北击武都至阳平。元嘉九年，武都杨难当曾攻蜀取阴平，被益州刺史刘道济击破。元嘉十九年，刘道真一取陇东道，一派司马夏侯穆季取白水路入武都。元嘉二十年，杨文德为武都王，出景谷道上葭芦城（在武都至碧口白龙江上）。兴安二年，杨文德率兵围武都，魏将皮豹子在葭芦北覆津拒险守卫，又沿景谷道从晋寿和白水等地转送军辎于覆津。梁天监十五年，梁张齐与魏战于故道，张齐退守白水关，攻葭萌。梁简文帝大宝二年，杨法琛从黎州（广元）取景谷道退保石门（在唐景谷县西南18里）。周武成元年，督利、沙、文三州军事卢永思取景谷道平定文州少数民族叛乱。[4]众多记载可证明，景谷道在两晋南北朝是四川盆地非常重要的交通通道。

到了唐代，这条古道仍十分重要。古道上的利州石门关被《大唐六典》列为二十六要关之一，足见其重要。[5]宋光葆《上蜀主表》提出"万人屯利州，应援文州及安远城"[6]。从利州援文州揣其形势，自然应取景谷道了。大历十四年，吐蕃攻唐，其中一路便是出扶、文二州，经方维（碧口）、白坝（白水）入，即是从取景谷道入四

---

① 道光《重修昭化县志》卷3《舆地志二·疆域》，同治三年刻本。

② 常璩撰，刘琳校注《华阳国志校注》卷2《汉中志》，巴蜀书社，1984年，第157页。

③ 见《玉海》卷24《地理·白水关》，《景印文渊阁四库全书》第943册，台湾商务印书馆，1972年，第613页；道光《重修昭化县志》卷28《武备志三·驿传》，同治三年刻本。

④ 以上见郭允蹈《蜀鉴》卷4至卷6，国家图书馆出版社，2010年，第88—156页。

⑤ 《大唐六典》卷6，三秦出版社，1991年，第153页。

⑥ 宋光葆《上蜀主表》，《全唐文》卷998，中华书局，1983年，第10341页。

川盆地。[1]

宋元以后，由于取青塘岭的阴平邪径得到整修，人们可以从阴平邪径直接沿江进入四川盆地，使景谷道的重要性相对减弱，故历史上也难以找到大规模取用此道的事迹。

明清时期，沿白龙江而行的景谷道仍是川甘之间的一条重要商旅大道，其主要站点如下：

碧口 碧口是景谷道上的一个重要关隘和口岸。早在唐大历十四年，吐蕃攻唐，其中一路便是出扶、文二州，经方维（碧口）、白坝（白水）入。方维一地，一般认为就是今天的碧口镇。明清以来碧口镇一带地位仍重要，清代称为碧峪乡，也称碧峪口，为从陇南武都、文县出入四川边界的第一大站。清代民国时期镇上人户多达400余户。特别是古道上碧口东38里行店里（今行店）为水运终点站，铺店栈房林立，人烟熙熙，为川甘物资集散地和转运枢纽。清初以前木船航行多只是行使到碧口以下30里的行店，清初整治大麒麟滩后可以直航碧口，据20世纪40年代的调查，碧口开始繁盛起来，鼎盛时曾有300多只木船往来运输。[2]现在碧口镇老街肌理保存较好，只是两边均是新的仿古建筑。

碧口街道一角

中庙场 据《四川省内河航运史志资料》第2辑，从碧口要经过福境滩、大麒麟、小麒麟、毛坪（今毛坝）、佛尔岩、磨盘滩到中庙场，再经狮子岩到姚家渡。中庙场即今天

① 《旧唐书》卷196《吐蕃传》，中华书局，1975年，第5245页。

② 林超等《嘉陵江流域地理考察报告》下卷，中国地理研究所《地理专刊》1946年第1号。

文县中庙镇，当时有六七十户人家。①因为麒麟寺电站和碧口电站蓄水成库，从碧口上至白水与白龙江交汇玉垒关，下至麒麟寺电站一线的沿江城镇多淹于水中。

姚家渡　据《四川内河航运史志资料》第2辑，从姚家渡经打锣滩、石洞滩、易家湾、佛子桥、湾湾滩、牛皮漩滩到白水街。②姚家渡即今天青川县姚家渡镇。清代民国时期姚家渡有二三百户人家，相当热闹。当地人称，从姚家渡到白水街要经过王家坪、毛垭子、康复城、大坪、田家湾、块家坪、都家坝，其中王家坪即今天王家村，毛垭子即今天毛垭子，大坪即今天大坪里，田家湾即今天田家嘴，块家坪即今天块家垭，都家坝即今都江坝村，在宝珠寺电站成库后，这些乡镇的老街老房大都淹于水下了。实际上从姚渡到白水的习惯性陆路走白龙江西岸，经坟林子、老皮岩、关子沟、六角沱后离开白龙江翻山，经四沟头、杏树垭、走马岭到白水街。

20世纪80年代川甘大道上的基岩步道

20世纪80年代的白水街

白水街、白水关《后汉书·公孙述传》记载："述遂使将军侯丹开白水关，北守南郑。"③说明沿白水关的道路可能在汉代已经开通。《三国志·法正传》称："鱼腹、关头实为益州祸福之

①　邓少琴、程龙主编《四川省内河航运史志资料》第2辑，1984年，第151页。
②　邓少琴、程龙主编《四川省内河航运史志资料》第2辑，1984年，第151页。
③　《后汉书》卷13《公孙述传》，中华书局，1965年，536页。

蜀道

远眺白水关　　　　　　　　　　白水关垭口五里垭

航拍古白水关遗址

门。"[1]法正认为当时入蜀只有两条路，一是东沿长江取鱼腹（奉节），二是北从陆路取白水关。因而守住鱼腹，关头是福；失掉鱼腹，关头必然有祸。晋代张莹《汉南记》记载："蜀有阳平关、江关、白水关，此为三关。"[2]这就是汉晋出现的"蜀汉三

①　《三国志》卷37《法正传》，中华书局，1982年，959页。

②　张莹《汉南记》，王应麟《玉海》卷24《地理·关塞》引，《景印文渊阁四库全书》第943册，台湾商务印书馆，1972年，第613页。

关"的来源。历史上有记载称刘备"起馆舍，筑亭障，从成都至白水关四百余区"[1]，《华阳国志》记载白水县设有关尉[2]，说明三国时期白水关相当重要。汉晋的阳平关指今勉县西的关头，即汉代阳平关，其他江关一般认为在重庆江北。

白水关一般就是指原青川县营盘乡五里垭，关口位置至今仍存。嘉靖《保宁府志》卷4《建置纪下》记载有白水关。[3]据《青川县建置沿革志》的介绍，五里垭白水关当地称"关头山"，山上平坦处称"营盘梁"。[4]我们实地考察发现，白水关实际上是一个四通之关隘，是扼从文县而下白龙江出入昭化的关隘，也是控扼古葭萌沿白龙江经今广坪镇或者青木川北上历史上勉县的关隘，清代也是南渡白龙江从白水街（沙州）到青川的关渡。所以，清人记载"金山寺，昭化所管，至宁羌柳树垭，亦川陕小道"[5]。乾隆《昭化县志》和道光《重修昭化县志》中就明确提出这条汉晋路线，即沿阳平关后西南折向白水关沿白水（白龙江）到古代葭萌的道路。[6]后来刘琳校注《华阳国志》也采用此说。[7]以前笔者在《四川古代交通路线史》中也认同此说。[8]近来孙启祥也认同此说，认为秦汉金牛道从勉县（沔阳、西县）、大安（金牛县）、阳平关、燕子碥（青鸟镇）、广坪、金山寺到白水关，沿白龙江到昭化。[9]可以肯定的是，明清时期从勉县、今阳平关、青木川、姚渡、白水关、昭化或从阳平关、燕子碥、水田家店、安乐河、打林镇、广坪、罗家嘴、金山寺、营盘乡到白水关、昭化的通道仍然重要。在1941年《汉中地形图》中就标有这条路线，但已经远没有汉晋时期那样重要了。在我们2020年实地考察过程中，都仁孝老人告知，从金山寺（草鞋沟）可经姚家店、安家坝（界牌）、张家碥、刘家场、何家坪、张家坪、曹家碥到五里垭（古代白水关关口）下都家坝沿白水江到昭化，但从五里垭下都家坝西北方向也可经过块

① 丘悦《典略》，王应麟《玉海》卷24《地理·关塞》引，《景印文渊阁四库全书》第943册，台湾商务印书馆，1972年，第613页。
② 常璩撰，刘琳校注《华阳国志校注》卷2《汉中志》，巴蜀书社，1984年，第152页。
③ 嘉靖《保宁府志》卷4《建置纪下》，嘉靖二十二年刻本。
④ 青川县志编纂委员会《青川县建置沿革志》附《白水关故地考》，1987年，第51—53页。
⑤ 严如熠《三省边防备览》卷6《险要上》，蓝勇主编《稀见重庆地方文献汇点》，重庆大学出版社，2013年，第338页。
⑥ 乾隆《昭化县志》卷6《道路》，乾隆五十年刻本；道光《重修昭化县志》卷28《武备志三·驿传》，同治三年刻本。
⑦ 常璩撰，刘琳校注《华阳国志校注》卷2《汉中志》，巴蜀书社，1984年，第152页。
⑧ 蓝勇《四川古代交通路线史》，西南师范大学出版社，1989年，第17页。
⑨ 孙启祥《蜀道三国史研究》，巴蜀书社，2017年，第72页。

家坪、田家湾、大坪、康复城、毛垭子、王家坪到姚渡，东南方向可经七里碥（马鸣阁、鲁班岩）、三堆到昭化，一般沿江陆路只经过都家坝，并不经过都家坝上的白水关垭口，但都家坝、七里碥等已经淹没在宝珠寺水库、碧口水库之中。

所以，我们在历史文献中发现从多个方向的道路取道白水关的记载。现在看来，白水关在汉代最初主要是控扼从陇南沿白水江到巴蜀的重要关口，如建武六年，隗嚣从天水伐蜀，就是取此道出入。汉安帝永初二年，羌人据阴平郡，郡人退守白水关，也是取此道退守的。[①]同时，此道从勉县阳平关西南到白水关，虽然路线曲折遥远，但从燕子碥经广坪、金山寺或青木川到白水关沿途相对平缓，故商旅和军事上的取用较多。历史上确实多有沿此道出入巴蜀、关中的，如《后汉书·李固传》记载李固白水关解绶还汉，《后汉书·廉范传》记载廉叔度白水关抱父沉柩等。[②]此外，建安年间刘备自葭萌经白水关入蜀，景元四年钟会从关口昭化入成都，永和三年桓温降李势都可能是取此道通行。[③]

同时，原白水街曾为汉白水县、梁以来的沙州和隋唐景谷县治。乐史《太平寰宇记》卷84《剑南东道三》记载："东北取白坝川废景谷县路至利州二百七十里，正路亦二百七十里。"[④]王象之《舆地纪胜》卷184也记载："沙川城，在昭化县白水镇，周回五里许，俗传为沙州。按《元和志》云：杨难当克葭萌，分白水置平兴县，属沙州。景谷县，《元和郡县图志》云本汉泉县地，《舆地广记》属昭化县，宋置平周县，又改曰平兴，隋改曰景谷，唐武德置沙州，正观元年州废来属，五代改为白水镇，《元和志》又云城乃杨难当所筑，削山为城。"[⑤]嘉靖《保宁府志》卷4《建置纪下》记载："沙州城，在治西白水镇，离关五里，刘宋于此置白水郡，俗名沙州。"[⑥]道光《重修昭化县志》卷10记载："白水渡，至阳平关往来之道，在治北一百四十里，此系古渡，即《水经注》所谓津关也。"[⑦]宋、元、明、清以来，由于金牛道地位重要，白水大路地位下降，再加上白水之地行政建置降级，白水街地位也相对下降。但清末民国时期白水街的街市仍然繁荣，有二三百户人家。宝珠寺电站成库后，白水

① 蓝勇《四川古代交通路线史》，西南师范大学出版社，1989年，第208—209页。
② 《后汉书》卷63《李固传》、卷31《廉范传》，中华书局，1965年，第2018、1101页。
③ 蓝勇《四川古代交通路线史》，西南师范大学出版社，1989年，第11页。
④ 乐史《太平寰宇记》卷84《剑南东道三》，中华书局，2007年，第1681—1682页。
⑤ 王象之《舆地纪胜》卷184，四川大学出版社，2005年，第5255页。
⑥ 嘉靖《保宁府志》卷4《建置纪下》，嘉靖二十二年刻本。
⑦ 道光《重修昭化县志》卷10《舆地志九·津梁》，同治三年刻本。

老街淹入水中，现在的沙州镇完全是在河对岸重新修建的。据《四川省内河航运史志资料》第2辑，从白水街到三堆子之间要经过人头石、金银岩、水磨沟场、庙儿沱、尖石子滩、门坎石、观音峡、黄家峡、土龙子、平溪河、牛心溪、周家溪到三堆子。[①]从白水街到昭化的陆路先沿白龙江西岸行进，到小石关子渡白龙江到东岸行进。

南坝 乾隆《昭化县志》卷1《疆域》记载5里到南坝。[②]在白龙江西岸，今仍称南坝，但老南坝已经淹入水中。民国《四川省青川县全图》标注南坝在西岸。水路从此往南经过东岸的椒子口到左家坝。

原税家沱栈道碥路，遗址已淹入水中。

（图片采自《古道秘踪：古蜀道（青川段）考古调查》第53页）

左家坝 乾隆《昭化县志》卷1《疆域》记载5里到左家坝，在白龙江西岸，今已经淹入水中。民国《四川省青川县全图》有标注。

小石观子 也称小石关，在左家坝南下的陆路在此渡白龙江到东岸经税家沱、伍家沟到水磨沟场。同时东岸从椒子口也可到小石观子。

寨子岩 乾隆《昭化县志》卷1《疆域》记载5里到寨子岩，有栈迹。据以前的调查，白水乡税家沱、观音乡东岸发现有基岩式碥路遗迹[③]，但现已经淹入水中。

伍家渡 在伍家沟。乾隆《昭化县志》卷1《疆域》记载5里到伍家渡。道光《重修昭化县志》卷10记载："伍家渡，系白水西岸往来之道，在治北一百三十里。自石关而来，一线山径，故设渡于此。今为王道人凿开岩径，改渡上游。"[④]现此地已经淹入水中。

水磨沟场 简称水磨场。乾隆《昭化县志》卷1《疆域》记载5里到水磨沟，民国

① 邓少琴、程龙主编《四川省内河航运史志资料》第2辑，1984年，第151页。
② 乾隆《昭化县志》卷1《疆域》，乾隆五十年刻本。以下相同，不一一标明出处。
③ 李蓉等《古道秘踪：古蜀道（青川段）考古调查》，巴蜀书社，2023年，第53—56页。
④ 道光《重修昭化县志》卷10《舆地志九·津梁》，同治三年刻本。

原观音峡碥路，遗址已淹入水中。

（图片采自《古道秘踪：古蜀道（青川段）考古调查》第55、56页）

《四川省青川县全图》和民国《四川省青川县图》均有标注。《新修支那省别全志》卷1记载称水磨沟。[1]据《四川省内河航运史志资料》第2辑，从白水街到三堆子要经过水磨沟场，有100多户人家。[2]水磨老街原来在白龙江东岸，现已经淹入水中。现

原冯家坪栈孔和碥路，遗址已淹入水中。

（图片采自《古道秘踪：古蜀道（青川段）考古调查》第56页）

水磨场在白龙江西岸金洞乡处。据《青川县志》，由于毛黄峡、鲁班岩、七里碥一带较为险陡，元明以来曾经从女儿碑、莲花池翻越大高山到七里碥。历史上白水街、水

---

① 东亚同文会《新修支那省别全志》卷1，1941年，第418页。

② 邓少琴、程龙主编《四川省内河航运史志资料》第2辑，1984年，第151页。

磨沟至毛黄峡一带交通运输较为重要，人烟较为密集，所以在鲁班峡发掘有古锸，上书"蜀郡""蜀东工守□三成都"，而在白水街发现了肖形铜印。[1]

罗园溪 也称洛阳溪，乾隆《昭化县志》卷1《疆域》记载5里到罗园溪。道光《重修昭化县志》卷6《舆地志五·山川》记载俗称洛阳溪。[2]今仍称洛阳溪，在今洛阳村坡下老罗园溪，为西岸水路站点。只是已经淹入水中。对岸为冯家坪，以前调查发现有凹槽式石碥路。[3]

原干龙洞栈孔和碥路，遗址已淹入水中。

（图片采自《蜀道秘踪：古蜀道（青川段）考古调查》第57页）

女儿碑 乾隆《昭化县志》卷1《疆域》记载5里到女儿碑。民国《四川省青川县全图》标注在东岸。今已淹入水中。附近有伍家坝。

莲花池 据乾隆《昭化县志》卷1《疆域》记载5里到莲花池，已经淹入水中。以前调查发现莲花池附近干龙洞有栈孔遗迹，但也淹入水中。[4]

大高山 乾隆《昭化县志》卷1《疆域》记载5里到大高山。河岸有栈迹，鲁班峡在附近。民国《四川省青川县全图》标注在东岸。

偏桥子、唐天溪 乾隆《昭化县志》卷1《疆域》记载5里到唐天溪，附近有栈迹。道光《重修昭化县志》卷6《舆地志五·山川》记载有唐天溪。民国《四川省青川县全图》标注在东岸。古道从偏桥子过唐天溪。

七里碥 据说是因距三堆坝七里而得名，在鲁班峡内（即黄毛峡），一说即历史上的马鸣阁。早在《三国志》卷17《魏书》中就有记载："太祖还邺，留晃与夏侯渊

① 四川省青川县志编纂委员会《青川县志》，成都科技大学出版社，1992年，第590页。
② 道光《重修昭化县志》卷6《舆地志五·山川》，同治三年刻本。
③ 李蓉等《古道秘踪：古蜀道（青川段）考古调查》，巴蜀书社，2023年，第56页。
④ 李蓉等《古道秘踪：古蜀道（青川段）考古调查》，巴蜀书社，2023年，第57页。

<table>
</table>

原黄毛峡栈孔，遗址已淹入水中。　　　　　　　　　　　　原马鸣阁

（图片采自《古道秘踪：古蜀道（青川段）考古调查》　　　　（20世纪80年代原青川县交通局供图）

第57页）

拒刘备于阳平，备遣陈式等十余营绝马鸣阁道。"[1]后乐史《太平寰宇记》卷135《山南西道三》记载："马鸣阁。《蜀志》曰：先主使陈式绝马鸣阁，曹操闻之喜曰：此阁道，汉中之阴平，乃咽喉之要路。"[2]不过，宋代郭允蹈《蜀鉴》卷2称："马鸣阁，《寰宇记》曰在今利州昭化县，按《蜀志》曹操曰，此阁道乃汉中之险要咽喉，按此恐非昭化也。"[3]对马鸣阁在昭化提出质疑。但是后代大多沿袭马鸣阁昭化说。如《大明一统志》卷68记载："马鸣阁，在昭化县北，汉昭烈使陈式绝马鸣阁，曹操闻之喜曰：此阁过汉中之平阴，乃咽喉之要路。"[4]民国《四川省青川县全图》标注称偏桥子，但同时标注唐天溪在七里碥之北。以前考察发现，壁岩上仍有众多方型栈孔，孔径较大。在栈孔下为清乾隆年间陕西凤翔王道人所修凿石梯路。相其栈道形势，栈道为无柱式。因有栈道足迹，故《新修支那省别全志》卷1记载称其地为偏桥子。[5]今仍有七里扁地名，但七里扁老马鸣阁完全淹没在宝珠寺电站水库之下而不复存在了。此即以前调查称的黄毛峡牛旋栈道遗址[6]，现已经淹入水库中。

牛心溪　乾隆《昭化县志》卷1《疆域》记载5里到牛心溪。道光《重修昭化县

①　《三国志》卷17《魏书》，中华书局，1982年，第529页。

②　乐史《太平寰宇记》卷135《山南西道三》，中华书局，2007年，第2649页。

③　郭允蹈《蜀鉴》卷2，国家图书馆出版社，2010年，第48页。

④　《大明一统志》卷68，三秦出版社，1990年，第1061页。

⑤　东亚同文会《新修支那省别全志》卷1，1941年，第418页。

⑥　李蓉等《古道秘踪：古蜀道（青川段）考古调查》，巴蜀书社，2023年，第57页。

志》卷6《舆地志五·山川》记载有唐天溪。卷10又记载："牛溪渡，系牛心溪通盐井溪之道，在治北七十里。"[①]

周溪 乾隆《昭化县志》卷1《疆域》记载5里到周溪。道光《重修昭化县志》卷6记载有周溪。卷10又记载："周溪渡，系小河往来之道，在治北六十里。"[②]后在此设七里公社（七里村），但老街已淹水中。

以上路段因宝珠寺电站水库蓄水后，山水大格局发生较大的变化，传统的碥路、栈孔、乡镇几乎完全淹于水中，不可详考。下面路段虽然有紫兰坝电站蓄水，但水位不高，仍有一些传统城镇保留下来。

三堆子

三堆子老街

三堆子 乾隆《昭化县志》卷1《疆域》记载周溪5里到三堆坝。李吉甫《元和郡县图志》卷25记载："景谷县，中下，西南至州六十六里，本白水县地，属广汉郡，宋元嘉十七年，氐人杨难当自称大秦王，进军克葭萌，获晋寿太守申坦，因分白水，置平兴县，属之沙州。"[③]一说唐代的景谷县即在三堆坝。后李元《蜀水经》卷13记载："白水又南经平兴县故城，俗名三堆坝，江中三石堆，下有平溪水，自平武县东北

---

① 道光《重修昭化县志》卷10《舆地志九·津梁》，同治三年刻本。
② 道光《重修昭化县志》卷10《舆地志九·津梁》，同治三年刻本。
③ 李吉甫《元和郡县图志》卷25，中华书局，1983年，第566页。

箐青山流出入白水。"①即认为元嘉年间所置平兴县在今三堆镇，以前俗称三堆子。《新编支那省别全志》卷1记载称三堆坝。②道光《重修昭化县志》卷10记载："三堆渡，系三堆上下二坝往来之道，在治北六十里。"③据《四川内河航运史志资料》第2辑，民国时期三堆子有300多户人家。④民国《四川省青川县全图》标注为三磊坝，1941年《汉中地形图》也标为三磊坝。现三堆镇老街肌理保存较好，但传统建筑风貌已经变化较大了。

远眺井田坝

群猪湾 乾隆《昭化县志》卷1《疆域》记载5里到群猪湾，对岸为三堆下坝，即井田坝。

1986年笔者所拍飞鹅峡峡口

高桥 乾隆《昭化县志》卷1《疆域》记载5里到高桥，有故栈迹。在今高桥村一带，实际上也是在今群猪湾一带。

飞鹅峡 乾隆《昭化县志》卷1《疆域》记载5里到飞鹅峡。飞峨峡栈道为景谷道十分险要之处。道光《重修昭化县志》卷10《舆地志九·津梁》记载："栈桥，在白

① 李元《蜀水经》卷13，巴蜀书社，1985年，第843页。
② 东亚同文会《新修支那省别全志》卷1，1941年，第418页。
③ 道光《重修昭化县志》卷10《舆地志九·津梁》，同治三年刻本。
④ 邓少琴、程龙主编《四川省内河航运史志资料》第2辑，1984年，第151页。

1986年笔者所拍飞鹅峡栈孔

现在的飞鹅峡

1986年笔者所拍飞鹅峡栈孔近景

双孔桥（神仙桥）

水岸，有故迹十余所，皆石凿圆孔以立横梁，其孔深二三尺，每孔相去不及一丈。"①
飞峡栈道就是较为典型的一处。卷6《舆地·山川》记载当地有谚曰："打得石鹅飞，
过得阴平道。"②据笔者1986年的实地考察，飞峨峡栈迹有可辨栈孔28眼，其中有10眼
较完整。这些栈孔，方形略显椭圆，外孔径一般为0.80米至0.60米不等，内孔径为0.45
米至0.35米不等，孔深1.00米至0.80米左右，孔距一般为2.5米左右。栈孔为单排，孔
径在四川栈道中较大，且远离江面，孔下方坡倾斜，其栈道应为标准式。但现在因为
水库上升和公路兴修，栈孔已经不复存在了。不过，道光《重修昭化县志》卷10认为
此处"旧有碑刻栈道铭，今毁"③，并认定此处的栈道铭一定是唐代欧阳詹撰的《栈

---

① 道光《重修昭化县志》卷10《舆地志九·津梁》，同治三年刻本。

② 道光《重修昭化县志》卷6《舆地志五·山川》，同治三年刻本。

③ 道光《重修昭化县志》卷10《舆地志九·津梁》，同治三年刻本。

道铭》，结论显得较为草率。同时，有的著作的照片中将飞鹅峡栈孔与黄毛峡（鲁班峡）栈孔混在一起，应引起注意。

粗石栈 其得名一说因以前此处有栈道得名；一说名粗石站，以峡谷多为砾石且以前设有站房得名。其位置一说即白龙江东岸今宋家村6组临近的陡峭山坡中之青沟段地名。乾隆《昭化县志》卷1《疆域》记载，飞鹅峡5里到粗石栈，粗石栈"乱石横路，有故栈迹"[1]。道光《重修昭化县志》卷10《舆地志九·津梁》则称："粗石栈更凿平穴，布受版木盖。诸栈之中，惟粗石栈最险。旧有碑刻栈道铭，今毁。"[2]据说这个栈道铭系唐人欧阳詹撰。[3]乾隆《昭化县志》卷2《古迹》记载，马鸣阁即白龙江边的粗石栈之偏桥。[4]李元《蜀水经》卷13更是将其具体化，称："白水又南经马鸣阁，相传孔明遣将陈式拒曹操处，今名粗石栈。按孔明遣陈式定武都、阴平二郡，在后主建兴七年，此地久属蜀汉，无庸拒曹也。"[5]所以，现在对于历史上的马鸣阁的地点存在七里碥、粗石栈二说。现附近保留有一双孔石桥，名双孔桥，也称神仙桥。

新店子 至今仍有较多人户。

菖溪 乾隆《昭化县志》卷1《疆域》记载5里到菖溪。道光《重修昭化县志》卷6记载有菖溪。卷10又记载："菖溪渡，系白岩山径往来之道，在治北四十里。"[6]溪在白龙江以西。

茅班口 也称毛板口、茅板口，乾隆《昭化县志》卷1《疆域》记载5里到茅班口，

菖溪

茅班口

① 乾隆《昭化县志》卷1《疆域》，乾隆五十年刻本。

② 道光《重修昭化县志》卷10《舆地志九·津梁》，同治三年刻本。

③ 见青川县交通编史办《情况反映》第2期。

④ 乾隆《昭化县志》卷2《古迹》，乾隆五十年刻本。

⑤ 李元《蜀水经》卷13，巴蜀书社，1985年，第844页。

⑥ 道光《重修昭化县志》卷6《舆地志五·山川》、卷10《舆地志九·津梁》，同治三年刻本。

石贯子

在今紫兰坝电站大坝上。

石贯子、紫兰渡 乾隆《昭化县志》卷1《疆域》记载，10里到石贯子，有塘房。道光《重修昭化县志》卷8记载，茅班口附近有石门关，也称石阁子，"两山开径，白水流其中"[①]，即此。另外，此即《大唐六典》记载的唐代利州的石门关旧址。道光《重修昭化县志》卷10记载："紫兰渡，系由石阁子、安昌坝，往来之道，在治北二十里，亦古渡也，旧设隘防守，左为石阁，右为紫兰隘。"[②]以上记载的石阁子即石龙村石罐子，对岸为紫兰隘，在今盐店上。民国《昭化地形图》中标为石罐子。

紫兰坝

民国《新修支那省别全志》卷1记载为石关子。[③]据邓少琴、程龙《四川内河航运史志资料》第2辑，罐子场即石贯子，当时有100多户人家，较为热闹。[④]现在这一带人户仍然较多。从石贯子向南经过邓家渡到汉平坝。

汉平坝 乾隆《昭化县志》卷1《疆域》记载5里到汉平坝，也称翰林坝，即今天汉平坝。

---

① 道光《重修昭化县志》卷8《舆地志七·关隘》，同治三年刻本。
② 道光《重修昭化县志》卷10《舆地志九·津梁》，同治三年刻本。
③ 东亚同文会《新修支那省别全志》卷1，1941年，第418页。
④ 邓少琴、程龙主编《四川省内河航运史志资料》第2辑，1984年，第151页。

平雾坝

平雾坝 乾隆《昭化县志》卷1《疆域》记载5里到平雾坝，民国《昭化地形图》中标为平福坝，故也称平福坝。今仍称平雾坝。对岸下游一点为鸦佛岩，也称鸭红岩、鸭浮岩，现在岩上有观音阁。有鸦佛场，据《四川内河航运史志资料》第2辑，鸦

鸦佛场旧地

鸭浮岩

观音庙

佛场当时有三四十户人家。[1]具体位置在高速公路下站口与货运大道交汇处昭化加油站附近。

土基坝（石盘场）

土基坝、石盘场　乾隆《昭化县志》卷1《疆域》记载5里到土基坝，即今石盘村土基坝。考古工作者在土基坝发现有疑似关口遗迹，认为可能是汉代葭萌关遗址所在。另在土基坝发现有一个战国至汉代的大型墓群。据《四川内河航运史志资料》第2

远眺青树渡

青树渡

青树渡民国义渡碑

① 邓少琴、程龙主编《四川省内河航运史志资料》第2辑，1984年，第151页。

辑，石盘场有人户三四十户，汇入嘉陵江处有十余户。[1]现土基坝一带人户仍较多。

青树渡 乾隆《昭化县志》卷1《疆域》记载5里渡青树渡到昭化。道光《重修昭化县志》卷10记载："青树渡，系北门外通土基坝往来之道，在治北五里。"[2]渡口在今昭化古镇西北白龙江边，北通土基坝，当地人称老码头、古渡口，码头上立有一块民国十年的义渡碑。

景谷道是四川古道上栈道分布较多的一条古道，这主要是由于古道多沿陡峭河谷取道的特点决定的。古道多沿白龙江河谷而行，"遇峡谷地带，则于峭壁上啄凿岩孔，横插巨木，上架树干或木条，铺覆泥石"。[3]就昭化县境景谷道栈道来说，乾隆《昭化县志》卷10记载有10余处，卷1具体记载景谷道昭化县段有栈迹5处，除马鸣阁外，还有飞鹅峡、粗石栈、大高桥、唐天溪、寨子岩几处。在水库淹没以前，虽然有一些照片保留，但这些栈道或碥路遗迹现均淹没于水库之下了。

景谷道从碧口以上可沿白龙江直达武都、文

青木川

玉垒关

---

① 邓少琴、程龙主编《四川省内河航运史志资料》第2辑，1984年，第151页。

② 道光《重修昭化县志》卷10《舆地志九·津梁》，同治三年刻本。

③ 李旭旦《白龙江中游人生地理观察》，《地理学报》第8卷。

玉垒关全景

柴门关

县一带，从碧口上溯到玉垒关一带汇入白龙江，在玉垒关向北沿白龙江则可到达甘肃武都今陇南市一带。康熙《文县志》卷1记载："玉垒关，在县东一百二十里，上皆巉岩，绝壁下有迅急湍流，系秦蜀咽喉。"[1]今关口仍有遗迹可寻。新编《文县志》谈到白水江沿岸柴门关、石鸡坝、高栈头、鹁鸽崖、金口坝、玉枕、骆驼巷等地仍有栈道之设。[2]民国《松潘县志》卷1《关隘》记载："柴门关，县北南坪镇之南，与甘肃文县马尾礅连界，清总镇夏毓秀曾题'陇蜀锁钥'四字额。"[3]可知此路柴门关的重要。此路还可沿白水江到甘肃文县与阴平斜道青塘岭道接，还可直接上溯到清代水扶州，旧称南坪，今九寨沟县。具体路线要经过鹄衣坝、白衣坝、东峪口、石坊、后坝、关庄、枣园坝、旧关、新关、石鸡坝、朱元坝、哈南村、边地坪、水沟坪、郭元、双河到南坪。今九寨沟南坪双河

---

① 康熙《文县志》卷1，康熙四十一年刻本。

② 文县县志编纂委员会《文县志》，甘肃人民出版社，1997年，第354—355页。

③ 民国《松潘县志》卷1《关隘》，民国十三年刻本。

塘下约1里下马岩有上下重叠4排200米长的栈道遗迹，正方形栈孔边长0.27米，深0.25米，孔距2.00米左右。以前有木桩，现已烂掉。

双河塘下马崖栈道栈孔

整个景谷道在碧口以下的交通都是水陆并行的，清代从碧口可直航重庆，只是在一些路段需要换船。据《四川内河航运史志资料》第2辑，当时白水江的木船主要有爬窝船、燕尾船、滚筒子和草篷船，下水多运输药材、桐油、木耳、蚕丝，上水多运输煤油、米粮、百货，民国时期在碧口、重庆间往返的木船多达百余艘。[①]碧口正处在此道上，故当时相当繁华。在白水江航行的木船中，以草棚子最有特色，也称草篷船、土毛板儿。

---

① 邓少琴、程龙主编《四川省内河航运史志资料》第2辑，1984年，第151页。

第六节　阴平邪径（青塘岭道）

考证诸多史籍，阴平邪径的开凿者为三国的邓艾，所谓"且不惟缒兵阴平，为千古之创事也"[1]。另据《三国志》卷9裴松之注引《魏略》，正始年间，夏侯霸曾先于邓艾奔蜀，"南趋阴平而失道……蜀闻之，仍使人迎霸"[2]。似已有道可行。《同谷志》称为"秦蜀出入之道"[3]。在上一部分里，我们谈到景谷道自汉代以来是四川与甘肃的重要通道，但其与金牛道合于葭萌（昭化）后，都要受蜀剑门关制约，对于攻取巴蜀之师来说，在军事上有诸多不利。

蜀后主元年，魏军五路伐蜀，邓艾兵从狄道（临洮）至沓中（舟曲），攻破阴平郡（文县），闻姜维固守剑阁，钟会军久不能克。邓艾估计，如取景谷道入，也将受剑阁制约，难以奏效，便取小道"自阴平由景谷道旁入"[4]，"自阴平道行无人之地七百余里，凿山通道，造作桥阁。山高谷深，至为难险……艾以毡自裹，推转而下。将士皆攀木缘崖，鱼贯而进，先登江油"[5]。对于邓艾取蜀路线，严耕望先生认为邓艾从景谷道之景谷（白水与碧口间）西南向今梓潼北120里的德阳亭、马阁山和左担道出

---

① 顾祖禹《读史方舆纪要·四川方舆纪要序》，中华书局，2005年，第3096页。

② 《三国志》卷9裴松之注引《魏略》，中华书局，1982年，第273页。

③ 祝穆《方舆胜览》卷70，中华书局，2003年，第1227页。

④ 《三国志》卷44《姜维传》，中华书局，1982年，第1066页。

⑤ 《三国志》卷28《邓艾传》，中华书局，1982年，第779页。

江油。①不过，人们不禁要问，为什么邓艾南进到梓潼北面后又要西北折向古江油而又南下呢？据我考证，这主要是因为人们长期以来未能清楚认识邓艾所经汉德阳亭、马阁山和左担道的位置。

左担道　任豫《益州记》记载："江由左担道，按图在阴平县北，于成都为西。其道至险，自北来者，担在左肩不得度担也，邓艾束马悬车处。"②严耕望先生认为这个左担在剑州阴平县（梓潼北）。但严先生忽视了一个问题，即任豫是两晋南北朝时人，这个时期阴平郡县有三，一是晋永嘉前的汉阴平郡县，在今甘肃文县；一是永嘉后晋孝武帝时所置阴平郡县，在今梓潼北；一是刘宋元嘉时所置北阴平郡县，在今梓潼北。任豫并没有说明是哪一个阴平郡县，但其言"于成都为西"，按我国古代习惯以成都为中心将今阿坝州、甘孜州、甘肃省和青海省称为西方，如言剑州则习惯称北方，则任豫这里指的应是今文县之阳平郡县。

实际上左担路位置从唐代起就有明确记载。除《艺文类聚》引任豫《益州记》外，唐代徐坚《初学记》卷24《居处部》也引任豫《益州记》记载："曰江由左担道，按图在阴平县北，于成都为西，注其道至险，邓艾束马悬车处。"③宋代文献中也多有记载。如《方舆胜览》卷70记载："左担路，自文州略青塘岭至州百五十里。《地理志》：'自北至者右肩不得易所负，故云左担也，则邓艾伐蜀路。'"④胡三省则认为："自文州界青塘岭至龙州一百五十里。郡志云：自北而南者，右肩不得易所负，谓之左担路，邓艾伐蜀所由之路也。"⑤《元一统志》记载："青塘岭，在龙州。《图经》：北至文州，以青塘岭为界，即阴平道，去龙州四百五十里。"⑥而且在宋代征战中仍然不断取此青塘岭道。如《宋史》卷409："乃部分诸军扰青塘岭，钺就擒。已而剑南大震。"⑦后明邵经邦《弘简录》卷139也记载"乃部分诸军扼青塘岭，擒钺"⑧。

---

① 严耕望《阴平道辨》，《新亚学报》第9卷第2期。今有人认为汉德阳亭在江油小溪坝、马角坝，证据不够充足。

② 《艺文类聚》卷64《居处部四》引任豫《益州记》，《景印文渊阁四库全书》第888册，台湾商务印书馆，1972年，第442页。

③ 徐坚《初学记》卷24《居处部》，光绪孔氏三十三万卷堂本。

④ 祝穆《方舆胜览》卷70《龙州》，中华书局，2003年，第1230页。

⑤ 《资治通鉴》卷277胡注，中华书局，1956年，第9052页。

⑥ 《元一统志》卷5，中华书局，1966年，第512页。

⑦ 《宋史》卷409，中华书局，1985年，第12318页。

⑧ 邵经邦《弘简录》卷139"高定子"条，康熙年间刻本。

对于青塘岭的具体位置，《通鉴》胡注又称"自北而南者"，其方位就更加明确了。明代开始有明确的记载，如曹学佺《蜀中广记》卷33记载青川千户所"北通青塘岭直达阶文"①，《阶州直隶州志》记载："青塘岭，在县东南二百八十里，由此入龙州为左担路，即邓艾入蜀之道。"②又按《阶州直隶州志》载："青塘关，在文县南一百八十里。"③顾祖禹《读史方舆纪要》卷73记载："青川守御千户所，府东百二十里……北通青塘岭直达阶文，秦蜀间襟要处也，嘉靖四十五年改属龙安府，所城洪武四年筑，周二里。"④可看出所谓左担道必在青塘岭和龙州江油县之间，即今天的摩天岭。道光《龙安府志》记载："摩天关，在（平武）县东北一百九十里，魏遗邓艾寇蜀由此。"⑤今天当地人也称："摩天岭关又名青塘关，是古今秦蜀往来的重要关隘。"⑥今摩天岭正好在古龙州江油县（江油南坝）北150里左右，基本上与宋人记载吻合，则摩天岭为青塘岭无疑。摩天岭原有孔明碑，1935年已毁于战争，现已经重新树立。由此看来，古左担道应在今南坝以北至摩天岭的古道上。

实际上左担路是一直沿涪江上游的江边行进的。如《方舆胜览》卷70记载："六阁，在江油县左担路上，涪水崖壁上。"⑦明确左担路应在古江油县（南坝）北的涪水岸边。再者，清人认为左担山在龙安府（平武）东北180里七里关（一称七里阔）⑧，与前考在摩天岭至右江油县之间地望基本吻合。这么多当地人考证，地近易核，当属可信。显然，左担路决不可能在今梓潼北120里之地。

马阁山 此道经过马阁山。《太平寰宇记》卷84《剑南东道三》记载："马阁山，在县北六十里，北接梁山，西接岷峨，昔魏将邓艾伐蜀从景谷路射龙州江油县至此，悬崖绝壁，乃束马悬车，作栈阁方得路通，因名马阁山。"⑨后祝穆《方舆胜览》卷67也记载："马阁山，在阴平县北六十里，峻峭峻嶒，极为艰险，邓艾伐蜀军行至

---

① 曹学佺《蜀中广记》卷33，上海古籍出版社，2020年，第349页。
② 光绪《阶州直隶州志》卷2《山川》，光绪十二年刻本。
③ 光绪《阶州直隶州志》卷12《关隘》，光绪十二年刻本。
④ 顾祖禹《读史方舆纪要》卷73，中华书局，2005年，第3405页。
⑤ 道光《龙安府志》卷2《舆地·关隘》，道光二十二年刻本。
⑥ 青川县交通编史办《情况反映》第5期。
⑦ 祝穆《方舆胜览》卷70《龙州》，中华书局，2003年，第1230页。
⑧ 《嘉庆一统志》卷304《龙安府》、道光《龙安府志》卷2《舆地·山川》、《四川通志》卷15、《读史方舆纪要》卷73。
⑨ 乐史《太平寰宇记》卷84《剑南东道三》，中华书局，2007年，第1676页。

此，路不得通，乃悬车束马，造作栈阁，始通江油，因名马阁。"①《太平寰宇记》卷84、《方舆胜览》卷67、《大明一统志》卷68、《寰宇通志》卷63、顾炎武《肇域志》卷40等史籍均载邓艾所经马阁山在梓潼北阴平县境，只是有的说在阴平县北60里，有的说在梓潼县北60里。而《龙安府志》、《嘉庆一统志》、嘉庆《四川通志》又载马阁山在平武东南与梓潼接界处，没有确指。而光绪《阶州直隶州志》卷2和康熙《文县志》卷1则认为马阁山在文县境。康熙《文县志》卷1认为马阁山在摩天岭附近，但不能确指。道光《龙安府志》卷2《舆地·山川》记载："马阁山，在县东南接梓潼县界，《寰宇记》在阴平县北六十里，北接梁山，西接岷峨，昔魏将邓艾入蜀，从景谷路射龙州江油县，至此悬崖绝壁，乃束马悬车，作栈阁方得通路，因名。"②方向仍然模糊。从以上可看出，宋代以来，马阁山位置仍没能确指。但结合起左担路的历史记载来看，马阁山只能在青川、江油一带。《方舆胜览》卷70记载："六阁，在江油县左担路上，涪水崖壁上。"③再参以邓艾曾在古江油北涪水岸作六阁道，则所谓马阁山应为古江油（南坝）北涪水岸之山，而绝不会在梓潼北的阴平县地。实际上这个问题宋人已有了纠正。《方舆胜览》谈到马阁山为阴平道所经时作了如下纠正："古阴平道，邓艾所出古阴平道在今文州，汉阴平也。其地与江油为邻。此阴平县自晋宋始置北阴郡，非邓艾之阴平也。"④

看来，宋以来众多史籍载邓艾伐蜀故迹在梓潼北的阴平县，都是忽略了这一点，才造成了许多错误。再如德阳亭，唐、宋、明三代均未确载其位置，唯清人认为在梓潼北阴平县地，则理应按《方舆胜览》所载改正。

现在，综合起来考证邓艾伐蜀的阴平道线路，应从沓中（舟曲）至武都鲁贯崖至阴平县（文县），再兵分三路，一支渡文县城南阴平桥；一支渡文县尚德乡龙津桥；一支从阴平桥头（文县玉垒乡境）南下至海拔2227米的摩天岭垭口，再经九道拐、南天门、北雄关过秦陇栈阁（写字岩）至青川所（青溪区治），再南经菁青山（靖军山，今官帽山）出涪江东岸，沿涪水左担道、马阁山德阳亭至江油关（平武南坝老街）经石门山（龙门山）达绵州入成都。⑤阴平小道到此又可沿涪江水经遂州、合州合嘉陵道。

① 祝穆《方舆胜览》卷67《隆庆府》，中华书局，2003年，第1165页。
② 道光《龙安府志》卷2《舆地·山川》，道光二十二年刻本。
③ 祝穆《方舆胜览》卷70《龙州》，中华书局，2003年，第1230页。
④ 祝穆《方舆胜览》卷67《隆庆府》，中华书局，2003年，第1168页。
⑤ 从文县兵分三路，主要据青川县交通局王新《阴平古道再析》，《广元市志通讯》1985年第1—2期。

唐代，这条阴平邪径一度成为一要道，众多文献都有明确的记载。如《元和郡县图志》记载"东取山路至龙州三百六十里"，又载"龙州北至渝（应为武）州取文州路三百三十里"。[①]古道上重要关口龙州涪水关（平武南坝附近）被列为唐二十六要关七下关之一[②]，足见古道之重要。唐宋吐蕃攻唐曾有出天井一路[③]，查《阴平修路记》有天井栈阁，似吐蕃有取阴平道入蜀。后唐长兴元年石敬瑭取文州、龙州击西蜀，即取此道。[④]

　　宋代在阴平邪径基础上开凿了青云岭（青塘岭）大道，抵成都共12程。《太平寰宇记》记载："（龙州）北至逾山至文州三百三十里。"[⑤]最初，有人建议整修这条道路到陕西，但是文州通判蒲卣认为："旬文州出江油，邓艾取蜀故道也。曩时鬼章从此窥蜀，畏其险隘而止，夏人志此久矣，可为之通道乎？"[⑥]故加以阻止。到了南宋孝宗时，文州才组织人开凿了青云岭大道，其路"不由剑阁，别驾栈道"，目的是为了"引商贩，冀收其筹"，但不久宋地方政府以"边境萌隙，奏悉撤之"。[⑦]蒲规《修造记》称龙州："通阶、秦路，禁出入，与剑门关为比。"[⑧]宋又在古道上置有秦陇、涪水、兜率等关隘。宋代之所以堵塞此道，完全是出于军事上抗御西夏和金人的考虑。高稼曾称："敌兵若自宕昌（岷县南）、青川以入，将孰御之？"[⑨]当时人认为："今天下根本在蜀，蜀屏蔽在文州。"[⑩]不过，从商业上讲，这条大道从北宋到南宋都十分重要。北宋初年宋琪便谈到青川、龙州入川大路，谈到还有邓艾庙存在。[⑪]李埴《皇宋十朝纲要》卷10上记载："正月乙巳始，诏市马于邛部川蛮，以知成都府蔡延庆领其事，又诏市威、雅、嘉、泸、文、龙州马。"[⑫]知宋代也在龙州设立飞买马场，进行茶马贸易。南宋时，曾在文州和阶州设立榷场，经理蜀茶织锦易马贸易，则这条古

①　李吉甫《元和郡县图志》卷22《文州》、卷33《龙州》，中华书局，1983年，第574、866页。

②　《大唐六典》卷6，三秦出版社，1991年，第153页。

③　于邵《剑门山记》，《文苑英华》卷834，明刻本。

④　《资治通鉴》卷277《后唐纪六》，中华书局，1956年，第9052页。

⑤　乐史《太平寰宇记》卷84《龙州》，中华书局，2007年，第1681页。

⑥　光绪《江油县志》卷23《外纪志》，光绪二十九年刻本。

⑦　祝穆《方舆胜览》卷70《文州》，中华书局，2003年，第1228页。

⑧　祝穆《方舆胜览》卷70《龙州》引蒲规《修造记》，中华书局，2003年，第1230页。

⑨　《宋史》卷449《忠义四》，中华书局，1985年，第13231页。

⑩　祝穆《方舆胜览》卷70《文州》引《古今记》，中华书局，2003年，第1227页。

⑪　李焘《续资治通鉴长编》卷35，中华书局，1979年，第770页。

⑫　李埴《皇宋十朝纲要》卷10上，清代抄本。

道当为茶路。①与景谷道一样，翻越青塘岭到文州以后，这条古道可北经阶州、宕州至岷州。如《建炎以来系年要录》卷94记载："一军自阶、成趋文、政，邓艾由阴平路。"②而张舜民《画墁录》中也谈及："凡自岷州趋宕州，沿水而行。稍下，行大山中，入栈路，或百十步复出。略崖嵌崟，不可乘骑，必步至临江寨，得白江至阶州，须七八日。"③

宋末元初，这条路线成为蒙古军入川要道。魏了翁谈到蒙古军取蜀之路称："今若取道西蕃，径抵文、龙，竟上则绵、汉内郡指日受兵，而成都已在掌股中矣。邓艾由此捣蜀，犹是缒崖攀木。今伐山通道已久，又多造大斧，所至斫开，可容骑卒。"④果然，端平三年，按竺迩率军从宕昌、阶州、文州渡白水江到龙州入蜀。事过一年，依按竺迩建议，在阴平道阶州两水（武都西北）撤去交通站台，严加巡逻。后其儿子国宝又上奏在"控庸蜀，拒吐蕃"的文州筑城屯兵。淳佑十年，文州王德新从阶州叛走江油，又取此道行进。⑤在元代，人们仍认为"若出景谷达江油，又蜀地之噤喉也"⑥，可知此古道仍十分重要。

明太祖洪武四年，太祖令傅友德伐蜀，告诉傅友德蜀人必以峡路瞿塘和金牛道为防御重点，宜取阶、文，从阴平道入。这样，傅友德一方面扬言取金牛道，而大军从阶州设浮桥渡白龙江越青塘岭入蜀，再经青川呆阳关入江油、绵州。在这次取用以后，这条路线逐渐成为川甘重要商道。嘉靖元年征战白马人，一路便是从陕西、甘肃由阶、文入。

经过我们实地考证，明清时期这条通道从南坝江油关开始，经过青川守御千户所到文县的路线走向如下：

江油戍、龙州、涪水关、江油关 《水经注》卷32记载："涪水又东南径江油戍北，邓艾自阴平景谷步道，悬兵束马入蜀，径江油、广汉者也。"⑦不过，从《水经注》记载此江油戍后，唐宋文献中几乎再没有江油戍的记载，也没有江油关的记载，

① 《宋史》卷184《食货下六》，中华书局，1985年，第4500—4501页。
② 李心传《建炎以来系年要录》卷94，中华书局，1988年，第1561页。
③ 张舜民《画墁录》，《蜀中广记》卷7引，上海古籍出版社，2020年，第85页。
④ 魏了翁《鹤山先生大全文集》卷31《睿府书·知安吉州蒋左史》，《四部丛刊》景宋本。
⑤ 《元史》卷121《按竺迩传》，中华书局，1976年，第2984—2986页；李曾伯《可斋续稿·乞调重兵应援奏》，《景印文渊阁四库全书》第1179册，台湾商务印书馆，1972年，第613页。
⑥ 顾祖禹《读史方舆纪要》卷59，中华书局，2005年，第2852页。
⑦ 郦道元《水经注》卷32，上海古籍出版社，1990年，第624页。

20多年前远眺原南坝江油关牛心山

旧州老街和大岩子

南坝何家渡

南坝江油关新牌坊

只是在《大唐六典》卷7和《新唐书》卷42《地理志》中记载有龙州涪水关。《元和郡县图志》卷33记载："涪江南流经州城东，又经江油城东，其水出金。"①从北魏开始在此地设立江油县，直到宋代，当时今江油关镇（原南坝镇）称为龙州江油县、江油城，关防改称涪水关了。到明代迁江油县到武都镇，江油关之说更无立身之处。直到明代嘉靖《保宁府志》卷4中仍记载："涪水关，在县西二十里。"②但并无江油关的记载。可以说，直到明清时期，文献中并没有江油关的记载，现实中也不存在一个具体的江油关的关卡名称。所以，江油关之名出现较晚，可能是清代以来民间对江油戍、江油县、江油城的俗称。据平武县曾维益先生考证，江油关的具体位置可能在今

①　李吉甫《元和郡县图志》卷33《龙州》，中华书局，2005年，第867页。

②　嘉靖《保宁府志》卷4《建置纪下》，嘉靖二十二年刻本。

南坝、何家坝之间的明月渡，北为旧州堡。①另外今旧州地处大岩子之下，地势险要，可设关，江油关也有可能在此。民国初年，旧州居住着五六十户人家，但南坝仅有30户人家，旧州的地位高于南坝。②

新道口

阴平邪径在青溪后可能从西南方向到龙安府平武县治。据民国《四川省青川县全图》和民国《四川省青川县县图》标明，确实存在一条从青川县治西经干树垭、渭（魏）坝、马庄（展）关、白杨垭、高村到古城的通道；故新编《青川县志》记载这条道路是经渭坝（今魏坝）、秦家沟铺（今秦家沟）、高桥寺（今高桥乡）、桅杆坪到古城（今古城镇，后魏到隋平武县治），西可沿涪江到今平武县。③明清时期因平武治今平武县，向西可达松潘与西山道合，可能这条道路也相当重要。但是由于后魏历隋唐到宋代，古龙州治江油县，治地在今天南坝旧州。所以，自阴平道的主线从今青溪镇南下翻越左担山（即今龙门山轿子项西侧官帽山）直接到江油城的古道就相当重要，可能并不经过平武县的古城镇。

金林（石头坝）

在金林村采访

① 曾维益《龙安土司》，四川省民族研究所，2000年，第356—357页。
② 东亚同文会《新修支那省别全志》卷1，1941年，第331页。
③ 青川县志编纂委员会《青川县志》，成都科技大学出版社，1992年，第593页。

第一章

清代以来，这条通道一直存在。我们实地考察发现，此道经过瓦窑坪、金桥、流沙坡、干水磨到金林、新道口接涪江，再南下南坝旧州。从南坝沿涪江北上到了新道口就可以离开涪江翻箐青山，也可继续沿涪江到金林（石头坝）后开始翻箐青山而行，但民国《四川省青川县图》标注新道口为翻越箐（靖）军山的南入口。王成敬《川西北步行记》记载："新道口，为川甘大路与平武大路的分路口，只有八间茅舍供担夫膳宿之用。"[1]而从旧州向北则经过黄连树、高庄坝到新道口。

箐青山　明清时期也称为靖军山，实即今龙门山轿子顶的官帽山。《大明一统志》卷73记载："箐青山，在府城东南六十里，重峰迭嶂，树木森郁。"[2]道光《龙安府志》卷2《舆地·山川》记载："箐青山，在县东南六十里，重峰叠嶂，树木森郁，北通青川南，溪水出此，流入白水，又名靖军山，蜀汉孔明曾置军于此，遗址尚存。"[3]以前这一带林区为高庄林场，今仍为国有林场。我们实地考察发现，古道可从新道口或金林向北翻山，从新道口上山经过莺鸽坪、盐店、店房岭、新店子、九道拐、独店子、石林子、孤坟坪、大坪地、罐坪、民封山、桥沟、龙凤垭、碓窝梁、林口、椒园铺到干水磨、桅杆坪，从金林（石头坝）上山则直接经过爬窑树过罐坪、林口到干水磨、桅杆坪，这条路更近捷，但更陡险。

莺鸽坪老路

盐店

---

① 王成敬《川西北步行记》，金生杨主编《蜀道行纪类编》第45册，广陵书社，2017年，第329页。
② 《大明一统志》卷73，三秦出版社，1990年，第1133页。
③ 道光《龙安府志》卷2《舆地·山川》，道光二十二年刻本。

盐店附近碥路 　　　　　　　　　　店房岭

下石林子 　　　　　　　　　　石林子

远眺大坪地 　　　　　　　　　　罐坪

罐坪至桥沟间碥路

桥沟残桥遗迹，原桥面大石上有两个杵子窝。

龙凤垭（漏风垭）

漏风垭至碓窝梁间碥路

莺鸽坪 为新道口向北上山后的第一个站点，有居民多户，一段古道路基仍存。

盐店 地处一斜坡上，以前有多家店房，现店房边的古道路基仍存。

店房岭 从盐店上陡坡而到达山上一台地，有多家店房。从此向北沿山腰缓坡行至石林子。

石林子 从店房岭上缓坡到下石林子，再上为石林子，地处缓坡上的小台地。

大坪地 为山上的一小缓坡上的平坝，有耕地和农户。

罐坪 为大坪地上方的一小台地，居民较多，地处经金林、爬窑树的通道与自新道口而上通道的交汇点，故交通位置重要。

民封山 从罐坪向西北缓坡而上，有居民一户，附近有水塘和一段碥路，路上有桥沟，曾有一小平桥。

龙凤垭 也称漏风垭，古道从一天然凹槽穿过，附近古道路基仍在，到碓窝梁间有一段碥石仍存。

林口 地处较高的山坡上，以前到此进入老林，林木丰茂起来，故名。

椒园堡 袁子让《全蜀边域考》记载青川守御千户所："南抵三罗、箐青山，丛林密箐，盗贼虽御，往来者以为患，后议于适中处建椒园堡，轩官一员，旗兵五十名守之。"[1]曹学佺《蜀中广记》卷33记载青川千户所"南至椒园堡，丛林密箐，多盗贼。北通青塘岭，直达阶文"[2]。民国《四川省

林口

青川县县图》标注表明土地垭南为干水磨，再南为椒盐堡。此椒园堡，今称椒园铺，民国地图标为椒盐堡。《四川省平武县地名录》记载："椒园铺，以前产椒子故名，高庄公社境内。"[3]从此上土地梁子的古道已经多荒废而通行困难，但现有林区便道可行。

---

① 袁子让《全蜀边域考》，李勇先、高志刚主编《蜀藏·巴蜀珍稀舆地文献汇刊》第2册，成都时代出版社，2015年，第92页。

② 曹学佺《蜀中广记》卷33，上海古籍出版社，2020年，第349页。

③ 四川省平武县地名领导小组编印《四川省平武县地名录》，1982年，第203页。

椒园铺北的旧工房遗址　　　　　　　　　　　　　椒园铺古道

甘水磨　《四川省平武县地名录》记载："干水磨，有磨无水，故名。高庄公社境内。"① 甘水磨一带同样树木灌丛阴森，只是相对较低、较狭窄，还保留有一座危房。

干水磨旧工房遗址　　　　　　　　　　　　　　　甘水磨古道路基

---

① 四川省平武县地名领导小组编印《四川省平武县地名录》，1982年，第203页。

桅杆坪　　　　　　　　　　　　　　　　　长满杂树的桅杆坪

桅杆坪　也称校马场，紧邻干水磨，相距2里左右，是这条道路上的一个重要节点地名。《四川省青川县地名录》记载："桅杆坪，山坪有一庙，庙前有桅杆，故名。"[1]考察中，当地百姓称以前这一带以多盗匪著称。现在庙和桅杆早已经不见踪影。这一带地处今官帽山的西坡，森林茂密，古道通达时人户较多，现在为密林深箐，几无人烟。桅杆坪一带为小河边的一个小平坝，现密树杂草丛生，已经没有过往遗迹。

土地垭　从桅杆坪向上翻越山梁到青川与平武交界的土地垭，也称土地梁子，海拔2000多米，为古道所经过的最高点，但现在荒无人烟，卡子也不见踪影。

土地垭

---

① 四川省青川县地名领导小组编印《四川省青川县地名录》，1989年，第234页。

从土地垭北看青溪城　　　　　　　　　　从土地垭南看椒园堡密林

黄土梁　　　　　　　　　　　　　　　　　箱子台

流沙坡　　　　　　　　　　　　　　　　　步坪里

从土地垭口北下经过黄土梁、箱子台、流沙坡、步坪里、半边街、廖家、鲜家园（院）、金坝齿、盘龙寺、大湾里、碑湾里后进入南河河沟，沿河沟再经羊子岭下、水观音、关家坝、石垭子、高桥寺、瓦窑坪、七家嘴、阎家河到青溪镇。至今，当地老百姓对此道以往商旅众多的场景还有较深的记忆。当然，从青溪也可向东到桥楼或薅汛溪，南下大石镇，翻越龙门山的大盖山，经水观、石坎到南坝旧州，实际上是沿古代左担山（箐青山）的东侧行进，路线相对较为绕曲。

黄土梁　为从土地垭下来的一个缓坡地带，以前曾有一些居民和耕地，现已经荒废。

箱子台　传说附近有大奔牛为脚夫歇脚之地，现在公路边一台地上。

流沙坡　以前植被较少，沙土裸露，现植被较为丰茂，但公路上时有泥沙崩塌。

步坪里　以前为一下行缓坡，相对较为平缓。

半边街　在一块小平坝上，以前建有一些民房，因只存在半边街房而称，现已经没有房址。

金坝齿　据《四川省青川县地名录》的记载，此地是因为挖到一个形如耙齿的金条而名。此地在山腰上一个小缓坡地带，现仍有几户人家居住。从此经过盘龙寺、大湾里下到南河河沟边的碑湾里，古道沿南河岸行进。

碑湾里　为南河一

半边街

金坝齿

大湾里

碑湾里古道

碑湾里古道

碑湾里功能不明柱孔

水观音一带形势

水观音碥路

水观音神龛遗址

糖房里

小支流汇入处，古道下坡到此沿南河西岸行走，道路相对平缓。至今仍有一段古道路基保存下来，偶有碥石存在。古道下边有一段凹槽和两个石孔，为人民公社时代所修的水渠遗址，并非古道遗址。

水观音　在南河西岸，有一段基岩碥路，崖壁上原有一个观音神龛，后毁。附近的石孔为神龛的柱架孔，并非以前认为的栈孔。碥路下也并不存在所谓的路基。

糖房里　为南河边的一块小平坝，以前有唐姓人家以制糖而得名，现也称唐房里。

金桥寺　是阴平道上青溪南的一个重要站点，清代称双龙场，民间有"先有金桥寺，后有青川城"之说，曾有下街子、中街子、上街子、场头上等街道，曾是店铺

高桥禹王宫遗址

高桥石拱桥

高桥边的伸臂式桥柱孔　　　　　　　原甘青地区的伸臂式桥梁

林立之地。以前有接官亭、石拱桥、禹王宫、火神庙等建筑，据称民国早期高桥寺铺馆驿馆舍仍存在，在1935年才被毁。现金桥村的高桥只有石拱桥和禹王宫保存较为完整。高桥是清嘉庆年间修建的一座石拱桥，长17.4米。桥下河沟还有两处伸臂式桥梁的柱孔，当地人认为是金桥栈桥立柱孔遗迹群。实际上这类栈孔并非栈道，而是一种伸臂式桥梁的斜桩孔遗迹，这种桥梁在文县、青川一带最为典型而有特色，在历史照片上还能看到其踪影。青川金桥4号古栈桥孔也是此类遗址。我们在摩天岭北段文县境内的窄匣子处也有发现，显现了阴平古道伸臂式桥梁的普遍性和特殊性。在金桥村附近仍有大量古道遗迹，如碑湾里古道、水观音栈阁及碥路、九龙口摩崖壁龛遗迹等。其中水观音的基岩式碥路较为典型，但所谓栈孔不过是水观音神龛的阁柱孔，并非栈孔；碑湾上层碥路较为明显，但下层岩碚是人民公社时代修建的引水渠遗址。

青川守御千户所　　今青川县青溪镇，历史悠久。蜀汉置广武县，晋为平武县，后魏置马盘县，五代以来设立清川县，元代并入龙州，明代设立青川守御千户所，民国再次置县。正德《四川志》就记载有青川守御千户所。[①]《全蜀边域考》记载："青川千户所，站在秦蜀接壤之区。"[②]《大明一统志》卷73记载："青川守御千户所，在司东一百二十里。本后魏马盘县，置马盘郡。隋初废郡，以县隶龙州，后隶平武郡。

①　正德《四川志》卷24，正德十三年刻、嘉靖十六年增补本。

②　袁子让《全蜀边域考》，李勇先、高志刚主编《蜀藏·巴蜀珍稀舆地文献汇刊》第2册，成都时代出版社，2015年，第92页。

2006年的青川青溪城墙一角　　　　　　　　2006年的青溪古城一角

现在的青溪城墙　　　　　　　　现在的青溪城

新建的青溪古城东城门

青川古官栈图
（20世纪80年代原青川县交通局供图）

唐天宝初改县曰清川，隶江油郡。宋隶政州，元省。本朝洪武四年建为所，隶四川都司。"[1]顾祖禹《读史方舆纪要》卷73记载："青川守御千户所，府东百二十里。汉刚氐道地，后魏置马盘县，兼置马盘郡。隋初郡废，县属龙州。唐因之，天宝初改为青川县。宋仍隶龙州，端平以后兵乱县废。元初复置，至元二十二年省入龙州。明洪武四年置守御千户所，隶四川都司。其地当白草番之后路，东抵白水阳平关，接陕西宁羌州界，西通白马路，转古城驿而抵龙安，南至椒园堡，丛林密箐多盗贼，北通青塘岭直达阶、文，秦、蜀间襟要处也。嘉靖四十五年改属龙安府。所城洪武四年筑，周二里。"[2]明清时期青溪城地位重要，商务繁忙。在东门外因大量回族聚居形成了小东街。全城有东南西北四个城门，北门外有石牛寺。只是后来原青溪老城墙大多被破坏，只残存两段残墙，现因旅游开发在老城墙的基础上重新修建了较完整的城墙和城门，城外石牛寺的四株古柏仍保存较好。

大雄山、北雄关　古道从青溪城北上不远进入峡谷，沿青竹江行。正德《四川志》卷24记载："北雄关，在青川守御千户所。"[3]《全蜀边域考》记载："北雄关，乃青川之隘口，今废无存。"[4]曹学佺《蜀中广记》卷33记载："志云：所北十里有大

---

①　《大明一统志》卷73，三秦出版社，1990年，第1133页。

②　顾祖禹《读史方舆纪要》卷73，中华书局，2005年，第3405页。

③　正德《四川志》卷24，正德十三年刻、嘉靖十六年增补本。

④　袁子让《全蜀边域考》，李勇先、高志刚主编《蜀藏·巴蜀珍稀舆地文献汇刊》第2册，成都时代出版社，2015年，第93页。

雄山，峻极出于云表，即北雄关也。"①嘉靖《四川总志》卷14有："北雄关，在青川千户所治，并杲阳、迪平、白水、三牢、明月、马转、清平、胡空、叶棠、三路口共十一关。"②明《四川省四路关驿图》标注为北熊关，应为北雄关之误。嘉靖《保宁府志》卷4《建置纪下》也记载："北雄关，在青川守御千户所。"③但明代的记载均认为大雄山、北雄关在青川所治不远处。到了清代就开始混乱起来。顾祖禹《读史方舆纪要》卷73记载："大雄山，所北十里，山形峻峭，复出群山。"④但康熙《龙安府志·形胜》记载大雄山在治北15里，记载北雄关在治北30里。⑤这个治北是以当时龙安府治今平武县而言，显然不妥。道光《龙安府志》卷2《舆地·山川》记载："大雄山，在县东北一百二十里。《明统志》在青川所北十里，山形峻峭迥出群山，即北雄关也。"⑥《读史方舆纪要》卷73同时记载："北雄关，在所北，接陕西文县界……《一统志》：'所界自北雄关以下并杲阳、迪平、白水、三牢、明月、马转、清平、胡空、叶棠、三路口，共十一关。'"⑦嘉庆《四川通志》卷28："北雄关，在县东北一百三十里。"⑧道光《龙安府志》卷2《舆地·关隘》记载："北雄关，在县东北一百三十里，《明统志》在青川所，北接甘肃文县界，稍南为瓦舍坝，相近又有控夷关。万历中增置边防。考青川所北十里有大雄

明代北雄关旧址远眺

① 曹学佺《蜀中广记》卷33，上海古籍出版社，2020年，第349页。

② 嘉靖《四川总志》卷14，嘉靖二十四年刻本。

③ 嘉靖《保宁府志》卷4《建置纪下》，嘉靖二十二年刻本。

④ 顾祖禹《读史方舆纪要》卷73，中华书局，2005年，第3405页。

⑤ 康熙《龙安府志·形胜》，民国十一年抄本。

⑥ 道光《龙安府志》卷2《舆地·山川》，道光二十二年刻本。

⑦ 顾祖禹《读史方舆纪要》卷73，中华书局，2005年，第3406页。

⑧ 嘉庆《四川通志》卷28，嘉庆二十一年本。

山，峻出云表，即北雄关也。"①显然又是指原来青川所的位置。可见，明清时期对大雄山、北雄关的位置记载相当混乱，今天人们又将北雄关定在唐家河蔡家坝附近，更是离谱。《蜀中广记》卷33记载："志云：所北十里有大雄山，峻极，出于云表，即北雄关也。近又设控夷关，墙垣营迭，完固堪守。稍前为瓦舍坝，乃熟番保保住种地，其众怯弱易驯。按《广舆考》，有思曩安抚司设于此矣。"②显然，在明代人的眼中，北雄关紧邻青川守御千户所，与在蔡家坝的控夷关完全不在一地，各为一关。而且从路线走向来看，蔡家坝的所谓百雄关并不在青塘岭到青溪的路线上，根本不可能是阴平道所经站点，而是历史上通往思曩日安抚司保保熟番的关口。正是因为后来出现这种混乱不清的状态，对于北雄关的名称也出现多种说法。如《四川省青川县地名录》记载："白熊关，山口似关，常有熊猫出没。"③可能从名称到位置都是后来重构的。所以，

石牛寺

鱼洞碥

---

① 道光《龙安府志》卷2《舆地·关隘》，道光二十二年刻本。

② 曹学佺《蜀中广记》卷33，上海古籍出版社，2020年，第349页。

③ 四川省青川县地名领导小组编印《四川省青川县地名录》，1989年，第241页。

今天所谓唐家河景区内蔡家坝的白熊关遗址，可能是在近代位置关系不明背景下用控夷关位置重构出来的，最早出现在民国《四川省青川县全图》中，《全图》标注北雄关在蔡家坝西北一带控夷关，并不是明代原来的百雄关位置。从文献记载的位置关系来看，明代大雄山、北雄关应在青川千户所治的青溪北，具体位置可能在青溪镇阎家坝北至鱼洞碛之间的山谷处。

鱼洞碛　路边有一山洞，传说以前洞中不断涌出鱼来，因此得名。

落衣沟　在今落衣沟村，有关于邓艾丢失衣服的传说。民国《四川省青川县全图》中标注有落衣沟。在落衣沟保留有古桥一座。附近新桥河边大石上有柱孔遗迹，功能并不明确。除此传说外，阴平道青塘岭段还有邓艾磨刀的磨刀石、盖印的印合

落衣沟

落衣沟古桥

落衣沟不明石孔

山、士兵歇息时抖鞋土的鞋土山、邓艾练兵的射箭坪等传说，但大多是近代乡土历史重构的附会之说。

写字岩　即历史文献中记载的秦陇栈道处，传以前山崖石壁上刻有"邓艾过此"四个大字。《四川省青川县地名录》记载："传邓艾过此在马上向石岩写字。"[①]2007年，笔者实地考察时，就发现栈道和摩崖文字已经不复存在。现在附近的所谓柱孔遗迹，明显是天然的壶穴，并不是人工柱孔。

20世纪七八十年代的写字岩（秦陇阁）
（20世纪80年代原青川县交通局供图）

2006年的写字岩

现在的写字岩

白果坪　阴平古道到了白果坪后一直向北行进翻古青塘岭（今摩天岭），而向西北沿河则经控夷关（今白熊关）明思曩日安抚司保保熟番处。

九倒拐　古道在写字岩后不远处进入唐家河，河道更为狭窄，道路曲折处名九倒拐。

南天门　在峡谷更深

---

① 四川省青川县地名领导小组编印《四川省青川县地名录》，1989年，第240页。

幽处，两边山壁陡立，形成一门之势，为阴平邪径南来第一要隘，故名。《四川省青川县地名录》记载："南天门，南山崖口形如天门，故名。"[1]从南天门往北开始翻越山梁，2007年我们考察发现，当时从南天山脚到摩天岭顶的旧碥路还保存较好，只是有一些路段被山洪冲刷残破。现存的碥路从北向南有玄鹤亭段、玄鹤亭至将军寨段、裹毡亭段三大段。据民国《四川省青川县县图》，落衣沟至摩天岭之间还有石贯子、太阳坪、黑瓮潭、半边街等地名。只是我们多次实地考察发现，所谓的玄鹤亭（河沟段）完全是河沟冲刷形成的天然砾石，并非碥路。

白果坪

2006年的南天门

2006年攀木岩一带峡谷

①　四川省青川县地名领导小组编印《四川省青川县地名录》，1989年，第240页。

2006年玄鹤亭至裹毡亭间碥路

2006年玄鹤亭至裹毡亭间碥路

清末日本人山川早水在游记《巴蜀》一书中绘制
的陆纤场面

2006年笔者在玄鹤亭至襄毡亭间偶遇陆纤场面

摩天岭　在唐宋为青塘岭的山梁，海拔2211米左右，处川陇交界处。但历史文献中摩天岭的地名出现较晚，在唐宋称青塘岭，有关的记载甚多。如《方舆胜览》记载："左担路，自文州略青塘岭至州百五十里。《地理志》：'自北至者右肩不得易所负，故云左担也，则邓艾伐蜀路。'"①胡三省则认为："自文州界青塘岭至龙州一百五十里。自北而南者，右肩不得易所负，谓之左担路，邓艾伐蜀所由之路也。"②《元一统志》记载："青塘岭，在龙州。《图经》：北至文州，以青塘岭为界，即阴平道，去龙州四百五十里。"③而且在宋代征战中仍然不断取此青塘岭道，如《宋史》卷409记载："乃部分诸军扰青塘岭，钺就擒已，而剑南大震。"④后来明邵经邦《弘简录》卷139也记载此事"乃部分诸军扼青塘岭，擒钺。"⑤对于青塘岭的具体位置在明代开始有明确的记载。如曹学佺《蜀中广记》卷33记载青川千户所"南

---

① 　祝穆《方舆胜览》卷70《龙州》，中华书局，2003年，第1230页。

② 　《资治通鉴》卷277胡注，中华书局，1956年，第9052页。

③ 　《元一统志》卷5，中华书局，1966年，第512页。

④ 　《宋史》卷409《高定子传》，中华书局，1985年，12318页。

⑤ 　邵经邦《弘简录》卷139《高定子》条，康熙刻本。

2006年文县青川县交界之青塘关（摩天岭）

2006年在摩天岭界碑处

至椒园堡，丛林密箐，多盗贼；北通青塘岭，直达阶文"①。《阶州直隶州志》记载："青塘岭，在县东南二百八十里，由此入龙州为左担路，即邓艾入蜀之道。"②又按《阶州直隶州志》记载："青塘关，在文县南一百八十里。"③顾祖禹《读史方舆纪要》卷73记载："青川守御千户所府……北通青塘岭直达阶文，秦蜀间襟要处也。"④最早将青塘岭与今天摩天岭认同为一的是在清代。如道光《龙安府志》记载："摩天关，在（平武）县东北一百九十里，魏遗邓艾寇蜀由此。"⑤康熙《文县志》卷1则称："青塘关，新设，在县东南，方舆纪要一百八十里青塘岭，即摩天岭……今自文抵成都计程十二，以此为计程

---

① 曹学佺《蜀中广记》卷33，上海古籍出版社，2020年，第349页。

② 光绪《阶州直隶州志》卷2《山川》，光绪十二年刻本。

③ 光绪《阶州直漱州志》卷12《关隘》，光绪十二年刻本。

④ 顾祖禹《读史方舆纪要》卷73，中华书局，2005年，第3405页。

⑤ 道光《龙安府志》卷2《舆地·关隘》，道光二十二年刻本。

2006年从摩天岭看四川青川县群山　　　　　　2006年从摩天岭看甘肃文县群山

云。"[1]今天当地人也称："摩天岭关又名青塘关，是古今秦蜀往来的重要关隘。"[2]在1935年前，摩天岭上的驿馆馆舍仍存。[3]我们实地考察发现，摩天岭位于川甘交界处，视野南北通透，可鸟瞰南北群山。山顶垭口当地人称切刀背，地形狭窄，但原有孔明庙和孔明碑，1935年已毁于战争。十多年前笔者考察时，庙基仍存，当时才重新树立了孔明碑。

旧乡坪（救乡坪）一带

新店子　从摩天岭往北下坡第一站为新店子，有一块很小的缓坡平地，以前曾有店房供人休息。自新店子经过喜子崖、马鞭崖、郭汇口到旧乡坪（救香坪），一路碥路已经破坏严重，有的路基崩塌，行进困难。

---

① 　康熙《文县志》卷1，康熙四十一年刻本。
② 　青川县交通编史办《情况反映》第5期。
③ 　青川县志编纂委员会《青川县志》，成都科技大学出版社，1992年，第593页。

旧乡坪到窄匣子间的山溪

旧乡坪到窄匣子的小路

旧乡坪到窄匣子间的清代修路摩崖题记

旧乡坪　也称救香坪，旧乡坪一带相对较为宽阔，但树木丛生。从旧乡坪到窄匣子道路坡度较大，路基多被破坏，杂草灌木丛生，时有溪流横亘，较为难行。在其间路边发现有一块修路碑，只是字迹漫蚀不清，我们只能辨识出戊寅年间年修路碑记，从其磨损程度来

路基崩塌的旧乡坪到窄匣子间

看，估计就是清代的修路功德碑。

窄匣子 从旧乡坪下坡沿溪流而下到窄匣子，附近有一处伸臂木梁桥遗址，柱孔并列整齐，木梁早已经毁坏。川甘交界地带是中国传统桥梁中的伸臂式木梁桥的密集

窄匣子石桥

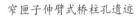

窄匣子伸臂式桥柱孔遗迹

窄匣子到石磨河口间碥路

窄匣子到石磨河口间碥路边的简易桥

窄匣子到石磨河口间碥路边的不明孔穴

分布地，其中文县的伸臂桥相当典型，如玉垒关桥原来就是典型的伸臂阁楼桥，在青溪镇金桥寺高桥下仍有类似的柱孔。

从窄匣子经明坟山、上沙坝里、下沙坝里、大王沟、月台山、梁家坝、沟子口、岩坝子、深洞子、油坊坪、大岩窝、过河子到苜蓿坝，一路碥路残破，横跨溪流，乱石丛生。到苜蓿坝后河流相对宽阔起来。我们实地考察发现，其间范坝村的对树沟村对树湾栈柱孔并不是栈柱孔，而是自然形成的一些壶穴。

从苜蓿坝往北继续沿石磨河北下，经过河口子、对树沟、马家岭、麻子滩到石磨河口，

到石磨河的公路

丹堡镇至刘家坪的大山云雾

为从碧水镇西南流来的让水河与石磨河的交汇处。到这里，因为东西横亘着海拔2000多米的天池梁子，古道需要绕行，可能上古、中古时更多是沿让水河东行到碧口。据新《文县志》记载，汉晋阴平郡治在今文县桥头坝（今桥头镇），南北朝阴平国在葭苇镇（今临江镇），古道一到碧口与景谷道合就可通这些地方。①《古道秘踪：古蜀道（青川段）考古调查》②中谈到的柏元河栈道遗址就是在这条路线上。唐代复置文州迁州治到今天县治附近地区西园、上城一带，元代迁于今治，可能也可从西北方向翻越天池梁子过今丹堡镇、尚德镇到今文县城。据文物工作者调查，在今文县境内发现有大量历史交通遗迹，如主要分布在尚德镇的白水江边的金口坝村和周家坝村，有曹子头古栈道遗址、曹家河坝栈道遗址、尚德乡周家坝栈道遗址。另城关镇滴水村有火烧关栈道遗址、边地坪"秦蜀交界"摩崖遗址。③但多数并不在从文县到青川所的阴平道上。据民国《甘肃文县图》，从文县县治到摩天岭的道路，是从文县先沿白水江经贾昌乡、石湾乡、沿德乡、田家坝、丹堡乡、界牌梁、黄土岭到刘家坪，再下沟翻越摩天岭。

高村一角

实际上，从青川一带翻越大山到文县境内在历史上还有多条道路可通。如可从今青川县城乔庄往北经大沟、白家田坝、付家坝到文县印把子、青崖关、任家院子、磨子坪翻越摩天岭山脉，经悬马关、园坛子、山王庙、九道拐、大道岭到碧峰沟，经郑家坪、碧峰村到碧口。对此路线，民国《参谋本部地形图》标注从水观音、白家梁、糖房沟、磨子坪、悬麻（马）关、元沟子、大刀关经梧桐乡到文县。也可从嫘溪向北经上游、老房子、石坝子、核桃坪、黄土梁、黄土垭口、马家桥、茶园、李子坝、老厂里到青崖关，接前面的道路到碧口。

① 文县县志编纂委员会《文县志》，甘肃人民出版社，1997年，第91页。
② 李蓉等《古道秘踪：古蜀道（青川段）考古调查》，巴蜀书社，2023年，第102页
③ 李蓉等《古道秘踪：古蜀道（青川段）考古调查》，巴蜀书社，2023年，第91—99页。

阴平古道从文州经青塘岭到青川所一段，人烟稀少，"路最崎岖"[1]，但在清末民国经营川甘驿运时，仍置有驿站。古道到了青川所后，西南可与龙松大道与松茂驿道接。明清时期，这一线设立了大量铺递。道光《龙安府志》卷5《武备·铺递》记载："平武县旧有驿传六处，古城驿、武平驿、小溪驿、梯子驿、水进驿、小河驿，皆久废。东皋铺，在县东五里。长会湾铺，在县东十五里。古城铺，在县东三十里。皂角树铺，在县东四十里。白草铺，在县东五十里。老蛇湾铺，在县东六十五里。黑水沟铺，在县东八十里。石凑坝铺，在县东九十里。新道口铺，在县东一百里。黄连树铺，在县东一百一十里。旧州铺，在县东一百二十里。沙湾铺，在县东一百三十里。大水沟铺，在县东一百四十里。响岩坝铺，在县东一百五十里。煽铁沟铺，在县东一百六十里。阁子铺，在县东一百七十里。平驿铺，在县东一百八十里。椒园子铺，在县东一百九十里。桑园子铺，在县东二百里。白石铺，在县东二百一十里交江油界。平通铺，在县南一百九十里。弹子坝铺，在县南二百一十里。高村铺，在县东北五十里。马转关铺，在县东北七十里。青川底塘铺，在县东北九十里。铁龙堡铺，在县西二十里。筏子头铺，在县西八十里。麻地口铺，在县西一百二十里交松潘界。"[2]

平武县古城镇老街

此外，阴平邪径的路线也可从青川底塘铺（青溪）经干树垭、蔡家沟、马转关铺、白阳垭、高树铺（高村乡）、老鸦山到古城驿（今古城镇）。其中马转关在明代《四川省四路关驿图》中标明为马展关，嘉靖《四川总志》卷14载有马转关[3]。嘉庆《四川通志》卷28记载："马转关，在县东七十

① 严如熤《三省山内风土杂识》，《关中丛书》本。
② 道光《龙安府志》卷5《武备·铺递》，道光二十二年刻本。
③ 嘉靖《四川总志》卷14，嘉靖二十四年刻本。

里。"①位置在今魏坝一带。古城为旧平武县治，正德《四川志》卷23、嘉靖《四川总志》卷14记载明代设有古城驿，在今武平武县古城镇。从古城再往西沿涪江经过长会湾（今长桂）、东皋至龙安府（今平武县）接龙松大道。正德《四川志》卷23记载，龙安府平武县城内设有小溪驿。②从青川底塘铺到了古城驿以后，东南沿涪江经皂角树铺、白草铺（今白草村）、老蛇湾铺（今老蛇湾）、黑水沟铺（今黑沟村）、石凑坝铺（今石头坝）、新道口铺（今新道口）、黄连树铺（今黄连树）、旧州铺（南坝北，即古江油关，明代设有武平驿）、沙湾铺（今沙湾）、大水沟铺（今大水沟）、响岩坝铺（今响岩镇）、煽铁沟铺（今煽铁沟）、阁子铺、平驿（古西平驿，又名平渡驿，原平驿铺已经淹入水中）、椒子园铺（原椒园，已经淹入水中）、桑园子铺（今大桑园，原铺已经淹入水中）、白石铺（原北城白石铺，已经淹入武都水库中）、柳林子铺、五显庙铺（武都镇北）、江油底塘铺（武都镇）、松抱柏铺、女儿堰铺（今女儿堰）、中坝场（今江油市）过彰明县（今彰明镇）、青莲经绵州入成都。历史上，这段古道北部地区山高水险而人烟稀少，故驿铺遗址也保存较好。据称民国时期高桥寺铺、摩天岭铺铺舍保存完好，为两进四合院瓦房，1935年才毁去，但其形制保存下来。③同时，历史上从龙安府平武县经过古城、高村、青川（今青溪）、桥楼坝、三锅石、薅溪、乔庄、孔溪、板桥场、天隍院到白水，可与景谷道（白水道、阴平正道）相接。

同时，历史上涪江的水运也较为重要。可以从龙安府东南南坝南面的何家坝起航，只是到达绵州间由于险滩急流，需要不时搬滩提拔提载，航运主要以橹棒船、舵三板、麻雀尾船为主。下载货物以药材、粮食为主，上载主要以百货为大宗。④绵州以下可以满载，虽然也是险滩众多，但多可直航，可通遂宁、合川与嘉陵江合。

阴平邪道及附近也是四川古栈道分布最集中的地区之一。蒲翰《十景记》称龙州"峭壁云栈，联属百里"⑤。祝穆《方舆胜览》卷70《龙州》记载："十二关：曰涪水，距城一里；曰秦陇，南至清川县十五里；曰兜率，在清川县；曰木蕊，在楮株口三店原，去州八十余里，余不尽载。六阁：在江油县左担路上，涪水崖壁上，曰青崖，曰蟆颐，曰石回，曰七里，曰东阁，曰石城，凡六阁。又县有二阁，曰猿臂，曰

① 嘉庆《四川通志》卷28，嘉庆二十一年刻本。
② 正德《四川志》卷23，正德十三年刻、嘉靖十六年增补本。
③ 四川省青川县志编纂委员会《青川县志》，成都科技大学出版社，1992年，第593页。
④ 邓少琴、程龙主编《四川省内河航运史志资料》第2辑，1984年，第162—163页。
⑤ 《大明一统志》卷73《龙州宣抚司》引《十景记》，三秦出版社，1990年，第1132页。

黄林。"[1] 后来，曹学佺《蜀中广记》卷10引《阴平修路记》载，龙安府栈阁有名称的为37阁，其称："龙安栈阁，在治东者，曰石城，曰佛崖，曰麻园，曰蟆颐，曰黄林，曰三店原，曰七里，即左担也，曰飞仙，已上凡八。在东南者，曰石回，曰兴文，即袁烈妇投崖处；曰猿臂。在东北者，曰秦陇，曰东阁，已上凡五。在治东者，曰金鼓，以形肖也，曰芭蕉，曰楮株，曰卢匡，监司卢姓者所修；曰天井，曰桑坪，曰兜索，曰木蕊，曰飞泉，已上凡九。在治西北者，曰金匮，曰桐油，曰隆奉，曰胡空，曰黄梗，曰刘村，曰鹅顶，曰禅峰，曰石门，曰仙女，曰马桑，曰溪坝，曰黑水，曰罗汉，曰羊肠，已上凡十有五。"[2] 嘉靖《保宁府志》卷4《建置纪下》记载青崖、墓颐、石回、七里、东阁、石城、猿臂、黄林阁，又有臬阳、迪平、白水、三牢、明月、马转、清平、胡空、叶棠、三路口等十一关。[3] 与上面的名称多有出入。

结合《大明一统志》《广舆记》《皇舆考》的记载，我们可知有12阁为邓艾伐蜀所置，25阁主要为明洪武十一年所置，只是史无载37阁中哪几阁为邓艾所置。现在，37阁中我们可考证出13阁见于明以前的阁道，按理则邓艾所置12阁必在其中。

秦陇阁 《大明一统志》记载："曹魏遣邓艾伐蜀，置秦陇等阁道一十二处。本朝洪武十一年，开设松潘卫，又置飞仙等阁道二十五处。"[4] 《广舆记》卷17记载："栈阁，府城东曹魏遣邓艾伐蜀置秦陇等阁道二十二处。"[5] 后《皇舆考》卷8也记载："（龙州）其关、梁、栈、阁司东，邓艾伐蜀置秦陇等阁道十二处。"[6] 前面引曹学佺《蜀中广记》卷10引《阴平修路记》载龙安府栈阁"在东北者，曰秦陇"[7]。按方位应在今青溪一带。秦陇栈阁在今青川清溪区北15里公路边，宋有南至青川县15里之称，今其地又名写字岩。据当地人称，民国时以水洗其石壁，上有"邓艾过此"四字，今已剥蚀难辨。栈道孔在1966年修公路时多毁，今唯存栈道柱孔4眼。

青崖阁 在龙州治东，又叫佛崖阁，《方舆胜览》所载江油左担路涪水壁上六阁之一。

---

① 祝穆《方舆胜览》卷70《利州西路·龙州》，中华书局，2003年，第1230页。
② 曹学佺《蜀中广记》卷10，上海古籍出版社，2020年，第118页。今据《龙安府志》卷37载阁外还有明正德初建的南岩阁，在府东65里。
③ 嘉靖《保宁府志》卷4《建置纪下》，嘉靖二十二年刻本。
④ 《大明一统志》卷73《龙州宣抚司》引《十景记》，三秦出版社，1990年，第1133页。
⑤ 陆应阳《广舆记》卷17，康熙刻本。
⑥ 张天复《皇舆考》卷8《龙州》，副都御史黄登贤家藏本。
⑦ 曹学佺《蜀中广记》卷10，上海古籍出版社，2020年，第118页。

墓颐阁　在龙州治东，《方舆胜览》所载江油左担路涪水壁上六阁之一。

石回阁　在龙州治东南，《方舆胜览》所载江油左担路涪水壁上六阁之一。

七里阁　在龙州治东，即左担阁，又叫七里关，《方舆胜览》所载江油左担路涪水壁上六阁之一。

东阁　在龙州治东北，疑今平武东七里东阁湾。《方舆胜览》载江油左担路涪水壁上六阁之一。

石城阁　在龙州治东，《方舆胜览》所载江油左担路涪水六阁之一。

以上七阁可确考为邓艾所置。

兜索阁　《方舆胜览》载有兜率关，即此。在今青川县青溪区治，从秦陇阁下江油必经之路。不知明以前是否置阁。

三店原阁　在龙州治东，离南坝古州80里。《方舆胜览》载其名，为十二关之一，不知明前是否置阁。

黄林阁　在龙州治东，今江油南坝城内。《方舆胜览》载其名为阁，不知是否邓艾置。

猿臂阁　在龙州治东南，今江油南坝附近。《方舆胜览》载其名为阁，不知是否邓艾置。

楮株阁　在龙州治北。《方舆胜览》载有楮株口，阁应在其附近，不知是否在明以前置阁。

木蕊阁　在龙州治北，宋十二关有木蕊关。《方舆胜览》称其在楮株口。知楮株阁和木蕊阁接近。不知明以前是否置阁。

以上六阁中有五阁为明以前置，只是其中哪五阁应为以前邓艾置，仍待确考。[①]

余下24阁是，治东：麻园、飞仙；治东南：兴文（在东南二十里海棠铺）；治北：金鼓、芭蕉、卢崖、天井、桑坪、飞泉；治西北：金匮、桐油、隆奉、胡空、黄梗、刘树、鹅顶、禅峰、石门、仙女、马桑、溪坝、黑水、罗汉、羊肠。加上上考7阁，余下的1阁，共25阁为明洪武十一年建。遗憾的是，众多阁道遗迹，大多不复存在了。历史上龙州这一带有多少栈阁本身仍是一笔糊涂账。所以据康熙《龙安府志·山川》："栈阁，治东，魏遣邓艾伐蜀，至秦陇等阁栈凡二十二处。洪武十三年开设松潘卫，又置飞仙等阁道二十五处。南崖阁道，治东六十五里，正德初兵备卢公修凿，

---

① 　《寰宇通志》卷70载邓艾十二处栈阁，道均在龙州东南，则可知兜索、三店原、黄林、猿臂四阁疑为邓艾所置，合计可考邓艾置之阁为11阁，另一阁待考。

平坦可行。"①清代以来，人们认知的栈阁也仅是少数了。如道光《龙安府志》卷2《舆地志·关隘》又记载："旧志，兴文阁，在府东南二十里海棠铺，山路盘束下，临急湍，置阁其上，以通行旅。又南岩阁，在府东六十五里，明正德初修筑，平坦可行。七里阁，在县东南四十里。卢崖阁，在县东南四十五里，正德初卢公修筑。朱仙阁，在县东南一百五十里。"②显然，在数量上与前面讨论的数量有出入。十分遗憾的是，由于各种因素，这些栈阁都只是空留名称，早已经被毁坏了。

---

① 康熙《龙安府志·山川》，民国十一年抄本。

② 道光《龙安府志》卷2《舆地志·关隘》，道光二十二年刻本。

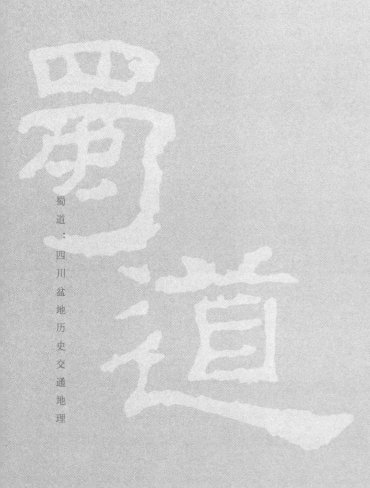

第二章

四川盆地
北部次要交通路线

蜀道：四川盆地历史交通地理

第一节　任河道（大竹河道）

今天沿大竹河谷取行的大路，历史上又叫王谷道、任河道，是大巴山东部的一条重要通道，也是长江中游汉江流域与四川盆地内部直通交流的唯一通道。早在《水经注》卷27中就有记载："（汉水）又东径魏兴郡广城县，县治王谷。谷道南出巴獠，有盐井，食之令人瘿疾。"[1]广城县在今紫阳县南60里任河旁，称谷道，即是沿任河河谷入巴山南的通道。乾隆《兴安府志》卷4《建置》记载，早在唐乾宁四年，荆南节度使许存便扼此道上毛坝关，屯兵塞入蜀之道。[2]《资治通鉴》卷260确实有乾宁四年许存"溯江略地"而"屯于茅坝"的记载。[3]但此江应是长江，茅坝在何处并没有具体指明，而宋代历史文献的记载中只有一个茅坝驿，在今重庆江津一带。明清时期，有关毛坝、茅坝的地名众多，任河边的茅坝最早见于记载是在清代。所以，我们还不能完全认为许存屯兵的茅坝，是任河边的毛坝。所以，乾隆《兴安府志》的记载存疑。

不过，明清以来任河成为四川盆地东北角重要的水陆交通通道。有关记载众多，如雍正《陕西通志》卷12记载："县志：任河，在县西南一里，源出四川大宁县，流径太平县，又至县境北流入汉，崖路崎岖，通西蜀道，板木结筏多由此出。州志：县

---

① 郦道元《水经注》卷27《河水》，上海古籍出版社，1990年，第538页。
② 乾隆《兴安府志》卷4《建置》，道光二十八年刻本。
③ 《资治通鉴》卷260，中华书局，1956年，第8488页。

西南二十五里任河，有之滩，横石参差曲折如之字形故名。"① 又毕沅《关中胜迹图志》卷28记载："任河，在紫阳县西南一里，《通志》：源出四川大宁县，流径太平县，又至县境北流入汉，崖路崎岖，通西蜀道，板木结筏多由此出，河有之滩，在县西南二十五里，横石参差曲折如之字形，故名。"② 道光《紫阳县志》卷1《地理志·山川》记载："沿河崖路崎岖，通西蜀道，板木结筏多由此出，《边防备览》：河发源于四川城口之黄墩，自城口蟠折数百里至大竹汛，三百六十里可行数十石小船。"③ 同时任河也称大竹河，如雍正《四川通志》卷26记载："大竹河，一名北江，自县东黄墩山源，经城口山黄溪、大竹渡，共西流三百里入陕西紫阳县界，为任河入汉江。"④

　　由此可见，沿任河是可选择水陆而行的。《三省边防备览》卷3《道路考下》和康熙、道光《紫阳县志》都详细记载了这条陆路通道。民国《重修紫阳县志》记载："西路：鸟道羊肠极其幽险，三十里至瓦房店，四十里至灌河塘，三十里至辛滩，三十里至大坝塘，二十里至毛坝关，紫阳县主簿驻此，按：今为县佐署，三十里至二州垭，交四川太平县界，山高涧深，路极逼窄。"⑤ 同志卷3还记载："南路三十里瓦房沟，塘兵三名，又三十里权河口，塘兵三名，又三十里辛滩，塘兵三名，又三十里大坝塘，塘兵三名，又三十里毛坝关，塘兵五名。"⑥ 道光《紫阳县志》同样记载："任河……发源城口之箕星山，系湖、陕、蜀三省交界地……三百里至城口厅……一百六十里至冉家坝，以下能军小舟，又六十里至大竹河，又三十里至田坝河，进峡接陕省大界。"⑦

　　紫阳县　顾炎武《肇域志》卷38记载："紫阳县，州西二百五十里，考通志西二百里，正德七年添设，本汉阴县地，正德七年，立紫阳堡，八年升为县。城周四里。汉江，在县南。"⑧ 紫阳县为汉江上游峡谷地带的一县，在古代因为支流任河在

① 雍正《陕西通志》卷12《山川五》，雍正十三年刻本。
② 毕沅《关中胜迹图志》卷28，《景印文渊阁四库全书》第588册，台湾商务印书馆，1972年，第839页。
③ 道光《紫阳县志》卷1《地理志·山川》，光绪八年刻本。
④ 雍正《四川通志》卷26，乾隆元年刻本。
⑤ 民国《重修紫阳县志》卷1《地理志·道路》，民国十四年石印本。
⑥ 民国《重修紫阳县志》卷3《兵防志》，民国十四年石印本。
⑦ 道光《紫阳县志》卷1《地理志·山川》，光绪八年刻本。
⑧ 顾炎武《肇域志》卷38，清代抄本；也见《肇域志·陕西》，上海古籍出版社，2004年，第1654页。

县城边从巴蜀内地流入而
成为四川盆地与鄂、陕
两省交通的枢纽城镇。
民国《重修紫阳县志》
记载:"西渡,县西南一
里,即任河嘴义渡,城
乡要津,路通川省。"①
任河是连接城口、万源
以及紫阳县沿岸集镇的重
要航道,整个流域承担着
茶叶、木材、竹等山货特
产以及日用品的运输往
来。不过,由于整体经济
水平不高,民国时期,作
为一个县城的紫阳也只有
二三百户人家,只及一些
地区的场镇人口多。以前
紫阳县城有上渡口(码
头)和下渡口(码头),
上渡口就是在任河嘴,只
有三四户人家。从紫阳入
南古道几乎是沿任河河谷
行进,但现在沿河古道大
多没有遗迹可寻。

紫阳任河与汉江汇合处

紫阳城

瓦房沟 也称瓦房店,从紫阳县城30里到瓦房沟,即今渚河(楮河)入任河处瓦
房店。清代聚集于任河沿岸的商人在此地盖房多为瓦房,故名瓦房店。民国及以前,
瓦房店因为交通之便,成为连接川陕的重要通道。道光《紫阳县志》卷1记载此地:
"川中小舟往来停泊之处,路通定远、太平,亦为要隘。"②民国初年瓦房沟有数百

---

① 民国《重修紫阳县志》卷2《建置志》,民国十四年石印本。
② 道光《紫阳县志》卷1《地理志·要隘》,光绪八年刻本。

　　　　　　　　　　　　　　　　　　　　　　第二章

瓦房沟塔

户人家，码头上停泊着客货船和渡船，甚至比紫阳县城热闹。①据民国《紫阳县志》记载："瓦房店。道咸间，洪氏之变，川江路梗，货物转运多由此取道入川，行旅辐辏，市面最为繁盛。事平后顿减旧观。光绪二十一年水灾后复将傍河铺面剖塌几尽，损失颇多。近年如茶、麻、漆、丝、桐、漆油、木耳、药材之属，西南二乡所产者，多由此出口，可为大宗，商业稍有起色。"②时人称之为"小汉口"。瓦房沟在任河、渚河交汇处的山嘴，坐落着瓦房店会馆建筑群，由北五省会馆、武昌会馆、江西会馆、四川会馆等组成。20世纪80年代，因修建水电站，会馆遭到毁坏，保存较为完好的仅剩北五省会馆（川陕会馆）。新中国成立后，会馆被改造成粮库，为防止粮食受潮，正殿和过殿都用木板加装了夹层，以至于大殿内的壁画能够保存完好。直到21世纪初，一场大雨使得夹层脱落，县文物管理人员在查看灾情时，无意间发现了这些壁画。

瓦房沟全景

---

① 东亚同文会《新修支那省别全志》卷1，1941年，第276页。
② 民国《重修紫阳县志》卷2《建置志》，民国十四年石印本。

瓦房沟五省会馆建筑

外权河　《新修支那省别全志》卷1记载，也称芭蕉口，晚清民国时期约有10户人家。[1]

权河塘　从瓦房店至此一说30里，一说40里，即今陕西省安康市紫阳县高桥镇权河村，也称权河口。民国《重修紫阳县志》指出："权河，本名灌河，俗呼为权字，误也。"[2]民国时期有数十户人家。今日权河村街道是平直宽阔的硬化路，路边是新修的2至3层的楼房。

权河塘

辛滩　民国《紫阳县境全图》标明有辛滩，也名新滩、新滩子，从权河塘到此30里，即今陕西省安康市紫阳县高滩镇新滩村，在今高滩火车站附近，只是当地无古迹可寻。从此经过王瓜婆、竹瓦溪口到高滩。

高滩　即今高滩镇。民国《重修

新滩

---

① 东亚同文会《新修支那省别全志》卷1，1941年，第276页。
② 民国《重修紫阳县志》卷1《地理志》，民国十四年石印本。

高滩镇

大坝

紫阳县志》卷2记载高滩生产"漆、油、丝、麻"。①

新编《紫阳县志》记载："高滩：自然镇，系高滩区公所、高滩乡乡政府驻地，因镇东任河中有高、矮两个险滩得名。"②《新修支那省别全志》卷1记载称高潭，当时约有100户人家。③

大坝塘 民国《紫阳县境全图》标明有此塘，距离辛滩20里，即今陕西省安康市紫阳县高滩镇大坝村。此地为任河边的一个台地，为任河古道上少有的相对开阔的平坝，因地势开阔而得名。村内有魏晋南北朝时期的村落遗址，并出土板瓦、筒瓦、纹砖等文物。《新修支那省别全志》卷1记载清末民国时此地只有四五户人家，并不繁荣。④

毛坝关 今毛坝镇毛坝关。历史上有关毛坝关的记载繁多。如康熙《紫阳县新志》卷上记载："毛坝关，县西南一百二十里，在任河内。"⑤严如熤《三省边防备览》卷6《险要上》记载："毛坝关，县西南一百五十里，连山叠嶂之中稍开小嶂，

---

① 民国《重修紫阳县志》卷2《建置志》，民国十四年石印本。
② 紫阳县志编纂委员会《紫阳县志》，三秦出版社，1989年，第88页。
③ 东亚同文会《新修支那省别全志》卷1，1941年，第276页。
④ 东亚同文会《新修支那省别全志》卷1，1941年，第276页。
⑤ 康熙《紫阳县新志》卷上，康熙二十七年刻本。

民国时期的毛坝场

大竹河环绕于前，西南至二州垭三十里，南至亮垭子七十里，西至紫溪河八十里，皆通太平要路。关南峻岭一十八盘，真十步九折，郁岩峦矣，最为要隘。"①后道光《紫阳县志》卷1《地理志》记载："毛坝关，县西南一百五十里，崇山叠嶂之中稍开小峰，大竹河环绕于前，西南至二州垭三十里。南至亮垭

现在的毛坝镇

子七十里，西至紫溪河八十里，皆通太平要路。关北有太义寨，关南峻岭一十八盘，真十步九折，郁岩丛峦，最为险要。"②民国《重修紫阳县志》记载："毛坝关，治

---

① 严如熤《三省边防备览》卷6《险要上》，蓝勇主编《稀见重庆地方文献汇点》，重庆大学出版社，2013年，第327页。

② 道光《紫阳县志》卷1《地理志·险要》，光绪八年刻本。

西南一百五十里，崇山叠嶂之中，稍开小嶂，大竹河环绕于前，西南至二州垭三十里。"①又载："毛坝关，距城一百五十里，东至大南滩抵大坝塘界，西至廉家坝抵瓦庙子界，南至木栏河抵四川界，北至库刀溪接渔溪河界，计东西五十里，南北六十里。"②毛坝关位于任河上游，近有大茅山，地处川

毛坝段任河

陕之咽喉，明清时期官府在此设立关防，故称毛坝关。新编《紫阳县志》记载："清置关以扼由陕入川要道。二州垭主簿署焚毁后，移驻于此。"③即清代紫阳县分县衙门驻毛坝，紫阳主簿曾一度驻此。因为地理位置的优势，毛坝关为本县南部经济要地。民国《重修紫阳县志》记载："南路：由瓦房店、毛坝关，通四川大竹河，四日一

麻柳镇

从二州垭口远眺麻柳镇

① 民国《重修紫阳县志》卷1《地理志·险要》，民国十四年石印本。
② 民国《重修紫阳县志》卷1《地理志·乡里》，民国十四年石印本。
③ 紫阳县志编纂委员会《紫阳县志》，三秦出版社，1989年，第89页。

班。"①当时，附近地区土特集散此，水运南达四川大竹河，北通紫阳县城，旱路西运至镇巴、西乡，商业比较活跃。《新修支那省别全志》卷1记载，当时毛坝人口多达两百多户，是任河两岸人口较多的乡场。②今日毛坝镇经济仍较为发达，为紫阳县三大镇之一。

历史上，从毛坝镇到田坝河、大竹河镇，水路要越过大界峡天险，陆路要翻越金竹山。水路只能航行小船运载货物，人员多取陆路，但形成了山腰路和翻山路两条通道，都相当难行。一条是沿大界峡东岸金（荆）竹山腰的陆路，称为小路，长约50里，在毛坝南瓦口滩（今瓦滩村）渡河而行，过悬崖过深溪，道路危险万分；一条翻越二州垭山绕过麻柳河至白羊溪之间的大界峡，由白羊溪到田坝河，称为大路，约70里。民国《紫阳县境全图》标明此路从毛坝关经过烟墩垭（烟地垭）、麻柳坝、逗天坡、二州垭到任河。相对而言，当地人当时更多走小路而少走大路。

在二州垭垭口上

二州垭　明代因地处陕西金州（今安康市）和四川达州（今达州市）交界处而得名。康熙《紫阳县新志》卷上记载："二

二州垭口的石灵上古庙

① 民国《重修紫阳县志》卷3《兵防志》，民国十四年石印本。
② 东亚同文会《新修支那省别全志》卷1，1941年，第276页。

从二州垭口向北眺望　　　　　　　　　　　从二州垭口向南眺望

州垭，县西南一百六十里，为秦之金州、蜀之达州接壤之区。"①道光《紫阳县志》
记载："二州垭，《旧志》在西南一百六十里，为秦金州、蜀达州接壤，明正德间达
州分建太平县，金州分建紫阳县，仍于二州垭设戍防守，断崖绝壁，雄峙一方，其上
有擂鼓石。"②又道光《紫阳县志》记载："紫阳县西南之二州垭，距县一百八十里，
与川省太平县连界，犬牙相错，箐密林深，地属紧要，应于二州垭添设主簿一员，即
将西安府知事裁改移驻云云，则主簿署口在二州垭。"③《三省边防备览》卷6《险要
上》记载："二州垭，山势陡险，下临溪涧，往时太平、兴安会哨之地，紫阳县设有
二州垭主簿，荒凉不能存住，移居茅坝关外。烟墩垭、十八盘绝险碥路，至关稍为平
夷。"④毕沅《关中胜迹图志》卷29记载："二州垭，通志在紫阳县西南一百六十里任
河旁，接四川界，正德间分蜀达州为太平县，分秦金州为紫阳县，于二州垭设戍守。
县志，断崖绝壁，雄峙一方。"⑤1932年《万源县全图》中也标有二州垭。今二州垭位
于麻柳坝东南的山顶垭口上，新修有一个石灵上古庙，仍是四川万源县大竹镇与陕西
紫阳县的交界处，但卡子遗址已经不复存在了。从二州垭入东南一直下坡到白羊溪，
为任河的一条支流。

① 康熙《紫阳县新志》卷上，康熙二十七年刻本。

② 道光《紫阳县志》卷1《地理志》，光绪八年刻本。

③ 道光《紫阳县志》卷2《建置志》，光绪八年刻本。

④ 严如熤《三省边防备览》卷6《险要上》，蓝勇主编《稀见重庆地方文献汇点》，重庆大学出版
社，2013年，第322页。

⑤ 毕沅《关中胜迹图志》卷29，《景印文渊阁四库全书》第588册，台湾商务印书馆，1972年，第
844页。

白羊溪　　　　　　　　　　　　　　　田坝河附近

白羊溪　今称白杨溪，为一居民点。从白羊溪向东沿河而行到达白杨溪与任河的汇合处，到达任河边的田坝河。

田坝河　光绪《太平县志》舆图中标有田坝河，在今田坝河，地处今任河边。因新修毛坝关水库，原来的田坝河老街已经淹入水中。《新修支那省别全志》卷1记载，当时田坝河有十多户人家，停泊着一些小船。①历史上从田坝河可以走水陆两道到达大竹河镇。

大竹河　在今大竹河镇。大竹镇原名大竹河，"兴市于明朝弘治年间，原名蒿枝坪。相传清康熙年间，因街中段长有一株直径约一尺的大竹子而以此得名。后历代建乡均沿用此名"②。大竹河是整个四川盆地东北角大巴山的交通枢纽，任河运输最重要的节点。首先，任河是历史时期川陕两省诸多小型河流中唯一的水运通道，从陕西境内沿任河逆流而上的货船行至此地后，因地形原因便不再向南行驶，大竹河镇成为一个水陆转运枢纽，任河水运行起始点，故历史上大竹镇码头十分繁忙，有大量货船在此停泊、装卸商品，之后再通过背夫将货物运至城口。所以，众多文献都有详细的记载，如严如熤《三省边防备览》卷6《险要上》记载："大竹河，即紫阳任河，于巴山直下，万峰相连之中，忽有小溪可以行舟，略为界断，然其流不深，故皮窝铺之山径与界岭相连，不知中有小溪也。"③卷7《险要下》也记载："大竹河汛，县东北

①　东亚同文会《新修支那省别全志》卷1，1941年，第278页。
②　万源县地名领导小组编印《四川省万源县地名录》，1984年，第167页。
③　严如熤《三省边防备览》卷6《险要上》，蓝勇主编《稀见重庆地方文献汇点》，重庆大学出版社，2013年，第322页。

大竹河镇全景　　　　　　　　　　　　　　大竹镇街景

一百八十里，距玛瑙山不远，由梨树溪北进沟，经蒿坝、横山、子庙坪至汛。汛在大
竹河西岸，北至紫阳之二州垭五十里，西北至定远之鹿池坝六十里，前临深涧，后倚
崇冈，极为要险。"[1]卷5《水道》则记载任河"自城口蟠折数百里，至大竹汛，始能
行船，下瓦房店到紫阳城南岸入汉。由紫阳沂流至大竹汛三百六十里，可行数十石小
船，花布自襄樊，药材自川省，多从此载运"[2]。陈明申《夔行纪程》中谈到大竹河：
"商贾聚集，为太平通水程之所。河自东而西可行船，山内所产药材、茶叶由此顺流
而下至陕西紫阳任河口，计程三百六十里合汉江直达襄樊，襄樊花布等货溯流至此起
旱运发各处。"[3]道光《紫阳县志》卷1《地理志》引《采访册》也谈到任河冉家坝
（城口县巴山镇）以下就可以航行小舟，60里到大竹河镇为水运的起始点，然后30里
到田坝河，进入大界峡，再行30里到逗天坡和金竹山。峡内峡谷壁立，滩多水急，出
峡为鲁家坊。又30里到毛坝关，又120里到瓦房店，5里经滩横石，25里到紫阳城南进
入汉江。[4]上面谈到的鲁家坊，即今鲁家村，为大界峡北口水路所经。另，光绪《大宁
县志》卷2《场市》记载："大竹河，有汛弁驻防，任河舟行止此。"[5]光绪《太平县
志》卷2《山川》也称："湖北花布由襄樊运至紫阳，另用小舟运至大竹河止，太平土

---

① 严如熤《三省边防备览》卷7《险要下》，蓝勇主编《稀见重庆地方文献汇点》，重庆大学出版
　社，2013年，第335页。
② 严如熤《三省边防备览》卷5《水道》，蓝勇主编《稀见重庆地方文献汇点》，重庆大学出版
　社，2013年，第312页。
③ 陈明申《夔行纪程》，《小方壶斋舆地丛钞》第7帙，上海著易堂排印本。
④ 道光《紫阳县志》卷1《地理志》，光绪八年刻本。
⑤ 光绪《大宁县志》卷2《场市》，光绪十一年刻本。

蜀道：四川盆地历史交通地理　　第一卷　四川盆地北部交通路线　　　　732

大竹河码头

大竹镇码头拴船石柱子

大竹镇码头牛鼻孔

产茶、铁、药材亦由此下运焉。"①民国《万源县志》卷2《营建门·乡镇》也记载："大竹河，治北一百四十里，集期二五八，原属十保，由陕运来棉花及县属所产药材多集中交易，商业较盛。"②

《新修支那省别全志》卷1《四川省》记载，当时大竹河场镇规模较大，右岸有100多户人家，左岸有200多家人户，河边码头上停泊着许多木船。③我们考察发现，大竹河镇地处马道河汇入任河处，四围都是高山。大竹镇老街莲花路位于任河东岸，由于当地经济条件较好，因此已经没有传统建筑保留。莲花路紧邻任河，有一条小巷通往河边码头。虽然水运已经停止，但是码头仍作为两岸民众通行的渡口继续它的历史使命，在码头处我们发现五个拴船石。以前大竹河寺庙相当多，镇政府之前在"王爷庙"办公，王爷庙是旧时的船工会馆，供奉着镇江王爷。遗憾的是"王爷庙"早已被拆除，其原址修建了一排商铺。民国《万源县志》卷2《营建门·祠庙》："禹王宫，北门大街，即两湖会馆，又八区长坝，九区王家坝、罗文坝，二区白沙河，四区竹峪关，十区大竹河均有此庙。"④可见大竹河在历史上农业和商业移民都较多。

同时，大竹铺（大竹河汛）还是联系城口、太平一带的陆路枢纽。民国《万源县志》卷4《官政门·交通》记载："北路由本城到十区，出北门沿小河右进，经观音峡至官渡埫三十里，由官至梨树溪十里，由梨树溪经金竹坝邓家坝交十区界，至皮窝铺五十里，由皮经土坰子大梁下至庙坡场三十里，由庙坡至十区大竹河二十里，自城至此共一百四十里。"⑤

皮窝乡　虽然目前是一处不起眼的乡镇，但在历史时期却拥有显著的交通优势。早在道光《四川省分县详细图说》中就标有皮窝铺。光绪《定远厅志》卷2《地理志·镇市》记载："皮窝铺市，在厅北一百二十里。"⑥但在该志舆图中标为皮货铺。1932年《万源县全图》中也标有皮货铺。民国《万源县志》卷2《营建门·乡镇》记载："皮货铺，治北九十里，集期三六九，原属十保，一名皮窝铺，西十余里黄草梁交陕属紫阳界。"⑦皮窝乡在民国时期是万源东北部地区一处区域交通集散

①　光绪《太平县志》卷2《山川》，光绪十九年刻本。
②　民国《万源县志》卷2《营建门·乡镇》，民国二十一年铅印本。
③　东亚同文会《新修支那省别全志》卷1，1941年，第279页。
④　民国《万源县志》卷2《营建门·祠庙》，民国二十一年铅印本。
⑤　民国《万源县志》卷4《官政门·交通》，民国二十一年铅印本。
⑥　光绪《定远厅志》卷2《地理志·镇市》，光绪五年刊本。
⑦　民国《万源县志》卷2《营建门·乡镇》，民国二十一年铅印本。

中心。如民国《万源县志》卷4《官政门·交通》记载："十区以大竹河为中心，位于县之正北，南由本场至本区庙坡场二十里，由庙坡经土垭子大山至本区皮窝铺三十里，由皮铺下十五里邓家坝交一区界以入县城一百四十里，又由庙坡场南经深洞子上万树坪交二区界以达曹家沟六十里，又由皮窝铺西进十五里至黄草梁，以入陕西紫阳县之麻柳坝。"①

庙坡乡 旧名"庙坡场"。早在道光《四川省分县详细图说》中就有标注。光绪《太平县志》舆图中也标有庙坡。1932年《万源县全图》标为庙坡。民国《万源县志》卷2《营建门·乡镇》记载："庙坡场，治北一百二十里，集期一四七，原属十保。"② 因清末年间在此

土垭子

山坡上建有一座"关帝庙"而得名。③庙坡沿街分布有许多商店。在庙坡乡以东不远处公路旁边的崖壁上，疑似有栈道凹痕。

我们考察发现，大竹河汛向西有两条陆路可达黎树与洋巴荔枝道相连，一路经庙坡、皮货铺（一作皮窝铺）、邓家坝、金（一作荆）竹坝到黎树接洋巴道，一路经庙坡、横山子、蒿坝子（蒿坝铺）、深洞子（深洞铺）到官渡接洋巴荔枝道。所以，黎树溪有"赴太平、城口总路"之称，当时黎树溪"居民二三十家，小场落。由此入东北山沟，溪石堆磊。询土人，云夏秋山溪水涨，人不能行，须度山越岭攀援而过，行旅苦之。二十余里至出水洞……再二十里上横山子，山坡西陁东陡，环曲而下，即深洞子，再行山沟乱石中，三十里至大竹河"④。

从东南沿大竹河可经土垭铺（今土垭子村）后离开大竹河（任河）拐向东面大山

① 民国《万源县志》卷4《官政门·交通》，民国二十一年铅印本。
② 民国《万源县志》卷2《营建门·乡镇》，民国二十一年铅印本。
③ 万源县地名领导小组编印《四川省万源县地名录》，1984年，第192页。
④ 陈明申《夔行纪程》，《小方壶斋舆地丛钞》第7帙，上海著易堂排印本。

沟，经过晏塘坪（铺）（今堰塘坪）、杨家坝（今杨家坝）、鸡公滩塘、黎儿坪（今黎儿垭）、龙王垭（今龙王垭）、三湾塘（今坪坝镇三湾村）、坪坝塘、广线垭塘（今广线垭）、小河口到城口营，道路基本上都是绕开大竹河、坪坝河走山脊上。道光《四川省分县详细图说·城口厅图》中对此道标注为小河口、广线垭、平坝塘、三湾塘、鸡公滩塘。据《新修支那省别全志》卷1《四川省》的记载，此路相当陡险，古时道路宽只在一尺到五寸间，只可容足，有的地方只能匍匐前行。一般站点只有几户人家，只有坪坝有六七十户人家。[1]当然，也可从大竹河东翻山经后浴、高头坝到冉家坝（巴山），再沿任河经黄溪河、小河口到城口营。

坪坝镇

城口葛城遗址

城口 旧名城口营、渡口场，清道光二年设立城口厅，民国初年改城口县，清代城周2里，南门外为复兴场，北门外为太和场。有载嘉庆道光间，许多人在城口境内常掘得五株钱[2]，则可知古代城口一带必当行旅通道，谷道必通城口无疑。不过清末民初，城口一带还相当落后，被《新修支那省别全志》卷1《四川省》称为"没有城墙，只是一个山间的一个小部落，没有商业交往，几乎没有像商店

---

① 东亚同文会《新修支那省别全志》卷1，1941年，第279—280页。
② 道光《城口厅志》卷5《古迹》，道光二十四年刻本。

的地方"①。今城口城内已经没有太多的历史遗迹可寻，只保留有葛城城门一座。

另外大竹河东南经修溪坝塘、袁家坝、高观场、中坝子塘、大垭子、小垭子、黄溪河、洞沟场、望乡坝、水口塘、黄墩垭交陕西平利县，其中黄墩垭为任河发源地，川陕界岭，老林之中。又可由修溪坝、菜子坝、红花溪、椒子垭、老屋场、厚坪汛、剪刀架交大宁县界，经老本园、新田坝、万春河、红池坝、核桃坪、宝塔、鸡头坝、西宁桥到两河口接堵水宁河道，其中厚坪汛也是"扼老林之要"，设有汛弁防守。这一线的通道深入老林，道路险阻，所谓"千里荟蔚，一望苍茫，采药、探路之人，往往迷忘归路"。②

城口南一带古有盐井，城口南明通区有明通井，古代曾为产盐重地。③从城口厅往南有陆路联系明通井、开县一带。据《三省边防备览》卷3《道路考下》记载，具体路线经观音岩塘、黄柏厂、旗杆山、了子口塘（今蓼子乡）到通井塘。再南可经瓮

城口明通井之一

①　东亚同文会《新修支那省别全志》卷1，1941年，第279页。
②　严如熤《三省边防备览》卷7《险要下》，蓝勇主编《稀见重庆地方文献汇点》，重庆大学出版社，2013年，第336页。
③　严耕望先生认为是通明井，又说在宣汉境，误。

城口明通井之二

城口明通老街一角

坪、仙女池、贝母池接开县界。①据《三省边防备览》卷7《险要下》记载："明通井，在寒溪寺东北五十里，路极险绝，盐井二口，日出盐不能逾千斤，故灶户贩卖之人不能多聚。"②我们实地考察发现，现城口县明通井的盐井还保存完好，因盐业而兴起的老街也保存较好。但从明通井南下开县的通道相当险要，具体路线是从明通井南下经鸡鸣、金龙、墨架山（雪泡山）、开县马扎营到店子坪（开县满月）。《三省边防备览》卷3《道路考下》记载："沿途高山险岭，自青湾子以北，从老林中行走，极为幽险。"③同时，城口也可以从半边街（有两三户人家）、木瓜口(今木瓜口，有两三户人家)、庙坝（今城口县庙坝镇，当时有人户三四户）、白子山、双河口（今双河乡，有30多户人家）、八台山（今万源八台镇）、竹家坝、白沙河（今天白沙镇）到太平（今万源市）。而从万源可以经过平溪塘、青花溪、长坝、黄家坝、罗文坝、茅坝、普光到东乡县（即今宣汉县，当时有人口4万多）。

---

① 严如煜《三省边防备览》卷3《道路考下》，蓝勇主编《稀见重庆地方文献汇点》，重庆大学出版社，2013年，第295页。
② 严如煜《三省边防备览》卷7《险要下》，蓝勇主编《稀见重庆地方文献汇点》，重庆大学出版社，2013年，第335页。
③ 严如煜《三省边防备览》卷3《道路考下》，蓝勇主编《稀见重庆地方文献汇点》，重庆大学出版社，2013年，第295页。

第二节　洋壁道

　　从唐宋时的区位上来看，洋州南面正对壁州，两州之间必有互通，所以从洋州西乡县到壁州（通江）也是川陕间一重要通道。据《元和郡县图志》卷22记载："（洋州）南至壁州西（山）路五百六十里。"[1]《通典》卷175记载："（洋州）南至始宁郡（壁州）六百一十五里。"[2]《太平寰宇记》卷138也记载："（洋州）南至壁州山路五百四十里。"卷140又记载："（壁州）北取洋州兴道县五百四十里。"[3]显然，唐宋时期这条通道是存在的，不仅通西乡县，还可北通兴道县（洋县）。只是，唐宋时期这条古道的取用应不多，故现在难以确考其具体路线。

　　现在，我们只能考察这两个地方明清时期的交通路线，按古道多由河谷取路的特点，有两条古道路线疑为唐宋洋壁路路线。一条路线是沿洋巴道到今镇巴西南，经长岭、索垭、仁村（过街楼）、洋芋塘、九元关、竹峪关，再沿今肖河口（古白石水，又名青水）经洪口、沙溪到通江。这条路线在明清时为商旅大道，"通江之竹峪关与陕西定远厅之九元关，相距六十里，川陕客民，挟货贸易者，往往取道于此"[4]。在太平设置厅以前，川陕两省官员会哨最初不是在洋巴道的滚龙坡卡子，而是在这条路

---

①　李吉甫《元和郡县图志》卷22，中华书局，1983年，第561页。

②　杜佑《通典》卷175，中华书局，1988年，第4578页。

③　乐史《太平寰宇记》卷138、卷140，中华书局，2007年，第2688、2722页。

④　严如熤《三省山内风土杂识》，《丛书集成初编》本，第12、13页。

的竹峪关，每年二月会哨，故有"往时川北道同汉南道会哨之地"之称。①想必经竹峪关的路线，当时是十分重要的。嘉庆年间，白莲教姚之富、王光祖、樊人杰从陕西经竹峪关入通江，当取此道。②不过，这条道路可能纳入荔枝道体系更为合理一些。另一条路线从西乡县大巴关到通江。嘉庆《汉南续修郡志》记载这条通道："西南过木马河十里至长岭冈，又二十里至白杨沟，又十里至柳树店，又二十里至峡口，又十里至罐子山，又十里至射潭坎，又十五里至钟家沟，又十五里至大巴关，又险坡三十里至大爷庙，又十里至百雄关，又三十里至龙池场（在巴山老林中），又十五里至喳口石，又十五里至黄草坪，又十里至天池寺，又二十里至奎星楼，又二十里至两河口，交通江县界，此路林深险峻，为川陕要隘，止可人行。"③又道光《西乡县志》记载："西路：马鬃滩离城五十里，沙河坎离城八十里，钟家沟离城一百里，骆家坝离城一百二十里，鞍子沟离城二百一十里，龙池场离城一百八十里……贯子山离城七十里，麻柳坝离城一百二十里，柳树店离城四十里，峡口离城六十里。"④显然，我们这里讨论的洋壁道自然是指第二条通道。

木马河　从西乡县出发第一站为木马河，为洋壁道南下第一站。木马河属汉江上游右岸支流，又名西乡河，相传源头因曾有木马城而得名。源于城固、南郑、西乡三县交界处米仓山北麓的白熊山老鹰崖，大致东向流经城固县、西乡县，在西乡城南三花石乡回龙湾汇入汉江。雍正《陕西通志》记载："木马河，一名马源水，在县南百步，东北流合洋水入汉（《县册》）；马源水，在西乡县，源出巴山，《图经》云：元名木马水，天宝间改名（《舆地纪胜》）；木马河，源出大巴山，在县南二百八十里，县西南之左西峡空渠水，及县北之清凉，川县南之金竹水，皆注焉，又东北入于汉（《县志》）。"⑤显然，木马河在唐宋时期名为马源水，元代名为木马水，清代以来又叫木马河。由于众多河流汇入，该河流域水草丰茂，古代多于此放牧军马。道光《西乡县志》记载："城南木马河，冬春渡口，横架木杠。"⑥清代、民国时期，木马河还能通航218里，后由于公路、铁路的发展，航运逐渐衰落，至今日已无木船航行。

---

① 　光绪《太平县志》卷2《关隘》，光绪十九年刻本；严如熤《三省边防备览》卷6《险要上》，蓝勇主编《稀见重庆地方文献汇点》，重庆大学出版社，2013年，第322页。
② 　光绪《太平县志》卷5《武功》，光绪十九年刻本。
③ 　嘉庆《汉南续修郡志》卷3《幅员道路》，民国十三年重刻本。
④ 　道光《西乡县志·市集》，抄本。
⑤ 　雍正《陕西通志》卷11《山川四》，雍正十三年刻本。
⑥ 　道光《西乡县志·西乡十二景》，抄本。

现在木马河一带已经无相关古迹可寻。

从木马河10里到长岭岗，再30里到白（柏）杨场（又称白杨沟，今柏杨村）。再20里到柳树店，即今柳树镇。民国《西乡县舆图》标有木马河到柳树到峡口的道路。

峡口 从柳树镇20里到峡口，即今西乡县峡口镇。北地地形以浅山丘陵为主，境内有峡河、木马河流经，水利条件好。道光《西乡县志》记载："峡口，离城六十里。"[1]1991年《西乡县志》记载："峡口镇：傍山临河，易于防守，昔设巡检署，制约西南。"[2]民国二十三年修筑峡口碉楼和峡口碉寨。民国时期，峡口街为贯山乡重要街道，当地集市贸易繁荣，

峡口镇

峡口

据1991年《西乡县志》中1986年统计表，峡口乡有峡口集市，集期为二五八，四邻集市距离为：东北柳树店20里，西贯子山10里，南西巴梁20里。交易主要农副产品为茶叶、藤器、竹器、皮张、枳壳、核桃。[3]今峡口镇总体经济较好，境内公路发达，当地

① 道光《西乡县志·关隘》，抄本。
② 西乡县地方志编纂委员会《西乡县志》，陕西人民出版社，1991年，第248页。
③ 西乡县地方志编纂委员会《西乡县志》，陕西人民出版社，1991年，第450页。

罐子山

射坛坎

政府利用丘陵地形适宜茶叶生长的特性，将其作为推动峡口镇经济发展的主要产业，但已经没有老街、老建筑了。

罐子山 从峡口镇10里到贯子山，即今峡口镇贯子山。道光《西乡县志》记载："贯子山，离城七十里。"[①]1991年《西乡县志》第7章第2节记载："贯子山：昔为峡口驻军设哨之地。"[②]为战争防御，民国二十三年修筑贯子山碉楼和贯子山碉寨。1991《西乡县志》记载："民国时期，贯子山街为贯山乡重要街道。"[③]1991《西乡县志》记载1986年文贯乡有贯子山集市，集期为一四七，四邻集市距离为：东峡口10里，西钟家沟30里，北沙河坎40里，西北私渡河50里。交易主要农副产品为茶叶、粮食、牲畜、皮张、木材、禽蛋。[④]其在历史时期有着重要的贸易地位与军事地位，现今罐子山已无古迹可寻。

---

① 道光《西乡县志·市集》，抄本。

② 西乡县地方志编纂委员会《西乡县志》，陕西人民出版社，1991年，第248页。

③ 西乡县地方志编纂委员会《西乡县志》，陕西人民出版社，1991年，第450页。

④ 西乡县地方志编纂委员会《西乡县志》，陕西人民出版社，1991年，第450页。

射（社）潭（坛）坎　从贯子山20里到社坛坎，今西乡县峡口镇社滩坝。

钟家沟　从社坛坎20里到钟家沟，即今陕西省汉中市西乡县骆家坝镇钟家沟村。道光《西乡县志》记载："钟家沟，离城一百里。"[1]民国《西乡县舆图》标有钟家场。民国时期，钟家沟街为骆家坝乡重要街道。为战争防御，1934年修筑钟家沟碉楼。据1991年《西乡县志》所载1986年统计表，钟家沟乡有钟家沟集市，集期为三六九，四邻集市距离为：东贯子山30里、西骆家坝15里，南大河坝100里，北私渡河40里。交易主要农副产品为药材、生漆、茶叶、竹笋、皮张。[2]村内有红四方面军会议会址。

大巴关　今钟家沟南15里到大巴关。康熙《西乡县志》卷2记载："大巴山巡检司，西南二百里。"[3]道光《西乡县志·关隘》记载："大巴关，县西南百二十五里，当大巴山之麓，路通川省巴、绥各邑，有巡检分防，今移驻峡口。"[4]民国《续修陕西通志稿》记载："大巴山司，在县西七十里。"[5]1991年《西乡县志》第7章第2节记载"大巴关：地处西南巴山之麓，道通镇巴、四川，昔设巡检分防"[6]。实际上早在明代就在此处设"大巴关巡检司"，地处牧马河与救尸河的交汇处，关

钟家沟

大巴关巡司遗址处

①　道光《西乡县志·市集》，抄本。

②　西乡县地方志编纂委员会《西乡县志》，陕西人民出版社，1991年，第450页。

③　康熙《西乡县志》卷2《建置·关隘》，康熙二十二年刻本。

④　道光《西乡县志·关隘》，抄本。

⑤　民国《续修陕西通志稿》卷50《兵防七》，民国二十三年铅印本。

⑥　西乡县地方志编纂委员会《西乡县志》，陕西人民出版社，1991年，第449页。

大巴关一带形势   大巴关的四方碑

隘设于救尸河畔，扼守西乡通往四川通江等地要道之咽喉。我们实地考察发现，今大巴关巡检司遗址虽然卡子遗址不复存在，但附近保存有一片墓地，路边保留有记录修建川陕通道的四方碑，碑高2米、宽1米、厚0.2米左右。

从大巴关30里到大爷庙，再10里到百（柏、白）雄（熊）关，嘉靖《汉中府志》卷1《舆地志·关隘》记载："白熊关，南一百五十里。"[1]从白熊关再10里到燕子碥，再20里到龙池场。不过，白熊关、燕子碥这一段翻越大巴山山梁，人烟稀少，原始林密布，公路不通，老路早已经荒废阻断，现在已经难以走通。

龙池场　今西乡县大河镇老龙池。道光《西乡县志·关隘》记载："龙池场，县西南百九十里，在巴山老林中，为各山径总汇，由大巴关登陟而进经白熊关、燕子碥场，幽险异常，军兴时设卡防堵。"[2]民国《续修陕西通志稿》记载："大巴山司，在县西七十里，其南七十里龙池场，为西乡西南要隘，匪从定远瓦口坪老林川窜入者，以龙池场为扼要之区。"[3]民国《西乡县舆图》标有龙池场。1991年《西乡县志》记载："龙池场，地处巴山老林中，为各条山径总汇处。清白莲教义军设卡于此，屡获大胜。"[4]清代的龙池即今西乡县大河镇龙池村。清代白莲教起义时，于此处设立关

---

①　嘉靖《汉中府志》卷1《舆地志·关隘》，嘉靖二十三年刻本。
②　道光《西乡县志·关隘》，抄本。
③　民国《续修陕西通志稿》卷50《兵防七》，民国二十三年铅印本。
④　西乡县地方志编纂委员会《西乡县志》，陕西人民出版社，1991年，第248页。

卡。民国时期，龙池场为骆家坝乡重要村落。新中国成立后，龙池场设立龙池公社，集市贸易繁盛。龙池村现今分为老村和新村两部分，我们考察发现，老村在山上，缺水，大多数人已搬到新村，只剩下七八户人家，以种植药材为主。村边的老龙池已经干涸，但池底的高山湿地外形还在。

龙池老街

从龙池通四川通江县的路线具体要经过楼房坪、喳口石、黄草坪、天池寺、永龙、魁星楼到铁炉垭卡门交四川省界。其中楼房坪"离城三百里"[①]，为"巴山中部要隘，东连镇巴，西接南郑"[②]。黄草坪曾设关卡，

龙池遗迹

如康熙《西乡县志》卷2《建置志·关隘》记载："黄草坪，西南三百里。"[③]魁星楼，也称奎星桥，即今天永乐镇奎星楼。民国《西乡县舆图》中标明向南经高洞子、楼房坪为一路，而向经天池寺为另一路。

铁炉垭卡门 铁炉垭在今公路边不远，但历史上的卡门早已经不复存在。

两河口 今两河口镇与陕西省镇巴县接壤，因位于川陕两省交界处的河沟口，得名

---

① 道光《西乡县志·乡村》，抄本。

② 西乡县地方志编纂委员会《西乡县志》，陕西人民出版社，1991年，第248页。

③ 康熙《西乡县志》卷2《建置志·关隘》，康熙二十二年刻本。

从龙池北北眺白熊关方向

远眺铁炉垭卡门

两河口。清代，两河口属西乡县。道光《西乡县志》记载："两河口，离城八十里。"[1]道光《通江县志》卷2也记载："两河口，离城二百九十里，与陕西定远府接界。"[2]光绪《陕西全省舆地图》中标注有两河口。两河口从古至今便是陕西汉中至四川通江商贾通行、兵家必争之地。道光《西乡县志》记载："又二十里至两河口，交通江县界。此路林深险峻，为川陕要隘，只可人行。"[3]1932年12月18日，红四方面军一举进占两河口，打响了解放全川的第一枪，两河口成为红军入川第一镇。但现在两河口已经没有老街、老房子了。

简池坝 从四川万源县两河口正北经铁炉垭卡门到奎星楼入西乡县，东北可到镇巴县简池坝约30里。《三省边防备览》卷6《险要上》记载："简池坝，山势陡峻，下临深涧，当山边之冲要，颇有市集，黎坝巡检寄治于此，距竹峪关汛一百二十里。"[4]古道从铁溪镇冉家坝向北行进，经过水磨上、斑竹园、圆坝子、黄家河、毛家河、圆坝村、鲁家河、环山子、

---

① 道光《西乡县志·乡村》，抄本。

② 道光《通江县志》卷2，道光二十八年刻本。

③ 道光《西乡县志·幅员》，抄本。

④ 严如熤《三省边防备览》卷6《险要上》，蓝勇主编《稀见重庆地方文献汇点》，重庆大学出版社，2013年，第322页。

20世纪初的两河口　　　　　　　　　　　　现在的两河口

石鼓坪、铁佛村到卡门下至简池坝。据记载卡门处原有"秦蜀疆界"的残碑[1]，但现在不复可寻。我们考察发现，简池坝相当平坦，镇上只保留一栋老房。从简池向北，可经明代的大池巡检司北上西乡，也可向东到清代的镇巴县治与荔枝道合。

往简池的卡门旧址

檬坝塘　　从两河口10里到檬坝塘。在今檬坝塘加油站附近的大通江西岸河畔处，民国《四川省通江县地图》标明檬坝塘在大通江西岸，但1944年《通江县图》和《四川省通江县图》标明檬坝塘在大通江东岸。雍正《四川通志》记载，雍正九年设置檬坝关巡检司。道光《通江县志》记载："蒙坝关，在治东北二百里，明成化宪宗中置巡检司，久裁。"[2]顾祖禹《读史方舆纪要》卷68记载："檬坝关，县东北两百里。有巡司戍守，并立副巡司。"[3]明成化间置巡检司于檬坝关，清康熙中裁，雍正八年复置，乾隆元年又裁。这

---

①　巴中地区交通局《巴中地区交通志》，2007年，第34页。
②　道光《通江县志》卷2《舆地志》，道光二十八年刻本。
③　顾祖禹《读史方舆纪要》卷68《四川三》，中华书局，2005年，第3229页。

样看来，檬坝关设有关卡防守，确为陕西入蜀路的要道，大通江河路的必经之地。从此经过观音岩到罗家河场。

罗家河、罗家坝 从檬坝塘10里到罗家坝，即今檬坝乡。罗家河在大通江上游支流檬坝河东河畔，清代即有场市。道光《通江县志》记载："罗家河，离城二百五十里。"[1]

铮子关 民国《参谋本部地形图》标注为胡子关，即今复子关。从罗家坝30里到复子关，位于鞍子村附近，大通江的西岸河畔，是长坪到陕西的必经之路，无数人都会重复从此经过，故名。从此向南过筏子坝到长坪。

长坪 1944年《通江县图》标有长坪，在大通江西岸。从罗家河40里到长坪，在

长坪

今通江县长坪镇，在大通江上游西岸河畔，清代即有场市，因地处长达2里的一台阶之上，故名。[2]

在长坪可东北分路，20里到新店子（在今通江县新店子），往沙坝子经田嘴20里到铁溪河（在今通江铁溪镇），30里到冰口塘，10里到罐子坝，10里到分水岭，10里到定远厅界。据称"连岗叠嶂，径路难行"[3]。其中新店子在大通江上游支流钢溪河西岸河畔，清代即有场市，新中国成立后属新文乡，现为长坪镇新店子村。场东土墙坪，为明初铁甲将军李荣禄与元兵战殁之地。[4]铁溪是因有人在此采矿炼铁炼钢，故名。[5]铁溪原址位于今冉家坝铁溪镇希望小学附近。今铁溪镇则在大通江上游支流钢溪河西岸河畔。从铁溪至定远厅（今镇巴县），也可以北经简池，具体路线经今园坝子、毛家河、鲁家河（今属铁溪镇园坝

① 道光《通江县志》卷2《舆地志》，道光二十八年刻本。

② 四川省通江县志编纂委员会《通江县志》，四川人民出版社，1998年，第94页。

③ 严如熤《三省边防备览》卷3《道路考下》，蓝勇主编《稀见重庆地方文献汇点》，重庆大学出版社，2013年，第293页。

④ 四川省通江县志编纂委员会《通江县志》，四川人民出版社，1998年，第94页。

⑤ 四川省通江县志编纂委员会《通江县志》，四川人民出版社，1998年，第94页。

村）、环山子、罗家河、白家店子、卡门、简池、罗家坝、白家营，到镇巴县城。而从铁溪河向北可经店子河、卡门到简池坝。实际上，清代从简池坝向北可以经过大池坝、左溪直接到峡口镇，并不经过西边的大巴关、龙池、两河口。嘉靖《汉中府志》卷1《舆地志·关隘》记载："大池坝巡检司，西南一百七十里，成化中建。"[1]可能这条道路开通还比较早。

铁溪

泥溪 从长坪经官溪坝、黄梁嘴、土岭子40里到泥溪，在今通江县泥溪镇。镇在大通江中游西岸，场右侧有一小溪，每当洪泛，泥石俱下，故名。[2]道光《通江县志》记载："泥溪场，离城一百七十里。"[3]现泥溪场有一条老街，名为赤北街，整条街水泥铺路，石板不存，老房与砖房混搭，风格不一。

泥溪赤北街

① 嘉靖《汉中府志》卷1《舆地志·关隘》，嘉靖二十三年刻本。
② 四川省通江县志编纂委员会《通江县志》，四川人民出版社，1998年，第94页。
③ 道光《通江县志》卷2《舆地志》，道光二十八年刻本。

得汉城 从泥溪经新码头、小平溪到苦草坝，古道从得汉城的山下而过。得汉城又名得汉山、安辑寨，位于今通江县东北永安镇得汉城村西北，地势险要，易守难攻，自古便是兵家必争之地。严如熤《三省边防备览》卷7《险要下》记载："德汉城，县东一百三十里，万山中崛起，崖堑峭绝千仞，状如岩城，泉水足供汲饮，独西南二径凌险转折而上，有一夫当关之势，顶平数里，可以耕艺。宋淳祐中，余玠临视形势，命统制张实因险筑垒，储粮建邑，为恢复旧疆之计。现今其上石壁四削，中平，尚容数千户，贼扰时官吏移居古城之中。"[1]得汉城的历史传说最早可以追溯到秦汉时期。《读史方舆纪要》卷68记载："相传汉高据此以通饷馈。"[2]《蜀中广记》卷25引《旧志》称："汉高帝据此以通饷道。"[3]嘉庆《四川通志》载："得汉城在县东得汉山上，汉高祖王汉中屯粮处。"[4]秦末汉初，刘邦以得汉城为根据地屯集粮草招兵募马，引兵东定三秦，灭楚兴汉终成霸业，得汉城对面有"擂鼓城"[5]，至今仍存，传说即与此有关。宋淳祐九年季冬，四川安抚使余玠"命统制张实因险筑垒，储粮建

得汉城摩崖石刻

---

① 严如熤《三省边防备览》卷7《险要下》，蓝勇主编《稀见重庆地方文献汇点》，重庆大学出版社，2013年，第338页。

② 顾祖禹《读史方舆纪要》卷68《保宁府》，中华书局，2005年，第3229页。

③ 曹学佺《蜀中广记》卷25《保宁府》，上海古籍出版社，2020年，第268页。

④ 嘉庆《四川通志》卷51《舆地志》，嘉庆二十一年刻本。

⑤ 顾祖禹《读史方舆纪要》卷68《保宁府》，中华书局，2005年，第3229页。

得汉城摩崖石刻   得汉城寨门

邑，为恢复旧疆之规"①，都统张实率将士因险形垒。得汉城在宋代为四川"八柱"之一。明正德初，巡抚林俊驻军于此，更名安辑寨。道光《保宁府志》记载："嘉庆二年，毁暂迁治于县北之安辑寨，十三年仍回旧治二十。"②嘉庆三年，为避白莲教，通江县迁治于得汉城，至十三年始还。至今，得汉城内古迹保留甚多，尤以历代石刻题记为最，仅东、南门外崖壁就有明清时期的石刻题记20余处。

　　苦草坝　即今永安镇，在大通江中游西岸河畔得汉城下。道光《通江县志》记载："苦草坝，离城一百四十里。"③苦草坝得名的说法众多。一说是当年诸葛亮兵败祁山而还，为防司马懿追击，将此地沿途的青草洒满毒药，司马懿追兵至此而军马大部被毒死。司马懿大惊，说："此地不仅人恶，连草也剧毒无比，真乃苦草之地矣!"后人便称为苦草坝。又说是因坝后之山，生得离奇古怪，绝世罕有，四面陡峭如切，唯三道门可入，成"一夫当关，万夫莫开"之势，为历代兵家必争之地。因历朝战乱不断，民不聊生，当地百姓深受其苦，故被后人称为苦草坝。④还有传为汉高祖刘邦在此地操练兵马，故名苦操坝，后误传为苦草坝。不难看出，上述三种说法均带有一定

① 顾祖禹《读史方舆纪要》卷68《保宁府》，中华书局，2005年，第3220—3230页；曹学佺《蜀中广记》卷25《保宁府》，上海古籍出版社，2020年，第268页。
② 道光《保宁府志》卷31《武备志》，道光二十三年刻本。
③ 道光《通江县志》卷2《舆地志》，道光二十八年刻本。
④ 黄明全主编《四川地名故事》，中国社会出版社，2011年，第285—286页。

的附会与演绎的成分，现已难以弄清其源流与真假。民国二十九年改苦草坝为"永安场"，取"永葆安宁"之意。从苦草坝经大坝子到壁溪场。

闭溪 民国《参谋本部地形图》标为壁溪场，1944年《通江县图》标注为壁溪，距永安镇20里，今碧溪场。旧名庇溪，民初改"庇"为"壁"，后又谐"壁"为"碧"。《三省边防备览》卷3中记载为"闭溪"[1]。2005年碧溪乡并入永安镇，合并为永安镇碧溪坡村。现碧溪已经没有可寻的老街和建筑了。

烟溪 也称玉溪场。从碧溪50里到烟溪，即今烟溪镇。烟溪是因为一小溪常年雾浓如烟，故名。[2]道光《通江县志》记载："烟溪场，离城一百里。"[3]道光年间属南山里二甲。从此经过小泥口到萧口。

碧溪

烟溪

2000年左右的肖口

萧口 也称肖口、硝口。1944年《通江县图》标注在大通江东岸。从烟溪20里到萧口，今属烟溪镇长胜乡啸口村，沙溪河在萧口附近汇入大通江河。沙溪河岸有明代皇木采办的摩崖石刻。从此经土地坟到瓦石铺。

瓦石铺 自萧口20里到瓦石铺，就是

① 严如熤《三省边防备览》卷3《道路考下》，蓝勇主编《稀见重庆地方文献汇点》，重庆大学出版社，2013年，第293页。

② 四川省通江县志编纂委员会《通江县志》，四川人民出版社，1998年，第94页。

③ 道光《通江县志》卷2《舆地志》，道光二十八年刻本。

今瓦室镇，在大通江下游西岸。因此处有一瓦形石头，故名。[1]道光《通江县志》记载："瓦石铺，离城五十里。"[2]系大通江下游流域的物资集散中心。

瓦室镇

双滩子　从瓦石铺20里到双滩子。《三省边防备览》记载："东北，二十里。双滩子，二十里。瓦石铺……"[3]我们猜测双滩子可能在今通江县毛峪镇龙溪村附近。村东南龙滩河边有北宋龙溪沟石刻，记载药王孙思邈在此炼丹及"龙滩马迹"风光。《舆地纪胜》卷187《利东路·巴州》有记载："龙滩在通江东二十里江流之侧，溪出龙山之西北五里，汇而为渊，深

双滩子

不可涯。相传龙马跃出其中。"[4]"龙滩马迹"，或称"龙潭马迹"，是《通江县志》所记"通江八景"之一。

毛峪镇　旧名龙舌镇，其北依鸡子顶山，三面环水，呈半岛状。早在嘉靖《保宁府志》卷4《建置纪下》中就记载有毛峪渡[5]，旧时为县内最繁华的水码头之一。明

① 四川省通江县志编纂委员会《通江县志》，四川人民出版社，1998年，第93页。

② 道光《通江县志》卷2《舆地志》，道光二十八年刻本。

③ 严如熤《三省边防备览》卷3《道路考下》，蓝勇主编《稀见重庆地方文献汇点》，重庆大学出版社，2013年，第293页。

④ 王象之《舆地纪胜》卷187《利东路·巴州》，四川大学出版社，2005年，第5475页。

⑤ 嘉靖《保宁府志》卷4《建置纪下》，嘉靖二十二年刻本。

毛峪场全景

毛峪镇老街

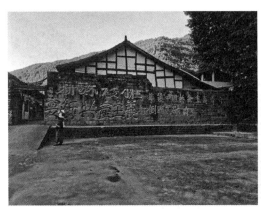

毛峪镇红军遗迹

末设总兵大镇，康熙三年设守备，民国初年置乡。1932年底，川陕省苏维埃政府置赤江县及毛浴镇于此。1935年，毛峪镇属第四区，1940年设毛浴乡公所治。新中国成立后，为毛浴乡人民政府驻地。镇上有明末副总府、清初守备署旧址、红军石刻标语、红四方面军政治工作会议及赤江县苏维埃政府等遗址数十处。从毛峪镇往南经观音岩到小江口折西可到通江县城，也可从毛峪镇翻越南岭直接到通江县城。

通江在西汉为巴郡宕渠县地，东汉为巴郡宣汉。《通典》卷175《州郡五》记载："壁州，今理诺水县，历代与清化郡同。大唐武德八年，分巴州始宁县之东境置壁州，或为始宁郡，领县四。诺水，后魏置。广纳，武德初置。"①天宝元年更壁州为始宁郡，更诺水县为通江县，更太平县为东巴县。以后一直以通江县为名，现属巴中市。

———————

① 杜佑《通典》卷175《州郡五》，中华书局，1988年，第4588页。

据旧志，汉高祖曾在通江北永安得汉山屯粮以通饷道，有称"历代屯粮之处"[1]。宋理宗淳祐九年曾在得汉山置得汉城抗蒙古，属洋州管辖，想必当时是兵旅行进之大道。[2]在清代，这条古道有"林深险峻，为川陕要隘"[3]之称。清时曾在峡口、大巴关龙池场置巡检和关卡。这样看来，历史上的洋壁山路正是取此道。严如熤《三省山内风土杂识》谈到这条路线是因为竹峪关路"道路纡回"才另行开辟的，似这条道路历史上曾梗阻一时，并不是很畅通。[4]

---

① 道光《通江县志》卷5《武备志·武功》，道光二十八年刻本。
② 道光《通江县志》卷2《舆地志》，道光二十八年刻本。
③ 道光《西乡县志·幅员》，抄本。
④ 严如熤《三省山内风土杂识》，《丛书集成初稿》本，第13页。

第三节　汉壁道

　　历史上，从汉中南郑县至通江县也是一条重要交通要道，可以简称为汉壁道。不过，在唐宋时期，人们更多关注从洋州到壁州的通道。如李吉甫《元和郡县图志》卷22记载："（洋州）南至壁州西路五百六十里。"[1]乐史《太平寰宇记》卷138《山南西道六》记载："（洋州）南至壁州山路五百四十里。"同书卷140《山南西道八》记载："（壁州）北取洋州兴道县五百四十五里。"[2]在唐宋地理总志中，并没有从兴元府到壁州的直接可通的路线里程记载。明清时期则存有从汉中府到通江县的通道的有关记载。《三省边防备览》记载，其站点出南郑县向南行，"二十里祖师殿，三十里牟家坝"，在牟家坝分为两路，一路向南，"二十里山路青石关，三十里回军坝，二十里天池子，二十里羊圈关，四川省通江县界，山路崎岖"[3]。《三省边防备览》也记载了从通江到南郑的路线："北十五里庙子垭，二十五里扛金子，二十里涪阳场，二十里新场，二十里青峪口，二十里板桥口，二十里平溪场，二十里楼子坝，三十里朱家坝，四十里坝溪，四十里碑坝，六十里西河口，二十里羊圈关，陕西南郑县属，

---

① 李吉甫《元和郡县图志》卷22，中华书局，1983年，第561页。
② 乐史《太平寰宇记》卷138、卷140，中华书局，2007年，第2688、2722页。
③ 严如熤《三省边防备览》卷3《道路考下》，蓝勇主编《稀见重庆地方文献汇点》，重庆大学出版社，2013年，第268页。嘉庆《汉南续修郡志》卷3中也有类似的记载。

二十里天池子，三十里回军坝，三十里青石关。"① 民国《续修南郑县志》也记载有此路："正南距县治三里，过下水渡又二十二里至祖师殿入山路，又五里至高家岭（属下红花河坝），又二十里至牟家坝，又五里至马仙坝（属牟家坝），过冷水河上游又十五里至青石关（属回军坝），县佐署在焉，又二十里至回军坝，以下皆回军坝地，又二十里至天池梁之毛狗洞，旧有界碑，又五里至镇南关（知县方其正，修有题额，俗名卡门），与川省通江县之羊圈关接界，岭峻路险为川陕往来要隘。"②

具体来看，明清时期，这条汉壁古道从南郑下水渡经牟家坝、青石关、镇南关、羊圈关到通江，具体站点如下。

下水渡 即今汉中市下水渡。

祖师殿 今陕西省汉中市南郑区牟家坝镇祖师殿村。《汉南续修郡志》记载："祖师殿，东十五里，顺治间建。"③民国《续修南郑县志》卷1记载："（下水渡）又二十里至祖师殿入山路。"④今祖师殿无存，也无老街老建筑。

祖师殿

高家岭 今陕西省汉中市南郑区牟家坝镇高家岭村。民国《续修南郑县志》卷1记载："（祖师殿）又五里至高家岭。"⑤新中国成立后设高家岭公社，辖11个大队。1984年政社分设结束，设高家岭乡。今已撤乡为村。

牟家坝 今陕西省汉中市南郑区牟家坝镇。嘉庆《汉南续修郡志》卷7就记载有牟

① 严如熤《三省边防备览》卷3《道路》，蓝勇主编《稀见重庆地方文献汇点》，重庆大学出版社，2013年，第293—294页。
② 民国《续修南郑县志》卷1《舆地志·幅员》，民国十年铅印本。
③ 嘉庆《汉南续修郡志》卷14《祀典》，民国十三年重刻本。
④ 民国《续修南郑县志》卷1《舆地志·幅员》，民国十年铅印本。
⑤ 民国《续修南郑县志》卷1《舆地志·幅员》，民国十年铅印本。

高家岭

家坝。[1]民国《续修南郑县志》记载："牟家坝，县南五十里，为南区通川巨镇，隶向家岭、马仙坝、柳沟、神山沟四村……南接青石关。"[2]1990年《南郑县志》记载："牟家坝镇：本县南山重镇。清代以来，就是汉中通川孔道，常有驻军守卫。由此经汉朱公路南通碑坝地区；经支线东到法慈院，

扼守此镇，可防川北方向来敌之进犯。"[3]牟家坝地势平坦，位置重要，以前川北通江、南江、达县、巴中的物资，大多由此输入汉中或转运关中，为过往行人的重要驿站、宿站。今日牟家坝街道沿冷水河呈南北走向分布，汉朱公路贯穿全镇。

马仙坝

牟家坝

---

① 嘉庆《汉南续修郡志》卷7《乡村》，民国十三年刻本。
② 民国《续修南郑县志》卷1《舆地志·幅员》，民国十年铅印本。
③ 南郑县地方志编纂委员会《南郑县志》，中国人民公安大学出版社，1990年，第471页。

马仙坝 今陕西省汉中市南郑区牟家坝镇下辖的行政村，在冷水河边。

青石关 今青石关村青石关。《雍胜略》载宋始置青石关，史料来源不明。明正德年间曾置巡检司。嘉靖《汉中府志》卷1记载："青石关，南九十里，正德间因流贼生发，设巡检司。嘉靖二十一年，分巡关南道副使李凤会四川分巡川北道佥事杨瞻，议得四川巴州南江地方老龙池、小巴山等上，与本府南郑、西乡县地方接，道路险隘，盗贼出没，况通茶要路，檄下本府同知张良知议于南郑、西乡二县邻近地方编佥保甲一名，乡夫二十名，县队总甲一名，民壮二十名，分为两班，每季初协同青石关并大巴山盐

青石关

老龙池

场巡检司在后住扎，与巴州、南江等处兵快相兼守堡，两省称便，盖弭盗安民一要务云。"①乾隆《南郑县志》卷3《建置·关镇》记载："青石关，《通志》：在县南九十里，系入山小路。《雍胜略》：宋置。《府志》：明正德间置巡司，嘉靖二十一年巡道李凤会议以南郑、西乡界接四川，路险多盗，又通茶要道，签乡民协同青石关

---

① 嘉靖《汉中府志》卷1，《舆地志·关隘》嘉靖二十三年刻本。

及大巴盐场两巡司在彼驻扎兼守，两省便之。"①民国《续修南郑县志》卷1记载：
"青石关，在县南七十里，昔设巡检、外委，今改县佐，间驻防军，为赴川省通江、
南江、巴州、绥定各邑要冲，鸟道羊肠，极为崎岖。"②道光《通江县志》卷2《舆地
志·山川》记载青石关、羊圈关一带山脉也多称大巴山和小巴山，也有大巴关。③古道
从青石关开始翻大巴山，山势险恶起来，青石关正处在一山坡的垭口上，地理位置重
要，但现在已无可寻访的相关古迹了。

老龙池　嘉庆《汉南续修郡志》卷7中就记载有老龙池。④民国《续修南郑县志》
记载："老龙池，县西南一百三十里，隶苦桃坪、毛家井、李家营、乌药坝、黄草
坡五村，山深林密，沟亦成田，北接白岩河，南接庙坝，东接喜神坝，西界褒城纸房
坝，纵约五里，横十里。"⑤老龙池以前属于西乡县，后来分到南郑县。汉朱公路的支
线郑回路通乡政府所在地，当地农田种植大量烤烟。

回军坝　今汉中市南郑区小南海镇回军坝村，距汉中城区80多里。民国《续修陕
西通志稿》记载："回军坝，在县南一百里，两面老林，为川秦要隘。"⑥嘉庆《汉南
续修郡志》记载："回军坝，县南百里，在青石关外与通江羊圈关相接，两面老林为
川秦要隘。"⑦民国《续修陕西通志稿》记载："回军坝，南郑所管，当通江入汉川之

回军坝

---

①　乾隆《南郑县志》卷3《建置·关镇》，乾隆五十九年刻本。
②　民国《续修南郑县志》卷1《舆地志·幅员》，民国十年铅印本。
③　道光《通江县志》卷2《舆地志·山川》，道光二十八年刻本。
④　嘉庆《汉南续修郡志》卷7《乡村》，民国十三年刻本。
⑤　民国《续修南郑县志》卷1《舆地志·幅员》，民国十年铅印本。
⑥　民国《续修陕西通志稿》卷56《交通》，民国二十三年铅印本。
⑦　嘉庆《汉南续修郡志》卷3《关隘》，民国十三年重刻本。

冲，过天池、狗毛洞、羊圈关，为通江所辖。"①我们考察发现，回军坝一带地势较高，海拔1306米，通往碑坝的红军路穿坝而过，古为川陕要隘。

天池梁　今小南海镇回军坝村天池梁。道光《通江县志》记载："天池子，离城五百三十里与陕西南郑县接界。"②1938年《汉中地形图》标有天池子。民国《四川通江县地图》标有天池子，地处通江县与南郑县的分界处。1990年《南郑县志》记载："古梁州遗址，今回军坝乡之南有一大山古名'梁州山'，今称'天池梁'，也即古梁州所在之地。"③天池梁系米仓山大坪梁至红山一段，海拔2200米左右，位于南郑县小坝和回军坝乡之南，是米仓山脉的南北分水岭，曾为陕西与四川省界。1954年行政区划调整，将通江县的碑坝区划归陕西省南郑县，才从省界变成为区界。1996年南郑县撤区并乡建镇，碑坝区撤销，原碑坝乡和前进乡合并建碑坝镇，天池子也就成为如今的乡镇界。历史上，天池子被视为天然屏障，"邑之关隘皆毗连川境要道……然守御之策，其重尤在天池梁、镇南关、青石关南经回军坝三十里，至天池梁（地势高旷，有池周约二亩，冬夏不涸，故名）"④。去往碑坝，需要翻越天池子梁。清宣统三年冬，陕西民军邓占云部，亦由此路越天池梁入川。清代，白莲教曾屯兵此地，并沿途至四川大小通江河沿岸战斗生活。今回军坝经天池梁、卡门子（镇南关）、羊圈关的老路因多年没有行走，完全被杂树荆草覆盖而不能通行，故天池梁的具体情况不得而知。

镇南关卡门子附近

镇南关　今陕西省汉中市南郑区碑坝镇卡门子、卡门。民国《续修南郑县志》卷1称镇南关"与

---

① 民国《续修陕西通志稿》卷50《兵防七》，民国二十三年铅印本。
② 道光《通江县志》卷2《舆地志》，道光二十八年刻本。
③ 南郑县地方志编纂委员会《南郑县志》，中国人民公安大学出版社，1990年，第607页。
④ 民国《续修南郑县志》卷1《舆地志·幅员》，民国十年铅印本。

从羊圈关远眺卡门子

川省羊圈关接界，岭峻路险，为川陕往来要隘"，又称"关门在焉，与通江羊圈关相对，两山陡绝中通一径。同治二年川军援汉均取道此"。[①] 1944年《通江县图》标有镇南一地。1990年《南郑县志》记载："天池子南下5里有镇南关，又名卡门，与原通江县的羊圈关（今属本县西河乡）相对，其间'两山陡绝，中通一径'，历有'一夫当关，万夫莫开'之誉。清代间有军队驻守。"在今公路边有一转弯处离卡门子较近，但仍然无法接近关口。从卡门到羊圈关一直下坡，但现在古道已经完全荒废而难以走通。

羊圈关　今误作杨家关。道光《保宁府志》卷8记载："羊圈山关，在北四百里大巴山中，接陕西汉中府南郑县界，明嘉靖中置巡司，今裁。"[②] 道光《通江县志》卷2《舆地志》记载："羊圈关，在治西北四百余里巴山下，旧有巡检司，明嘉靖中增置，治巴山下，久裁。"[③] 在其舆图绘有羊圈关形势。20里到西河口。1944年《通江县图》标注称羊卷关。今羊圈关实际在从镇南关一带而下的小河沟入小通江处，这一段小通江又称碑坝河，有老桥一座保留下来，由砖块堆砌而成，高度大约12米，桥面很窄。小桥旁有老房子，土墙木梁。故当地有民谚称："打不响的炮、立不起的碑、戴不上的帽。"实际上并没有古碑留存。当地还有谚曰："八坝四口一座庙，还有一个店儿不当道。"

---

① 民国《续修南郑县志》卷1《舆地志·幅员》，民国十年铅印本。
② 道光《保宁府志》卷8，道光二十三年刻本。
③ 道光《通江县志》卷2《舆地志》，道光二十八年刻本。

羊圈关

羊圈关小桥

西河口　今陕西省汉中市南郑区碑坝镇西河口村。道光《通江县志》记载："西河口，离城四百八十里。"[1]1944年《通江县图》标注有西河口。西河村位于两河交汇处，一条较大支流从西北方注入小通江。西河口是川陕商队形成的一个集镇，也是这条陕西入川通

西河口原西河旅社

道上的第一个集镇。今西河口村落沿河而建，道路长约两百米。当地人回忆，以前挑夫商队，从青石关经过十里干沟、老龙池、回军坝、猪市沟，翻过最高的天池子，从卡门子、巴岩店沿小河沟里走下来，先到羊圈关，再到西河口、汤溪口到碑坝，运输的东西主要是食盐、大米、茶叶等物资，后来修公路的时候，老路才毁弃。现羊圈关到回军坝一段老路已经无法走通了。

---

① 道光《通江县志》卷2《舆地志》，道光二十八年刻本。

碑坝

碑坝 从西河口再60里到碑坝，今陕西省汉中市南郑区碑坝镇。道光《通江县志》记载："碑坝场，离城四百二十里。"[1]1944年《通江县图》标注有碑坝。1990年《南郑县志》载："碑坝，旧称碑坝场，因街上有一高两米、宽约一米的大石碑而得名……碑坝镇为南山区的山货土产集散地。原以农历三、六、九日逢场，现改为公历2、5、8日逢集。上市物资以杂竹为大宗，茶叶、木耳、天麻等山货也较多。"[2]由于米仓山的阻隔，造成了碑坝到铺镇（曾经的南郑县城）要比通江县城近，所以碑坝区于1954年划归南郑。今日碑坝街道很小，主街只有一条，总长约有200米，整个碑坝集镇沿着碑坝河而建，但已经没有老街老房可寻。

坝溪 从碑坝40里到坝溪，今陕西省汉中市南郑区碑坝镇坝溪村。道光《通江县志》记载："坝溪场，离城三百三十里。"[3]1933年《通江县图》标注有坝溪。川陕革

坝溪

① 道光《通江县志》卷2《舆地志》，道光二十八年刻本。
② 南郑县地方志编纂委员会《南郑县志》，中国人民公安大学出版社，1990年，第62页。
③ 道光《通江县志》卷2《舆地志》，道光二十八年刻本。

命根据地曾在此设立红江县，现遗址处仅是一些民房，立有纪念碑一通。从坝溪主路沿上通江河谷可到朱家坝，一路可向西南方向经灰滩进入南江县贵民镇境内，故坝溪在此道中居交通枢纽的地位。

朱家坝 1938年《汉中地形图》标注在东岸，1944年《通江县图》也标有朱家坝。坝溪40里到今朱家坝村。

潮水坝 1938年《汉中地形图》标注在东岸，1944年《通江县图》也标有潮水坝。从朱家坝南30里经潮水坝，其处于诺水河风景区内，坝上仍有一棵大树，但已经无其他遗迹可寻。

朱家坝

阎王碥 地处一峡谷内，保留有一段栈道孔。栈道传说始建于西汉，但实际开凿的年代并不明确。清同治年间曾有军队整修这段道路。我们实地考察发现，阎王碥地处一个峡谷内，依山沿河，峭壁险峻，是汉壁道诺水河古栈道中最为险要的地段，也是小通江河路的必经之地。

远眺阎王碥

阎王碥梯步

楼子坝、楼子庙　楼子坝位于小通江上游东岸河畔，今诺水河旅游风景区内楼子小学附近。道光《通江县志》记载："楼子庙，离城二百七十里。"[1]因早年场上建有一楼阁庙宇，楼子又名楼子庙。清代即有场市。[2]1944年《通江县图》也标有楼子庙。现楼子坝实际上是诺水河旅游风景区的南大门，原来的老街、老屋与庙子已被推倒，取而代之的则是平坦的柏油路与宽阔的停车场。从此经过马口石到平溪场。

平溪场　位于今诺水河镇平溪坝，即今诺水河镇，旧名吉安场，清代即有场市。道光《通江县志》卷2记载："吉安场，离城二百四十里。"[3]民国初置平溪乡，以地处小通江河畔的冲积坝中而得名。1944年《通江县图》也标有平溪坝。以前有平溪渡口，是通江北面重要的物资运输与集散中心。道光年间，此处建有关庙。今为通江县诺水河镇，因为正处诺水河风景区的南面，城镇规模较大，宾馆较多，但传统建筑已经不复存在了。从此经过瓦石滩、小石梁、乱石子、穿心店到板桥口。

写字岩　在平溪与板桥镇之间的公路左侧崖壁上，共有摩崖石刻七通，年代早至明万历二十六年，晚至1921年。其中，"天柱中原"四字刻于明万历二十六年，左右两侧有竖刻的上下款，上款为"万历戊戌季之春"，下款为"通江令刘升书"。石刻内容有禁伐二郎庙界内树木、重修庙宇率众垂碑、都察院和抚军门颁布禁止酗酒、女子亡夫后再嫁者听其便、禁止市棍乡豪填房入赘等。

写字岩石刻全景

写字岩摩崖石刻

---

[1]　道光《通江县志》卷2《舆地志》，道光二十八年刻本。

[2]　四川省通江县志编纂委员会《通江县志》，四川人民出版社，1998年，第102页。

[3]　道光《通江县志》卷2《舆地志》，道光二十八年刻本。

板桥口 位于巴中市通江县板桥口镇，清代即有场市，早年场市分设殷家沟出口两岸，沟上有木板桥相通，故名。[1]道光《通江县志》卷2记载："板桥口，离城二百里。"[2]1944年《通江县图》也标有板桥口。以前此地修有渡口，是水陆运输的重要枢纽。当地保留的历史遗迹丰富。老街沿河呈线状分布，碥路、老房依旧保留着古朴之风。老街因建有一座二郎庙，而得名"二郎庙街"。有戏楼，位于二郎庙内，为山门戏楼，维持之前的原貌。从板桥口经少嘴，有郎溪河注入，古道在此渡河走小通江东岸，不久就到青峪口。

板桥口全景

板桥口二郎庙

板桥口老街

---

① 四川省通江县志编纂委员会《通江县志》，四川人民出版社，1998年，第102页。
② 道光《通江县志》卷2《舆地志》，道光二十八年刻本。

青峪老街

青峪口 从板桥再20里到青峪口，即今青峪镇。据称青峪俗称青峪口，因三山夹两河，山水在此相汇成峡口，故名。① 早在嘉靖《保宁府志》卷4就记载有青峪铺。② 清代即有场市。道光《通江县志》卷2记载："清浴口，离城一百六十里。"③ 道光《南江县志》记载了南江往东至通江的道路："（南江）东，九十里……青峪口，三十里，新场，三十里，石岭子，二十里，通江，连冈叠阜，崎岖难行。"④ 又《三省边防备览》记载通江至南郑道路："三十里新场，二十里青峪口……自青峪口西，从老林边险行，极险。"⑤ 1944年《通江县图》也标有青峪口。现青峪镇上古迹几乎消失，尚且有一段老街保存，街名就为"老街"，但老建筑保留较少。从青峪口经穿口子、姚林上到新场。

新场 也称新场坝。从青峪口再20里到今新场镇，旧名新昌坝，1944年《通江县图》也标为青场坝。明代置新昌里于该地，并兴场市，近人改"昌"为"场"而成今名。民国初置新场乡。⑥ 从新场再30里到涪阳场。从新场经二郎庙、大石岭到涪阳场。

涪阳场 今涪阳镇。涪阳历史悠久，已有1000多年的历史。《太平寰宇记》卷140记载："本汉县，属巴郡。晋、宋废为宣汉县地。后魏正始中置其章郡，领符阳

---

① 四川省通江县志编纂委员会《通江县志》，四川人民出版社，1998年，第102页。

② 嘉靖《保宁府志》卷4《建置纪下》，嘉靖二十二年刻本。

③ 道光《通江县志》卷2《舆地志》，道光二十八年刻本。

④ 道光《南江县志》卷中，道光七年刻本。

⑤ 严如煜《三省边防备览》卷3《道路考下》，蓝勇主编《稀见重庆地方文献汇点》，重庆大学出版社，2013年，第293—294页。

⑥ 四川省通江县志编纂委员会《通江县志》，四川人民出版社，1998年，第101—102页。

县，亦无人户，寄理渠州。后周天和五年开拓此地，移其章郡及县理于此。隋开皇三年罢郡，以县属集州。大业三年废集州，以县属巴州。唐武德元年又置集州，县依旧属焉。"[1]到贞观十八年建筑符阳寺始完成城垣建筑，设东、南、西、北四门。天宝元年符阳县隶属符阳郡。宋熙宁五年废符阳县入通江县。元至元四年设里甲，符阳属通江县新昌

涪阳场远眺

里二甲。嘉靖《保宁府志》卷4记载有符阳铺。[2]道光《通江县志》卷2《舆地志·险隘》也记载有"符阳军，在治西北八十里"。同卷还记载"涪阳坝，离城九十里"。[3]民国元年属新场乡辖，即今涪阳坝。古名符阳，今巴中市通江县涪阳镇，在小通江中游东岸河畔。道光《通江县志》舆图标为古符阳。1919年因地处河边，故改"符"为"涪"。1944年《通江县图》也标明为涪阳镇。《四川省通江县地名录》则认为，因涪阳位于河畔，夕阳映水，取涪光荡漾之意而命名。[4]2018年涪阳乡志办考察之时，发现县衙，文庙、钟鼓楼、城门、城垣基石、东炮台、西炮台及西寺庙、西寺沟、南寺庙、南寺沟遗物湮没，但遗址犹存。又根据《通江县志》所述，场北角佛尔岩有唐摩崖造像遗址与光绪间的银耳碑。[5]从此经过草池坝对岸城子坪、黑窝子、石岭子、观音庙到何家场。

扛金子、何家场　从涪阳场20里到扛金子，然而当地已经没有扛金子地名的记忆。我们结合文献与实地考察，发现扛金子极可能位于今赤江附近。赤江在小通江下

① 乐史《太平寰宇记》卷140《壁州》，中华书局，2007年，第2723页。
② 嘉靖《保宁府志》卷4《建置纪下》，嘉靖二十二年刻本。
③ 道光《通江县志》卷2《舆地志·险隘》，道光二十八年刻本。
④ 四川省通江县地名领导小组编印《四川省通江县地名录》，1983年，第286页。
⑤ 四川省通江县志编纂委员会《通江县志》，四川人民出版社，1998年，第101页。

何家场

庙子垭垭口

游东岸河畔，东南距县城18里，俗称何家场。民国前期兴场，以附近何姓人家居多命名。1932年底，川陕省苏维埃置何家场乡。1938年《汉中地形图》也标有何家场。1951年置何家乡。[1]当地村民告诉我们，从庙子垭要经过黄梁树、懒板凳（今诺江镇天井村）、三道拐（今新场镇照山坪村附近）、天机岭、二娃沟、土桥沟，抵达汉中，显然记忆较为零散，并不准确。

庙子垭 即今庙梁上。从扛金子25里至庙子垭，再南15里至通江县城。庙子垭1958年属赤江公社，1984年属赤江乡天井村，2005年属诺江镇天井村二组，沿用至今。因山垭之中早年建有寺庙而得名。[2]现庙宇不存。附近仍有民房数栋，四周荒草丛生。我们实地考察发现，从扛金子到庙子垭拾级而上，当地人称"1114块石板路"，但现在道路的石板大部分是1933年铺成的，也有部分是旧的碥石，是汉壁道上少有的碥路。考察过程中，当地人认为从庙子垭到通江，要经过伍家沟（未知）、钱家塝（诺江镇城北村）、田完小（未知）、水厂（未知）到通江。

---

① 四川省通江县志编纂委员会《通江县志》，四川人民出版社，1998年，第101页。

② 四川省通江县地名领导小组编印《四川省通江县地名录》，1983年，第226页。

庙子垭邵家老宅　　　　　　　　　　　　　庙子垭到扛金子的1114级梯步

通江县　前面谈到在西汉为巴郡宕渠县地,东汉为巴郡宣汉,唐武德八年代置璧州,天宝元年更璧州为始宁郡,更诺水县为通江县,以后一直以通江县为名,现属巴中市。

明清时,这条古道有"川陕往来要隘""通茶要道"和"自秦入蜀路"等称呼。[1]清同治二年,川军援陕便是取这条路线。不过,汉壁道不应该在历史上米仓道的体系中,宋元时期的征战大多并不发生在这一线,此道在历史上的彰显主要是在明清地主防盗过程中,在民间则是作为一条商道存在的,以盐茶运输和山货运输为主。

通江在历史上西与巴州相连,东与达州相通,位置也较为重要。从通江西通巴州的通道较多。一条是从巴州东北方向行

庙子垭到扛金子的1114级梯步

进到今涪阳南草池(草市坝)以南与汉壁大道相连,在连接点上的小新场陈家河上,保留有独善桥。我们实地考察发现,独善桥边岩石上有精美石窟,桥面用石板铺成,

---

[1]　见民国《南郑县志》卷1《舆地志》、雍正《陕西通志》卷16、道光《通江县志》卷2《舆地志》。

独善桥

桥栏用条石砌成。桥北东端石梯右侧的自然岩石上立有一建桥记事碑，碑文记述佘凤林同治六年独立修桥之事，碑文风蚀湮损，文字大都不可辨识。1998年版《通江县志》记载："上通秦汉，下达巴蜀，而两山逼狭……每值天雨淋漓，山水涨发，临流者谁不为之哀叹。翁佘君凤林者，久欲独立捐

资修桥，事未举而先逝。其子男学、俊魁、文生、炳焕、必扬等继父志，毅然捐资成其大功。因系独家捐资，乡人以独善名之。"[①]在独善桥下游不远处发现一座跳蹬

独善桥修桥碑记

通往独善桥的碥路

---

① 四川省通江县志编纂委员会《通江县志》，四川人民出版社，1998年，第817页。

渡头铺

红花溪桥

桥，雨季淹没于河水之中。桥东南端有乾隆四十六年补修佛头河（陈家河）跳蹬记事碑1通，横额为"同结善缘"，记述了复修跳蹬桥经过及捐款功德。其碑文曰："虽非通府大道，实为往来要津，上至秦省，下及巴达。"[1]从碑记可知，乾隆时期此河被称作佛头河，至于何时更名为陈家河，已无从考证。

通往红花溪碥路

一条是从通江县向西到巴州的通道。道光《通江县志》的舆图中标明了此路要经过童子菓、西阜桥、江山一览坊、接官亭、万益桥等地。此道中一站就是渡头铺，也称渡口铺，位于通江县周子坪村附近小通江下游西岸河畔。早在正德《四川志》卷14和嘉靖《保宁府志》卷4中就记载有渡头铺。又雍正《四川通志》记载："渡头铺在（通江）县西十里。"[2]道光《保宁府志》记载："渡口铺，在县西十五里。"[3]道光《通江县志》记载："城子山，在县西十五里，

① 彭从凯《巴中历史文化田野调查》，四川师范大学电子出版社，2019年，第185—186页。
② 雍正《四川通志》卷22《津梁》，乾隆元年刻本。
③ 道光《保宁府志》卷31《武备志》，道光二十三年刻本

第二章

通江县城

三面临江，渡口铺险隘。"①此地还保留有一段碥路和"渡头铺"三字石刻，但多数时间因水库蓄水而淹没在水下。从渡头铺往西南要越过红花溪桥，具体位置在民胜镇焦坪村4组及周子坪1组交界处，建于清道光八年，东西走向，桥长9米，两礅三孔。距桥约200米的自然岩石上，有明万历十八年"壁立万仞"石刻，单字"壁"高1.55米，宽1.35米。②桥两端就是红花溪古道，西可经民胜、杨柏（明代杨柏铺）、巴州水宁寺、清江渡到巴州治；东可经渡头铺到通江县城，再北上毛浴、瓦室、长胜、烟溪、永安、泥溪、长坪、两河口至陕西洋县，也是民胜镇通往通江城的必经之道。

①　道光《通江县志》卷2《舆地志》，道光二十八年刻本。

②　彭从凯《巴中历史文化田野调查》，四川师范大学电子出版社，2019年，第187页。

第四节　小江通道

历史上小江又称彭水、彭溪。早在《水经注》卷33中就有记载："江水又东，彭水注之，水出巴渠郡獠中，东南流径汉丰县东，清水注之，水源出西北巴渠县东北巴岭南獠中，即巴渠水也。西南流至其县，又西入峡，檀井溪水出焉，又西出峡至汉丰县东而西注彭溪，谓之清水口。彭溪水又南，径朐忍县西六十里，南流注于江，谓之彭溪口。"①显然汉晋时期人们对小江的认知就很充分了，但我们对这个时期的小江交通情况并不是很清楚。

唐宋时期，开州向北可与荔枝道相连进入长安。《元和郡县图志》卷30记载："（涪州）从万州北开州通宣县及洋州路至上都二千三百四十里。"②而《太平寰宇记》卷137记载："（开州）北取通、洋两州路至长安一千四百三十里……南至万州小路一百六十里，大路二百里，西至达州四百九十里。"③实际上，唐宋时从黔州、思州等地北上中原也要经过开州。如《元和郡县图志》卷30记载："（黔州）北取万、开州路至长安二千五百七十里。"④《太平寰宇记》卷121记载："（播州）北取开州路至长安三千二百七十里。"⑤而且早在唐宋时期，小江中上游就已经开通水路交通。据

---

① 郦道元《水经注》卷33，上海古籍出版社，1990年，第639页。

② 李吉甫《元和郡县图志》卷30，中华书局，1983年，第738页。

③ 乐史《太平寰宇记》卷137，中华书局，2007年，第2671页。

④ 李吉甫《元和郡县图志》卷30，中华书局，1983年，第736页。

⑤ 乐史《太平寰宇记》卷121，中华书局，2007年，第2412页。

祝穆《方舆胜览》卷59记载："皇朝刘源，遂宁人，为开州万岁令，即清水也，尝疏凿县滩号曰：开滩长官。"[①]后来《大明一统志》卷70也记载："刘源，嘉祐中开州万岁令，县有滩，舟楫患之，源火石淬之以醯，遂易滩为通流，民立祠于滩侧，号开滩长官祠。"[②]而《寰宇通志》卷65也记载："刘源，仕宋为开州万岁县令，有滩，舟楫之患，源炽炭虞石，淬之以醯，其石立碎，滩遂为通流。民立祠于滩涂侧，号开滩长官祠。"[③]所以，在唐宋时期，小江仍称彭溪。《舆地纪胜》卷177记载有小彭驿。[④]而元代专门在开州设立有盛山站，也说明开县在交通上地位的重要。

明代开始彭溪河有小江之名。正德《夔州府志》卷3记载："小江，在县西六十里，源于开县，会大江。"[⑤]《蜀中广记》卷23记载彭溪口："按在县东八十里巴阳驿，俗名小江，旧小彭驿设焉。"[⑥]知明代开始有小江之称。嘉靖《云阳县志》卷上记载："巴阳河——经开县至巴阳入大江。"[⑦]也知小江明代又称巴阳河。明清以来，小江是长江干流连接开县、城口、太平一带的一个重要水路。

清代，小江在开县段开江，西为西溪河，今称南河，北为北溪，也称东溪，今称东河。历史上东溪有运输之利。《三省边防备览》卷5《水道》记载："开县东溪，舟行至温汤井以上则运煤薪而已，西支舟行可至临江市。会流之水东南一百二十里至云阳之高阳，又六十里至小江口注入岷江。"[⑧]

清代《夔行纪程》中详细记载了开县以南小江的航行状况：

开县开河不能行大船，船名桡拐子，身长不宽，篾篷甚矮，头尾俱木梢，如大刀，形不用舵，船头长木桡或四或六推摇。出开县南门即登船，河流湍激，节节皆滩，水底石少，故不险。行三十里渠口场，有山溪一道自北而下，至此合流。据云亦通小船。再行三十里入云阳界，六十里高阳场，岩高三四尺，居民

---

① 祝穆《方舆胜览》卷59，中华书局，2003年，第1039页。

① 祝穆《方舆胜览》卷59，中华书局，2003年，第1039页。
② 《大明一统志》卷70，三秦出版社，1990年，第1093页。
③ 《寰宇通志》卷65，《玄览堂丛书续集》第62册，国立中央图书馆，1947年影印本。
④ 王象之《舆地纪胜》卷177，四川大学出版社，2005年，第5173页。
⑤ 正德《夔州府志》卷3，正德八年刻本。
⑥ 曹学佺《蜀中广记》卷23，上海古籍出版社，2020年，第244页。
⑦ 嘉靖《云阳县志》卷上，嘉靖二十年刻本。
⑧ 严如熤《三省边防备览》卷5《水道》，蓝勇主编《稀见重庆地方文献汇点》，重庆大学出版社，2013年，第313页。

六七十家，为开县赴云阳万县水陆通衢。再三十里下臭水洞、锅底坑、黄石版等滩，滩甚险乱，石森立江水蹲通石罅中，舟如急箭，每至此人登岸，货起剥。又三十里小江口，开河与岷江合流处。[1]

据《云阳县盐业志》，当时小江上有许多橹船运盐，可直达开县。[2]

开县一带的陆路交通也较为重要。《经世大典》记载，元代开州曾设立有开州盛山站，有马2匹。[3]正德《四川志》卷17《夔州府》和正德《夔州府志》卷2《邮驿》记载，开县治总铺外，治西设立有上里、竹溪、临江、石盘、康村、豆山铺，在治东设立有洪射、渠口、龙盘、大浪、马滩、铜铃六铺。[4]从乾隆《开县志》记载的铺递来看，设立了南、北、东、西四线，东线铺递有红射、渠口、马塘、纲鹿，南路铺递有想事、卢家、刘家、梅子、长林、大面，西路有尚里、竹溪、临江、豆山，北路有游家、长店、旧县、榨井、高桥、长城、杨柳。[5]清代开县铺递的北路，实际上分别在开县西北由三个方向进入东乡县，高桥铺在今高桥镇，由高桥关入东乡县；长城铺在今榨井坝西北，由梅子关入东乡；而杨柳铺在今三汇，由杨柳关入东乡。

后来清代的路线除部分路段有改变外，大多数是沿用明代旧线。如小江通道到了开县后，往北可以取陆路到当时的东乡、太平、城口一线。其中西北一线，陈明申《夔行纪程》中有详细的记载，其路线从太平县经东关、石马河、白沙河（今白沙社区）、瓦店子（今石柱坪瓦店子）、旧院坝（今旧院镇）、双石子、井溪坝（今盐源社区井溪坝）、红崖子、凉水井、冷风槽、渡口岩（果坝村）、桑树坪（三墩旧桑树坪）、梅子关（今漆树与关塘间梅子关）、上关口（关坪）、榨井坝（明代设铺，今大进镇）、谭家坝（今谭家镇）、土龙洞、马家河（今乐园村一带）、旧县坝（原唐代万岁县、宋清水县治地，明代设铺，今县坝村）、温汤井（今温泉镇西河社区）、长店房（明代长店铺，今长店坊社区）到开县。新编《万源县志》也提到万源县城至开县城，由城东出古硐关经白沙河、旧院坝、井溪、冷风槽、大井坝（亦名榨井坝）

---

① 陈明申《夔行纪程》，《小方壶斋舆地丛钞》第7帙，上海著易堂排印本。
② 《云阳县盐业志》，云阳盐厂印制，1995，第132页。
③ 周少川等《经世大典辑校》，中华书局，2020年，第708页。
④ 正德《四川志》卷17，正德十三年刻、嘉靖十六年增补本；正德《夔州府志》卷2《邮驿》，正德八年刻本。
⑤ 乾隆《开县志·铺递》，乾隆十一年刻本。

抵开县城共440里。①我们只对此路站点做一番梳理。

万源县 明正德十年，析东乡县置太平县，清嘉庆七年升为太平直隶厅，道光二年降为太平县，民国三年改为万源县。民国初年，万源县城周仅2里，仅有百户。②

东关 也称硐关，位于今万源市古东关街道附近，以位于太平东又曾设有关卡，故名。在今万源县东城郊，地名仍存，但关卡等早已经无踪影了。

乍坝铺 光绪《太平县志》卷5记载有乍坝铺③，《钦定大清会典事例》卷679也有记载，在今李家坝一带。

石马河 位于今万白路石马河村附近。从此南下经官厂坝到白沙河。

白沙铺、白沙河 光绪《太平县志》卷5和《钦定大清会典事例》卷679均记载有白沙铺。道光《四川分县详细图说》记载为白河场，严如熤《三省边防备览》卷3《道路考下》有记载，民国《四川省万源县县图》标为白沙乡，位于今万白路白沙镇，曾经为白沙工业区，现归入万源县。清末民国白沙河已经有100多户人家，市场较为繁荣。白沙铺地理位置较为重要，南可经旧院坝、井溪坝、渡口进入开县，西南可经通天铺、石塘铺、陈家铺、铁矿铺、棕厂铺至东乡县。民国《参谋本部地形图》标注从白沙河经广元沟、田坝、王家园、勾鼻子河、黄溪河到旧院坝。

石马河

白沙河

朱家坝 《新修支那省别全志》卷1称竹家坝。从此向东南而行，山越来越高大，道路越来越险陡。

---

① 四川省万源县志编纂委员会《万源县志》，四川人民出版社，1996年，第376页。
② 东亚同文会《新修支那省别全志》卷1，1941年，第284页。
③ 光绪《太平县志》卷5，光绪十九年刻本。

八台 又名田坝，道光《四川分县详细图说》标为田家坝。田坝河与抠壁子河在八台镇回龙观汇流后，注入白沙河，呈东西走向。现在田坝一带已经没有老街老建筑了。八台的交通地位十分重要，从此向东可以翻越海拔1900米的八台山到城口厅双河口（今双河乡），再翻越白子山到城口厅庙坝，从此往东北方向到木瓜口与从大竹河来的古道会合到城口厅。也可以从此向南经瓦店子、旧院坝、井溪坝、渡口、梅子关到开县境内。

瓦店子 今石柱坪的瓦店子。

旧院坝 《元丰九域志》卷8记载："明通，州东一千二百里，六乡，宣汉、盐井、缊栏。"[1]在《方舆胜览》卷59中都是记载的明通县。[2]李贤《大明一统志》卷70记载："废明通县，在达州

八台

旧院文昌街

东北一千里，本唐宣汉县地，蜀置明通院，宋崇宁初升为县。"[3]后蜀设明通院，宋代继升为明通县，明代为明通镇，清代属太平县一保，现属旧院镇。[4]《大清一统志》卷255记载："明通废县，在厅东明通院及宣汉井场地，宋崇宁中升为县。《寰宇记》宣汉井场缊栏三场。《旧志》：宋崇宁六年升明通院置县，属达州。元至元二十二年废，在太平县东北二百里。按宋志作通明，又云南渡后增置，与此不同。"[5]丁宝桢《四川盐法志》卷4《井厂四》记载："明通院盐井场，《九域志八·夔州路》：通明院，本唐宣汉县地，伪蜀置通明院以催科赋，皇朝因之。有宣汉盐井，地名长腰，咸

① 王存《元丰九域志》卷8，中华书局，1984年，第366页。
② 祝穆《方舆胜览》卷59，中华书局，2003年，第1039页。
③ 《大明一统志》卷70，三秦出版社，1990年，第1092页。
④ 四川省万源县志编纂委员会《万源县志》，四川人民出版社，1996年，第37页。
⑤ 《大清一统志》卷255《达州》，道光九年木活字本。

源在大江龙骨石窟中涌出。"①严如熤《三省边防备览》卷3《道路考下》有记载，道光《四川分县详细图说》标明为旧院坝场，光绪《太平县志》卷2记载旧院坝，也名旧县坝、旧乡坝。②民国《四川省万源县县图》标注为旧院乡。实际上，明通县（院）在今旧院坝，但当时所属盐井分布较广，包括今城口县的明通井、万源县的井溪坝等地的盐井。现在旧院坝城镇规模仍然较大，可以窥见昔日县城的繁荣。但据我们实地考察，现只有文昌街一带保留有一点传统建筑。从此经过全溪坝到井溪坝。

井溪坝

井溪坝 光绪《太平县志》卷2记载有井溪坝场，有"开万要道"之称。③在今万源县井溪坝。据说明朝时这里曾有盐井一口，采盐颇望，有"打开桂花井，饿死云阳人"之说。此井置溪边，人称开溪坝。清末属太平县一保。④民国《四川省万源县县图》标为井溪乡。严如熤《三省边防备览》卷3《道路考下》记载，从此可向东经响水洞、桥坝嘴、七里沟汛、鸡鸣寺汛、寒溪寺到开县雪泡山。也可南下乌举梁、渡口岩、桑树坪到开县境。⑤即从梅子关入开县路。据我们调查，从井溪坝到开州，经过川心垭（在盐源社区与大包岭村之间）、大河坝、凉风坨、田嘴、大水坝（今属甜竹村）、神皇碥、渡口（今渡口土家族乡果坝村），然后经锁口庙、漆树，过梅子关而到开州。但现在井溪坝到渡口之间，由于老路长期荒废，现在已经无法走通。

渡口 严如熤《三省边防备览》卷3有记载，位于宣汉县渡口土家族乡果坝村，又称渡口岩，今为大巴山巴山地质公园，为前河上的巴山大峡谷风景区入口。据民国万源县有关地图，可从渡口西南经樊哙、三墩到漆碑乡，是为正路，但当地人也多取经干溪、桑树坪到漆树之路，更为近便。

---

① 丁宝桢《四川盐法志》卷4《井厂四》，西南交通大学出版社，2019年，第157页。
② 光绪《太平县志》卷2，光绪十九年刻本。
③ 光绪《太平县志》卷2，光绪十九年刻本。
④ 万源县地名领导小组编印《四川省万源县地名录》，1984年，第59页。
⑤ 严如熤《三省边防备览》卷3《道路考下》，蓝勇主编《稀见重庆地方文献汇点》，重庆大学出版社，2013年，第294页。

从井溪河到渡口的大山　　　　　　　　渡口

桑树坪　位于宣汉县三墩土家族乡陶家坝。

漆树、漆碑　民国《宣汉县地图》标为漆碑，现漆树即宣汉县漆树土家族乡，曾为原东乡县与开县交界处的重要场镇。

梅子关　处于今漆树与关塘间，位于原东乡与开县的交界线上。咸丰《开县志》卷4《津梁》记载："梅子关，哨楼一座。"[①]清代设有梅子口塘房，建有

梅子关

梅子关与关口坪间古道碥石

梅子关陈家屋基

_____

① 咸丰《开县志》卷4《津梁》，咸丰三年刻本。

关门楼。咸丰《开县志》舆图和道光《四川分县详细图说》均有标注。今塘房和关楼已无踪影,唯有陈家老屋屋基保留,屋基边仍是今宣汉县与开县的分界处。从此经过关塘下山到关口坪,其间古道路基多有保存。

关口坪 位于今关坪村,海拔较高。从关坪村下坡到榨井坝,古道进入低海拔地区。

榨井坝 也就是今大进镇。乾隆《开县志》记载有榨井铺。在咸丰《开县志》卷3中记载有榨井坝,在县北120里。[①]清代设有榨井铺。历史上,榨井坝地理位置较为重要,大进以北多为大巴山余脉,高山深丘地貌,地势较高,海拔2000米以上,大进以南山势相对较缓,为中低山槽谷地带,而榨井坝是一个面积较大的平坝,人口较为稠密。从榨井坝向北经过关渡、红花(桥子岩)、鱼泉、洋芋槽、民胜到满月(店子坪),从此向西北方可到宣汉和城口境内。也是向南经谭家、温汤井到开县的要站。从榨井坝向南经王家湾、黄连垭到谭家坝。

远眺榨井坝

旧榨井坝(大进镇)一角

谭家坝(今谭家镇) 咸丰《开县志》卷3中记载有谭家坝,在县北100里。[②]为开县北的一个重要场镇。从此南经土龙洞、和谦梓到马家河。

马家河 在今和谦镇南乐园村一带,也称马家沟。咸丰《开县志》卷3中记载有马家沟,在县北80里。[③]

---

① 咸丰《开县志》卷3,咸丰三年刻本。
② 咸丰《开县志》卷3,咸丰三年刻本。
③ 咸丰《开县志》卷3,咸丰三年刻本。

旧县坝 俗称县坝，原唐万岁县、宋清水县治地，明清设旧县铺，今县坝村。

温汤井 今温泉镇西河社区。咸丰《开县志》卷3中记载有温汤井，在县北60里，

温泉镇

温汤老街

温汤盐井

卷4记载："温汤井，在县东北五十里，有松木、柏木、龙马三井煎盐输课。"[1]清代设有温汤井塘。温汤井一带离唐宋时期的万岁县、清水县治地不远，明清为温汤井之地。《三省边防备览》卷7《险要下》记载温汤井"人烟稠密，约五六百户，北通太平、东乡，东北缘山路四百余里直至大宁，为县东北各山总口"[2]。今温泉镇西河社区还保留有一段老街，从老街到江边，有旧温汤盐井保留。明清时期温汤井塘、盐井均在河西岸，所以早期的地图均标明温汤在西岸，但民国后期东岸逐渐发展起来，成为重要的居住区，故民国后期有的地图将温汤标在东岸。从温汤井南经过白水滩、津关溪、大西坝、琉璃寺到长店房。

长店房 乾隆《开县志》记载有长店铺。咸丰《开县志》卷3中记载有长店坊，在县北40里。[3]即明清长店铺，今长店坊社区。从此经过福神岩、普渡寺、马转头、龙头桥、长铺子、龙王庙、乌龙井、观音坝、王爷庙、七里碥、马桶坝、滴家岩到开县。

游家铺 乾隆《开县志》记载有游家铺，在县北10里。

开县 秦、汉属巴郡朐忍县地。东汉以朐䏰县西部地置汉丰县，以汉土丰盛为名。唐宋多以开州等名相称，元设盛山站，明清时期设开县，明代设有县门铺，清代设有底塘铺，现为重庆市开州区。三峡水库修成后，小江北岸的开县老城大部分被淹，县城搬迁到小江南岸，并形成今汉丰湖。

从开县往南除水路外，陆路铺递通道也存在。正德《四川志》卷17和正德《夔州府志》卷2《邮驿》记载，开县治总铺外，治西设立有上里、竹溪、临江、石盘、康村、豆山铺，在治东设立有洪射、渠口、龙盘、大浪、马滩、铜铃六铺。[4]从乾隆《开县志》记载的铺递来看，设立了南北东西四线，东线铺递有红射、渠口、马塘、纲鹿，南路铺递有想事、卢家、刘家、梅子、长林、大面，西路有尚里、竹溪、临江、豆山，北路有游家、长店、旧县、榨井、高桥、长城、杨柳。[5]

明代洪射铺，清代红射铺 正德《四川志》卷17和正德《夔州府志》记载有洪射铺。乾隆《开县志》记载为红射铺。《钦定大清会典事例》卷679记载有红射铺。红射

① 咸丰《开县志》卷3、卷4，咸丰三年刻本。

② 严如熤《三省边防备览》卷7《险要下》，蓝勇主编《稀见重庆地方文献汇点》，重庆大学出版社，2013年，第334页。

③ 乾隆《开县志·铺递》，乾隆十一年刻本；咸丰《开县志》卷3《疆域》，咸丰三年刻本。

④ 正德《四川志》卷17，正德十三年刻、嘉靖十六年增补本；正德《夔州府志》卷2《邮驿》，正德八年刻本。

⑤ 乾隆《开县志·铺递》，乾隆十一年刻本。

铺位于今开州区红宝村附近红沙铺，背靠红宝陵园，地处小江边，仍有数栋民房，为古代开州南下万县第一站。不过，清代民国从开州往南走陆路到云阳，先行进在开江东岸，经过拱桥、乌烟桥、窄口坝、大中吉坝，然后穿越猪草坝到铺溪镇，并不一直沿江而行。另明清文献中在渠口与马塘之间记载有龙盘铺，位置不明确。

渠口铺　正德《四川志》卷17和乾隆《开县志》都记载有渠口铺。道光《四川分县详细图说》有标注，《钦定大清会典事例》卷679也记载有渠口铺，即今开州渠口镇。北集渠（今浦里河）于此口入小江，故称渠口。渠口镇一带小江较为宽阔，是以前开县东南的一个物资集散地，城镇规模较大。

明代大浪铺，清代铺溪口铺　正德《四川志》卷17和正德《夔州府志》卷2记载有大浪铺，在县东35里。[1]道光《四川分县详细图说》标注有铺溪塘铺。即旧铺溪一带（今大浪坝）。今大浪坝一带乡镇较为荒凉，房屋残破。从此主要走陆路，从西岸

红射铺一带

养鹿老街旧址

渠口镇

---

① 　正德《四川志》卷17，正德十三年刻、嘉靖十六年增补本；正德《夔州府志》卷2《邮驿》，正德八年刻本。

翻越老鹰顶到马塘铺。从此可经川主庙、坟山坡、大垭口到马塘铺。也可在此向东经石峡子、天子岭直达渠马铺。

马塘铺 即正德《四川志》卷17记载的马滩铺。清代民国以来也称马塘铺。即今开州区兴华村马堂铺。从此经赖家湾、猫儿洞到纲鹿溪。

纲鹿铺、纲鹿溪塘 雍正《四川通志》记载："纲鹿铺，在县东40里。"[1]乾隆《开县志》记载有纲鹿铺，在县东40里。[2]但嘉庆《四川通志》记载："纲鹿溪铺，在县东六十里。"[3]里程与明代记载的龙盘铺相同。道光《四川分县详细图说》均标注有纲鹿溪铺，可能韩家河旧称纲鹿溪。《钦定大清会典事例》卷679也记载有鹿溪铺。纲鹿铺位于今开州区养鹿镇，有韩家河汇入小江，但老镇老街因三峡水库回水已经淹于水中。从养鹿溪塘陆路向西岸经同林坝、沟口店离开小江翻越寒柳（婆）坳至高阳，但也可沿江经过渠马到高阳。

云阳高阳

渠马铺 也称屈马，乾隆《云阳县志》卷2记载："曲马铺，在县北六十里。"[4]雍正《四川通志》记载："曲马铺，在县北六十里。"[5]但咸丰《云阳县志》舆图中标为屈马铺。渠马位于今云阳渠马镇。从纲鹿溪沿小江河行至猴子桥后离开小江，翻山经陈家包、沟沟店、岩上、万天宫、柚子垭口、寒婆坳、梯子岩、新铺子、火烧店、走马岭、马鞍山、兴隆街、张王庙渡小江到高阳镇。

高阳铺 正德《四川志》卷17、《夔州府志》卷2和嘉靖《云阳县志》卷上都记载

---

① 雍正《四川通志》卷22《津梁》，乾隆元年刻本。

② 乾隆《开县志》，乾隆十一年刻本。

③ 嘉庆《四川通志》卷89《武备志》，嘉庆二十一年刻本。

④ 乾隆《云阳县志》卷2，乾隆十一年刻本。

⑤ 雍正《四川通志》卷22《津梁》，乾隆元年刻本。

蓄水前的明月坝

蓄水前的明月坝唐代城池遗址

蓄水前的云阳李家坝考古遗址

有高阳铺。嘉靖《云阳县志》卷上记载："高阳，县西北五十里，开、新、东、达州县通。"①说明明代高阳铺的交通地位重要。雍正《四川通志》记载："高阳铺，在县北五十里，"②《三省边防备览》卷7《险要下》记载高阳铺"为云阳、开县交界之所，陆路要衢，虽无险阻，而漫坡斜岭，非坦途可比"③，即今云阳县高阳镇。高阳铺位于今高阳镇，坐落于将军梁下，面临彭溪河，山高河深，相差距离甚大曰高，位居彭溪河北山南曰阳，故而得名高阳。高阳镇附近有李家坝文化遗址与明月坝唐代城址遗迹，现均淹于水下。从高阳开始，古道陆路一直沿小江河东岸而行。

光绪《云阳县乡土志》卷下《道路》记载，从高阳镇既可沿小江经黄石铺到小江铺接长江水陆路东到云阳县城，也可以从东南沿山路到三坝溪接长江水陆路到云阳县城，具体要经过粮台、中沱子、戴李子、龙门关、扇沱子、观音庙、桐子园、鸭蛋

---

① 嘉靖《云阳县志》卷上，嘉靖二十年刻本。

② 雍正《四川通志》卷22《津梁》，乾隆元年刻本。

③ 严如熤《三省边防备览》卷7《险要下》，蓝勇主编《稀见重庆地方文献汇点》，重庆大学出版社，2013年，第334页。

溪、高枧铺、和尚洞到三坝溪接长江水陆路。①民国《云阳县志》卷8记载的道路，是由黄石板经龙门子到三坝溪为孔道。②另，乾隆《云阳县志》卷2《铺舍》记载："三坝铺，在县北十里。分水铺，在县北二十里。高尖铺，在县北三十里。黄石铺，在县北四十里。高阳铺，在县北五十里。曲马铺，在县北六十里。"③三坝铺即长江边的三坝溪，以前有鱼泉坝水入长江，所以，三坝溪为以前云阳往开县的一个重要交通节点，现已经淹入水中，和尚洞今仍名和尚洞。分水铺可能即分水梁，即马芬梁。其他地名待考。

黄石铺　也称黄石板、黄石镇。乾隆《云阳县志》卷2《铺舍》记载："黄石铺，在县北四十里。"④《钦定大清会典事例》卷679记载有黄石铺，即今云阳县黄石镇。清代《云阳县舆地全图》标注，也可从黄石铺经马芬梁到云阳城。马芬梁在《钦定大清会典事例》卷679中也记载称马溃铺。从此经六坪子、大箭堂、铁铺嘴到陈家溪。

陈家溪　1932年《云阳县行政区域图》和1935年《云阳县疆域全图》均有标注。从此经大嘴、木银寨、梯子岩、大岩头到小江铺。

小江铺　又称小江塘。《水经注》记载，小江又称彭溪，注入长江处称彭溪口；同时也称北集渠，将其口称为班口或分水口。唐宋时期曾设有小彭驿，地位重要。正德《四川志》卷17和正德《夔州府志》卷2记载有小江铺。乾隆《云阳县志》卷2《铺舍》记载："小江铺，在县西五十里。"⑤清代设有小江塘，也有双江寨，即今云阳县治城，原双江镇。《三省边防备览》卷7《险要下》记载："小江口，县西七十里，当开河入岷江处，河口要津，稽防

蓄水前的小江入江口附近

---

①　光绪《云阳县乡土志》卷下《道路》，光绪三十二年抄本。
②　民国《云阳县志》卷8，民国二十四年铅印本。
③　乾隆《云阳县志》卷2《铺舍》，民国二十三年抄本。
④　乾隆《云阳县志》卷2《铺舍》，民国二十三年抄本。
⑤　乾隆《云阳县志》卷2《铺舍》，民国二十三年抄本。

不易。"①民国《云阳县志》卷6记载小江口"为高阳、白崖两路出入孔道"②。明清以来，由于小江的运输地位，小江场一度较为繁华。三峡工程蓄水、云阳县城被淹，迁于此。

由于开县以南多丘陵地貌，网状交通特征明显，道路选择性大。从小江铺经高阳镇到开县也有多种选择。光绪《云阳县乡土志》卷下《道路》记载，高阳铺沿小江而行经青树子到渠马铺为北岸大路，也可以绕开渠马铺经过马鞍沱、韩蓬坳、沟沟店直接经养鹿铺再经马塘铺、渠口铺、开县。也可西经洞溪铺（今洞溪村）、石墙子（今石墙）、猫儿门、关口寺进入开县。还可从黄石铺（黄石板）经马芬梁到云阳。同时从开县往南还可经过赵家场、陈家场、张家岩、大丫口抵万县境，也可以从陈家场、南门场、跳蹬场、沙河场、五通庙到万县。③历史上，开县往北的道路由于山高水险，往往取行在老林之中。《三省边防备览》卷3《道路考下》记载，开县往东可取排垭口、清山坡、路阳坝、马竹坝经开县沙陀寺到大宁县，北取谢家坝、六堂溪、小茶园、安乐坪、雪泡山、寒溪河、棱罗寨到太平县、城口厅。④即从今开县店子坪（满月）、马扎营分路，向北经黑架山、金龙、鸡鸣到明通井，西北经宣汉县大坪溪、河口进入万源县。

古道到了小江铺后可以沿江水、陆路到原云阳县城云阳镇。光绪《云阳县乡土志》卷下《道路》记载，具体可经过上岩寺、下岩寺（明云岩寺，又称燕子龛，南为盘沱塘）、新（兴）隆滩、马岭铺、黄连溪塘、旧县坪（汉朐忍县旧址，下有横石滩，对岸有万户驿，也称万户沱）、马喷（粪、芬）沱塘、三坝溪（伞把）（塘）铺、塔江滩（塔江子）、底墉铺。⑤不过，三峡水库蓄水后，这些站点几乎都被淹于水下了。

正德《四川志》卷17和嘉靖《云阳县志》卷上《铺递》还记载西北有大观铺、高青铺、铜铃铺。正德《夔州府志》卷2也记载有大观铺、高青铺、铜铃铺，但具体位置不明，小江西岸曾有铜铃坝，似铜铃铺所在。

---

① 严如熤《三省边防备览》卷7《险要下》，蓝勇主编《稀见重庆地方文献汇点》，重庆大学出版社，2013年，第334页。

② 民国《云阳县志》卷6，民国二十四年铅印本。

③ 光绪《云阳县乡土志》卷下《道路》，光绪三十二年抄本。

④ 严如熤《三省边防备览》卷3《道路考下》，蓝勇主编《稀见重庆地方文献汇点》，重庆大学出版社，2013年，第296页。

⑤ 光绪《云阳县乡土志》卷下《道路》，光绪三十二年抄本。

第五节　汤溪河道

早在南北朝时期，就有汤溪河之名，《水经注》卷33记载：

> 左则汤溪水注之，水源出县北六百余里上庸界，南流历县，翼带盐井一百所，巴、川资以自给。粒大者方寸，中央隆起，形如张伞，故因名之曰伞子盐。有不成者，形亦必方，异于常盐矣。王隐《晋书地道记》曰：入汤口四十三里，有石煮以为盐，石大者如升，小者如拳，煮之水竭盐成。盖蜀火井之伦，水火相得乃佳矣。汤水下与檀溪水合，水上承巴渠水，南历檀井溪，谓之檀井水，下入汤水。汤水又南入于江，名曰汤口。[①]

唐宋时期，因汤溪河盐业生产和运输需要，其水运地位远远超过西边的彭溪河。唐代即设有盐官，宋代设立云安军，在盐井处设立云安监。段成式《酉阳杂俎》卷5《怪术》专门谈到云安盐转运水道的修缮问题，称：

> 云安井，自大江溯别派，凡三十里。近井十五里，澄清如镜，舟楫无虞。近江十五里，皆滩石险恶，难于沿溯。天师翟乾祐，念商旅之劳，于汉城山上结坛，考召追命群龙，凡一十四处，皆化为老人，应召而止。乾祐谕以滩波之险，

---

① 郦道元《水经注》卷33，上海古籍出版社，1990年，第639—640页。

害物劳人，使皆平之。一夕之间，风雷震击，一十四里，尽为平潭矣。惟一滩仍旧，龙亦不至。乾祐复严敕神吏追之，又三日，有一女子至焉，因责其不伏应召之意。女子曰：某所以不来者，欲助天师广济物之功耳。且富商大贾，力皆有余，而佣力负运者，力皆不足。云安之贫民，自江口负财货至近井潭，以给衣食者众矣，今若轻舟利涉，平江无虞，即邑之贫民无佣负之所，绝衣食之路，所困者多矣。余宁险滩波以赡佣负，不可利舟楫以安富商。所以不至者，理在此也。[①]

　　显然，早在唐宋时期，汤溪河从河口到硐村一带的十里河滩就险恶难行。直到清末，这一段仍然难以行舟。故光绪《云阳县乡土志》卷下称："（汤溪）行境内者一百五十里，惟上至红洞沟下至洞口，其中一百二十里可通小舟，洞口以下十五里石多水束，舟不能达。若夏季江深瀁水至处，仅容橹舟。"[②]

　　明代，嘉靖《云阳县志》卷上记载："汤溪，县北盐场。"[③]似以汤溪命名盐厂。同时，据正德《夔州府志》卷3《山川》记载："东瀼，在县东，入云安盐场。"同时卷6《公署》还记载县北30里的云安盐厂设有铁檠巡检司和盐课司。[④]至清代云安盐厂有"井灶数十处，人烟稠密，设有盐大使管理"[⑤]。

　　《三省边防备览》卷5《水道》记载："云阳县之水曰云阳河，至县城东十五里注入岷江，小舟运载可至云安厂。"[⑥]所以，历史上汤溪河的水运较为繁忙。清代《云阳县舆地图》标注，汤溪河船行可以到达云阳北境的沙沱镇，从云阳县城北上经过的重要站点有硐村（硐上）、云安厂、南溪镇、江口镇、沙沱镇。同时，陆路也可沿汤溪河及支流到桑坪、沙沱、窄口子等通奉节、大宁、开县等地。《云安县盐业志》记载，清代从云安盐厂盐运取水路北上可以到达今南溪镇南的水市口，西取陆路到高阳镇，再沿彭溪河运销到开县、达州、梁山、新宁、东乡、太平等地。南下运到硐村起陆运到云阳县城，硐村和水市口成为南北两个中转码头。一般来说，云安到硐村主要

①　段成式《酉阳杂俎》卷5《怪术》，许逸民校笺，中华书局，2015年，第520页。
②　光绪《云阳县乡土志》卷下《道路》，光绪三十二年抄本。
③　嘉靖《云阳县志》卷上，嘉靖二十年刻本。
④　正德《夔州府志》卷3《山川》、卷6《公署》，正德八年刻本。
⑤　严如熤《三省边防备览》卷7《险要下》，蓝勇主编《稀见重庆地方文献汇点》，重庆大学出版社，2013年，第334页。
⑥　严如熤《三省边防备览》卷5《水道》，蓝勇主编《稀见重庆地方文献汇点》，重庆大学出版社，2013年，第313页。

用篷船和鳅船，载重1—3吨，而北至水市口用无篷小船。[①]

光绪《云阳县乡土志》卷下《道路》详细记载了云阳通往周边的道路，其中从县城往北的路线主要经过乌杨溪、大佛寺、安渡河、硐口、庙坝沱、洞口铺、茅条沟、白水滩、云安盐厂、萧子溪、黄堆、水市口，水市口是一个重要的交通中转站。从水市口向西可经土地坳到高庙镇，为当时的运盐马路。从水市口右支北经南溪镇、咸池场、沙沱市接大宁县界，中有通桑树坪支路与奉节界接。左支经盐渠、江口镇岳州街至沙沱市北接大宁县界。[②]嘉靖《云阳县志》标注有安渡，即上述安渡河。

三峡水库蓄水前硐村风貌

三峡水库蓄水前夕拆毁中的硐村，现已淹入水中。

在小江流域的水陆路上，硐村、云安盐厂、水市口、江口镇、沙陀镇是五个相当重要的节点。从云阳县城沿汤溪河西岸经过鸡窝垭、偏岩子、龙井湾、滥泥坝、大佛头、安渡河、合同坝到河田坝，由河田坝从西岸渡到东岸行进，第一站为硐村。

硐村　也称洞口，嘉靖《云阳县志》标注为洞口，清代在其北有洞口铺。因为汤溪河水中险滩较多，许多货物都曾在硐村水陆中转或者换船，所以商务相当繁忙。嘉靖《云阳县志》卷上记载："十二脉滩，县北洞口雍塞，舟楫至此不通，议者欲疏浚以达盐场，诚为便

---

① 《云阳县盐业志》，云阳盐厂印制，1995年，第131—132页。
② 光绪《云阳县乡土志》卷下《道路》，光绪三十二年抄本。

利。"又记载："洞口，县北十里，商贩至云安场水路经此，旧山势险碍，陆路未尽开，惟操舟逆汛往达盐场，春夏霖雨，两江泛阻碍，负贩四集者若之，知县杨鸾捐俸激勤义民并力修治自洞口至盐场约三十里余，岩绝堑咸工凿易治厘为大道，几肩担背负者早暮通行，自是无患其利薄矣。"[1]孙海环《夒辖日记》记载，当时他从云阳县城东北陆路经过龙家湾、大佛头、安渡河至洞上（硐村）才改乘舟船溯汤溪而上，经过土垒到云安厂。[2]故以前硐村房屋栉比，河下盐船林立。三峡水库蓄水后已经完全淹于水中。硐村陆路经拱桥湾、杨家湾、沙陀到白水滩后再渡到西岸行进到云安厂。

20世纪末云安盐厂

云安盐厂　云安盐业的历史悠久。《水经注》卷33记载："翼带盐井一百所，巴、川资以自给。"[3]唐代设有盐官，宋代云安监，明代设有云安场盐课司，有盐仓12个，同时在盐场北设有铁檠巡检司。清代云安盐厂井眼、盐灶甚多，为盐业生产、销售、运输的人员众多，云安镇规模较大，

三峡水库蓄水前的云安镇

① 嘉靖《云阳县志》卷上，嘉靖二十年刻本。
② 孙海环《夒辖日记》，李勇先、高志刚主编《蜀藏·巴蜀珍稀交通文献汇刊》第9册，成都时代出版社，2015年，第287—288页。
③ 郦道元《水经注》卷33，上海古籍出版社，1990年，第639页。

2000年左右的原云安盐厂

原云安老街旧衙门

云安旧盐井

汤溪河东岸的衙署、庙宇众多，西岸则灶烟袅袅，江边盐船林立，一片繁忙之景。孙海环《夔辀日记》记载："云安厂居民交错，以煮盐为业，盐井古有一百二十眼，今之存者不过二十四眼。"[1]故古代人们称云安盐厂为"安乐窝"。三峡水库蓄水后，云安镇几乎被完全淹于水下，遗迹不复存在了。清代民国早期地图云安厂均标汤溪河东岸，民国后期才多标在西岸，体现了东西岸历史地位的变化趋势。从云安厂经玄天宫、道士岩、陶家湾、黄堆到水市口。

水市口　在南溪镇和盐渠镇南，也是转运盐的要地，陆可东北通南溪、桑坪接奉节县界，西可至高阳镇与小江通道接，正北可经盐渠、盛堡、江口、马草坝、鱼泉、

<hr>

①　孙海环《夔辀日记》，李勇先、高志刚主编《蜀藏·巴蜀珍稀交通文献汇刊》第9册，成都时代出版社，2015年，第289页。

汤溪河运盐船的起点水市口

云阳南溪镇老街

沙沱到土山坝接大宁县界。水路以前同样盐船林立。现三峡水库蓄水后，水市口被淹没，但从现在河坝显露出来的环境仍可窥见昔日繁华。从此向北分路，一路向东北到南溪场，一路向北到偏角，经过鱼塘坝、尖角石、偏井、瓦鱼滩、柏树园、米码头、盐渠、观音庙湾、和尚洞、鱼涌口、红岩、倒拐子、盛堡、石桥渡到江口。

江口镇　嘉靖《云阳县志》卷上记载："江口，县西北八十里。"[1]民国《云阳县志》卷6记载江口"为路阳、黄农两路出入门户"[2]。是云阳县北面的一个重要交通枢纽，处于团滩河汇入汤溪河入口处，是云阳北与大宁、城口、开县交通的枢纽。以前江口又称岳州街，城镇规模较大。现老街

① 嘉靖《云阳县志》卷上，嘉靖二十年刻本。
② 民国《云阳县志》卷6，民国二十四年铅印本。

蓄水前的云阳县南溪镇老街

江口老街

沙陀一段汤溪河

只保留有小河路一巷，仍有数栋老建筑保留下来。从江口向北经过观音庙、王家湾、新里坝、中街、七茂沱、倒水沱、杀人沟、灵佛寺、黄石板、鹭鸶岩、严家湾、马坝场、鱼泉、草鞋滩、大保龙到沙陀镇。

沙陀镇 清代地图中多标为沙沱子，民国地图中多标为沙沱镇、沙沱乡。今云阳沙市镇。嘉靖《云阳县志》卷上记载："五溪巡检司，县西一百里。旧铁檠巡检司，在盐场北。正德辛未，因蓝寇移置五溪。关隘厅三间鼓楼公廨。"同卷还记载："云兴，县西北九十里，山后诸路通焉。"①从里程和位置重要来看，可知沙市镇在明代可能称为云兴。历史上五溪巡检司、五溪关、五溪铺有云阳县西100里、东北80里、西北60里之说。民国《云阳县志》卷6记载有五溪关在沙沱乡②，五溪巡检司、五溪关都可能在今沙市镇南某地。历史上汤溪河的最北航运起点在沙陀镇北的大花厂，具体是在一个称为稳石的地方。光绪《云阳县乡土志》卷下称："舟行止此不通复通。"③在此北面临大巴山诸通道，故沙沱在历史上成为大巴山一带的一个山货集散地，城镇商业经济较为发达。至今在汤溪河东岸还保留有老街一条，也有一些老建筑。但乾隆《云阳县志》卷1《关隘》记载："五溪镇，在治西北六十里。"④似五溪镇并不在沙沱，从里程上来看，似在以前的南溪镇一带。

---

① 　嘉靖《云阳县志》卷上，嘉靖二十年刻本。
② 　民国《云阳县志》卷6，民国二十四年铅印本。
③ 　光绪《云阳县乡土志》卷下《道路》，光绪三十二年抄本。
④ 　乾隆《云阳县志》卷1《关隘》，民国二十三年抄本。

附一 《四川古代交通路线史》原序

在春暖花香的一个宁静的晚上，蓝勇同志把刚修改、缮写成的《四川古代交通路线史》书稿送到我家里，要我写一篇书序。我像一个久盼出世婴儿的年轻父亲，迫不及待地在灯光下翻阅着，兴奋的心情渐渐地转入沉思，渐渐地感到内疚、懊悔。我并不如他在"前言"中说的那样，"自始至终都对此书写作和考察给予了巨大的支持和关怀"。写书的打算，蓝勇同志是和我多次谈过，我也表示过自己的看法，要说支持，也只能是精神上的，至于他对全书的设计、考察中遇到的困难、写作上碰到的棘手问题，全是他凭着可贵的精神、坚强的毅力、刻苦的钻研而解决的。甚至对他进行的在我想来是很艰难的只身考察，出于种种担心，曾经泼过一点冷水。我还深深感到，一位25岁刚读硕士研究生不久的青年同志，面对如此复杂困难的课题，应该让他有充分的时间和精力去进行，而我作为导师，却没有及早地为他合理安排时间，只是从完成研究生课程的角度考虑，一味地催促，甚至限定他要在4月上旬把这项工作做完。

尽管如此，我对蓝勇同志完成这部书稿，高兴之情还是主要的，理所当然的。

高兴之一，是蓝勇同志进行的这项工作，对我们四川的社会主义事业具有不可否认的价值。我从来不认为，研究中国古代史与现实没有关系。今天的中国是古代中国的继续和发展。建设具有中国特色的社会主义，马克思主义与中国实际相结合，既要了解中国的现状，也要了解中国的历史，缺少哪一点都是不行的。一个地区，一项事业，无不如此。四川古称四塞之地，又号天府之国。天府的资源和物产，无论是古代、现代，都可以对全国作出巨大的贡献，可是必须有一个重要条件，就是要克服自然形成的"四塞"障碍。千百年来，勤劳智慧的四川人，为此作出过艰苦卓绝的斗争，一条条伸向四面八方的交通路线，就是这种斗争的结晶，也是四川人对祖国贡献的见证。蓝勇同志把四川人的这项业绩，从浩如烟海的典籍中整理出来，毫无疑问，对于激发四川人继承祖先的光荣传统，鞭策四川人为祖国社会主义现代化作更大的贡献，一定会有不可估量的作用。至于历代四川人在交通路线的选择、道路构筑技术诸方面的经验教训，对进一步发展四川交通事业的意义，我相信当今有关的工作同志、技术专家们会作出公允的评价，他们绝不会认为是不屑一顾的。

高兴之二，是蓝勇同志这部书填补了四川史研究的一项空白。我国有编修地方志的优良传统，曾经形成制度，一定时期要重修地方志。因此，积累了丰富的地方史志资料，成为我国珍贵的历史文化遗产。建国以后，特别是近几年来，党和政府十分重视地方志的编撰工作，把它作为社会主义文化建设的主要内容之一，各地都建立史志编修机构，聚集大批人力，从事这项具有深远意义的工作。我们四川也是如此。人所共知，四川史志的新修，必须建立在对四川历史和现状深入研究的基础上。对四川史的研究，柳定生、郑德坤、顾颉刚、蒙文通、徐中舒、冯汉骥、邓少琴、任乃强、蒲孝荣、严耕望等老前辈以及童恩正、隗瀛涛、贾大泉、陈世松、胡昭曦等同志做过大量工作，都有不同的贡献，但是，至今还没有一部全面系统论述四川古代交通路线史的著作，这又正好是四川史不可缺少的重要部分。现在，蓝勇同志撰写出来了。尽管这部书还不免有这样那样的不足之处，可是，填补四川史研究的空白，这一点，无论如何是值得庆幸的。

高兴之三，是蓝勇同志的可贵精神。为什么蓝勇同志要写这部书呢？他说自己是"按照'上帝'的旨意去做"的。这个"上帝"是谁呢？我觉得他在"前言"中的一段话作了回答："几千年的风烟云雨流逝了，却没有一本四川古代交通路线的专著，作为一个四川人，面对苍天，顾首那作古的父老兄妹，常因此愧疚万分"。很显然，这个"上帝"不是别人，就是四川的父老兄妹。是历史上千千万万的四川人征服自然障碍光辉业绩的感召，是老一代四川的仁人志士对新四川的憧憬，是现在还处于边区艰难环境中的父老兄妹的要求，正是这些驱使着这个新一代的四川人，激励着这个四川人，激励着这个四川人哺育出来的青年，呼唤着这个年轻的史学工作者，使他从"一种爱好，一种个人的进取"发展到有"一种义务，一种责任"，要把四川古代交通路线史写出来。为此，不顾"六年青春的岁月"，不惜"牺牲了同龄人许多应该享受的欢乐和幸福"，不怕艰难险阻而只身长途考察。这是一种极为可贵的精神，值得我学习，也值得广大青年同志学习。我希望蓝勇同志永远保持并且进一步发扬这种精神，为发展我国的史学，为建设我们社会主义的新四川，为实现我国社会主义现代化，作出更多更大的贡献！

在此书即将付梓的时候，写出这些感想，聊作书序吧。

何汝泉

1987年4月14日

附二 《四川古代交通路线史》原前言

蜀道难！历史上多少元元之民为此备尝艰辛，又有多少墨客骚人为此咏唱不已。遗憾的是，几千年的风烟云雨流逝了，却没有一本四川古代交通路线史的专著，作为一个四川人，面对苍天，顾首那作古的父老兄弟，常因此愧疚万分。

也许，由我这个年仅25的青年来完成这古老的题目，是"上帝"的一大失误，不过我按照"上帝"的旨意去做了。

研究四川古代交通路线史，由于史料散见于浩如烟海的古代史籍，困难尤甚，也因此至今仍少为人问津。从现存的一点研究成果来看，主要集中在川陕交通路线上，但成果屈指可数，而其他川滇、川黔、川鄂历代交通路线研究几乎还是一块处女地。近三十年来，香港的严耕望先生曾对唐代四川交通作过一定的研究，但身居香港，缺乏史料和实地考察，臆断居多，失实在所难免。在本书写作中，曾遇到过许多棘手的问题。唐宋时代的许多古道资料十分短缺，许多地名于今的具体位置不能明确，古道路线就难以确定。别的不说，就是清溪关的具体位置，史学界一直难以确指，我是通过对甘洛和汉源进行了五天艰苦查访和实地考察才确定了其具体位置的。对于唐代石门道和清溪道站名位置，严耕望和赵吕甫先生曾着力进行过考证，但他们完全据正史里程推断，缺乏实地考察和对一些地方志的查阅，致使他们考证中有许多不实之处，我尽其所能都作了一些校正。元代四川站赤，仅在《经世大典》和《析津志》中载有站名，但百多个站名于今具体位置何在？由于史无明文，两书站名出入又大，且元代地名于明清及现代地名面目全非，这便给考证带来了许多困难。书中对百多个站名作了具体标位，但仅又是一个初步的考证。对四川的古代栈道，以往无人专门研究，甚至今对栈道分类和形式仍不够清楚。对此，我在写作和考察中十分着力于此，对以往分类法有了新的认识，并在大宁河上游首先发现了一种新的栈道形式——碰砌式石栈。

本书的写作和考察全系利用业余时间和自费进行，这对于我这样条件的人是十分困难的。是什么力量支撑着我这样的选择？也许起初仅仅是一种爱好，一种个人的进取。但当我只身自费二千多元、行程二万三千里对四川古道作了实地考察后，目睹四川边区之梗阻，边民之贫困，我感到这是一种义务，一种责任，更是一种光荣。

六年青春的岁月过去了，我牺牲了同龄人许多应该享受的欢乐和幸福。有幸的是，这本书终于完成了！面对生我养我的巴山蜀水，面对父老兄妹，我享受了无比的欢乐和幸福。本书的写作和考察，始终得到我父母和许多亲戚及朋友的支持和鼓励。特别是交通部公路交通史编审委员会郑正西同志、西南师大何汝泉教授自始至终对此书写作和考察给予了巨大的支持和关怀。另外，本书写作曾得到中国社科院方积六、林伟明老师和香港黄潮宗先生、倪晶晶小姐的帮助。北京图书馆、香港中文大学图书馆、重庆图书馆、云南省图书馆、北碚图书馆和西南师范大学图书馆也提供了诸多方便。在野战部队艰苦的写作环境里，部队一些首长及战友给予了可能的照顾。在写作和考察中还得到四川、云南、贵州、陕西许多地方政府、父老兄妹、省市县交通部门编史办、市县志办和文化馆的支持和帮助。在此，特以军人身份向各位致以崇高的敬礼。

由于本书全是我在野战部队用业余时间写成，自己仅是一年级隋唐史研究生，阅历不够，学识肤浅，书中错误难免，只望专家和老师多多指教，使此书日趋成熟和完善。

蓝勇

1987年3月29日

于西南师大梅园115室三人巢

出版后记　　"驴行"田野考察：我们用岁月和生命去复原古道

1989年，27岁的我在实地考察的基础上撰写的第一部专著《四川古代交通路线史》出版，至今已经有30多年的光阴，我已经从一个20多岁的青年学人变成一位花甲之年的资深学人。30多年的人生岁月中，我经历了太多人生的酸甜苦辣和悲欢离合，但不论在何种背景下，我的学术情怀一直没有变化。而且，经历了几十年的风雨之后，纵览历史沧桑岁月，感悟现实国运民生，更感觉我们历史学者肩上责任的重大。

几十年来，我的研究领域涉及西南古道、生态环境、文化地理、水上救生、地图编绘、图像史学、饮食地理与文化发展，现在正在更多思考一些历史本体规律、史源学与乡土历史重构、地名学理论、环境史理论与现实问题的学术话语，但几十年对于学术发轫阶段研究的历史交通地理的热爱一直不减，相关的田野考察从没有间断。十多年来，一直有出版社希望我对《四川古代交通路线史》做修订出版，但是我认为《四川古代交通路线史》可能只能代表那个时代的学术水平，体现对那个时代的贡献。这样，十多年前，我开始启动《蜀道：四川盆地历史交通地理》的撰写工作。

就历史文献来看，几十年学术发展过程中，有关历史交通地理的文献整理与开发工作前人已经做了许多，为我撰写《蜀道：四川盆地历史交通地理》奠定了较好的基础。为了撰写此书，我又大量收集了一些海外的外文资料，特别是一些古旧地图，为复原古代交通路线提供了更丰富的资料。从历史研究角度来看，如果仅仅就交通运输史、交通文化、交通科技史角度来研究四川盆地的交通相对并不困难，但科学地复原各个时期交通通道的路线、站点是一个相当精细的工作，是一个需要徒步旅行者大量

"驴行"一样徒步考察才能达到精准定位的工作。在历史地理学界，前人用完全"驴行"的方式做这个工作的人并不多。我深知在我们这个计划、功利的学术背景下，这样做除了要花费大量时间，耗费大量财力外，往往还有许多难以预测的各种风险，所以会得不偿失的。况且对于我已经是花甲之年的身体，面临的挑战可谓巨大。不过，当我们在一次一次的古道考察过程中发现了许多没有"驴行"考察就解决不了的学术问题时，当我们在考察过程中感受到古代先民交通运输的艰辛万苦时，我们感到这样的努力是值得的。所以，十多年来我们知难而不退。

十多年来，我们在四川盆地内外进行的古道科学考察有100多次，花去了我自筹的经费超过300多万元。现在，当我们的考察接近尾声，五卷本250万字的《蜀道：四川盆地历史交通地理》即将面世时，我才偶然发现：我们可能是一批冒着生命危险进行历史研究的史学工作者。

我们考察的大量古道往往是前人行走繁忙而现在荒芜废弃且杂树灌丛挡路的少人、无人地区。所以，我们在考察中穿越荆棘丛生的高山地全身裹覆成为常态，砍刀、镰刀、打杵子是我们常备的工具。而我们为了节约时间和并得到第一手真实资料，很多时候采用"无组织"进入方式，并不通知当地乡镇而直接采访乡民，客观上也给考察带来一些困难。在民族地区考察过程中，因古代道路的记载多是汉语，而许多彝藏聚居区腹地的乡民不懂汉语，也为我们考察带来不少困难。

在几十年的古道"驴行"田野考察生涯中，我们经历了无数次风雨的考验，考察中面临烈日、冰冻天气几乎寻常，早起晚归，一直到晚上九十点钟还在大山中也是常态，一天在大山荒废的杂树灌丛中徒步几万步花五六个小时也很寻常，有时会在荒无人烟的古道上行走十多个小时，说是徒步，但由于道路塌陷或杂树灌丛断路，我们很多时候实际上是在悬岩上攀援滑行。如2024年4月我们考察米仓道时，有的年轻考察队员在徒步十多个小时而处于行走极限时，面对悬崖往往只有忍住痛苦攀爬滑行，只有晚上流着眼泪向亲人诉说途中的艰险。再如2025年5月的牛头山古道考察，徒步攀爬9个小时，蹚水过急流小沟30多道，师生均超越体能极限，完全靠意志才实现穿越。

2020年6月，我们在海拔近3000米的大相岭上无人区考察，将至晚上9点，天完全黑了，高山起雾能见度只有两三米，我们完全迷路了，大山中手机也无信号，如果不能走出而失联就会有失温甚至死亡的危险。好在我有多年的田野考察经验，知道回去的路还可寻，马上命令原路返回最终成功脱险。

"驴行"式考察中，天气和海拔对我们的影响也较大。我们夏天在考察大巴山中的古道时多次出现中暑的情况，如2008年夏天带领黄权生等考察古道经过得汉城时我差一点中暑。2022年7月我考察宁河堵河道，在攀越三省交界的鸡心岭时也差一点中暑。2023年12月我们在冬季考察利阆古道时，在接近0℃的大风中徒步行进，成为我们100多次古道考察中最寒冷的一次考察。我们在高海拔地区古道考察中，经常在山上徒步五六个小时，时时会出现呼吸困难走几步就休息一下的状况，特别是2023年8月考察川藏古道，在海拔3600米的风洞关高山上徒步几个小时，走几步就出现呼吸困难需要休息的场面，让我们终身难忘。

在考察过程中，我们时常要面临摔跤、滑岩、滑坡的威胁，摔跤成为考察中的常态，有时一两个小时内摔七八次也正常。我就曾在2024年的考察中差一点摔断肋骨，尾椎骨受伤，右胸和尾椎骨痛了几个月。早在1986年，我们在考察清溪道时，在徒步翻越晒经山时，一度险些滑入万丈悬崖下，好在有照相机三角架支撑得以幸免。2024年4月我在米仓道补充考察中摔跤挫伤了尾椎骨，至今仍有余痛，不能久坐。而考察中被毒蛇、蚂蟥、藿（荨）麻、毒刺、野猪（包括野猪套等）、野牛、大熊猫、狗熊等侵袭的风险则时时要面对。2024年6月第二次考察鸡心岭古道时，我们就遭遇了五次毒蛇挡道。2020年7月在考察阴平道北坡和2024年米仓道补充考察中，我们曾被蚂蟥扎得满脚是血。2019年11月考察湖北竹溪慈竹沟时我们被藿麻刺得手脚麻木一两天。至于在考察中时时被各种无名毒刺扎得手脚红肿的情况更是家常便饭。在密林古道的考察中，向导和我都手拿砍刀、打杵子走在最前面探路，可能受到这方面的威胁最大，但后面学生们全程安全我就感到十分欣慰。

考察中我们遇到多次翻车，租的船险些沉船，人员也被扣押和抢劫过。如早在二十多年前我们租小船考察三峡时，小船夜航逆行巫峡差一点熄火而面临覆舟之患。2008年在西昌考察时，我们乘坐的小车曾与大货车相碰，生命之险只差须臾之间。2020年我们考察金牛道南段东线时，在苍溪县境我们的越野车翻车，队员头部受伤。2021年6月我们在清溪道考察时，考察越野车轮胎一度空悬在大相岭山路悬崖上，险些跌入悬崖深渊。我们在西藏、大巴山考察时，越野车下坡弯道太多刹车片过热而多次导致刹车失灵险些酿成车祸。

2005年我们考察清溪古道时，在大凉山甘洛县境夜晚曾被当地歹徒拦路抢劫交过路费。2001年在云阳县某地考察时一度被当地乡政府误认为是记者而被扣押拘留，并要下我们的胶卷。近来的考察中，有老乡认为我们是骗子，甚至有被当地人误认为是日本间谍而要调查扣留我们的情况。不过，几十年的"驴行"考察，我们在考察中更多的是感受到地方政府、乡民对我们的理解和支持。一些地方政府不仅提供了信息资料，义务充当向导，而且还为我们提供食宿之便。记得1986年我考察清溪道时，徒步翻越晒经山上山时，天晚已晚，一天没有进食，好在晒经山上村姑冯进萍为我送上红糖水和面条。近十多年，我们在大山中请了无数乡民做考察向导，有一些乡民做了向导后不收我们的酬劳费。有的乡民向导走不动了，我们新请的乡民向导直接背着走不动的向导为我们引路，场景十分令人感动！不过，每当我们深入大山感受到一些乡民生计困苦时，仍感受到我们前行之路任重道远，催促我们不得休憩而不断前行。同时，极个别的高山路段由于古道长期路基塌陷和浓密的杂树灌丛封路，我们多次努力仍没有实现穿越，也相当遗憾！

值得欣慰的是，我们几十年的这种种付出为《蜀道：四川盆地历史交通地理》奠定了坚实的科学基础，特别是大量历史文献记载不清的问题得以澄清，大量历史文献记载错误的观点得以纠正，大量学界流行的错误观点得以改正，连现代电子地图上大量地名标注的错误也被我们发现并将其纠正。我们上世纪考察拍摄的一些古道遗迹景观照片，现在由于许多遗迹因自然和人为因素被破坏，我们的照片现在就成为了孤本。同时，我们在田野考察中发现不同地区的线性文化遗产的保护的差异性，也为当今线性文化遗产的保护和开发提供了不同的样本比较。所以，我们感觉这几十年的付出也是值得的。

回首自己40年的古道驴行，前20年主要是我个人的孤独行走磨炼，可能更多是出于一种热爱。而近20年来我们通过蜀道的实地考察过程也培养了大量人才，学生们在考察中得到锻炼，我们共同完成了《蜀道寻踪：四川盆地古代陆路通道考察报告集》和《蜀道寻踪：四川盆地古代水路通道考察报告集》，也为《蜀道：四川盆地历史交通地理》一书奠定了基础，做出了贡献。他们是：黄权生、杨斌、严奇岩、刘健、张勇、张龙、龚政、方珂、吴建勤、韩平、裴洞毫、赵振宇、刘志伟、吴宏郡、李鹏、陈俊梁、罗权、钱璐、张铭、曾潍嘉、姜立刚、陈浩东、刘静、周妮、张铭、张赢、张亮、张颖、陈季君、彭学斌、陈俊宇、郝家彬、杨四梅、田学芝、张莲卓、余鑫、徐行、彭斯、李晓丽、彭铃雅、石令奇、李珊珊、王钏勤、聂炜鑫、焦紫纤、何开雨、池泽佳雨、杨朗、张琴、王思婷、胡旻、唐晓、李眉洁、文亦龙、马瑞璇、解文静、刘好雨、梁卓、李媛君、任欣然、沈安琪、刘科佑、赖晓玥等。也特别感谢曾利用节假日陪同我考察的阚军、王亚辉和苏平女士。在此，我更有一种种的感动，感怀几十年我们古道上经历的风霜雨雪和酸甜苦辣，感谢几十年各位父老乡亲和我们团队的鼎力支持，感恩上苍赐我们惊险不断而考察平安。

2022年，在金牛道龙洞背新开的悬崖道路上。

2021年，在翻越荔枝道九元关的密林中。

2020年，翻越阴平道摩天岭北坡中。

2020年，在嘉陵江三滩旧纤道上考察。

2024年，第五次考察米仓道，徒步十小时翻越大巴山的途中。

2024年，第五次考察米仓道，徒步十小时累瘫在草坪上。

2024年，考察米仓道三溪口至五颗石段在云雾中登上龙神殿时。

米仓道考察中携带的饮用水用完只有喝山泉水

2024年，距离1986年第一次翻越米仓山草垭坪垭口38年后，第二次翻越米仓山草鞋坪垭口。

2024年，再次考察米仓道草鞋坪垭口至大坝段中。

2005年初，在雪中考察米仓道焦家河至五颗石段古道。

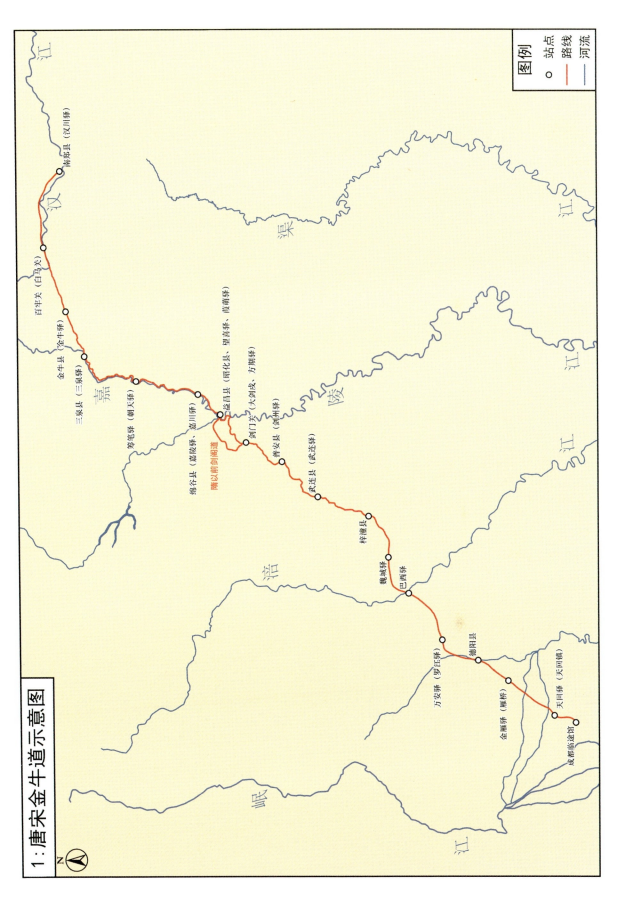

1：唐宋金牛道示意图

807

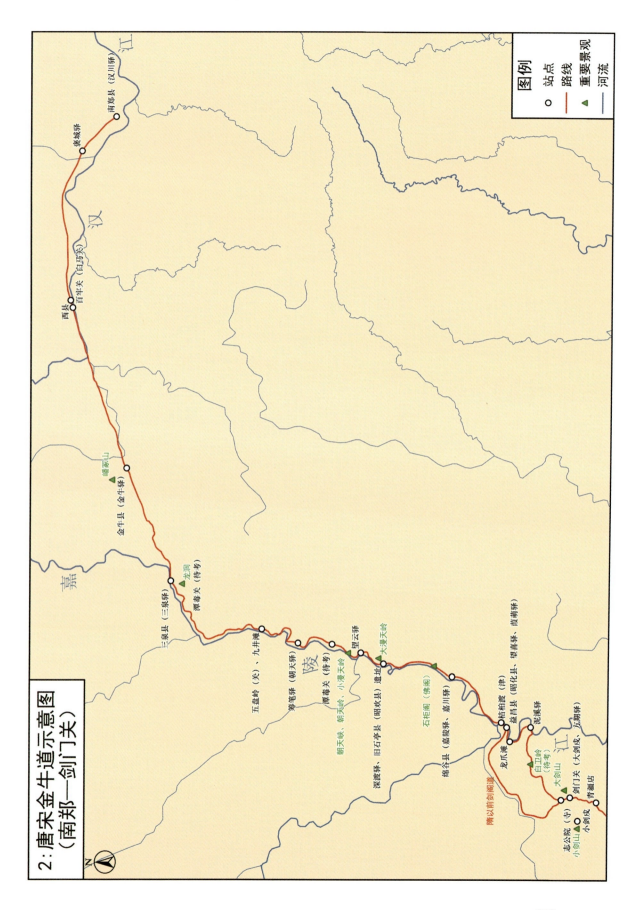

2：唐宋金牛道示意图
（南郑—剑门关）

图例
○ 站点
—— 路线
▲ 重要景观
—— 河流

南郑县（汉川驿）
褒城驿
百牢关（白马关）
西县
嶓冢山
金牛县（金牛驿）
龙洞（待考）
三泉县（三泉驿）
澤毒关（待考）
五盘岭（关）、九井滩
筹笔驿（朝天驿）
澤毒关（待考）
朝天峡、朝天岭、小漫天岭
望云驿
大漫天岭
深渡驿、旧石孝县（昭化县）遗址
石柜阁（佛阁）
绵谷县（嘉陵驿、嘉川驿）
益昌县（昭化县）、望喜驿、夜明驿
桔柏渡（津）
龙爪滩
白卫岭（待考）
泥溪驿
剑门关（大剑戍、友期驿）
大剑山
小剑戍
小剑山
志公院（寺）
青疆店
隋以前剑阁道

808

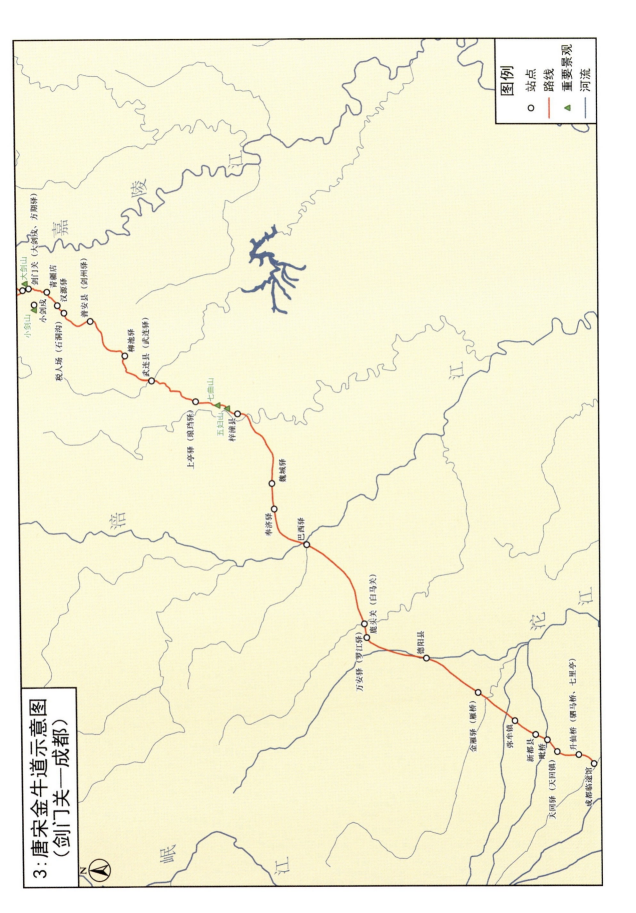

3：唐宋金牛道示意图
（剑门关—成都）

图例

	站点
○	路线
▲	重要景观
—	河流

大剑山
剑门关（大剑陵、方期驿）
青濑店
汉源驿
普安县（剑州驿）
小剑山
小剑陵
税人场（石洞沟）
柳池驿
武连县（武连驿）
七曲山
上亭驿（银阁驿）
五妇岭
梓潼县
魏城驿
神济驿
巴西驿
魔头关（白马关）
万安驿（罗江驿）
德阳县
金雁驿（雁桥）
弥牟镇
新都县
毗桥
天回驿（天回镇）
升仙桥（驷马桥、七里驿）
成都临潼驿

809

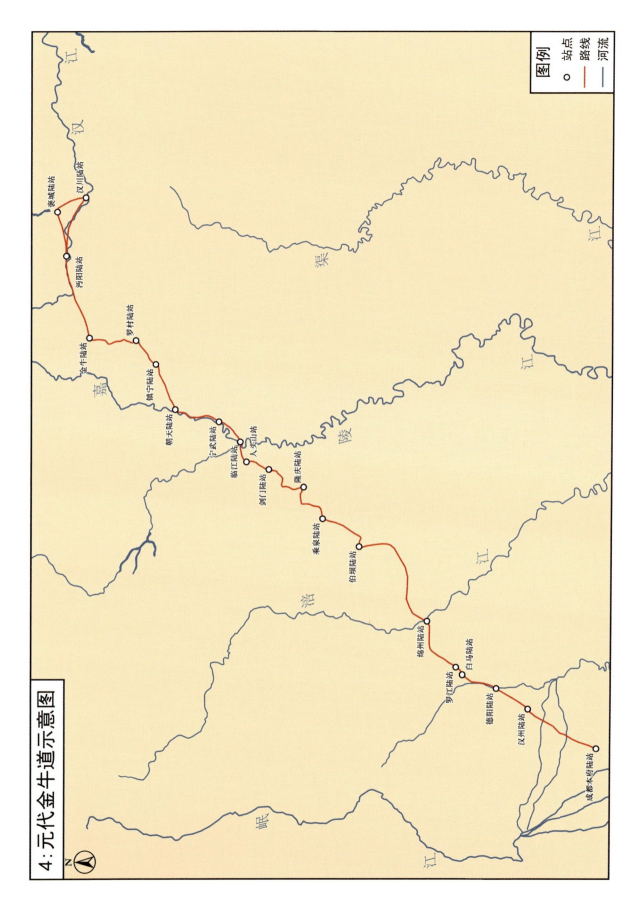

4：元代金牛道示意图

图例

○ 站点
—— 路线
—— 河流

汉 江

渠 江

嘉 陵 江

岷 江

沱 江

德城陆站
汉川陆站
泃阳陆站
罗村陆站
金牛陆站
镇宁陆站
朝天陆站
宁武陆站
临江陆站
入泽山站
剑门陆站
隆庆陆站
柔桑陆站
伯坝陆站
绵州陆站
白马陆站
罗江陆站
德阳陆站
汉州陆站
成都本府陆站

N

810

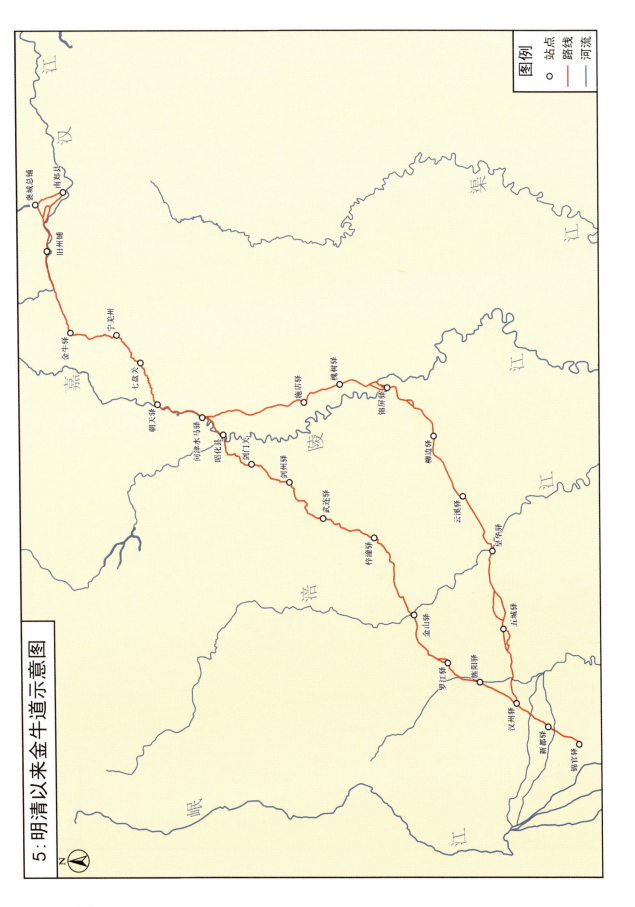

5：明清以来金牛道示意图

N

图例
○ 站点
—— 路线
—— 河流

汉
江

渠
江

嘉
陵
江

涪
江

岷
江

褒城总铺
南郑县
旧州铺
金牛驿
宁羌州
七盘关
朝天驿
问津水马驿
昭化县
剑门关
剑州驿
武连驿
梓潼驿
施店驿
槐树驿
锦屏驿
柳边驿
云溪驿
皇华驿
五城驿
金山驿
罗江驿
雍阳驿
汉州驿
新都驿
锦官驿

811

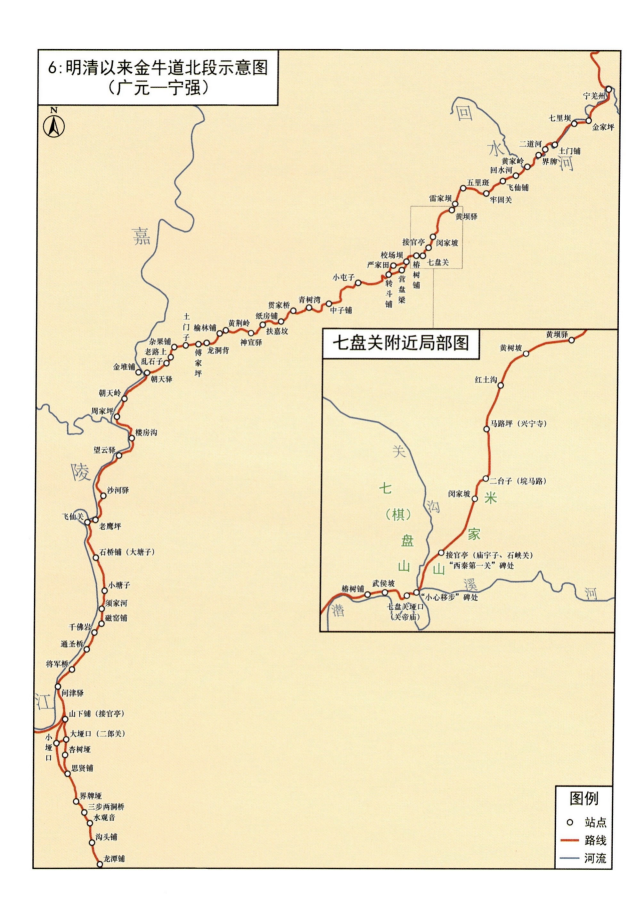

6: 明清以来金牛道北段示意图
（广元—宁强）

N

回水河

嘉

陵

江

宁羌州
七里坝
金家坪
二道河
黄家岭
回水河
界牌
土门铺
五里塂
飞仙铺
牢固关
雷家坝
黄坝驿
接官亭
闵家坡
校场坝
七盘关
严家田
椿树铺
小屯子
营盘梁
转斗铺
中子铺
青树湾
贯家桥
纸房铺
黄荆岭
扶嘉坟
土门子
榆林铺
神宣驿
杂果铺
龙洞背
老路上
傅家坪
乱石子
金堆铺
朝天驿
朝天岭
周家坪
楼房沟
望云驿
沙河驿
飞仙关
老鹰坪
石桥铺（大塘子）
小塘子
须家河
磁窑铺
千佛岩
通圣桥
将军桥
问津驿
山下铺（接官亭）
大垭口（二郎关）
小垭口
杏树垭
思贤铺
界牌垭
三步两洞桥
水观音
沟头铺
龙潭铺

七盘关附近局部图

黄坝驿
黄树坡
红土沟
马路坪（兴宁寺）
二台子（埝马路）
闵家坡
接官亭（庙宇子、石峡关）
"西秦第一关"碑处
椿树铺
武侯坡
"小心移步"碑处
七盘关垭口
（关帝庙）

关沟

七
（棋）
盘
山

米
家
山

溪
河

潜

图例

○ 站点
— 路线
— 河流

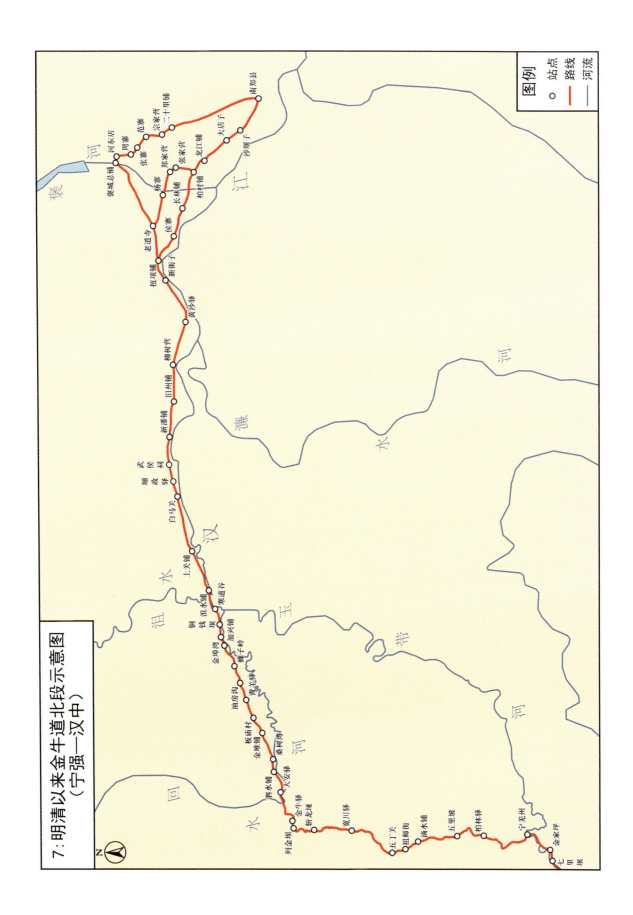

7：明清以来金牛道北段示意图（宁强—汉中）

图例
站点 ○
路线 ——
河流 ——

813

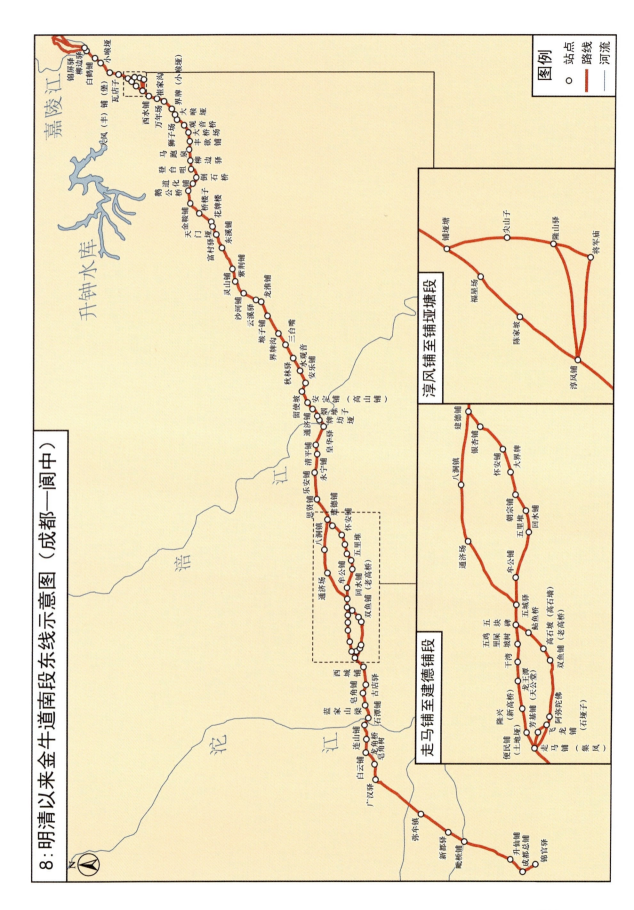

8：明清以来金牛道南段东线示意图（成都—阆中）

814

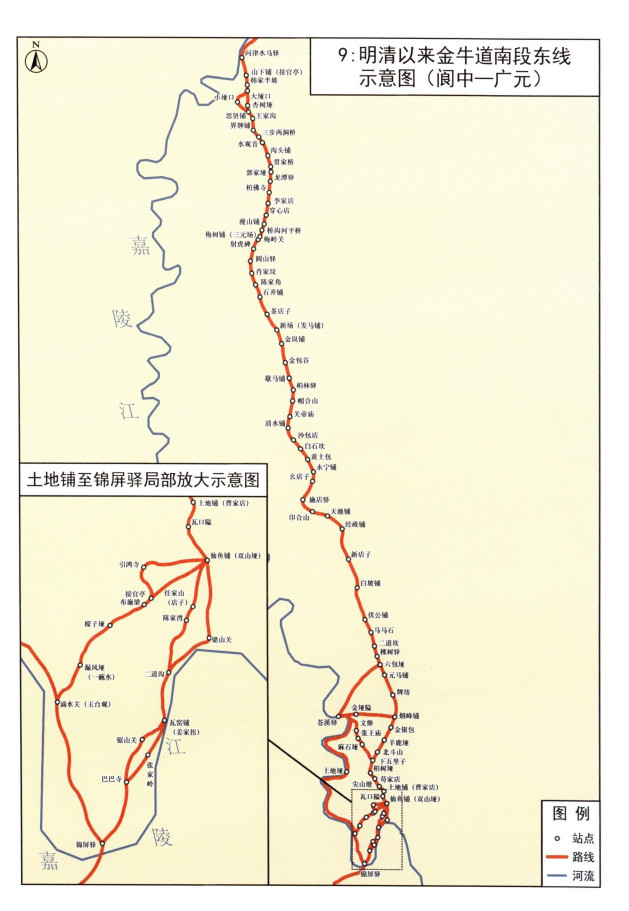

9：明清以来金牛道南段东线
示意图（阆中—广元）

问津水马驿
山下铺（接官亭）
韩家半坡
水堰口　大堰口
杏树垭
思贤铺　王家沟
界牌铺
三步两洞桥
水观音
沟头铺
贯家桥
郭家垭　龙潭驿
柏佛寺
李家店
穿心店
漫山铺
桥沟河平桥
梅树铺（三元场）　梅岭关
射虎碑
圆山驿
肖家坎
陈家角
石井铺
茶店子
新场（发马铺）
金岚铺
金包谷
歇马铺
柏林驿
帽合山
关帝庙
清水铺
沙包店
白石坎
黄土包
永宁铺
幺店子
施店驿
印合山　天池铺
经政铺
新店子
白坡铺
伏公铺
马马石
二道坎
槐树驿
六包垭
元马铺
牌坊
金垭隘　烟峰铺
苍溪驿　文焕　金银包
张王庙
麻石垭　羊鹿垭
北斗山
下五里子
柏树垭
土地垭　苟家店
尖山塘
瓦口隘　土地铺（曹家店）
仙鱼铺（双山垭）
锦屏驿

土地铺至锦屏驿局部放大示意图

土地铺（曹家店）
瓦口隘
引鸿寺　仙鱼铺（双山垭）
接官亭　任家山
布施梁　（店子）
檬子垭　陈家湾
梁山关
漏风垭
（一碗水）　二道沟
滴水关（玉台观）
瓦窑铺
（姜家拐）
锯山关
张家
巴巴寺　岭
锦屏驿

嘉陵江

嘉陵江

图例
○　站点
━━　路线
──　河流

815

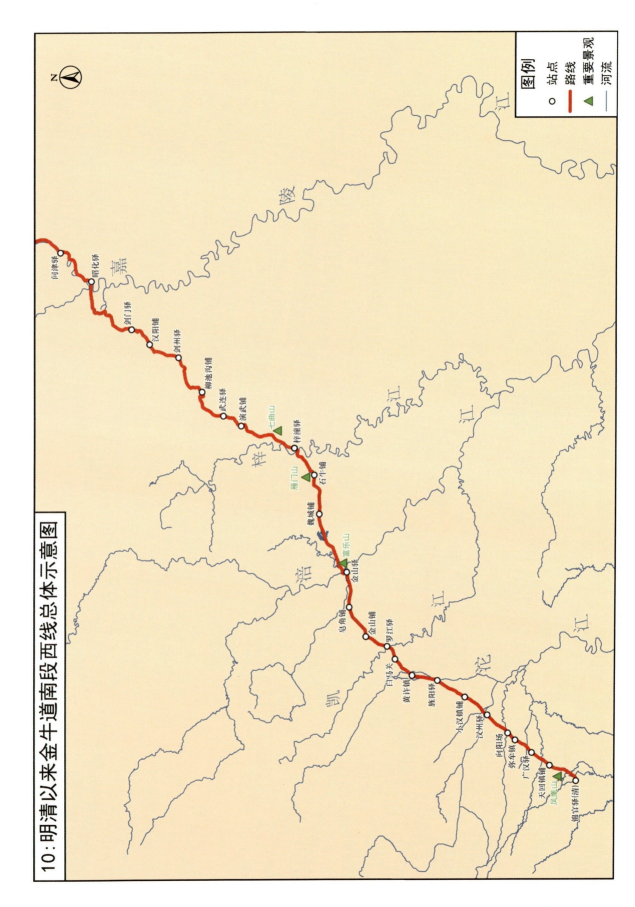

10：明清以来金牛道南段西线总体示意图

图例

站点 〇
路线 ▬
重要景观 ▲
河流 ━

嘉陵江

陵

问津驿
昭化驿
剑门驿
汉阳铺
剑州驿
柳池沟铺
武连驿
演武铺
七曲山
梓潼驿

梓

雁门山
石牛铺
魏城铺

涪

富乐山
金山驿
皂角铺
金山铺
罗江驿

金江

凯

白马关
黄许镇
雒阳驿
小汉镇铺
汉州驿
向阳场
弥牟镇
广汉铺
天回镇铺
凤凰山
锦官驿(沱)

沱江

N

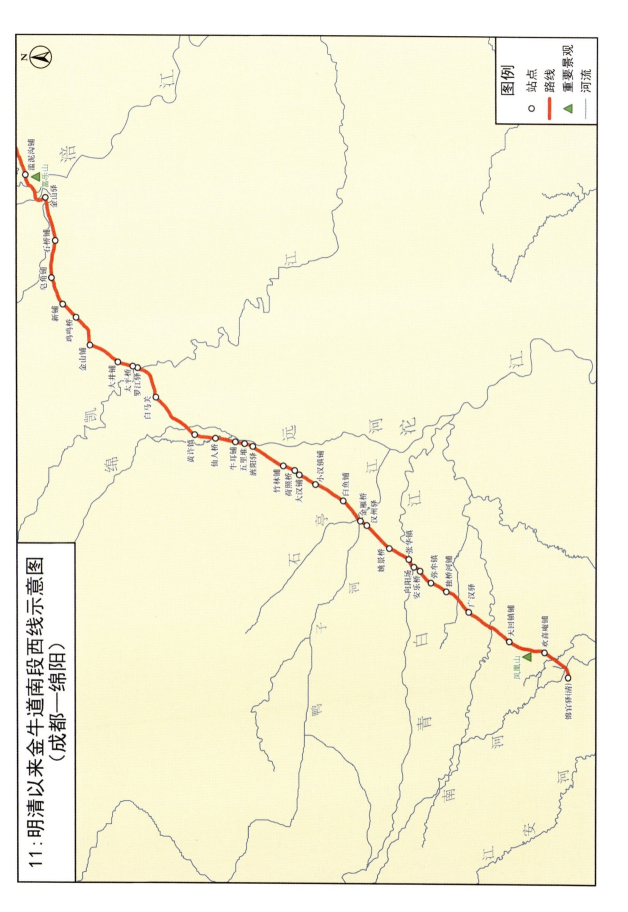

11：明清以来金牛道南段西线示意图
（成都—绵阳）

图例

站点　○
路线　━━
重要景观　▲
河流　━

温泥沟铺
金山驿　震乐山▲
石桥铺
皂角铺
新铺
鸡鸣桥
金山铺
大井铺
太平桥
罗江驿
白马关
黄许镇
仙人桥
牛耳铺
五里堆　旌阳驿
竹林桥
荷照桥　小汉镇铺
大汉铺
白鱼铺
金州驿
金雁桥
汉州驿
姚家桥　张华镇
向阳场　弥牟镇
安乐铺　独桥河铺
广汉驿
天回镇铺
凤凰山▲　欢喜庵铺
锦官驿（湖）

817

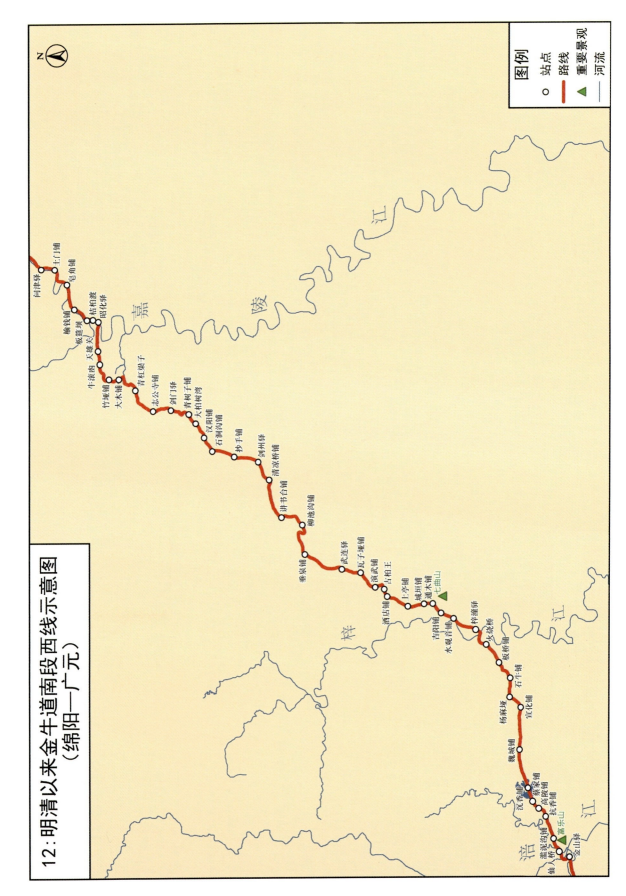

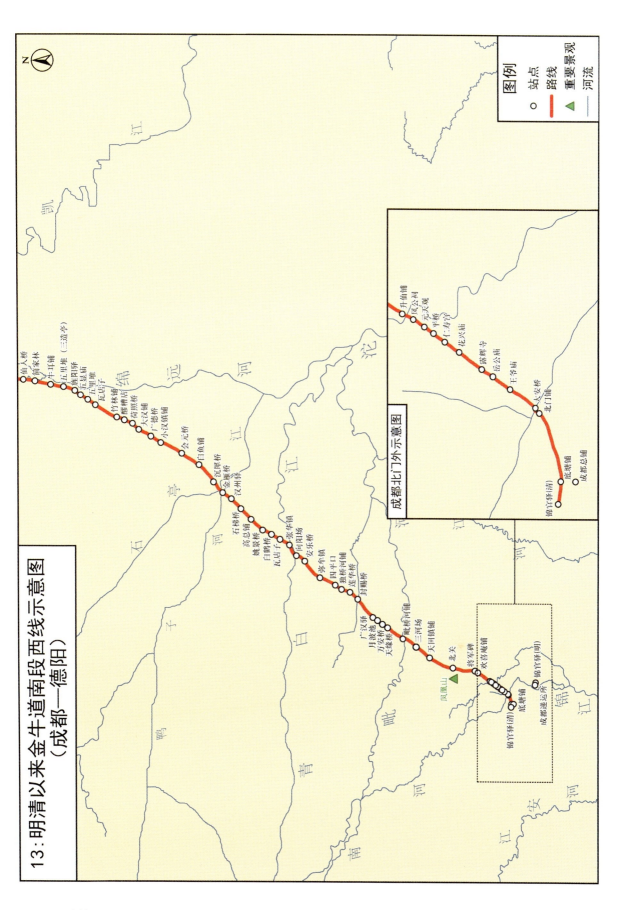

13：明清以来金牛道南段西线示意图
（成都—德阳）

图例
站点 ○
路线 ▬
重要景观 ▲
河流 —

成都北门门外示意图

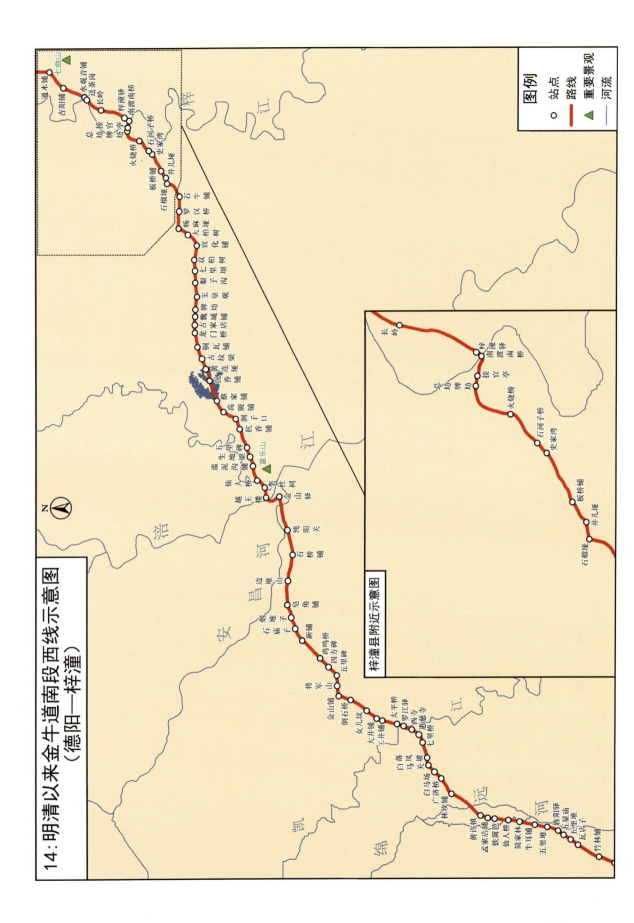

14：明清以来金牛道南段西线示意图
（德阳—梓潼）

图例

站点　○
路线
重要景观　▲
河流

梓潼县附近示意图

820

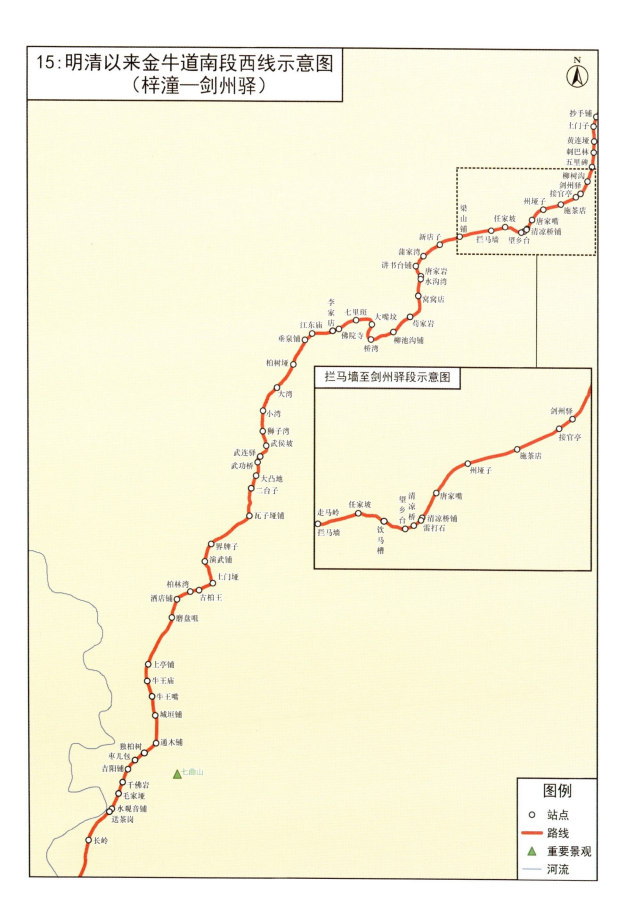

15：明清以来金牛道南段西线示意图
（梓潼—剑州驿）

N

拦马墙至剑州驿段示意图

图例

○ 站点

━━ 路线

▲ 重要景观

── 河流

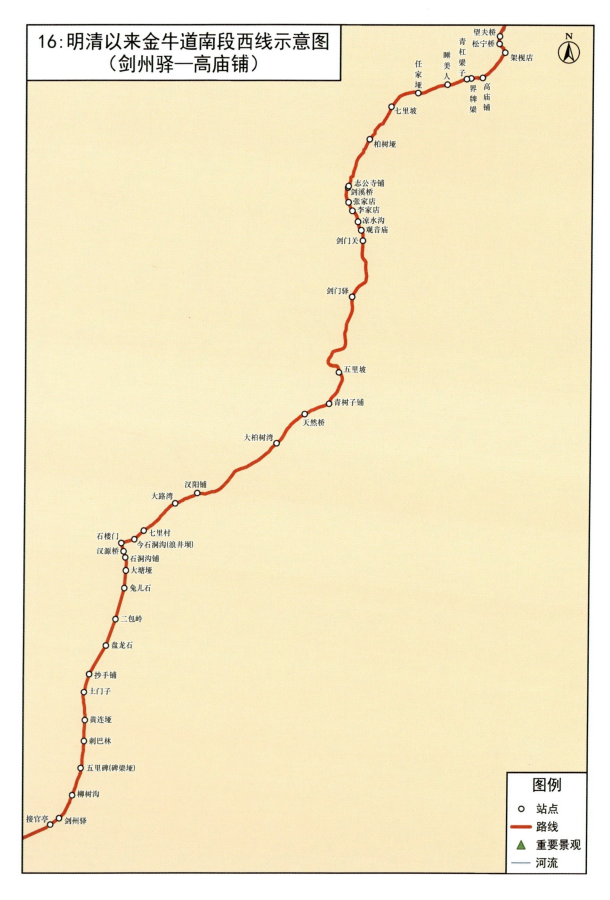

16:明清以来金牛道南段西线示意图
（剑州驿—高庙铺）

N

望夫桥
松宁桥
青杠梁子
架枧店
睡美人
任家垭
高庙铺
界牌梁
七里坡

柏树垭

志公寺铺
剑溪桥
张家店
李家店
凉水沟
观音庙
剑门关

剑门驿

五里坡

青树子铺
天然桥

大柏树湾

汉阳铺

大路湾
七里村
石楼门
今石洞沟(浪井坝)
汉源桥
石洞沟铺
大塘垭

兔儿石

二包岭

盘龙石

抄手铺
上门子

黄连垭

刺巴林

五里碑(碑梁垭)

柳树沟

接官亭　剑州驿

图例

○　站点
━━　路线
▲　重要景观
──　河流

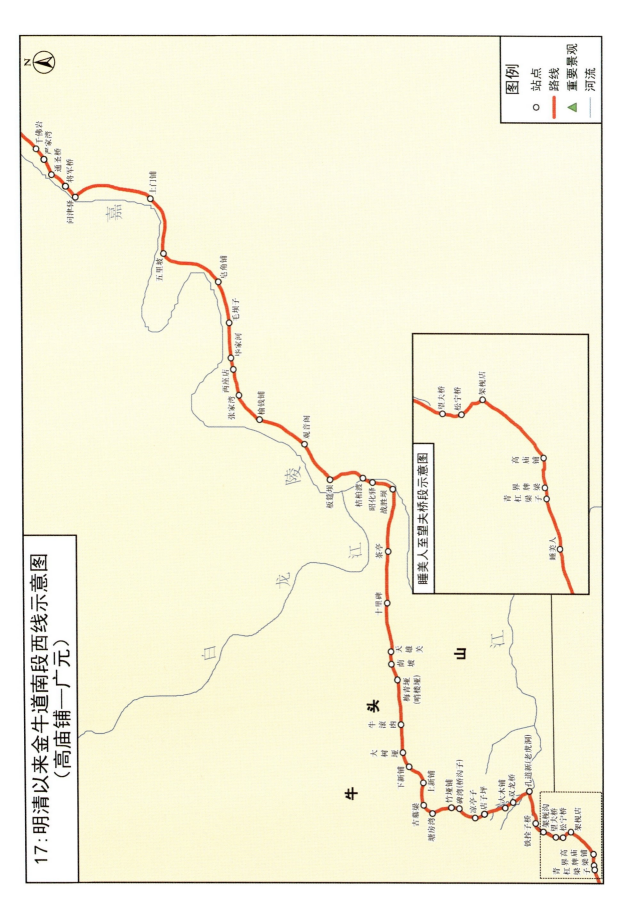

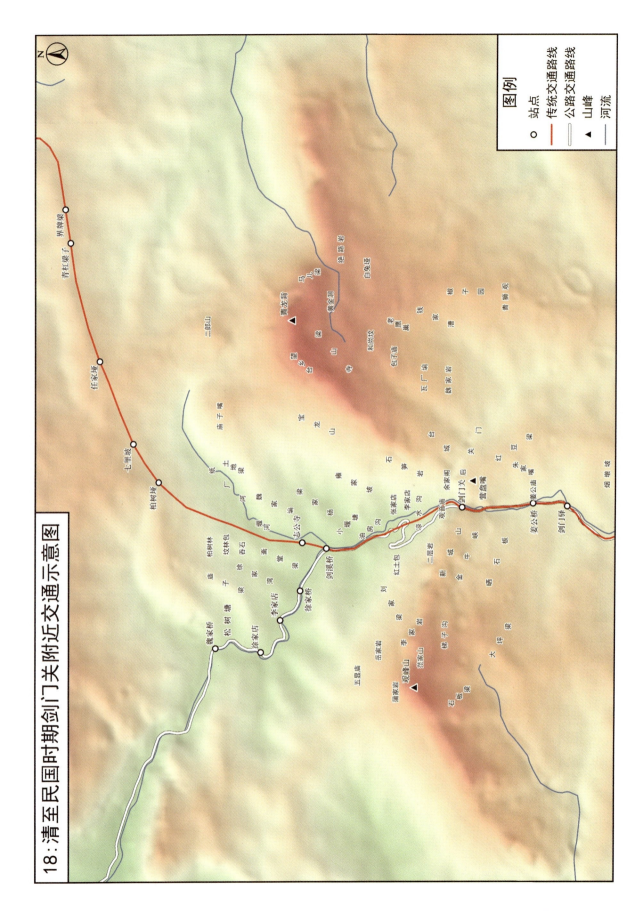

18：清至民国时期剑门关附近交通示意图

图例

- ○ 站点
- ▬ 传统交通路线
- ▭ 公路交通路线
- ▲ 山峰
- ～ 河流

824

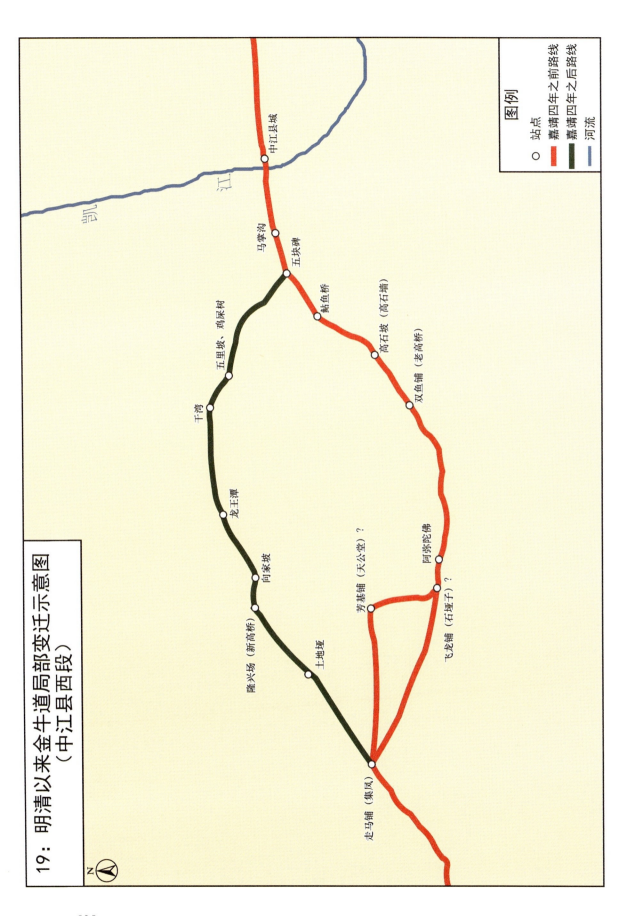

19：明清以来金牛道局部变迁示意图
（中江县西段）

图例

○ 站点
嘉靖四年之前路线
嘉靖四年之后路线
河流

中江县城

马掌沟

五块碑

鲇鱼桥

高石坝（高石墙）

双鱼铺（老高桥）

五里坡、鸡屎树

干湾

龙王潭

向家坡

隆兴场（新高桥）

土地垭

走马铺（集凤）

劳基铺（天公堂）？

阿弥陀佛

飞龙铺（石垭子）？

凯江

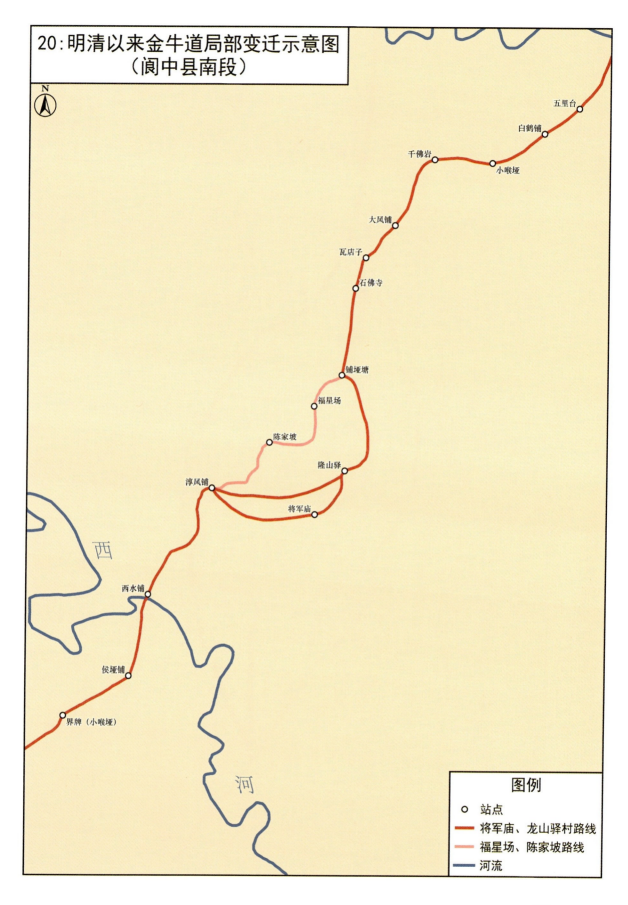

20：明清以来金牛道局部变迁示意图
（阆中县南段）

N

五里台
白鹤铺
千佛岩
小喉垭
大凤铺
瓦店子
石佛寺
铺垭塘
福星场
陈家坡
隆山驿
淳风铺
将军庙
西水铺
侯垭铺
界牌（小喉垭）

西

河

图例

○　站点
━━　将军庙、龙山驿村路线
━━　福星场、陈家坡路线
━━　河流

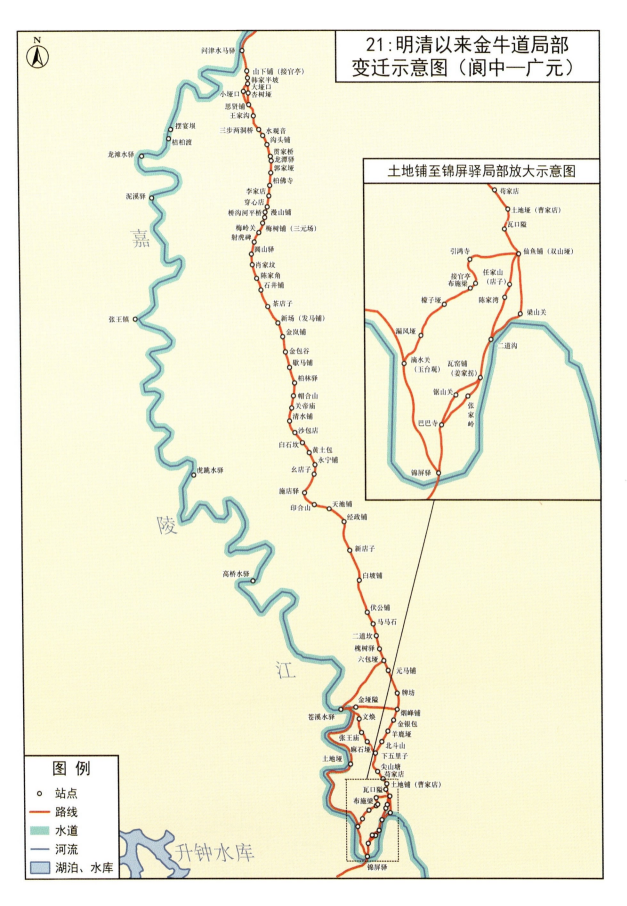

21：明清以来金牛道局部
变迁示意图（阆中—广元）

问津水马驿
山下铺（接官亭）
韩家半坡
大垭口
小垭口　杏树垭
思贤铺
王家沟
摆宴坝　桔柏渡　三步两洞桥　水观音
沟头铺
龙滩水驿　贯家桥
龙潭驿
郭家垭
泥溪驿　柏佛寺
李家店
穿心店
桥沟河平桥　漫山铺
梅岭关　梅树铺（三元场）
射虎碑
圆山驿
肖家坟
张王镇　陈家角
石井铺
茶店子
新场（发马铺）
金岚铺
金包谷
歇马铺
柏林驿
帽合山
关帝庙
清水铺
沙包店
虎跳水驿　白石坎　黄土包
永宁铺
幺店子
施店驿
印合山　天池铺
经政铺
新店子
高桥水驿　白坡铺
伏公铺
马马石
二道坎
槐树驿
六包垭　元马铺
牌坊
金垭隘　烟峰铺
苍溪水驿　文焕　金银包
张王庙　羊鹿垭
麻石垭　北斗山
土地垭　下五里子
尖山塘
荀家店
瓦口隘　土地垭（曹家店）
布施梁
锦屏驿

土地铺至锦屏驿局部放大示意图

荀家店
土地垭（曹家店）
瓦口隘
引鸿寺　仙鱼铺（双山垭）
接官亭　任家山
布施梁　（店子）
檬子垭　陈家湾
梁山关
漏凤垭
二道沟
滴水关　瓦窑铺
（玉台观）　（姜家拐）
锯山关
巴巴寺　张家岭
锦屏驿

图例
○　站点
　　路线
　　水道
　　河流
　　湖泊、水库

升钟水库

嘉

陵

江

827

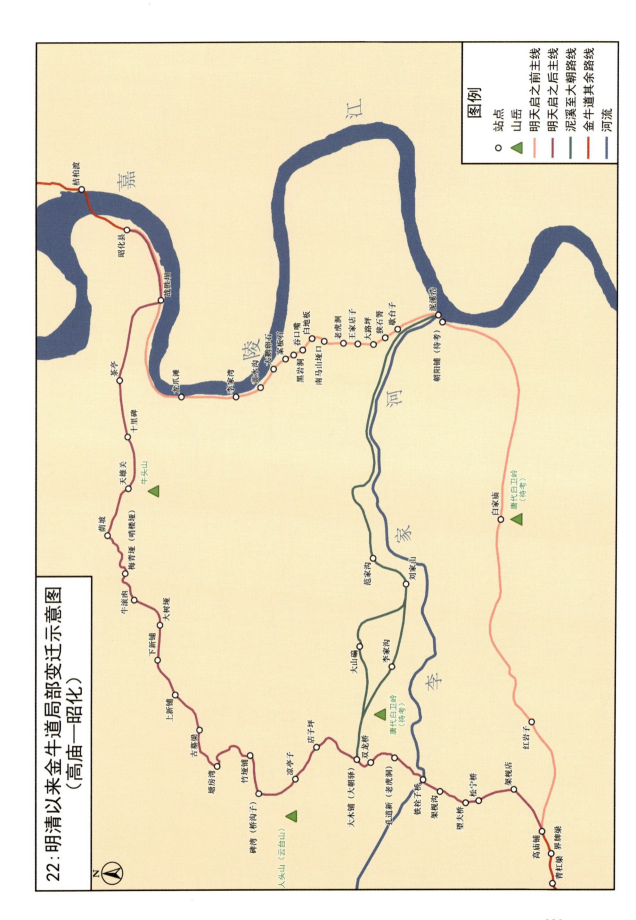

22：明清以来金牛道局部变迁示意图
（高庙—昭化）

图例

站点 ○
山岳 ▲
明天启之前主线
明天启之后主线
泥溪至大朝路线
金牛道其余路线
河流

嘉陵江
陵
家
河
李
牛头山
人头山（云台山）
唐代白卫岭（待考）
唐代白卫岭（待考）

枯柏波
昭化县
蟠胖树
笼爪滩
梓潼湾
宋家沟
天雄关
十里碑
茶亭
荫坡
梅青垭（哨棱垭）
牛滚凼
大树垭
下新铺
上新铺
古墓梁
塘房湾
竹垭铺
凉亭子
碑湾（桥沟子）
大木铺（大朝驿）
凼道新（老虎洞）
铁栓子桥
梁枧沟
望夫桥
松宁桥
果枧店
红岩子
高庙铺
青杠梁
界牌梁
双龙桥
大山嘴
李家沟
范家沟
刘家沟
白家庙
朝阳铺（待考）
泥溪沿
歇台子
狭石菁
大路坪
王家庄子
老虎洞
南马山垭口
吞口嘴
白地板
枣板溪
黑岩洞
大鹅明石
龚家湾

828

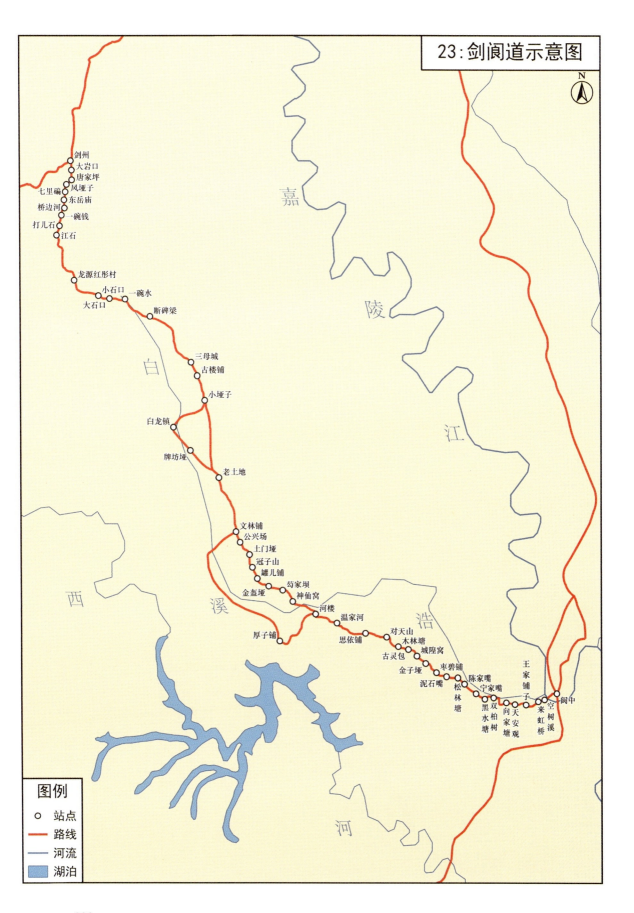

23：剑阁道示意图

N

剑州
大岩口
唐家坪
风垭子
七里碥
东岳庙
桥边河
一碗钱
打儿石
江石

龙源红彤村
小石口
大石口
一碗水
断碑梁

三母城
古楼铺
小垭子

白龙镇

牌坊垭
老土地

文林铺
公兴场
土门垭
冠子山
罐儿铺
金盔垭
勾家坝
神仙窝
河楼
温家河
思依铺
厚子铺

对天山
木林塘
城隍窝
古灵包
枣碧铺
金子垭
泥石嘴
陈家嘴
松林塘
宁家嘴
黑水塘
双柏树
向家塘
天安观
王家铺子
来虹桥
空树溪
阆中

嘉
陵
江

白
溪

西
溪

浩

河

图例
○ 站点
━ 路线
── 河流
▨ 湖泊

829

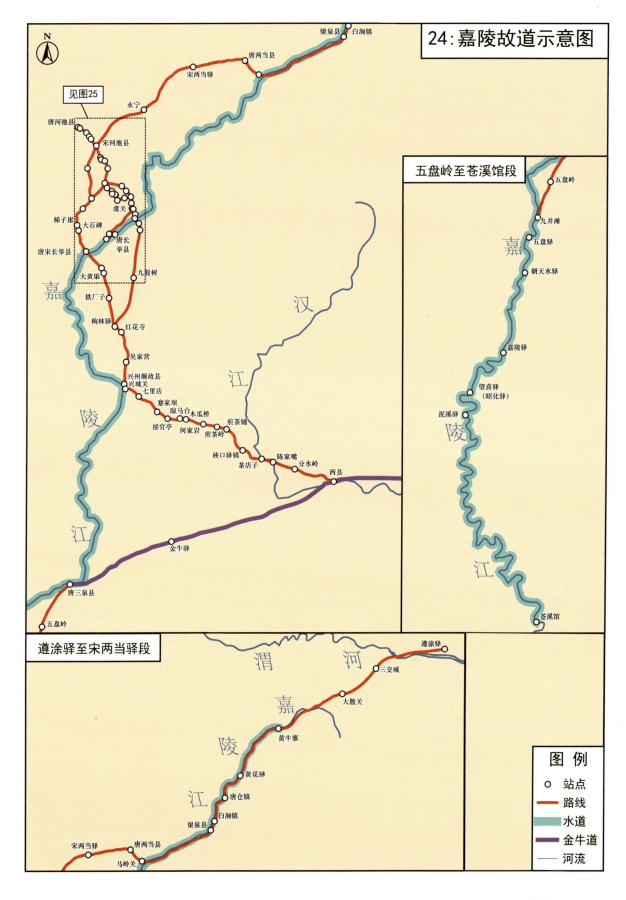

24：嘉陵故道示意图

见图25

五盘岭至苍溪馆段

遵涂驿至宋两当驿段

图 例
○ 站点
—— 路线
水道
金牛道
河流

830

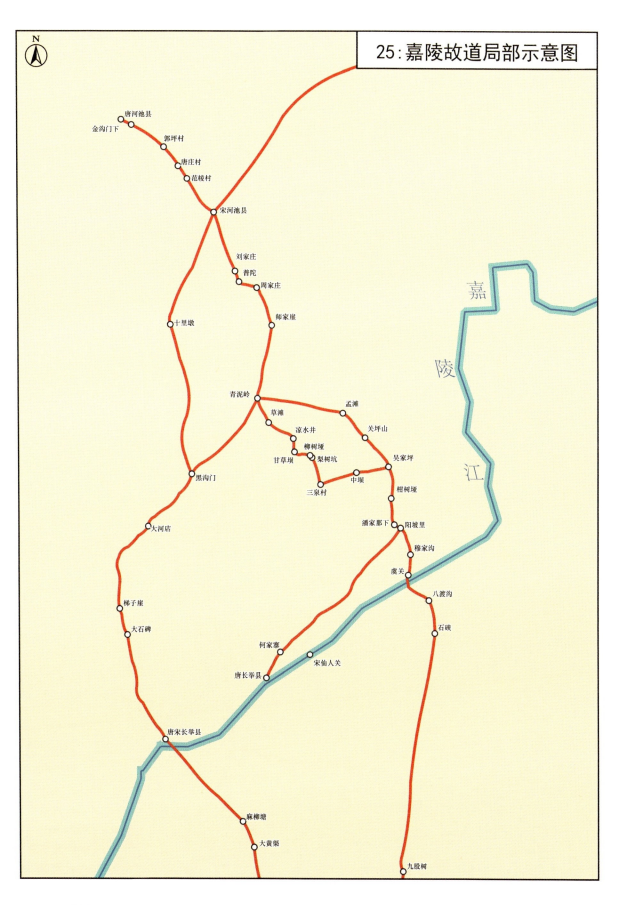

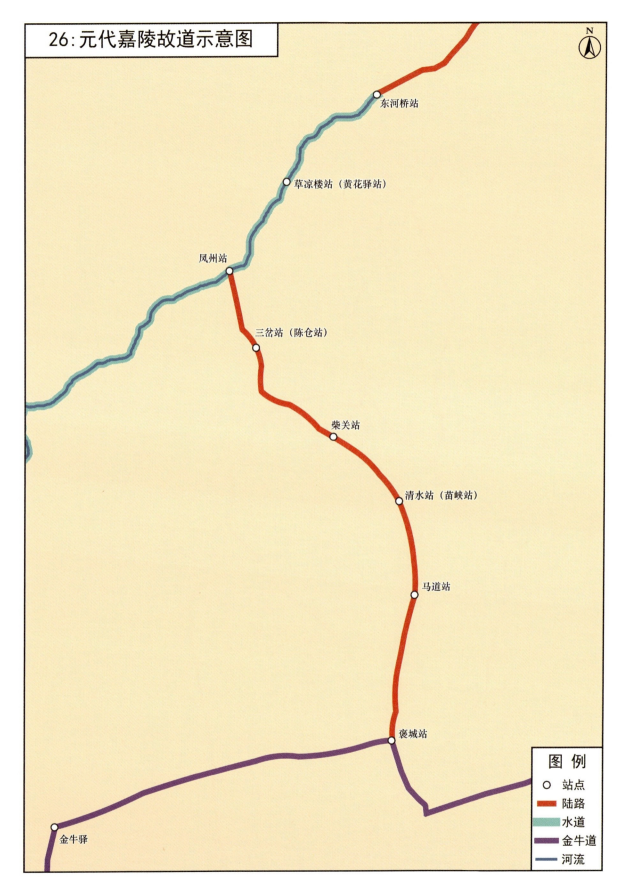

26：元代嘉陵故道示意图

N

东河桥站

草凉楼站（黄花驿站）

凤州站

三岔站（陈仓站）

柴关站

清水站（苗峡站）

马道站

褒城站

金牛驿

图 例

○　站点
　　陆路
　　水道
　　金牛道
　　河流

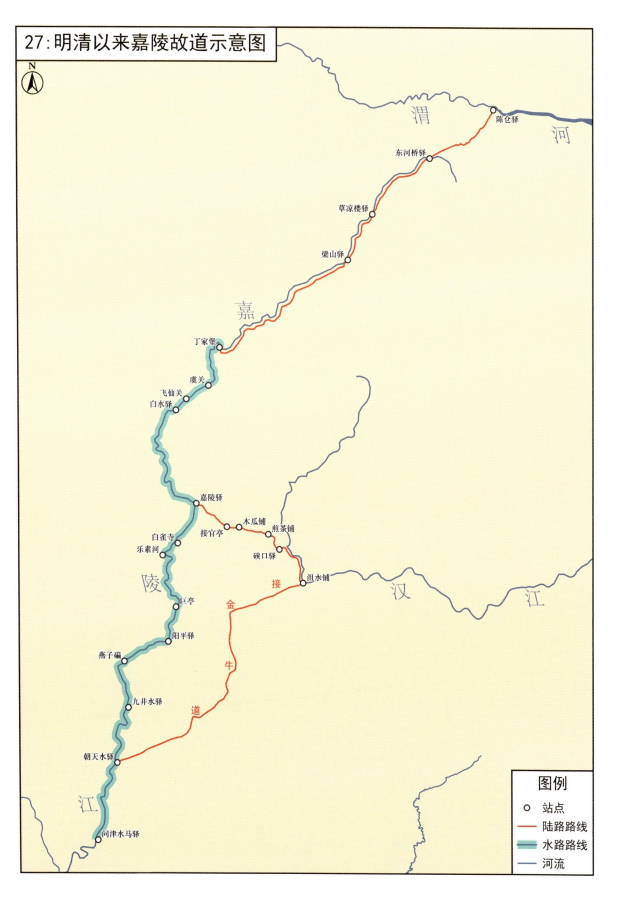

27:明清以来嘉陵故道示意图

渭 河

陈仓驿

东河桥驿

草凉楼驿

梁山驿

嘉

丁家堡

虞关

飞仙关
白水驿

嘉陵驿

木瓜铺

接官亭

煎茶铺

白雀寺

硖口驿

乐素河

沮水铺

陵

接

巨亭

金

汉 江

阳平驿

牛

燕子碥

九井水驿

道

朝天水驿

江

问津水马驿

图例

○ 站点

—— 陆路路线

▬▬ 水路路线

—— 河流

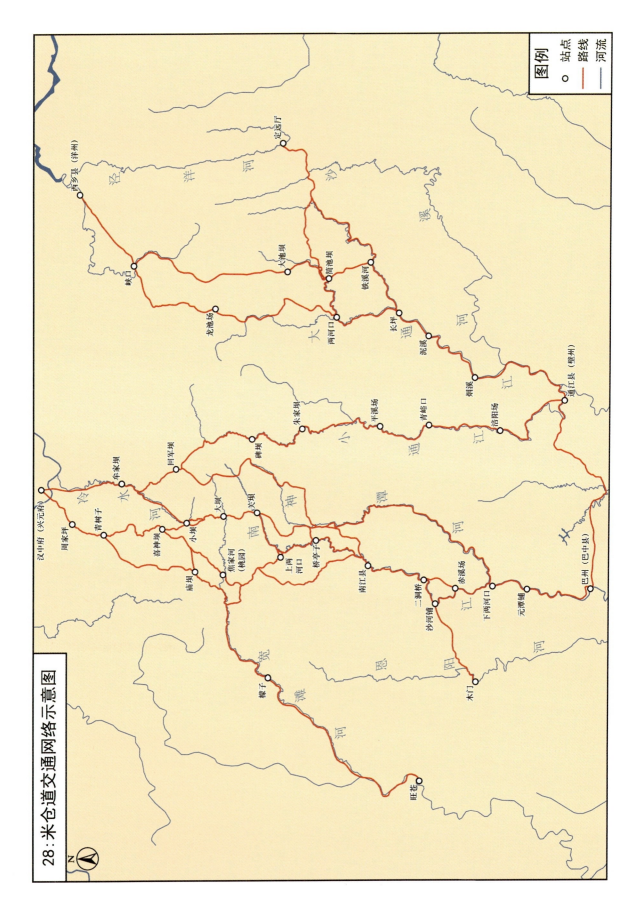

28：米仓道交通网络示意图

西乡县（洋州）

定远厅

峡口

大池坝

简池坝

铁溪河

龙池场

两河口

长坪

泥溪

烟溪

通江县（璧州）

洛阳场

汉中府（兴元府）

牟家坝

回军坝

碑坝

朱家坝

平溪场

青峪口

周家坪

青树子

冷水河

小坝

大坝

关坝

南神河

上两河口

桥亭子

赤溪场

巴州（巴中县）

喜神坝

焦家河（桃园）

南江县

下两河口

元潭铺

庙坝

二郎桥

沙河铺

阳江

木门

恩阳河

檬子滩

觉滩河

旺苍

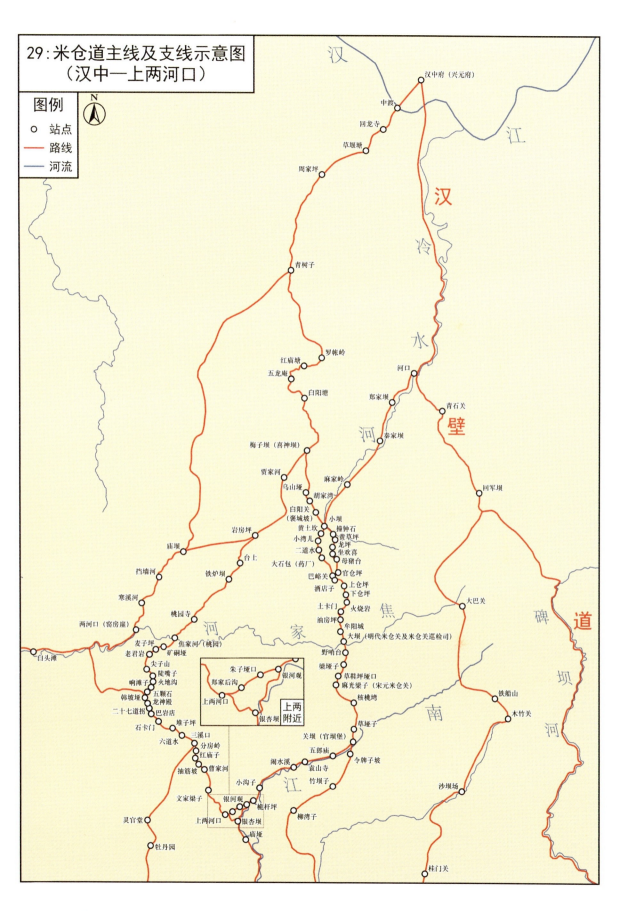

29：米仓道主线及支线示意图
（汉中—上两河口）

图例

○ 站点
— 路线
— 河流

汉中府（兴元府）
中渡
回龙寺
草堰塘
周家坪
青树子
罗帐岭
红庙塘
五龙庵
白阳塘
河口
郑家坝
青石关
秦家坝
梅子坝（喜神坝）
麻家岭
回军坝
贾家河
乌山垭
胡家湾
白阳关
（襄城坡）
小坝
撞钟石
岩房坪
黄土坎
黄草坪
庙坝
小湾儿
龙坪
坐欢喜
台上
二道水
母猪台
大石包（药厂）
宫仓坪
挡墙河
铁炉坝
巴峪关
上仓坪
寒溪河
桃园寺
酒店子
下仓坪
大巴关
两河口（窑房崖）
土卡门
火烧岩
麦子坪
焦家河（桃园）
油房坪
牟阳城
白头滩
老君岩
矿硐垭
大坝（明代米仓关及米仓关巡检司）
尖子山
陡嘴子
野哨台
响滩子
火地沟
梁垭子
铁船山
韩坡垭
五颗石
龙神殿
草鞋坪垭口
二十七道拐
巴岩店
麻光梁子（宋元米仓关）
木竹关
石卡门
堆子坪
核桃垮
六道水
三溪口
分房岭
草垭子
朱子垭口
银河观
关坝（官坝堡）
郑家后沟
五郎庙
令牌子坡
红庙子
上两河口
银杏坝
阔水溪
袁山寺
上两
附近
抽筋坡
曹家河
小沟子
竹坝子
沙坝场
文家梁子
银河观
桅杆坪
灵官堂
上两河口
银杏坝
柳湾子
牡丹园
庙垭
桂门关

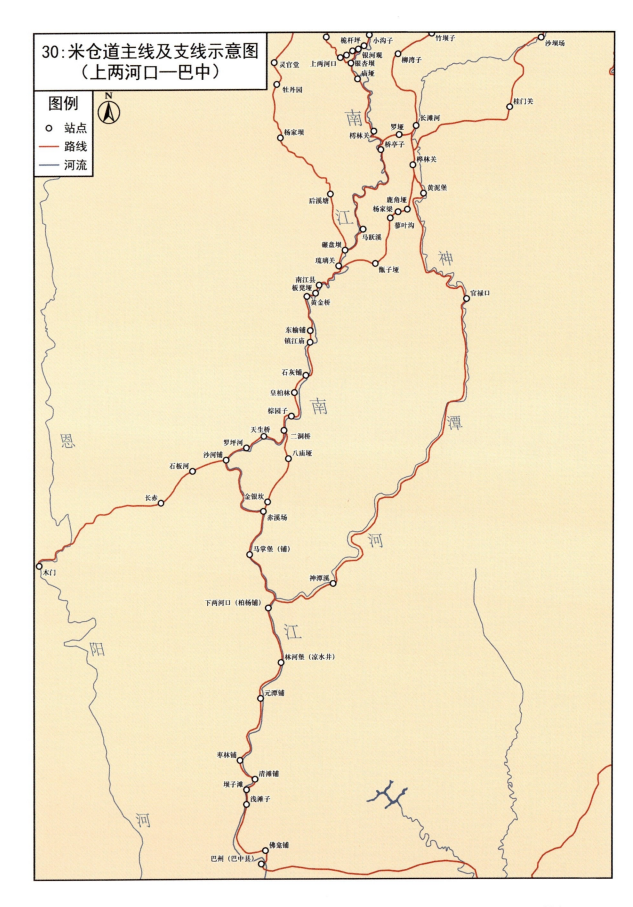

30：米仓道主线及支线示意图
（上两河口—巴中）

图例
○ 站点
—— 路线
—— 河流

N

灵官堂
上两河口
牡丹园
杨家坝

槐杆坪　小沟子
银河观
银杏坝
庙垭

竹坝子
柳湾子

沙坝场

桂门关

南

江

后溪塘

碾盘坝
琉璃关

椤林关
桥亭子

罗垭
长滩河
桦林关
黄泥堡

神

鹿角垭
杨家梁
蓼叶沟

马跃溪

甑子垭

官禄口

南江县
板凳垭
黄金桥

东榆铺
镇江庙

石灰铺

皇柏林
棕园子
天生桥
罗坪河
沙河铺
石板河

二洞桥
八庙垭

南

潭

长赤

金银坎
赤溪场

马掌堡（铺）

神潭溪

河

木门

下两河口（柏杨铺）

林河堡（凉水井）

江

元潭铺

枣林铺
坝子滩

清滩铺
浅滩子

恩

阳

河

佛龛铺

巴州（巴中县）

836

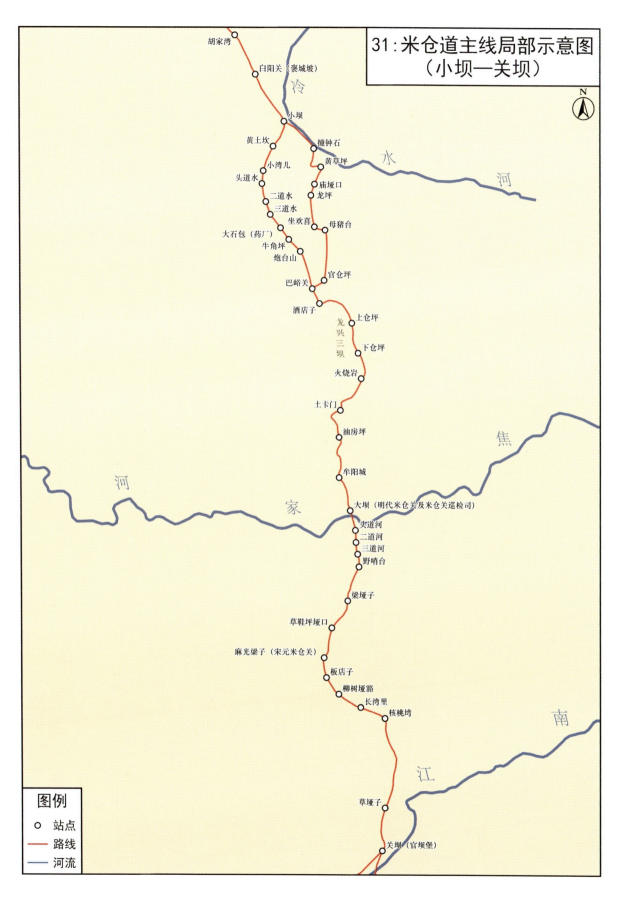

31：米仓道主线局部示意图
（小坝—关坝）

N

胡家湾
白阳关（褒城坡）
冷
小坝
黄土坎　　撞钟石
水
小湾儿　　黄草坪
头道水　　庙垭口
二道水　　龙坪
三道水　　河
坐欢喜　　母猪台
大石包（药厂）
牛角坪
炮台山　　官仓坪
巴峪关
酒店子　　上仓坪
龙　　下仓坪
兴　　火烧岩
三
坝
土卡门
油房坪　　焦
牟阳城
大坝（明代米仓关及米仓关巡检司）
尖道河
二道河
三道河
野哨台
梁垭子
河　草鞋坪垭口
家
麻光梁子（宋元米仓关）
板店子
柳树垭豁
长湾里
核桃垮
南
草垭子
江
关坝（官坝堡）

图例
○　站点
—　路线
—　河流

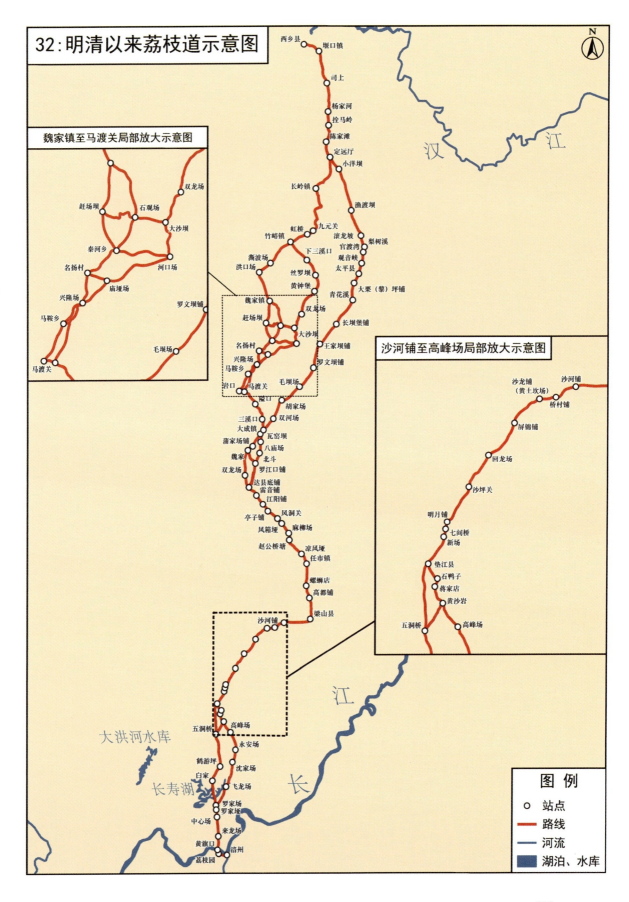

32：明清以来荔枝道示意图

魏家镇至马渡关局部放大示意图

沙河铺至高峰场局部放大示意图

图 例

○ 站点
—— 路线
—— 河流
■ 湖泊、水库

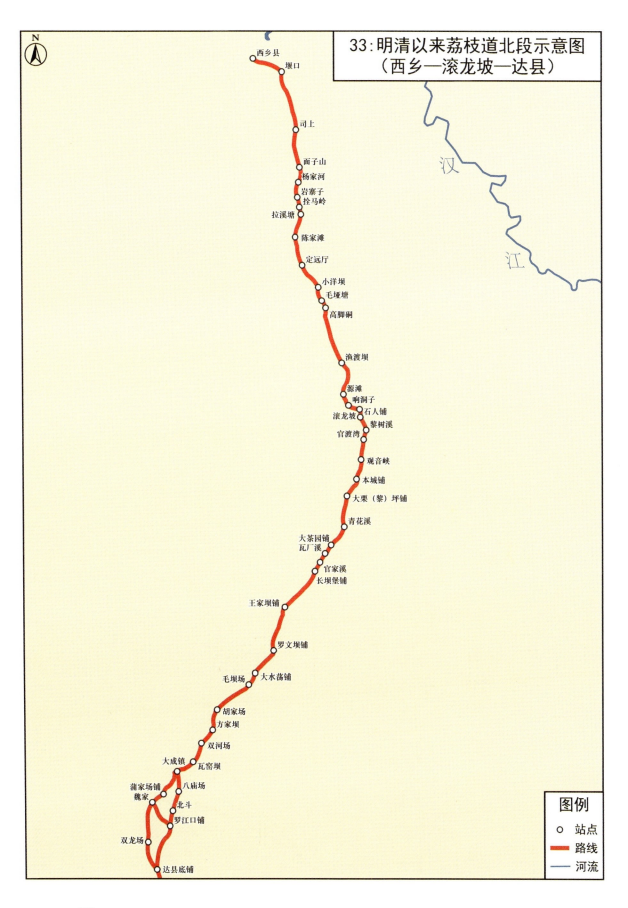

33：明清以来荔枝道北段示意图
（西乡—滚龙坡—达县）

N

汉

江

西乡县
堰口

司上

面子山
杨家河
岩寨子
拴马岭
拉溪塘

陈家滩

定远厅

小洋坝
毛垭塘

高脚硐

渔渡坝

源滩
响洞子
滚龙坡　石人铺
　　　　黎树溪
官渡湾

观音峡

本城铺

大栗（黎）坪铺

青花溪

大茶园铺
瓦厂溪

官家溪
长坝堡铺

王家坝铺

罗文坝铺

毛坝场　大水荡铺

胡家场
方家坝

双河场

大成镇　瓦窑坝

蒲家场铺
魏家
　　八庙场
　北斗
　　罗江口铺
双龙场

达县底铺

图例

○　站点
　　路线
　　河流

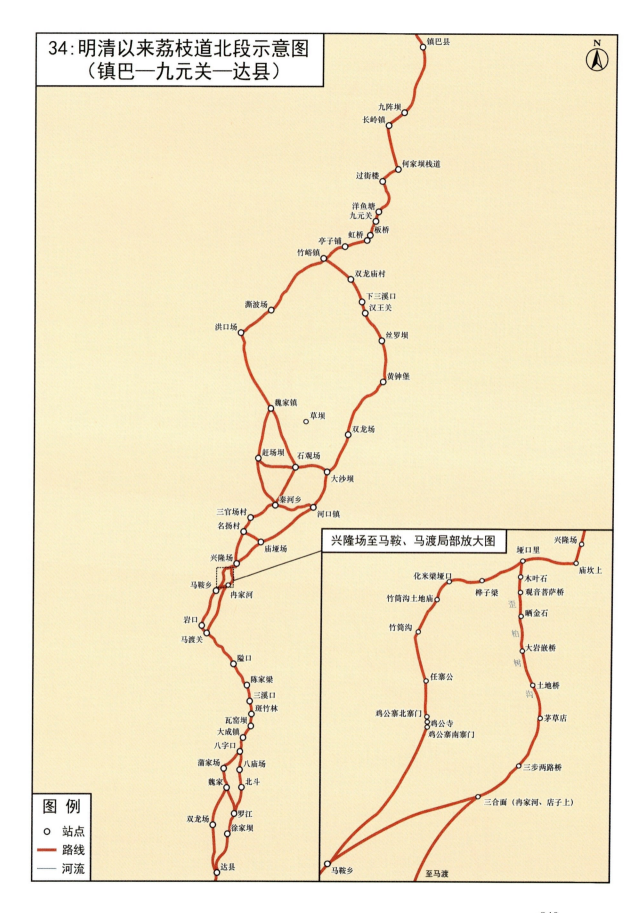

34: 明清以来荔枝道北段示意图
（镇巴—九元关—达县）

镇巴县
九阵坝
长岭镇
何家坝栈道
过街楼
洋鱼塘
九元关
板桥
虹桥
亭子铺
竹峪镇
双龙庙村
下三溪口
汉王关
丝罗坝
黄钟堡
渐波场
洪口场
魏家镇
草坝
双龙场
赶场坝
石观场
大沙坝
秦河乡
三官场村
河口镇
名扬村
庙垭场
兴隆场
马鞍乡
冉家河
岩口
马渡关
隘口
陈家梁
三溪口
斑竹林
瓦窑坝
大成镇
八字口
蒲家场
八庙场
魏家
北斗
双龙场
罗江
徐家坝
达县

兴隆场至马鞍、马渡局部放大图

兴隆场
垭口里
庙坎上
化米梁垭口
木叶石
桦子梁
观音菩萨桥
竹筒沟土地庙
晒金石
竹筒沟
大岩嵌桥
任寨公
土地桥
鸡公寨北寨门
茅草店
鸡公寺
鸡公寨南寨门
三步两路桥
三合面（冉家河、店子上）
马鞍乡
至马渡

歪柑树沟

图 例
○ 站点
—— 路线
—— 河流

840

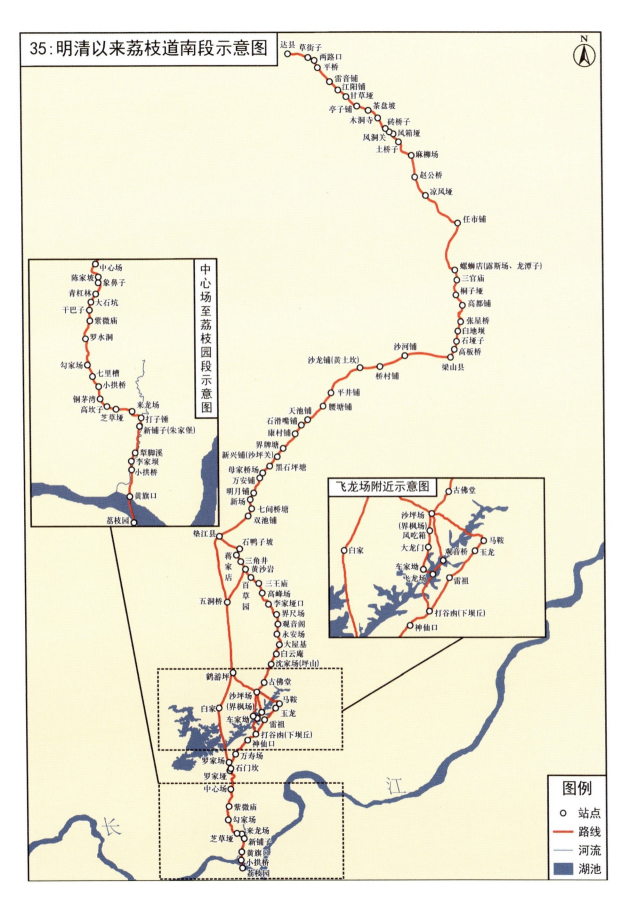

35：明清以来荔枝道南段示意图

中心场至荔枝园段示意图

飞龙场附近示意图

图例

○ 站点
— 路线
— 河流
■ 湖池

841

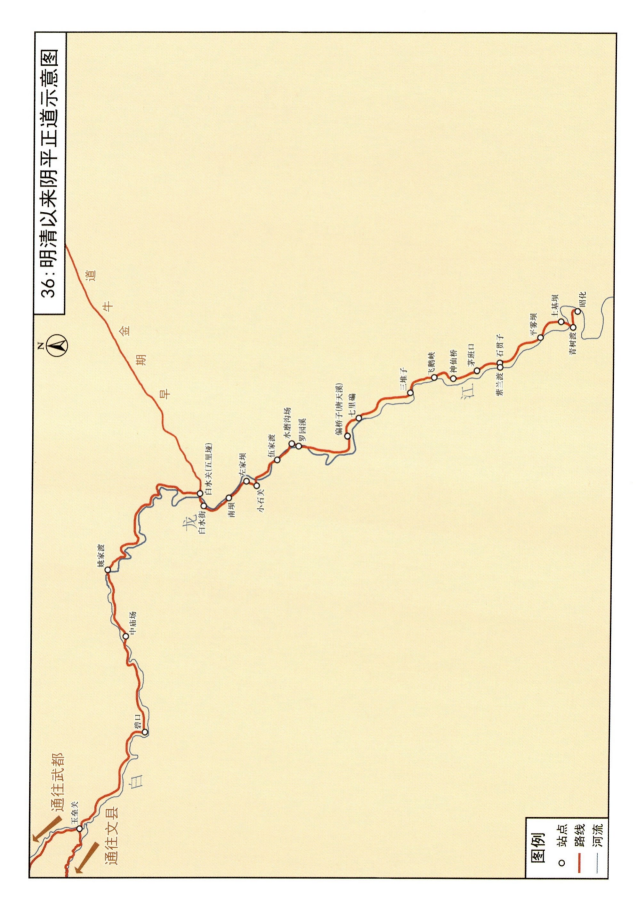

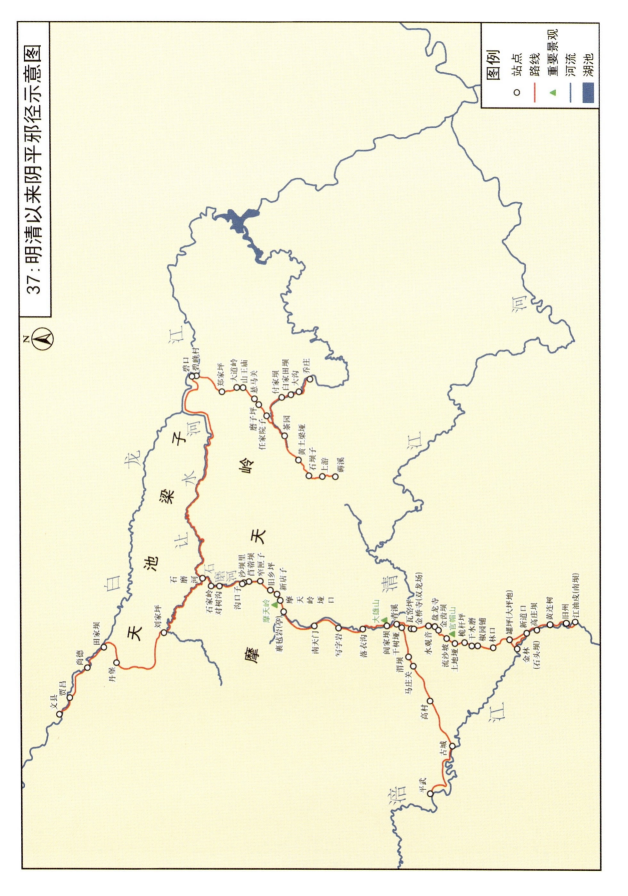

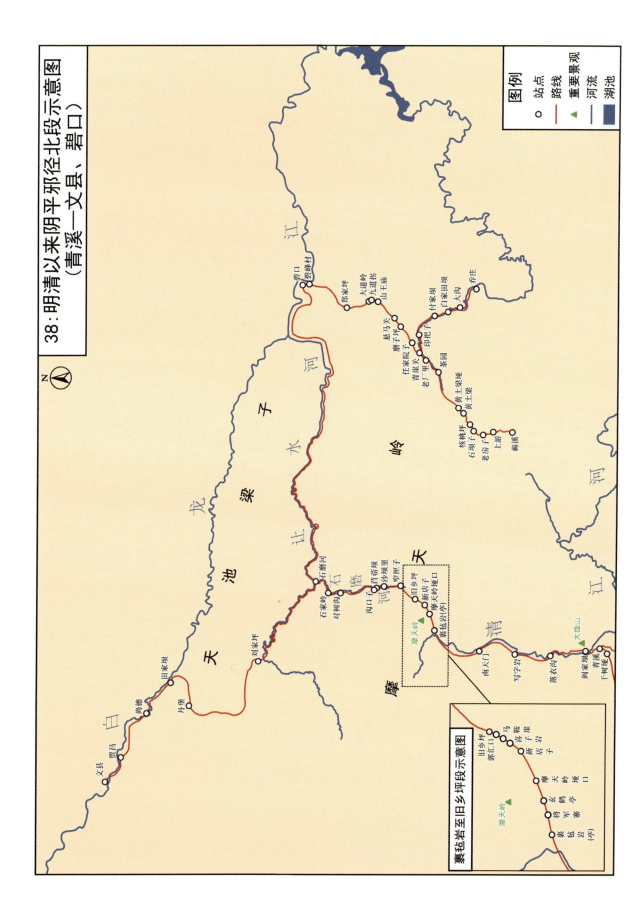

图例

○ 站点
— 路线
▲ 重要景观
— 河流
■ 湖池

N

碧口
碧峰村
郑家坪
大道岭
九道拐
山王庙
慈马关
磨子坪
任家院子
青坝里
老厂里
茶园
印把子
付家坝
白家田坝
大沟
乔庄
黄土梁垭
黄土梁
核桃坪
石坝子
老房子
上游
蚂溪

龙
池

天
子

梁
水

让

河

岭

摩
天

石磨河
石家岭
对树沟
沟口子
白沙坝
白沙坝里
营房子
旧乡坪
新居子
摩天岭垭口
摩天岭(庙)
襄岩岩(庙)
南天门
写字岩
落衣沟
阎家坝
青溪
千树坪
天雄山

文县
贾昌
尚德
丹堡
田家坝
刘家坪

白

天
池

清

襄岩岩至旧乡坪段示意图

摩天岭

旧乡坪
郭江口
马鞍
喜子崖
新居岩子
摩天岭垭口
玄鹤学
将军寨
襄岩岩(庙)

844

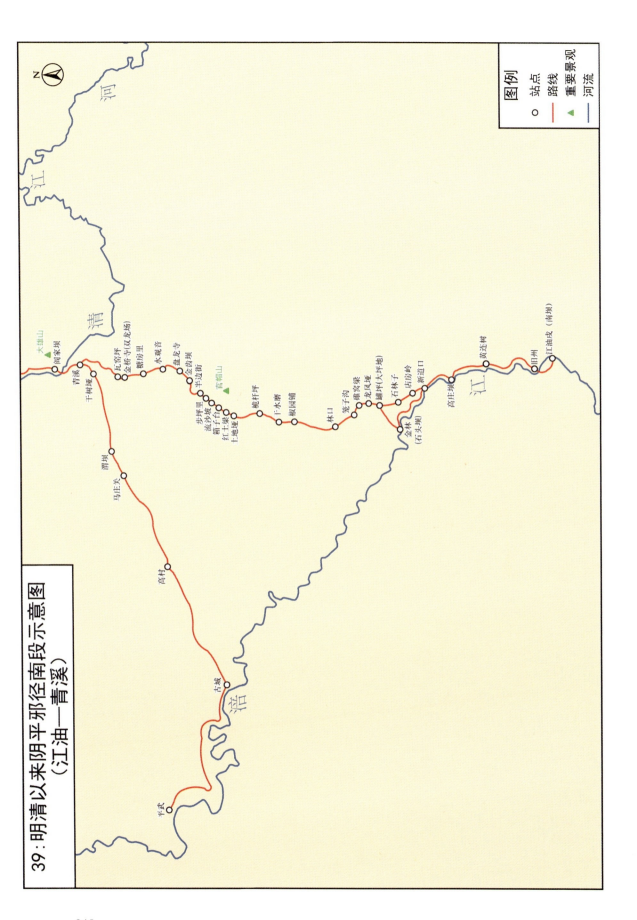

39：明清以来阴平邪径南段示意图
（江油—青溪）

图例

○ 站点
— 路线
▲ 重要景观
— 河流

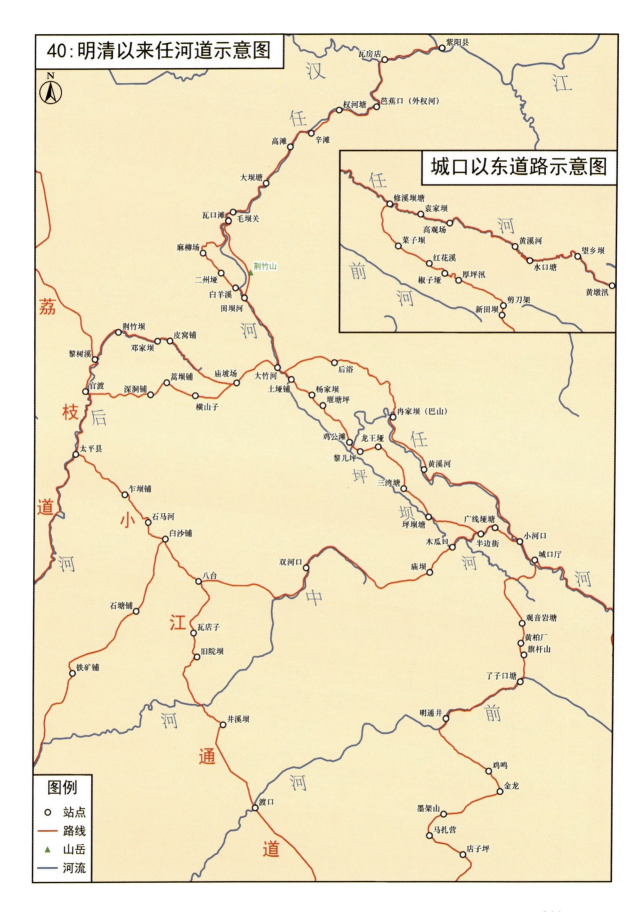

40：明清以来任河道示意图

城口以东道路示意图

图例
- ○ 站点
- ─ 路线
- ▲ 山岳
- ─ 河流

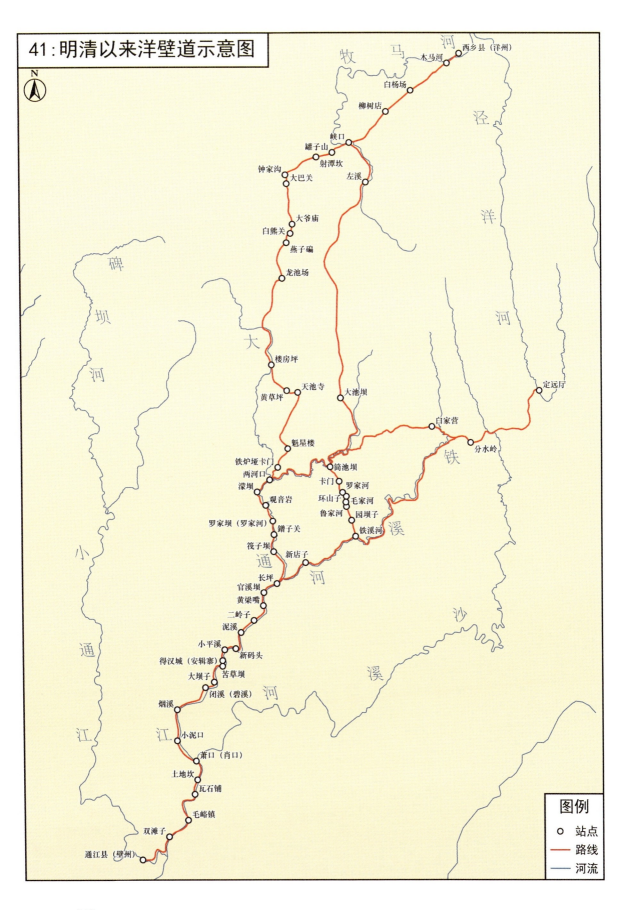

41：明清以来洋壁道示意图

西乡县（洋州）
木马河
白杨场
柳树店
峡口
罐子山
射潭坎
左溪
钟家沟
大巴关
大爷庙
白熊关
燕子碥
龙池场
楼房坪
黄草坪　天池寺　大池坝
定远厅
魁星楼
白家营
铁炉垭卡门　简池坝　分水岭
两河口　卡门　罗家河
濛坝　环山子　毛家河
观音岩　鲁家河　园坝子
罗家坝（罗家河）　铁溪河
鏿子关
筏子坝　新店子
长坪
官溪坝
黄梁嘴
二岭子
泥溪
小平溪　新码头
得汉城（安辑寨）
大坝子　苦草坝
闭溪（碧溪）
烟溪
小泥口
萧口（肖口）
土地坎
瓦石铺
毛峪镇
双滩子
通江县（壁州）

牧马河
泾
洋
河
碑坝河
大河
铁溪河
沙溪
通河
小通江
河
江

图例

○　站点
── 路线
── 河流

847

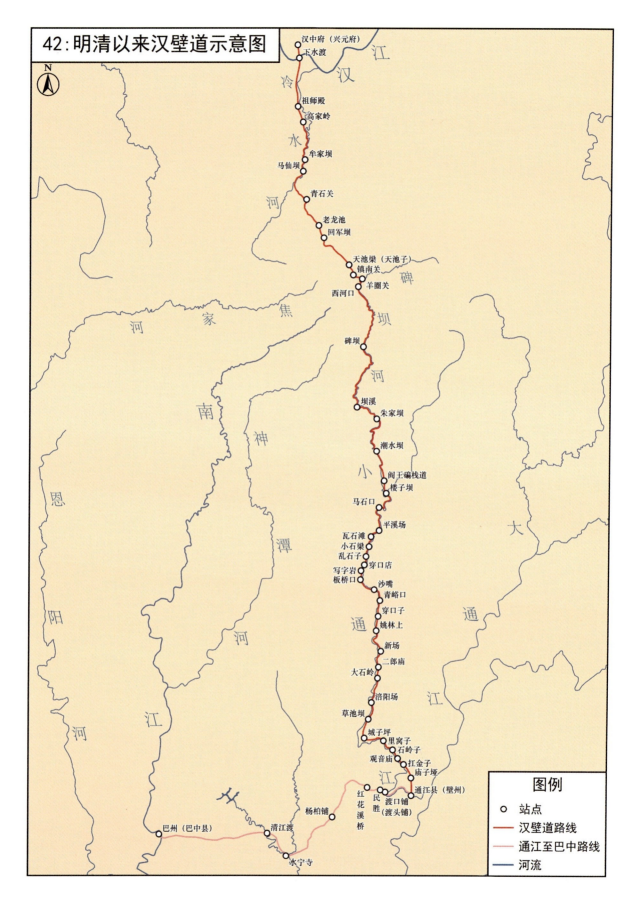

42：明清以来汉壁道示意图

汉中府（兴元府）
下水渡
祖师殿
高家岭
牟家坝
马仙坝
青石关
老龙池
回军坝
天池梁（天池子）
镇南关
羊圈关
西河口
碑坝
坝溪
朱家坝
潮水坝
阎王碥栈道
楼子坝
马石口
平溪场
瓦石滩
小石梁
乱石子
穿口店
写字岩
板桥口
沙嘴
青峪口
穿口子
姚林上
新场
二郎庙
大石岭
涪阳场
草池坝
城子坪
里窝子
石岭子
观音庙
扛金子
庙子垭
通江县（壁州）
红花溪桥
民胜
渡口铺（渡头铺）
杨柏铺
巴州（巴中县）
清江渡
水宁寺

图例

○ 站点
—— 汉壁道路线
—— 通江至巴中路线
—— 河流

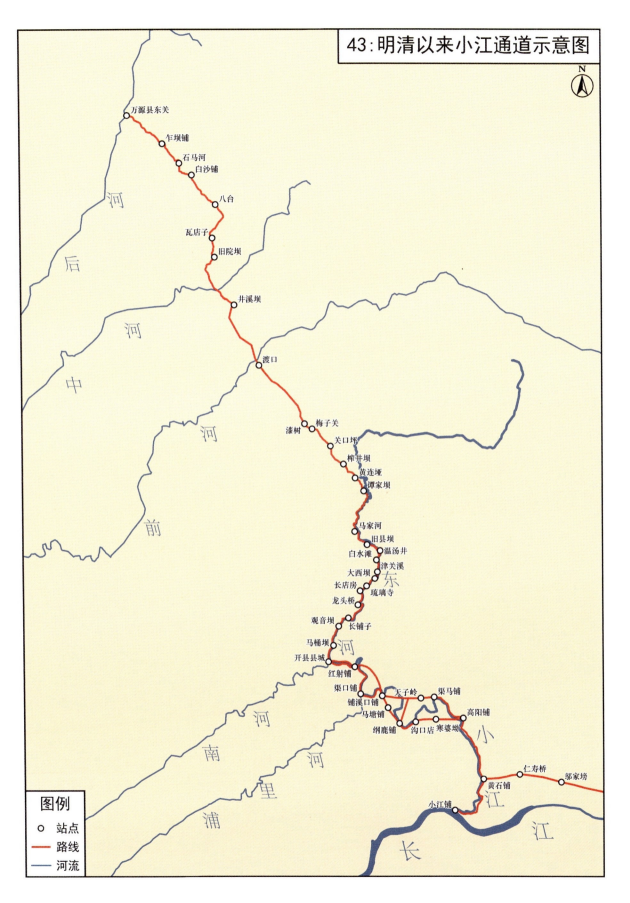

43：明清以来小江通道示意图

N

万源县东关
乍坝铺
石马河
白沙铺
八台
瓦店子
旧院坝
井溪坝
渡口
梅子关
漆树
关口坪
榨井坝
黄连垭
谭家坝
马家河
旧县坝
白水滩
温汤井
大西坝
津关溪
长店房
琉璃寺
龙头桥
观音坝
长铺子
马桶坝
开县县城
红射铺
渠口铺
天子岭
渠马铺
铺溪口铺
高阳铺
马塘铺
沟口店
寒婆垴
纲鹿铺
仁寿桥
邬家坊
黄石铺
小江铺

河后

河中

河前

东

河

河南

河里

浦

小江

长江

图例

○ 站点
—— 路线
—— 河流

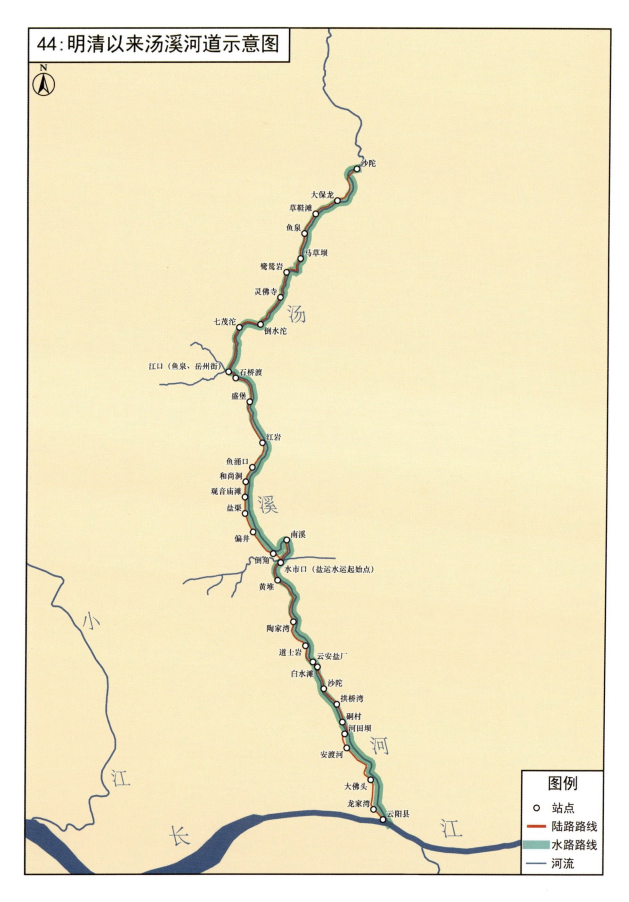

44：明清以来汤溪河道示意图

N

沙陀
大保龙
草鞋滩
鱼泉
马草坝
鹭鸶岩
灵佛寺
七茂沱
倒水沱

汤

江口（鱼泉、岳州街）
石桥渡
盛堡
红岩
鱼涌口
和尚洞
观音庙滩
盐渠
偏井
南溪
倒角
水市口（盐运水运起始点）
黄堆

溪

陶家湾
道士岩　云安盐厂
白水滩　沙陀
拱桥湾
硐村
河田坝
安渡河

河

大佛头
龙家湾　云阳县

小

江

长　　江

图例

○　站点

──　陆路路线

▬▬　水路路线

──　河流